社会工作实务译丛　　主编 刘 梦　副主编 范燕宁

家庭社会工作

第四版

An Introduction to Family Social Work
Fourth Edition

[加] 唐纳德·柯林斯（Donald Collins）

[美] 凯瑟琳·乔登（Catheleen Jordan）　著

[加] 希瑟·科尔曼（Heather Coleman）

刘 梦 译

中国人民大学出版社
·北京·

主编简介

刘　梦　中华女子学院副院长，二级教授，中国社会工作教育协会副会长，*International Social Work, Critical Social Policy*杂志编委。多年从事社会工作教育和研究工作。主要研究领域为：社会工作实务研究、妇女社会工作、性别问题研究等。主要著述有：《中国婚姻暴力》《女性社会工作：从实务到政策》等。1999年以来先后主持国内外妇女问题和社会工作研究课题10个，参加国际研讨会17次，出版专著4部、译著5部，主编教材6部，在国际社会工作和妇女研究刊物上发表英文论文10篇。

副主编简介

范燕宁　曾任首都师范大学政法学院社会学与社会工作系主任、教授。中国社会工作教育协会理事、中国人学研究会理事。主要研究方向为：社会发展理论、社会问题、社会工作价值观、矫正社会工作。先后在《中国社会科学》《哲学研究》《哲学动态》《社会主义研究》《光明日报》等重要报刊发表有关研究论文数十篇。主要代表性论著有：《新时期中国发展观》《邓小平发展理论与科学发展观》《社会工作专业的历史发展与基础价值理念》《社区矫正的基本理念和适用意义》等。主要译著、译文有：《社会工作概论》（第九版、第十一版）、《契合文化敏感性的社会工作课程》等。

总　序

　　中国的社会工作在经过了将近 20 年的发展之后，进入了一个快速发展阶段。2006 年，党的十六届六中全会作出了建设宏大的社会工作人才队伍的重大战略部署，提出建立健全社会工作人才培养、评价、使用、激励的政策措施和制度保障。在 2007 年召开的党的第十七次全国代表大会上，党中央强调要在经济发展的基础上，加快推进以改善民生为重点的社会建设，要统筹抓好以高层次人才和高技能人才为重点的各类人才队伍建设。民政部副部长李立国在"2008 世界社会工作日暨中国社会工作教育发展二十年研讨会"上的讲话中指出："大力发展社会工作，加强社会工作人才队伍建设，是建立健全社会保险、社会救助、社会福利和慈善事业相衔接的覆盖城乡居民的社会保障体系，提高社会保障服务水平，切实保障人民群众基本生活权益的必然要求；是创新社会管理体制，整合社会管理资源，提高社会管理水平，健全党委领导、政府负责、社会协同、公众参与的社会管理格局的必然要求；是强化政府公共服务职能，健全公共服务体系，促进公共服务科学化、人性化和个性化，实现基本公共服务均等化的必然要求；是完善基层群众自治制度，加强基层基础工作，夯实党的执政基础，加强党的执政能力建设和先进性建设的必然要求。"可见，社会工作专业队伍是和谐社会建设的一支重要的力量。

　　作为社会工作教育者，在社会工作的春天到来的时候，需要回答这样一个问题：我们准备好了吗？纵观这些年的社会工作教育和专业发展，我们可以看到，中国的社会工作发展取得了很大的成就：200 余所高校开办了社会工作专业，每年可以培养近 1 万名本科毕业生；差不多有 30%～40% 的毕业生会从事本专业的工作；在上海，社会工作作为一个职业，已经形成了初步的规模；深圳市政府投入了大量财力、物力，以政府购买社会工作专业服务的形式来扶持社会工作专业化的发展；首次社会工作师职业资格考试将于 2008 年 6 月在全国展开……但是，与此同时，我们还要看到在教育和实务领域存在的不足和问题：专业师资的缺乏、研究不足、教学与实务的脱节、毕业生出路过窄、实务领域的专业性不强，等等。社会工作是一门新兴的、从国外引进的专业，从教育的角度来看，系统地学习国外的知识和经验，是建立适合本土社会文化环境知识的基础和关键。

　　为了不断提高中国社会工作教育和实务水平，中国人民大学出版社与我们一起策划了本丛书的翻译和出版工作，希望通过系统介绍国外实务领域的经典教材或专著，给国内社会工作专业的师生和实务工作者打开一个窗口，提供一个学习和参考的机会，更多地了解国外同行们在不同的实务领域中的经验和教训。在本译丛书目的选择上，基本上体现了这样几个特点：

第一，权威性。本译丛中的每本书都是在国外教学和实务领域得到认可的、具有一定影响力的著作。有些书已经几次再版、多次修订和更新，作者都是相关领域中享有很高声望的学者和实务工作者，他们不仅在著作中给读者提供了丰富的实务知识和坚实的理论基础，而且还把自己的一些研究成果融入其中，帮助读者将知识、技能和研究有机地结合起来。

第二，系统性。本译丛虽然关注的是不同的实务领域，但是每本书又是一个独立的系统。在每个领域中，作者们都将社会工作的专业价值观、职业伦理、工作原则与本领域的特点和需要紧密结合起来，构成了一个系统的、完整的、重点突出、各具特色的知识体系，从这些著作的内容来看，它们不仅仅是社会工作专业知识在某个实务领域的运用，而且是在某个实务领域的发展和深化。

第三，全面性。本译丛收入的著作涵盖了社会工作的各个实务领域，从儿童服务到老人服务，涉及不同的人群，为读者呈现出了国外社会工作实务领域的全貌。希望这样的选题能够让读者了解国外社会工作实务的内涵和外延，更加深入、全面地理解社会工作实务的过程、方法和技能，推动中国社会工作专业化发展进程。

第四，时效性。我们希望所选著作能够有针对性地服务于中国社会工作专业发展的现状，因此，在选择时遵循了这样几个原则：首先是近几年中出版的书籍；其次是著作要将实务与研究有机结合起来，能够呈现社会工作研究服务于实务的特点；最后是侧重国内目前发展比较薄弱的领域，例如医疗社会工作、学校社会工作、家庭社会工作、妇女社会工作等。我们希望这些领域的引入和介绍，能对中国相关的课程开设和实务发展，发挥一定的指导和参考作用。

第五，参照性。虽然本译丛探讨的实务领域都发生在欧美国家，但是我们相信，社会工作专业之所以能够在世界各国发展起来，是因为社会工作专业中蕴涵了全球普遍适用的原则，它对人和人的尊严与权利的尊重，对社会公正和人类福祉的追求，是社会工作在不同社会形态中得以传播的基础。因此，我们坚信，在其他国度中的实务经验，也一定会对我们开展实务工作有所启发和参照。

本译丛的策划得到了首都师范大学社会工作系教授、博士生导师范燕宁，中国人民大学社会工作系隋玉杰博士，以及中国人民大学出版社潘宇博士的大力支持。在丛书书目的选择过程中，我们进行了多次讨论、商议和斟酌。在书目确定之后，我们邀请了北京高校中从事社会工作教育、具有很好的英文水平或者有过出国留学经历的教师参与了翻译工作，以保证翻译水平。在此对上述参与策划和翻译的各位同仁表示衷心的感谢。

　　翻译是一个再创作的过程，专业著作的翻译，除了需要具备很好的英文理解水平之外，还需要有扎实的专业基础和较好的中文功底，因此难度很大。尽管所有的译者都在认真努力地工作，可能也难免会出现一些失误和不足，希望广大读者能够不吝赐教。

刘　梦

2008 年 5 月 1 日

　　我们非常高兴《家庭社会工作》第四版面世了。在社会工作中，家庭工作的历史是非常值得骄傲的历史，社会工作也是第一个在家庭领域开展工作的专业。目前出版的很多家庭工作教材都特别强调"家庭治疗"，这是一个非常专业的活动，一般是在社会工作研究生阶段学习的。此外，很多家庭治疗的教材的作者都不是社会工作者，尽管事实上从社会工作专业建立之初，家庭就是我们的实务重点。社会工作的先驱们，如玛丽·里士满（Mary Richmond）早在当代家庭治疗起步之前50年，就提出了社会工作要关注家庭，当然，社会工作在强调自己对家庭的贡献时，表现得非常谦逊。本书的目的就是帮助社会工作专业重新认识自己的历史传承。

　　在出版本书的第四版时，美国有473个本科专业、加拿大有35个本科专业都在培养社会工作专业学生在家庭领域开展工作。还有一些专业也获得了本科培养资格。在本书前几版出版时，在社会工作学士专业教育中，几乎没有专门关注家庭服务的课程和教材。本书第一版问世（1999年）以来，评估合格的本科专业数量不断增加，这就使得那些重点关注家庭的社会工作专著和教材越来越得到重视和欢迎。当然，我们的宗旨依然是：给社会工作本科学生提供扎实的基础知识和技巧，也给办公室之外的、不同环境中的家庭开展专业服务。

　　很多机构聘用了本科毕业的社会工作者，但是他们都不在办公室开展家庭治疗，社会工作学士的实习也很少涉及传统的家庭治疗（在办公室内）。的确，很多刚入职的社会工作者所在的机构就是给有问题和需要的家庭提供支持、教育和具体服务的。提供家庭干预的机构包括儿童福利院、妇女庇护所、家庭支持机构、精神健康机构、学校、矫正机构等。今天的家庭会面临很多问题，可能比过去更多。社会服务界也在努力应对和缓解家庭面临的挑战和压力，但很多问题的处理需要一个更加广阔的视角。

　　本书的出发点主要是针对社会工作的新手的，对社会工作硕士一年级的学生也非常有指导意义。本书可以用来作为入门教材，从通才的角度，提供一个家庭和儿童工作的全过程概览。研究生一年级阶段是需要具备通才视角的，而二年级的高级课程就是建立在通才框架之上的。

全球性的经济不景气、大量的失业、政治派别的纷争和僵局、暴力、药物依赖、战争、对弱势群体的歧视和压迫等，都在危害和威胁家庭福祉。结构性贫困成为诸多问题的核心所在。因此，问题的主要根源并不在于紊乱的家庭关系功能或中断的家庭内衡，而这些都是传统家庭治疗的主要关注点。现在，家庭比历史上任何时候都需要站出来为自己呼吁和倡导。杰出的经济学家艾伯特·赫什曼（Albert Hirschman）指出，人们回应国家衰退的方法要么是"退场"，要么是"发声"。对很多人来讲，他们不会选择"退场"。家庭社会工作者最可行的方法就是"发声"，也就是说，要站出来说出自己的想法，进行倡导、集会，为家庭而战。在本书中，我们将家庭纳入生态系统中，主张倡导"发声"，以此来给社会工作历史传统增光。我们认为，家庭需要不同领域的服务来应对各种复杂的问题。

社会工作者正进入一个面临挑战的时代。宏观和微观的社会工作者都必须团结一致，携手合作，确保千家万户的家庭生活不受外部社会问题的不良影响。家庭面临的问题数量很大，种类也很复杂，这些可能会让社会工作专业学生和新毕业生感到摸不着头绪，无从下手。我们希望通过给学生提供这些方面的知识和技能，消除他们的顾虑和困惑，从而与服务对象并肩合作，共同应对面临的挑战。

新入职的社会工作者会很难预料第一次拜访的负担过重的家庭有什么困难。他们希望知道第一次、第二次甚至第三次去拜访这样的家庭时，需要做什么准备。此外，他们还不太清楚如何调动家庭参与服务过程、如何得到他们的信任、如何推进有意义的持久性的改变。社会工作者需要获取实务信息和技巧，以帮助家庭处理某个特定问题或者一系列问题。本书的读者群主要就是要为家庭开展服务的社会工作专业本科生和硕士研究生。在本书中我们提供了一个分析家庭的框架，以及一些实务建议，来指导家庭社会工作实务。

在家庭中开展社会工作充满了惊喜和挑战。家庭社会工作所需要的知识和技巧与个人服务不同。家庭社会工作就像是一个会议室，需要整合社会工作的核心课程——小组工作、人类发展、"人在情境中"、社会政策、研究、社会工作价值、沟通技巧等等。我们不能完全依赖理论教科书，它们只是高度抽象地解释家庭治疗模式，这样培养出来的家庭社会工作者完全不了解家庭面临的日常困境。家庭治疗也是社会工作教育的重要领域，但常常会出现在研究生教育阶段。此外，家庭治疗理论一般都非常抽象，基本是在办公室中进行的，给学生提供了关于家庭社会工作的基本知识。社会工作教育者面临的挑战就是，要能够全方位地传授给学生足够的知识和技巧，使他们能够有效地开展家庭服务，同时也要系统地向学生介绍在实务过程中可能会遇到的状况。

在本书中，我们依然希望以简单明了的方式，来呈现家庭社会工作所需的知识和实务技巧。我们希望生动展现家庭社会工作，为家庭社会工作者助力。本书作为一本家庭社会工作历史和实务的基础性教材，可以作为入门访谈课程或家庭课程的导入教材，也可作为学生接触家庭治疗教材中介绍的各种理论模式之前的准备性教材。

第四版的创新之处有哪些?

首先,我们要感谢第三版的评审提供了大量的反馈意见,帮助我们完成了第四版的修改。根据这些反馈,我们在这一版中重新调整了结构,并更新了很多资料。我们继续坚持社会工作价值基础,强调社会工作反压迫的立场,倡导家庭工作保持开放的、无偏见的立场。家庭多元性的观点贯穿全书,改变了过去用专门一章来谈论文化多元性,而其他章节不涉及这个内容。我们相信,坚持将多元性贯穿于各章中,而不是单独强调"差异性",有利于将多元性正常化,使多元性成为家庭社会工作的必要的、完整的内容。文化多元性、性别问题和不同的家庭形式在本书中融为一体。我们一直在为如何用语言表述,特别是在国际层面如何表达多元性而苦恼。关于多元性的修辞是用来推进目前的思维方式,是要说明和批评我们语言的政治正确性,从而确保我们可以从全球的角度来认识多元性。

此前我们介绍了家庭系统理论,作为本书的理论基础,它也贯穿了整本书。尽管我们有专门一章来讨论家庭的优势和抗逆力,但我们还是在全书融入了以优势为本的视角。我们认为,文化是家庭优势和抗逆力的资源库。关注优势和抗逆力会有助于家庭社会工作者通过不同的视角来欣赏差异性带来的各种可能性,从而帮助家庭和家庭社会工作者在困境中看到解决问题的各种出路。我们也尽力在理论和实务之间保持平衡,这样新入职的家庭社会工作者能够理解,并在理论和实务之间找到平衡,我们也特别希望能够找到一个框架,来整合理论和实务。

如上所述,我们非常清楚语言的重要性和威力,用安·哈特曼(Ann Hartman)的话来讲,"文字创造了世界"。在本书中,我们特别关注协调家庭治疗的术语与家庭社会工作实务的术语,同时又非常重视忠于家庭社会工作传统,因此,全书贯穿了家庭社会工作实务的术语。在讨论多元性时,如何运用语言也是一个非常重要的问题。在涉及家庭多元性时,我们对很多术语感到不知所措:种族、文化、家庭结构、性导向等等。我们很快就发现,要从政治的角度准确地运用语言,实际上受到了语言运用的时间、地点和环境的影响。一年前政治正确的术语,到了今天可能需要被新的术语取代。还有,在一个地方或国家合适的术语,到了另一个地方或国家往往就不合适了。"少数族裔"这个词就是一个很好的例子,在美国使用这个词也未必都合适,而在加拿大,人们更习惯使用"可辨识的少数族裔",事实上,我们发现每个人都属于少数族裔!在试图寻找一种理想的语言来囊括每一个群体的多元性过程中,我们发现,其实并不存在这样的理想语言,那些描述多元性的概念和语言本身就是非常多元的!我们提出这些与多元性相关的问题,就是希望能够抛砖引玉,激发更多的讨论。我们希望,用这样的方式引发讨论并提出问题,会激发课堂更加热烈的讨论,而不会伤害任何一个群体。

本书还包含了社会工作教育协会(CSWE)在教育政策和评估标准(EPAS)中提出的相关能力内容。按照社会工作教育协会的规定,"核心能力就是可测量的实务行为,包括知识、价值观和技巧"(http://www.cswe.org/File.aspx?id=13780)。在本书中,我们引用了 EPAS 的核心能力和相关的实务行为标准，社会工作教育协会针对核心能力提出的实务行为可以用来指导操作化课程系统，我们也分别将这些核心能力和实务行为融入到了本书的不同章节中。

本书的每章后面都有推荐阅读书目和关键术语，练习也放在了每章中的合适的地方，而不是像过去那样集中放在每章的末尾。我们对章节中涉及的文献、用词和案例都进行了必要的更新，新加了一些文化敏感的语言和信息，还增加了 EPAS 图标，每章末尾还添加了能力说明，参考文献也进行了更新。我们还完善了更多的阅读书目，每章结尾还有对关键术语的解释。

本书的结构能引导读者逐步了解家庭社会工作过程。我们根据评审的建议对本书结构进行了调整，我们还更新了很多参考文献和相关的内容，新增了很多练习，并根据需要插入到各章节中。第一章主要讨论了家庭社会工作的领域，参考文献有所更新。第二章的题目就是"什么是家庭"，包括对"家庭多元性"的分析和对多元性语言的讨论，以及关于"家庭"不同表达的文化面向的讨论。第一章和第二章都给学生提供了一个理解家庭社会工作的哲学视角，以及对不同家庭形式的概念性理解。第三章是从家庭系统角度来理解家庭功能，根据评审的建议，我们对这一章的结构进行了调整。第四章讨论了家庭发展和家庭生命周期，还讨论了家庭多元性以及家庭生命周期在当代的变化。家庭优势和抗逆力在第五章中得到了探讨，这一章的参考文献有所增加，此外，还从生态视角讨论了抗逆力的构成要素，包括不同背景的家庭的优势，家庭优势视角是这个版本的主题之一。在第六章（过去是第四章），我们描述了家庭社会工作的实务内容，例如如何准备第一次家访。第七章介绍了家庭社会工作的开始阶段，包括基本的访谈技术和建立关系技术。第八章和第九章介绍了评估技术和方法，第八章主要介绍的是质性方法，例如家谱图和生态图，而第九章讨论了定量方法，包括标准化策略工具等，这些都是在美国开展管理化照顾和以证据为本的实务所必不可少的技术。

第十章继续介绍干预有关的家庭需求评估以及适合家庭系统框架的干预方法，现在的第十章中还包括了在家庭系统框架下"对少数族裔家庭的干预"的内容。第十一章详细介绍了干预阶段所需的各种方法和技术，包括适用于不同干预策略的方法。我们还增加了一节内容，探讨了专业性的家庭干预方法，包括问题解决为本、沟通/体验式、结构性、叙事家庭方法等。第十二章和第十三章重点关注的是亲子关系和夫妻干预方法。在第十二章中，我们增加了对药物滥用者子女的干预，以及对有药物滥用成员家庭的干预。第十三章探讨了性别敏感干预实务，包括讨论家庭暴力，特别是婚姻暴力的问题。最后一章即第十四章提供了家庭社会工作结案阶段的信息和技术，我们新增的内容主要是如何根据社会工作协会和加拿大社会工作教育协会的评估标准，来评估学生学习家庭社会工作的情况。最后，第十四章还新增了一节"未来趋势"，在这里，我们讨论了未来的人口发展趋势，例如"婴儿潮"一代、社会中的贫富差距加大、军事活动不断增加对人口的影响等问题。

此外，还讨论了一些专业问题，例如招收新人入职的问题、不断变化的高科技，以及以证据为本的实务等。

　　本书的主要宗旨就是协助学生和其他新入职的家庭社会工作者理解家庭社会工作的机制和原则。本书可用来作为家庭社会工作课程的教科书，每章都提供了每周课程的结构，还提供了很多的练习，让学生有机会运用学到的概念。本书还可以用来作为家庭治疗的初级读本。我们整合了不同家庭学派的概念，形成了一个通才式的家庭社会工作教材。

　　正是出于一种专业精神，我们引用已故的杰克·莱顿（Jack Layton）的一段话，来结束本序言。他的观点应该会给世界各地的社会工作者以极大的鼓励：

　　　　我们应该是一个更加美好的国家，更加的平等、公正，有更多的个人发展的机会。我们可以建立一个繁荣的经济和社会，更加公平地分享效益。我们可以很好地照顾老人，给孩子带来美好的未来。我们应该努力拯救世界环境，我们可以恢复我们在世界上的名誉。朋友们，爱远远优于恨，希望优于恐慌，乐观优于失望。因此，我们都要学会爱、希望和乐观。这样，我们才能改变世界。

——杰克·莱顿（1950—2011）

　　我们需要指出的是，尽管作者排名的顺序是很久以前就确定的，但是，各位作者对本书的贡献是相同的。我们一直感谢长期以来支持我们的布鲁克斯/科尔出版公司（Brooks/Cole）和圣智学习出版公司（Cengage Learning）的策划编辑塞思·多布林（Seth Dobrin）。长期以来我们跟他的合作非常愉快，他也不断给我们提供支持性的工作氛围和有益的反馈。我们对参与制作过程的所有职员、书稿评审深表感谢，这里面包括费耶特维尔州立大学的安妮·查维斯（Annie Chavis）、佐治亚法庭大学的琳达·卡道斯（Linda Kardos）、东肯塔基大学的罗伯特·卡罗列奇（Robert Karolich）、俄亥俄州立大学的斯科特耶·卡什（Scottye Cash）、佐治亚大学的莎丽·米勒（Shari Miller）以及印第安纳波利斯大学的特雷西·A. 马歇尔（Tracy A. Marschall）。最后，我们还要感谢我们的子女和家庭，他们给我们提供了体验式学习家庭工作的机会。

简明目录

第一章　　　家庭社会工作领域 / 1

第二章　　　什么是家庭 / 25

第三章　　　家庭系统 / 68

第四章　　　家庭发展和生命周期 / 100

第五章　　　家庭优势和抗逆力 / 148

第六章　　　家庭社会工作实务 / 184

第七章　　　开始阶段 / 207

第八章　　　家庭的质性评估 / 241

第九章　　　定量的需求评估 / 279

第十章　　　家庭系统干预 / 301

第十一章　　干预阶段 / 333

第十二章　　子女与父母层面的干预 / 364

第十三章　　夫妻干预与性别敏感干预 / 396

第十四章　　结案阶段 / 431

参考文献 / 453

主题索引 / 480

后记 / 503

目　录

第一章　　　**家庭社会工作领域** / 1

什么是家庭社会工作 / 2

家庭社会工作与家庭治疗 / 8

家庭社会工作实务现状 / 10

家庭社会工作的基本假设 / 13

本章小结 / 22

关键术语 / 23

推荐阅读书目 / 23

能力说明 / 24

第二章　　　**什么是家庭** / 25

家庭的目标 / 29

多元的家庭结构 / 31

定义家庭 / 33

多元性与家庭 / 37

当今家庭多元性及其未来 / 42

家庭的文化面向 / 45

家庭的信念 / 60

家庭社会工作指导原则 / 64

本章小结 / 66

关键术语 / 66

推荐阅读书目 / 66

　　　　　　　　　能力说明 / 67

第三章　　家庭系统 / 68
　　　　　　什么是家庭系统 / 69
　　　　　　有关家庭系统的主要假设 / 72
　　　　　　家庭界限 / 85
　　　　　　家庭子系统 / 90
　　　　　　本章小结 / 98
　　　　　　关键术语 / 98
　　　　　　推荐阅读书目 / 98
　　　　　　能力说明 / 99

第四章　　家庭发展和生命周期 / 100
　　　　　　理解发展视角 / 100
　　　　　　生命周期中的家庭多样性 / 102
　　　　　　发展阶段 / 108
　　　　　　影响家庭生命周期的各种变化 / 131
　　　　　　本章小结 / 146
　　　　　　关键术语 / 147
　　　　　　推荐阅读书目 / 147
　　　　　　能力说明 / 147

第五章　　家庭优势和抗逆力 / 148
　　　　　　优势为本的实务 / 149
　　　　　　抗逆力的定义 / 150
　　　　　　测量抗逆力 / 152
　　　　　　抗逆力的特质 / 154
　　　　　　家庭抗逆力 / 156
　　　　　　生态危险和机会 / 158
　　　　　　危险 / 168
　　　　　　文化 / 172
　　　　　　实务应用 / 180
　　　　　　本章小结 / 181

关键术语 / 182

推荐阅读书目 / 182

能力说明 / 183

第六章 **家庭社会工作实务** / 184

转介过程 / 185

计划家庭会谈 / 186

准备和保管资料 / 189

如何着装 / 190

邀请孩子参加会谈 / 191

处理中断，保持联系 / 193

电话跟进 / 193

安全考虑 / 194

第一次会谈：评估服务对象的需求 / 196

与服务对象建立关系 / 199

向服务对象介绍家庭社会工作 / 201

保护服务对象的隐私 / 202

本章小结 / 205

关键术语 / 205

推荐阅读书目 / 206

能力说明 / 206

第七章 **开始阶段** / 207

开始阶段的任务：投入、需求评估、目标设定和签约 / 208

家庭社会工作者需要的基本技能 / 218

有效干预指南 / 219

有效沟通原则 / 222

家庭社会工作者必备的核心素质 / 229

在家庭社会工作中应该避免的不良行为 / 237

本章小结 / 239

关键术语 / 239

推荐阅读书目 / 240

能力说明 / 240

第八章 **家庭的质性评估** / 241

质性需求评估简介 / 242

家庭需求评估的情境 / 243

质性技术 / 250

可视化技术 / 253

质性评估中的特殊考虑 / 264

评估家庭功能性标准 / 264

家庭类型模型 / 265

评估育儿技巧 / 269

评估多元家庭需求 / 271

本章小结 / 277

关键术语 / 277

推荐阅读书目 / 278

能力说明 / 278

第九章 **定量的需求评估** / 279

定量需求评估的目的 / 280

选择测量工具 / 281

好的工具的特质：信度和效度 / 282

整合定量测量的框架 / 288

测量工具 / 293

用测量将需求评估与干预结合起来 / 295

治疗计划 / 297

本章小结 / 299

关键术语 / 299

推荐阅读书目 / 299

能力说明 / 300

第十章 **家庭系统干预** / 301

有效的需求评估和干预 / 302

发掘家庭优势的主要策略 / 303

界定问题 / 312

优势为本的需求评估 / 315

循环模式 / 316

干预技巧：协助改变适应不良的循环模式 / 320

去三角关系 / 323

针对非自愿服务对象开展工作 / 324

针对少数族裔家庭开展工作 / 328

本章小结 / 331

关键术语 / 331

推荐阅读书目 / 332

能力说明 / 332

第十一章　**干预阶段** / 333

干预阶段 / 334

家庭社会工作者的角色和目标 / 335

干预技巧 / 337

危机干预 / 344

问题解决干预 / 345

生态干预 / 347

专业化家庭工作视角 / 348

本章小结 / 361

关键术语 / 362

推荐阅读书目 / 362

能力说明 / 363

第十二章　**子女与父母层面的干预** / 364

家庭行为视角 / 365

亲职技巧训练 / 377

行为问题和亲子冲突 / 382

协助父母制定规则 / 383

干预中常见的误区 / 384

家庭心理教育干预 / 385

药物滥用 / 388

本章小结 / 394

关键术语 / 395

推荐阅读书目 / 395

能力说明 / 395

第十三章　**夫妻干预与性别敏感干预** / 396

夫妻工作 / 397

传授沟通技术 / 399

同性夫妻 / 401

性别敏感视角 / 405

性别敏感干预 / 406

性别敏感干预视角的问题解决 / 408

历史情境 / 408

女性主义对家庭系统理论的批评 / 409

家庭关系中的权力失衡 / 411

家庭价值观和家庭暴力：评论 / 413

社会化和性别角色 / 416

家庭中的劳动分工 / 417

对性别敏感的家庭社会工作的建议 / 420

家庭暴力 / 422

暴力性关系 / 423

本章小结 / 429

关键术语 / 429

推荐阅读书目 / 430

能力说明 / 430

第十四章　**结案阶段** / 431

计划结案 / 433

对结案的可能反应 / 434

过早结案和退出 / 435

实务结案步骤 / 437

具体结案步骤 / 440

结案的时间点 / 444

如何以及何时将服务对象转介到其他专业机构 / 445

家庭社会工作结果评估 / 447

　　未来趋势 / 449

　　满足评估标准 / 450

　　本章小结 / 451

　　关键术语 / 452

　　能力说明 / 452

参考文献 / 453

主题索引 / 480

后　记 / 503

第一章

家庭社会工作领域 [1]

◆ **本章内容**

什么是家庭社会工作

家庭社会工作与家庭治疗

家庭社会工作实务现状

家庭社会工作的基本假设

本章小结

关键术语

推荐阅读书目

能力说明

◆ **学习目标**

概念层面：理解社会工作在家庭服务历史中的贡献，理解家庭社会工作与家庭之间的区别。

感知层面：感知家庭社会工作的独特性。

价值和态度层面：理解社会工作在助人性职业中的角色。

行为层面：学习家庭社会工作的不同方法和相关技术。

社会工作专业的学生在刚开始开展家庭社会工作时，通常会感到焦虑和困惑。他们很快就意识到，跟个案工作相比，家庭工作开展起来更为复杂。社会工作专业的学生在与某个家庭第一次会谈前，都有很多问题需要找到答案，这些问题包括：

● 家庭社会工作的目的是什么？

● 家庭社会工作与家庭治疗的区别是什么？

● 作为家庭社会工作者，我应该扮演什么角色？

● 在面对一个与我的家庭完全不同的家庭时，我应该怎样有效开展工作？

● 我怎样才能做到在同一时间、同一个房间里面，针对整个家庭以及家庭的所有成员开展工作？

● 通常要问家庭成员一些什么问题？要跟家庭成员说些什么？

● 怎样鼓励那些有抵触情绪的、被指责的、不愿表达的，甚至是受到其他人控制的家庭成员参与？

● 如果某个家庭成员对我不满或对其他家庭成员不满，我该怎么办？

● 怎样给家庭问题排序？

● 进行家访时我需要做什么？

● 如果去一个危险地区进行家访，我怎样才能保证自身的安全？

● 我怎样才能协助家庭改变？我需要什么样的知识来帮助家庭改变？

● 在访谈中，我需要如何面对低龄儿童？对岁数大一点的儿童，我需要采取什么方法来进行沟通？

● 当家庭中其他人都在指责或攻击某个家庭成员时，我应该做点什么来帮助这个家庭成员？

● 我应该怎样帮助一个因危机而瘫痪的家庭重新振兴，并解决自己的问题？

● 在针对来自不同种族、文化或性取向的家庭进行工作时，我需要哪些家庭社会工作的知识？

● 在家庭社会工作的不同阶段，分别需要什么样的技术？

在本书中，我们将探讨这些与家庭社会工作有关的问题。我们的目标是帮助读者有效地评估家庭需要，为下一步的家庭治疗和实务提供坚实的基础。我们将帮助读者学习如何评估家庭、与他们建立关系，如何建立互相信任关系，学习基本的干预理论和技术，以卓有成效地完成家庭服务。

什么是家庭社会工作

我们这里呈现的家庭社会工作，是运用通才视角来为高危家庭开展服务。它可以包含很多不同的服务内容，如家庭维护服务、登门的家庭支持和教育家庭模式等。这种方法可以成为高级技术的基础技术。如果你计划在一家儿童保护机构工作，相关的知识和技术可以帮助你理解复杂的家庭问题，在儿童安全、家庭评估和如何帮助家庭改变等方面给你提供指导。本书将给读者提供一些基础知识，有助于在儿童精神健康、儿科社会工作或者学校社会工作领域开展工作。本书的一个重要目的就是帮助读者评估家庭，并为家庭开展服务，这样，家庭可以学习如何更有效地发挥功能，以满足所有家庭成员不断增长的情感需要及其他各种需要。

很多家庭社会工作者见过的家庭都充满了各种复杂问题。针对这些家庭开展工作，对于新入职的，甚至资深的家庭社会工作者而言，都是非常具有挑战性和压力的。本书将协助其做好准备，以便从容地面对这样的家庭。自社会工作专业诞生以来，社会工作者就一直要为面临多重压力的家庭提供服务，因此，与这样的家庭一起工作是非常特别的。在很多情况下，当家庭中某个成员为了照顾其他成员而牺牲了自己的利益，或者某些家庭成员的行动给其他成员带来不幸时，这个家庭就会出现很多问题和困难。

家庭社会工作主要的工作目标是：

1. 提升家庭优势，促使家庭有能力做出长期改变（或干预）。

2. 推动家庭功能的具体改变，从而协助家庭维持令人满意的日常运作。

3. 根据家庭治疗的要求给家庭提供额外的支持，使家庭可以有效地发挥正常功能。

4. 建立家庭与环境支持之间的关系，以确保家庭成员的基本需求能够得到满足（Nichols，2010）。

5. 及时回应家庭的危机需求，使其有能力应对更加持久的问题。

家庭社会工作与家庭治疗不是一回事。家庭治疗主要采取的是以办公室为本的干预，帮助家庭成员做出系统改变。家庭社会工作既以家庭为中心，又以社区为中心；既关注家庭生活的日常程序，又关注家庭生活的自然社会环境。尽管家庭社会工作者可能在办公室访谈一个家庭，但是，大部分工作还是在家庭的住宅内开展的。进入家庭住宅开展工作，家庭社会工作者就能熟悉家庭在日常生活中的功能性情况。这种方法特别有助于处理家庭危机。家庭社会工作者可以及时了解家庭的具体需要、日常生活和家庭互动，并把这些当成改进的目标，这样的工作重点能够满足很多高危家庭的需要和期望（Wood & Geismar，1986）。

家庭社会工作者有很多方法来提供现场的具体援助。例如，当一个青少年与父母发生冲突时，家庭社会工作者就可能有机会发现家庭问题，"在一个适合的时间"来进行干预。家庭社会工作者可以协助父母与子女发现到底是什么导致他们之间的争议，指出他们之间有问题的、不断重复的互动模式是怎样维持并不断发展下去的。这些任务一旦完成，家庭社会工作者就可以与父母和子女一起开展工作，鼓励他们用积极的互动方式来替代各自的问题行为。当孩子发脾气时，家庭社会工作者就可以现场向父母传授更有效的方法来处理孩子的问题。此外，当有家庭成员威胁要自杀时，家庭社会工作者可能会出现在现场，进行危机干预。如果碰到父母被解雇或者租约没能续签这样的事，家庭社会工作者就要和家庭成员一起处理这些事情。在办公室也能解决一些问题，但首先需在家庭处理，因为有些日常的家庭事件是难以在办公室处理的。久而久之，家庭社会工作者就可以在问题出现的时候和问题出现的地点，进行支持和鼓励，形成良好的家庭动力关系。

立足于家庭或社区的家庭社会工作者与很多立足于办公室的服务者相比，有很多优点。家庭社会工作者不会让家庭成员坐在办公室里面，用语言来描述家庭发生的事件，相反，他们会进入家庭，随着事件的不断展开，他们就有机会来理解家庭情境的动态关系。居家的家庭工作给家庭提供了机会来"展示对很多事物的兴趣，而各类事物都会界定（家庭的）特征，如孩子、宠物、宗教用品、纪念品和奖品等"（Nichols，2010，p.233）。家庭社会工作者同样有机会在现场向家庭传授一些新技巧。家庭问题常常出现在家庭住宅里，这里也正是发现问题、解决问题的最佳场所。由于家庭社会工作者基本上都是在家庭住宅或社区中开展工作，因此，他们可以让有问题的家庭立足于自己的自然环境，以推动家庭的改变。

尽管家庭社会工作者要在服务对象家中处理一系列个人和家庭问题，包括虚弱的老年人、有精神问题的成年人面临的挑战，但是，本书的重点还是放在了涉及儿童的家庭社会工作上。当然，我们还会讨论夫妻干预的问题，因为我们相信，融洽的夫妻关系会孕育出健康的育儿技巧（参见第十三章）。我们从优势视角来讨论家庭社会工作，这个优势视角向家庭社会工作者揭示了在实现家庭目标、实现自己的梦想、提高家庭自信及增加技巧的过程中，应该如何发现、探索、提升和利用家庭的优势和资源（Saleebey，2000）。第五章会深入讨论家庭优势和抗逆力问题。

我们从重视儿童的角度来开展家庭社会工作，我们的主导理念就是要促进儿童在家庭中的福祉。我们相信，儿童有权利生活在一个健康的、支持性的、有利于其成长的环境中，我们还相信，父母有权利接受外界的支持来养育子女。"家庭功能正常，儿童就会得到很好的帮助"，家庭社会工作的基础就建立在这样的原则之上。养育子女绝非易事，需要有很多技术和强大的社会支持系统，养育子女的技术既非来自本能，也非凭感觉产生的，它们需要学习和培育。"养育子女的一个问题就是当你有经验的时候，你已经被解雇了"（Efron & Rowe，1987）。家庭社会工作者可以帮助父母加快学习过程，这样他们可以尽情享受与孩子在一起的时光，享受天伦之乐。

家庭工作包括四个阶段：建立关系、需求评估、干预和结案。本书也是按此来组织的。每个阶段都需要很多技术，高效的家庭社会工作会采用很多技术来有效开展工作。社会工作是建立在价值观之上的专业，这些价值观指导了我们的实务，我们称这些技术是以价值观为本的，或者是态度性的技术。态度性技术渗透在家庭工作的每一个阶段，这就是为什么在本章中，我们特别关注有关家庭的信念和假设。社会工作历来都非常重视关系的重要性，因此，建立关系的技术也是至关重要的，这是社会工作的基础，建立关系的技术是必不可少的，但仅靠这些技术还是不够的。汤姆和赖特（Tomm & Wright，1979）曾详细地说明了其他一些技术，包括感知性技术、概念性技术和操作性技术等。

感知性技术和概念性技术指的是出现在工作者大脑中的一些技术，这些成为家庭社工作者开展行动的基础（Tomm & Wright，1979，p.2）。操作性技术包括家庭社会工作者在家庭会议中观察到了什么，这些观察需要准确，并且与工作密切相关。概念性技术包括家庭社会工作者赋予观察对象的意义。在家庭社会工作者界定观察对象的过程中，家庭系统理论发挥了重要作用。在家庭社会工作的不同阶段，我们会在必要的时候指出所需的各种技术。

　　从历史的角度来看，社会都假定养育子女是人的天性，这就强化了养育子女完全不需要受到来自外界的干预这一信念。换言之，社会期望每个父母都不需要州政府或其他外部机构的支持，就可以把自己的孩子培养成人。这样的假设是非常错误的，这种假设认为只有那些"坏的""失败的"或者"无能的"父母才需要外界的支持，这就将寻求外界帮助的行为污名化了。

练习 1.1　育儿技术

　　你认为育儿技术是人的本能吗？将你认为重要的育儿技术写下来。父母是如何学习到这些技术的？你认为父母在面对孩子时，最缺乏的技术是什么？将那些妨碍父母获得育儿技术的原因写下来。父母可以如何发展这些技术？在课堂上进行讨论。

　　具有讽刺意味的是，社会一方面认为父母需要接受必要的支持，另一方面却对父母抱有很高的期望。当父母出现争吵时，等待他们的通常是社会机构的惩罚和粗暴干预。例如，儿童福利系统可能会把高危儿童从家庭中转移出去，而不是向家庭提供足够的资源来解决家庭的困难、维护家庭的完整（Fraser，Pecora，& Haapala，1991）。同样，社会机构一直在旁观，等待父母出现失误，而不是事先给家庭提供及时的帮助。惩罚性的干预既不能解决父母的问题，也不能解决儿童的问题。很多机构的作用就是等问题出现后，才对家庭进行监测、矫正或评估。严格地说，各种机构可能会将儿童从家庭中转移出去，却从来不给家庭提供必要的帮助，"预防"儿童转移事件的发生。这些机构的座右铭不是"提供援手"，而是"批评指责"。

　　家庭社会工作可以极大提高儿童保护服务的有效性。家庭社会工作作为一种专业实践，是建立在这样的价值观之上的，即父母、子女和家庭作为一个单位应该得到支持，以避免后来的（更为严重的）"矫正"。所有的家庭在某些阶段都需要来自朋辈、邻里、社区和机构的支持，他们有权利接受来自家庭服务机构的以家庭为中心的服务。正是因为遵循了这个全方位的理念，家庭社会工作与其他传统的方法明显区别开来。传统的方法比较重视给个体的家庭成员提供咨询，将他们带离家庭，使他们脱离社会情境。而家庭社会工作者的工作假设就是，影响某个家庭成员的因素，也会影响到其他家庭成员，因此，整个家庭作为一个单位都是服务对象。

家庭社会工作建立在以家庭为中心的理念之上，是非常必要的、务实的。家庭社会工作者遇到的家庭可能面临着长久的问题，也可能已接受过不同服务机构的各种干预。正是由于这种复杂的经历，这些弱势家庭常常会表现出"治疗性害羞"或者是"治疗性老练"。家庭社会工作者在与某个家庭长时间开展工作之后，可能会感到不安，因为家庭所花费的时间比工作者要多得多！这些家庭可能不愿意与专业人士讨论自己的家庭问题，因为在他们看来，这些专业人士只会待在办公室里工作，对自己的日常生活和自然的生活经验毫不知情。这些家庭可能会对助人者产生负面看法，这种情况也许与助人者过去可能对这些家庭持惩罚性态度有关。

练习 1.2　家庭服务机构

在课堂上，列出一个自己社区中的家庭服务机构的清单，然后填上下列内容：

机构的授权	干预的目标	侵扰性/惩罚性程度
1.		
2.		
3.		
4.		
5.		
6.		
7.		
8.		
9.		
10.		

这个表格的主题是什么？

练习 1.3　个人服务机构

根据练习 1.2，列出你所在社区中的个人服务机构。它们是如何进入家庭的？个人问题是如何影响家庭的？

家庭社会工作领域

社会工作涉入家庭服务远远早于始于 20 世纪 60 年代的家庭治疗。历史悠久的家庭社会工作产生初期的目标就是消除人类的痛苦，将社会问题与个人责任区别开，并将社会问题放在其最初出现的家庭或社区范围内加以处理。早年的社会工作者发现，家庭对人类行为和社会机构来讲，都是不可缺少的重要内容。社会工作最突出的贡献就是关注情境，这成为这个专业的标志，明显区别于其他很多助人性的专业。强调关注情境使得社会工作者始终处在一个独特的先锋地位，目前越来越多的专业人士也开始采取这种视角。社会工作关注情境的视角就是著名的"人在情境中"（Person-In-Environment，P-I-E）视角，也称为生态视角。这个视角认为，个体不是孤立的，人作为一个社会性动物，受到了自己的情境（环境）的影响，同时也会影响自己的情境。家庭社会工作者也非常重视社会环境的重要性。他们毕竟都是情境专家！这里的情境包括双向互动、三元互动、小团体、小社区、大社区、国家甚至是全世界社会和全世界环境。日本2011年3月的大地震和海啸就生动地说明了世界社会和世界环境如何影响了我们的生活。

自从社会工作诞生以来，"人在情境中"的视角就成为社会工作专业的核心元素。这一点在社会工作的基本信念中也得到了充分体现，即认为家庭是人类生活的重要组成部分，认识到社会环境，如社会关系、文化和压迫等在很多方面具有重要影响。社会环境极大地影响了服务对象的生活质量。"人在情境中"的视角是理解多重问题家庭并针对这些家庭开展工作的一个非常重要的手段。这个视角能极大地推动为家庭提供服务，回应家庭的需要。"人在情境中"既强调行为也强调语言。很多研究也证明了这一点。当社会工作者向家庭表达了自己助人的意愿，与家庭同行，给家庭提供帮助、鼓励和积极倾听，愿意提供具体的服务时，家庭的状况就会得到改善（Ribner & Knei-Paz, 2002）。

很多学者，如平斯夫（Pinsof, 2002）指出，婚姻在半个世纪之前，已经成为科学和治疗的一个关注点。但我们不同意这个观点。事实上，家庭社会工作的先驱者之一玛丽·里士满早在一个世纪以前，就提出了要理解人类行为，就必须引入家庭的视角，这就早于平斯夫的观察（例如参见《社会诊断》，1917）。她将助人艺术从宗教的、道德的和心理分析的视角，转换到一个以情境和科学为基础的实务领域。她指出，家庭是理解个人和社会问题的特别重要的因素。她对家庭的系统的描述，是建立在对个案记录的实证分析基础上的。尼科尔斯和舒瓦茨（Nichols & Schwartz, 2004）认为，长期以来，社会工作者在家庭工作领域的作用一直被忽视了，因为社会工作者更多的是在提供服务，而不是在记录和写作。此外，早期的家庭社会工作者基本上都是妇女，比尔斯（Beels, 2002）认为里士满是最早的社会系统的思想家，她的观点后来被纳入了家庭系统体系中。她的思想推动了社会工作者跳出家庭，从社区和社会系统的角度来理解家庭。深受里士满的著作影响，社会工作者常常把家庭而不仅仅是家庭中的个体，当成了关注的"个案"。

我们非常敬佩里士满超前的视野，她提出了与当时非常流行的观点完全不同的看法——当时人们普遍认为，个人问题主要是个体的心理动力或道德缺陷所致（当然，我们还感谢她提出的心理分析学说）。我们还敬佩她不屈不挠地用科学研究的角度来研究问题，当时要做到这一切是非常艰难的。里士满富有远见地提出了要与家庭合作的立场，她运用了开放的思维，从家庭与社区和大社会互动的角度来分析家庭，这样才能对家庭问题进行全面的评估（Beels，2002）。后来的社会工作者，包括弗吉尼娅·萨提尔（Virginia Satir）、卡罗·安德森（Carol Anderson）、佩姬·佩普（Peggy Papp）、贝蒂·卡特（Betty Carter）、莫妮卡·麦戈德里克（Monica McGoldrick）、迈克尔·怀特（Michael White）和戴维·爱普生（David Epston），都从自己发展的、独特的角度，来理解家庭功能，并进一步强调了家庭的重要性。自里士满时代以来，社会就越来越复杂，给家庭带来了很多复杂的问题。这就使得运用"人在情境中"的视角来开展家庭工作显得尤为重要（参见第五章和第八章）。

在本书中，我们接受了早期的社会传统，发展了里士满的思想，吸取了近年来的家庭功能性理论。我们还综合了其他学科对家庭的研究结果，并将它们纳入了社会工作情境中。因此，我们呈现的理论改进了社会工作传统，从而综合成了一个折中框架，来指导今天的家庭工作，我们立足于家庭系统基础，将不同的概念有机整合起来了（第五章和第八章中将系统讨论这个问题）。

家庭社会工作与家庭治疗

里士满的"友好访问者运动"就是现代家庭社会工作的起源，后来就演变成了给多重问题家庭提供服务（Wood & Geismar，1986）的模式。今天，接受培训的专业人士也进行"家访"，给家庭提供具体的支持和教育。有时，当家庭首次进入助人网络后，首先就是与社会工作者开始接触，然后才接受家庭治疗。在另一些情境中，家庭在进行家庭治疗期间或之后，才接受家庭社会工作服务。

家庭治疗是很难被划入某个独立的专业领域的，而家庭社会工作却是从19世纪末就开始发展起来了。家庭社会工作与家庭治疗在以下几个方面存在明确的不同：家庭社会工作的关注点在于强调个体的、复杂的人际互动关系，以及社会系统的多层面性。家庭社会工作还重视家庭的日常生活，关注固定的具体事件和人际互动。尼科尔斯（Nichols，2010）指出，家庭社会工作与家庭治疗之间的差别在于，家庭社会工作有时以居家的方式开展服务，更多关注的是提升家庭功能性，而不是修复家庭系统的紊乱（p.233）。我们基本上同意这个观点，但不是完全同意。事实上，家庭社会工作者的干预就是具有"修复家庭系统性紊乱"的功能的。

比较而言，家庭治疗是更加正式的方法，通常会在办公室中开展，一般都关注更加抽象的家庭模式和家庭关系结构，以及家庭功能性。家庭社会工作者主要关注的是第一级改变，而家庭治疗主要关注的是第二级改变（参见第三章中关于家庭如何根据已有的规则来进行运作的内容）。家庭治疗处理的都是家庭内部的问题、构成内在家庭功能性的家庭过程和组织关系。它的目标就是重建家庭角色和家庭关系，因为它相信，新近学习的角色和关系最终会带来家庭功能性的有效发挥，最终会解决目前的问题（Frankel & Frankel，2006）。家庭治疗师相信，个人问题之所以产生，是因为整个家庭单位的功能紊乱。对于家庭治疗师来讲，家庭单位是改变的目标，因此他们很少关注个体的家庭成员。当然，家庭治疗无法处理环境的负面影响，特别是贫困、种族歧视和性别歧视对儿童和家庭带来的不良影响（Frankel & Frankel，2006）。

相反，家庭社会工作者特别关注具体的问题，如亲子冲突、与学校相关的问题，因为所有这些都反映了家庭动力关系的一个方面，因此，家庭社会工作者回应的是广泛的家庭成员的需要和家庭成员的关系。他们的回应方式通常包括具体的问题解决，提供支持、教育技术，以及处理个人关系、两人关系和全部家庭成员关系的能力。家庭社会工作者还帮助家庭获取社区内现有的服务和资源，如职业培训或药物滥用服务计划等。

家庭治疗和家庭社会工作各自扮演了重要的、有明确区别的角色。因此，非常重要的一点就是，需要清楚地理解家庭社会工作者和家庭治疗师的角色，避免角色混乱、工作重复交叉。当家庭社会工作者与家庭治疗师同时为同一个家庭提供服务时，要明确界定各自的角色，这一点尤为重要。在这一情形下，家庭治疗师和家庭社会工作者必须团结一致，给家庭提供集中的、互相支持的干预服务。

练习 1.4　家庭理论家

将过去一个世纪中对家庭领域有所贡献的社会工作者名单列出来。写出日期、理论名称和特定的概念。写出每个人对家庭社会工作的具体贡献。然后，再列出一些专业人士对家庭理论的贡献。写出日期、理论名称和特定的概念。他们在发展家庭理论时，运用了哪些社会工作的内容？

这里最初的名单包括：玛丽·里士满、简·亚当斯（Jane Addams）、伯莎·雷诺兹（Bertha Reynolds）、鲁思·斯莫利（Ruth Smalley）、海伦·哈里斯·珀尔曼（Helen Harris Perlman）、弗吉尼娅·萨提尔、迈克尔·怀特、佩姬·佩普、卡罗·安德森、莫妮卡·麦戈德里克、贝蒂·卡特。

请接着往下写。并把名单拿到课堂上讨论。

家庭社会工作实务现状

家庭社会工作与传统的家庭治疗方法明显不同，后者是在办公室里提供的一周一次、一次 50 分钟的家庭会谈。相反，家庭社会工作者常常在家庭住宅内工作，了解家庭生活及其每一个错综复杂的细节。当家庭需要帮助时，当家庭愿意接受干预和改变时，家庭社会工作者就会与家庭共同工作。某个家庭可能正好经历了某个危机事件，整个家庭都陷于痛苦之中，家庭也可能需要特别具体的帮助。给家庭提供的服务可能单独工作，也可能与其他服务领域合作。

这就是说，家庭社会工作需要在家中直接针对家庭开展工作，这完全超出了家庭治疗师传统的一周一次的服务方式。有些家庭社会工作者在家庭面临危机时，随时准备给家庭提供帮助（24 小时待命），对于家庭社会工作者来讲，要满足这样的时间要求，压力非常大，同时，在服务对象家中工作，对工作者所持的有关治疗和专业关系模式的信念，都构成了很大的挑战（Snyder & McCollum，1999）。例如，工作者会发现家中的亲密关系与办公室中的关系完全不同，因为在这里他们目睹的都是亲密无间的家庭关系，例如朋友顺路拜访、打电话、儿童玩耍或者把电视频道换到自己喜欢的节目等。

家庭社会工作者通过直接地、近距离地目睹家庭事件的影响，对日常家庭生活经历日益熟悉。家庭社会工作者要在"此地—此刻"和"现场"给家庭提供支持、知识和技术。由于家庭社会工作者熟悉家庭日常时间安排和功能，家庭不需要等一周后约定时间来处理家庭问题。工作者与以住宅为中心的服务对象的熟悉程度，远远超出与以办公室为中心的服务对象的关系（Snyder & McCollum，1999）。即使家庭社会工作者不在服务对象的家中，他们也会随时携带电话，只要服务对象家中出现了紧急事件，他们就会随叫随到。因此，家庭社会工作是"亲临现场的"、务实的、行动导向的。

家庭社会工作者可以给一个孤立无援、不知所措的母亲提供情感支持和其他具体的支持，也可以教一个被人误解的、行为出轨的 10 岁的孩子如何恰如其分地表达自己的需要和情感，还可以帮助一个混乱的家庭安排就餐时间、睡觉时间，让家庭平稳地发挥正常功能，随着日常程序的恢复，家庭可以少一点压力，多一点结构性和可预测性。在机构和社区层面，家庭社会工作者可以为家庭倡导，争取得到社区内其他助人系统的帮助。社区层面的家庭社会工作一个突出的目标，就是在不断满足社区期望和规范的同时，给家庭成员创造一个支持性的环境。

在针对家庭开展工作的过程中，家庭社会工作者必须时刻准备好应对与家庭问题相关的很多问题。特别是贫困家庭和负担过重的家庭，经常会在满足家庭的具体需求，以直接、坦诚的方式来处理问题方面出现很多问题（Wood & Geismar, 1986）。此外，居家为本的家庭社会工作者必须将自己的努力与其他服务提供者的工作协调好（Nichols, 2010）。 *11*

为了处理好自己面对的问题，有些家庭认为，与家庭治疗相比，家庭社会工作不那么正式，不那么咄咄逼人，不具有威胁性，之所以这样，部分是因为家庭社会工作强调建立一个工作者—家庭联盟。相反，也有的家庭觉得面对家庭社会工作者时，自己更加处于弱势，因为他们把自己家庭的很多深层的问题，完全暴露在一个陌生人面前。由于家庭与社会工作者之间的关系可能会变得更加友好，更加去专业化，某些地域性的、社会性的和情感性的问题反而会出现。家庭社会工作者必须意识到，这种关系更具有社会性特点，而不是"专业性"特点（Snyder & McCollum, 1999），这就要求家庭社会工作者明确自己的工作任务，给工作提出更多的要求。家庭社会工作者运用投入和关系技术来与家庭建立一个问题解决、成长导向的合作伙伴关系。工作者还需要习惯在他人的领地工作，这里可能有很多因素是超出了自己的控制范围的，他们对会谈的过程以及接下来可能发生的事情也会缺乏控制。

尽管工作者可以自由支配很多有关家庭的信息，但是，他们还是需要发展一些技术，将这些信息有机整合到自己的工作中来。鉴于家庭社会工作者走进了家庭生活，每次都会有几个小时时间来参与家庭日常事件，因此，他们有很多机会来与家庭成员建立这种合作伙伴关系。共情和理解就成为这个合作关系的基石。家庭社会工作的优势之一就在于，家庭社会工作者能够鼓励家庭成员努力尝试不同的问题解决技术，发展出自己的、可供选择的日常生活技能，当助人过程结束后，家庭成员就可以采用这些方法来解决自己的问题。

另一方面，居家为本或社区为本的家庭社会工作的一个不足之处就在于，它不像以办公室为本的家庭工作那样具有一个很好的结构，对工作者而言，要聚焦于问题开展工作就比较困难。去服务对象家中开展工作，加大了工作者的压力，反而有利于敦促工作者建立家庭问题模式，居家为本的工作者就需要特别努力，以确保不突破专业界限（Nichols, 2010）。家庭与工作者之间的关系中包含了更多社会性互动元素，这样双方在互动过程中，可能会让专业界限越来越模糊。例如，某些工作者可能会把服务对象的孩子带回家，让他们体会自己家庭的功能性，借钱给服务对象，或者带服务对象的家庭一起外出度假等。这些活动可能会事与愿违，产生反作用，给下一步的工作带来破坏影响。同时，这些行为可能也会违背社会工作者的职业伦理。

从根本上来讲，家庭社会工作者可以协助建构家庭系统的基础，做些添砖加瓦的工作。家庭社会工作背后的假设是，如果可以改变家庭功能失调的很多方面，那么，家庭未来满足其成员需要的能力就会得到加强。这种加强就能培育出更强大的家庭和健康的家庭成员。这个能力会改变家庭目前的环境，让孩子们有机会学做未来的合格的父母。理想的状态就是，家庭社会工作会产生隔代的影响力。

案例 1.1

　　约翰今年 44 岁，他的妻子玛丽 43 岁。他们有三个孩子，分别是 14 岁的儿子马文、13 岁的儿子迈克尔和 11 岁的女儿莎伦。他们是由他们的家庭医生转介过来的，母亲玛丽因为家庭琐事而患有抑郁症。这些琐事包括贫困。约翰晚上在一家比萨店送外卖，挣的工资很少。他长期失业。玛丽一周工作几天，给人打扫房间。背疼和劳累使她无法长时间工作。他们住在一个拥挤的两居室中。

　　他们经常去教堂，三个孩子都上了教会学校。由于这类学校是私立的，因此学费很贵。孩子们在课后是没有钱去参加任何课外活动的。孩子们的学习成绩都还不错，只是马文的数学不太好。女儿莎伦超重，患有严重的湿疹。

　　由于家庭住房拥挤，家中几乎没有私密性可言，两个男孩经常打架，并联合起来欺负妹妹。父亲常常在晚上外出工作，管教孩子的责任就落到了母亲身上。几个孩子谁也不听母亲的话，他们谁也不帮忙做家务。

　　过去这些年，这个家庭就是这样过来的，他们也没什么朋友和亲人。

练习 1.5　具体需求

　　分成 4~5 人一组。根据案例 1.1 的情况，列出这个家庭的具体需求清单，将这些需求与社区中相关的机构或资源连接起来。

练习 1.6　家庭社会工作与家庭治疗的区别

　　将全班分成两组。运用案例 1.1，根据两者之间的区别，列出家庭社会工作和家庭治疗的优点和缺点。在课堂上讨论优缺点。优点和缺点的参照物可以是家庭，也可以是家庭社会工作者。除了本节列出的差异之外，你是否还发现了其他什么区别？

　　家庭社会工作：

　　优点＿＿＿＿＿＿＿＿＿＿＿　　　缺点＿＿＿＿＿＿＿＿＿＿＿＿＿＿

　　家庭治疗：

　　优点＿＿＿＿＿＿＿＿＿＿＿　　　缺点＿＿＿＿＿＿＿＿＿＿＿＿＿＿

家庭社会工作的基本假设

　　家庭社会工作本质性的假设来源于构成家庭社会工作基础的一些信念和原则（第二章中会详细讨论）。这些假设包括：欣赏"家庭为本"和"居家为本"的实务价值观，以及充分运用危机干预的方法。另一个重点就是，向家庭和儿童传授技巧，协助他们学习新行为，学会更有效的方法来处理家庭关系。最后，家庭社会工作认为，家庭嵌入在一个成系列的互相交织的社会系统中，这个系统又会给家庭带来很多危机和机遇，这个观点有时被称为"生态"视角。下面我们将介绍这些假设，并在后面的章节中进行详细阐述。

给家庭提供登门支持

　　玛丽·里士满（Richmond，1917）一直倡导要在家庭住宅中与家庭见面。半个世纪之前，奥克曼（Ackerman，1958）就指出了家访的优点，认为家访给家庭社会工作者提供了一个窗口来理解家庭的情感氛围，使其可以身临其境了解家庭心理社会状态，以及家庭在特定的环境中所特有的表达方式（p.129）。奥克曼特别关注家庭的就餐时间，他认为这是一个非常有用的诊断时间。

　　在过去的20多年中，人们又开始关注居家为本的家庭工作，特别是在儿童保护领域。在服务对象家中开展家庭工作具有很多优点。例如，居家为本的评估和对家庭功能性的评估，可能会比办公室中的评估要准确得多（Ledbetter，Hancock，& Pelton，1989）。在家庭住宅中，家庭社会工作者可以收集有关家庭功能性的直接的、眼前的信息，对家庭成员在家庭环境中的互动关系做出评估。这就是所谓的"生态效度"（Masse & McNeil，2008）。生态效度使得工作者可以目睹"真实的生活行为"，而在办公室背景中，家庭成员行为出现的频率就不像在家中那样频繁了。这就可以帮助工作者根据家庭生活环境，来制订个性化干预方案。

　　很多家庭也非常乐意在家中接受服务。例如，在某些计划中，父母们会给治疗师进入家庭打高分，说明了服务对象对登门服务的接受度比较高（Fraser，Pecora，& Haapala，1991）。这个研究结果得到了其他研究的验证。在某个服务计划中，有父母表示，"我喜欢登门服务，因为工作者可以在一个正常的氛围中观察我的孩子"（Coleman & Collins，1997）。

　　登门式的家庭社会工作的优点并不仅仅表现在评估上。办公室为本的治疗过程的运作基于这样的假设，即在办公室访谈中服务对象的改变，可以推广到家庭和社区的背景中。

当然，我们现在明白，服务对象的改变不会简单地、一成不变地从办公室保留到家庭中（Masse & McNeil, 2008；Sanders & James, 1983）。例如，有研究表明，施暴的父母不会简单地将在教室中学到的技巧运用到家庭中（Isaacs, 1982）。还有研究发现，在一个小组中，母亲和孩子都表示，与在办公室背景下接受的服务相比较，接受了登门服务的人的变化会更大（Foster, Prinz, & O'Leary, 1983）。这只是很多研究中的两个例子，它们都说明在问题发生的场所进行干预，会比办公室背景下的干预更加有效。也就是说，家庭社会工作者如果在服务对象家中开展服务的话，那么，在干预中家庭学习到的行为，会更容易被推广到现实生活中。

登门服务还会克服一些障碍，如交通不便以及其他爽约的问题。在住宅中提供服务还有这样的优点：（1）服务会面向更加广阔的人群，特别是那些弱势人群和残障人士；（2）会减少中途退出治疗或者爽约的现象；（3）"所有的"家庭成员都会乐于参与；（4）住宅是一个自然的成员互动的场所（Fraser, Pecora, & Haapala, 1991；Kinney, Haapala, & Booth, 1991）。当然，我们还是要注意，在登门服务时，并非所有家庭成员都乐于参与干预计划，有人会认为登门服务具有外来性，可能会破坏家庭私密性。

住宅和家庭是存在后期社会适应困难的儿童的"训练场"（Patterson, DeBaryshe, & Ramsey, 1989）。在住宅中提供家庭社会工作，运用灵活的服务计划，邀请抵触的家庭成员参与，就成为家庭社会工作者面临的第一个棘手问题，因为某些家庭可能会抵制外界的干预。此外，进入服务对象的世界，了解问题产生的自然环境，也给工作者提供了机会来进行现场教育。家庭社会工作者可以及时回应服务对象的问题。

让家庭社会工作者登门服务，能够加强其与家庭成员的面对面接触，邀请所有家庭成员参与，特别是父母参与，是干预成功的一个非常重要的因素。要让家庭成员通过交通工具来到办公室赴约，是非常不方便的，而且要做到所有家庭成员都参与也是很难的。要与那些孤立的或贫困的家庭，以及那些排斥专业干预或其他形式的服务的家庭建立联系，登门式的家庭社会工作也是特别有效的。尽管登门式的家庭社会工作使工作者有机会能够见到所有的家庭成员，但是，有时还会出现这样的情况，即当家庭社会工作者登门时，某些成员也会拒绝出来见面。在第六章中，我们要讨论一些实务策略，包括如何吸引家庭成员参与助人过程。

变化的便捷性和可转换性是一把"双刃剑"，因为如果将家庭内部出现的行为改变，运用到家庭之外的环境中，例如学校，就会遇到很多相似的问题。高比例地安置有行为问题的青少年，就证明了将变化运用到其他背景中的复杂性。特别是有违法行为的青少年，他们深受家庭之外的同伴和环境的影响，随着年龄的增长，他们会远离家庭而发展出独立性，很少受到治疗因素的影响。因此，家庭社会工作者必须关注家庭成员所处的工作和休闲环境，如学校和休闲机构等。还有，在问题刚刚萌芽时的早期干预，能够有效阻止问题向严重方向发展。

　　尽管上门服务有很多的优点，但是，居家为本的干预也出现了一些问题，需要家庭社会工作者应对。例如，家庭社会工作者在服务对象家中提供服务时，可能会失去某些控制（Masse & McNeil，2008）。失控的原因可能是多种多样的。例如，家庭类型不太一样，给工作者造成了一个不太熟悉的、难以预测的和难以控制的环境（p.128）。此外，家访也受到很多干扰，如电视、电子设备、电话、来客和孩子的玩具等。家访很具有挑战性，因为家庭社会工作者资源很有限，例如，他们与服务对象家庭成员一起开展活动的时间非常有限。还有，对机构和家庭社会工作者来讲，登门的费用和成本较高，包括燃油费、车辆损耗和路上的时间等。

　　要应对这些挑战，最好的方式就是提前计划好，处理好潜在的问题。家庭社会工作者要了解家庭的环境和布局，检查相关资源，在开始访谈之前，与家庭讨论如何处理各种干扰等。一开始就要与家庭签约，以确保后来的工作顺利进行。合约中要包含这些内容：如何处理干扰（例如不要接听电话、关掉电视、告诉朋友自己某段时间不方便等）。合约的内容可以协商，一旦签约，就要确保家庭社会工作者最大限度地控制家庭会议的方向。

练习 1.7　家庭社会工作界限

　　了解专业和个人的界限对家庭社会工作而言尤为重要。将班上的学生分成4～5人一组，列出一个界限问题清单，按照下列领域区分个人和专业界限：金钱、时间、共享空间、分析个人信息、性行为和关系等。把各组列的清单汇报给全班同学，并进行讨论。在讨论中，尽量说明这些问题是怎样互相影响的。可以参考社会工作职业伦理。

　　个人界限：　　　　　　　　　　　　　专业界限：

家庭为本的哲学

　　家庭社会工作的一个核心信念就是"家庭是治疗的起点"。从这个意义上来讲，家庭对儿童的福祉是至关重要的。家庭社会工作就是基于这样的信念，即每个儿童都有权在一个关爱的、保护性的环境中成长。此外，家庭为本的工作强调在自然环境中理解人类行为的重要性。

　　将家庭视为治疗的关键点，会给我们的工作带来很多益处。在同一个家庭中，可能几个孩子都有问题，或者对某个孩子进行治疗时，还需要关注其他孩子。居家为本的治疗就可以处理很多问题，而这些问题可能是目标孩子所无法表现出来的。通过与整个家庭一起开展工作，父母可以运用从目标孩子身上学到的知识，避免在其他孩子身上重复出错，这就给家庭社会工作提供了一个预防性的平台。很多家庭都非常欣赏家庭社会工作的家庭为本的哲学理念，下面就是父母们的一些评价："工作者将整个家庭都集中起来签约"，以及"（工作者）直接关注的就是整个家庭。保持整个家庭的视角，将家庭当成一个单位是非常重要的"（Coleman & Collins, 1997）。

促使目标孩子之外的变化，是家庭社会工作的一个重要的特点。"向兄弟姐妹的推广"包括，将变化延伸到其他兄弟姐妹的行为的改变中，而这些兄弟姐妹原本不是家庭社会工作者的焦点。向父母传授子女管理技巧，是家庭社会工作的一个核心特点，因此，期望兄弟姐妹也会发生变化就合情合理了。从逻辑上来讲，父母学到的技巧，可以被运用到家中其他孩子身上。向父母传授更加有效的管理子女的技巧，就很有可能会给整个家庭带来改变，同时还会阻止问题的复发。例如，有一个服务计划发现，一旦母亲减少了处罚孩子的行为，父亲就会参与进来扮演惩戒者的角色（Patterson & Fleischman, 1979）。这表明，家庭结构会自动调整，以适应家庭中学习到的新行为。

与整个家庭合作对帮助违法青少年非常有益。很多服务计划都表明，父母会将学习到的对待具有社会性攻击行为的儿子的技巧，运用到家庭中的其他孩子身上（Arnold, Levine, & Patterson, 1975；Baum & Forehand, 1981；Klein, Alexander, & Parsons, 1977）。家庭干预就是建立在这样的假设之上，即父母就是子女最有效的、最欢迎的治疗师，家庭系统的改变也会影响家庭中其他子女的行为。大量的服务计划都证明，与接受治疗之前的行为相比，兄弟姐妹的问题行为会减少，大约三分之二。还有研究表明，在服务结束后，这种良性的改变通常还会持续几年。除了目标孩子的行为改变之外，其他儿童的问题行为的减少，也充分证明了家庭为本社会工作的重要性。

危机干预

在家庭压力事件发生过程中，如果家庭社会工作者及时出现在现场，他们就会提供危机干预。如果干预由某个家庭成员的危险行为，如虐待或者自杀威胁等引发，这就显得尤为重要。因此，家庭社会工作者的及时出现，能降低弱势家庭成员的受伤害程度，在整个家庭恢复正常功能、每个家庭成员的安全得到保障之前，工作者会发挥这样的作用。在危机期间，工作者对家庭的干预重点在于问题解决和决策，其目的就是解决问题，协助家庭成员发展适应性应对技巧。通过危机干预，家庭社会工作能协助家庭成员熬过痛苦时段，进入一个新生成长期，学会更好应对。要实现这些目标，干预的重点就要放在家庭经历的具体和实际的问题上。

在针对那些经历了很多问题的家庭开展工作时，危机干预是非常有效的，在这些情况下，危机干预的效果可以与传统的长期治疗相媲美（Powers，1990）。危机干预的双重目标包括解决眼前问题，适应突发生活事件，以及长期的能力建设，以减少对未来压力事件的应对失败和提高适应水平。在危机阶段出现的改变常常会在服务结束后，继续保持很长时间。家庭危机干预在预防某些孩子住院，以及减少他们在精神病院住院时间方面，也非常有效（Langsley，Pittman，Machotka，& Flomenhaft，1968）。

社会工作有时会认为在某个问题上花费的时间越多越好。事实并不总是这样，因为有些干预会产生"门槛效应"。例如，在某个问题上没花什么时间，并不意味着不能解决这个问题，关键在于是否会开展明确的评估和有效的干预。这意味着家庭社会工作者不能为家庭面临的所有问题所缠绕，相反，他们必须学会将问题分类，按照先后顺序，分别处理。每个目标问题都需要有一个有针对性的干预计划。家庭社会工作者不仅要处理家庭危机，还要关注导致家庭危机的原因，以及危机对家庭功能性的长远影响。

家庭的"可教育性"

家庭社会工作者需要经常与家庭成员一起工作，以提高他们促进家庭和谐的技巧。育儿和儿童管理的技巧都是家庭社会工作者必须帮助家长在儿童成长过程中掌握的技巧。这些技巧包括各种方法，主要有：（1）强化有效行为；（2）协助家庭成员处理情绪失控问题；（3）教家长如何处理儿童行为；（4）当家人发生冲突或者孩子的行为失控、压力很大时，可以运用暂停方法；（5）运用角色扮演的方法来练习积极行为；（6）协助父母和儿童学习社交技巧；（7）传授放松技巧，协助家长应对压力，学习更加有效的自我教育方法；（8）培养育儿技巧和儿童管理技术。

很多研究表明，传授育儿技巧能够有效地消除虐待行为，积极地促进儿童的行为改变（Baum & Forehand，1981；Foster，Prinz，& O'Leary，1983；Wolfe，Sandler，& Kaufman，1981）。虐待和行为问题是家庭社会工作处理的两个主要的家庭问题。给家长的行为训练最有效的就是传授自我控制技巧（Isaacs，1982）以及改变越轨儿童的行为的技巧（Webster-Stratton & Hammond，1990）。

对父母进行培训，以消除虐待、解决儿童行为问题，需要建立在与家庭成员即时互动的基础之上。家庭社会工作者需要密切关注亲子互动模式，协助家庭以看得见的方式来改 *18* 变这些互动模式。值得注意的是，有虐待儿童和行为问题儿童的家庭，都会出现类似的即时互动形态。对亲子互动的观察有助于发现家庭内部的互动模式，特别是父母与子女之间反复出现的行为模式。在这些模式中，施暴的父母和有行为问题的子女的家长们与其他父母相比，沟通较少，且会使用消极的和令人无法接受的育儿方式，他们有时完全忽视儿童的反社会行为（Patterson，DeBaryshe，& Ramsey，1989）。育儿技巧训练的一个重要组成部分，就是改变功能紊乱的"分子模式"，要教父母积极回应子女的反社会行为，首先要争取这种积极回应在较短的时段内做到，然后争取长期做到。

生态视角

> 我们的民主在很大程度上，已经变成了幸运儿的民主。
>
> ——约翰·肯尼思·加尔布雷思（John Kenneth Galbraith）

社会工作者和其他专业人士越来越意识到，在特定的社会情境中理解人的行为是非常重要的。生态视角源于生态理论，是用来解释有机体与其周围环境之间的互相依赖关系的（Payne，2005）。家庭社会工作领域受到了家庭系统理论的启发（第三章），发现生态视角非常有价值，理论家吉曼（Germain）和吉特曼（Gitterman）就在生态理论和系统理论的启发下，创建了自己的生活模式理论（Germain & Gitterman，1996）。

在针对边缘化或弱势家庭开展工作时，采取生态视角尤为重要。"评估家庭与工作、朋友和大的社区之间的联系，对于理解家庭的问题、找到干预策略是至关重要的"（Carter & McGoldrick，2005，p. 19）。家庭所处的社会情境能够反映出某些危险因素。例如，居住在高犯罪率区域的家庭彼此不来往，这本身就反映了一种生态性的危险因素。在这样的区域，面临危机时，邻里之间不能守望相助，互相支持。相反，生态性机会会出现在一个彼此关系密切的社区中，在那里，邻里之间彼此熟悉，互相支持，他们会给有需要的家庭提供帮助。要全面深入地理解家庭，社会工作者需要能够发现"生态性高危因素"和"机会的潜在来源"。他们还需要明白，家庭内部成员各自扮演的角色与他们在家庭之外扮演的角色是类似的（Geismar & Ayres，1959）。

社会工作者很容易犯的错误就是，只关注家庭的内部功能性，或者是家庭所处的社会环境，从而将一个复杂问题过于简单化（Wood & Geismar，1986）。事实上，针对某些家庭的工作收效不大，因为所有的家庭问题都与家庭内部的互动模式有关。这也产生了另一个很不正确的想法，即只要改变家庭互动模式，一切问题就都迎刃而解了。恰恰相反，有效的家庭社会工作会发掘家庭和社会环境中的优势和资源，并对二者的关联进行评估。家庭社会工作会分析超越家庭界限的因素，关注那些超越了家庭关系和沟通模式的家庭功能性的多元面向。例如，育儿的有效性还与家长育儿的社会环境的质量密切相关（Garbarino，1992）。

家庭与它们所处的社会环境是共生的。有时，大的社会环境中的因素给家庭的生存会带来极大的挑战和威胁。某些社会性障碍会阻碍家庭发挥自己的潜能。家庭社会工作者在邻里和社区中与家庭一起工作，就是为了能够给家庭争取更多的物质支持和社会支持。把家庭当成一个单独的、孤立的系统，这本身就是一个错误，所有家庭都与其环境密切相关，不可分离。每个家庭都处在一个互相交错的社会系统的不同层面中，并受到每个层面的影响。家庭的社会环境是复杂的，处在不断变化之中。认识到家庭与其社会环境之间的互动的复杂性，就能给家庭社会工作者提供一套新的概念性视角，来指导他们描述、分析和干预家庭。家庭社会工作者要习惯于评估和干预每个家庭成员的社会环境。这种评估会让社会工作者在家庭拥有的优势和资源与社会环境所拥有的优势和资源之间，形成一种平衡，并可以反思它们之间的不匹配。家庭社会工作者通过对家庭应对的评估，能够发现环境是通过什么样的方式来冲击家庭功能的。

即使是健康的家庭，如果长期生活在压迫性或非支持性的环境中，那么无论它具备什么样的能力和优势，久而久之都会表现出张力症状。因此，有必要将干预延伸到家庭、学校和社区中，推动各系统之间的交流，是家庭社会工作视角的核心所在。家庭社会工作者运用生态系统开展干预，需要聚焦于"不同系统内部的关系性互动"（Ungar，2002），要把这些互动关系当成互惠性的，每种互动都会通过交换，对其他互动产生深远的影响。家庭社会工作的一个目标就是"提升人与周围环境之间的配合度"（Payne，2005）。吉曼和吉特曼提出的社会工作实务生活模型就是建立在生态学的暗喻之上的，按照这个理论，人与人之间、人与环境之间都是彼此依赖的（Germain & Gitterman，1996）。"人在情境中"的概念也源于这种思维。

在社会环境中，有很多资源是可以利用的。这些资源包括物质和货币，以及一些社会资源。要理解社会环境，可以去考察其社会支持的水平和程度。社会支持常常被误解为可依赖的资源。缺乏社会支持，可能就意味着孤立于他人之外，尽管它常常反映了弱势地位和孤立地位。我们社会中尊崇的家庭私密性和地域流动性，都会让家庭远离某些有价值的社会支持系统。

家庭环境中的重要人物，能够给家庭成员和整个家庭提供重要的支持和反馈。只要社会资源充足，危机就可以逆转（Berry，1997）；相反，当资源（如社会支持）不足时，家庭成员就会表现出精神痛苦或生理疾病。卡特和麦戈德里克（Carter & McGoldrick，2006）指出，"极为重要的一点就是，我们不能对社会问题进行心理分析，不能从内在动机和个体/家庭行为的角度来追寻问题的根源"（p. 20）。例如，与得到很多社会支持的妇女相比，缺乏社会支持的妇女在怀孕期间更容易患上并发症，而得到了很多情感和物质支持的孕妇生下来的孩子也会更加健康。因此，社会支持不仅能够让怀孕妇女受益，也会让她们未出生的孩子受益。协助家庭培育一个新的社会支持网络，不仅能够充分发挥家庭自己的能力，而且可以帮助家庭避免对工作者的依赖。当家庭社会工作者与家庭结束工作关系时，家庭成员已经有能力找到自己未来需要的资源了。

考虑家庭的环境，对家庭社会工作者具有直接的实务指导意义。从传统上来看，家庭服务被局限于外部界定的家庭和儿童的需求干预上。传统的家庭服务只包括直接干预外部机构界定的儿童和家庭需要。外部的权威机构，如公共卫生机构、学校或儿童保护机构，关注的都是家庭遗漏的问题，采取的是矫正式的干预，以"解决问题"为目的。这些干预的结果常常都不理想，因为工作者不去考虑问题产生的情境。

在一个全方位的框架中开展工作，可以使我们全面回应每个人的需要。接受服务的家庭通常都处在高度压力之下，而应对压力源往往都需要资源（Berry，1997）。家庭社会工作者与家庭之间的高效的合作伙伴关系，既可以处理家庭的问题，也可以明确家庭成员的需要、要处理的重点问题和所选择的服务计划。发展个性化的、量身打造的服务，以满足每个家庭的特殊需要，可以取代那种标准化的、要求家庭遵从的干预计划。这个新的方法遵守了自我责任的原则，即相信每个家庭成员都有责任获得自己需要的服务。相反，对家庭的指挥和控制都不利于培育家庭的自力更生，当然更不能给所有的家庭提供处方式的套餐服务。正所谓一人难称百人意。

尽管这个趋势是朝着提供更加全面的服务发展的，但是，家庭还是有权利要求更多的服务、要求获得更加个性化的干预服务的，这就意味着并不是所有的家庭都需要或要求广义的全面服务视角。一般来讲，家庭社会工作者与家庭之间需要通过协商来达成协议，明确需要提供什么样的服务。家庭社会工作者需要明白的是，某些家庭可能会需要就某个问题得到帮助（例如有学习障碍的年轻人的家庭只需要一种矫正性教育援助），它们不需要一个全方位的干预服务。全方位的服务如果不能满足家庭的特别需要和期望，就一定不是最好的服务。因此，无论怎样强调工作者与家庭之间要形成一个互惠性的、双方都能接受的协议的重要性，都不为过。家庭社会工作的一个核心内容就是协商达成协议，这个过程将在第七章中详细讨论。

目前，人们越来越多地开始关注早期干预，干预活动应该出现在问题变得严重之前或者失控之前，而不是等到问题日益严重或者具有破坏性时才进行干预。防患于未然是硬道理。在一个成年人开始虐待儿童之前，就协助他们学习育儿技巧，可能会比在虐待发生之后再向他们传授这些技巧更加有效。重视预防也表现在越来越多的人开始关心儿童早期激励计划，而不是后来对学龄儿童的矫正服务。早期干预有两种形式：在生命周期的早期进行干预，以及在问题周期的早期进行干预。家庭社会工作者需要同时开展这两种形式的干预。

家庭社会工作中的另一个变化趋势就是，人们开始相信要发掘家庭的优势，而不是关注家庭的缺陷和问题。例如，给有特殊需要的儿童提供的服务，不仅需要关注儿童的医疗需要，而且要注重协助家庭，在家庭的日常活动中，积极吸引有社会性和发展性障碍的家庭成员参与。这些原则倡导的是成长的概念，认为有必要把家庭当成外部社区资源的一个重要组成部分。

家庭社会工作者关注全方位的需要，并不是说可以轻易做出决定，他们首先需要确定服务的优先顺序，要处理家庭内部的冲突性的需要。相反，全方位的视角会要求家庭社会工作者能够充分考虑所有家庭成员的需要，而不是仅仅关注家庭中某个需要社会服务的儿童的需要。据此，家庭社会工作者必须了解家庭成员的需要，以决定如何处理某些特别的问题，如何寻找和调动外部和内部资源。必要时，还要与家庭成员携手合作。

练习 1.8 家庭和社会环境

要为与家庭合作做好准备，我们需要思考家庭在社会环境或社区中是如何运作的。想一想你自己的家庭或你熟悉的家庭。罗列出家庭成员在其中生活、工作、玩耍的四个社会环境。然后写下家庭成员可能会与每个环境发生互动时的角色和责任。用表 1.1 作为开始的案例。

表 1.1	评估家庭在社会环境中的角色和责任的案例		21
社会环境	家庭成员角色	责任	
邻里	父母		
	·成人	照顾邻里儿童的安全和福祉	
	·教练	教 9~10 岁孩子打垒球	
	·邻居	接触邻居，提供必要帮助	
	儿童		
	·家庭成员	让父母知道自己的好朋友和玩伴是谁，要去哪里玩	
	·团队成员	遵守球队规则，协助队友	

作为特别小组形式的家庭

家庭是个初级小组，其中家庭成员之间通过共同的活动，建立亲密的私人关系，而这些关系会持续很长时间。"人们开始研究和理解家庭时，会发现这里表现出了很多小组的特点"（Nichols，2010，p.8）。无论家庭成员之间的关系是好还是坏，他们之间的情感联系都非常密切。有人认为，家庭小组是所有其他小组的原型，也是儿童经历的第一个小组。在这个小组中的经验，会影响儿童在一生中遇到的其他小组中的经验。每个孩子都出生于某个家庭小组，并在这个小组中长大，有的可能时间比较短。与其他小组不同的是，人们对自己降生的这个小组是没有选择权利的。还有，家庭既有历史，更有未来（Nichols，2010）。家庭在行为、信念、沟通风格、文化传递、社交技巧和满足人类基本需要等方面，对其成员产生深刻的影响。从出生开始，每个人都是这个初级小组的组员。

练习 1.9 小组与家庭

在小组中，列出小组与家庭之间的异同点。如果你们之前学过小组理论，就将理论也列在清单中。这些相似性对你作为家庭社会工作者开展工作具有什么指导意义？把自己组的讨论结果在课堂上做个汇报，并将各组的讨论进行比较。

~~~~~~

随着孩子一天天长大，他们所属小组的数量也会不断增多。尽管这样，家庭仍然是他们的第一个小组，这个小组成立的目的，就是满足他们衣食住行的基本需要。这个小组给组员提供了归属感，教育孩子经历社会化，与家庭外的小组很好地互动。很显然，所有的家庭都是以独特的方法来组建的，会具备不同的能力，以不同的方式来成功满足自己家庭成员的需要。

家庭是一个"自然小组"，因为它是建立在自然规律基础上，依靠人际吸引或成员间彼此感受到的共同需要而建立起来的（Toseland & Rivas，1984）。与很多其他小组不同的是，家庭小组是独立于家庭社会工作者之外的，在他们干预之前就已经成型了。新成员的加入是通过婴儿出生、收养、订婚或结婚等方式进行的。组员只有死亡才算离组（Carter & McGoldrick，2005）。在很多方面，家庭成员是不可替代的，因此，家庭小组方式历史悠久，家庭成员关系问题是不受专业人士或领袖人物的影响而独立产生的。然而，自然形成的家庭小组与因某些专业人士或娱乐目的而组成的小组相比，既有很多的相同点，又有不同点。此外，不同的小组形式会产生自己独特的概念，要完成不同的任务。

勒温（Lewin，引自 Nichols，2010）总结了小组与家庭在动力关系方面的相同之处，他提出：首先，小组动力关系是一个超越了小组特点的、集合了不同个体和不同个性的复杂的结合体；第二，小组是总体大于部分之和的；第三，小组聚会，衍生出来就是家庭讨论，其功效要远远大于与个体的会议。尼科尔斯和舒瓦茨（Nichols & Schwartz，2007）引用了拜昂（Bion）的观点，他认为小组中出现的打/逃、依赖和结对等模式，都会出现在家庭中。由于要有个领袖（父母）来养育和保护其他成员，因此，依赖模式也在家庭中表现出来。这个小组还必须能保护自己（打/逃），要不就是主动出击，要不就是被动逃离。成员间还有必要进行结对（子系统的建立）。尼科尔斯和舒瓦茨还把本尼斯（Bennis）提出的小组发展阶段与家庭生命周期进行了对比。本尼斯指出，小组经历的发展阶段是可以预测的，这一点在家庭生命周期中也可以发现。角色理论也被运用到了家庭工作中，早期的家庭理论界把很多小组概念都运用到了家庭工作中。

本章小结

社会工作开展家庭服务历史非常悠久。尽管社会工作者可以开展家庭治疗，但是，家庭社会工作与家庭治疗还是有很多的不同。家庭社会工作更加具体，更加强调优势。家庭社会工作通常是以登门服务为本，以家庭为本，关注生态环境，相信家庭是可教育的。

关键术语

危机干预：我们认为家庭在家庭服务开始时，往往都处在危机中，这种即时的危机会在长期服务开始之前得到稳定。家庭在获得长期性问题解决技巧之前，通常都需要处理眼前的问题。

生态视角：生态视角帮助家庭社会工作者从不同层面来认识挑战、优势、支持和障碍，包括个人、家庭和社区层面，以及影响个人出现家庭问题的文化和社会层面因素。

家庭为本：我们的焦点不是关注个人，而是把家庭当成一个互动系统。我们尊重所有的家庭成员，重视他们对彼此生活的关注和投入。

家庭社会工作：家庭社会工作常常在家庭住宅中开展，关注的是家庭的具体需要、日常生活、技巧、家庭模式和功能性。家庭社会工作常常会采用问题解决方法、以优势为本的视角和危机干预方法等。

家庭治疗：家庭治疗是在办公室中开展的，主要关注的是二级改变，也就是改变人的主导规则的思维模式，从而改变其行为、思维和感受。与家庭社会工作关注一级改变相比，家庭治疗会影响抽象改变，而家庭社会工作则促进具体改变。

人在情境中：与生态系统比较接近，"人在情境中"不关注孤立的个体，而是关注个体与其他重要他者之间的关系（双向关系）、与家庭的关系（三元关系）、与小组的关系、与大组的关系、与社区的关系和与国家的关系，甚至是与世界社会和世界环境的关系。

优势为本的视角：优势为本的视角揭示了家庭社会工作者在帮助家庭实现目标和梦想的历程中，如何发现、揭示、提升和开发家庭的优势和资源，帮助家庭摆脱自卑和担忧（Saleeby，2000）。

24

推荐阅读书目

Richmond，M.（1917，reprinted 1964）. *Social diagnosis*. Philadelphia，PA：Russell Sage Foundation. 这是一部经典作品，因此作为推荐书目。社会工作直接实务就根植于这本由玛丽·里士满撰写的教材中，她是社会工作的奠基人物之一。尽管受到了心理分析思想和医疗模式的影响，但里士满的著作中包含了社会工作独特的内容，为社会工作者成为一个公认的职业奠定了基础。

能力说明

EP 2.1.1c. 关于专业角色和界限：家庭社会工作与家庭治疗不同，家庭社会工作可能是上门服务的，也可能是以社区为本的。

EP 2.1.3b. 分析需求评估、预防、干预和评估模式：家庭社会工作者在给服务排序或处理冲突性需求时，他们广阔的视野使他们不会简单地做出决定。家庭社会工作者必须运用批判性思维技巧来明确家庭成员的需求，决定如何最好地处理某些具体问题，合理分布家庭内部和外部的资源。

从心理学的角度，要把任何一个社会组织的价值界定为出轨的或不良的，而又不从生理或情感的角度伤害自己或他人，是非常不易的。

——家庭研究所的内森·W. 奥克曼（Nathan W. Ackerman）、心理研究所的比阿特丽斯·L. 伍德（Beatrice L. Wood）和威廉·M. 平斯夫（William M. Pinsof）

第二章

什么是家庭 ²⁵

◇ **本章内容**

家庭的目标

多元的家庭结构

定义家庭

多元性与家庭

当今家庭多元性及其未来

家庭的文化面向

家庭的信念

家庭社会工作指导原则

本章小结

关键术语

推荐阅读书目

能力说明

◇ **学习目标**

概念层面：理解不同家庭形式、多元性和家庭信念。

感知层面：观察和界定不同的家庭结构。

价值和态度层面：尊重多元性的丰富内容。

行为层面：要保持非判断、反压迫，将家庭社会工作原则运用到实务中。

学习家庭知识最具有挑战性的问题之一，就是需要回到这样一些令人疑惑的简单问题：什么是家庭？这个问题的复杂性在于社会关系在不断变化，要对家庭做出一个简单的、包容性的定义绝非易事。给家庭下定义面临的困难程度，与给那些充满了情感性和政治建构性的概念，如男性气质、母亲身份或爱情下定义是一样的。似乎每个人都有自己的定义，这样公认的定义当然就不存在了。尽管有这样或那样的困难，但是，如果社会工作者要确定某个机构的服务资格，或者应该给什么人提供服务，社会工作者就需要应对挑战，要明白当自己说到家庭这个概念时，到底是什么意思。定义家庭成员，可能会帮助家庭社会工作者确定，谁应该参加到干预过程中来（Hartman & Laird，1983）。对家庭的清晰定义，有助于我们明确谁有资格接受这些福利，如产假、日托照顾补贴、公共援助或健康保健等。明确的家庭定义还能帮助家庭社会工作者确认到底哪个部分应该成为家庭社会工作服务的重点。

练习 2.1　个人偏见与家庭信念

根据你的原生家庭的情况，给家庭下个定义。然后你跟旁边的人一起，将对方的定义融入自己的定义中。你们两个再跟旁边的一对结合，将他们的定义融入你们的定义中。再然后，跟另一个四人小组合作，整合出一个新的定义。继续与其他小组融化，最后得出一个班级对家庭的定义。将班级的家庭定义写下来。在不断融会其他人的定义的过程中，定义发生了怎样的改变？将这个班级的定义与本书中的其他定义进行比较。

家庭社会工作者描绘的家庭全景必须包括大多数家庭结构、角色和功能这些内容。对于很多新入职的家庭社会工作者而言，他们自己的早年家庭经验主要来自自己的原生家庭。当然，家庭社会工作者必须超越自己的个体家庭经验，因为有限的、自己原来固有的对家庭的信念，会降低工作者对多元化家庭结构和功能性的敏感度。如果缺乏对家庭功能正常和家庭功能紊乱意义的反思，个人的偏见就会影响对这些术语的理解。

从政治层面而言，对家庭定义的争论持久不衰，愈演愈烈。家庭价值观一词被融入了日常话语中，违背了家庭价值观的家庭，就被当成了不良家庭。但是，事实上，人们无法准确地界定家庭价值观这个术语到底指的是什么。在运用这个术语评价家庭过程时，我们发现，外出工作的妇女总是受到批评，贫困家庭被边缘化，来自其他文化背景的家庭感到自己不完美，单亲家庭有时觉得自己就像被"截肢"了，因为单亲家庭被认为是不完整的家庭。

过于简单的一个说法就是，如果家庭更加趋于传统的话，社会问题就会被铲除。隐藏在这个说法背后的东西就是，人们相信，所谓的传统家庭的瓦解，给我们带来了很多社会问题。下面这段话就清楚地说明了家庭价值观是如何在家庭中发挥作用的：

　　我们常常以为是家庭价值观的东西，如工作伦理、诚实、生活严谨、婚姻忠诚以及个人责任感等，事实上都是社会价值、宗教价值和文化价值。可以肯定的是，这些价值都是由父母传递给子女的，因此，从这个意义上来说，它们就是家庭的价值。但是，这些价值并不产生于家庭中。而那些关于家庭成员之间亲密关系的价值，以及强调亲属之间彼此关照的重要性的价值是来源于家庭的……

　　　　　　　　　　　　　　——戴维·埃尔金德（David Elkind）（www.Bartleby.com）

练习 2.2　家庭价值观

　　将家庭价值观这个概念所包含的特点列出来。将这个清单与全班同学的清单放在一起。你对清单上列出的内容同意多少？不同意多少？清单上列出的特点，对你作为家庭社会工作者来讲意味着什么？

　　坚信某个单一的、传统的家庭类型，会使我们丧失了解家庭形式的多元性和丰富性的机会。也许我们在讨论家庭定义时，已经给读者造成了很多困惑。但是，作为具有批判精神的思考者，家庭社会工作者需要摆脱个人的观点或者某个机构的政策，来问问自己：与朋友或室友相比，什么样的组织形式可以称之为家庭？扩大家庭成员应该被放在家庭的哪个位置？同居关系算什么？如何定义男/女同性恋家庭？同样，同居关系或一夫多妻制关系算家庭类别中的哪一种？跨文化的家庭结构和形式的不同类别在家庭概念中又应如何界定？替代性家庭形式难道就是家庭的敌人吗？

　　定义家庭难于上青天！但是，对于家庭社会工作者而言，要确定一个家庭的工作性定义是至关重要的任务。除了直接实务层面的需要之外，家庭社会工作者需要认真考虑，政策制定者是如何根据自己喜欢的政治和道德议程，来控制家庭结构和行为的（Pinsof，2002）。政策制定者其实是有很多选择，来支持多种家庭形式的。如果缺乏一个清晰的定义和概念化框架，社会工作者就只能运用自己对家庭的假设、信念和社会刻板印象来开展工作。家庭社会工作者需要批判性地思考如何界定自己的目标人群，这样，他们才能设计出相关的干预计划，并加以实施。本书的基本任务之一，就是揭示人们对家庭的共同的偏见和信念。某些偏见具有深远的历史根源，之所以能够长期存在，是因为它们确保了极少数当权者的利益不受侵害。

　　一般来讲，人们在谈及核心家庭时，大多指的是传统家庭。家庭的静态定义指的是有血缘关系的成员（即生物学父母和子女），或者有合法关系的成员。很显然，家庭的整体观会排除更多的人，而不是接纳更多的人。传统的家庭会使人想起妈妈在家做家务，爸爸外出工作，平均每个家庭有 2.2 个孩子。面对目前家庭面临的各种不幸，人们坚信要解决各种社会问题，最好的办法就是回归传统家庭形式。

事实上，北美家庭结构一直都是非常多元化的，传统的核心家庭更多地存在于小说中。男主外挣钱、女主内持家的家庭结构作为主导的家庭形式，也只存在了一段时间，而且集中在白人、中产阶级家庭中（Coontz, 1996）。在20世纪20年代，多数孩子成长在父亲外出挣钱、母亲操持家务的家庭中。今天，这种形式的家庭在所有形式的家庭中占不到10%的比例。保守政治家所期望的理想型传统家庭，主要存在于20世纪50年代（Coontz, 1996）。因此，认识并接纳家庭多元性是家庭社会工作所必需的立场和态度。

家庭形式一直都是非常多元的。在殖民地时代和拓荒时代，富裕的移居者依靠贫穷的移民和奴隶，建立了独立的家庭。美国黑人被剥夺了合法的婚姻保护和父母权利，因此，他们建立了自己的扩大的亲属关系网（Coontz, 1996）。中产阶级白人妇女可以享受家庭生活，因为工人阶级妇女承担了家务劳动，从而将白人妇女从家务劳动中解放出来。卡特和麦戈德里克（Carter & McGoldrick, 2005）提醒我们说，"很久以前，传统的、稳定的、多代同堂的扩大家庭就是建立在性别歧视、阶级歧视和种族歧视之上的"（p.3）。也许这在今天也是存在的，与过去如出一辙！

纵观历史，我们发现，死亡、遗弃、离婚、分居、单亲和混合家庭都成了社会结构的一部分，随着家庭的解体，形成了对社会陈腐观念的不断挑战。混合家庭也不是近代的新事物。分娩过程中孕妇的高死亡率和疾病使得混合家庭不断出现。从历史上看，疾病和战争不断夺去生命，留下的很多成年人在一生中要多次单身，于是再婚也非常普遍。此外，在工业革命之前，有很多贫穷的妇女和儿童需要外出工作，这一点再次挑战了那种所谓女性主义和妇女外出工作导致了家庭解体的话语。那种主张妇女外出工作伤害了家庭的言论到底对谁有利？研究的结果是什么？鉴于这样一个家庭历史画面，我们发现传统的核心家庭主要存在于欧裔中上层阶级中，他们得到了穷人和受压迫的工人的供养。

我们认为，家庭解体的主要原因在于缺乏支持性的环境。作为家庭社会工作者，我们应该为家庭多元性叫好，而不应该将其视为家庭的威胁，我们要尊重所有的家庭形式。例如，将男女同性恋的结合合法化强化了家庭的重要性。多元性使家庭有深度、特点和丰富性，而不是带来了缺陷。我们认为，反对家庭多元性的敌视性的社会环境，反而会给家庭带来很多问题和困难。家庭遭遇问题的原因是多种多样的，不能强调完全通用的概念，不要强求每个人必须遵循同样的家庭结构，遵守同样的规则。当社会态度压制那些不遵守通用规则的人时，问题就出现了。只有建构一个包容性的家庭定义，家庭社会工作者才能以非判断的态度，来为各种类型的家庭提供服务。反压迫和尊重多元性，就是我们社会工作专业的两个核心基石。

家庭的目标

练习 2.3　家庭目标

家庭需要满足什么目标（利益）？列出 5 个针对家庭成员的目标，5 个针对社会的目标。

家庭的存在是为了家庭成员的福祉，同时也是为了社会的福祉。理想的状态是，家庭给家庭成员带来可预期性、结构性和安全性，同时也参与社区活动。孩子们在家庭中学会很多技术，为未来离开家庭进入社会做好准备：首先是学校和朋友关系，后来是工作场所和浪漫的伴侣关系。成员的基本需求通过家庭得到满足，如果家庭不能满足这些需求，就需要外部的干预了。家庭社会工作者的一个主要任务，就是评估家庭中谁的需求得到了满足，谁的需求没有得到满足。家庭稳定了，社会才会繁荣发展。

大约 40 年前，著名的家庭社会工作者萨提尔（Satir，1967）指出，家庭有七大功能，现在我们重新审视过去 40 年中家庭的变化，有些功能看起来已经过时了，你认为还有哪些功能依然保留着？这七个功能包括：
(1) 给伴侣提供异性性经验；
(2) 通过生育和养育子女来延续种族；
(3) 根据性别、便利性和惯例，成年人之间劳动分工，实现经济合作；
(4) 划定界限（如乱伦是禁忌），确保分工得以顺利完成，保持稳定的关系；
(5) 通过沟通、情感表达、应对单调的环境和角色扮演，向子女传递文化传统；
(6) 纪念成员的成年；
(7) 子女为父母养老送终（pp. 26-27）。

练习 2.4　过时的家庭功能

在课堂上讨论上面列出的萨提尔提出的 7 个家庭功能中，哪些已经过时了。

家庭还会代代传承文化传统，包括语言、信念、宗教、知识和仪式。当然，文化传统的流传和演变是相对比较稳定的。有人很怀旧，因为社会变化如此迅速；而有人则对变化拍手称快。你怀念哪些传统？信奉哪些传统？大众传媒结合了全球化观点，似乎对文化和家庭的变化起了推波助澜的作用。

在家庭的教导下，孩子们不断成长，学习在家庭外生存的能力。在家庭内部，孩子要学习如何与他人相处。他们还要学习性别角色、同辈关系、对自己和他人的责任等。此外，他们还要学习工作伦理，要发挥自己的潜能。弗洛伊德曾经说过，一个健康的人应知道如何"玩耍和工作"，正是通过家庭，孩子们掌握了未来一生都需要的玩耍和工作的技巧。

家庭还要培育劳动者和消费者，这些都是一个强大的经济所必需的要素。有位记者曾就生育率下降的意义和影响，采访过本书的一位作者。被访的作者非常好奇，为什么生育率下降会成为一个问题，于是便请记者做个解释。记者回答说："我们需要婴儿来填满目前的空房间。"也许记者是从反面来看这个问题的：人们生孩子不是为了让房间住满人，相反，房间建了是给人住的！这个访谈没有公开发表，但是，很显然，记者的假设就是要加大消费者群体，支持经济发展是非常重要的。家庭养育的孩子，就是未来的劳动者和消费者。很多工业化国家由于低生育率影响到了经济发展，因此不断提高移民的配额。从这里可以看出，家庭和社会之间的互相依存关系是显而易见的。

因此，将社会问题归咎于家庭变化完全是本末倒置。另一个分析社会问题的角度就是，要考虑这些问题在多大程度上导致了家庭的解体。正如孔茨（Coontz，1996）所言：

> 与理论家所坚持的将原因相关性混淆的观点不同的是，这些不平等现象的出现不是直接由家庭形式变化所致，当然，不平等加速了变化的出现，它们也会给家庭带来不良后果。其后果就是家庭的压力不断累加，同时个人的选择也越来越多。有孩子的双职工夫妻需要平衡三份全职工作，因为雇主和学校都坚持认为，每个雇员都有个在家照顾家务的"妻子"。离婚和再婚使得成年人和孩子都有机会离开不良的家庭环境，当然，由于缺乏社会支持网络，新的、强调跨代责任的价值观尚未形成，所以，很多孩子在这个过程中备受忽视（p. 47）。

50多年前，内森·奥克曼（Nathan Ackerman，1958）就指出了社会需求和个人需求之间的不匹配性：

> 无论用什么术语，大家都一致认为个人的认同中出现了失落感、孤独感和困惑，都希望通过整合获得接纳。这种迷失方向趋势的后果之一，就是将个体抛回家庭，以恢复安全感、归属感、尊严和价值。人们要求家庭帮助家庭成员建立关爱和亲密感，处理因在外部世界找不到安全场所而产生的焦虑和痛苦（引自Satir，1967）。

孔茨和奥克曼都对社会无法支持和帮助家庭给孩子和父母建构一个支持性环境，深表不满。他们都认为，生活在一个充满敌意的、异己的社会中，增加了家庭负担，使家庭难以满足成员的需求，也无法帮助家庭成员减压。也许家庭对社会的贡献，远远大于社会对家庭的贡献。

纵观历史和全球状况，尽管家庭具有非常多元的形式，但是，人们还是会生活在这样或那样的核心家庭中。核心家庭指的是任何一人以上的血缘群体居住在同一个屋檐下，通过婚姻关系、血缘、社会性或自我认可的关系联系在一起。这个定义非常宽泛，包含了所有核心家庭成员。因此人们常常会问："什么样的群体不能称为家庭？"诚然，人在其一生中，往往会成为若干个核心家庭的成员。

练习 2.5　家庭历史

课堂讨论：中世纪以来，家庭是怎样演变的？欧洲中心视角之外的文化是如何处理离婚、分居等问题的？在过去 200 年中，妇女的家庭角色是什么？

多元的家庭结构

无论文化传统和经济社会地位如何，家庭都有很多不同的结构。下面我们将呈现常见的有孩子的家庭结构。同一个家庭可能会适合两个或更多的类别。

> 儿童生活在不同的家庭形式中，他们会与单亲父母、未婚父母、同居背景中的多个照顾者以及传统的双亲家庭很好相处。儿童需要的就是关爱和关心自己的成年人，他们不需要某个特定的家庭形式。
>
> ——桑德拉·斯卡尔（Sandra Scarr）（www. Bartleby.com）

出生家庭/原生家庭

在人的一生中，很多人会属于至少两种家庭群体。他们都会从属于一个出生家庭，也就是原生家庭。在这个家庭中，孩子会出生并长大成人。有些人可能会来自两个或者更多的原生家庭。例如，一个孩子在婴儿时期被人领养了，因此，他至少还属于生母家庭的一部分。对这个孩子来讲，原生家庭可能更多的是指他的养父母的家庭。原生家庭的一个定义就是"一个居住单位，其中个体会开始自己的生物学的、身体的和情感的发育和发展"（Hovestadt, Anderson, Piercy, Cochran, & Fine, 1985，引自 Rovers, DesRoches, Hunter, & Taylor, 2000）。

生育家庭

生育家庭是通过政府或自我认可，由夫妻组成的。他们建立了一种关系，并养育子女。生育家庭中的夫妻可能是异性，也可能是同性，生育可能是通过异性性交实现的，也可能是通过生殖技术实现的，如人工授精或代孕等。

扩大家庭

扩大家庭包括两个或两个以上的家庭单位。例如，扩大家庭可能由一个家庭中的祖母或祖父与一个已婚的儿子、媳妇和孙子构成。尽管祖父母是最常见的扩大家庭的构成形式，但是，有些扩大家庭也包括姑姨、叔舅和堂表兄妹们。在某些少数族裔中，扩大家庭扮演了极其重要的角色。在第四章中，我们将详细讨论隔代教养的问题。近年来，由于经济的原因，子女回归家庭，有时他们还会带上自己的子女，越来越多的家庭变成了扩大家庭。根据一个研究结果，1945 年以来，成年子女回归家庭的可能性增加了两倍（http：//www. statcan. gc. ca/pub/11-008-x/2006003/9480-eng. htm）。此外，年迈的父母可能也会搬回家住。"根据人口普查数据，自 2000 年到 2007 年，老年父母与成年子女一起居住的比例增加了 67％"（http：//womensissues. about. com/od/startingover/a/MomMovesStats. htm）。

我们现在担心"扩大家庭"这个术语需要改成"过度扩大"家庭了！的确，生育高峰期出生的（1945—1964 年之间出生的）一代人现在已经变成了"三明治一代"，他们处在上有老、下有小的夹缝之中。对于这些不堪重负的一代人而言，过上一种安静的、家庭责任少的退休生活，似乎成了一个无法实现的梦想。

混合家庭

混合家庭或者再婚家庭基本上是由两个人与至少一个来自原来关系中的孩子组成的。父母可能还会继续生孩子。1970 年以来出生的孩子，至少有一半生活在混合家庭中，统计数据表明，45 岁以下的男性在离婚后的 4～5 年内，有 80％会再婚，女性中的 75％也会再婚（http：//www. trust4u. com/Resources/BlendedFamilies. htm）。

领养家庭

领养指的是通过合法程序来养育一个出生于其他家庭的孩子。近年来，随着可领养孩子数量的下降，领养问题变得越来越复杂。希望领养孩子的父母可以通过非正式的、国际的或者跨种族的方式来办理领养手续。因此，领养家庭的领养方式就变得非常多元了。此外，单亲父母也可以领养孩子，在美国某些州，同性恋者也可以领养孩子（Carter，2005）。领养帮助法律中心报告指出，在美国，有 21 个州和华盛顿特区法庭都有判例，允许同性夫妻领养各自之前配偶的孩子，但是，由于在很多州，同性婚姻是不合法的，而现行的收养法首选已婚夫妻收养孩子，因此，他们是很难收养一个完全没有关系的孩子的（http：//www.adopthelp.com/alternativeadoptions/alternatives2.html）。

寄养家庭

寄养家庭指的是父母暂时性地养育出生在他人家庭中的孩子。寄养孩子在寄养家庭居住的时间长短不一，有的可能住几个月，有的可能住到成年之前。尽管大部分寄养家庭是根据当地的儿童福利部门要求来进行安排的，但是，还有很多寄养是通过非正式的方式，在朋友和亲属之间进行安排的。在美国，差不多有 50 万儿童接受了寄养照顾，其中三分之二的是非裔美国人或混血，绝大多数年龄在 5～11 岁之间，很多孩子还有行为或情感问题（Carter，2005）。卡特还发现，在领养照顾领域，还出现了营利机构。

单亲家庭

单亲家庭是由一个父亲或母亲带着一个或多个子女组成的家庭。单亲可以是父亲也可以是母亲，单亲的原因可能是配偶去世、离婚、分居、遗弃或从未结婚。在美国，有超过四分之一的白人婴儿和三分之二的非裔婴儿都是由未婚母亲生育的（Pinsof，2002）。而这个数据差不多相当于斯堪的纳维亚半岛出生的婴儿人口的一半。单亲家庭需要得到家庭、朋友和社区的支持（Carter，2005），因为他们只能独自承担家庭的所有责任。

33

~~~~~~

练习 2.6 单亲家庭

描述一个你认识的单亲家庭。这个单亲家庭是如何产生的？单亲对这个家庭有什么影响（如经济、社会地位、家庭认同和社会感知等方面）？

~~~~~~

定义家庭

伟大的系统论思想家莫利·鲍恩（Murray Bowen）把家庭当成了一个系统："家庭是

由若干个系统组成的，它可以准确地被定义为社会系统、文化系统、游戏系统、沟通系统、生物系统……我认为家庭是一个综合体，综合了情感和各种关系的系统。"（1971，p.169）鲍恩的定义还可以用来定义其他群体，如教室中的小组、篮球队或者治疗小组（至于情感在其中如何发挥作用，我们将在其他章节中讨论）。

艾克勒（Eichler，1988）对家庭的定义给我们奠定了基础：

> 家庭是一个社会组织，可能有一个或多个子女，可能没有子女（无子女夫妻），这些子女可能是婚姻期间所育，也可能不是自己亲生的（如领养的子女，或者配偶之前婚姻所育子女）；成年人之间的关系可能有正式的婚姻关系，也可能没有（如同居）；他们可能住在一起，也可能不住在一起（如走婚）；成年人可能会同居发生性关系，也可能没有；这种关系中可能会出现一些社会性情感，如爱、关心、孝顺和敬畏（p.4）。

我们来把艾克勒对家庭的定义与45年前萨提尔（Satir，1967）的定义做一个比较：

> 当玛丽和乔在自己的个人和婚姻角色上增加了父母角色时，从社会学的角度来说，他们就符合（社会学家的）家庭的标准了：（1）一般来讲都认为核心家庭（由父母和子女构成）存在于所有社会形态中。（2）他们把家庭定义为一个由两性成年人组成的组织，这两个成年人（两个伴侣）生活在同一个屋檐下，保持了社会认可的性关系。（3）家庭还包括由这两个伴侣生育的或者领养的子女（p.26）。

瓦尼埃家庭研究所（www.vifamily.ca）是这样界定家庭的：

> 任何两个及两个以上的人通过按照个人意愿、出生、领养或安置等方式结合在一起，并承诺共同承担责任，来完成下列各项任务：
> - 从物质上供养和照顾家庭成员；
> - 通过生育或领养来增加家庭成员；
> - 孩子的社会化；
> - 家人的社会控制；
> - 产品和服务的生产、消费和分配；
> - 爱的沐浴（关爱）。

最后，卡特和麦戈德里克（Carter & McGoldrick，2005）对家庭的定义，给我们提供了另一个视角：

> 家庭是由那些拥有共同历史和未来的人组成的。他们构成了一个至少由三代人组成的完整的情感系统，现在可能会有四代甚至五代人通过血缘、法律或者历史渊源联系在一起（p.1）。

~~~~~~

练习 2.7　给出你对家庭的定义

回顾家庭的若干定义，提出你自己的定义。然后，把你自己的定义与班上其他同学分享，并解释定义的意义。

~~~~~~

~~~~~~

练习 2.8　定义家庭

分成四人小组。在每个组中，将本章中的不同的家庭定义进行比较。你是否从中发现了什么偏见？每个定义的包容性是怎样的？这些定义是否过于宽松或者严格？它们是否可以涵盖世界上所有的群体？这些定义是否会给社会政策或者家庭服务机构带来挑战？

~~~~~~

不同的文化在如何定义"家庭"以及家庭应包括什么要素的问题上，存在很大差异。美国主流文化对家庭的定义重点在于核心家庭，而非裔美国人关注的是扩大亲属网络，华裔强调的是祖先，意大利裔关注的是扩大亲属关系中的几代人（McGoldrick, Giordano, & Garcia-Preto, 2005）。某些土著家庭将整个社区当成自己家庭从属的网络（Coleman, Unrau, & Manyfingers, 2001）。在某些重视传统文化的家庭中，与扩大家庭和亲属网络之间的关系往往建立在互相依存、群体导向和彼此依赖等价值观之上。来自其他家庭的人们所拥有的家庭文化价值观和文化习俗，会被贴上"奇怪"和"不健康"的标签，当然也会成为家庭文化的一部分，这些家庭的活动也往往与主流文化格格不入。

例如，有些文化习俗中有包办婚姻、盛行一夫多妻制、集体占有资源，不同文化中的家庭生命周期也有所不同。而在另外一些家庭中，则有明显的权威界限，由男性或年长者做家长。此外，不同的宗教团体都推崇家庭中的父权制。可是一旦来自某一文化的妇女和儿童在主流文化中感受到差异，就会出现问题。当工作者运用家庭成员平等价值观，对这些人群开展工作时，就会感到特别具有挑战性。例如，女性主义理论就直接挑战家庭内部权力的不平等分配。我们一起来看看表 2.1，表中的结果来源于加拉格尔（Gallagher）对 2 087 名有宗教信仰的个体的访谈资料。这个调查并不包括那些没有宗教信仰的人，也不包括基督教之外的宗教人士。表中数据显示，人们对家庭结构的看法与宗教信仰密切相关。

表 2.1	虔诚的天主教徒对社会性别和婚姻的理想（%）				
	福音派	激进派	传统派	自由主义	天主教
无意义的、空洞的婚姻应该以离婚的方式来结束	13.3	22.4	29.0	40.9	34.9

35

续前表

	福音派	激进派	传统派	自由主义	天主教
婚姻就是互敬互爱，平等互利	87.4	82.6	88.3	91.9	92.2
丈夫应该是一家之主	90.4	82.8	70.5	59.0	38.1

练习 2.9　宗教与家庭

回顾表 2.1，然后回答下列问题：

描述一个空壳婚姻或者不称心的婚姻是什么样的。

描述一个平等的伴侣关系，说出一些具体的行为。

家长意味着什么？请说出具体行为。

针对这些说法，你的态度是怎样的？

在班上讨论你的回答。分成小组来分析你们的回答会怎样影响家庭社会工作者针对宗教家庭开展工作。想想看针对宗教家庭和非宗教家庭开展工作，有什么不同？

缺乏文化敏感性意识的家庭社会工作者在面对与自己的家庭背景不同的家庭或与自己的家庭背景相同的家庭时，可能会缺乏客观性。无论出现哪种情况，家庭社会工作者可能都无法专心工作，他们可能缺乏对父母的理解，或者无法克服沟通障碍和文化障碍，如语言、宗教差异，或者完全不同的育儿方式等。因此，家庭社会工作者必须坦诚并直面自己的动机、偏见和盲点。只有这样，才能够感同身受地与来自不同文化背景的父母一起工作。文化敏感性的讨论将贯穿全书的各个章节。

当代家庭生活方式和结构都处在一个变动的过程中。因此，家庭社会工作者需要从宏观角度来界定家庭。提出一个清晰的、简明的家庭定义非常困难，但是，大部分人可以准确无误地描述自己的家庭，所以，在绝大多数情况下，提出工作性定义是可行的。按照其基本的概念，家庭就是家庭成员自己所界定的那样。个体所经历的"家庭"现实，对家庭社会工作者来讲就是至关重要的，它与铁板一块的、一成不变的严格定义是完全不同的，这种个体经验就成为对家庭开展工作的基础。社会对家庭结构的评价，可以帮助我们判断家庭在满足成员需要的过程中所需要的资源和面临的障碍。

练习 2.10　你界定的家庭

根据你的家庭情况提出一个家庭的定义。这个家庭定义在过去几十年中是如何变化的？你的家庭定义是否最符合社会提出的家庭标准？

多元性与家庭

如果历史留给我们什么教训的话，那就是任何家庭形式都需要满足人类对爱、舒适和安全的需要。

——吉里斯（Gillis，1996，引自 Carter & McGoldrick，2005，p. 15）

人们一直非常重视两个人之间的婚姻关系，在这个关系中，人们对情感的期望高于其他任何关系。但是，婚姻作为一个制度，与过去相比，对人类的生活的影响力越来越小。婚姻不再是约束人类性行为、协商不同经济政治权利、规范两性关系或者重组人际权利和义务，包括人口再生产和子女照顾的主要机制了。

——孔茨（Coontz，2006）

通过对西方文化的历史性回顾可以发现，在西方历史上，存在很多不同的家庭结构形式，这些与我们传统上把家庭当成单一的、铁板一块的形式的观点大相径庭。平斯夫（Pinsof，2002）指出，婚姻很少能够持续 15 年以上，婚姻中一方的死亡会成为婚姻结束的第一原因。直到 21 世纪中晚期，离婚才取代死亡成为婚姻解体的首要原因。孔茨（Coontz，2006）认为，当代美国社会离婚的盛行并非是史无前例的，只不过过去离婚的原因与当今复杂的、分层的社会中离婚的原因截然不同。离婚原因之所以不同，是因为结婚的原因也不尽相同。过去的婚姻更多的是出于实际利益的考虑，而今天的婚姻更多建立在追求个人的自我实现上。孔茨还指出："如果想着靠修补法律和社会政策就可以把离婚率降到很低，那未免太过天真了。"（p. 14）

离婚率趋于稳定（在经济萧条时期甚至在下降）（http：//www. coloradoconnection. com/news/story. aspx?id＝272784）。审视家庭结构能够帮助我们准确理解独特的家庭经历，以及家庭单位在不同社会中的共同需要。不同家庭结构的例子包括：无子女的夫妻、一对有两个（或十个）亲生子女和领养或寄养子女的夫妻、带着孩子的单亲父亲或母亲、带着孩子的男女同性恋者。当然这些都是家庭。同样，还有些家庭中包含了扩大亲属，有些家庭的文化认为，那些与我们传统的家庭形式不同的也算家庭。非常有趣的是，有些定义只把那些有孩子的家庭定义为家庭，对是否出现孩子表现出强烈的偏好。两个人走到一起，即使没有孩子，是否也可以定义为家庭？

纵观北美，我们发现这里的家庭结构非常多元。家庭除了上面讨论的结构外，还有很多方面都有差异性，包括生活方式、文化传统、性别角色期望、性取向、决定是否要孩子等等。进入北美的新移民把自己的文化传统和宗教信仰也带到了北美，从而影响了家庭结构和家庭功能。文化对家庭在家庭生命周期中如何运作发挥着重要作用（Carter & McGoldrick，2005）。（家庭生命周期将在第四章中详细讨论。）家庭还受到家庭所处社会历史阶段的影响。家庭中的性别关系也存在很大差异，要在家庭中和社会上实现所谓的完全的性别平等，还有很长的路要走。尽管这样，性别依然是家庭中主要的组织因素，因为它影响人们在家庭中的表现，也影响家庭问题的形成（Ramage，2005）。

所有家庭都存在于特定的文化环境和社会环境。很多家庭处于弱势，因为他们缺乏获取社会资源的机会和通道，社会机构也不愿意支持他们。传统的核心家庭以各种各样的方法反映了欧洲中心视角，并使其成为基于种族和性别的歧视的理论基础。因此，那些无法被纳入主流家庭定义的个人和群体就会受到歧视，无法获得某些机构的服务，因为主流社会并不认同或尊重非主流群体的经验和习俗的价值。这同样也导致这些非主流群体被边缘化，远离社会资源。同时，"不一样"的家庭也会因此受到批评和指责。一般来讲，那些批评和指责非主流家庭的人，都不了解无权状态和歧视产生的原因，对他人遭受的不公平待遇缺乏同理心。久而久之，非主流家庭长大的孩子就会感到被主流社会污名化和排斥，而他们的家人一直在努力争取能够让他们的基本需求体面地得到满足。

家庭社会工作者需要培育自己对这些差异的意识和敏感性，要从结构和种族的角度来看待这些差异。意识指的是有能力辨别存在的差异，发现这些差异是怎样以不可避免的、不公正的方式塑造了现实（Laszloffy & Hardy，2000）。那些对差异敏感的人，不仅能够意识到这些差异带来的问题，而且还能意识到怎样尊重这些差异。例如，他们可能会有一种政治敏锐性，来挑战机构化的种族歧视或压迫性的家庭政策。我们建议，每个家庭评估都要包括压迫分析，还要分析种族歧视给每个家庭带来的潜在的影响。

孩子不应该觉得自己是在一个"战争地带"长大的（Garbarino，1992）！例如，在美国和加拿大，当地的土著生活在保留地，是一个边缘化群体。在本书的后面，我们会引用马斯洛的需求层次理论（Maslow，1968），来分析家庭的各种需要。本书的前提就是孩子和家庭都有**权利**获取生活必需品：食物、住宅、衣服、家庭和社区中的安全感、教育、健康保健等。家庭社会工作需要一个广角镜，来理解社会是怎样腐蚀了家庭生存和奋斗的能力的。我们非常同意西姆斯（Sims，2002）的观点。他认为，低收入家庭生活的一个结果就是，家庭不能够提供健康的饮食。如果营养的需求得不到满足，贫困家庭的孩子们就会出现很多不足，他们正在生长的身体会缺乏营养，他们在学校的学业表现会不好，与他人的关系也会出现问题。此外，如果在家庭中，父母处在压力下，就难以建立积极的家庭关系。他们的精力主要放在其他方面了。本书的其中两位作者生活在公民接受健康保健服务成为基本人类需要的国家中，他们对美国有人提出的反对全民保健的观点感到十分吃惊，如果孩子和家庭的基本需求得不到应有的满足，他们将面临很大的危险，会出现令人担心的结果（Sims，2002）。

家庭社会工作者必须接受和尊重很多不同类型的家庭形式。不幸的是，对理想的或者

"真实"的家庭的信念，使很多人相信，自己成长在不正常的或者功能失调的家庭中，因为他们的原生家庭并不符合社会提出的严格的模式。还有一些人，特别是那些花钱接受了有关"真正"家庭的构成要素的信念的人，可能也会对与"理想"家庭不同的家庭形式持批评的态度。特别是那些来自非中产阶级、非白人家庭的，或者是坚持非同性恋的家庭的人，更是这样了。例如，很多文化都相信要无私地忠于自己的家庭。但是，北美主流文化的成员可能会觉得这种忠诚是小题大做，或者是自我约束（Nichols & Schwartz, 2007）。

在学习家庭多元性和选择家庭形式的知识时，家庭社会工作者有必要反思自己对家庭含义的偏见和假设，并对把这些内容当成"真正真理"进行挑战。尽管当今社会中社会流动非常普遍，但是，还是有很多人生活在自己出生的地方。只了解本地的情况，缺乏对其他选择性思维方式的了解，都会阻碍家庭社会工作发展出开放性思维方式以及理解世界的新方式。接触不同的思维方式和现实是理解世界的第一步。

很多人，特别是儿童会感到被污名化，或者感到耻辱，因为他们发现自己的家庭与主流家庭不同是不正常的。家庭定义影响了我们的习俗，如果家庭社会工作者顽固地坚持自己有关理想家庭类型的信念，那么，那些与理想家庭模式不同的家庭就会很快被边缘化（Hartman & Laird, 1983）。但是，还是有必要记住，"正常"这个概念本身就是很模糊的，它是建立在对价值的判断之上的。只有相信这一点，家庭社会工作者才能够接纳各种形式的家庭存在和传播，才可以冲破障碍，改变态度，这样，那些生活在与传统印象不同的家庭中的人们，才不会感到自己不正常或者功能失调。社会工作关注的就是来自不同背景和经历的人们之间的关系。我们可以从多元性中学习，并从中了解我们自己、了解他人、了解世界。

练习 2.11 家庭中的文化多元性

要对自己身边的家庭多元性保持高度敏感。比较不同的有关家庭的信念，看看都有哪些人被包含在家庭中，将你的观察列成表。

练习 2.12 应对差异

分成小组，并回答下列问题：

从家庭的角度，我如何定义自己的文化？

我是从何时开始意识到种族、民族或肤色这些概念的？

我是从何时开始意识到不同的家庭结构的？

根据这些经历，我从种族和民族这些概念上获得了什么信息？

根据这些经历，我从不同的家庭结构中获得了什么信息？

从童年时代开始（从成年开始），我从我的家庭和朋友那里获得了哪些有关种族和民族的直接和间接的信息？

从童年时代开始（从成年开始），我从我的家庭和朋友那里获得了哪些有关不同家庭结构的直接和间接的信息？

我获得的这些有关种族和民族的信息是如何影响我对自己的感受和看法的？又是如何影响我对他人的感受和看法的？

我获得的有关不同家庭结构的信息是如何影响我对自己的感受和看法的？又是如何影响我对他人的感受和看法的？

我从自己的种族和民族中获得了哪些好处？

我从自己的家庭结构中获得了哪些好处？

我的种族和民族给我带来了哪些不利处境？

我的家庭结构给我带来了哪些不利处境？

我有多少来自其他种族和民族的朋友？

我有多少朋友是来自不同家庭结构的？

（引自 Laszloffy & Hardy，2000）

多元性能够帮助我们更多地了解自己、了解他人、了解世界。因此，我们需要深入理解所谓正常的含义是什么。当我们按照下列 12 个面向来进行分析时，这个术语会带给我们很多的启发。我们以离婚为例来进行分析，但是很多行为是可以进行替代分析的（如一夫多妻制、乱伦、生子等）。

历史的：在很多情况下，"正常"是根据历史经验来界定的。人们相信，之前发生的一切都是正常的。因此，人们会倾向于认为，家庭的解体源于女性主义和妇女外出工作，因为，人们相信，从历史上来看，婚姻都是完整的。"家庭"历史学家孔茨（Coontz，2006）对历史上有关家庭的传奇进行了解构。例如，她提出，长期以来，离婚是一直存在的，但是，离婚的原因在不同的历史阶段是完全不同的，因为结婚的原因也随时代变化而变化。

宗教/道德的："正常"还可以从宗教和道德层面来进行界定，这样，"家庭"就成了一个道德问题。例如，俗话说：男人是头，女人是颈。男人自然的、天赋的位置就是一家之主。或者从教育孩子的角度来看，"棍棒底下出孝子"就是经典的对孩子实施肉体惩罚的说法。（当然，也有人认为棍棒是牧羊人用来引导羊群的，不是用来揍孩子的。）

统计学的：如果绝大多数人这样做，这样做就是正常的。例如，如果离婚率是 10%，离婚就是不正常的，但是，如果离婚率超过了 50%，离婚就是正常的，因为绝大多数人都经历了离婚。所谓的"少数"指的就是统计意义上的少数，同时它也隐含了"异者"或者"不同"的含义。

跨文化的：界定"正常"的另一个方式，就是看某些行为在其他文化中是否存在。这些标准可以用来评价某些行为，如婚前性行为、性取向、一夫多妻制等等。当其他国家的离婚率低于北美时，人们就会说与其他国家相比，北美的离婚率高得反常。

生物学的：社会生物学家可能认为，当生命周期很短时，人们就"发明了"婚姻。鉴于生活在北美的人们的生命周期很长，长久的婚姻就变得不太自然，也不那么受到大家的追捧，因为人们都还没有准备好要与同一个人厮守终身。

医学的：从医学的角度来看，人们认为，婚姻是生理的和情感的负担，对此，女性的感受比男性要更加深刻。因此，女性会更多地比男性主动提出离婚。

精神病学的：这个类别涉及精神病学家（这个概念常常用来包括社会工作、心理学等领域的专家）如何界定某些行为（如离婚）是否"正常"。例如，人们一贯认为家庭治疗师本能地反对离婚（也许因为离婚意味着干预治疗失败了）。

科学的：通过科学研究，特别是通过调查离婚的普遍性、离婚对个体的影响等，可以将离婚问题正常化。科学还可以调查研究这个清单中的任何一个类型。

动物学的：这个观点基于这样一个问题，即动物是否会与同一个伴侣厮守终身。事实是有些会，有些不会。

文化的：界定"正常"的另一个标准，就是看看某些行为在其他文化中是否会得到宽恕。

政治性的：政治机构的立法会影响是否将某些特别行为合法化。例如，北美的立法将婚姻界定为两个人的结合。某些司法辖区允许这种结合发生在同性之间，而另一些辖区则不允许同性结合。纵观北美，多配偶是非法的（尽管最近在加拿大发生了一起法庭辩论，认为禁止多配偶制是对宗教自由的歧视）。直到20世纪后期，离婚才变得容易简单了。

个人价值观：涉及个人的主体性价值观。主体性价值观源于家庭养育、文化价值观、宗教和立法价值观以及媒体的影响。当个人价值观非常清晰时，人们常常会运用这些价值观来评价他人的行为。

上述每个标准都会从各自的角度来审视"正常"这个概念。因此，家庭社会工作者要超越个人的"本能反应"，要从多重角度来审视到底什么是正常的行为。例如，有些人可能会从传统的角度来界定家庭（例如，父母双全，父亲外出工作，母亲在家做家务，有两个孩子，还有一只名为"斑点"的狗）。这个定义建立在某个群体的价值基础之上，可能既具有政治意义，还具有宗教背景。它还可能是历史的产物。人们之所以对家庭有不同的定义，主要原因在于他们对上述视角进行了不同的综合。这就产生了这样一个问题：谁有资格来界定到底哪个定义是正常的。将自己的价值观和信念强加于人，常常是那些在社会中拥有权势和社会控制力的少数群体的惯用伎俩。接受并认同这种主流观点，一定会让那些坚持自己信念的人处在劣势、去权地位。

~~~~~~

练习 2. 13 看待 "正常" 和 "家庭" 的不同视角

选择一个本书中或者来自其他出处的家庭定义，运用本书中提及的不同的面向，来分析你的定义是否符合这些面向：

历史的

宗教的

统计学的

跨文化的

生物学的

医学的

精神病学的

科学的

动物学的

文化的

政治性的

个人价值观（你的个人价值观与哪些面向最匹配？）

~~~~~~

当今家庭多元性及其未来

现在你们的基本扩大家庭会包括你前夫或前妻、你前夫（妻）的现任妻（夫）、你的现任夫（妻），还可能包括你现任丈夫（妻子）的前任，甚至你现任夫丈（妻子）的前妻（夫）的新伴侣等。

——迪莉娅·埃夫龙（Delia Ephron）（www. Bartleby. com）

全世界的家庭都在不断变化。卡特和麦戈德里克（Carter & McGoldrick，2005a）指出，在美国，家庭结构发生了以下这些变化趋势：

● 越来越多的人选择了单身，有 25% 的家庭是单亲家庭。

● 单亲家庭比例还在上升，无论是单亲父亲还是单亲母亲。在所有有子女的家庭中，有 1/4 的家庭是单亲，而很多单亲自己还要外出工作。

● 1996 年核心家庭占家庭总数的 25%。

● 绝大多数未婚母亲生活在贫困中，与已婚妇女相比，她们的教育水平偏低。

● 出生率会根据母亲的教育水平、种族和民族的不同而有所不同，教育水平越低，生育率越高。拉美裔妇女的生育率最高。

● 1996 年妇女的初婚平均年龄是 24.5 岁，男性是 26.7 岁，自 1970 年以来，这个数字有了很大提高。

● 20 世纪 90 年代中期，离婚率稳定在了 46％左右。

● 离婚之后，越来越少的人会再婚。有将近一半的父亲在离婚后一年中与孩子们失去了联系，2/5 的离婚男性从来不支付孩子的赡养费。

● 再婚家庭是目前最常见的家庭结构。

● 很多已婚母亲都外出工作（pp. 13 - 14）。

此外，不到 10％的家庭保持了传统的核心家庭结构，父亲外出工作，母亲在家操持家务。1996 年，超过 60％的孩子在 18 岁之前都经历过单亲家庭生活（Gavin & Bramble，1996）。2009 年人口普查数据表明，21 岁以下美国孩子中，26％都生活在单亲家庭（主要是单亲母亲家庭，占了 84％）中（http：//singleparents. about. com/od/legalissues/p/portrait. htm）。单亲家庭面临的风险就是生活在贫困中。尽管 79.5％的单亲母亲和 90％的单亲父亲都有工作，但 27％的单亲母亲和 12.9％的单亲父亲还是生活在贫困线以下（http：//singleparents. about. com/od/legalissues/p/portrait. htm）。今天，家庭的规模越来越小，妇女生孩子的年龄也越来越大，人们结婚的年龄也推后了很多。家庭平均人口在减少，更为重要的是，越来越多的夫妻选择不要孩子。尽管差不多 70％的离婚人士最终会选择再婚，但是，第二次婚姻的离婚风险会更高。连续不断的情感纠葛和一次又一次的结婚现在越来越普遍。尽管有些情况发生了巨变，但是，有些情况依旧不变。妇女的工资依然比男性低。男性在育儿和家务劳动中所花费的时间依然很少，尽管家务劳动越来越简单化了。

文化多元性也在改变着北美的现状，白人中的"大多数"也逐渐变成了统计意义上的少数（McGoldrick，Giordano， & Garcia-Preto，2005）。不同文化的家庭价值观也与主流文化的不同，与主导家庭工作的主流信念和假设也不尽相同。西姆斯（Sims，2002）把文化当成了一种社会资本，形成了一种强关系，成为社区联系的坚实的基础。文化联系是非常重要的，与某种文化的强关系可能是社会支持的重要来源，而这种社会支持会帮助人们建立很强的育儿能力。相反，如果切断了人们的文化联系，就会对他们的育儿能力造成极大破坏。社会资源丰富的社区就成了人们重要的社区资源的源头，会反哺社区成员。因此，超越家庭的视角可以丰富家庭社会工作者的工作视角和服务内容。

想要有效开展服务，家庭社会工作者必须抛弃民族优越感，不断培育自己的敏感性和文化能力，可以对不同文化背景的家庭开展工作。特别重要的一点就是，要理解社会主流文化对家庭的价值观和信念可能具有压迫性，并不适用于来自其他文化的家庭。尼科尔斯和舒瓦茨（Nichols & Schwartz，2007）告诫我们说，当我们看到某个家庭与我们不同时，千万不要界定这个家庭出问题了。很不幸的是，我们在过去常常就是这样做的。尊重多元性还包括，要承认种族歧视、性别歧视和异性恋主义会在多大程度上影响我们的家庭工作，影响我们的理论模式。在本书中，我们坚信，仅仅记住了文化清单中的某些特点是没有价值的，世界上有很多文化存在，文化与文化之间存在了很多差异，这些都说明，文化清单只能包含一部分特点和信念。此外，过分强调文化会夸大差异性，从而忽视工作者与家庭之间的相似性（Nichols & Schwartz, 2007）。

练习 2.14 术语

有关多元性的术语似乎陷入了僵局。有些术语，如少数族裔、大多数、白人、种族、民族、欧洲人、有色人种等等，都充满了争议和分歧。在班上讨论这些概念：使用什么样的术语是合适的，体现了尊重？

练习 2.15 多元性的例子

假定在你的家庭社会工作实习中，需要给下面这些家庭提供服务，你要认真思考一下：每个家庭与你的原生家庭相似还是不同？你对这些家庭是否存在偏见？如果有偏见，你在针对这些家庭开展工作时，会面临哪些挑战？

● 皮特一家是由他们孩子的中学转介给你的，他们的孩子经常逃课，学习成绩很差。康妮42岁，是个白人，家庭主妇。她的丈夫吉瑞，43岁，是一家加油站的技工。在你与康妮及其青春期的女儿基丽的访谈中，基丽告诉你，他们家问题的根源在于父亲酗酒、脾气坏，还打母亲。康妮说自己之所以不离开，是因为自己的宗教信仰要求妻子服从自己的丈夫。

● 冈恩一家是由当地一家精神健康诊所转介给你的，特雷莎一直在接受精神分裂的治疗。特雷莎是一个非裔美国人，20多岁，未婚，与自己的父母吉姆和斯特拉同住，她的父母非常担心她，因为她不按时服药，常常会失踪一段时间，无法服药。有人通知他们说，特雷莎在失踪期间是露宿街头的，因此，他们特别担心她的安全。

● 莉兹·罗奇洛是一个23岁的白人妇女，儿童保护机构将她4岁的女儿杰姬转介给你，日间照顾杰姬的老师向儿童保护机构的官员报告说，莉兹与杰姬的父亲离婚了，带着杰姬搬进了自己的新伴侣西尔维亚家中。老师发现杰姬在学校显得非常饥饿，好像没洗澡，还穿着衣服睡觉。

● 约翰·贝尔斯和克雷格·博伊德是一对男同性恋伴侣，养了一个7岁的儿子。最近他们为如何教育孩子发生了争执，于是来找你帮助培训育儿技巧。

● 罗斯·吉门兹是一个39岁的拉美裔妇女，经人转介来到你的机构。罗斯刚刚离婚，带了 6 个孩子:16 岁的艾丽西娅,13 岁的乔,11 岁的玛丽亚,7 岁的双胞胎卡洛斯和胡安,以及 4 岁的朵拉。上周,罗斯与男友里基以及孩子们一起搬进了罗斯母亲和继父的家中。罗斯的父母主动承担起照顾孩子的责任,因为罗斯每天都要外出工作很长时间。罗斯与其男友里基还有一个 1 岁的孩子安娜。里基与前妻还有一个 13 岁的女儿悉妮,另外还与别的女人生了一个 7 岁的女儿萨迪。他们来到儿童保护机构寻求帮助,因为他们发现,萨迪的亲生母亲兼监护人有一天打了孩子,她带着伤痕去上学了。他们希望儿童保护机构介入调查,并且让自己获得对萨迪的监护权。

家庭的文化面向

家庭社会工作者必须具备能力,不把自己的种族优越感强加于人,能与来自不同文化背景的家庭一起开展工作。文化会给家庭带来巨大的影响,会赋予家庭成员文化认同感、意义感、归属感、仪式感和延续感。文化与种族是两个互相关联但又不能互换的概念:文化更多关注的是当人们生活在一起时,会出现的行为和经历的共同模式。"不同的价值取向、生活经历和世界观都隐含在多元文化论这个概念之中"(Jordan & Franklin,2011,p. 359)。种族包含了文化,但同时还暗指人们通过共同的祖先所发展出来的共同的价值观和习俗,以及对自己民族的认同、承诺和忠诚(Jordan & Franklin,2009)。

种族主义和歧视往往会在很多种族群体聚集在一起时登峰造极(McGoldrick, Giordano, & Garcia-Petro,2005)。"种族"一词及其派生词都隐含了种族歧视,传递了一种不变的"他们与我们"心态。沃伦·克莱门茨(Warren Clements,2011)指出了歧视的微妙之处在于:

> 让我们来看看种族的本源,或者说是种族概念的起源。种族一词最初来源于希腊词 ethnos,意指"民族或人民"。种族的划分指的是某种人的语言、文化宗教或种族起源。因此,所有的人类都是种族。这里没有涉及种族发展的过程。当来自其他文化背景的人在使用种族一词时,它就成了一个委婉的用法,成了一个万能的表达方式,也是少数族裔的缩写。这个词最大的优点就是它用一个简单的形式传递不同的意义。它的缺点就是,可以让使用这个词的人忘记种族差异存在于语言、外貌、国籍和文化行为中,我们所有人都不能置身事外。

> "种族"是在中世纪伴随着"他们与我们"的概念一起进入英语的。尽管种族意味着民族,但是,人们最初将《旧约》译成希腊语时还是用了"外族"一词,因为希

伯来语是 goyint，意指外邦人或非犹太人。这个用法将希腊语中的 ethnikos 与拉丁语中的 ethnicus（异教徒）综合起来。当种族一词进入英语时，它指的就是非基督徒或非犹太人民族。这就成了语言变化的一种方式，现在保守党人用这个词来指犹太裔加拿大人。

45　　　　到了 19 世纪中叶，这个形容词已经摆脱了其早期的"他们与我们"的含义，反而变成了一个相对中立的、具有人类学特点的词，意指一群拥有相同文化、语言、种族特点或宗教特点的人。但是，到了 20 世纪 60 年代，这个词的原始意义又复辟了。英国的《太阳报》在 1965 年指出，种族一词"开始意味着异己的、非美国的，或者稀奇古怪的人"。

很显然，尽管我们知道自己有偏见，但偏见还是会通过我们的语言表达而显露出来。我们需要对此保持警觉，并坚定不移地认为，"我们大家都属种族"。

当家庭形成了对某种特定文化的归属感，它们在艰难处境中就会获得某些内在的社会支持网络。由于跨文化的关系曾经经历了一段非常波折的历史（种族歧视、殖民化、种族灭绝、歧视和压迫等），因此，讨论种族划分和文化就显得不合时宜，甚至是一个禁忌的话题。同时，政治正确性和"用语言表达"种族划分也处在一个不断变化的过程中，因此，今天合适的事情，明天未必合适。例如，运用"少数族裔"这个词，"就会将那些非欧洲民族的群体边缘化，而'黑人'一词就掩盖了那些非洲传统群体的祖先的根"（McGoldrick，Giordano，& Garcia-Preto，2005，p. 7）。我们同意这种观点，即我们的语言也处在变化之中。因此，我们也会因为语言而纠结。我们还同意，"少数族裔"（意指统计意义上的少数？）一词具有排斥性意义。我们还承认，"有色人种"（美国的用法）或者"少数族裔"（加拿大的用法）都会将那些"非有色人种"归结到单一的白人阵营中，而"非主流群体"一词也不能说明"主流群体"事实上就是具有多元文化特点的。鉴于这些情况，我们要尽量使用那些目前看起来准确的语言，同时，还要看到，有关种族分类和文化的语言也需要不断修正，特别是当这些词语承载了政治含义时，就更需要修正了。

非常重要的一点就是，家庭社会工作者需要明白自己的偏见和种族优越感，这样，他们才可以采用非伤害的方式、民族敏感的方式，与来自不同文化背景的家庭一起开展工作，同时，无论家庭的文化遗产如何，都能找到这些家庭的优势所在。最近，我们才开始教授家庭社会工作者的文化敏感性和文化能力，并就家庭的特点和特质建立了一个"细目清单"，以帮助家庭社会工作者更好地理解不同的文化。我们现在发现，文化也非常复杂，需要多面向地、用核对清单的方式来理解，这样，我们才不会从静态的、同质的角度来理解文化，相反，我们要清醒地认识到，文化是一个动态的过程，它的影响无处不在：从世界观到沟通模式，从食物喜好到有关家庭的信念，再到日常的行为和习俗。使用核对清单的方式会传递单一面向的形象，会在"单一"文化中忽视异质性的内容，还可能会出现刻板印象，它难以体现文化动态性、进化性和变化性。

在同一群体中也会存在**差异性**，没有一种文化是一模一样的。尽管我们会说"主导"或"主流"文化，但是，很显然，在这中间其实是有很多文化和信念系统并存的。差异性是非常微妙、复杂的。例如，"西班牙裔"和"拉美裔"描述的是来自不同文化、不同国家、不同社会政治历史的人群，而这些人在他们的祖国是难以发现他们之间的相同性的（Garcia-Preto，2005）。这两个词都包含了来自南美洲（大部分）和中美洲及加勒比海地区的人（p.155）。"西班牙裔"一词指的是深受西班牙文化和语言影响的群体，他们遭受了西班牙人多年的殖民统治，但不包括当地土著（尽管他们是受到最残酷殖民统治的群体）。而"拉美裔"一词内容也很丰富，但是不包括巴西，巴西是葡萄牙的殖民地，他们的文化深受葡萄牙的影响。另一个例子就是形容词"欧裔的"，这个词被用来指代欧美53个民族（Giordano & McGoldrick，2005，p.502）！而对美国土著，在全美国共有562个联邦政府认可的部落（Sutton & Broken Nose，2005，p.45），而每个部落都有自己的方法来决定家庭角色和家庭责任（p.46）。同样的情况也发生在"亚裔美国人"的家庭中，任何一个词语都无法描述出作为亚裔美国人，家庭的多元性和复杂性到底意味着什么（Lee & Mock，2005，p.269）。同样地，这个词指的是美国人，他们的家庭来自很多不同的亚洲国家，他们至少要讲32种不同的语言（p.270），可能还有更多的方言，我们只是借此来说明独特性的一个侧面。因此，我们的结论就是，"共同的种族传统根本无法创造出一致的思想、情感或者群体的忠诚感"（Giordano & McGoldrick，2005，p.503）。

人们拥护某种文化的"主流"信念的程度，反映了人们对这种文化的归属感。那些最初不认同主流文化的人会在身份认同上表现出极大的差异性。"文化适应"一词就准确地反映了所谓的"熔炉"（美国的说法）或者"文化镶嵌现象"（加拿大的说法）的过程。文化适应指的就是一个群体对另一个群体的文化和习俗的适应过程。用日常语言来说，它常常指的是统计意义上的少数，要接受统计意义上的绝大多数的态度和行为。事实上，这种影响是双向的，当然这种双向未必是对等的。有些人可能会从某种单一文化中获得力量，而另一些人则会从二元文化或多元文化中获益，他们甚至可以轻车熟路地驾驭自己文化之外的多种文化。当然，在某些"近似"文化中还是存在一些共同思路的，因此可以采用这样一些术语来界定他们，例如"亚裔""欧裔""西班牙裔/拉美裔"或者"非裔"，这些词会比使用"少数族裔"一词显得更加文雅。

为了避免形成刻板印象，我们不希望将某个群体的典型特点罗列出来，从平面的角度来了解文化，我们更希望立体地呈现文化，也就是说，我们会讨论所有文化共同的某些面向。在每个面向中，我们还会呈现一些独特的文化表达方式，请记住，即使在同一种文化群体中，也存在**异质性**。我们认为，立体地观察文化最终能够解释每一种文化丰富的内涵，以及不同文化的共同之处。我们曾经在其他文章中讨论过文化的不同面向，在这里我们只是对这些面向进行了进一步的提炼和总结（Coleman，Collins，& Collins，2005）。

我们把这些面向当成家庭建构自己优势和丰富内涵的主要来源，这些来源会有助于家庭建立自己的认同感、仪式感，培育自己的社会联系，同时还会与周围的社区建立互惠感。因此，认识不同少数族裔群体的历史背景非常重要，了解每个群体成员的共同习俗和信念也同样重要。家庭社会工作者要仔细倾听不同文化的每个细节，不要给自己不理解的、与自己熟悉的信念和习俗不同的内容都贴上"病态"的标签。我们还要强调的一点是，尽管我们会研究不同的文化，但是，我们发现，每一种文化都把家庭置于中心位置。有关家庭的表达方式都是独特的，不存在孰高孰低。

现在我们一起来审视一下家庭的文化面向：

1. 文化认同：一种文化至少会给一个文化群体提供归属感。非常有趣的是，纵观北美，大多数人都不是来自某个单一的文化、种族或民族群体。相反，由于通婚的缘故，大多数人都来自"多元文化"，"文化认同会对我们在社会中的幸福感以及身心健康水平产生深远的影响"（McGoldrick, Giordano, & Garcia-Preto, 2005, p. 1）。

这里有几个例子可以说明不同文化中文化认同感的作用：北美的印第安人认为自己属于某个特定的部落、群体或宗族（Sutton & Broken Nose, 2005, p. 47），每个部落的习俗和价值观，成为个体认同和家庭动态关系的重要因素。每个部落都有自己的世界观，宗教习俗、习惯和家庭结构也都是独一无二的。在巴西，认同取决于个人的身份，而非个人的行为（Catao de Korin & de Carvalho Petry, 2005, p. 170）。在古巴，家庭（familismo）是一种文化态度，它将家庭利益置于个人利益之上，尊重（respeto）成为强化男性拥有对女性和孩子的控制权的主要手段（Bernal & Shapiro, 2005, p. 207）。集体主义文化，例如在黎巴嫩和叙利亚，"要按照群体成员身份来界定个人认同"（Haboush, 2005, p. 475）。同样，非裔美国人也有一种共同感，正如他们表达的那样，"我们在，故我在"，与欧洲的"我思故我在"形成了对比（McGoldrick, Giordano, & Garcia-Petry, 2005, p. 3; Moore Hines & Boyd-Franklin, 2005, p. 88）。对非洲人而言，社区构成了他们精神认同的核心，因此，他们的共同认同感中既包含了生者，也包含了逝者（Kamya, 2005, p. 108）。

2. 信念系统和世界观：信念引导行动，在文化情境中，信念在很大程度上是通过家庭来传递的。世界观是人们理解社会、发挥社会功能的方式。为了理解家庭行为，必须了解家庭的文化价值观（McGoldrick, Giordano, & Garcia-Preto, 2005, p. 24）。价值观可能涉及家庭的定义、代际模式和生命转换等。

例如，某些文化强调集体责任，而北美社会的"主流"则更重视个人主义。个人主义强调独立和自我责任。英裔美国人（这个词汇冒险将不同的种族划分压缩成了一个词）带有明显的未来取向，他们赞扬个人成就，将自己置于自然世界之上（McGill & Pearce, 2005, pp. 524-525）。与此不同的是，非裔美国人的文化强调"集体、分享、归属、顺从权威和灵性，尊重长者"（Kamya, 2005）。同样，尽管美国土著部落拥有不同的信念，但

是，他们还是有很多共同的信念能将他们与其他文化群体明显区别开的。其中一个信念就
是，自然占据了重要位置，他们是整个世界的组成部分，因此，他们欣赏自然，维持所有
生命体之间的平衡。据此，所有生命体都有灵魂，都应当受到尊重，由此他们形成了与自
然循环或四季交替保持一致的时间观。此外，分享也是美国土著的一种传统习俗（Sutton &
Broken Nose，2005，p. 48）。与此类似的是，夏威夷的文化强调，要用爱、关怀、帮助、
团结、慷慨、谦逊、灵性、正义以及在生命周期中关爱家庭成员等方式，来重视与家庭和
社区的联结（Obana，2005，pp. 66 - 67）。在古巴的社区中就包含了支持系统，其中，宗
教的、社会的、健康的、政治的和邻里组织成为社会生活的重要组成部分（Bernal & Sha-
piro，2005，p. 209）。一般来讲，拉丁文化强调等级制的、家庭取向的、相信宿命论的，
它重视人本主义、互相依存和唯心论（Kusnir，2005，p. 259）。日本人也重视人类关系中
的互相依存，这些通过群体行为表现出来了。在美国，日裔美国人尊重归属，对他人的态
度敏感，倾向于自我克制，避免冲突（Shibusawa，2005，p. 342）。社会主义的理想，即
社会比个体更加重要，流行于斯堪的纳维亚半岛（Erickson，2005，p. 645），他们坚信社
会福利和集体责任是解决社会问题的主要出路（p. 649）。北欧人拥有平等主义价值观，他
们认为，人人平等，不存在孰优孰劣（p. 649），这个信念贯穿在他们对婚姻和家庭的态度
之中。这个观念也体现在北欧的社会政策之中，而某些社会政策成为世界上最为先进的政
策。（有些人将社会主义和极权主义混为一谈，但事实上，它们是截然不同的。）

3. 文化历史，包括殖民历史：在文化历史上，人们会发展出自己的文化认同，而历
史因素会在不同阶段对认同产生影响。奴隶制（Black & Jackson，2005）、种族灭绝（Sut-
ton & Broken Nose，2005）、宗教传教（Tafoya & Del Vecchio，2005）、战争（Lee & Mock，
2005）、殖民地化（Kamya，2005，p. 102）、饥荒（McGoldrick，2005b），以及政治动乱
和压迫，都会对文化认同产生重要影响。非裔美国人被迫离开了自己的祖国，被强行带到
了西方，他们经历了持久的、制度性的歧视和种族歧视。美国土著受到杀戮，目睹了自己
的孩子被强行送入住宿学校，被迫放弃自己的语言和传统。

通过了解自己经历的艰辛历史，人们会克服压迫者给自己带来的各种艰难困苦。我们
在第五章中会讨论，非裔美国人的文化包含了抗逆力的种子，使他们能够在充满敌意的环
境中生存下来。这包括：强大的亲属关系、教育和工作成就导向、家庭角色中的灵活性、
坚持宗教价值观、积极参与教会活动，以及人道主义取向等。

4. 沟通意义和运用语言，包括自我表达力：也许跨文化误解的产生主要就源于沟通。
我们如何运用语言，反映了我们如何看待这个世界。下面，我们提供了一个片段来展现不
同文化如何运用语言，同时，请记住文化之间的差异性，以及不同程度的文化适应性：

● 柬埔寨人认为表达对质或直接质问是非常粗鲁的、具有威胁性的（McKenzie-Pol-
lock，2005，p. 293）。

● 印度尼西亚人认为对于敏感话题，要以拐弯抹角的方式表达，而不能直接讨论，他

们认为直接表达是非常不礼貌的（Piercy，Soekandar，Limansubroto，& Davis，2005，p.334)。

● 日本文化认为非语言沟通比语言沟通更加完美。他们特别强调未表之言，因为他们相信，情感和感受不能通过语言来表达（Shibusawa，2005，p.342）。

● 韩国人在与同伴和社会地位相同的人相处时是最自然的，他们在尊者面前或者正式场合中，都表现得非常保守和彬彬有礼（Kim & Ryu，2005）。

● 阿拉伯人的沟通等级非常明显，在权贵面前需要采用垂直沟通，而在下属面前则会采用平面沟通。这种关系导致了在父母与子女之间的沟通模式的多样化，当父母生气并惩罚孩子时，孩子的回应就是大哭大闹、自我检查、隐瞒或者欺骗（Abudabbeh，2005，p.427）。

● 在黎巴嫩/叙利亚家庭中，男性表达自己的愤怒可能尤其激烈，甚至是戏剧性的，因为在这里攻击性是得到赞赏的。同时，表达爱意和亲密也很常见，但很快就会伴随着暴跳如雷的发作（Haboush，2005，p.480）。

● 很多世纪以来，爱尔兰人一直擅长用语言来丰富自己阴沉的现实（McGoldrick，2005，p.598）。由于爱尔兰人难以直接处理差异和冲突，他们的情感往往被掩盖起来了（p.599）。

● 对于北欧人而言，害羞是一种积极的特质，害羞的人被当成了敏感的、具有反思性的、不一意孤行的人（Erickson，2005，p.646）。此外，北欧人的语言很少有表达攻击性的词汇（p.647）。

● 土著文化重视倾听，沉默可能代表了尊重（Sutton & Broken Nose，2005，p.51），沉默成为非语言沟通的重要方式。按照苏族传统，在某些关系中，是禁止彼此交谈的。例如，儿媳是不能直接与公公交谈的。

● 间接的、含蓄的或隐蔽的沟通非常符合墨西哥人的习惯，他们强调家庭和谐，"和睦相处"，不让别人难堪（Falicov，2005，p.235）。

● 在亚洲群体中，沉默可能是一种美德（Lee & Mock，2005，p.272）。他们的表达方式常常是隐晦的、轻描淡写的、不带表情的，似乎是报喜不报忧。负面的情绪，甚至正面的情绪也会用间接的方式来表达（p.287）。

不同的沟通方式无疑在家庭社会工作中扮演着重要角色。沟通模式与某个特定文化的历史和世界观密切相关。例如，非裔美国人家庭因为不信任，可能不会像主流家庭那样与家庭社会工作者很好地沟通。他们对白人的态度常常取决于他们的阶级，以及他们祖国的政治形势（Kamya，2005，p.105）。犹太人喜欢分析；英国人喜欢功利性地选择词语；意大利人喜欢使用戏剧语言，将某段经历的情感强度表达出来；爱尔兰人在谈及情感时会感到尴尬；挪威人也不太善于表达情感；等等。

一般来讲，工作者要避免让双语的孩子来担任翻译的工作，特别是当家庭问题是以亲子关系的形式表现出来的时候（Lee & Mock，2005，p. 287）。工作者要了解解体的沟通方式，这会包括间接沟通和避免直接冲突等。

5. 移民历史：有必要了解家庭或家庭祖先是否有从国外移民到美国的经历、移民的历史和原因。移民来美国的原因各不相同，可能是寻找新的机会（经济、就业），也可能是逃离祖国的苦难（战争、饥荒、政治动乱或酷刑等）。此外，很多人来到本地还经历了很多的压迫。

在下面的例子中我们将讨论各种不同的移民经历。哥伦比亚人移民是为了获得更好的工作、躲避暴力或家庭困境，或者是为了获得在国外生活的经历（Rojano & Duncan-Rojano，2005，p. 195）。现在，多米尼加人移民的首要原因是追寻更加美好的生活，而在20世纪60年代，他们移民是出于政治原因（Vazquez，2005，p. 220）。墨西哥人会根据美国的经济发展状况而进出美国（Falicov，2005，p. 230），这样给家庭带来了很多压力，破坏了家庭的情感支持、建议和物质援助的结构（p. 232）。很多亚洲国家遭受了战争之苦或政治动荡，无数家庭在移民前经历了死亡、骨肉分离、健康受损、酷刑，以及其他形式的直接或间接的创伤经历（Lee & Mock，2005，p. 271）。

移民家庭在移民过程中产生了很多希望和期望，因此，工作者有必要问问他们，他们的希望和期望在多大程度上实现了。他们面临的挑战和抗争是什么？离开祖国、前往千里之外的他国生活是需要勇气的，而进入新国家之后，他们的家庭关系、朋友和其他自然的社会支持网络都是从零开始的。很多人还需要克服语言障碍，应对工作技巧的挑战和歧视。在针对这些家庭开展家庭社会工作时，需要发现他们的抗逆力，帮助他们发现自己的奋斗过程，建立意识，发掘他们的能力，寻找意义，从而激发他们新的希望（Hernandez，2002）。从希望中寻找意义也是沃尔什（Walsh，1998）关注的焦点。家庭社会工作者可以探索对家庭来讲，移民的意义到底是什么（Black & Jackson，2005，p. 80）。家庭还需要哀悼自己失去了祖国（Kamya，2005，p. 103）。例如，很多中美洲难民家庭是突然离开祖国的，根本没有时间与祖国告别。他们害怕一去不复返，因此，很多时候是家中部分成员先行离开（Hernandez，2005，p. 185）。亚洲家庭在家庭成员的文化适应上也会出现差异性（Lee & Mock，2005，p. 278）。移民家庭还可能会经历家庭角色颠倒的压力，当他们居住在亚洲社区中，支持系统会提供应对移民压力的支持。这些社区会提供归属感、联结感和确认感（p. 279）。移民过程会打乱家庭生命周期（第四章），会增加额外的阶段（Carter & McGoldrick，2005），并会以独特的方式来影响家庭生命周期的每个阶段。

6. 有关家庭、家庭结构和亲属关系的信念：在每种文化中，家庭的表达都是非常独特的。例如，在非裔美国人家庭中，由于黑人男性较高的死亡率，有很高的比例是妇女当户主，这种家庭结构影响了家庭功能发挥，当母亲肩负了经济重任，要养家糊口、承担育儿的责任时，家庭内容的角色分担会趋向平等。扩大家庭网络也会参与进来支持家庭，同样，教会家庭也会提供帮助（Moore Hines & Boyd-Franklin，2005）。

在某些文化中，环绕家庭的界限包括扩大家庭，堂表兄弟姐妹一律都叫兄弟姐妹，孩子们还有机会与祖父母一起生活（Sutton & Broken Nose，2005，p.45）。有些文化中甚至没有专门的词汇来表达姻亲关系。在巴西人中，忠诚、责任或者对家庭的问责之类的概念会影响个人的选择（Catao de Korin & Carvalho Petry，2005，p.170）。团结、同理和好客都是非常重要的价值观。巴西人不太关注拥有个人空间，他们更加喜欢保持物理空间的亲密感。西班牙裔/拉美裔美国人家庭系统讲究父权制和等级制，父亲是一家之主，父母对子女拥有至高无上的权威（Garcia-Preto，2005）。

在美国土著家庭中，扩大家庭（可能也包括非亲属同名人）是非常重要的。这些群体可能住在也可能不住在同一屋檐下，但是，扩大家庭群体一定是重要的支持来源。支持的方式可能是角色示范，非常常见的形式就是祖父母要养育孙辈们（Mooradian，Cross，& Stutzky，2006）。不同土著部落之间的通婚、土著与其他族群之间的通婚非常流行，而离婚和再婚也是可以接受的。

对于非裔美国人而言，亲属关系可以追溯到他们在非洲的生活，在那里，不同的部落之间的共同点远远比血统关系更加广泛。后来，奴隶被禁止结婚，广泛意义上的血亲关系的出现就成了一个副产品，血亲网络的广泛性超越了传统的血统关系，成为非裔美国人重要的资源。新一代非洲移民格外重视家庭，家庭的亲属关系不断外延，超越了血亲关系和婚姻关系，将一些外人也包括进来了，特别是那些同一部落和家族的人（Kamya，2005，p.109）。非常有趣的是，来自非洲的移民进入美国后，深受社会政策的约束，原因就是美国人对家庭的定义非常狭小（p.109）。

墨西哥裔美国人家庭具有很多形式，可能是核心家庭、扩大家庭、混合家庭、单亲家庭、不婚家庭、离婚家庭或丧偶家庭等。核心家庭常常与扩大家庭住得很近，墨西哥家庭的核心价值观就是集体主义和包容性。家庭的界限包括祖父母、叔伯舅舅、姑姨、堂表兄弟姐妹等。亲属关系会延伸到第三代甚至第四代叔伯舅舅或者堂表兄弟姐妹身上，他们之间的关系会非常亲密（Falicov，2005，p.234）。早些年，人们比较关注强大的手足关系。家庭互相依存，指的是家庭成员共同承担养育和教育子女的责任、共同挣钱、共同陪伴孤寡无依的家庭成员，共同解决问题（p.234）。同样地，在波多黎各人看来，"家庭"通常是一个扩大的系统，包含了通过血亲和婚姻联结在一起的人们，包括教父母甚至是非正式领养的孩子（Garcia-Preto，2005，p.245）。波多黎各人的婚姻就是两个家庭的联合，传统家庭中奉行的是父权制（p.246）。

在传统的亚裔美国人家庭中，人们关注的是家庭单位而不是家庭成员个人（Lee & Mock，2005，p.274）。个人是前几辈人的总和，个人的行为反映了个人、扩大家庭和祖先的特点。责任感、内疚和耻辱都是一些传统的强化社会期望和行为的有效手段。亚裔美国人家庭深受孔子哲学的影响，在家庭中形成了稳定的等级制度，特别强调子女对父母的忠诚、尊重和服从。孩子要听父母的话，要尊重父母，妻子要尊重和服从丈夫。因此，时间取向的亚裔家庭重视的是过去和现在，而不是将来，因此，祖先是高于一切的。亚裔父母在子女的婚姻大事上也发挥着重要作用。在这些家庭中，责任感是支柱，因此，如果父母的期望没能实现，家庭就会感到耻辱。手足、角色和责任都是根据出生先后顺序来决定的，大儿子有责任为寡母提供衣食住行。长子在手足中拥有最高地位，最小的女儿可能要负责照顾年迈的父母（Lee & Mock，2005）。

　　在柬埔寨文化中，家庭关系是分层的，丈夫是家长，大儿子地位显赫。传统中国家庭的独特结构与儒家思想密切相关，特别重视和谐的人际关系和人与人互相依存。家庭互动受到家庭等级、职责所规定的角色的制约，在这里，人们反对个人独立行为（Lee & Mock，2005b，p. 305）。印度尼西亚家庭重视亲密感、忠诚、责任和尊重。孩子必须服从父母，孩子有责任维护家族荣誉，孩子的婚姻必须得到父母的首肯。等级制非常重要，妻子必须尊重、服从丈夫，孩子要尊重、服从父母（p. 333）。

　　在阿拉伯家庭中，男性对自己的妻儿拥有具体的责任，妇女被教导如何对待自己的丈夫，孩子要以自己的母亲为荣（Abudabbeh，2005，p. 437）。阿拉伯家庭奉行父权制，其等级制度是按照性别和年龄以及扩大家庭来建立的（p. 427）。

　　欧洲人的家庭也截然不同，这一点并不出人意料，因为有很多不同的群体都被归到"欧洲"这个大伞下面了。例如，在荷兰人家中，角色和责任是非常清楚的，夫妻之间的关系是非常神圣的，夫妻间的情感承诺非常强有力，受到了宗教信仰的支撑（De Master & Dros Giordano，2005，p. 543）。法裔美国人生活中的核心就是家，这一点与法裔加拿大人的祖先非常接近，按照他们的习俗，家庭仪式成为家庭聚会的主要内容：婚礼、洗礼、守丧和圣诞聚会等（Langelier & Langelier，2005）。爱尔兰人的扩大家庭关系通常不那么紧密，尽管家庭常常会因为"例行拜访"而聚会。家庭成员不会彼此依靠来获得支持，当他们遇到困难时，如果让家庭成员知道了，他们会觉得这是额外负担（McGoldrick，2005，p. 605）。在意大利家庭中，家庭成员永远不能做任何会伤害家庭、给家庭蒙羞的事情（Giordano，McGoldrick，& Guarino Klages，2005，p. 620）。

　　7. 有关孩子和育儿的信念：每种文化都有自己独特的育儿方法，有些会涉及孩子的调教。亲子关系会随着家庭的移民而发生改变，特别是当孩子的社会适应能力超过父母时。例如，波多黎各孩子就比父母的文化适应要快，他们的父母常常陷入文化冲突中（Garcia Preto，2005）。

　　在非裔美国人家庭中，孩子们受到平等对待，并会根据年龄被安排不同的责任。老大要负责照顾年幼的弟弟妹妹（Black & Jackson，2005）。在美国土著家庭中，孩子们成为部落生活延续的重要组成部分，因此，在历史上一直备受重视。孩子们由扩大家庭成员用平等的方式进行调教和教导，通常是通过角色示范来进行的。体罚是不允许的，在育儿过程中，人们更多使用"参与和观察"的方法。在扩大家庭中，手足和堂表兄弟姐妹们一起照顾孩子，大孩子照顾小孩子（Sutton & Broken Nose，2005）。

宗教信仰往往与文化交织在一起，对亲职技巧产生了积极和消极的影响。例如，斯图尔特和梅兹（Stewart & Mezzich，2006）指出，不称职的教养通常与保守的宗教信仰密切相关，因为保守的宗教信仰鼓励权威式的育儿哲学和技术，比如体罚。另一方面，宗教也会提供一些有助于两性亲子关系的观念、社会支持和亲密感等。

在牙买加人中，打屁股是主要的体罚手段，同时还伴随着谩骂或者"口头训斥"，这些方式都不属于虐待行为。相反，打屁股成为必要的教导孩子辨别是非、尊重老人和权威人士的主要手段（Brice-Bake，2005，p.122）。在海地文化中，孩子备受重视，家庭所有人都要参与到小孩子的养育照顾中（Menos，2005，p.133）。尽管这样，海地人在养育儿童时，坚信孩子必须听话，必要时需要用皮带或者鞭子进行管教（p.133）。波多黎各父母也认为打屁股是管用的。同时，他们不太会奖励孩子的好的行为，因为担心孩子会丧失敬畏之心。尽管父母都有责任管教孩子，但是，母亲还是承担了大部分的管教责任（Garcia-Preto，2005，p.246）。很多多米尼加父母由于自己的移民身份不合法，因而经历了长期的、不得已的与孩子的分离（Vazquez，2005，p.222）。在墨西哥家庭中，人们重视亲子关系的终身性和对父母权威的尊重超过了对夫妻关系的重视（Falicov，2005，p.234）。父母都期望自己的孩子能说出内心的想法、面临的挑战和争论的观点。由于语言障碍，家长们可能在学校为孩子辩护时会遇到很多困难。墨西哥裔美国人父母在面对孩子行为不端时，会采取惩罚的方式，羞辱、贬低、哄骗、威胁、许诺等方式并举。常常是父亲调教孩子，强迫他们听母亲的话，而母亲则会袒护和保护他们（p.235）。

一般来讲，穆斯林家庭重视教育，喜欢用功学习、循规蹈矩的孩子（McAdams-Mahmoud，2005，p.145）；当然他们还有很多着装和进食方面的规定。当孩子们接触到了主流文化之后，与父母之间的冲突会增加，这些都使父母面临很多挑战。孩子们基本上都是被按照传承家庭传统和习俗的方式来养育的（Abudabbeh，2005，p.429）。管教孩子的方法包括对不恰当行为的轻度惩罚，以及对做了坏事的孩子进行吓唬或者警告等。孩子们，常常是男孩会接受无条件的爱，区别对待男孩是非常常见的习俗（p.429）。

在亚裔美国人家庭中，母亲的传统角色是照顾者和支持者，而父亲的角色是严厉的管教者（Lee & Mock，2005a，p.274）。在多子女家庭中，照顾孩子的责任往往就落到了年长的子女身上，手足间的情感纽带对那些在祖国的战争中幸存下来的人来讲尤为重要。当然，人们更加喜欢男孩（p.275）。

欧裔美国人在养育孩子时会鼓励他们自给自足、有规则感、独立、自主、自决，可能从其他文化的角度来看，还有点自我中心（McGill & Pearce，2005，p.525）。"沉默不语的欧裔美国人的方式对很多非欧裔治疗师来讲是很费解的"（p.525）。在德国人家庭中，养育婴儿和幼儿是要按照一定结构、在有限的空间中、按照准确的程序来进行的（Winawer & Wetzel，2005，p.564）。在爱尔兰人中，嘲笑、贬低和羞辱是用来管教孩子的主要方法（McGoldrick，2005，p. 605）。犹太人喜欢通过评理和解释期望的方式来养育孩子。犹太父母非常宽容，过度保护孩子，他们会牺牲自己来关注孩子们的幸福，按照他们的传统，犹太母亲就是孩子最初的教育者（Rosen & Weltman，2005，p. 675）。

8. 家庭生命周期和与生命周期相关的文化仪式：家礼包括与文化成员相关的各种仪式，是家庭抗逆力和优势的主要来源（详细内容我们将在第五章中深入讨论），它可以强化人们的群体认同感。某些文化仪式会庆祝生命周期中的某些重要事件，如婚礼、葬礼和婴儿出生。在另一些文化中，不同的期望会伴随着家庭生命周期的不同阶段，例如，何时离家、谁来参与照顾孩子等。爱尔兰人认为死亡是生命周期中最重要的转换（McGoldrick，2005，p. 606），由此产生了爱尔兰人的守丧故事。非洲家庭也会举行仪式来纪念重要的生命转换事件（Kamya，2005，p. 111）。与集体主义、尊重权威、大规模家庭网络以及罗马天主教相关的价值观都对墨西哥裔美国人的家庭生命周期的定义、阶段和仪式产生了重要影响（Falicov，2005，p. 237）。家庭生命周期包括母子之间长期的相互依存的阶段、母亲对孩子自立的放松的态度（常常被误当成过度保护）、很多年轻的成年孩子缺乏独立生活的条件、"空巢"状态的缺位、中年危机或者婚姻问题、持续性干预孩子的生活、备受尊重的地位，以及父母和祖父母在家庭中的作用等（p. 237）。离家主要是通过结婚来实现的，离婚率保持在一个低水平上。相比之下，欧裔美国人不会纠结着要让孩子住在家中，或者像犹太人父母或意大利父母那样，一定要跟孩子的家庭生活搅和在一起（McGill & Pearce，2005，p. 526）。

9. 找对象：人们用什么样的方式来寻找自己的配偶，深受自己文化背景的影响。因此，有必要探究一下人们对自己未来配偶的期望是什么，但同时更有必要了解他们的家人的期望是什么。尽管有时与外族通婚不能取悦所有人，但现在看来，文化和种族的融合性趋势越来越明显了，超过50%的人与本民族之外的人结婚。

在伊斯兰教中，结婚是一种宗教责任，需要通过协约来实现，这成了一个社会性需要（McAdams-Mahmoud，2005，p. 146）。穆斯林从来不约会，男女双方是通过介绍和家人安排的形式走到一起的，当然必须得到双方的首肯。他们把婚姻当成自己重要的职责和使命（Abudabbeh，2005，p. 427）。婚姻是一个家庭事务，其中配偶的选择是由他们的家庭来决定的，这个决定并非像西方人那样是建立在浪漫的爱情基础之上的（p. 428）。同族婚姻在很多阿拉伯家庭中依然非常盛行，人们喜欢与自己的堂表兄弟姐妹建立婚姻关系（p. 428）。尽管伊斯兰教法允许男人最多可以娶四个老婆，但是，一些阿拉伯国家还是取缔了一夫多妻制。穆斯林妇女是不能嫁给非穆斯林男性的，但是，穆斯林男子可以娶非穆斯林女性。

多米尼加人习惯早婚早育。大部分人会遵从法律和宗教结婚，当然，两厢情愿的结合也非常流行。多米尼加男人还是会有几个妻子，有几个家（Vazquez，2005）。由于贫困，很多多米尼加人为了获得居住权，与自己的配偶离婚，与美国公民结婚了（p. 219）。在传统的亚裔家庭中，父母或者祖父母会给子女安排婚姻，以确保家庭财产得到传承，家族香火得以延续。家庭中的基本关系是亲子关系，而非夫妻关系（Lee & Mock, 2005a, p. 274）。欧裔美国人则把婚姻当成两个个体之间的契约关系，借此来满足个体的需要（McGill & Pearce, 2005, p. 527）。

10. 性别角色：在十三章中，我们要讨论性别问题。性别是组成家庭的核心要素。有些文化严格遵循了传统的性别角色（通常都是父权制的性别角色），这时，家庭社会工作者就会发现，如果自己从性别平等角度对这些家庭开展工作，就会困难重重。我们的性别角色的形成来自我们的父母、文化、历史背景和当今的社会态度，所有这些也都受到了大众媒体的宣传和强化。个体的性别角色信念是如何产生的？个体是否会做出改变来接受当代的性别角色？在所有的文化群体中，性别角色贯穿于家庭生活和亲密关系的全过程。性别角色和习俗在世界各地不尽相同，但是，非常有趣的是，大部分的文化都采用父权制。

非洲人社区中的性别关系，是长期以来奴隶制和殖民地时期的男性对女性加以主导和控制，以及白人把自己的欧洲价值观强加给非洲人后裔的结果。尽管这样，父权制价值观还是对人们结婚前的男女关系产生了重要影响（Black & Jackson, 2005; Kamya, 2005）。尽管他们也信奉与性别和劳动相关的平等价值观，但是，非裔家庭还是会遇到父权制控制的问题（Black & Jackson, 2005, p. 82）。非裔男性的高失业率影响了他们的结婚意愿，而非裔女性则很容易就业。在哥伦比亚，所谓的男子气概将男性和女性的角色明确地区分开了（Rojano & Duncan-Rojano, 2005, p. 195）。波多黎各的移民也面临很多压力，因为妇女更容易找到工作，这就导致了传统性别角色的反转，从而造成婚姻关系紧张（Garcia-Preto, 2005, p. 249）。一般来讲，波多黎各的男性往往不会向外求助，因为向外求助会削弱他们的男子气概，或者因为他们早就感到了深受压迫和边缘化，而求助会进一步证明自己的失败（p. 253）。印度尼西亚的男性是一定要结婚的，他们就是家庭的供养者和家长，而女性都要服从自己的男人（Piercy, Soekandar, Limansubroto, & Davis, 2005, p. 335）。尽管阿拉伯国家，包括黎巴嫩和叙利亚，都是父权制国家，但是妇女在家中还是拥有某种权威的，因为她们的角色功能就是维护家庭团结（Haboush, 2005, p. 476）。在德国家庭中，性别成为家庭组织的重要内容，是决定家庭角色的基础（Winawer & Wetzel, 2005, p. 563）。希腊文化也是父权制的，男性个人主义深受赞赏（Killian & Agathangelou, 2005, p. 577）。同样，在意大利家庭中，父亲是无可非议的家长，而母亲则代表了家庭的核心（Giordano, McGoldrick, & Guarino Klages, 2005, p. 621）。

11. 社会价值观、集体意识和社会支持：某些文化支持根深蒂固的个人主义，而有些文化则赞赏集体主义归属感。例如，波多黎各人在家庭和周围社区之间划定了较为灵活的界限，而意大利人则在家庭内部拥有清晰的界限，在自己人和外人之间有明显的界限（McGoldrick, Giordano, & Garcia-Preto, 2005, p. 31）。美国土著在与他人交往时表现出合作精神，而非竞争性精神。"这种合作的概念反映了一种整合性的宇宙观，他们相信自然界中所有人、动物、星球和物体都会拥有自己的位置,以此建构和谐宇宙整体"(Sutton & Broken Nose,2005,p.44)。

12. 宗教和灵性:美国是一个宗教至上的国家,加拿大的宗教信仰则弱一点。"在美国,尽管政教分离是人们最重要的信仰之一,也是美国宪法的核心内容,但我国一直拥有这样的信念,即我们是一个受到上帝祝福的国家"(Giordano & McGoldrick,205,p.512)。宗教提供了浓浓的集体感,也给人们提供了应对压力和无权感的重要手段(p.512)。种族都带有宗教色彩,宗教生活也深受民族习俗和仪式的影响(p.513)。宗教和灵性成为家庭生活的不可分割的组成部分,我们也刚刚意识到处理家庭宗教和灵性价值观的重要性,当人们遵从某种信仰系统时,某些信念和实践都可能对困境产生某些积极的缓冲作用(Thayne,1998)。

我们在这里只讨论这样几个方面(要了解有关宗教和灵性的深入讨论,请参考Walsh,1998)。宗教和家庭生活是交织在一起的。价值体现和"共同的信念可以超越家庭生活经历和知识的限制,使家庭成员可以更好地应对不可避免的危险,应对生活中的生老病死和得失"(Walsh,1999,p.9)。宗教可以帮助家庭在重大生命转换中建立仪式感,如结婚、生与死,所有这些都标记了家庭生命周期中的进程。

在家庭社会工作中考虑宗教和灵性问题时,工作者需要处理一系列伦理问题。这里最难处理的部分就是,工作者不能允许自己的宗教信仰干扰自己与其他家庭之间的合作(Haug,1998)。将自己的宗教信仰强加给服务对象就是一种殖民行为,与当年的传教士在全球对土著人们的殖民活动性质是一样的。殖民化时期的残余依然萦绕在我们周围,这也就解释了为什么助人者不愿意进入服务对象的宗教世界。此外,多年以来,助人性专业人士要么把宗教当成一种病态行为,需要进行治疗,要么将宗教从治疗过程中剔除出去(Wendel,2003,p.165)。对于那些有很深宗教背景的家庭社会工作者来讲,宗教有时具有非常负面的含义,因为他们长期以来接受的教育告诉他们,自己的宗教才是真正的宗教,而对那些一直对宗教持怀疑态度的家庭社会工作者而言,宗教一直是国内和国际冲突的根源。还有些工作者会纠结于这样的信念,即宗教信条会歧视或压迫某些群体,如妇女和同性恋者。尊重那些与自己的宗教或灵性教义不同的家庭是社会工作实务伦理的重要组成部分。家庭社会工作者需要了解服务对象的信仰系统,避免价值判断导致服务对象的生活与社会隔离(Thayne,1998)。

宗教和灵性与文化是一脉相承、互相依存的,它们是互相关联,但又明确区分的概念。所有文化至少包含了一种宗教。宗教是外显性的(是通过宗教机构从外部灌输的),而灵性是内显性的(自内向外的)。宗教实践通过与宗教事件有关的、固定的家庭仪式和习俗,可以加强家庭的凝聚力。"如果,正如很多社会科学家所述,宗教与我们关注的两个领域——个人意愿和社会归属感——有关,那么,最确定的一点就是,宗教能量在今天也会反复循环"(Roof,1999,引自Wendel,2003,p.172)。"有生命力的宗教"这个概念试图解释正式宗教与人们日常生活经历之间的空间，这个概念被认为最准确地表达了人类生活的个人层面和宗教层面的内容（pp. 173 - 175）。宗教仍然是主观的、个人性的经历，尽管它与宗教的机构性表达密切联系在一起。

沃尔什（Walsh，1998）认为，"苦难会带领我们步入灵性世界"（p. 71）。灵性会给我们提供很多意义，帮助我们超越个人、家庭和各种麻烦及问题。苦难可能是灵性问题，可以给人们的苦难赋予意义。某些仪式，如祷告和冥想，或者来自灵性或宗教团体的支持，都可以在我们经历苦难时提供力量。危机可以清楚地揭示人们的道德指南针，让我们建立的各种关系具有意义。创造性的改变可能会出现在危机时期，这就是抗逆力的真正特征。

宗教可以通过很多方式体现民族和文化的制度性特点。即使某些人没有皈依某种宗教，但是，他们还是会遵循他们的父辈或者自己的社会所信仰的宗教教义。目前，宗教和灵性对很多家庭而言，仍是他们力量的源泉。在需求评估和干预的过程中，非常重要的一点就是，要考虑家庭的宗教面向和灵性面向的内容。在处理灵性问题时，要表现出对信念的多元性的尊重，不能将宗教信仰强加给服务对象，要做到这一点绝非易事，因为很多宗教的教义就是要劝说那些不信者皈依自己。这样做的目的并非是决定某个家庭是否有宗教信仰，相反，是要揭示某个家庭的状况，清楚贯穿整个家庭生命周期的信仰系统、社会网络和仪式是什么（Wiggins Frame，2001）。对于某些家庭而言，教堂被当成了自己的扩大家庭的组成部分。

尊重服务对象的宗教和灵性，会帮助家庭社会工作者理解，到底是什么因素促使服务对象对某些重要事件，如离婚、流产、性别角色和儿童养育等做出某种决定、产生某种想法和感受。研究表明，宗教还会极大地影响家庭关系（Marks，2004）。宗教经历，包括信仰、实践和宗教团体等，都与高质量的婚姻关系、婚姻稳定性、婚姻满意度和婚姻忠诚度密切相关。还有研究表明，在某种程度上，宗教性与不良的后果，如偏见、权威、虐待和忍受虐待之间存在某种关联。来自不同宗教背景的异族婚姻也可能给婚姻关系带来挑战。无论如何，共同的宗教活动会有助于建立亲密关系，加强对婚姻的忠诚度。宗教实践有助于建立家庭仪式，"承认宗教对某些家庭非常重要是一回事，但是，强调治疗师应该实质性地介入并处理宗教问题则是另一回事"（Marks，2004，p. 228）。

有很多例子可以说明不同文化都有自己相关的灵性和宗教信仰：土著人会用"我的各种关系"（Sutton & Broken Nose，2005，p. 46）来指代自己与自然的关系、男人的家庭和自然母亲（p. 46），反映自己与自然的和谐关系，而非主导关系。同样，从历史的角度来看，灵性在非洲人生命中也扮演了重要角色。家庭的强大的灵性价值观会影响它赋予危机事件的意义，以及对解决问题的各种办法的选择。非裔美国人的强大的灵性导向，促成了很多宗教性服务的出现，并成为处理压迫的重要手段（Moore Hines & Boyd-Franklin，2005，p. 93）。在海地人看来，天主教可以与伏都教和平共处。伊斯兰教强调在社会和宗教事件中，男女两性要隔离开（Menos，2005）。罗马天主教给很多墨西哥裔美国人提供了连贯性（Falicov，2005，p.232）。民间医学和土著的灵性共生共存，与主流宗教和医学实践也和平相处（p.232）。在亚裔美国人家庭，宗教领袖深受尊重（Lee & Mock，2005a，p.280），家庭社会工作者要特别小心，在针对华裔家庭开展工作时，要特别尊重他们的灵性视角。 59

弗雷姆（Frame，2001）建议，在与那些宗教和灵性在家庭生活中扮演了重要角色的家庭一起工作时，可以考虑绘出一张灵性家谱图（参见第八章对家谱图的讨论）。家谱图会展示出栩栩如生的历史画面，呈现几代人以来灵性和宗教问题是如何约束和限制服务对象的信念和价值观的。当关注一个宗教和灵性的家谱图时，非常重要的一点就是要审视这个家庭历史上的命名、跨宗教婚姻、洗礼、首次圣餐仪式、宗教团体中的事件、稳定和不稳定的团体关系、宗教亲密关系、离婚、宗教信息等。弗雷姆提醒家庭社会工作者，在针对他人的宗教信仰和态度开展工作时，首先要了解自己的宗教信仰和态度。

讨论灵性以及如何处理灵性，特别是当宗教表现出多元性时，可能会让学生和有经验的实务工作者感到困扰。我们鼓励学生保持一个谦虚的、"无知"的立场，这种立场适用于针对文化多元性和宗教多元性开展工作。格里菲思（Griffith，1999）建议在对家庭开展工作时要尊重下列立场：

● 不要假定你了解上帝对某个特定的家庭到底意味着什么，即使你们信仰同一个宗教。

● 不要假定你了解某个家庭对上帝的意义进行描述的语言到底是什么意思。

● 不要假定每个家庭眼中的上帝的形象与你眼中的是一样的。

● 不要用心理分析理论来解释他人对上帝的信仰。

13. 与衣食、音乐和艺术相关的文化表达：同样，共同的与美学问题相关的文化表达会给家庭带来归属感和稳定性。近年来，主流社会开始欣赏少数族裔的食物。同时，他们的服饰也完全不同，都具有宗教或社会意义。也许美学问题而非文化问题，给我们开启了理解和接纳多元文化的大门（也许服饰是个例外）。出于审美考虑，北美在食物和艺术多元化方面，就拥有了很多的选择。

14. 工作、教育和社会阶级：社会阶级（教育和收入水平、在社会中的位置）是需要评估的重要方面，因为高社会地位通常会带来高水平的福祉，获得资源的机会也比较多。但在某些情况下，有些家庭尽管拥有了高社会地位，仍会受到主流文化的歧视，与此同时，还会受到自己民族同胞的排斥，因为他们融入了主流文化中。这就使这样的家庭处在双重危险中。

15. 对社会问题和求助行为的信仰，包括使用本土的和传统的治疗方法：对民族的研究（McGoldrick，Giordano，& Garcia-Petro，2005）表明，人与人的区别在于：

● 他们经历的情感痛苦；

- 他们对症状的标记；
- 他们如何表达自己的痛苦或症状；
- 他们如何看待自己困难的根源；
- 他们对助人者的态度；
- 他们期望的干预是怎样的（p. 28）。

60　　　尽管我们这里讨论的特点都是以小标题的方式进行的，但家庭社会工作者必须注意，千万不要对某些群体有刻板印象，因为即使在同一个民族和文化中，个体经验的差异还是存在的。某些经验可能与文化融入的程度有关，但是，某些特点还是能够将少数族裔文化与美国和加拿大的作为主流的白人中产阶级文化明显区分开的。

　　1. 少数族裔现状：很多少数族裔群体成员经历了贫困和歧视，因为他们对社会服务资源的使用是远远不足的。贫困和歧视是宏观和中观系统中的危险因素，它们会渗透到家庭日常生活的每一个环节中。这些危险因素给个体和家庭带来了脆弱性，使之更容易感受到压力和痛苦。

　　2. 外部系统对少数族裔文化的影响：不同文化和民族群体的价值观可能会与主流价值观发生冲突，特别是在与外部环境产生控制还是和谐相处、时间导向（过去、现在和未来）、"行动与存在"导向、个人自治与集体、核心家庭关系与扩大家庭关系等领域。

　　3. 二元文化：少数族裔个体会隶属于两个文化。融入主流文化的水平，是评估一个寻求外部帮助的少数族裔家庭的重要方面。

　　4. 少数族裔地位中的种族差异：不同少数族裔群体的地位是不同的，某些群体遭受的歧视比其他群体更多，例如，难民的待遇可能会比奴隶的后代更好一些。肤色是另一个决定地位的因素；显而易见，少数族裔会受到更多的社会性歧视。

家庭的信念

　　如上所述，尊重多元性，对差异非批判，是家庭社会工作的基本要素之一。如果不能接纳差异，对差异保持非批判的态度，家庭社会工作者就无法得到家庭的信任和接纳。因此，家庭社会工作就始于反思我们对家庭和家庭生活的基本信念。信念和态度主导了我们在对家庭开展工作时，到底要观察什么、如何行动。用卡尔·马克思的话说，不是人们的意识决定了人们的存在，相反，是人们的社会存在决定了人们的意识。换言之，我们看世界的角度取决于我们所生活的经济社会环境。某些态度是无益于家庭社会工作的，这些态度包括：指责父母（要求他们负责任），无法尊重和接纳多元性，把单一观点或限制性观点强加于人，人为制造障碍导致无法理解或接受家庭及其成员的抗争。对家庭的负面态度和预设观点都会破坏工作者在与家庭的合作中努力建立的合作伙伴关系。

对家庭的态度会成为推动或者破坏家庭工作的基础。家庭社会工作者要相信，人们都希望自己能够让自己的生活变得更加美好。他们还需要具备乐观的信念，即家庭问题是可以改变的，家庭能够健康发展，并给自己的成员提供支持。对家庭生活的现实保持敏感性，将指导人们从伦理和人性的角度来开展家庭社会工作，给创造性的工作者与家庭关系提供路线图。下面的信念将指导家庭社会工作实务。

信念 1：家庭自身希望健康发展

一般来讲，进入了亲密关系的人都会希望自己的婚姻天长地久；有了孩子之后，都希望自己能够成为合格的父母。不幸的是，一旦婚姻结束了，孩子们通常会生活在不太完美的环境中。但是，这并不意味着家庭不想解决自己的问题。相反，这可能表明家庭认为自己的问题难以克服，或者自己缺乏足够的技巧、知识或信念来脱离困境。高效的家庭社会工作者相信，早期的及时干预会给家庭提供一个改变的良机。

信念 2：家庭成员都希望能够在一起，共同处理自己的分歧

与传统印象和消极的社会观念不同的是，大部分人都愿意维持自己的婚姻关系，而不是另立门户。大部分人都希望一家人和和美美，只要大家都希望和相信自己的生活能够改进，他们就愿意坐下来处理自己的分歧。人们通常不会头脑一热就提出分手，他们都会寻求相关的资源来解决问题，例如，运用知识、技巧来解决分歧，克服困难。但是，很多家庭不知道如何处理自己的困境，因此，他们需要外部的帮助，以积极的、建设性的、双方都满意的方式来解决问题。对某些人而言，寻求外界帮助的第一步就是找朋友和家人帮忙。当这些人的帮助无效后，这些家庭会寻找家庭社会工作者，后者不像家人或朋友那样带有任何偏见，会提供实务性的、支持性的、具体的帮助。早期的干预是非常重要的，可以帮助家庭处理自己的问题，促进长久的改变。孩子们被从家里带出去，进入了专业的照顾机构之后，家庭社会工作还可以协助孩子重返家庭（Lewandowski & Pierce，2004）。

信念 3：要想自己的婚姻关系令人满意，顺利地养育子女，父母们需要外界的理解和支持，以应对自己面临的挑战

人们从来没有接受过专业训练，来学习如何做夫妻，如何为人父母。很多人将自己在童年时代学到的方法，带到自己的婚姻关系和亲子关系中。做一个令人满意的配偶和合格的父母，需要人们去学习知识，要有耐心、恒心，无私奉献。在亲密关系和育儿过程中，

有问题的人需要理解和支持，而不是指责和批评。当人们面临婚姻失败或教子无方时，常常会受到指责，旁观者往往会评判结果，而不去考虑在亲密关系和亲子关系恶化的过程中，家庭的付出和痛苦。指责会导致防御机制和愤怒情绪的出现。另一方面，理解和支持会给当事人学习新知识、产生建设性的改变和家庭重新融合带来契机。

信念 4：如果有机会得到支持，学习新的知识和技巧，家长会掌握积极有效的方式来回应子女的需要

天下所有的家长都可以从亲朋好友和社区得到支持，并从中受益。这个信念是针对社会上流行的一种误区，即认为只有那些独立的家庭才是健康的、正常发挥功能的。事实上，家庭要获得正常的社会功能性，就需要必要的支持。但是，某些家长没有机会学习如何有效地扮演父母角色。协助父母获取必要的知识和技巧，会使大家受益。这个假设的内涵在于，如果人们有机会学习有效的、积极的育儿技术，那么，大家都希望尽自己所能，改进自己的技巧。

信念 5：要有效地回应子女的需要，父母的基本需要应该先得到满足

失业的父母、为衣食住行而忧心忡忡的父母，或者是备受生活中其他问题困扰的父母会发现，无论自己如何关心他人，都难以满足他人的需要。因此，尽管家庭社会工作的目标是协助父母掌握更加有效的方式来促进子女的发展，但是，我们还是需要把重点放在协助父母满足自己的需要上。在这里我们想起了飞机上提醒的一句话：父母要先给自己戴上氧气面罩，然后再帮助子女戴上。协助父母减压，能够使他们更加积极地管理好子女。

信念 6：每个家庭成员都需要呵护

每个人都需要感觉到自己为他人所爱，与他人关系密切。有时，生气和指责他人比与他人分享爱和照顾来得简单。每个家庭都应该成为家人的港湾，每个家庭成员都应该得到呵护和关爱。如果某个家庭成员以牺牲他人的利益为代价，使自己的需求获得了满足，这个家庭的功能就会出现紊乱。

信念 7：家庭成员不管其年龄和性别如何，都应该互相尊重

在不同的文化群体中，家庭社会工作者都应该认真分析某个家庭中的权力结构，不能

简单地假定某人就是"家长"。这就意味着要尊重不同文化群体的差异，尊重不同群体对婚姻、育儿和家庭的独特的贡献。儿童有自己的权利，因此要受到尊重。性别差异也要受到尊重。所有的家庭成员都应该享受平等的参与和发展的机会，不管他们的年龄和性别是怎样的。同时，社会工作者要意识到，在不同的文化中，与性别和年龄相关的角色会出现很大的差异性。

信念 8：应该将儿童的情感和行为困难纳入其所处的家庭环境和更大的社会环境中考虑

要理解儿童，人们必须首先理解家庭。此外，要有效地针对儿童开展工作，人们必须首先能够对家庭有效开展工作。家庭经历的问题，一般不会专属于父母或者子女，但是一定会成为家庭日常互动模式中的一个不可或缺的内容。

信念 9：所有人都需要家庭

所有的儿童（包括大部分成年人）都需要与照顾自己的人建立密切联系，这种无条件的、积极的、对他人的关注和接纳，对青年人的个人发展至关重要。

信念 10：大部分家庭问题的出现非一日之寒，往往是多年积累的结果

64

虽然一个情境性的危机会成为家庭向外求助的导火索，但是，冰冻三尺非一日之寒，大部分的家庭问题都是长期积累的结果。因此，要想一夜之间让家庭发生改变也是不可能的事。在改变的过程中，家庭成员需要明白，自己需要长期的支持。

信念 11：在育儿过程中，观念和行动之间存在很大的差距

很多时候，父母感到在管理孩子的过程中，会遇到很多麻烦，因此，他们常常会想离开自己的孩子，或者逃离家庭。这些逃离的想法可能会让家庭社会工作者认为，这些父母没有爱心，不关心自己的子女，但事实并非如此。人们有时候说的、想的与做的是完全不同的。

信念 12：做一个"完美的"父母和"过得去的"父母之间也有差距

父母们，即使是那些杰出的父母们，也难以总是在正确的时间做正确的事。父母们可

能会对自己的孩子大声训斥，或者可能难以满足子女的需要。这些行为都不会毁掉一个孩子。人们难以成为"完美的"父母，这里的目标就是，要满足孩子们"过得去的"需要，而不是"所有的"需要。对"过得去"的定义，会随着时间的不同而不同，要综合考虑儿童不断变化的发展性需要。

信念 13：家庭应该得到环境系统的公正、平等的待遇

很多少数族裔家庭受到了社会机构的不公平和不尊重的待遇。从历史的角度来看，不同种族的成员不可能享有同样的机会，来获得同样的资源、机会和系统的支持。我们把某些人群界定为"服务不足"群体。社会工作者寻求的就是平衡不同群体之间的资源分配不均，推动所有家庭享受社会公正待遇。同样，如果得不到足够的资源和支持来满足自己的需要，单亲家庭或者那些非常规家庭就会遭遇不幸，因此，社会工作专业价值基础要求社会工作者采取政治立场，来为受压迫群体进行倡导。

练习 2.16　信念和问题

罗列出你对家庭、父母和家庭社会工作的信念，它们能够帮助你开展家庭社会工作。然后，再列出那些可能有问题的信念。

家庭社会工作指导原则

下列原则将指导家庭社会工作者在家庭工作中强调家庭的优势，发现家庭的积极选择。它们还能确保家庭社会工作的基础能够传递这样的信念，即相信家庭有能力带来积极的改变。

原则 1：帮助家庭的最佳场所就是他们的住宅

家庭住宅是家庭成员的自然居住环境。通过在住宅中对家庭互动的观察，家庭社会工作者能够很快融入家庭。将家庭纳入其所在的社会环境中，并以此来制订干预计划，为干预成功提供了良机。家庭需要家庭社会工作者每周在家中逗留足够的时间，以关注家庭的日常问题和互动。只有身临其境的家庭社会工作者才可以提供及时的反馈，改变家庭的互

动模式，协助问题的解决。

原则 2：家庭社会工作赋权家庭解决自己的问题

家庭社会工作的目标之一就是协助家庭提高自己的能力。提供及时的问题解决技巧，可以减少眼前的压力，但是，强制性的解决办法可能不利于培养家庭处理未来问题的能力。改变家庭需要学习和练习新技巧。因此，家庭社会工作者须清楚地意识到，干预的主要目标就是推动家庭参与改变，不断协助家庭提高自力更生和独立的能力。

不同的家庭，处理压力的能力也不尽相同。某些家庭具备了很强的应对压力和解决问题的能力，但是在某个危机阶段，还是需要外界的帮助。而有的家庭需要持续性的帮助，还可能需要多个机构的帮助。所有的家庭都有独特的优势和弱势，不可能一无是处。在制订干预计划之前，需要对家庭的特殊能力进行准确评估。

66

原则 3：干预计划应该是个别化的，建立在对家庭的社会、心理、文化、教育、经济和环境因素的综合评估之上

家庭社会工作始于"某个家庭的现状"。无论是社会工作者的第一次家访还是第二十一次家访，这个原则都适用。要对家庭的优势和问题进行持续性评估，以确保干预的及时性和有效性。要认识到：对一个家庭有效的干预，不一定适合另一个有同样问题的家庭。

按照既定的模式来设计的干预，无法进行修改，也无法适应某个特定家庭的特殊需要。家庭社会工作的优势之一就在于，它设计的干预计划能够反映家庭的独特性。事实上，在 20 世纪 80 年代，家庭社会工作者面临的挑战就是，需要具有文化敏感性，因为传统的家庭治疗标准把少数族裔家庭的某些特点，如扩大亲属网络，当成了功能紊乱（Nichols & Schwartz, 2007）的表现。

原则 4：家庭社会工作者必须首先回应家庭的眼前需要，然后再实现长远目标

饥肠辘辘的儿童需要的是食物，如果告诉他们将来会有食物，而他们的父母整天忙于学习做生意或者忙于找工作的话，就无法帮助他们成长。家庭社会工作者必须评估出家庭的眼前需要，确保这些眼前需要能够得到满足。

马斯洛的需求层次理论是协助我们进行评估并满足儿童和家庭的需要的一个很好的路线图。马斯洛指出，人的基本的生理需要就是对食物和住宅的需要。第二层次的需要是对安全的需要，要满足这些需要，就要确保人身安全，包括居住在一个安全的环境中。第三

层次的需要指的是归属感。个体得到了群体的接纳和欣赏，这样才能满足归属感的需要，而家庭就是第一个社会群体。第四层次的需要是对自尊的需要，最后一个层次的需要是自我实现。家庭社会工作者首先要确保家庭成员的基本生理需要和安全需要能够得到满足，接下来才能与家庭讨论如何满足家庭的其他需要。

本章小结

要有效地开展家庭社会工作，就需要灵活运用一套信念系统、假设，以及对家庭和家庭社会工作的积极关注。这个信念系统帮助工作者发展出一个以能力为本的、尊重他人的干预计划，并与家庭建立合作关系。他们还需要开放的心态，接纳多元的表达，通过这样的团队合作，家庭社会工作者可以帮助家庭积累自身的优势和特长。

关键术语

文化：文化指的是人们获得的价值观、信念、习俗和规范的总和，通常是在家庭和社区背景中获得的。

不同的家庭形式/结构：家庭包含了不同的结构，包括出生家庭、原生家庭、生育家庭、扩大家庭、过度扩大家庭、混合家庭、领养家庭、寄养家庭、单亲家庭。

种族：种族指的是个人对某个族群的认同、归属和忠诚（Jordan & Franklin, 2009）。

家庭：家庭是一个社会组织，可能包括也可能不包括一个或更多的子女（如无子女夫妻）；孩子们可能出生在婚内，也可能不出生在婚内（如领养子女，或者配偶中的一方从过去婚姻中带来的孩子等）；成年人之间的关系可能是婚内的，也可能是婚外的（如同居）；成年人可能同居、有性关系，也可能没有同居、没有性关系；他们之间的关系可能与社会性情感有关，如爱情、喜爱、敬畏等，也可能没有这些因素（Eichler, 1988）。

推荐阅读书目

Coontz, S. (1996). The way we weren't: The myth and reality of the "Traditional

Family." National Forum，76（4），45-48.

孔茨对当前关于家庭的迷思提出了真知灼见，有效地消除了常见的有关家庭如何解体的误解和看法。

McGoldrick，M.，Giordano，J.，& Garcia-Preto，N.（Eds.）.（2005）. *Ethnicity and family therapy*. New York，NY：Guilford.

这是一个非常全面的关于家庭和种族的阅读资源，希望学生和家庭社会工作者都要认真阅读。我们强调文化是家庭正常发挥功能的一个核心因素，这就是该书的重要贡献之一。它挑战了文化盲点，把种族和文化放在了核心地位。它还超越了很多有关文化和家庭治疗的讨论，讨论者们只把文化当成了一个特点清单。

能力说明

EP 2.1.4c. 发现并表述自己如何理解差异性会影响人们的生活经历：文化的区别在于它们会如何界定家庭，确定家庭中应该包含什么人。

EP 2.1.7b. 批评并运用知识来理解个人与环境的关系：饥饿的儿童需要食物，无家可归的儿童需要住所，患病的儿童需要接受治疗。马斯洛的需求层次理论是评估家庭和儿童需要的重要的路线图。

改变了家庭就等于改变了家庭成员的生活。

——尼科尔斯和舒瓦茨（Nichols & Schwartz，2007）

祸兮福之所倚，福兮祸之所伏。

——中国谚语

第三章

家庭系统

◇ **本章内容**

什么是家庭系统

有关家庭系统的主要假设

家庭界限

家庭子系统

本章小结

关键术语

推荐阅读书目

能力说明

◇ **学习目标**

概念层面：理解家庭系统概念及其构成要素。

感知层面：从家庭系统以及大的生态环境角度，将家庭当成一个相互依存、彼此互动的单位。

价值和态度层面：重视家庭系统的力量，可以解决自己的问题。

行为层面：从个体实务焦点转向系统性互动焦点。

系统理论是大部分现存的家庭工作模式中最重要的理论，在社会工作中，历史非常悠久。早在1917年，玛丽·里士满就建议工作者要在每个系统层面，考虑干预的各种可能后果，并运用系统等级中的互惠性互动来推动改变（Bardill & Saunders，1988）。家庭系统理论借用了生物学视角，提出了一个标准化的评估和干预框架，以帮助我们理解家庭的功能。在过去的几十年中，系统的概念在家庭社会工作中占据了主导地位。系统理论帮助家庭社会工作者理解错综复杂的家庭功能、家庭与环境的关系，指导干预的方向。

　　差不多四十年前，萨提尔（Satir，1967）就指出，"很多研究表明，家庭表现出来的行为就像是一个单位一样"（p. 17）。沃茨拉维克、比文和杰克逊（Watzlawick, Beavin, & Jackson, 1967）进一步发展了这个概念，他们发现，家庭就是一个系统，"其中**每个成员**就是这个系统的构成要素，或者是组成部分，系统的**特质**反映了每个成员的特点，而成员间的**关系**将系统黏合在一起"（p. 120）。

69

　　下列三个主要观点构成了系统家庭工作的根基：

1. 问题的产生源于目前家庭内部的沟通模式。

2. 家庭面临的危机给家庭带来了不稳定，同时也是家庭改变的机会。

3. 家庭是根据既定的规则来发挥功能的，要永久、有效地解决家庭问题，就必须改变这些既定规则。

　　尽管系统理论给我们提供了一个很有价值的框架来理解家庭动力关系，但是，它还是有些局限性的，比如，它难以解释当家庭内部出现权力差异时产生的一些严重问题，如家庭暴力、性暴力和身体暴力等问题。因此，女性主义对家庭系统理论内在的性别偏见提出了批评，因为它低估了家庭系统中权力的重要性（这些问题将在本章的后面详细讨论）。还有人对教条地运用家庭系统的概念也提出了批评。例如，早期的理论家们认为精神分裂和自闭症与家庭系统的动力关系有关，他们常常认为母亲应该出来对孩子的问题负责。这种"精神分裂症母亲"的说法正是家庭系统理论家们提出的贬义性、指责性概念的最好佐证。另外，还有人认为系统理论过于机械，他们企图将普遍性的原则，如规则、内衡、循环因果关系等，运用到每个家庭。尽管这样，我们还是发现，家庭系统理论中有很多概念让我们至今受益，如隐喻、框架等。

　　家庭构成了一个强大的环境，在这个环境里，家庭成员个体得到成长和发展。家庭是一个极其复杂的实体，如果没有一个组织框架的话，在处理家庭成员提供的繁杂的信息、应对成员的各种表现时，就很容易失范、不知所措。也许家庭系统理论中最重要的内容就是，它告诉我们家庭出于某种原因，是按照某些特定的形式组织起来的。它还告诉我们，每个家庭都是按照可预测的方式组织起来的。无论如何，我们都要鼓励学生批判性地运用任何一个理论，避免僵硬地或者麻木地将每个理论概念运用到每个情景或案例中。

什么是家庭系统

　　根据家庭系统理论，所有家庭都是社会系统，这个信念会指导我们理解家庭，并与家庭一起开展工作。鉴于家庭成员之间互相依存（彼此依靠），每个成员的表现都不是处在真空之中的，因此，家庭系统理论能帮助我们发现家庭问题是怎样从家庭关系和互动过程中产生的，我们工作的重点就是要涉及家庭内部所有的关系网络。有鉴于此，家庭系统理论的一个关键信念就是，产生于家庭的问题，不能归因于个体的功能紊乱或者病态。相反，理解家庭动力关系，能够帮助我们发现导致现存问题产生和持续存在的家庭过程，因此，某些问题，如亲子冲突、行为问题、精神健康问题等，都是在家庭环境中产生出来的。

当家庭社会工作者给家庭提供服务时，他们必须透过个人行为来理解家庭情境，因为是家庭情境培育、保持了现存的沟通模式、规则和家庭关系，以及最终的家庭内部的问题。家庭系统理论就是这样提供一个概念性框架，指导我们在家庭功能的背景中评估家庭关系、理解家庭问题的。

这个核心的结构性的信念可能是家庭（或者社会工作者）最难理解的内容。我们在实务中发现，很多家长带自己的孩子来接受咨询的目的，就是让别人来"修理"自己的孩子。他们最希望把孩子留在专门的机构中，等过些时候再过来接孩子的时候，他们已经"改邪归正"了。然而，这样做完全无济于事，主要原因是：第一，孩子的问题的出现不是孤立的。当人们彼此亲密地生活在一起的时候，他们会受到他人的影响，同时也会影响他人。天长日久，人们的彼此影响就会出现可预测的**模式**。因为这些模式久而久之会成为习惯性行为，所以生活在其中的主要行动者就会对这些模式司空见惯，视而不见。在日常生活中，我们很多时候是下意识地行事。如果我们对自己周围环境的每一个回应都保持高度意识，这恐怕会让我们不堪重负。我们期望家庭社会工作者在与家庭成员面谈的过程中，关注每一个细节，我们也知道，在人们的日常生活中，很多行为都是习惯性的。当然，如果日常生活中人们的每个行为都是**有目的**的，当然是最好的。卡特和麦戈德里克（Carter & McGotdrick，1999）指出，一旦预测性互动模式改变了，"其他家庭成员就会做出下意识的反应，自动出现所有系统具有的内在的内衡（下面会深入讨论这一个问题），他们会做出反应，试图让改变回到原点"（pp. 437-438）。

第二，即使问题发生在个人层面，其他家庭成员对这些问题行为的反应，也会促使个人继续保持这些行为。我们还知道，当问题出现时，重复同样的行为并不能让问题出现转机。家庭需要得到帮助才能够跳出习惯性反应，做出改变，才能有效解决问题。不幸的是，家庭中的很多成员都难以接受这样的现实，即自己对问题的出现起了推波助澜的作用。他们会花时间和力气来表达自己的不满，对有问题的家庭成员表示关心，而当家庭社会工作者指出他们要对问题的产生和发展负责时，却极力为自己辩解。

要坚持这个信念：家庭社会工作将家庭社会系统当成一个复杂的、处在互惠的变化中的互动因素的集合体。当家庭社会工作者把家庭当成一个系统时，家庭社会工作者就是在将一套互相关联的单位概念化了。干预的重点应该是家庭成员**以及**家庭成员小团体是怎样互相影响的，而不应该仅仅关注**个体**成员的行为。换言之，某个家庭成员的行为错综复杂地与其他家庭成员的行为和反应联系在一起。

把家庭当成一个系统来处理，关键一点就是要理解家庭互动和关系是互惠性的、模式化的、不断重复的。家庭成员之间的关系是互惠性的，也就是说家庭成员之间会彼此影响。还要理解的是，这种关系是模式化的，因为随着时间的推移，家庭成员之间的反应方式会固定下来，并且是可以预测的。最后，行为还可以重复，因为它们会以同样的方式不断出现。通过这些互惠性的、模式化的和重复的反应，家庭关系和互动就不断交织在一起，最后形成了一个复杂的、模式化的"家庭被子"（family quilt）。在这个过程中，家庭社会工作者必须理解家庭生活怎样给个人行为提供了背景，特别是每个成员在家庭中怎样以互惠性的、模式化的和重复的方式来彼此互动。家庭干预的焦点需要关注的是，家庭社会工作者需要了解家庭内部发生了**什么**，而不是**为什么**。

在《失落的世界》中，迈克尔·克莱顿（Michael Crichton，1995）写了这样一段话，可以帮助我们把家庭理解成一个系统：

> 科学家们很快就开始注意到，复杂的系统会表现出某些共同行为。他们开始认为这些行为反映了所有复杂系统的特点。他们相信仅仅分析系统的单一构成要素是不能解释这些行为的。由来已久的科学的归纳主义的方法，也就是将手表拆开来研究其工作原理的方法，是不能帮助我们理解复杂的家庭系统的，因为家庭系统中出现的那些有趣的行为似乎产生于家庭构成要素之间的即时互动之中，或者受到外界的引导，它之所以出现，是因为它存在于家庭成员间的互动之中。因此，我们称这些行为是"自主组织"行为（p.2）。

克莱顿的观点指出了把家庭成员与家庭割裂开进行观察的不足之处。正如手表一样，如果我们不了解手表内部的各种齿轮，我们就完全无法理解针盘为什么会运动。同样，家庭中的各种行为是互相依存的，要理解一个人，就不能仅仅孤立地观察这个人的行为。换言之，每个家庭成员的想法、感受和行为都会影响其他人的想法、感受和行为。此外，混乱的家庭可能具有更大的创造性的潜力（Suissa，2005）。

练习3.1　理解家庭系统

花时间来反思一下你的家庭——当你成年之后，开始把自己的原生家庭当成一个家庭系统来理解时。下面的内容将指导你的理解过程：

罗列出你的家庭系统的成员。

找出你的家庭中的子系统，它们的分类方式是代际、性别、兴趣和功能等。

运用一个从开放到封闭的连续体来描述你的家庭界限，描述你的家庭关系。

描述你的家庭每个成员的正式和非正式角色，解释家中的角色冲突和角色清晰度。

有哪些文化因素影响了你的家庭？你是如何描述这些因素的？

练习3.2　家庭系统

去做一点家庭系统文献回顾，特别是早期的概念化的文献，找出它们是如何解释下列概念的：

> 精神分裂症
>
> 虐妻
>
> 乱伦
>
> 自闭症

你发现了哪些偏见？把你的发现与班上其他同学进行分享。

练习3.3　个人因素和家庭因素

选择一个从个体角度来描述的问题（如儿童行为问题、饮食紊乱、精神健康问题等）。将那些描述个人因素的理论与描述家庭问题的理论进行比较，然后向班级汇报。

有关家庭系统的主要假设

在家庭系统的概念中，有六个核心要素，理解这些要素是非常重要的。要理解一个人的行为，不能仅仅研究他们个体的行为，家庭社会工作者要记住这六个核心要素会有一些重叠。这六个核心要素包括：

1. 一个家庭成员的改变会对所有家庭成员产生影响。
2. 家庭作为一个整体要大于各个部分的总和。
3. 家庭要设法在变化和稳定之间寻求一种平衡。
4. 循环性因果关系可以最好地解释家庭成员的行为。
5. 家庭属于一个大社会系统，包含了若干个子系统。
6. 家庭是按照既定的规则来运行的。

一个家庭成员的改变会对所有家庭成员产生影响

要理解家庭是社会系统，我们需要明白，一个家庭成员的改变将会影响其他成员

（Bowen，1971）。认识到这一点，就能够解释一个成员试图改变时整个家庭的反应，以及家庭社会工作者鼓励家庭改变时整个家庭的反应。萨提尔（Satir，1967）发现，当早期工作者试图改变某个家庭成员的行为方式时，实际上他们就是在改变整个家庭的行为方式（p.4）。当然，只关注家庭中的某个成员——常常是那个出现症状的成员，可能就加重了出现问题的成员的负担。如果某个家庭成员的行为方式发生了改变，其他成员可能会抵制这种改变，借此来维持家庭的平衡。有学者认为，当某个家庭成员的症状改善了，家庭中的另一个成员可能会表现出其他的症状。他们称这个有症状的成员为"症状表现者"。另外，一旦这个成员的改变非常成功，那么，整个家庭就会因为这种改变而无法恢复到过去的模式了。换言之，这个系统中某个部分的改变会迫使系统中其他部分的改变。"在一个家庭中，任何人在改变时，他们的情感输入和回应方式也都会发生改变，这样就会中断过去的可预测的循环"（Carter & McGoldrtck，1999，p.437）。

　　例如，如果父母对着孩子大吼，要他们完成家庭作业，最后却代替他们做了作业，孩子就慢慢学会了依靠父母的帮助来完成自己的事情。如果父母不再帮助孩子做家庭作业，孩子们就必须学会自己做作业，他们要么找别人来做，要么自己做，要么承担不做作业的后果。由此可见，家庭系统需要调整以回应某个成员行为的改变。

　　我们回想起朋友给我们讲过的一个幽默的故事，她观察到，当她跟老公一起开车外出时，一般都是老公开车，她坐在副驾驶座上。她想看看如果自己坐在驾驶座上，会出现什么情况。她坐在了驾驶员的座位上，当她悠闲地沿着公路开车时，把自己的右手伸到了副驾驶座后面，她没有告诉老公自己在干什么。她老公的反应非常有趣，刚开始时，他一言不发地坐在座位上。然后就要问她想干什么。几天之后，他就忍不住要自己开车了。这种角色的改变显然超出了这个男人的容忍的范围，他努力希望恢复原来的内衡状态！她老公面对她的新行为除了自己做出改变之外，别无选择。这个例子简单地告诉我们，当某个家庭成员改变自己的行为后，其他家庭成员也不得不改变自己的行为。

　　可能这个例子只是家庭琐碎的事情，但是，它的确说明家庭中出现一些细微的改变对家庭来讲应该是非常困难的。它还表明，当某个人改变了某个特定行为时，作为回应，其他人也会随之改变自己的行为。它还证明了第一级和第二级改变（在家庭规则一节中将详细讨论）的重要性。

家庭作为一个整体要大于各个部分的总和

　　作为一个框架，家庭系统理论可以帮助家庭社会工作者从这个角度来理解家庭，即家庭作为一个社会系统，其内涵远远超过所有家庭成员的行为或个体特征之总和。生物学家冯·伯塔兰菲（Von Bertalanffy）最初创造了一般系统理论，他指出，当某个系统中的组成部分组合起来构成一个模式时，这个组合的结果就形成了一个实体，而这个实体要远远大于个体。无论我们对家庭中的个体是多么了解，如果想要真正理解家庭中个体的行为，就必须将其纳入家庭成员之间互动情境中进行观察和研究。家庭对成员发展自我认知、角色、信念以及各自的行为，都产生了巨大的影响。

练习 3.4　大于部分的总和？

什么是家庭系统的组成部分？想想看，例如，赫克尔一家有 5 个孩子，3 个男孩（约翰、彼得和斯蒂夫）和 2 个女孩（米根和佩吉）加上母亲简和父亲马克。最明显的答案就是这些部分的总和是：约翰加上彼得加上斯蒂夫加上米根加上佩吉加上简再加上马克。一个简单的回答就是在这个家庭中，有 7 个部分，或者 7 个子系统。当然，这个家中还有很多其他的子系统，这些都超出了我们最初的观察。家庭的子系统可能是由家庭角色决定的（父母和子女），可能是由性别（父亲与儿子，母亲与女儿）决定的，也可能是由三角关系（父亲、母亲和约翰）决定的，等等。

仔细分析一下这个家庭。描绘出这个家庭可能的各种子系统。这些不同的子系统可以怎样支持我们的信念，即家庭大于部分之和？

当家庭工作的重点放在儿童身上时，家庭社会工作者要想深入理解他们，就需要观察他们在家庭情境中与他人的互动，即父母和兄弟姐妹们是怎样回应他们的，以及他们是如何应对别人对自己的回应的。这样，家庭社会工作者才能深入理解这个家庭的关系模式，也只有这样，我们才不会轻易地给那些不服从父母和家庭规则的孩子贴上"坏"孩子的标签。这个孩子之所以表现出格，是家庭成员在其不服从行为前后的互动模式的结果。当然，要让其他家庭成员理解这个孩子的行为是相当有难度的。

家庭评估包括发现家庭的优势，找到家庭问题所在。评估还包括要理解家庭个体成员的互动是怎样阻碍或者促成了家庭正常功能的发挥，又是怎样产生了问题。很多个人问题源于家庭互动，或者是通过家庭互动表现出来的。结果，家庭社会工作的目标以及面临的挑战就是，要将家庭的功能紊乱改变成互相支持的、促进家庭成员成长的家庭关系。家庭互动的改变既是一个结果，又是一个理解和处理个人问题的载体。家庭干预的最终目标就是通过建立良好的人际关系和互动来改善家庭功能。

还有一个理解系统大于其部分总和的方式，就是想想看音符是怎样经过组合构成美妙的旋律的。这些音符在分开时是没有意义的；一旦组合在一起，就构成了一段旋律。将这些简单的音符综合起来所形成的曲调，与单独的音符是完全不同的，不同的组合也会产生更多不同的曲调。因此，无论家庭社会工作者对家庭成员个体是多么的了解，最后要深入理解这些家庭成员，就必须观察家庭互动，这就是家庭的旋律。总之，家庭成员的互动就构成了一个实体，而这个实体远远大于个体成员特性的总和。

家庭要设法在变化和稳定之间寻求一种平衡

家庭系统要生存、发挥其功能、发展和成长，就需要稳定、秩序和一致性。这种维持现状和获得地位的努力就是所谓的"内衡"，在这个过程中，家庭需要获得一种关系的平衡（Satir，1967；Satir & Baldwin，1983）。保持内衡是一个艰难的、耗费精力的过程，尽管从表面上看，家庭是稳定的。家庭就像一只在水上游泳的鸭子（鸭子从表面上看非常沉稳，但是鸭掌在水下却在竭尽全力划水）。萨提尔指出，家庭成员以公开的和隐蔽的方式来协助维护家庭的平衡（Satir，1967，p. 2）。通过家庭规则来维护内衡，就是要辨别哪些行为是可以接受的，哪些行为是禁止的。正像家中的恒温剂能保持室内温度，或者空调能保持稳定的室温一样，内衡维持了家庭中的稳定的平衡。在家庭中，"恒温剂"代表了家庭规则（下面将讨论），依据这些规则，家庭会努力保持一致性，并发挥功能。有人认为，家庭是一个自我矫正的系统，尽管通过反馈，家庭中也会出现变化。

内衡这个概念最早是由杰克逊（Watzlawick，Beavin，& Jackson，1967）提出来的。他发现，在有精神病病人的家庭中，当病人的病情好转之后，父母之间的关系会开始恶化。他指出，家庭行为，也就是精神疾病，会作为一个"稳态机制"发挥作用，让紊乱的系统达到一个微妙的平衡（p. 134）。此外，奥克曼（Ackerman，1958）认为家庭内衡是家庭在持续变化的条件下保持高效、协调功能的重要手段（p. 69）。

为了获得能量，维护稳定，家庭就一定要努力维持现状。同时，为了回应千变万化的外部环境，不断满足家庭成员的需求，它们还要不断应对改变和发展的压力。在不同的发展阶段的儿童会不断地向父母提出各种要求，在蹒跚学步的孩子身上是合适的行为，在青春期孩子身上就是不合适的行为。一旦家庭无法回应子女的发展需要时，就会出现问题。在应对这个压力的过程中，家庭必须在稳定和改变这两个互相冲突的需要之间达成某种平衡。

家庭社会工作者不要天真地认为稳定和健康是两个可以互换的概念。稳定仅仅使家庭暂时摆脱了满足无休止的需求，但仍要回应一些难以预测的需求，给家庭成员提供能量，在日常生活中正常发挥功能。由于家庭需要经历家庭生命周期的不同阶段，家庭的活动也会随着维护稳定的需要和发展目标的不同而不同。

内衡是家庭的一个必经状态。稳定和可预测性使日常生活可以预测，充满活力。但是，在某些情况下，内衡也具有杀伤力。例如，家庭危机就会破坏家庭的内衡，但是，危机过后，家庭就会重新调整自己的规则、行为、互动等模式，以适应新的环境。举个例子，新生儿的降生可能成为一个家庭危机。为了适应这个孩子的到来，每个家庭成员都需要学习新行为。久而久之，家庭内部就会出现新模式，家庭系统就会逐步适应并固定下来。

76 　假设一下，一个家庭如果不能适应新生儿的降生，会出现什么样的后果呢？如果一个家庭不能适应家庭成员的死亡、失业或其他危机事件，会怎样呢？对于某些危机事件来讲，家庭是很容易适应的。

　　鉴于家庭是有生命周期的，每个家庭成员都要沿着自己的发展阶段前进，因此，非常矛盾的一点就是，家庭必须不断适应，不断改变，但同时又要维护稳定。无论如何，在自己的生命周期中，家庭最终还是要发展出自己的节奏，来确保稳定和改变。家庭生命周期的每个阶段中蕴含的动荡的危机会扰乱家庭模式，使家庭生活充满不确定性和压力。例如，家庭生命周期的每个阶段都包含了潜在的动荡经历。令人疑惑的是，家庭中最主要的动荡经历之一就是第一个孩子的降生。

　　此外，在某些危机或者蕴含改变的情境下，家庭的功能似乎或多或少都是固定的。当然，很多危机是难以预测的、不可避免的。经历了危机之后，家庭可能就会恢复到危机前的状态。例如，父母暂时性失业了，会待在家中，家庭成员表现出来的最初的适应形式就是，他们要与一个失业在家的父亲或者母亲（他们可能还有抑郁表现）共处。但是，经历了暂时性混乱之后，家庭就会根据新的情况，以日常程序和模式的方式发展出新的回应方式和新的功能。当父母又外出工作时，家庭就会慢慢恢复之前的功能模式。也就是说，家庭恢复到了其"正常"状态。

　　在面对由于危机而产生的变化时，家庭的典型的反应就是否定和抵制。内衡是一个重要的概念，因为它是针对家庭面临的某个特定的问题而出现的，可以维持一段时间（Satir，1967，p.49）。当然，有必要记住，家庭之所以出现抵制，就是因为它希望维护平衡和稳定。家庭对变化的抵制可能是非常强烈的，也就是说，家庭社会工作者在试图挑战家庭成员固定的行为模式时，就会遇到这种强烈的抵制。这也说明了为什么家庭社会工作需要大量的时间和精力的投入。家庭社会工作者不仅要处理个别家庭成员的抵制，还要处理整个家庭单位的抵制，以及不同家庭子系统的抵制。如果干预不能确保整个家庭永久融入变化中，那么，家庭功能的改变是难以维持的。因此，我们知道，即使家庭的变化是积极的，例如酗酒的家庭成员已经戒酒了，家庭在面对新行为时也可能会表现出苦恼或不适。

　　抵制包括反对或拒绝一些让人痛苦的事情，鉴于家庭维护稳定的需要是非常强烈的，家庭对变化的抵制就很正常，也是可以预测的。人们都希望通过抵制能够减轻焦虑、负疚感和羞耻感。例如，我们发现，很多家庭就不愿意将某个成员界定为"有问题的"，而愿意把眼前出现的问题当成"家庭问题"。

　　此外，家庭社会工作者的工作可能也会强化家庭的抵制。要处理抵制，一个重要的技巧就是把握好压力的分寸，不要过度逼迫家庭，但是又要给家庭足够的动力，使其解决目前的"困境"和问题。家庭社会工作者发展出了很多技巧，帮助我们以非干扰性的方式进

77 入家庭，与家庭成员一起努力处理面临的问题。当你发现每个家庭成员都用不同的方式来

界定"问题"时，家庭社会工作者的任务就变得非常复杂。这里有一个观点需要大家警惕：家庭成员个体就是问题的"源头"，这个人要对家庭的痛苦负责。另一个看问题的视角就是某个子系统是问题的根源，例如某些严厉的父母会把某个孩子当成替罪羊。无论如何，家庭成员都会很自然地将问题看作别人的事。

应对抵制需要特定的技巧来化解和平衡某些行为，同时，工作者和家庭双方要愿意讨论家庭工作中面临的问题。即使是一个合适的干预也可能会引发家庭的抵制，因为社会工作者可能会要求家庭做一些在他们看来毫无意义的事情，或者在某个时间点上，他们不愿意有任何作为。当家庭感到与工作者一起工作比较舒适时，当双方建立了信任关系时，当家庭成员个体感到自己得到肯定和支持时，当与工作者的关系变得感同身受、真诚和坦诚时，抵制才会减轻。

一旦确定了某个具体的改变目标，家庭社会工作者就要协助家庭决定怎样实现新的内衡。首先一个任务就是要跟家庭讨论变化和稳定的话题。家庭内衡的改变意味着家庭要重组和采取新的行为和沟通模式。例如，当一个孩子被送到寄养机构后，家庭可能就要重新处理孩子离开的问题。其他家庭成员可能需要取代这个孩子在家庭中的角色和功能。例如，如果这个孩子有角色逆转（孩子原来承担了父母的角色）的话，那么，其他的孩子可能就需要承担照顾其他弟妹，甚至照顾父母的角色。事实上，重组是必然的，因为无法达成新的平衡意味着某些家庭成员的需要得不到满足，也许这就会造成家庭混乱、分解，甚至出现新的问题来取代旧的问题。一旦家庭开始围绕孩子的离家进行重组和重建内衡系统（例如孩子被送进了寄养机构），那么这个孩子再次回归家庭也会成为一件难事。尽管这个家庭恢复了之前的家庭模式，但是，导致这个孩子进入寄养系统的原因还是没能得到有效处理。在这个改变阶段，家庭的重建稳定和平衡（"正常家庭功能"）的迫切要求就形成了一个很强的力量，这时家庭社会工作者需要对此加以认真考虑，因为他们希望能够帮助家庭进行持久的改变，在家庭社会工作者结束自己的工作后，改变还能持续下去。

家庭社会工作者也可以采取教育性的立场，与家庭一起来讨论内衡和稳定。工作者自己应该明白在这个特定的家庭中如何表现，才能使家庭成员们都能够理解。如果工作者将自己的知识与家庭问题有机结合起来，将会是一次令人惊喜的体验。尤为重要的是，如果家庭是从另外一个角度来看问题的话，不要强迫家庭接受你的观点。上面提到的那个例子说的就是需要持续性地对让这个孩子进入寄养机构的家庭开展工作，同时，也要与决定孩子最终回归家庭的权威机构一起工作。

尽管看起来家庭希望获得平衡，但是事实上家庭从来都不是一成不变的。克莱顿（Crichton, 1995）认为，复杂的系统似乎在需要秩序和必须改变之间建立了一种平衡，"复杂系统似乎将自己置于我们称之为'混乱边缘'的境地"（p. 2）。社会系统生存的必要条件就是，它需要处于混乱边缘地带，从而获得足够的能量来维持系统运作。另一方面， *78*

系统还需要足够的稳定性使其避免出现混乱。令人厌烦的危机和慢性危机同样会给家庭带来威胁，只不过有不同的表现形式而已。

在某种程度上而言，家庭总是处在变化当中。它们可能会表现出失衡和稳定并存的情况。当家庭经历外在危机，要面对压力并改变或适应时，一个新的家庭功能模式就会逐步形成，这样就会出现一种变化了的家庭平衡状态。家庭社会工作者要牢记这一点，因为很多家庭工作的开端就是家庭危机。我们希望父母能够持久地采取新的育儿策略，这样，当家庭社会工作者结束工作之后，他们就有更多的机会将这些策略融于自己的"自然"和"正常"的育儿模式中。同样，我们还希望，孩子学习的新行为也会随着时间的推移而保留下来。这里的危险就是，一旦这个平衡中的任何一方恢复了旧的模式，整个系统就会恢复到旧的功能水平，而正是这促使家庭来寻求外界的帮助。

有关家庭的讨论内容强调的是，当家庭社会工作服务结束后，家庭需要做的就是继续变化。家庭要认真思考如何将自己学习到的东西长期维持下去，能在更多不同情境中，运用到不同人身上，这就是所谓的学习的迁移或普遍化。

在家庭社会工作实务中，变化和稳定的共生是家庭系统理论中最难以理解的概念。在很多情况下，家庭社会工作者要么认为家庭陷入困境，要么认为家庭失衡（也就是混乱）。经验丰富的家庭社会工作者在处理这类问题时，不会受到家庭复杂性的干扰，而是冷静地分析其复杂性。他们会发现，当家庭陷入困境或表现出危机不断时，它们可能在维持一成不变的平衡或者是在经历着混乱的变化。久而久之，家庭需要找到解决办法，在稳定和变化之间达成平衡。

练习 3.5　危机和稳定性

找出三个可能会威胁家庭稳定性的不可预测的家庭危机。这些危机会如何影响家庭稳定性？家庭应该如何努力来重建稳定性？

练习 3.6　积极改变与家庭稳定性

找出家庭中一个积极的变化。思考一下这个变化会怎样破坏家庭的稳定性。把你的答案与班上其他同学的答案进行比较。

某些家庭理论家提出，家庭中出现的问题（常常是与孩子相关的问题）基本上都是家庭试图维持内衡的结果。当然，我们需要注意的是，从这样的角度看待家庭中的内衡机制时需要特别小心，因为人们往往会将家庭中的很多问题行为合理化和正常化，如性虐待和家庭暴力问题。这种说法就为施暴者逃脱责任找到了很好的借口。还有人认为，暴力的受害者也应对暴力的发生负责，施暴者自己可能也是一个受害者（参见 Coleman & Collins，1990；Trepper Barrett，1986）。的确，家庭系统理论被用来解释性虐待和家庭暴力时，是有点问题的，在美国的其中几个州，法律禁止使用家庭系统干预来规范施暴者干预服务计划，如马萨诸塞州和密歇根州（Murray，2006）。

　　家庭内衡对危机干预有很多的启发。家庭社会工作者常常会遇到经历了打破平衡的危机的家庭，例如发生了儿童虐待的情况。这样的危机会使得家庭受到社区内官方机构的注意，如儿童福利机构、学校或者司法系统。家庭社会工作者要意识到在危机过后，家庭还会重新恢复到"正常"（可能是习惯性）的功能模式中，因此，他们需要抓住打破平衡的时间点，协助家庭建立一个二级的、持久性的改变。家庭社会工作者的任务就是促使家庭进入一个新的平衡状态，协助他们重组互动模式，建立新的规则来约束这些模式，这样，家庭才会最终放弃过去的习惯性的平衡状态，进入新的平衡。

练习 3.7　家庭内衡系统

　　反思一下你的原生家庭，回忆一下出现家庭危机的情景。描述一个家庭恢复内衡的情境，再描述一个家庭无法恢复内衡的情境，将两者进行比较。

练习 3.8　家庭调试

　　分成小组，列出一个清单，记录家庭为适应家庭成员的节制行为所做出的调整。把清单与其他组进行分享。

练习 3.9　危机事件

　　分成由四五人组成的小组，在小组中，列出一个会导致家庭失衡的危机事件清单，然后讨论家庭在失衡时应该如何应对。把你们的发现与其他小组进行交流比较。

循环性因果关系可以最好地解释家庭成员的行为

　　如前所述，家庭常常会以预测性的、模式化的方法来运作。例如，家里喂狗的或者洗衣的常常是同一个人。家庭中的沟通模式也是可以预测的。我们可以准确地推测出家庭中哪个孩子不需要家长的哄劝或者威胁就会主动做作业，哪个孩子在父母要求干活时会讨价还价。我们还能比较确定地预测出，在面对一个大发脾气的孩子或拒绝服从父母的孩子时，父母是怎样反应的。这些模式基本上都是下意识出现的。在某种程度上，这些模式都是维护家庭稳定和内衡的习惯。这些模式可以协助我们预测家庭日常程序和互动模式。尽管这些模式在家庭中是不可避免要出现的，但当这些模式对家人或者家庭构成伤害或者出现功能紊乱时，就必须改变这些模式。

贝特森和杰克逊（Bateson & Jackson, 1974）是这样描述互动的因果关系的：

> A 受到刺激要做出某些行为，是因为 B 也做了同样的行为；而 B 做出这样的行为，是因为 A 以前曾经做出同样行为；而 A 会更多地这样做，因为 B 也做了：如此循环往复。这就是维持琼斯一家冲突、某些种族武装冲突等行为的对称性的特点（p. 200）。

同时，家庭中的沟通模式也是双向的、互相强化的。也即是说，每个模式以互相影响的方式在两个相关人士之间来回循环出现。一个人的回应会影响另一个人对自己的回应。久而久之，这些回应就形成了两个人之间的那种可以预测的模式化的交换。因此，家庭社会工作者的首要任务就是发现家庭中的**重复出现**的沟通模式。这些模式就是所谓的"循环性的因果关系"（参见第十章对循环模式的评估和干预的有关内容）。

很多人会以因果关系来思考问题。另一个因果关系的术语就是"线性因果关系"。线性因果关系描述的过程就是，一个事件会直接导致另一个事件发生。例如，当家长要求孩子做作业时，这个孩子要么做作业，要么拒绝做。在第一种情况下，这个孩子就是听话的孩子，而在第二种情况中，这个孩子就是"坏"孩子。父母当然是在尽为人父母的责任，而孩子是否做家庭作业，就取决于这个孩子。从这个角度来看这个行为，是把行为与情境分离开了，因为它没能将父母放在这个方程式中进行考虑。父母是怎样给孩子提出要求的？孩子是怎样理解父母的要求的？父母与这个孩子之间的关系是怎样的？如果我们将这些问题放进一个互动的线性情境中和循环性的因果关系中进行分析，就很容易回答这些问题。

与上面的案例类似的是，乱发脾气常常被当成了线性事件。父母发现，如果他们拒绝了孩子的要求，孩子就会反抗。父母从这个角度来界定发脾气，因此他们常常说孩子脾气坏，或者说自己宠坏了孩子。对线性因果关系的界定，使其他家庭成员否认自己跟这个孩子坏脾气的产生和持续有任何关系。对问题行为的线性解释忽视了从关系、家庭历史和目前的沟通模式的角度来理解问题行为，而正是这些因素激发、强化或支持了目前的问题行为的出现和持续。对个人问题的线性解释最后就将问题归因于个性因素。将问题归因于个性因素，使其他家庭成员不用对问题的出现负任何责任，因此也没有责任做出改变。早些时候，沃茨拉维克、比文和杰克逊（Watzlawick, Beavin, & Jackson, 1967）对这种线性分析视角提出了警示，因为这种**分类法**将问题放进了个体情境中。"这种关联的典型表现并导致问题出现的情况就是，有问题的个体只认为自己是对某些态度的回应，而不是导火线"（p. 99）。

相反，循环性因果关系是将眼前的互动纳入模式化的家庭关系情境中进行分析。在与家庭一起工作时，社会工作者要在家庭成员间的互动中寻找循环模式。循环性因果关系解释了人们如何认识各种行为，成员间是如何感受互动的。它还认定一个行为就是对他人行为的回应。循环性因果关系挑战了这样的概念，即事件仅仅朝着一个方向发展，某个事件是由之前的某个事件引发的。

循环性因果关系可解释这样的情境，即 B 事件影响了 A 事件，反过来 A 事件又影响了 B 事件。例如，父母对孩子的家庭作业非常重视，那么，孩子就会向父母解释自己的作业是什么。这就会形成一个循环的、互惠式的沟通模式。这样，父母就会继续关注孩子的作业，并提供相关的帮助，而孩子也会感到有人在支持、鼓励自己，因此就会更加努力地做好作业，有问题会积极向父母求助，这样这个沟通模式就得到了进一步的强化。这种循环模式是目前很多家庭关系的典型代表。在这个循环中，不是一个事件简单地导致了另一个事件，而是一个事件与一系列因果链交织在一起。成功的循环互动在很大程度上取决于互动双方彼此理解和回应的技巧和敏感性。在有问题的循环性互动中，参与互动的一方或者双方都难以理解对方，无法积极回应对方。

家庭社会工作者常常需要参与到改变家庭的适应不良的循环模式中。我们还用家庭作业来举例，父母对孩子吼叫，要她做作业，孩子对父母吼叫的解释是自己不是一个好孩子，很失败，这样她会感到焦虑不安，无法集中精力做作业，最后就把作业做得一塌糊涂。父母看到孩子做作业精力不集中，认为孩子在偷懒，不听话。因此，父母会骂孩子态度不好，表现很差，经过几次重复之后，这种循环性适应不良模式就会逐步形成。

有些学者（例如，Caffrey & Erdman，2000；Kozlowska & Hanney，2002）也运用系统理论和循环性因果关系来解释家庭内部的依恋关系，特别是父母与子女之间的依恋关系。从某程度上来讲，一个人早期的依恋风格可能会影响其未来成人关系的本质和性质。在父母—子女关系中，每个成员的行为既是他人行为的刺激物，又是对他人行为的回应。依恋行为可能存在于这种循环性、行为性和情感性关联之中。例如，一个孩子的哭闹常常会提醒父母要给孩子喂食或者孩子需要其他照顾。孩子连续不断地啼哭会引来照顾者更多的关注，正所谓"会哭的孩子有奶吃"。此外，来自亲子关系外部的因素也会影响亲子关系依恋的循环的性质，如夫妻关系中的压力或暴力行为等。如果夫妻中的一方无法给对方提供一个安全的环境，那么，他们就无法满足孩子的需要。相反，如果夫妻双方都有一个安全的环境，他们就能更好地满足孩子的需要。父母回应孩子的痛苦有很多方式，例如，他们可能用一些舒适的方式来回应，从而减轻孩子的痛苦，也可能会加重痛苦，或者以难以预测的方式进行回应。父母的回应能够帮助孩子组织和建立自己的行为和关系模式。谈到依恋关系，我们需要提醒大家注意的是，对依恋行为的表达和解释会受到文化因素的影响（Neckoway, Brownlee, Jourdain, & Miller, 2003）。例如，不同的文化会对孩子啼哭的行为赋予不同的意义，就如何回应这个行为，不同文化的反应也是不同的。此外，依恋理论从历史的角度，将母亲当成了主要的照顾者，由此认为母亲应该对子女失调的依恋行为负责。例如，在美国土著人文化中，孩子是属于整个家族的，这样，产生的依恋关系就不仅仅是双向的。

随着时间的推移，家庭成员间的互动模式会不断重复，这就可以预测了。在对循环性因果关系进行概念化时，我们就必须注意到要在分析中加上权力关系这个概念。长期以来，人们一直认为权力具有线性的特点，因此无法用来分析家庭互动模式，但是，正如人们会用汽车来比喻家庭系统，汽车的某些零部件会比其他零部件更加重要，不同的家庭成员在家庭中会对他人施加不同的影响力。正如女性主义者提出的那样，要理解家庭关系，就必须考虑家庭中的权力不均衡分配的问题。"权力是系统内部固有的，每个家庭成员都参与到权力的分配、管理和使用过程中"（Suissa, 2005, p. 17）。权力关系包括谁拥有权力平衡，并实际处理以下问题：谁跟谁讲话？谁先讲话？谁打断谁的讲话？谁同意谁的观点？谁"占据了更多的空间"？谁替谁做了决定？谁拥有了最终的决定权（p. 17）？

图 3.1 展示了家庭互动模式是怎样以模式化的常规的方式来展开的。循环模式说明了两个人的思想、感受和行为是如何随着时间的推移而互相影响的。有时这种互动是在父母之间进行的，有时这种互动是在父母与女子之间进行的。有些互动是积极的、适应良好的。例如，如果家庭中有个成员受伤了，另一个人会提供支持和关怀。积极的互动会促进家庭成员的健康发展，应该鼓励家庭保持这种互动。但是，如果出现了消极、有害的互动，家庭社会工作者就需要进行干预。模式 E 呈现了父母与孩子之间的有问题的循环交流。

我们用一个行为冲动的孩子来举例。这个孩子与父母产生了冲突，双方之间都有很多的怨气、相互憎恨。这个孩子晚上回家很晚，违反了父母的熄灯令，这种情况常常发生。对此，父母可能认为自己教子无方，非常失败。父母因此非常抑郁且愤怒（这两种情绪常常交织在一起）。从情绪层面上讲，父母会感到自己很失败、无能，可能还会感到自己的话没人听、无望和无权等。因此，父母就会表现出对孩子的急躁，会对孩子大吼大叫，无法容忍孩子的行为，包括违反熄灯令，对这个孩子在家中做出的任何事情都看不顺眼。父母还可能忽视孩子在家中的存在。面对父母的行为，这个孩子可能也会感到焦虑不安，感到自己是多余的，因为在他们之间根本就没有积极的互动。孩子会怀疑自己在这个家中是多余的，认为自己怎样做都不能取悦于父母。对应这些感受的情绪反应就是内疚、生气和受到了伤害。当孩子感受内疚、生气和受到伤害时，他们会做些什么？和很多青少年一样，这个孩子会出去找朋友，因为朋友们会满足自己，会接纳和照顾自己。他会非常喜欢与朋友在一起，所以常常会忘记时间，很晚才会回家，最终导致父母不高兴。父母对此的反应就是生气或发火，认为自己是失败的父母，感到自己无能、无望，孩子不听话。当父母有了这些感受和想法之后，对孩子的回应就是缺乏耐心、大声训斥或者对他置之不理。孩子看到父母的表现，于是这个模式继续。"这种连贯的典型表现并导致问题出现的情况 *84* 就是，有问题的个体只认为自己的态度是对某些态度的回应，而不是导火索"（Wat-zlawick，Beavin，& Jackson，1967，p. 99）！

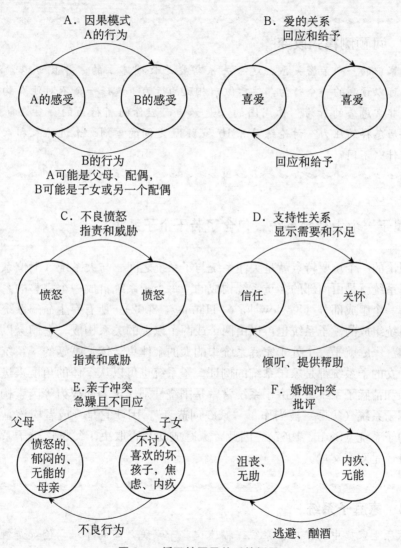

图 3.1 循环性因果关系的例子

练习 3.10 可预测模式

从你的社会关系中找出一个可预测模式。这个关系可能存在于教室中、理事会上或者工作环境中。不要告诉别人你正在做一些不同的事情。连续几天都保持这种新的行为，然后观察他人的反应。向班级汇报你的观察结果。为了回应你的新行为，他人都做了哪些改变？他们是如何试图找回原来的行为模式的？

练习 3.11　可预测模式改变

选择你家中的一个亲密关系。这个关系需要是长期建立的，并且可以预测未来的行为。找出你可以预测的一个行为，然后做出相反的行为。选择一个不对他人构成威胁的行为，哪怕是非常愚蠢的行为。你周围的人是如何回应你的新行为的？要恢复你原来的行为，你会经历怎样的压力？讨论练习 3.10 和 3.11 之间的差别。亲近的人和家人在回应你的行为时有什么不同？

家庭属于一个大社会系统，包含了若干个子系统

系统理论的一个重要特点就是关注系统与子系统之间、与大系统（上位系统）之间的关系。家庭系统就是由内部的多重系统构成的。每个子系统自成一个完整的系统，同时也是大系统的一个组成部分（Kozlowska & Hanney, 2002）。所有有生命的系统都是由彼此关联的子系统组成的。子系统也可以由两个或两个以上的关系构成，它们会以独特的方式来进行运作。家庭就是一个处于家庭系统中的大的个体集合体。婚姻的子系统、父母的子系统以及子女的子系统都是家子系统的例证。子系统也可以从个体的角度来进行划分，如地域、认知和情感子系统。家庭子系统常常是围绕性别、年龄和权力等因素构建的。一般来讲，婚姻子系统（父母）被当作了"家庭创造者"，因此它是（或者应该是）家庭中最具影响力的子系统（Satir, 1967）。因此，家庭成功与否取决于父母这个子系统，不管它是单亲父母还是双亲父母。

练习 3.12　家庭子系统

找出你原生家庭中的家庭子系统。描述这些子系统之间的界限，例如是缠结性的，还是疏离性的。

　家庭所属的大系统可能包括扩大家庭、城市、邻里、娱乐机构、教会等。这些组织反过来又是更大系统的组成部分，如国家或者国家联合体。家庭社会工作要关注家庭、家庭

的子系统，以及家庭所属的大系统。我们称这个视角为生态视角。大社会中的文化蓝本一定会给家庭留下烙印。例如，在作为大的父权系统的组成部分的家庭中，妇女和儿童拥有的权力比男人要少很多。"人在情境中"的视角成为优秀社会工作实务的标志。

环境支持对家庭和个体的福祉是至关重要的因素（Garbarino，1992）。来自朋友和家庭的非正式支持尤为重要。尽管这样，正式的支持资源还是成为很多家庭支持网络的重要内容，不幸的是，这些支持资源与社会服务系统之间的互动不那么令人满意（Kaplan，1986）。正式机构的过分干预，会导致家庭功能的紊乱（生态评估将在第八章中详细讨论）。

另一方面，拥有丰富的、多元的社会关系，标志着家庭的成熟和健康。例如，年幼的孩子们会首先与自己生命中的一个重要人物（常常是母亲）建立关系，此后才逐渐与家庭中其他成年人和孩子建立关系，最后会把家庭之外的成年人和孩子纳入自己的支持网络中。如果父母的支持网络非常有限，那么孩子以及整个家庭都会陷于弱势之中。

家庭界限

个体会在家庭界限的情境下把自己界定为家庭的一部分。"界限"是一个比喻说法，是用来划定某个人是否属于某个家庭系统或者家庭子系统、某个人是否适合某个特定的系统或子系统的。不同的代际也存在界限，如父母与子女的子系统之间，父母的界限使他们有机会与孩子区别开，从而拥有自己的私生活。父母之间分享秘密、亲密和信任，这些内容只会保留在子系统中，不会与子女或他人分享。界限会使某些信息私密化，而另一些信息则可以自由传递。理想的状态是，在父母的子系统与子女的子系统之间能有清晰而又灵活的界限。特别值得一提的是，父母的子系统对整个家庭作为整体的功能性发挥尤为重要。父母子系统的界限是可以渗透的，从而可以让信息和行为进入子女子系统。例如，家庭如果无法建立明确的界限，就会导致家庭内部出现严重问题，如性虐待或者儿童的角色逆转等。子系统与个人之间的界限是家庭功能性是否正常的重要指标。代际界限也是家庭工作中的重要内容。父母与手足子系统之间的界限应该清晰，应该根据不同的发展阶段和社会功能性发展的需要，允许角色差异化。

很多有关家庭的理论都指出，家庭不仅应该具有灵活的、清晰的与外部世界的界限，而且应该有固定的代际界限。换言之，父母应该携手同心养育子女，如果家庭中的一个或者更多的成员与父母其中一个形成了联盟来对付父母中的另一个，这个家庭的功能就会出现紊乱。这种现象容易出现在离婚和冲突的家庭中。同样，当父母中有一人放弃了自己的角色，一个孩子承担了父或母的角色时，这个家庭就出现了跨代界限问题。这些孩子被描

86

述为角色逆转，因为孩子承担了成人的角色，而这个成人则承担了孩子的角色。例如，当家中的父母有酗酒行为时，常常会有个孩子来承担父母的角色。如果由孩子来负责家务劳动、照顾别的孩子、满足其他家庭成员的情感需要，跨代的界限就被破坏了。本书作者之一曾经与一个门诊的精神机构合作过，有一次在上班时，她遇到了一个十几岁的少年，他的母亲得了精神分裂症。他的母亲总是要接受精神科治疗，因此，这个少年要负责将她送进医院。他是一个非常负责的孩子，他承担了成年人的责任，来照顾自己身患精神疾病的母亲。

健康的家庭需要有明确的、灵活的界限。这些界限要提供足够的空间来培育新思想、想法，能获取需要的资源；同时也要具有一定的封闭性，使家庭成员能够拥有一种认同感和方向感。界限要有原则性，确保家庭成员不会受到外部的伤害。在理想的家庭中，封闭性既不会凌驾于家庭成员之上，也不会侵犯家庭成员的权利。

家庭规则规定了谁可以被包含在某个系统或子系统中，以及应该如何将他们纳入其中（Minuchin，1974）。界限可以帮助规范各种关系。家庭界限的本质可以根据文化和生活方法的不同定义而有所不同。例如，在美国土著家庭中，扩大家庭在养育孩子的过程中扮演了重要角色（Pimento，1985），姻亲也被当成了基本家庭单位的组成部分（Sutton & Broken Nose，1996，2005）。与生活方式相关的界限可能指的是家庭中父母双方都有工作，雇用了一个住在家中的保姆，这个保姆常常也被当成了家庭成员。

某些家庭有很明确的界限，而有些家庭与外部的界限非常模糊。一旦家庭与外部的界限很松散时，子女们可能就比较容易受到家庭外部人员的性虐待，在这样的家庭中，由于人们可以随意进入家庭，子女们缺乏必要的监督，也很容易接触到高危的成年人。家庭评估就需要涉及了解家庭界限，以确定谁属于家庭系统、谁与谁互动等。家庭社会工作的服务需要针对家庭界限内部的个体。

87 在严格的家庭中，这些界限就是封闭的，信息很难进出家庭。家庭的界限过于封闭或者过于开放，都可能使家庭成员更易于暴露在危险之中。在某些家庭界限过于严格的家庭中，可能会出现儿童受到性虐待，或妇女遭受暴力的情况，但是，家庭界限会阻止这些信息外流，因为家庭内部有规则，禁止人们把这些信息泄露给外人。性虐待和家庭暴力受害者常常被施暴者孤立起来，不能与外界交往，这样施暴者得以控制家庭成员，他们会威胁受害者说向外人提及自己的丑事就是对家庭的背叛。与朋友交往，特别是受害者与朋友交往，会受到严密控制。同时，乱伦本身就是打破了代际界限和个人界限的犯罪行为，而家庭暴力则是对人际界限的侵犯。性别也会影响虐待是来自家庭内部的还是来自外部的。在西方文化中，男孩子更多地具有独立性，这使他们有遭受来自家庭外部的性虐待的风险。

建立了严格的或封闭的外部界限的家庭，会限制家庭成员与外部世界的交往，这也使得评估这个家庭的外部资源的工作难以开展。对家庭不利的是，西方文化推崇自主，反对互相依存（Garbarino，1992）。"自以为是"的家庭常常会在向外求助和接受外界帮助这样的问题上，出现内部分歧。此外，社会性孤立会掩盖家庭内部的虐待事件，保护施暴者不被发现，使受害者反复受到伤害。另外一种情况就是，界限不明的家庭也无法规范家人与外界的交往。很多人为了满足个人的需要，而不是家庭需要，会不加区别地自由地进出家庭，不管其他家庭成员会有什么样的反应。加巴里诺（Garbarino，1992）指出，对超越家庭和家族系统之外的关系持有积极的态度，是补充或者处理个体家庭模式特异性的关键所在。

界限是用来约束家庭关系的，它有一个严格或扩散的连续体，也就是我们常说的疏离和缠结。当家庭成员彼此之间被分离开了，他们的关系就是**疏离**，或者就是彼此之间没有关系（Minuchin，1974；Kaplan，1986）。在疏离的家庭中，成员之间很少有集体活动，在情感上他们彼此也没有关系。他们可能过分独立和自主，与其他家庭成员很少来往，彼此的影响也很少。疏离的一个标志可能就是忽视（Kaplan，1986）。相反，人际界限如果过分开放或者扩散，那么它们就是**缠结**，它们会削弱个人的独立性，制止家庭成员自主行事。当家庭成员彼此陷入了过分紧密的关系，个体自主性受到了破坏，就出现了缠结关系。他们可能特别忠于家庭，为了家庭可以牺牲自己的自主性。疏离和缠结都是家庭功能紊乱的标志。随着孩子的成长，这就会成为一个严峻的问题，因为青少年会拼命争取独立于家庭。在分析界限时，需要认真考虑文化和性别的因素。当家庭关系中附加了男性的视角时，女性的关系可能就表现得比较缠结。同样，在某些文化中，家庭成员可能会比较亲密，不要轻易地给这些家庭贴上缠结的标签。北美文化强调的是个人主义和独立性，这些都会在家庭关系中得到反映。

我们来看看下面这个反映家庭界限问题的案例。

菲力·冈恩和凯蒂·冈恩是一对 30 多岁的白人夫妻，他们是由家庭法庭调解服务中心转介给你的。他们正在办理离婚手续，要去见法庭调解员，来讨论孩子监督权、探视权，以及给唯一的孩子——3 岁的詹姆斯的抚养费等问题。调解员发现，詹姆斯好像很难适应自己的父母离婚，表现出对同学和父母的攻击性行为。这个孩子因为在日托中心打孩子并咬孩子，而被三个日托中心开除了。父母也说，这个孩子在从父母各自的住处来回搬家时，常会表现得愤怒不已，并赖在家中不肯离开。

冈恩先生在妻子不同意的情况下，提出了离婚，尽管夫妻双方都提出在过去 15 年中婚姻出现了很多问题。冈恩先生还说，孩子降生后，婚姻生活变得忍无可忍了。在詹姆斯出生前，冈恩先生是这样描述自己的婚姻的："两个人是在两条道上跑的车。"他说，他与妻子几乎没有共同点，没有共同的朋友，生活目标也不同。詹姆斯出世以后，他妻子对孩子非常依恋，他感到自己被妻子驱逐出境了。一般情况下，她都不让自己抱孩子或照顾孩子。还有，她一直坚持给詹姆斯喂奶喂到了 2 岁，这一点她丈夫是坚决反对的。冈恩先生相信自己的妻子对离婚非常愤怒，特别是离婚是自己先提出来的。他说她"不能自己生活下去"，因此利用詹姆斯来报复自己，并教詹姆斯与自己对抗。他还说，妻子对詹姆斯过分依恋和溺爱，其结果就是詹姆斯成了"听妈咪话的乖儿子，对自己则很害怕"。

凯蒂否定了丈夫对她的指责，尽管她说他们"应该努力付出"，这样才能继续维持下去。她说他们曾经去参加了几个月的婚姻辅导，但是，冈恩先生认为这种辅导没有意义，所以就退出了。她说，这样做是她丈夫的典型行为，他任性地退出了婚姻辅导，他"无法建立一个信任的亲密关系"。她相信自己现在正在教育詹姆斯如何建立亲密关系，她很担心冈恩先生无法给自己儿子提供一个男性角色示范。总之，凯蒂感到自己的儿子的问题源于丈夫无法建立亲密关系，而冈恩先生认为问题源于凯蒂与詹姆斯的关系过于亲密。

家庭是按照既定的规则来运行的

家庭规则规范的是家中什么可以做，什么不可以做。正如我们上面讨论过的家庭界限一样，规则还要规范家庭成员彼此之间的行为，如界限的设定、包容或者分离的程度等。家庭规则不是写在纸上的，而是通过很多机制建立起来的，这些机制与性别、年龄、与文化相关的期望、个人经历等隐私密切相关。要真正理解家庭中的互动模式，需要仔细观察理解家庭规则中的隐形（非语言的）内容。家庭规则一般说明了家中哪些行为是被允许的，包括什么样的行为模式是可以接受的，什么是不可以接受的。例如，所有的家庭中都有一个权力等级关系，以及规范这个等级关系的规则（Minuchin，1974）。在很多家庭中，不管是主流家庭还是少数族裔家庭，都是男性在家庭中掌握了大部分权力。某些家庭出现了问题，是因为子女（通常是青少年）的权力超过了父母。不同的家庭会有不同性质的规则和不同数量的规则。规则过少的家庭可能会出乱子，规则较多的家庭可能会比较稳定和严格。

萨提尔（Satir，1971）指出，要像一个开放系统那样发挥功能，家庭就需要有规则，这样才能满足很多眼前变化的需要。这个家庭可能会不可避免地要应对三种改变：

1. 从权威、独立、性行为和生产率的角度来看，家庭成员在出生和发育成熟之间发生的改变；
2. 发生在子女与父母之间、夫妻之间的改变；
3. 社会环境所带来的改变，例如新的工作、新的学校和新邻里等（p.129）。

如前所述，家庭规则发挥了家庭恒温剂的作用，维持了家庭环境的稳定和舒适。因为规则是用来规范行为的，它们可以变成家庭生活的惯例性，但又是家庭生活中难以检验的内容。规则还可以协助我们对家庭内部的互动和行为模式做出预测。正是因为这种可预测性和模式的产生，才使得家庭内部出现内衡，并不断得到巩固。例如，家庭成员会知道晚上谁会做晚饭、谁负责安排孩子睡觉，也知道如果孩子破坏了家庭规则之后，父母会做出怎样的反应。如果不了解家庭隐性规则，家庭可能就会陷入混乱之中，谁也不知道某人的行为如何，他人该如何回应。

家庭常常会根据成年家庭成员在自己原生家庭中的成长经历而继承原生家庭的规则，在新的家庭中，他们常常会就规则应该扮演什么样的角色而产生很多冲突。此外，当两个人因婚姻走到一起时，他们也会将各自生活经历中的规则带进新家庭中。例如，根据家庭规则，某些角色是固定的，如如何照顾孩子、谁该洗衣服、谁外出工作、如何花钱等。由于规则是建立在某种价值观之上的，理解这些规则能帮助工作者了解家庭的价值取向。家庭内部的分工会随着时间的推移而发生改变，孩子也会承担独特的角色。例如，性别化的规则主宰了家庭内部的男性和女性的行为，这些会告诉我们这个家庭是如何看待男性和女性的。理解家庭规则，能使工作者发现家庭成员是如何看待自己与他人的关系的。

一旦这些规则变得清晰和显性，就有可能改变这些规则。例如，家庭社会工作者可能会这样说："在这个家庭中，似乎是女性来做家务的。"家庭社会工作者需要记住，在家庭中有很多**关于规则的规则**来支配家庭成员解释家庭规则，同时也支配了如何改变这些规则。例如，在某些家庭中，可能**不允许**讨论父母的药物滥用的问题。家庭社会工作者可能会问："这个家庭到底有什么样的规则来约束家庭成员讨论父亲的酗酒问题呢？"

90

练习 3.13 不言而喻的家庭规则

每个家庭都有不言而喻的规则。找出你成长的家庭中的这些规则。描述这些规则面对不同年龄和性别的家庭成员时会有哪些差异。想想看家中还有哪些跟年龄和性别无关的规则。这些规则是什么？你从原生家庭中带来了哪些在你看来非常重要的规则，而这些规则又与跟你建立关系的对方坚守的规则是相互冲突的？

家庭内部会出现两种改变：**一级改变**和**二级改变**（Watzlawick, Beavin, & Jackson, 1967）。一级改变和二级改变都是围绕家庭规则而展开的（Watzlawick, Weakland, & Fisch, 1974）。当一个家庭成员的行为发生了改变，而约束家庭成员的**规则**保持不变时，这就是一级改变。在二级改变中，规则也会发生变化。结果，一级改变可能会导致家庭恢复到危机前的"正常"模式。而二级改变可能会给家庭带来更持久的改变。一级改变仅仅改变的是家庭中行为和互动的表面现象，它可能仅仅是父母做出决定不再对孩子大吼大叫，而孩子们相应地做出决定，要听父母的话（只要父母不再大吼大叫）。一级改变可能意味着人们或多或少地要做出行动，这种改变的时间不会太长，影响也不如二级改变那样深远。

在二级改变中，人们会发展出新的方式来理解自己的家庭生活。二级改变包含的内容很多，它可能会涉及态度的改变、行为的改变、关系的改变甚至约束人际互动的规则的改变等。例如，家庭社会工作者可能会遇到某个家庭，其父亲决定了全家要一起到哪里度假。如果换个家庭成员来做这个决定，就构成了一级改变。在这个案例中，家庭成员的行为发生改变，但是没有涉及改变家庭决策规则。但是，如果家庭社会工作者要家庭成员一起讨论这个家庭应该如何决策，我们可能就会发现，决定这个家庭决策的规则就是"男性是说了算的老板"。

因此，在二级改变中，人们会发展出新的方式来理解自己的家庭生活。二级改变包含的内容很多，它可能会涉及态度的改变、行为的改变、关系的改变甚至约束人际互动的规则的改变等。这种改变最终会改变家庭结构，在这个过程中，家庭的功能也会随之改变。一旦约束家庭内部成员行为和互动的规则改变了，这种改变会具有持久性，影响也会比较深远。

家庭子系统

91

如上所述，家庭系统是由很多子系统组成的。可能最简单的家庭结构就是一个孩子的单亲家庭。这种家庭不仅包含了其他家庭系统所具有的子系统，而且还有依据年龄、角色和性别建立的子系统。家庭单位中包含了越多的组成部分（个人），这个家庭单位就会有越多的子系统存在。最基本的子系统就是父母子系统和手足子系统。

配偶和父母子系统

> 家庭中子女的情感健康水平受到了父母情感关系的影响。
> ——弗罗马·沃尔什（Froma Walsh，1998）

早期的家庭治疗师发现，父母在家庭功能和子女行为中扮演了决定性的作用（Minuchin，1974；Satir，1967；Satir & Baldwin，1983）。父母对家庭功能性正常与否产生了举足轻重的影响。作为夫妻，他们需要学习协调自己的角色，彼此支持。很多时候，他们的角色是互相补充、缺一不可的。

鉴于父母在家庭形成中的重要作用，非常有必要了解父母相处的情境。例如，萨提尔指出，低自尊的人在一起相处时，就会出现问题。另一个重要的方面就是，要将孩子纳入父母的子系统中考虑，同时要确保不要把孩子拖入配偶之间的问题之中。要做到这一点，需要细致的平衡技巧。父母子系统与个人和夫妻一样，都需要自己的空间，不希望子女的干扰（Suissa，2005）。父母子系统还需要制定共同的规则，留出空间给家庭成员来发挥功能（Suissa，2005）。

三角关系

三角关系是家庭系统中一个非常重要的概念。在评估阶段，家庭社会工作者需要认真研究这个概念。三角关系是由于第三方的加入而构成的一个循环模式。当一个双向关系（两个人）出现了紧张关系时，第三方——常常是孩子——被拖入两人关系中，以维持状况的平衡。三角关系不是一种理想的家庭子系统，因为它使父母双方没有机会坐下来处理自己的问题（Carter & McGoldrick，1999，2005；McGoldrick, Gerson, & Petry，2008）。三角关系常常出现于父母子系统中出现了一些消极因素，因此这种关系会给第三方带来伤害。所有的亲密关系都带有不稳定因素，有时需要第三方的介入来达到稳定。鲍恩（Bowen，1978）认为，三角关系之所以出现，是因为人们难以求大同存小异，或者他们对重要他者过分敏感。

"原始的三角关系"是母亲—父亲—婴儿组成的三角关系。这个三角关系的形成是为了减轻夫妻二人的情感压力，因为面对新生儿的降生，父母需要拼命满足婴儿的需要。这个基本的三角关系是必需的，具有很强的功能性。我们说它具有功能性，是因为父母一方接纳并利用新生儿，就是为了能够与另一方建立健康的关系。新生儿需要密切的、忘我的照顾，这种照顾往往会使母亲忽视父亲的存在，而这种亲子关系不会让父亲感到受威胁。一旦孩子降生到某个家庭，父母在行为、价值观、互动等方面发挥了重要作用。夫妻关系的本质和质量对家庭内部子系统的关系产生了决定性影响。当父母之间产生问题时，整个家庭都会出现问题。一旦某个子女被拖入父母关系中，这个家庭的问题就会变得非常复杂，这个孩子就卷进了三角关系中。

92

但是，在某些情况下，这种三角关系会出现功能性紊乱，矛盾重重，特别是当第三方被用来当作应对夫妻之间问题的挡箭牌时，情况就更加恶化了。在这种情况下，三角关系就变成了一个二对一的情况，第三方的出现会减少原来关系中的焦虑，使关系趋于平稳。第三方在这个过程中也可能会受到伤害。尼科尔斯和舒瓦茨（Nichols & Schwartz，2007）指出，三角关系阻碍了夫妻之间发展一种个人层面的、开放的一对一的关系。当夫妻之间的关系出现了问题，要吸收第三方的加入时，有问题的三角关系就出现了。在冲突中拉入第三方会有助于保持稳定。虽然三角关系会给家庭带来某种稳定，但是，它同样会给家庭单位带来问题。在一个有问题的三角关系中，当夫妻双方中有一个与对方意见不合时，会让孩子感到左右为难，这时麻烦也就出现了。"每个父母都认为孩子是自己的潜在支持者：（1）与自己联盟来反对对方；（2）是与对方沟通的信使；（3）是双方的和解人"（Satir，1967，p.37）。

夫妻之间的冲突持续了很长一段时间之后，就会出现一个典型的三角关系。一个孩子会表现出某些行为或症状，希望借此使父母的注意力远离他们的冲突关系。有个例子就是，当父母发生争执时，孩子会上蹿下跳，吸引他们的注意力。当父母之间的紧张关系减弱时，孩子的行为就会越来越严重，并逐渐固定，以此来维护家庭的稳定。所有这些行为的发生都是无意识的。当然，我们需要打破这个模式，因为孩子为了维护婚姻的稳定，做出了牺牲，他们最后自己出现了问题。当父母逼着孩子表明立场时，孩子会感到备受煎熬。例如，在一个服务计划中，工作者发现父母会更多地关注孩子的痛苦、焦虑和依恋需要，较少地关注彼此的敌视（Kozwlowska & Hanney, 2002）。这样，没解决的或者隐藏的父母间的冲突可能会中断甚至破坏亲子关系。例如，有研究表明，心事重重的成年人可能会养育出情感矛盾的子女（Rothbaum, Rosen, Ujiie, & Uchida, 2002）。

由此可见，婚姻冲突会对孩子的成长产生消极的影响。也许对于三角关系，我们需要认识到，消极的婚姻关系与不良的亲子关系密切相关。一方面，孩子可能会被当成替罪羊，父母将愤怒转嫁到孩子头上。同样，孩子可能会引发其他的情感，如关心和担忧，这样父母中的一方或双方都可以通过与孩子的亲近来获得某种满足。在父母冲突中，有些孩子是不得已被卷进来的，因此他们需要取悦于父母、保护父母或者分散他们的注意力等。有时会出现这样极端的情况：孩子自身出现了很严重的问题，父母将注意力从彼此身上转移，共同关注这个孩子。我们记得曾经见过这样一个家庭，这是一个所谓的以孩子为中心的家庭，所有的孩子都跟父母一起睡在一个"全家福的床"上。当孩子们开始要求分床时（这个案例比较缠结），婚姻就解体了。

家庭三角关系的另一种情况就是，当两个手足之间发生纠纷时，双方或一方想让父母中的一人介入。"凯蒂刚刚打我了"就是一个手足要将父母卷进三角关系的很好的案例。因此，家庭社会工作者的一个重要任务就是评估问题出现时，三角关系在家庭内的运作模式，同时要制订计划来帮助家庭**去三角关系**。有时三角关系中还会包括上一辈老人，"家庭中的关系和功能模式会代际传递"（Carter & McGoldrick, 1999, p. 438; Carter & McGoldrick, 2005）。麦戈德里克（McGoldrick, 1999a）就生动地描述了弗洛伊德生活中的三角关系的作用。

要选择哪个孩子作为三角关系的第三条腿，取决于若干因素，大部分因素都是这个家庭所特有的。它可能取决于孩子的某些特点，如残疾，或者某个孩子会唤起父母对其他人的回忆等。其他的因素还有排行、性别或年龄等。另外，这个孩子还可能是继子、收养的孩子，或者孩子有特别的需要，如注意缺陷多动障碍。家庭社会工作者需要发现各种可能性，来了解孩子在某个特别的家庭中，是怎样进入这个特别的角色的。

家庭社会工作者有时也非常容易被拖进家庭的三角关系中。休萨（Suissa, 2004）提醒工作者特别注意，当他们进入一个家庭成员彼此之间有对抗的家庭时，一定不要落入这个陷阱中。这种结盟在其他成员眼中往往就是"敌方的结盟"（p. 20）。工作者可能会被拖进来支持父母的子系统，或者支持孩子的自治、关注孩子的福祉。有时工作者需要站在其他家庭成员一边。例如，假如在工作者看来，父母对某个孩子非常严厉，社会工作者可能就会与这个孩子建立关系，共同对付父母。一旦这种行为固定化，我们就会发现，父母不再参与家庭工作了。为了避免家庭社会工作者盲目地开展家庭工作，家庭社会工作者需要反思自己的原生家庭中出现的某些问题，借此来预测有哪些个人因素会阻碍自己发现这个家庭的真正问题。例如，在一个家庭保护性服务计划讨论中，某些父母说当自己看到社会工作者与某些家庭成员结盟，伤害了其他成员时，就会产生极大的愤慨。与孩子结盟常常被看作对父母权威的破坏（Coleman & Collins，1997）。因此，除非家庭成员面临紧急危险，工作者一般都需要保持中立态度。

如果背着某个家庭成员分享某个秘密，那么家庭社会工作者也可能会被拖进家庭的三角关系中（Brendel & Nelson，1999）。这种三角关系对家庭社会工作者来讲是非常棘手的，工作者将就如何处理这个秘密而面临伦理困境：一方面，工作者需要严守秘密；而另一方面，工作者又深谙这个秘密会对家庭功能性产生什么样的影响。同样，分享信息会破坏工作者与对方的信任关系。相反，工作者要是保守了这个秘密，就是纵容了家庭的功能紊乱状态。根据国际婚姻和家庭咨询师协会的规定，在个案工作中获得的秘密，在没有得到许可的情况下，是不能与他人分享的。同时，如果这个秘密干扰了家庭工作，工作者需要中断与这个家庭的工作关系（引自 Brendel & Nelson，1999，p. 113）。当然，还是有一些情况需要揭露机密，如关于性虐待案例的情况。比较公正的做法就是告诉信息提供者，自己有专业责任和法律责任来向有关部门汇报这个信息。

94

手足子系统：旅伴

> 在大家庭中，第一个孩子就是第一个出炉的烙饼，即使不完美，也没关系。后面还会有更多出炉的！
>
> ——安东宁·斯卡利亚（Antonin Scalia）（www. Bartleby. com）

> 作为手足，我们血肉相连，即使这种联系会松散或磨损……每次当我们相遇，我们都会又惊又喜地发现，我们童年的记忆会再现眼前……不管我们年纪多大，或者我们以什么面貌出现，现实都会经过昨日记忆的筛选。
>
> ——简·默斯基·莱德（Jane Mersky Leder）（www. Bartleby. com）

在家庭研究的文献中，我们发现，孩子之间的这种手足关系组成的子系统是最不受重视的。尽管这样，手足关系仍是孩子们学习与同伴相处的开始。手足关系教会了孩子们建立同伴关系和合作的方法。阿德勒（Adler，引自 Prochaska & Norcross，2003）对出生顺序对孩子及其个性发展的影响做了最令人敬佩的分析。对大多数人而言，手足关系伴随了人们的一生，因为手足的寿命会比父母长久，因此，其重要性也仅仅次于亲子关系

（McGoldrick，Watson，& Benton，2005）。事实上，孩子的去世是家庭生命周期中断的一个重要事件，很少有家庭会遇到这样的不幸。由于在人的一生中，手足关系占据了中心地位，有人建议可以增加没有父母在场的手足面谈时间，这可以帮助我们进一步理解家庭问题（McGoldrick，Watson，& Benton，1999，2005）。手足关系的特点在亲密和冲突之间摇摆。此外，还有一种复杂的手足关系，集手足、继手足和同母异父（同父异母）手足为一体。在分析手足关系时，年龄跨度也是一个重要的问题，这决定了手足们在一起共度时光的长短。

手足关系可能有多种形式，可能非常亲密、疏远，也可能充满了冲突。有人认为，手足冲突是家庭中最常见的一种冲突形式（Straus，Gelles，& Steinmetz，1980）。由于手足冲突可能是预测青春期反社会行为的重要指标，有人指出，发展人际交往能力、改进手足关系是非常重要的（Kramer & Radey，1997）。这样做可以帮助孩子培养健康的同伴和手足关系。

早期研究者对手足冲突的研究，都没能公正地指出可以伴随人们一生的手足间的影响深远的联系到底是什么。手足关系的特点取决于很多因素，如年龄、性别、身体需要和性取向等（McGoldrick，Watson，& Benton，1999，2005）。例如，年纪相仿的孩子可能会经历类似的家庭生命周期的问题，而家庭中子女年龄跨度很大时，他们的经历也会出现差异性。此外，我们也听说过很多有关在同一个家庭中，年纪大的孩子的命运与年纪小的孩子的命运完全不同的事例。例如，家中的大孩子可能会独立自主，成为领袖，而小孩子会娇生惯养。同时，随着出生率的下降，独生子女家庭也会越来越多。有人指出，独生子女更加容易"受到成人影响，他们面临的挑战就是学习与同伴相处"（McGoldrick，Watson，& Benton，1999）。

尽管某些文化重男轻女，但是，有女孩子的家庭还是有很多好处的（McGoldrick，Watson，& Benton，1999，2005）。在大家庭中，年长的女孩子常常会承担起照顾年幼的弟妹的责任。

当家中出现了由某个孩子参与的有问题的三角关系时，重要的一点就是要记住，一旦某个孩子"有了问题"，这个问题会波及家中的每一个人。在很多时候，如果出现功能紊乱的父—母—孩子的三角关系，这个三角关系就会受到家庭社会工作者的极大关注。同时，家中的其他孩子可能会受到忽视。这实际上是个错误！其他孩子也有自己独特的需要。家庭面临问题，自己又受到忽视，这本身就是一个问题。我们的经验表明，当某个孩子深陷痛苦中时，其他孩子都会对此做出回应的。我们记得有这样一个家庭，父亲对大女儿施行了性虐待。工作者单独约见了家庭的其他孩子，每个孩子对家中发生的一切所表现出来的敏感性和关注，让我们深受感动。此外，当家庭社会工作者问其中一个孩子："你到底担心什么？"这个孩子表达了很多对家庭的持续担心，这些担心让他夜不能寐，每天晚上偷偷哭泣。从来没有人问过他整天都在干什么，直到这时，人们才知道他的感受，他担心姐姐、妈妈和其他的兄弟姐妹、父亲和全家人，他感到孤独和心痛。

孩子的出生顺序也是一个影响孩子个性发展的有趣的因素。例如，最大的孩子往往具有过度的责任感，做事小心谨慎，而最大的女儿也非常有责任心，常常会照顾他人。中间的孩子往往会受到忽视，最小的孩子容易产生特殊感，比较任性。残疾的孩子在家庭中的地位比较特殊，他们往往需要其他兄弟姐妹的照顾和关心，其他兄弟姐妹也会关注残疾孩子，理解父母照顾这个残疾孩子的种种辛苦（McGoldrick，Watson，& Benton，2005）。

家庭系统的中断

家庭在经历自己的生命周期的过程中，都会经历中断事件，如死亡、离婚、分居、精神疾病、慢性病、残疾等，这几个例子可以用来说明家庭生活周期的独特性。伴随着每个中断事件的发生，有必要了解每个家庭成员是怎样应对这种中断的，以及在每个阶段对婚姻产生了什么影响。

例如，残疾孩子的出生会给家庭系统带来很多挑战。而残疾的特点和严重程度会决定对家庭单位的影响程度，以及显示家庭应对这个挑战的能力。残疾孩子的出生对父母和孩子都会产生影响。在很多情况下，孩子的出生会将家庭置于一种不均衡状态。然后，对残疾孩子的额外的情感、生理和财政的付出，会给整个家庭带来额外的负担，给试图重建内衡的家庭带来危机。残疾孩子的降生通常是在预料之外的，父母需面对各个层面的压力和混乱。父母可能会要求家中的其他孩子帮助照顾这个孩子，尽管不同的家庭对照顾的需要是不同的。"当残疾孩子降生在一个小家庭中，家庭的压力会更大，因为家中没有可以承担照顾责任的孩子"（McGoldrick，Watson，& Benton，1999，p.148）。年龄和性别会影响父母对家中其他孩子的期望。很多时候，家庭会争取利用机构资源来照顾残疾孩子，如果这个孩子被留在家中照顾，那么，父母需要在"开始"阶段就决定以后怎样办。这个孩子会跟父母一起生活一辈子吗？如果这样的话，那么父母去世之后，这个孩子怎么办？另外，父母可能还会痛苦地选择是否在孩子成年后或更早些时候，将其送到护理院或其他机构中。

死亡是家庭中断的另一个形式，它会在"家庭生活中留出一个空缺……中断已有的互动模式"（Walsh，1998，p.187）。用沃尔什（Walsh，1998）的话说，"接受丧亲的能力是健康家庭系统的核心技能所在"（p.178）。当某个家庭成员逝去时，系统会经历严重的动荡，因为其他成员需要适应丧亲之痛。某些人的逝去是可以预见的，如年事已高的父母或祖父母。某些人的逝去是难以预见的，如孩子的去世或者年轻配偶的去世，这样家庭经历悲伤的时间会更长（McGoldrick & Walsh，1999，2005）。当家庭成员去世时，内衡就受到了威胁，因为其他成员可能希望填补逝者留下的空缺。麦戈德里克和沃尔什指出，当孩子的出生或者婚姻的缔结碰巧与家庭成员的去世凑在一起时，需要特别关注，因为孩子的出生可能会与父母的照顾角色或者与家庭功能取代相冲突。如果逝者是家中的顶梁柱，或者在家庭中扮演了工具性或情感性角色的话，家庭的适应就会困难重重。如果逝者是个孩子，婚姻关系就会变得非常脆弱 (McGoldrick & Walsh, 1999, p.141)。妇女通常比男性的寿命长，因此，很多妇女会寡居很多年，这是一个冷酷的现实。

自杀造成的死亡会对家庭产生深远的影响。自杀意味着其他家庭成员需要从各自的角度来解读自杀行为。同时，他们还需要不断调整自己与其他家庭成员之间的关系。家庭关系协调的一个重要方面就是，需要发现家庭成员的不同的、更多的表达悲伤的方式和应对方法，并给予足够的尊重，这种差异性会导致家中表达悲伤的**非共时性**状态的出现。成年的幸存者面对的一个挑战就是理解"为什么自杀"。寻找自杀的意义，是儿童表达悲伤的一个因素，但不是他们主要的苦恼和思考的主题。孩子们可能还会担心失去悲伤的父母，可能还会觉得自己要对自杀行为负责。家庭成员在努力恢复个人和家庭平衡的过程中，会发现自己与他人不合拍。此外，人际关系的紧张和婚姻不和谐都会成为夫妻之间因为悲伤而出现的不和的结果。丧葬礼节也会因为文化不同而各异，家庭社会工作者应该深入研究服务的家庭是谁，对家庭来讲死亡意味着什么 (Barlow & Coleman, 2004; Barlow & Coleman, 2003)。

酗酒问题也会导致家庭系统的中断。这种中断是最难以处理的，因为否认酗酒是一个主要问题 (Hudak, Krestan, & Bepko, 1999, 2005)。酗酒是一个渐进的疾病，最终的结果要么是戒酒，要么是死亡，差不多有 10%~15% 的人会受到酗酒的影响 (p.456)。酗酒会受到性别、种族、酗酒得到的强化因素多寡等一系列社会人口因素的影响。赫达克 (Hudak) 及其同事对家庭中的酗酒行为提出了他们独特的观点。他们指出，酗酒家庭的家庭界限可能非常严格，也可能非常松散。还有可能是子女的角色逆转，某个孩子会承担父母的角色，承担了不称职的照顾者的角色。随着酗酒问题的发展，家庭可能也会面临社会性孤独，远离亲属，远离社区。我们建议在需求评估阶段要问这样的问题："酗酒给你们带来了什么样的痛苦?"(p.459) 这种痛苦可能历时悠久，可能会包括这样的一些困难，如失业、疾病、婚姻冲突、家庭暴力、抑郁、性暴力、身体暴力或精神暴力等。提供专业服务来治疗酗酒成瘾可能会有所帮助，有必要记住的是，否认酗酒可能会影响每个家庭成员。尽管酗酒会给家庭带来痛苦和动乱，但是，对于酗酒者来讲，要承认自己的酗酒行为，绝非易事。

我们建议读者们去了解一些由普罗查斯卡 (Prochaska) 和迪克莱门特 (DiClemente) 发展出来的改变阶段模式，这个模式可以帮助大家理解酗酒者为什么否认酗酒，同时还可以发展一些策略，帮助否定自己有问题的酗酒者处理酗酒问题。这个模式认为，当一个问题 (不一定就是成瘾) 出现时，个人会经过以下几个不同的阶段来承认自己有问题，并愿意采取行动：

- 未考虑阶段 (我没有问题，因此不需要改变)；

- 考虑阶段（我出现了问题，但是还没有计划改变）；
- 准备阶段（我出现了问题，会尝试找到出路）；
- 行动阶段（我准备改变行为、环境或者生活方式）；
- 巩固阶段（我已经解决问题，还要努力巩固这些改变）；
- 结束阶段（我已经成功解决问题五年了，现在完全不打算恢复过去的不良行为）。

如上所述，家庭模式就会围绕酗酒问题固定下来。因此，即使在酗酒者戒酒之后，还需要提供干预服务，这样家庭就可以处理围绕酗酒问题而产生的家庭动力关系问题。赫达克及其同事警告说，早期的戒酒阶段对整个家庭来讲可能是比较难挨的。

移民是另一个家庭关系中断事件，特别是移民是分阶段进行的，常常是一个成年人先移民，站稳脚跟，然后再将家人全部接过来。孩子特别容易感受到这种家庭中断的影响。移民家庭一直处在不断的变动之中，因为它们需要不断地进行重组，以安排家人的离开和进入。此外，家庭经历这样一个过程时，家庭成员之间的关系也会表现为不同的形式，如悲伤、内疚和分离等。

模式的隔代传递

鲍恩（Bowen，1978）系统表达了这样的观点，简洁地反映了家庭如何一代代地传递价值观、信念和行为的核心。他特别关注家庭模式在进行代际传递时所处的历史情境。鲍恩特别关心的是家庭模式在几代人之间的传递，其中孩子们会长大成人，并成家立业，他们各自又保持了类似的差异性（Piercy & Sprenkle，1986）。

基因图（将在第八章中讨论）特别适合用来抓住这些隔代模式的核心特点。鲍恩发现，模式每隔几代人就会出现。他相信，持续研究一个家庭中的几代人，会帮助人们发现某些特征。鲍恩（Bowen，1978）相信配偶之间与孩子之间的互惠性、功能性的跨代关系模式，可能会与后来的核心家庭的同样模式有密切关联，而这些现象是在生理、情感和社会情境中再造的。例如，婴儿与母亲的依恋质量与从祖母—母亲关系中观察到的动力关系密切相关（Krechmar & Jacobvitch，2002）。

鲍恩理论的核心就是区分自我。区分自我会影响核心的家庭关系。有明确区分的人能够保持与他人的心理距离，懂得如何区分情感与理智，并保持自我独立于他人之外。个人区分的程度越高，就越不容易被拖进其他家庭成员的功能紊乱的模式之中。在所有的家庭中，成员都会依据自我的区分，建立一个连续体，而自我区分的程度取决于某个家庭中的关系模式。人们通常会被自我区分水平相似的人吸引，而这些区分水平是在过去几代人的关系中重造的。在北美，高水平的区分要优于低水平的区分。"多代传递概念"指的是，最严重的人类问题的根源以及人类适应的最高水平都深深根植在代代相传之中（Bowen，1978）。

本章小结

家庭系统视角使得家庭社会工作者可以将家庭纳入互动和关系的情境中进行评估，系统视角是对发展视角的补充和完善。发展视角关注了家庭生命周期的不同阶段。按照系统视角，家庭生命周期中的每个阶段都是评估的重点。

从系统的角度出发，社会工作者要将家庭作为整体来关注，而不能仅关注个体家庭成员。家庭就是要在改变和稳定之间不断寻求一种平衡，某个成员的改变一定会影响整个家庭。因果关系是循环的，而不是线性的。家庭系统中包含了很多子系统，其自身也是更大的社会系统的一个组成部分。

关键术语

循环性因果关系：指的是家庭中两人之间定型的、反复出现的互动。在循环互动中，在两人关系中，个人会影响对方，同时也受对方的影响。

家庭界限：界限是一个比喻。它能够划定谁能进入某个家庭或子系统，谁不能进入某个家庭或子系统，谁适应某个特定的系统或子系统。

家庭系统：系统是一个互动成分单位。系统根据自己的互动关系形成自己的模式。家庭系统是由家庭成员间的互动组成的，家庭系统的互动和关系是互惠性的、模式化的、不断重复的。

内衡：内衡被用来描述家庭系统活动以维持家庭内部关系平衡的方式。家庭需要内衡来维持稳定、秩序和延续性。

子系统：家庭系统在很多系统内构成了多层次的系统结构。子系统可能由两个或两个以上的关系组成，拥有自己独特的运行方式，如婚姻子系统、父母子系统和孩子子系统。

推荐阅读书目

Minuchin, S. (1974). *Families and family therapy*. Cambridge, MS: Harvard University Press. 这是米纽庆（Minuchin）早期的经典代表作，概述了结构家庭治疗的基

本原则。

Satir，V.（1983）. *Conjoint family therapy*（3rd ed.）. Palo Alto，CA：Science and Behavior. 该书最早出版于 1964 年，影响力非凡。书中观点是以分点形式呈现的，包含了家庭内部沟通理论的丰富信息，强调了婚姻和沟通问题背后的机制性结构，把父母描述成了"家庭的建筑师"。该书探讨了常见的家庭问题，包括选择对象、家庭生活压力、沟通问题和家庭内部问题解决办法。

Von Bertalanffy，L.（1968）. *General system theory*. New York：Braziller. 这本经典之作推动了将社会系统理论运用到家庭系统理论中。该书可以帮助读者更好地理解家庭系统理论的起源，可以作为进入家庭工作领域的启蒙读物。

Watzlawick，P.，Beavin，J.，& Jackson，D.（1967）. *Pragmatics of human communication*. New York，NY：W. W. Norton. 该书是分析沟通的经典之作。该书概括了沟通的基本原则，这些将成为希望进入家庭社会工作领域并有所作为的人的宝书。书中蕴藏了很多珍贵的、可用于社会工作实务的经典格言和原则。例如，有关沟通的格言就是"你不能不沟通"。

能力说明

EP 2.1.7a. 运用概念性框架来指导需求评估、干预和评估：在这个方法背后的支撑基础就是有关家庭社会工作的各种假设。这包括系统理论的概念性框架概念，如循环性和界限等。

EP 2.1.9a. 不断发现、评估和关注不断变换的场所、人口、科学技术发展和新兴的社会发展趋势，以提供相关的服务：实务情境包括家庭系统和子系统，如配偶、父母和手足子系统，以及多代际子系统。

很多事情可以改变我们，但是我们始于家庭，终于家庭。

——安东尼·布兰特（Anthony Brandt）（www. Bartleby. com）

第四章

家庭发展和生命周期

◇ **本章内容**

理解发展视角

生命周期中的家庭多样性

发展阶段

影响家庭生命周期的各种变化

本章小结

关键术语

推荐阅读书目

能力说明

◇ **学习目标**

概念层面：了解家庭发展的不同阶段。

感知层面：观察家庭发展任务中面临的挑战。

评价和态度层面：重视家庭的力量来回应发展性挑战。

行为层面：就不同家庭的发展性任务提出问题，运用家庭发展知识，有效干预家庭。

理解发展视角

家庭社会工作者需要做的一个需求评估任务就是，理解家庭在自己的特定发展阶段是如何运作的。本章我们根据家庭系统理论来讨论家庭发展，家庭发展将成为我们理解和预测家庭成长和危机的重要的理论框架。很多人对儿童成长阶段非常熟悉，但是，对家庭成长阶段比较陌生。有关家庭生命周期的知识大多关注家庭和家庭成员面临的发展性任务，揭示的是家庭压力为什么会出现在发展的关键阶段（Duvall，1957；Carter & McGoldrick，1988，1999，2005；Laszloffy，2002）。这些知识也能帮助家庭社会工作者理解为什么某些家庭会在某个特定阶段出问题。

理解家庭发展还可以帮助家庭社会工作者认识到家庭能否按照社会期望来养育子女（Holman，1983）。它还可以预测家庭在未来发展道路上会遇到什么问题，要完成什么任务。家庭要完美地从一个阶段过渡到另一个阶段，几乎是不可能的，家庭在其发展的脆弱阶段，一定会遇到各种困难和问题，如结婚、第一个孩子出生、孩子进入青春期等。例如，有一项非常著名的研究把婚姻满意度描绘成了过山车，从新婚开始呈下降趋势，持续下滑，直到孩子们离家之后（Olson，1981）。无论如何，家庭生命周期中的个体变化一定是存在的。

我们首先从概述典型的中产阶级家庭的发展阶段开始。这个模式只不过是一个模板，其依据就是家庭从生至死都是完整的。当然，这个模式也存在很多缺点，因此受到了很多批评。第一个不足就是它假定所有家庭的发展路径是一致的（Laszloffy，2002），因此，从中无法看到家庭形式的多样性，如不婚家庭、无子女家庭、离婚父母或者男女同性恋夫妻（在很多国家的立法中，他们是没有权利结婚的）。家庭生命周期无法反映文化的细微差别。第二，这个模式假定家庭发展阶段是按照顺序依次线性发展的，家庭在同样的节点进入和退出生命周期。但是，我们认为，家庭发展的线性和依次顺序模式可能是例外。现代家庭成员身份是流动的过程，并不像家庭生命周期描绘的那样是静态的、封闭的。单一的阶段清单都不能穷尽所有家庭，而对各个阶段的划分又是非常随意的（Carter & McGoldrick，1999）。当然，家庭生命周期也未必适合所有类型的家庭（Carter & McGoldrick，2005）。

这个模式有用，但还有其他不足。首先，由于每个家庭都是独特的，因此家庭成员和发展阶段也存在很大的差异性。其次，发展模式关注的只是一个家庭成员，通常是家中最大的孩子的重要事件（Becvar & Becvar，1996）。例如，我们如何划分这样一个家庭，即刚刚生了一个孩子，而另一个十几岁的少年正准备离家？如何把一个未婚的单亲放到家庭生命周期的某个阶段？毋庸置疑，还有很多家庭生命周期的变体。例如，布鲁林（Breunlin，1988）认为，家庭就是在某些阶段之间来回转化的，而不是一种线性的、从一个阶段向另一个阶段推进的过程。

因此，每个家庭由于其成员经历、社会经济环境、文化、宗教、性取向和历史背景等因素的差异，会对每个发展阶段的表述有所不同。现在，育儿的年龄往后移了，很多人在婚姻关系结束后，不再再婚，还有人选择不结婚。此外，与种族歧视、性别歧视、同性恋恐惧、阶级歧视和年龄歧视等相关的势力也导致了家庭生命周期模式的差异性不断增加（Carter & McGoldrick，1999，2005）。向北美移民也给家庭生命周期模式带来了独特的改变。最后一个不足在于这个模式是偏向一代人层面的（Laszloffy，2002）。例如，子女独立生活阶段强调的是父母的任务，而不太关注离家之后子女的任务。

我们会在不同的主题中讨论家庭发展的不同形式。不同的群体差异性很大，不同的模式也会将家庭分成不同的类别。我们不想制造刻板印象，因此，我们希望读者记住，各种文化和亚文化都包含了众多的多样性。最后，我们还要强调的是，尽管家庭发展的循序的线性模式并不适用于所有家庭，但是，随着时间的推移，所有家庭在其演变和发展中，都会面临发展性任务和挑战，尽管这些任务和挑战出现的顺序可能会不同。

还要提醒一句。我们过去的经验是，有学生听说家庭生命周期的线性模式不适用于很多家庭，就简单地认为家庭生命周期是无用的。这当然是不对的。诚然，这里发展的顺序未必是从 A 点到 B 点，再到 C 点。但是，所有家庭经历的过渡事件都与它们的发展有关，每个点都会带来挑战。从家庭的角度来看，每个挑战都需要家庭齐心合力来回应。

生命周期中的家庭多样性

文化对家庭产生了巨大影响，从家庭如何定义开始，一直到家庭如何呈现其生命周期。不同家庭通常经历不同过程，差异性是很大的：对每个过渡事件赋予的重要性、跨代之间的争斗、根据性别角色确定的责任和义务、对父职和母职的不同期望以及如何对待不同性别的孩子等（Moore Hines，Garcia Preto，McGoldrick，Almeida，& Weltman，2005）。此外，不同文化群体对年迈的父母与成年子女之间如何分担责任、如何赡养的期望值也完全不同。当某一文化因如何处理这些不同阶段的规则而受到贬低时，处于这一文化之下的家庭的压力就随之增加（p.71）。文化还会影响家庭如何形成、儿女们何时会离家、离家后他们与原生家庭的亲密度怎样、两代人如何相处，以及家庭内部成员间的亲密度怎样等等。我们本节讨论的隐含信息就是所有文化在经历生命周期时是非常多元化的。

练习 4.1　文化对我们家庭的影响

你的文化传承是什么？你的文化传承中是如何表达下列概念的：

家庭的定义

性别角色

转变期的家庭仪式

几代人的关系

文化历史

描述完了你的家庭如何表达上述五个概念之后，找出那些对你的家庭特别有意义的内容，分析一下这些文化是如何影响你的家庭的。这些对家庭工作有什么启发？

某些文化把家庭当成了一个直接的核心家庭，而另一些文化则把扩大的血亲关系、祖先和朋友都纳入了家庭中。英国人对家庭的主导定义基本上集中在核心家庭中，而非裔美国人则把扩大血亲纳入到家庭概念中。中国人的家庭关注祖先，意大利人认为所谓的核心家庭是不存在的，在他们的家庭概念中包含了扩大家庭的几代人（McGoldrick & Giordano，1996；Moore Hines，Garcia Preto，McGoldrick，Almeida，& Weltman，2005）。在某些文化群体中，扩大家庭内部的各种关系和亲属网络都建立在互相依存、群体导向、彼此依赖的基础之上。同样，波多尼加人特别重视家庭责任，家庭责任成为决定自己与其他群体互动的基础（Lum，1992）。

文化对不同家庭如何经历自己的生命周期影响极大。不同的家庭会以不同的方法来经历自己的家庭生命周期，具体的差异表现在它们怎样划分家庭生命周期的阶段，如何界定每个阶段的主要任务，等等。此外，即使在移民经历了几代之后，不同的文化群体经历的家庭生命周期也是独特的（Carter & McGoldrick，2005，p.3）。例如，墨西哥裔美国家庭会经历较短的青春期，但是会经历很长的求爱期。在其他文化中，扩大家庭的参与，成为一种独特的、重要的关系，对生儿育女、推动青年人进入社会、形成家庭单位等拥有自己独特的看法。另外，印度家庭的女儿在结婚前一定要跟父母住在一起，而日本人家中的祖母要积极参与孙子的养育过程。贫穷的非裔美国人家庭会经历一个浓缩的家庭生命周期，其中，与代际交替似乎是重合的（Moore Hines，Preto，McGoldrick，Almeida，& Weltman，1999）。此外，在这些家庭中，单亲家庭的比例在急剧增长（p.72）。

有关家庭的不同的文化价值观，在其他文化群体的人看来可能是"奇怪的"或"不健康的"，这些都成为家庭结构的基础。家庭活动和家礼也可能与主流文化的习俗截然不同，不同文化对不同的家庭过渡事件赋予不同的意义和重要性（Moore Hines，Garcia Preto，McGoldrick，Almeida，& Weltman，2005）。例如，爱尔兰人和非裔美国人把死亡当成最重要的家庭生命周期过渡事件，而对意大利人和波兰人而言，婚礼是家庭生命周期中最重要的事件（p.70）。正如第二章中所述，不同文化的人对家庭过渡事件的看法会截然不同，如婚礼和死亡。电影《我的盛大的希腊婚礼》（*My Big Fat Greek Wedding*）可能有点夸张，但这的确反映了婚礼在希腊文化中所占据的重要位置。你们还记得在哪部电影中也看到过不同文化用独特的方式来标记家庭重要过渡事件的内容？

就各代之间的纠纷而言，英国家庭坚信孩子一定要离家，获得自己独立的生活，而意大利人则竭尽全力要让孩子们留在家中（Moore Hines，Garcia Preto，McGoldrick，

Almeida，& Weltman，2005）。此外，印度人认为，青少年要争取自己的独立性，就是对家庭和文化不敬（p. 82），而犹太人的孩子常常会因为处理不好与父母的亲密关系而去寻求心理辅导（p. 84）。

在不同文化中，性别角色和角色期望以及父母如何处理自己与孩子的关系，都是贯穿其中的重要因素。在拉美裔家庭中，妇女深受压迫，要承担照顾者的角色，而男人则要承担挣钱养家、照顾年迈的父母和年幼的兄弟姐妹，甚至侄儿侄女的责任（Moore Hines，Garcia Preto，McGoldrick，Almeida，& Weltman，2005）。这一点正好与爱尔兰家庭形成了对比，在爱尔兰家庭中，父亲在跨代家庭中扮演了一个外围角色，而母亲扮演了中心的角色（p. 78）。

事实证明，近年的移民家庭面临了很多特别的挑战。他们的失业率普遍很高，再加上他们需要适应新的文化和新的国家，这些都给家庭带来了额外的压力。移民的过程中需要找工作、解决住房问题、获得各种服务，还需要在某个社区中立足、能找到自己习惯的食物、让孩子上学、适应不同的气候变化等等。性别角色也会发生变化，家庭和家庭支持网络会出现不足。家庭不仅会面临文化适应的问题，还会面临对自己原有价值观、期望和规范的挑战。

来自不同少数族裔的家庭在经历家庭生命周期时会有各种不同的表现，而这些在主流家庭生命周期中是看不到的。例如，非裔美国人家庭可能由扩大的亲属网络组成，一般会包含多个家庭。几个家庭会居住在同一屋檐下，孩子们也会一起生活在亲属家中，而那里未必是他们出生的家庭。近年来到北美的移民也会表现出不同的文化习俗，可能会出现老人控制刚成家的青年人的情况，家庭的功能就是一个集体单位（Lum，1992）。

社会阶级

社会工作者见到的很多家庭都缺乏必要的经济和社会资源，他们常常在政治上无权，在社会上被剥夺了权利，常处于失业或工作不稳定状态。很多人还受到了特权阶层的压迫。这些人常常是少数族裔，鉴于上述问题，会身处多重困境。克里曼和麦德森（Kliman & Madsen，1999，2005）把这些群体称为"工人阶级"或"下层阶级"。他们处于绝望之中，整日为吃饱饭而奔波操劳。社会阶级的影响因素包括文化、种族、教育和性别。"阶级将个人、家庭和社区关系与地区、国家和全球经济紧密联结在一起"（p. 90）。社会阶级还会影响个体如何进入劳动力市场，并对其进入形成各种障碍。此外，界定阶级的另一个重要标准就是家庭在生命周期中回应自己的发展需要时所拥有的选择和资源的多寡（p. 93）。

贫困是应对家庭中压力的一个不良的缓冲因素，特别是对那些在家庭生命周期中困难重重的家庭，更是如此（Kliman & Madsen，2005）。贫困会缩短寿命。贫困还会破坏家庭经历生命周期的各个阶段，迫使子女过早离家，过早成家，使父母过早成为祖父母，同时，还会减少家庭成员接受教育的年限，从而导致就业机会减少。现代青年人的经济状态跟上一代人的经济状态非常不同，这样，二十多岁的青年人离家、购房、独立生活就变得非常困难。在贫困家庭长大的青年人会有较高的辍学率，以后失业的风险也就更大。青春期女孩的早孕也意味着，她们要蹒跚着开始自己的生活。此外，"压缩的家庭生命周期间隔会给他们带来角色模糊和混乱，使家庭成员在没有完全准备好的情况下，要承担很多家庭责任"（Kliman & Madsen，2005，p. 94）。

　　相反，在经济条件好的家庭，青年人会在经济上依赖父母，继续接受教育，从而扩展自己的家庭生命周期。他们结婚较晚，生孩子也相对比较推后。在这些家庭中，童年生活的色调与贫困家庭孩子的童年是完全不同的。富裕家庭的孩子们可能会离家、返回，再离家、再返回，这个过程会反复多次，他们由此而获得"返巢族"的称号。与社会阶级相关的问题需要从生态系统的角度加以分析和处理。此外，家庭社会工作者需要了解自己的各种偏见，很多偏见源于中产阶级、特权阶级的优势立场。家庭社会工作者定会遇到富裕家庭和贫困家庭，因此，在如何看待家庭生命周期上也会有不同的看法，特别是在评判哪些是正常的、哪些是社会期望的行为和态度上，会有不同的看法。

练习 4.2　定位社会阶级

　　人们很容易忽视隐含在社会阶级中的价值观。这些价值观可能包括对教育、性别角色和政治的信念。分成小组，找出那些与下层阶级、工人阶级、专业/管理阶级和商业阶级相关的价值观。把你的答案与班上同学的进行比较。这些发现对家庭社会工作有什么启发？

性别

　　　　长期以来，女性生活的特点就是有责无权。

　　　　　　　　　　　　　　　　——麦戈德里克（McGoldrick，1999b，p. 107）

　　我们将在第十三章详细讨论社会性别这个话题。社会变革也影响了妇女，主要表现就是影响了妇女在家庭中的角色，以及她们随着家庭生命周期变化而出现的各种变化。与三十年前相比，今天的妇女教育水平普遍提高，结婚年龄也晚了很多。当她们因教育水平提高而面临很多选择时，当她们有能力就业时，她们不会继续忍受暴力和虐待。现代节育技术使得家庭规模越来越小，夫妻之间的经济依赖也越来越小。较高的教育水平，更多地参与到就业行列中，所有这一切都使生儿育女的时间推后了，与上一代妇女相比，现在妇女生孩子的数量也不断减少。"除非夫妻双方都有工作，否则家庭是养不起孩子的"（McGoldrick，2005c，p.110）。这样，父亲必然会参与到育儿的全过程中（p.111）。此外，在家庭生命周期中一个新生的现象就是"三明治一代"的妇女，即妇女既要养育子女，又要赡养老人。尽管照顾孩子的责任不断在改变，但是，妇女依然需要承担主要的家务劳动。与男性相比，妇女还是需要投入更多的时间和精力来照顾孩子，即便男性失业在家，女性也要承担主要的照顾工作。

当然，父亲也越来越多地进入到孩子的生活中。这种参与会让整个家庭受益（Lero，Ashbourne，& Whitehead，2006）。例如，研究表明，如果父亲承担了儿童照顾的主要责任，那么他们的儿子与用传统方式教养的儿子相比，会更加通情达理、善解人意（McGoldrick & Carter，2005，p.32）。

有些妇女会离开就业市场，专职在家生儿育女，也有人终身在外就业。每种选择都会遇到各自的挑战。例如，妇女在劳动大军中的比例的上升，会使家庭中可供支配的收入水平增加，显然会比那些夫妻双方只有一人工作的家庭，甚至那些依靠社会救助的家庭收入水平更高，他们不需要为柴米油盐而操心。当然，对于一方就业的家庭而言，夫妻之间至少有一人会更多地参与到子女的生活中，与学校和孩子的课外活动有更多的关联。孩子的出生预示着需要回归传统的性别角色（Rosen，2005）。尽管这种回归常常是妇女首当其冲，但男性也会受到影响，他的唯一选择就是更加努力工作，多挣钱养家（p.128）。等到上了年纪之后，男性可能会比女性早逝，这样，很多妇女就会陷入孤独和经济贫困中。

同样的，男性在家庭生命周期中也会遇到挑战。妇女经济的独立性不断提高，使婚姻更多地依赖夫妻关系的质量，而非依赖经济。男性面临的威胁包括男性在婚姻中的特权的丧失，同时人们越来越多地要求男性更多参与到育儿过程（已经远远不是"帮个手"）和家务劳动中。当父母离婚时，孩子的监护权往往会落到母亲手中。

家庭生命周期中父亲的角色也在悄然变化。他们与孩子关系的亲密也不可低估，因为他们对孩子某些积极的变化产生了重要影响，发挥了不可替代的作用，例如，孩子的主动探索精神、杰出的学习成绩、良好的行为和态度，以及学校中的各种良好的人际关系等（Ange，2006）。此外，积极参与育儿并疼爱孩子的父亲会培育出亲社会的子女，他们会表现出极好的社会心理适应性，在学校表现杰出，极少会有反社会行为。特别是如果父亲把学校教师当成了一个积极资源时，子女会与教师建立满意的、极少冲突的关系。安吉（Ange，2006）的研究表明，父亲在其中发挥了举足轻重的作用，因此，一定要让父亲积极参与到育儿过程中。我们的信念就是，除非情况特殊，如有虐待行为，孩子都是非常需要父亲的。"走向更加和谐的婚姻关系的路径就是要建立一个夫妻分担的、合作的为人父母的过程，在这个过程中，夫妻共同主动参与，彼此互敬互爱"（Rosen，2005，p.135），这是父母分担育儿任务的另一个好处。

出于很多原因，如服兵役、入狱、出差、就业等，有些父亲无法参与到家庭的日常育儿过程中。因此，他们在儿童生活的不同阶段会出入于儿童的生活中，时隐时现。对于那些处在伙伴关系的父母而言，母亲角色会远远比父亲角色更加重要，因为父亲常常会缺席，母亲就要承担绝大部分的照顾责任，需要处理亲子关系。这样，父亲在重新进入家庭时，就更加容易陷入紧张的亲子关系中。承担育儿责任的母亲常常会有自己的常规生活、有自己的一套应对策略和管教孩子的手段，当父亲回归之后，需要很长时间来重新适应。当父亲与孩子的母亲分居或离婚之后，通常会远离孩子们居住和工作，这种距离会对分居后的父子关系构成一定的压力和威胁（Lero, Ashbourne, & Whitehead, 2006）。

移民

对于那些移民到了北美的家庭而言，全球化给他们创造了特别的环境。在美国，有五分之一的孩子是在移民家庭中长大的（Suarez-Orozco, Todorova, & Louie, 2002）。移民的一个常见的方式就是，家庭中的一名成员会首先移民，在移入地站稳脚跟。如果是母亲第一个移民的话，那么孩子们将由扩大家庭成员来照料。这个巨变会对各种家庭关系带来重大影响，夫妻和孩子在这个过程中会变得离心离德。整个家庭成员的重聚过程非常复杂。如果孩子留在原籍国，那么，他们会与自己的照顾者建立很好的亲密关系。

由于整个移民过程需要若干年时间才能完成，同时还受到了融入新环境需要解决的问题的影响，因此，移民过程对家庭生命周期的影响是巨大的。在与移民家庭一起开展工作时，非常重要的一点就是，家庭社会工作者首先必须了解他们移民的原因。家庭社会工作者还必须了解谁跟家庭一起移民过来，还有谁留在他们的祖国。最后就是要理解移民者祖国的文化传统和习俗，特别是女性的角色、对少数族裔的态度、政治形势和宗教关系等。家庭的期望和希望是什么？这个家庭来到一个新的国度是出于积极的原因还是消极的原因？例如，他们是为了逃避祖国的政治动荡还是为了获得更好的发展机会？请记住，在美国除了原住民，所有的人都是在不同时期来自世界各地的移民。那些因为躲避祖国战乱而移民的人，与那些寻求经济安全的人在移民动机上是完全不同的。

就家庭而言，移民是家庭生命周期中最具有压力的经历之一，它会极大地改变家庭的生命周期阶段。例如，青年人会比老人更加容易适应新的文化（Hernandez & McGoldrick, 1999, 2005）；对年长者而言，移民是非常具有挑战性的。当夫妻一同移民时，适应的不均衡水平会给家庭带来极大的张力（p. 175）。当家庭带着孩子一同移民时，家庭结构中的等级制和传统角色会被打断，因为孩子的文化适应能力会超过父母（p. 177）。有时，移民还会促使角色颠倒，例如孩子们需要给父母当翻译。孩子们还要接受父母文化教育和新文化教育，需要处于两种文化之间，这又会给家庭带来新的压力。

~~~~~~

练习 4.3 男性与女性的三代人

　　分成小组。学生轮流分析家中过去三代人的性别角色：祖父母、父母和自己这一代。这些角色发生了怎样的变化？这些角色怎样影响了家庭生命周期？

~~~~~~

发展阶段

　　家庭是个体成长和一生发展的重要情境。与父母的关系、与兄弟姐妹的关系以及与家庭其他成员之间的关系会随着生命周期的发展而不断演变（Carter & McGoldrick，1999，2005）。在各种过渡阶段，家庭关系和家庭系统都非常容易受到压力的侵袭。在各种过渡阶段，压力都是最大的，这样，家庭就需要不断地重新平衡、重新设界、重组自己的关系（Carter & McGoldrick，2005，p. 3；Laszloffy，2002）。如果家庭卡在某个过渡期，我们会说这个家庭经历了"障碍点"（Pittman，引自 Laszloffy，2002）。此外，如果若干个家庭压力事件同时出现，且不能得到解决，就会成为未来困境的导火索。同样，围绕某个人的跨代问题在任何时候都可能出现。

　　由于不同阶段的家庭关系和行为期望都可能以可预测的方式出现，因此，一个有益的、帮助我们理解这些现象的方法就是认真研究每个发展阶段。尽管我们不能准确地预测某个具体事件何时出现在家庭中，但是，我们还是可以发现家庭在生命周期中会碰到的一般性危机。每个家庭回应家庭过渡事件的方式各不相同，但是，所有的家庭都可能遇到一些类似的发展性危机，如家人的去世，从而需要适应这种丧亲之痛。发展性阶段都会有些标志性的事件，如婚礼、第一个孩子出生、父母退休等。每个阶段都会给家庭带来压力和挑战，会提出发展性问题、任务和潜在的需要解决的危机。了解家庭生命周期的相关知识，可以帮助家庭社会工作者观察家庭是如何卡在某个阶段，找到推动家庭往前走的转机。平斯夫（Pinsof，2002）指出，对偶结合（他质疑结婚这个概念，因为这是一个单向的概念）始于同居，紧接着会有第一个孩子出生，然后可能才会出现婚姻，因为这三个事件中的任何一个都是不受约束的选择。

　　为了适应不断变化的家庭生命阶段，家庭需要改变态度，修正各种关系（Holman，1983）。在这个过程中，家庭危机是可预见的，也是不可避免的。家庭生命周期过渡会加剧家庭压力，在某个阶段出现的家庭问题表明家庭为了适应特定的发展阶段，会遇到很多困难。某些家庭拥有了高超的问题解决技巧和策略，同时还拥有完善的支持系统。而有些家庭则缺乏这些技巧和资源。家庭社会工作者要预见到家庭面临的发展性问题，从而做好准备来评估家庭问题、家庭危机，以及家庭的应对工具，以更好地回应这些问题。在发展性危机期间，家庭社会工作者可以向那些饱受发展性危机之苦的家庭提供必需的知识、技巧、策略和支持。

早在1956年，盖斯马（Geismar）和克里斯伯格（Krisberg）就提出，在社会功能性与家庭生命周期之间存在直接的相关性。他们发现，经济和社会资源非常有限的家庭在经历家庭生命周期时会变得更加无序。家庭无序指的是家庭对服务和资源的需求与服务和资源的可获取性以及家庭运用资源的能力之间匹配度很差。家庭不断增长的对经济和社会资源的需求，极大地消耗了家庭的经济、社会和情感资源。

在家庭生命周期的每个阶段都伴随某些特定任务。向某个新阶段的过渡常常也会伴随着某些危机，可能是大危机，也可能是小危机（Petro & Travis，1985）。此外，家礼常常也会标记着重要的过渡，如洗礼、婚礼、葬礼、成人礼等，很多家礼是某种文化独有的。例如，拉美裔家庭一直保持了某些生命周期标记和某些仪式，如生日、宗教仪式、假日，或者星期天野餐往往就是大家庭的聚会日等（Falicov，1999）。尽管不同阶段之间的过渡不是特别明显，但是，每个过渡事件都会给家庭系统带来压力，需要家庭不断去调整和适应。

随着孩子不断长大成人，家庭成员的角色也会改变；家庭界限为了回应家庭成员不断变化的需求，也会不断调整。例如，当孩子进入青春期时，理想的家庭界限就会变得更加灵活，以回应孩子们不断变化的发展性和社会性需求。如果家庭界限在青春期阶段过于严格、死板，就会出现亲子冲突。如果青春期的孩子屈从于过于约束性的界限，那么他们可能会在进入成年之后，在社交技巧和独立性方面出现问题和困难。相反，如果界限过于松散，青春期的孩子可能会缺乏必要的规范行为，会过早地与家庭分离，从而无法培育必要的生存技巧，难以作为一个有能力的社会人在社会上生存。

表4.1中罗列了家庭发展的不同阶段，这个阶段的划分依据了三个模式：卡特和麦戈德里克（Carter & McGoldrick，1988，1999，2005）模式、贝克弗和贝克弗（Becvar & Becvar，2005）模式，以及杜瓦尔（Duvall，1957）模式。家庭发展阶段包括结婚（或者配对、对偶结合）、第一个孩子出生的家庭、学前儿童家庭、学龄儿童家庭、青春期孩子家庭、青年人离家的家庭。在罗列不同阶段时，我们加上了正式离家的孩子又返回家庭，也就是俗话说的"返巢孩子"。之所以这样安排，是因为我们开玩笑说这是一个重要的过渡，另一方面，我们相信，返巢的孩子对家庭来讲，形成了一个非常重要的社会模式，同时也给家庭带来了额外的要求。这个阶段可能会涉及父母要处理自己夫妻之间的一些问题。

此外，近年来，很多替代性家庭形式出现，家庭生命周期中严格意义上的从一个阶段向另一个阶段过渡也变得越来越松散了。某些夫妻在婚前就有了孩子，有的夫妻有了孩子也不结婚，还有人经历了几段感情，并生了若干个孩子。新兴的生育技术为那些无法生育孩子的夫妻提供了更多为人父母的机会。北美现在正在经历史上最低生育率时期。越来越多的孩子出生在未婚母亲、男女同性恋伴侣之间。未婚妇女可能拥有自己的男性伴侣，然后怀孕生子，但选择不结婚；在同性恋伴侣中，他们会选择采用人工手段来怀孕。

110 **表 4.1 家庭生命周期不同阶段**

阶段	家庭任务
1. 结婚、配对、对偶结合	忠于彼此 形成角色规范和规则 与原生家庭分离，形成夫妻关系 就具体个人需求达成妥协、让步
2. 有小孩子的家庭	用三角关系来重新稳定婚姻单位 与孩子黏在一起，并将孩子融入家庭 彼此重新调整关系，在工作或事业与家庭琐事之间达成平衡
3. 学龄儿童家庭	允许孩子最大限度的独立性 开放家庭界限，以接纳新的社会组织和新人 理解和接纳新的角色变化
4. 青春期孩子家庭	通过适当调整界限来处理青春期孩子对独立的需求 重新设定个人自治 规则改变、设限和角色妥协
5. 青年人离家的家庭	青年人准备独立生活 通过就读和工作离家 接纳和鼓励青年人自力更生
6. 返巢阶段	重新调整家庭系统，接纳成年子女返巢 处理夫妻问题 重新协商个人空间和物理空间 重新协商角色责任
7. 中年父母	与孩子分离后，适应新的角色和关系
8. 年迈家庭成员	与孩子们的配偶和孙子孙女建立关系 处理与衰老有关的问题 努力保持尊严、意义和独立性

资料来源：Becvar & Becvar, 2005；Carter & McGoldrick, 1988；Carter & McGoldrick, 2005；Duvall, 1957.

此外，很多家庭会因为分居、离婚和再婚等事件，导致家庭生命周期中断。很多在美国出生的孩子都会经历父母的离异。一般来讲，母亲会获得监护权，父亲拥有探视权。在那些父母都外出工作的家庭中，儿童照顾就成为一个问题。还有很多夫妻会选择不要孩子，或者过了 40 岁之后再要孩子。夫妻角色也不再严格按照传统的性别角色安排来做出承诺了。社会变革催生了一些常见的家庭结构，而这些结构在历史上曾经被边缘化，例如由同性恋伴侣来养育子女。我们也的确认识一些人，他们真是同性恋者，但

111

是，鉴于当时无法选择社会不认可的关系，只好选择了异性恋关系。他们最后的"出柜"对所有当事人来讲都是非常艰难的。最后，不断变化的家庭生命周期中固有的问题包括祖父母作为主要的照顾者来照顾孙辈、晚年育儿，以及隔辈家庭结构的重建（Helton & Jackson，1997）。

家庭结构重建中的变化会引发家庭生命周期中的变化（Carter & McGoldrick，2005）。很多变化会影响妇女，但同时也是因为妇女而发生变化。孩子的养育所占据的家庭空间，与几十年前相比要小很多。妇女外出就业，男性需要更多地参与家务劳动和育儿。本章将讨论家庭发展过程中的多元性问题。

练习 4.4　冲突的根源

分成小组。从家庭生命周期的每个阶段中找出一个潜在的冲突领域，并举例说明冲突如何突然出现在家庭中。分角色表演一对夫妻是如何经历冲突的，邀请家庭社会工作者参与夫妻冲突的解决，向班级报告在角色扮演中都发生了什么。

练习 4.5　家庭内衡与家庭生命周期

回顾家庭生命周期的不同阶段。在每个阶段中，列出家庭需要完成的两个任务以及可能遇到的危机。

婚姻、伙伴、对偶结合、亲和取向

> 在生命周期所有的困境中，现存的伴侣成双成对的困境也许是最难以解决的。
>
> ——麦戈德里克（McGoldrick，2005c，2005e，p. 231）

> 男孩遇到女孩，男孩娶了女孩，男孩与女孩开始发愁：感恩节去谁家，十二月去谁家，不知道在家宴上，是做火鸡好，还是做鹅好。当面对现实时，你很快就会发现，你嫁入的家庭做事风格与自己完全不同，这时，传统的温暖瞬间变成了冰窟。
>
> ——玛吉·肯尼迪（Marge Kennedy）（www. Bartleby. com）

〜〜〜〜〜〜〜〜〜〜〜〜〜〜〜〜〜〜〜〜〜〜〜〜〜〜〜〜〜〜〜〜

练习 4.6 婚姻

婚姻是过时的社会组织吗？如今结婚的好处和坏处到底是什么？

〜〜〜〜〜〜〜〜〜〜〜〜〜〜〜〜〜〜〜〜〜〜〜〜〜〜〜〜〜〜〜〜

婚姻、结合或成双成对的本质在过去几十年中发生了根本性的改变。我们在使用婚姻一词来描述各种可能发生的成双成对、对偶结合状况时，非常忐忑（Pinsof，2002）。桑德斯和克罗尔（Sanders & Kroll，2000）则选择了另一个替代性的说法"亲和取向"，这个词倒是一个非常准确的说法。事实上，决定是否进入政府认可的关系，对很多建立了亲密关系的人来讲，是一个非常重要的选择。有些人在婚前就会生活在一起，而有些人则不断地在更换伴侣。某段关系可能会产生孩子，但也有可能没有孩子。在一段新的关系建立之前，年轻人往往都会离开自己的原生家庭。无论怎样，现在的年轻人离家和结婚的年龄都推后了，通常在 25～35 岁之间。结婚越早，适应婚姻生活的难度就越大，以后离婚的可能性也就越高，按照麦戈德里克（McGoldrick，1999c，2005e）的说法，晚婚好过早婚。在亲密关系中生孩子越早，夫妻双方彼此适应的机会就越少。有些人会像接力赛一样进入一夫一妻制中，而过去的两代人对这种做法是非常不赞成的。平斯夫（Pinsoff，2002）指出，同居使得两个人有机会"彼此检验对方"（p. 148）。

孔茨（Coontz，2006）认为，婚姻作为一种两个个体之间的关系，越来越受到人们的重视，人们在其中投入的情感期望也越来越高。但同时，她也主张，婚姻作为一个结构，现在对人们生活所拥有的权利比过去任何时候都要大。婚姻也不再是唯一主要的约束人们性行为、获得经济政治权利和义务的机制了，特别在人口再生产和子女照顾方面，更是这样（p.15）。与此同时，即使不结婚，人们也不会认为自己的生命目标没有得到实现。在超过半数的婚姻中，人们会选择在正式仪式之前就生活在一起（McGoldrick，1999c，2005e）。网络约会可能也会走向结婚，这种形式在成年人中也越来越流行，而在二十年前是闻所未闻的。婚姻一词现在成了一个文化和政治承载的术语了，指的是政府对家庭构成的定义的主要内容。（同样，我们也看到了人们在运用这些术语时，将那些替代性家庭安排都排除在外了。）

北美流行的话语显然关注的是是否需要把婚姻权利延伸到男女同性恋者身上。保守派坚持认为如果把婚姻权利赋予了同性恋者，就会侵蚀家庭的内涵和神圣不可侵犯性。也有人认为，剥夺了男女同性恋者的合法结婚的权利就是一种歧视，是关乎基本人权的问题。不管他们是否有权利合法结婚，男女同性恋夫妻工作生活成为一种生活现实。麦戈德里克（McGoldrick，1999c）认为，男女同性恋者的结合可能会摆脱传统性别角色的束缚，当然，同时也可能会遭遇社会污名化。有些人并没能向自己原生家庭的亲人表明自己的身份，但与他们来往极少。不能表明自己的身份，可能会使得青年人与自己的父母日渐疏远。

在北美的亲密关系中，人们都相信，人们是因为浪漫的爱情才结婚的，或者至少是他们想结婚了（Pinsof，2002）。然而，进入一段浪漫的关系的原因很多，包括个性、社会认同和期望、家庭历史和经济等。麦戈德里克（McGoldrick，1999c，2005e）认为，与任何一个生命过渡事件相比，婚姻都会被当成生活难题的解决办法。麦戈德里克（McGoldrick，2005）发现，与异性恋者相比，男女同性恋者都会倾向于建立更加亲密的、具有凝聚力的关系（p.235）。

如果有婚礼的话，婚礼常常成为家庭生命周期中的主要仪式。婚礼常常是一件大事，家庭可能会就举办一场婚礼而倍感有压力。不同的文化对婚礼有不同的仪式。一旦婚礼结束了，夫妻之间就建立了姻亲关系，会受到不同的规则和期望的约束。非常有趣的是，美国原住民文化中没有一个词是用来反映姻亲关系的，而在美国主流文化中，婆婆常常是人们开玩笑和嘲笑的主题。

减速带或压力点以及冲突作为关键词，贯穿于家庭生命周期的进程，对家庭而言，要让家庭履行自己的职责，让家庭成员满足，就必须逐一解决冲突和压力。在这个过程中，对新结合的夫妻来讲，有四大主要任务需要完成，包括建立彼此满意的关系、重新界定与扩大家庭的关系（扩大家庭必须接受新来的伴侣）、协调各自的角色、就生儿育女做出决定。人们会把自己过去的家庭生活经验带入新的关系中，在进入新关系时，在家庭生活的方方面面，他们都会遇到自己不熟悉的生活方式，与自己过去熟悉的生活形成了鲜明的对比。生活的大部分领域都需要调整和协商。这些领域包括：

- 经济决定；
- 情感/亲密关系、依赖、沟通方式等；
- 关系中的权力分配，包括决策、人际权力、虐待等；
- 彼此之间的人际界限，以及夫妻与外人之间的界限，如与父母、家庭和朋友等，界限可能是灵活的，也可能是严格的，可能受某人单方面的控制，也可能双方协商，等等；
- 性生活；
- 决定是否要孩子，如果是奉子成婚，那么，还涉及如何养育孩子；
- 家庭责任（McGoldrick，1999c，2005e，p.232）。

与他人建立一种亲密关系，无论是通过婚姻还是同居，都需要调整、适应、妥协和努力付出。伴侣们需要适应对方的行为、感受、习惯和价值观。在现实中还需要适应扩大家庭、双方的财政状况、彼此冲突的需求、欲望和生活模式等，这些都意味着双方都会遇到压力。要让自己的亲密关系顺利发展，双方都需要认真解决这些压力和冲突。当双方发现差异性时，他们之间会出现张力，这使得互相适应难度加大。特别是文化刻板印象都会要求新婚者"白头偕老"，因此这个阶段出现的困难往往被人们淡化了。在现实层面，家庭社会工作者必须评估夫妻双方对自己关系中的微妙差异的满意度、与扩大家庭之间的关系，以及对生儿育女决定的一致性等。在评估婚姻关系时，家庭社会工作者如果能够找到合适的婚姻满意度量表，可能会事半功倍（参见 Corcoran & Fischer，2007）。

人们将若干个误解嵌入到婚姻中。第一个误解就是婚姻对男人而言是毒药，因为婚姻有利于女方，它为女方提供了安全、幸福和社会地位。事实上，情况恰恰相反（McGold-rick，1999c，2005e）。实际上婚姻提高了男性的精神、社会和生理健康，而已婚妇女倾向于遭受更多的抑郁、职业中断和长时间的家务劳动。第二个误解的出现是因为传统核心婚姻源于犹太教和基督教传统，这种传统强调要压倒其他传统。因此，当人们在审视婚姻时，就要考虑不同的文化背景。例如，奴隶制就逐步破坏了非裔美国人的婚姻和性别角色（Pinderhughes，2002），因此，需要建立新的传统来满足人们的需求。非裔美国人的亲密关系还受到移民、社会经济地位和不平等的性别比的影响，这些因素对白人的影响甚微。

114

 案例 4.1   **过渡**

下面的案例展现了家庭在过渡阶段可能会面临的各种危机。李家有两个人，山姆和拉克，他们都是 40 岁出头，有三个女儿，分别是 7 岁、9 岁和 14 岁。14 岁的玛丽出了问题，这对夫妻就来到一个家庭社会工作机构求助。

山姆和拉克都出生在中国大陆，他们在加州大学读书时相识。李家人说他们过着传统的中国生活，其乐融融。山姆和拉克是尽心尽职的父母，他们希望自己的孩子能够了解并尊重中国的文化传统。

当玛丽上中学时，家庭就出现了问题。尽管玛丽进入新学校后，成绩依然名列前茅，但是，她的行为却发生了翻天覆地的改变。这个原本温顺的女儿变得非常叛逆。她几次逃学与朋友出去玩，还几次违背父母的意愿，缺席了重要的家庭聚会。当父母试图矫正她的不良行为时，她就暴跳如雷，对父母大喊大叫。

直接导致这个家庭向社会工作机构求助的事件是几天前，玛丽与父母之间发生争执。她那天晚上从楼上的窗户爬下来，离家出走了。她在不同的朋友家里住了 5 天，这几天她的父母几近崩溃。

玛丽跟着父母一起来到家庭社会工作者的办公室。她告诉社会工作者说，她需要摆脱父母的专制性管制。她认为，与朋友的父母相比，自己的父母很落伍，很不公平。她强调说，尽管自己非常爱自己的父母，但是，她并不认同父母对中国文化传统的热爱。她希望自己跟朋友们一样。

家庭社会工作者从发展的角度评估了李家的状态，认为这个家庭经历的是跨代的价值观冲突，以及发展性问题，这是孩子进入青春期后常见的问题。

在家庭生命周期的第一个阶段，会在几个方面出现若干问题。配偶一方如果不能成功地处理好自己与原生家庭的独立性问题，就会深受对原生家庭忠诚问题的困扰，从而威胁到自己刚刚建立的、脆弱的亲密关系。同样，如果配偶希望继续过自己单身时的社交生活，也会给现在的亲密关系带来压力。另外，如果夫妻很早就要了孩子，他们恐怕就没有足够的时间来处理自己婚姻中需要关注的关键问题。也许戈特曼（Gottman）最好地诠释了这一切（引自 McGoldrick，2005e）：婚姻成功取决于日常生活的平凡的"无顾虑的片刻"，这就营造了一个情感氛围，使婚姻可以长期稳定发展。

第一个孩子的出生以及相关事宜

建立一个家庭可能是世界上最艰难的工作。它好像两个商业公司将自己的相关资源进行合并，产生一个新的产品。当一个成年男子与一个成年女子联合把一个牙牙学语的孩童培养为成年人时，在这个运作过程中，各种潜在的棘手的问题都会出现在其中。

——弗吉尼亚·萨提尔《家庭如何塑造人》（Virginia Satir，*Peoplemaking*）（www. Bartleby. com）

在我们内心深处，我们都知道，每个家庭治疗师也都知道：父母之间的问题会体现在孩子们的身上。

115

——罗杰·吉尔德（Roger Gould）（www. Bartleby. com）

让我们这样表述，最初为人父母是生命中最具有决定性的阶段，简直就是破釜沉舟。

——贝蒂·卡特（Betty Carter，2005）

不能退货，没有退路！破釜沉舟指的是没有退路。因此，对于卡特的说法，我们深表赞同，一旦夫妻有个孩子，就不再有退路。不管我们的决定是匆忙做出的、在信息不完整的情况下做出的，还是经过深思熟虑做出的，抑或是意外决定的，要个孩子都会在未来很多年中，对一系列人产生影响。最为重要的一点就是，人们需要在养育孩子的过程中，时刻睁大眼睛。他们要深刻理解要孩子到底意味着什么，以及期望是什么。对于那些主动选择要孩子的人，以及那些进入过渡期时不带有浪漫色彩和过多期望的人来讲，他们会感到自己的婚姻非常幸福（Carter，2005，p.250）。

生孩子之前的婚姻的顺序不再有规可循了。很多夫妻先有孩子，然后才确定自己关系的合法地位。四分之一的白人孩子、三分之二的黑人孩子都出生在未婚家庭中。与此对应的是，在北欧这个比例是二分之一（Pinsof，2002）。有些夫妻最终会结婚，但不是所有的。有些人是无法组建合法关系的，例如男女同性恋者，他们会在法律系统外建立一个关系，同时也会生养孩子。青春期的孩子如果怀孕了，青年人面临的选择就是如何处理怀孕：流产？领养？留下这个孩子并将其养大？如果孩子由母亲抚养，她会与父母一起居住，并完成自己的学业，还是自己搬出去闯荡？此外，一旦年轻的单亲母亲需要就业，她们还要考虑儿童照顾、交通、住房、衣食开销等问题。

当然，我们对家庭生命周期这个阶段的描述是根据"典型性"情况做出的。生出的孩子有残疾，会给家庭带来很大压力，家庭可能没有足够的资源和技巧来照顾有特殊需要的孩子。家庭中有了残疾儿童，家庭还需要机会来表达自己的痛苦和悲伤（Carter，1999，2005）。在某些情况下，夫妻双方如果有一方不孕不育，就需要双方来决定是否接受不孕不育治疗，是否领养一个孩子，或者就不要孩子。还有一些孩子是意外怀孕出生的，有时甚至是父母并不想要的。

亲职是一个重要的生命过渡，会给生活方式带来极大的改变。事实上，如果父母不做出任何改变来回应孩子出生的需要，这个孩子的存活会非常困难。尽管对很多夫妻来讲，是否要孩子都是个问题，但是，越来越多的人还是决定不要孩子。然而，有学者质疑生育生殖的决定能否算个决定（Peterson & Jenni，2003）。萨提尔（Satir，1967）认为，要孩子的原因多种多样，包括实现社会期望、获得代代繁衍的感觉、回应父母过去没解决的问题等。即使要孩子是个有意识的决定，也可能是出于矛盾心理的。决定要生孩子不会是在模糊的、可确定的时段做出的。对某些人来讲，生孩子的负面结果可能远远大于其正面结果。虽然人们都说，男性可以不参与生育决定，但实际情况并非如此。我们看到过很多夫妻因为一方想要孩子，而另一方不想要，于是分手。此外，有些夫妻在进入亲密关系之初，都同意要孩子，但是后来一方会因改变想法而反悔。还有些夫妻很想要孩子，但是始终不能怀孕。生孩子会给夫妻带来压力，不能怀孕也会给夫妻带来压力。家庭社会工作者需要与未来的夫妻一起探索要生孩子的原因，以及与此相关的期望到底是什么。

在北美文化中，生儿育女充满了浪漫色彩，当然，这也是家庭生命周期中的一个重要阶段，充满了挑战。从前，养儿育女是大部分父母生活的重要内容，但是现在养儿育女占据父母的时间和精力也日趋减少（Carter & McGoldrick，1999a，p. 8）。对有些人而言，第一个孩子的降生是一个危机，它会激发家庭的危机应对机制（尽管是暂时性的）（LeMasters，1957）。研究表明，那些能够成功协调彼此关系的夫妻，会很容易就适应孩子们的陆续降生（Lewis，1988）。一旦人们开始承担养育子女的责任，他们就需要长期承担这些责任，不仅需要对孩子负责，还有对夫妻彼此的责任。这些风险是非常高的。

在这个过程中，会有很多变数，包括但不限于下列状况：新角色带来的失衡、环境的改变、需求的改变、个人自我感知和自我效能的改变、情感状态的变化以及个人的成熟度和价值观的改变等（Glade，Bean，& Vira，2005）。男性会在自己的责任感方面以及与配偶的情感上经历深刻的变化（p. 321）。这个阶段面临的第一个危机就是准备迎接第一个孩子的降生，以及要适应三人世界的生活，要解决由此而出现的责任、角色问题和对为人父母的担忧而导致的一系列冲突。如果双方对是否要生孩子都没有达成共识的话，那么冲突马上就出现了。此外，新生儿会与夫妻中的一方单向互动，大部分情况下都是母亲，因为传统认为女人的责任就是照顾孩子，操持家务，而丈夫的责任就是"搭把手"（Carter，1999）。在孩子的幼年阶段，母亲通常需要承担主要的照顾子女生活起居的责任（Carter，1999；Garbarino，1992；Mackie，1991）。

　　孩子的降生使家庭生活复杂化了，使日常生活趋于暂时性混乱。研究人员持续发现这个阶段的婚姻满意度普遍下降，夫妻之间出现了第一次调整期：冲突水平提升，对配偶的关注度也出现了明显下降（Ramage，2005；Spanier，Lewis，& Cole，1975）。对妇女来讲，婚姻满意度的下降和对丈夫关注度的减少就更加明显（Glade，Bean，& Vira，2005）。同时，孩子的降生使家庭中出现了第一个三角关系。这个三角关系的出现是必然的，因为婴儿的生存需求必须得到满足，夫妻关系必须重新调整。此外，夫妻也会随着父母角色任务的变化而发生变化，这是一个艰难的壮举。萨提尔（Satir，1967）指出，靠生个孩子来满足个人的情感需求，这本身就是一个陷阱，结果人们发现要满足孩子的需要，其难度远远超出满足自己的需求。初为父母者都会经历照顾角色的冲突，而这种冲突还会威胁到现存的婚姻关系。

　　随着第一个孩子的降生，一系列的角色和责任也随之而来。不同的文化对此的要求也不同，在这个阶段初为父母者所获得的社会支持也不尽相同。例如，在拉美裔家庭中，第一个孩子的出生会把亲属们都集中起来举行庆典（Falicov，1999，2005）。孩子们的到来会加速或稳固家庭生活中的性别差异和性别不平等关系（Doucet，2001）。在孩子出生前，夫妻之间往往在家务分工上是相对平等的，但是，孩子出生后家务劳动的性别分工会趋向传统（Carter，1999；Koivunen，Rothaupt，& Wolfgram，2009；Ramage，2005）。研究表明，每个配偶所承担的家庭劳动数量与婚姻满意度之间成正相关（Glade，Bean，& Vira，2005）。"男人所承担的子女照顾工作要比自己预期的少，而妇女所承担的照顾子女的工作要比自己计划的多"（p.323）。

117

　　生了孩子之后，还要求夫妻双方适应丧失自由的生活方式、娱乐的减少，以及职业灵活性的丧失。最大的损失就是睡眠不足！在有孩子之前，夫妻都有机会照顾自己、职业发展和夫妻之间的恩爱。随着孩子的出生，甚至在准备要孩子期间，生活方式发生了极大的改变。夫妻很少有自己的时间，开销要节省，责任心也越来越大。照顾一个新生儿需要大量的时间和精力，需要高度的自我牺牲和舍己忘我。孩子们的需要被置于父母需求之上。当人们自己的需要无法得到满足时，可能也会难以满足他人的需要，特别是满足幼儿的需要。要满足新生儿的需要，往往会打破家庭生活的平衡。尤为重要的一点就是随着孩子的降临，夫妻之间的权力关系也会发生变化。

　　人们一直非常关心一个概念，即亲密接触或依恋。很多医院都鼓励父母在孩子出生后与孩子一直保持亲密互动，鼓励父母与孩子之间的亲密接触。医院还大力提倡在生产过程中，父亲要在场。扩大家庭成员的参与，特别是祖父母的参与，可能在不同的文化中有不同的规范和要求，当然还要取决于祖父母与父母之间的关系。

当需要半夜喂奶、孩子急性腹痛、换尿布等影响睡眠时，需要父母能够理性、耐心、始终如一，并保持心情愉快。所有这一切都会给夫妻关系带来压力，可能还会导致父母一方或双方觉得忽视了对方，或者被对方误解。要解决这些问题，最重要的就是要就照顾孩子和工作之间的平衡做出决定，同时还要学习如何更好地满足个人需要和夫妻彼此的需要。有些工作单位非常支持工作的父母，而有些单位则给工作的父母带来了很多限制。例如，本书作者之一曾在一家医院工作，突然有一次她女儿的学校打电话叫她去学校，因为她女儿的腿摔断了。她请假离开单位带女儿去看病，结果她那天的工资就被扣掉了（她的老板也是个女人！）。

在向父母身份转换的过程中，如果大家简单地认为，父母自然会知道并能满足孩子的需求，而不用接受教育或学习相关育儿经验和儿童发展的知识，就会面临很多问题。很多父母会根据自己成长的经验，或者找自己的父母取经，这样做的结果就是他们依然是在试图重新界定一段成人对成人的关系，而非成人对儿童的关系。祖父母们在很大程度上也没有准备好再次担任父母的角色。要帮助孩子学会信任他人，父母必须在满足孩子需求时表现出值得信赖的一面。当然，有必要让父母和子女双方都对这种关系感到满意和舒适，但是，这种互惠性对父母来讲是难以得到的，即使父母不断地微笑、大笑，滔滔不绝地讲话或者是非常配合，新生儿也是难以做出回应。与新生儿的这种单向的关系，很容易让初为父母者，特别是第一次带孩子的父母在被这些琐事搞得手忙脚乱时，感到极度沮丧和泄气。这时，社会支持会对初为父母者提供保护性的支持，特别是替代性父母照顾的方式会显得非常有意义（Glade, Bean, & Vira, 2005）。然而，因为要在家照顾孩子，很多母亲会放弃自己的社会交往（p. 325）。男人们更多地受制于对家庭非友好的工作场所的影响，无法全程照顾孩子，他们更愿意参与到孩子们的生活中（Koivunen, Rothaupt, & Wolfgram, 2009）。

如果夫妻双方都工作，夫妻们就要决定谁留在家中照顾孩子。儿童照顾的花费很高，这样会给低收入家庭和单亲家庭带来更大的压力。有7岁以下孩子的妇女中，70%的人全职在外工作。卡特（Carter, 2005）发现这种工作家庭面临了三大无法解决的难题：(1) 男性在家务劳动中不平等的参与；(2) 工作场所的不灵活性；(3) 就业的男性与女性在生活中工作时间不断延长（p. 252）。但无论如何，双收入父母都报告说在各方面，他们的健康度和幸福度都很高（p. 252）。

照顾子女还会让工作父母产生焦虑。有很多不同的儿童照顾方式，包括有组织的机构照顾，母亲在家工作，父亲、祖父母、其他亲属照顾，以及非亲属照顾等。无论是谁照顾，孩子的社会和认知刺激都是非常重要的内容。卡特（Carter, 2005）引用的研究结果表明，进入高质量的日间照顾中心的孩子们与那些没有接受日间照顾的孩子相比，会在智力和社交技巧方面有更好的发展（p. 251）。当然，有很多贫困家庭努力希望能够在住房安排和经济上方便孩子进入日间照顾中心。此外，卡特还总结了夫妻面临的另外两个问题，包括孩子的出生导致的夫妻间权力失衡，以及与孩子养育和教育相关的问题。

有些少数族裔群体，如非裔美国人和拉美裔美国人家庭，都会依靠亲属来照顾子女（Carter，1999，2005）。一般来讲，照顾孩子的决定会对妇女产生重要的影响，无论她是否重返工作岗位。如果她生完孩子后重返工作岗位，她还是要承担主要的照顾孩子的责任。如果她留在家中全职照顾孩子，那么她挣钱的能力减退了，职业发展停滞了，婚姻中的人际权力也开始下降，她会逐步变得与社会隔绝。来自朋友和家庭的支持将会发挥保护性作用，使初为父母者感到自己还是非常有能力的。自己周围的那些已经为人父母的朋友们会是他们重要的支持资源。在生完孩子后，很多母亲不得不放弃自己的社会交往，专心在家照顾孩子（Glade，Bean，& Vira，2005，p.325）。一个孩子降生在一个贫困家庭，或者问题重重的家庭，可能会加重家庭的压力和困境。

随着孩子一天天长大，他/她的社会关系不断增加，认识的人越来越多，所经历的社会情境也越来越多。丰富的家庭生活方式，包括多元的关系，都会让孩子从中受益。家庭界限严格的家庭不太会让新人进入孩子的生活中，同样会限制孩子与家庭外的人进行交往。当孩子的社会关系具有多面向、互惠性和持久性的特点时，孩子生活的"社会性财富"就会不断增加（Garbarino，1992）。当有孩子的家庭处在无家可归的境地时（这个现象非常不幸但却是不断发生的），孩子们就会缺乏基本的生活保障，只有一半的孩子有机会上学。很多庇护所无法收容父母双全的家庭入住，很多家庭因此而解体。

如果家中存在有一些特殊需要的孩子，父母将面临更多的挑战。这些挑战对孩子而言可能是生理和认知能力的发展。某些挑战，如平衡工作和家庭责任，与其他家庭面临的挑战是一致的。另外，他们还会面临一些其他挑战，要确保孩子能够获得足够的支持，参与到社区专业性服务计划中。这些家庭的一个常见的顾虑就是，母亲和父亲该如何回应自己作为个人、夫妻和父母所面临的各种压力，他们除了需要照顾这些特殊的孩子之外，还有其他孩子需要照顾。

初为父母的经验是个人、夫妻和家庭生活中极为重要的内容。将近90%的已婚夫妇和更多的同居夫妻、单亲父母都经历了这个过渡。这个过渡可能充满了艰辛，这与人们在婚姻满意度、家务劳动分工、个体精神健康水平和社会关系等方面经历的种种变化密切相关（Glade，Bean，& Vira，2005，p.320）。随着孩子呱呱坠地，真实的生理意义上的"为人父母"就突然出现了，但是社会心理意义上的过渡却需要更长的时间，这个过渡期始于孕期，贯穿于孩子的幼年生活全过程。确切的变化发生了，包括因新角色、新状况和需求而导致的家庭生活的失衡等。个人的变化包括自我知觉的改变、自我效能感的改变，以及夫妻情感状态、个人成熟度和价值观的改变等。男性会在责任感和与配偶的关系上产生深刻的变化（p.321）。很多男性和女性都会经历抑郁和低自尊状态，特别是母亲会表现出艰难的适应过程。抑郁的一个指标就是社会性退缩以及随之出现的隔离。

不孕不育的夫妻为了能够怀上孩子，想尽了各种方法。这些方法包括领养（开放式领养和封闭式领养）、不孕治疗和代孕等。此外，还有很多夫妻会选择国际领养。无论他们采取何种方式，初为父母都会遇到一些常规问题，当然，情况不同，这些问题的表现形式和程度也不尽相同。

学前儿童家庭

> 家庭生活就像一台戏。每个人的出生顺序就像戏中一个角色的戏份，每个人都有明确的不同的性格特征。因此，如果一个兄弟姐妹占据了某个角色，例如一个乖孩子，其他兄弟姐妹就需要找到其他角色来扮演，例如不听话的孩子、爱学习的孩子、爱运动的孩子、爱社交的孩子等等。
>
> ——简·纳尔逊（Jane Nelson）（www. Bartleby. com）

过去没有主见的孩子很快就变得非常活跃，逐步需要获得更多的独立自主性。随着运动技巧的发展，孩子变得无所畏惧，什么都想尝试一下，例如从台阶上飞身跳下、爬进卫生间等。超人图案的睡衣会把少年变成一个超级英雄，他们毫无顾忌地在家具上跳来跳去。孩子们似乎有用之不竭的能量，但与此同时，父母的能量似乎已经耗竭，夫妻关系貌似也因缺乏私人空间和劳作负担过重、没有时间单独相处而日渐紧张。孩子会对任何一个新鲜的经历感到欢欣雀跃：月亮、一只狗或者另一个小孩。蹒跚学步的幼童对外部世界和大人眼中习以为常的事件充满了好奇。新鲜的经历有助于儿童的认知能力的开发。不幸的是，儿童的探索能力与儿童的安全意识不对等，因此，父母对此十分紧张，担心出娄子。在这个时期，父母的监管不力会导致孩子面临安全危险。同样，如果父母不能给孩子提供足够的成长和学习的机会，也会给孩子的成长带来威胁。

在这个阶段，父母需要特别关注孩子的安全问题，既要提供足够的鼓励和刺激，同时也要小心监管他们的活动，确保不出安全问题。当然，既要鼓励孩子的独立自主，又要保护好孩子，这对父母来讲确实不易。父母常常感到困惑的就是，过多倡导孩子的独立性，可能会让孩子陷入险境，但给孩子过度的保护，就会压制他们的探索性和健康发展。

父母的能量水平可能也是个问题，有时父母在精力耗尽时，可能会变得粗心大意或者缺乏耐心。特别是当第一个孩子还很小，需要有人照顾时，第二个孩子又降临了，这时他们的能量消耗就特别大。第二个孩子出生后，照顾的工作量绝不是翻一番那么简单，第三个孩子出世后，照顾的工作量绝对是按指数翻番的。为了回应更多孩子的出生，家庭动力关系的变化可能会受到年长孩子们的反对，他们可能会对新出生的弟妹们产生敌意，这会让父母的压力和疲惫感日益加重。长子女不断发育的认知能力会加剧父母的压力，因为长子女要努力吸引父母的关注。例如，一个三岁的孩子为了把父母的注意力从新生儿身上转移过来，可能会运用创造性技巧，例如在厨房水池中放满水洗澡，在母亲给新生儿喂奶时，他在地毯上撒尿等。这些行为表明长子女试图成为父母关注的中心。

在家庭发展的这个阶段，孩子们会继续开发自己复杂的社交能力，其重点在于工作、玩耍和爱（Garbarino，1992）。最理想的发展就是，孩子们有机会接触到各种各样的重要他者，逐步建立一个关系网，从父母、兄弟姐妹向同伴群体延伸。

对于祖父母而言，这个阶段是最快乐的天伦之乐阶段。这个阶段中家庭的认同感最强，祖父母可能经常来看望大家，但不需要承担每天的照顾责任（Blacker，2005）。然而，如果祖父母离婚了，如果成年子女也离婚了，如果成年子女出现了吸毒、疾病等问题，那么可能也会出现困难，祖父母这时就需要承担父母照顾的责任了（p. 301）。

学龄儿童家庭

> 学校应该是家庭的附属物，要示范其基本原则，即通过自我牺牲的工作和爱来训练无知者和弱者，让最弱者和未开化者获得最大收益。
>
> ——凯瑟琳·比彻（Catherine Beecher）（www. Bartleby. com）

当最大的孩子进入学龄阶段，家庭适应再次提上日程，因为家庭成员需要按照学校要求、孩子照顾、儿童社会化和课外活动等来制订家庭生活日程表。当孩子到上学的年纪时，与父母分开和重聚的过程都需要重新适应，很多家庭，当然不是所有的，在孩子上幼儿园时就已经开始了孩子离家的第一步。孩子离开家庭的安全环境，对孩子和父母来讲都是不易的。在这个阶段，家庭的任务就是支持孩子尽快适应一个正规的学习机构，在这里他们要学习如何以合作方式与同伴、父母之外的权威相处。在这个阶段，孩子们需要学习适应规范的程序。如前所述，无家可归的家庭的孩子出于很多原因，属于弱势群体，其中一个原因就是他们无法接受合适的教育。

很多少数族裔家庭的孩子进入学校，是第一次与主流文化中的社会结构接触。他们可能没有受到过歧视，但是，上学可能会让他们第一次接触到现实生活的严肃性。在移民家庭中，孩子们能比父母学到更多的英语，这样可能会导致角色颠倒。例如，移民父母可能需要依赖孩子们来翻译和解释某些情况。相互抵触的文化价值观会让孩子们在两个文化之间受到挤压，这样可能会让他们的父母感到不爽，因为他们自己是在另外一个文化价值系统中成长起来的。进入学校系统的孩子们会发现自己的母语现在不管用了，自己除了要学习"读写和算术"之外，还需要学习一门新的语言（Falicov，1999）。

一些中产阶级的父母认为，养育学龄儿童好似经营出租车业务。棒球练习、游泳课、家长会和各种各样的课外活动，对所有家庭成员来讲都是非常耗时的。协调好这个阶段需要的技巧包括组织、合作和支持家庭成员。对来自弱势家庭的孩子来讲，他们的经历完全是另一个样子。在这个阶段，家庭收入水平的差异表现得特别明显，有些孩子注意到自己的同学拥有更多的财富，可以参与更多的活动。同学可能有更多的漂亮衣服、玩具，获得的娱乐服务，享受更多的财富资源。另一个会影响家庭的差异就是来自不同社会经济背景家庭的孩子的营养水平和类型有很大的区别。那些吃不上营养早餐、午餐也没什么可吃的孩子往往在班上也是处于弱势状态的。那些无法满足孩子基本需求的父母，更不要说提供奢侈品了，常常在送孩子上学时感到力不从心。这对孩子和父母来讲都是非常痛苦的。

送孩子上学，对家庭的组织和结构的要求是很高的。每天早上让孩子准备去上学，包括要准备早餐、做好午餐、准备好课本、选好服装、送孩子出门，所有这一切都会让早晨忙忙碌碌。如果早上父母自己也要准备去上班，特别是如果他们要在孩子上学的时间离家，那就更加忙乱了。如果父母三班倒的话，一个早上就更加可能顾此失彼了。

工作的父母还需要安排好放学后的儿童照顾。这些安排包括上学前、放学后、假期、寒暑假、学校其他停课时期以及孩子生病期间的照顾和监管。如果安排不周，孩子们很容易在家中或在马路上面临潜在的危险。低收入父母可能会感到放学后的儿童照顾非常昂贵，由于经济实力不足、缺乏扩大家庭的支持等原因，无法安排放学后孩子的安全照顾。尽管一个负责的成年人需要在孩子离开学校后一直跟孩子在一起，但还是有很多孩子，也就是所谓的"挂钥匙的孩子"，会独自回到空无一人的家中。

随着妇女进入劳动大军的人数的增加，随之而来的就是工作父母人数的增加，这一点已经得到证明了，这也成为二战以来出现的最重要的革命。超过一半以上的初为人母的女性都在工作，这个数字还在稳步增长。年轻的母亲与 30 岁以上的妇女相比，更愿意留在家中照顾孩子。此外，接受高等教育的母亲以及单亲母亲则更希望产后继续工作。最后，非裔美国人中初为人母的女性与拉美裔妇女相比，更倾向于在孩子 1 岁之前就返回职场（Hunter College Women's Studies Collective，1995）。

女性不断加入到就业大军中，对家庭生活产生了重要影响。父母们面临很多挑战，他们要处理好工作责任、子女照顾和家务劳动之间的冲突，同时还要满足自己的需求。想一想单亲父母的需要，他们缺乏经济资源，还需要独自承担家务和子女养育的责任。在单亲家庭或双职工家庭中，孩子们可能会留在家中，无人照管，这些孩子独自在家时，很容易受到伤害（Peterson，1989）。孩子们可能会经历焦虑，对自己在家照顾自己感到恐惧。孩子可以独自在家的时间长度取决于孩子的年龄和能力，以及孩子可能会遇到的危险类型。不能有效监管孩子，常常成为儿童保护服务机构最常见的抱怨理由。

在这个阶段，孩子们学习到了各种在学业上表现突出的技巧和看法。在学校表现突出是未来生活成功的准备。要帮助孩子们走向成功，父母必须适应一种学术文化，要对孩子的学校表现持积极的态度（Garbarino，1992）。父母要帮助孩子认识和了解学校的新的世界，孩子的学习成绩要得到不断强化和表扬。家庭还为孩子逃避学业压力提供了安全的、温馨的港湾。也许更为重要的是，父母可以帮助孩子获得学习的自我责任感。尊重知识的能力就是父母送给孩子的最好礼物。帮助孩子在学业上表现杰出的一个最好的方法就是在家中建立一个可预测的、结构化的晚上日程，在这段时间内让孩子做家庭作业。这意味着要消除各种干扰，包括电视和冲突，要在家中建立一个安静的环境，让孩子集中精力学习。家庭作业既是孩子的战场，也是父母的战场，他们也都累了一天了。非常有趣的是，有些学校，特别是那些服务于高需求家庭的学校，会建立"无家庭作业地带"。

在这个阶段，父母都要与孩子所在的学校建立紧密联系，因为重视学校的家长会比那些不重视学校的家长有更多的机会来鼓励孩子取得学业成功（Garbarino，1992）。同样，与学校深度合作，会帮助孩子培养未来生活的技巧和能力。当然，学校非常乐意家长能参与到自己孩子的教育过程中，例如，在教室中做帮手，但是，那些负担过重的家长还是感到难以完成这样的任务，因为他们在家中还有孩子需要照顾。

小孩子之间的欺凌行为是一个常见的、难以消除的问题，差不多有27％的孩子报告说自己受到过欺凌（Sutton，Smith，& Swettenham，1999）。家长和学校需要携起手来共同应对欺凌，要做到这一点，必须建立强有力的家校联盟。

青春期孩子家庭

青春期常常被当成了一个家庭混乱时期。在这个阶段，青春期的孩子和家庭都在快速成长变化。青春期的孩子正在向成年过渡，从而导致了家庭结构需要随之发生改变，各种情感也变得激烈。佩特罗（Petro，1999，2005）认为，试图解决这个阶段的冲突可能会激活上一代人没有解决的冲突。整个家庭环境会从一个孕育和庇护孩子的坩埚，变成一个跳板，长大的孩子会从此离开家庭，开始自己的旅程，并从此履行和承担成年人的责任和使命（Petro，1999，2005）。父母会因为外部日新月异的世界以及孩子离家后面临的各种风险而感到痛苦和不安。正是在这个阶段，家庭要面对不断增加的需求，要改变家庭功能中的每一个组成部分，如期望、关系、财务和责任等。尽管放手不管某些事情非常重要，但是，如何设限更加重要。该在何时何事上放手，以及如何保持界限明确，这些对那些最民主、最灵活的家庭来讲也是最大的挑战。

尽管常识告诉我们，青春期充满了压力，但是，我们还是发现，大部分青春期的孩子都可以像过去的发展阶段一样顺利度过这个时期。如果说真的有问题的话，那也是家庭压力发展和适应困难导致的问题，而绝非青春期带来的不可避免的后果。青春期的孩子面临的问题包括性行为、约会、与家庭关系的协调、就学业发展方向，或者自己未来的职业发展做决定，以及如何在社会规范和家庭规范之间找准方向等。有些孤僻的青少年会通过参加帮派而获得认同感，这种行为对家庭和社区来讲都是令人头疼的。

在这个阶段，家庭的任务就是帮助年轻人逐步走向成熟，学习本领，使他们在离家时能够更加成熟、独立和有能力。年轻人的任务就是学习工作必需的技能，包括获得更大的责任心和可靠性。孩子们遇到的挑战就是他们在青春期不要做出错误的决定，以免对他们以后的生活产生不良影响。

　　很多青少年面临的问题，实际上反映了他们试图获得独立性和自主性。他们要努力认清自我，并独立决策。他们表现出来的某些问题行为也是他们正常发展的必经阶段，他们可能关注不合时宜的着装或者化妆、粗暴的态度和对家庭规则的违背等。还有一些问题行为会预示他们与父母之间争论的关键点。父母在这个时候就需要运用自己的智慧来发现各种问题行为之间的差别，要精心选择，抓准机会与他们开战。

　　青春期的孩子可能会表现得非常情绪化，会做出很多难以预测的行为，他们可能今天会播放震耳欲聋的音乐，而明天会沉默寡言，闭门不出，沉思徘徊。也许最令人担忧的是，父母发现自己过去听话的孩子（如果这个孩子原来就是这样的话）学会了挑战父母、蔑视父母了。温顺的孩子可能突然会表现出一个独断专行，但有时却自相矛盾的行为方式。当过去一直温顺听话、可爱的、乖巧的孩子突然有一天跟父母顶嘴、挑战父母权威时，父母会感到特别不爽。少数族裔家庭的孩子会面临不断叠加的问题，因为他们被夹在两种文化教条和习俗，即自己的民族文化和主流文化之间。

124

　　尽管青春期会伴随着冲突，但是，青春期的孩子们还是会给家庭带来很多天伦之乐的。成长的过程可能是别人难以理解的，但是，其结果是非常健康的。在这个时期，青春期的孩子需要支持和鼓励，父母面临的挑战实际上就是支持青少年们努力获得独立和成熟，同时给他们提供必要的组织和指导。有位非常聪明的儿童保护工作者曾经这样告诉父母："你不需要置身事外做个好朋友，但是至少你可以学会如何彼此喜欢！"青春期也是一个充满了矛盾的时期。青少年们在慢慢走向成年人的过程中，要不断回顾和重复过去的发展阶段。他们需要完成的任务包括学会信任他人、获得稳定的认同感、应对自己生活中的各种难题。青年人在获得新角色、试图决定自己未来生活的方向时，亲密关系、各种人际关系、道德感、同辈团体以及生活目标都是非常重要的内容。

　　这个时期一个非常重要但又很敏感的问题就是性成熟问题，这常常会激发剧烈而又纠结的感受。似乎突然有一天，青春期孩子的身体变得不同了，有时候这个身体的变化会令人胆战心惊。青年人要完成的任务就是建立一个新的自我形象，但是，这个新的自我形象可能会悲催、脆弱。难怪很多青年人都认为青春期让自己形成了难堪的自我意识和自我反省，这个阶段绝非他们一生中最美好的时期。

　　青春期的孩子希望比过去获得更多的特权和自由度，但是，他们对自己行为负责的意识很弱。在这个时期，他们的行为更多地依赖同伴的标准，因为朋友的认可远远比父母的认可重要。在他们的眼中，父母很天真，父母的话可以完全抛在脑后。所有这些变化都表明，父母需要适应新的角色，要在孩子需要的时候提供支持，在孩子不需要的时候，要识相地走开。聪明的父母一般都在孩子需要的时候出现，不需要的时候消失，这一点有时对大家来讲是很令人不快的。父母的参与程度取决于问题的严重性。

　　青少年与家庭的联系不断变得松散，他们会与同伴建立紧密联系。随着他们的独立性、自由度不断增强，对自己离家生活负责任的意识不断深化，他们继续留在安全的家中时，就要开始学习一些技能。不幸的是，有些青少年在尚未有机会学习自立的技巧时就已经过早地摆脱了家庭。很显然，有些人的家庭非常具有安全感，而有些人的家庭没有什么安全感。

在不同文化中，进入青春期的标志也各不相同。在社会经济地位低下的群体中，在几代人之间有非常小的年龄差异（Petro，1999，2005），在 40 岁之前就当上祖父母也是非常常见的。伯顿（Burton，引自 Petro，1999）描述过这样一个令人惊讶的画面，在一个家庭中，曾祖父母只有 43 岁。还有，某些少数族裔会极力将青春期的孩子们留在家中（p. 281）。

赖利、格里夫和麦考利（Riley，Greif，& McAuley，2004）研究了离家出走的青少年，发现有若干令人不安的趋势。离家出走的青少年与越轨青少年的特点完全不同，他们陷入危险境地的风险很高。有些青少年被当成了"被抛弃的青少年"，是被赶出家门，或被鼓励出走的。他们的某些行为将他们置于"危险"中。很多人与家庭经历了冲突性关系，他们的家庭充满了争斗，功能紊乱，包括父母无能、经济困难、酗酒、身体暴力、婚姻不稳定等。在离家出走之前，这些人可能就碰过毒品，可能在学校表现不佳，或者是多次辍学。他们的离家出走可能会加速家庭危机，或者会使家庭危机表面化。这些家庭基本上处于瘫痪状态，或者是极度贫困，家庭问题重重，包括养育了一个极度反叛的孩子，当然还有很多其他问题（p. 142）。对于这些青年人来讲，学校就是一个社会机构，学校根本就不是一个发展未来职业技术、实现教育目标的跳板。父母显然无力养育这样一个有挑战性的孩子，因此，要监管孩子做家庭作业，需要家庭功能发挥很强的技巧，这对于这些家长来讲是难之又难的事情（p. 146）。

练习 4.7　你的青春期

反思一下你自己的青春期，描述一下当时你家中都发生了什么，你的青春期（或者你手足的青春期）都给家庭系统带来了什么样的变化。你家庭的价值观与社会价值观之间存在什么样的差异？你和家人是如何处理这些差异的？

练习 4.8　放手和设限

分成小组，分角色扮演一对父母和一个青春期的孩子，来定位何时放手，何时设限。（要学习技巧，你可能需要引入一位家庭社会工作者来帮助这个家长和孩子。）写下这次演示的结果，并向班级汇报。

～～～～～～～～～～～～～～～～～～～～～～～～～～～

练习 4.9　青春期孩子与外部权威之间的冲突

很多家庭首次接受家庭社会工作服务，就是因为子女与外部权威之间出现了冲突。列出这样的孩子到底出现了哪些问题。把清单与班级同学分享，讨论这些行为的可能的原因以及家庭社会工作者应该如何介入。

～～～～～～～～～～～～～～～～～～～～～～～～～～～

青年人离家的家庭：子女独立生活

这个阶段曾经被说成是空巢阶段，后来人们不再用这个词，而选用了"子女独立生活阶段"。富尔默（Fulmer，2005）把这个阶段称为"长大成人"。注意，这些不同的术语关注了家庭中的不同的人群——第一个术语关注的是父母，富尔默的术语关注的是青年人个体。过去人们都认为妇女的角色是以家庭和孩子为中心的，因此，当孩子离家后，母亲会抑郁，她们的生活就失去了意义。这种说法对很多妇女来讲就是一个误解，这个误解是社会出于政治目的而建构的，为的是强化这样的信念，即妇女应该留在家中，她们的生活只能以家庭为中心。

我们现在发现，很多父母在孩子成功地独立生活时，会欢呼雀跃，因为家务劳动少了，自己的时间多了，担心少了，钱多了。父母还会为孩子们的成就深感骄傲。电视广告开始利用这一点，例如当孩子们回到家中，他们发现父母开始吃人造黄油，而不再吃天然黄油了。孩子们收拾行李，不情愿地离家，父母假装悲痛欲绝；而当大门关上后，他们竟然开始跳舞庆祝！当然，父母希望自己的孩子以"合适的方式"离家，也就是说，要有很确定的计划，有资源实现自己的计划，还能常回家看看。富尔默（Fulmer，2005）发现，这个阶段可能会让父母悲喜交加，特别是那些监管力、影响力和保护力都不强的父母，尽管他们觉得自己对孩子还负有责任（p.219）。相比之下，布莱克（Blacker，2005）指出，中年父母在孩子独立生活后，会报告说自己有更多机会享受生活，让婚姻更加幸福（p.287）。也许早年的理论过度重视分居和独立生活，特别对男性的影响（Fulmer，1999），但是，我们相信，出现一种极端不同的反应也并非一无是处，比如在返巢阶段就是这样。

在这个阶段，孩子们会与父母分居，要建立自己的亲密伙伴和情人关系，坚定不移地朝着自己的教育目标或者生活工作目标迈进。在这个时期，青年人会强调自己是个独立的成年人，能够独立发挥功能。他们会重视为工作做准备，不断稳固自己周围几个重要关系（Fulmer，1999，2005）。在某些情况下，他们会成家立业。如果他们离家很早，或者很早就生儿育女，这个过程会比较艰辛。另一方面，找到一份有意义的工作、接受高等教育意味着很多年轻人会较迟离家，当然，这样做也会充满压力。在迈向独立的过程中，青年人还是不断对父母有依赖。事实上，有传闻说，有专家给青春期增加了10年的时间，因为孩子们离家需要更长的时间，来获得独立，并成家立业。

成年孩子何时离家取决于文化传统以及职业机会。今天，中产阶级家庭的年轻人跟父母一起生活的时间会更久一点，因为他们接受教育的期望更加强烈、缺乏就业机会和面临整体的经济困难。在其他阶层的家庭中，青年人会过早离家，如离家出走、辍学、在低收入和低技能岗位工作等。人们以何种方式离开原生家庭，会极大地影响他们以后的生活。尽管人们还可以在成年之后回到学校学习，但是，如果他们的支持系统不足，家庭责任过大，那么要想重返校园似乎是难以实现的。因此，年轻人何时以何种方式离家，会给自己的家庭带来什么样的教育和职业技能，是非常不同的，差异性很大。此外，他们与原生家庭分离的程度也存在很大的差异。

当年轻人离开家庭（永久性地离家）后，家庭规模缩小了，父母责任也发生了改变。随着每个年轻孩子的离家，父母能够有时间和精力关注尚未离家的小孩子（Fulmer，2005）。如果父母还生活在一起，他们会重新厘定自己的关系，而不会与其他孩子一起建立三角关系。父母的反应可能是很开心，但也可能是很伤心，或者是两者兼而有之，这都取决于这个孩子的年龄、与这个孩子的关系以及孩子离家的过程等因素。16岁离家出走的孩子（前面讨论过）可能会给父母带来完全不同的感受，这显然与孩子18岁离家上大学带来的感受是很不同的。在这个来来回回的过程中，年轻人会建立恋爱关系，会去工作、上学，这都需要亲子关系中的灵活性和延伸性。当然，这些活动的不幸结果（对父母而言）就是，如果年轻人因为工作要留在家中，有些人可能不给父母交钱补贴家用，他们会把自己的钱用于个人花费。如果这时父母希望子女能够还清债务，那么，很多人会感到非常失望。

父母如何帮助子女独立生活取决于几个因素，包括个人选择、社会经济地位、文化和家庭环境等。例如，与意大利裔或巴西裔家庭相比，英裔和波兰裔孩子得到父母支持会特别少（Blacker，1999，p.289）。如果孩子还要继续求学，那么中产或上层家庭会提供更多的支持。无论如何，父母都会以各种方式给成年子女提供持续性的支持，例如在家里给他们留房间，在节假日或生日时在家中举办庆典等（Fulmer，2005）。

父母自身也会遇到一些问题，例如他们正在逐步衰老，他们的家庭关系发生了很多变化等。他们也会获得新的机会来关注自己的夫妻关系。事实上，布莱克（Blacker，2005）发现，妇女在中年之后会说自己的生活质量比生命中的任何时候都高（p.287）。父母再也不会否认，随着孩子的成年，自己也一天天在衰老了。父母自己一生的大部分时间都花在了孩子们的身上，当最小的孩子离家后，他们需要特别适应，这就要求父母找到一种替代方式来转移自己对孩子的关注。有些人会催促孩子赶紧让自己抱孙子，有的则寻找新的爱好，或者再次就业。子女离家独立生活可能会使婚姻更加稳定，因为夫妻会有更多的时间

127

来关注彼此。如果过去夫妻将主要精力放在照顾孩子身上，这就或多或少会掩盖婚姻不和的问题，孩子离家可能会导致夫妻离婚。此外，男性和女性在进入中年之后，各自的关注中心也不同，这也许会与子女独立生活同时发生（Blacker，1999，2005）。也就是说，女性会变得更加自主，她们会承担更多的社会责任，而男性则希望有更多的休闲和旅行的时间。这样，在孩子离家后，夫妻就会各自对婚姻关系和自己的工作做出新的安排。此外，一旦人们退休了，很多家庭都会出现权力转移现象，因为男性的工作节奏开始慢下来，他们也会发展其他的兴趣。另一方面，家庭责任减少了，女性可能会考虑重新发展自己的职业。另一个问题就是，他们自己的父母也年老体衰，需要他们的更多的照顾，而妇女往往是父母的照顾者。

进入中年后，夫妻的任务就是与成年子女建立成年关系，要通过婚姻和出生，不断接纳新的家庭成员，解决与自己父母的问题，并给父母提供照顾（Blacker，2005，p. 287）。同样，文化背景和阶级背景都会对人们如何度过这个阶段产生重要的影响，因为低社会经济地位的群体就业机会是很少的。子女独立生活对他们发展自己的亲密关系是非常有益的（p. 292）。

沟通、性亲密关系、金钱和权力等都是子女离家后夫妻常常需要面对的问题。还有其他问题，包括亲属、宗教、娱乐、朋友、毒品和酗酒、孩子、妒忌等。进入中年后，婚姻面临了很多独特的过渡事件。在这个阶段，很多夫妻既要承担照顾老人的责任，又要照顾自己的孩子。因此，这个阶段会出现婚姻满意度上升，同时离婚率也上升的特点（Blacker，2005）！亨利和米勒（Henry & Miller，2004）发现，对中年夫妻来见说，最常见的问题是财务问题、性问题和与孩子相处的问题。

性别、种族、社会阶级和性取向都会协调年轻人离家的时间点和方式（Blacker，1999，2005；Fulmer，1999，2005）。年轻人希望独立自主，因此，可能会很早就与父母分居。过去，年轻的女性通常是因为结婚而离家，现在这个情况早已不复存在了。不过，女性与家庭的关系会比较紧密，尽管女性接受高等教育的比例越来越高，结婚年龄也推迟了。年轻的男性会努力争取，最终都会获得独立性（Fulmer，2005）。男女同性恋者也常常会在不同的阶段站出来表明身份（例如，自我界定、自我接纳和祖露），当然，这个过程始于成年初期（p. 225）。如果这个人过去生活在异性恋家庭，站出来表明身份会导致自己与父母和扩大亲属关系之间形成独特的关系形态。家庭支持和家庭的接纳会影响男女同性恋者、双性恋者和变性者（GLBT）的心理适应过程（Elizur & Ziv，2001）。低收入、缺乏工作技能会让那些低社会经济群体的人留在家中的时间更长一些。如果很早就有了孩子、参与过犯罪行为、成了帮派成员等，离家独立生活就更加复杂化了。

年轻人到底何时准备好独立生活了？这个问题很难回答。尽管现在很多年轻人离家的时间与上一代人相比已经推迟很久了，但是，有些人还是会在没做好准备的情况下就离开了原生家庭，这么做也许就是为了逃避家庭不良处境，如暴力、贫困或药物依赖等。另一方面，对于中产阶级而言，青春期可能延续到十几岁之后，或者因为求学，或者即使经济稳定了，他们还会留在家中。很多中产阶级父母不再送孩子离家求学。而对于那些不再接受高等教育的年轻人来讲，他们会面临很多困难，因为蓝领工作也日趋减少。年轻的成年人会放慢离家的节奏，最后会搬出家中。这可能会是一个进进出出的过程，青年人会离家，再回来，这样经过若干次，就使父母对这种过渡产生各种不同的反应。这种离家—返家的过程是可以预见的，也是有模式可循的，因此，我们建议将其分成一个单独的阶段。

练习 4.10　离家

分成由四五人组成的小组，让一名组员向班级汇报其他组员（不要点名）是如何回答下列问题的：

1. 你首次离家是什么时候？你离家之后多久又搬回家？
2. 你离家的原因和状况是怎样的？如果你又回家了，是什么原因导致你回家了？
3. 你父母是如何回应你离家的？你父母是如何回应你搬回家的？
4. 你搬回家之后，你的家庭发生了怎样的变化？

返巢阶段

如前所述，我们自主地将这个阶段加入到了家庭生命周期中。年轻人离家和返家的原因很多，似乎越来越多的儿子和女儿搬回家住了（Blacker，1999，2005）。他们搬回家可能是因为学校放暑假了。可能因为他们遇到了感情问题或者财政困难。他们可能生病了，需要父母照顾。有些人甚至把宠物也带回来了。有时，特别是在婚姻破裂之后，成年子女搬回家了，也会带上他们的子女。无论什么原因，这种离家—返家—离家的循环过程非常灵活，同时也需要年轻人与父母之间不断地协商，这样父母与子女之间的关系才会顺畅，每个人才能获得健康的、个人的物理、财务和情感空间。这时，成年子女面临的挑战是扮演成年人的角色，不能回归童年时代的亲子关系，那时，父母拥有至高无上的权力。这个时期不能看成是童年时代依赖的持续。尽管这个时期子女在经济上还会依赖于父母，但是，社会对成年子女还是赋予了很多自主权的（Fulmer，1999，2005）。

布莱克（Blacker，1999）指出，成年子女的返巢常常会发生在以下三种情况下：（1）亲子关系是积极的；（2）家庭同意继续提供支持；（3）父母还生活在一起，没有建立再婚家庭或者成为单亲家庭（p. 299）。此外，亲子关系在孩子离家后变得更加有感情了（p. 299）。父母要解决的问题就是承认自己的孩子已经长大成人了，有能力设定自己的规则和底线，不需要过多干涉。另一方面，成年子女也要意识到，自己占据了父母的空间，

129

因此要承担相应的责任，例如，要掏生活费（不管父母多么有钱），要尊重他人的私人空间，要参与做家务；此外还要意识到，自己的父母不再有照顾自己和自己的孩子的责任。

~~~~~~~~~~~~~~~~~~~~~~~~~~~~~~~~~~

练习 4.11　返巢式家庭

分成小组，讨论子女返巢后可能遇到的困难。然后设计一些干预措施来处理这些问题。

~~~~~~~~~~~~~~~~~~~~~~~~~~~~~~~~~~

年迈父母的问题

> 我们的家庭是生活中最重要的。我是这样看待家庭的：某一天我躺在医院中，四周白墙，奄奄一息，唯一陪伴我的就是我的家人。
>
> ——罗伯特·C. 伯德（Robert C. Byrd）（www. Bartleby. com）

随着社会老龄化的发展，家庭发展的过程也越来越长，形式也越来越多元（Walsh，2005）。某些文化非常尊重老人的贡献，但是，西方文化却因为贬低老人的价值而臭名昭著。不管怎样，沃尔什声称，家庭还是给自己所爱的老人提供了最直接的照顾服务、心理支持和社会互动（p. 309）。在这个阶段，父母也开始退休，自己也开始成为祖父母了。

这个阶段包括中年父母不再与子女生活在一起了。他们的主要任务就是重建自己的夫妻关系。他们也许会经历一个新的求爱期，因为他们需要重新定义自己的新角色，给自己的夫妻关系重新设定规则。如前所述，有些夫妻会发现自己再没有生活在一起的理由了，孩子在家时，成了他们夫妻关系的主要纽带。孩子离家之后，发现自己与父母的角色发生了颠倒，因为父母随着年纪的增长，健康状况日益不佳，对自己的依赖也日趋加强。过去没有解决的问题可能会出现。例如，如果父亲或者母亲过去具有暴力行为，孩子们可能对到底要对病中的父母提供多少支持感到左右为难。鉴于很多家庭的流动性很大，有些孩子会远离年迈的父母，让住在附近的兄弟姐妹来照顾父母。

最后一个阶段就是家庭老化期，一直会持续到配偶中的一方去世。夫妻需要适应和面对衰老这个事实，同时要正视不可避免的死亡。随着朋友的离世，自己身体状况日趋不佳，他们会搬进护理院或医院，这样，他们与社会日渐疏离。在这个阶段中，如果夫妻的经济状况不良，情况就会更加恶化。夫妻面临的另一个潜在的压力可能是年迈的父母会搬去与成年子女一起居住。成年子女承担起照顾老年父母的责任，这样就出现了新的角色，因此打破了家庭内衡。

中年夫妻或者单亲人士会发现自己既要照顾年幼的孩子，又要照顾年迈的父母。随着寿命的延长，很多老人都希望能够长期在家中生活。很多人就是这么做的，尽管他们可能有小病小痛，都需要不断接受支持和治疗服务。有趣的是，如果是男性配偶身体不好，女性配偶会让他住在家里，自己照顾他。但是，如果是女性配偶身体不好，她很可能会被送进机构中接受照顾。这时，可能成年子女也会加入进来帮助照顾。这些成年照顾者就被称为"三明治一代"。"三明治"的角色在过去是十分常见的，当时社会的流动性不大，扩大家庭都生活在一起。今天要做到这一点是非常困难的，因为夫妻双方都要外出工作。如果夫妻中的一方去世，成年子女会提供额外的支持。而提供支持的往往是女性，取决于谁住得与年迈父母最近。如果遇到了政府削减经费，减少了老人服务，那么，常常是成年女性子女（女儿或儿媳）需要填补服务的空白。

沃尔什（Walsh，2005）给我们描述了令人感动的祖父母与孙子女之间的紧密关系，这种关系非常特别，不一定涉及了困扰亲子关系的一些因素，如义务、责任和冲突等（p. 313）。沃尔什提出的一个警示是，祖父母与孙子女之间的关系要避免对父母构成三角关系。

然后，夫妻们必须面对慢性病的折磨，如果一方失能了，还需要照顾。这时，女性人口超过了男性人口。与男性相比，女性寡居的可能性高出四倍。她们可能在年轻时代也会寡居，由此带来的哀伤也成为一个主要的生活压力源。

我们需要提醒各位的是，本章讨论的发展阶段是对家庭的概括和总结，是建立在这样的假设之上的，即每个家庭都有孩子，父母在世时家庭是完整的，孩子们是按照逻辑和时间顺序离家的。当然，现实情况未必如此。上述每个因素都可能给家庭带来很多特别的问题，这些都需要在针对家庭开展工作时深入考虑。每个家庭无论其构成和独特性如何，大部分都会在家庭何时扩大、何时缩小等方面有相似之处。不仅因为孩子总有一天要长大成人，成家立业，家庭规模还会因为离婚和死亡而受到影响。在每个过渡阶段，家庭都会经历压力和应变，因为家庭成员都要回应这些变化。

131

影响家庭生命周期的各种变化

经济和文化趋势会影响家庭如何发展（记住"人在情境中"）。现在女性越来越多地参与到就业大军中，事实上，已婚妇女就业的比例超过了全职家庭主妇的比例（Eichler，1997）。贫困普遍存在于妇女和儿童中。妇女当家的单亲家庭常常会比双父母家庭和男性当家的单亲家庭的经济状况更加不利。此外，大约有将近一半的家庭会以离婚告终。当今越来越多的人过着同居的生活。死亡和遗弃都会中断家庭生命周期。艾克勒（Eichler，1997）发现了工业化国家主要的、会对家庭生命周期产生重要影响的人口模式：出生率下降、结婚延缓、20 世纪 70 年代和 80 年代离婚率急速上升、越来越多的人生活在小家庭中。家庭方式的多元化也导致了家庭生命周期发展的差异性。下面，我们来看看家庭生命周期中断的各种情况。

分居和离婚

要给离婚去污名化，从文化角度将其正常化的一个重要的挑战就是，要建立一个非创伤性的法律程序，这样绝大多数家庭在面临离婚程序时，不会出现大家老死不相往来、彼此恶言相对、形同陌路的结果。

——平斯夫（Pinsof，2002，p. 152）

当我独自一人时，我可以毫无负担地四仰八叉地躺在床上。

——莎莎·嘉宝《论身处婚姻中》（Zsa Zsa Gabor，"On being between marriages"）（www. Bartleby. com）

离婚也许与结婚一样都是重要的日子，当然，我相信，结婚只是更加古老的活动而已。

——伏尔泰（Voltaire）（www. Bartleby. com）

离婚会涉及文化、财务、法律、父母责任、情感和精神层面等问题（Murray，2002）。虽然某些宗教将离婚过程简单化了，但是离婚个体感受到的支持和接纳度却存在很大的差异性。卡特和麦戈德里克（Carter & McGoldrick，1999a）指出，近年来对传统核心家庭的不满导致了将近 50% 的离婚率的出现。他们还指出（1999b，2005b），从统计的角度来看，这个模式就是现在结婚、离婚、再婚和再离婚。孔茨（Coontz，2006）也指出，我们对所谓"美好"婚姻的决定因素的标准近年来也在稳步提高。

孔茨（Coontz，2006）还发现，婚姻应该建立在爱情和伴侣关系之上，这种信念始于美国和法国革命之后兴起的个人主义信念和启蒙时代的影响，并逐步在欧美被接纳和流
行。作为回应，当时的保守主义者，即传统婚姻的维护者们则警告说，爱情将会导致婚姻的毁灭（p. 9）。后来，18 世纪的保守主义者担心穷人要获得结婚的权利将会后患无穷，近似于今天男女同性恋者要求结婚权利一样（p. 9）。

如果现在还在说结婚容易离婚难，可能就是一个陈词滥调了。离婚或者家庭解体的其他形式都成为家庭景观的重要组成部分，离婚率也随着时代、法律和宗教的限制度的不同发生改变（Pinsof，2002）。影响当今离婚率的因素有很多，包括不断延长的寿命、不断变化的女性角色、与时俱进的文化价值观以及变化的法律限制等。尽管世界上存在了很多不同的夫妻结合的形式，但是，统计数据只能反映一种合法的结合形式，即合法婚姻。统计数据涉及的婚姻排除了法律和宗教认可之外的配偶关系，我们对其他形式的伴侣关系的流行程度和稳定性是缺乏认识和了解的。因此，在讲离婚率时，针对的就是合法婚姻，且是被州政府记录在册的婚姻。当然，统计数据无法揭示人们到底是如何经营自己的幸福婚姻

的，这些数字只说明了到底有多少人还继续留在登记的婚姻关系中。我们需要提醒大家的是，随着离婚率的上升，结婚率还在下降。看上去婚姻似乎已经丧失了某些光环，作为生活的目标，结婚的重要性正在逐步削弱。

从历史上来看，离婚的原因不断发生变化，因为结婚的原因也在不断改变。我们对所谓"美好"婚姻的决定因素的标准近年来也在稳步提高（Coontz，2006）。在 19 世纪中期，离婚率才达到 10％，到了 20 世纪 80 年代中期，差不多一半的首次结婚的婚姻、61％的再婚婚姻会以离婚告终（Nichols & Schwartz，2004，p. 138）。离婚率在 1980 年之后趋于平稳。事实上，1/4 的婚姻持续的时间不到 7 年，有一半的婚姻不到 20 年就会结束（Pinsof，2002）。离婚率与种族有关，非裔美国人的首次婚姻的离婚率或分居率最高（63％），白人的比例为 48％，拉美裔为 52％。对于第二次婚姻，白人的离婚率为 32％（Pinsof，2002）。有几个人口学特点极大地提高了离婚率：20 岁以前结婚、低收入、低学历（例外的情况是妇女高学历兼有高收入）、非裔美国人、新教徒、婚前没有同居等（Ahrons，1999）。

戈特曼（Gottman，1999）主张说，婚姻的解体常常比婚姻不幸带来的压力更大。离婚会导致生理和心理难关。离婚会对家庭所有成员带来影响，但其负面影响会受到父母共同教养孩子、持续性地与非监护一方建立良好关系（说起来容易做起来难）等因素的调节（Pinsof，2002）。创伤性后果会因下列因素而减少：把离婚重新定义为正常的、可接受的行为；提高社会交往和社会支持力度；积极处理离婚带来的羞耻感和污名化。尽管有很多人在理性地争论家庭社会工作者是否应该努力保持家庭的完整，但"如果认为我们通过胡乱修改立法和社会政策就能把离婚率控制在一个很小的比例上，这种想法是非常幼稚的"（Coontz，2006，p. 14）。

戈特曼和利文森（Gottman & Levenson，2002）指出，在家庭生命周期中有两个高离婚风险阶段。差不多有一半的婚姻在结婚 7 年时解体，这个阶段被当成了婚姻的不稳定和感性阶段，即所谓婚姻的七年之痒。第二个高危阶段是中年，在这个时期，大部分家庭都有青春期的孩子。这个阶段人们的婚姻满意度达到了低谷。看上去是因为强烈的感情，特别是愤怒导致冲突很多，使人们难以维持婚姻关系。如果这种冲突变成了麻木不仁，那么夫妻双方都会留在婚姻中。但是，随着时间的发展，麻木不仁会带来另一个危险，即夫妻间会出现距离感，从而最终导致婚姻的死亡。

与分居和离婚同时出现的还会有实际生活的重新调整和情感的调整，包括短期的痛苦（Carter & McGoldrick，2005b）。一般来讲，家庭需要两到三年的时间来适应新的家庭结构（p. 374）。在离婚的不同阶段，会出现几个不同的情感紧张高峰期，包括何时做出离婚的决定，何时宣布这个决定，何时讨论财产分割和监护权问题，何时开始真正的分居，以及何时就财产分割和监护权安排接洽，何时每个孩子会进入转变期，何时前妻（夫）会进入新的转折期，如再婚、生病或者去世等（p. 376）。

133

为什么有些人被迫留在一个充满了矛盾，或者是有药物依赖、虐待、不幸、紧张冲突或者精神疾病的婚姻中？很多家庭社会工作者进入家庭时发现家庭中充满了不幸福或者紧张的冲突，因此，他们会设定一个目标——要维持家庭完整，因为他们相信如果这段婚姻解体了，就意味着自己工作的失败。尽管这样，我们还是鼓励家庭社会工作者重新审视自己的立场，要建立这样的看法，即要让自己服务的家庭将离婚也当成解决自己问题的一个重要的选项。

虽然说离婚未必是一个失败，但是它还是以独特的方式中断了家庭的生命周期。离婚会降低家庭成员的经济水平，需要成员拥有特别的应对技能。离婚期间主要的任务就是结束婚姻关系，但同时夫妻还要共同承担养育子女的任务。有时候有些夫妻确实没有离婚，他们尽力保持了自己的婚姻关系，但在过程中充满了愤怒，他们会把孩子当成武器来对付对方。与离婚相关的问题包括做出离婚的决定，计划婚姻解体之后的生活，分居，最后是离婚。在上述每个阶段，家庭成员必须就与离婚相关的每个个人问题都达成协议。例如，经过再三考虑后，夫妻双方需要认识到各自在婚姻解体中扮演的角色。如果离婚的决定已做出，那么双方都要学会接受离婚是不可避免的事实。通常的情况是，夫妻中的一方比另一方更加愿意离婚。还有一些问题，包括与扩大家庭成员建立新的关系，对婚姻关系的丧失感到悲伤等。一旦做出了离婚决定，配偶们就恢复了自由身，需要重建自己的单身生活，或者与新的配偶一起适应新的生活。

分居和离婚的决定并非一时兴起做出的。相反，这是一个经历了若干阶段的过程：做出决定、宣布、分解家庭（Ahrons，1999，2005）。默里（Murray，2002）将这个过程分解成了七个阶段：情感上的离异、法律上的离异、经济上的离异、抚育关系上的离异、监护权问题、离婚后的解脱、心灵上的离异和宗教上的离异。很显然，有些人可能只经历了法律上的离异，没有经历其他阶段。

实际上，导致夫妻离异的主要原因，不是他们争论什么，而是他们用什么方式来争论。一般来讲，是由一方提出离婚的。这一方可能就这个决定纠结了很长时间。决定离婚的人（通常是妇女）往往对婚姻的不满意不断强化，再加上越来越多的证据证明自己的离婚决定是正确的。这样一方会逐步在情感上脱离婚姻。有时出现了一个危机，为宣布离婚决定提供了契机，但更多的时候，似乎走向离婚的是更加持久的一个过程。在走向离婚的过程中，当事人常常会伴随着内疚、愤怒和背叛感。一旦宣布要离婚，接下来就是分居了。分居可能是有序的，也可能是无序的（Ahrons，1999，p. 389）。

离婚可能会给家庭成员带来持久的负担。所有的离婚都是痛苦的，不管夫妻和家庭关系是多么令人不满意。离婚给家庭成员带来的影响是多方面的：家庭生命周期、财务情况、个人幸福度、朋友和支持网络以及与扩大家庭的网络关系等。这里仅举几个例子。有学者认为，人们一般需要三年时间才能适应离婚带来的各种问题。此外，离婚并非一个二元过程，不可能说两个人昨天还是夫妻，今天早上一起床就离婚不再是夫妻了。走到离婚这一步，伴随着夫妻之间长期的吵吵闹闹和对彼此感情的伤害。作为一个情感性压力事件，离婚需要做出很多决定。在离婚后一年内，有将近50％的男性不再与自己的孩子接触，40％的男性不再支付孩子的赡养费（Rosen，2005）。

沃尔夫（Wolfe，2001）揭示了来自离婚家庭的孩子会遇到的一系列困难。她发现，来自离婚家庭的孩子与来自非离婚家庭的孩子相比，会更容易抑郁。他们可能会经历临床意义上的抑郁。这些孩子还会出现低自尊和易怒。很多孩子还有睡眠障碍和躯体化症状，通常都与抑郁有关，同时还有学业问题。她还发现，有很多证据表明离婚人士会出现养育孩子的压力，有些人的压力很大，甚至会出现儿童虐待现象。尽管很多父母决定由自己处理好离婚相关事宜，但是，很多人还是会把养育孩子的责任当成负担，也许因为他们没能得到足够的情感支持和实际支持。沃尔夫总结说，离婚家庭子女患上抑郁症实际上是与压力和不良的生活事件密切相关的。他们的父母得不到应有的情感支持和实际支持，他们的家庭不稳定，充满了情感问题或者是吸毒或酗酒等问题。家中可能还有夫妻之间的重重矛盾，孩子之间也冲突不断。换言之，父母处在极度苦恼中。沃尔夫的结论是，在离婚家庭中，最常见的问题就是抑郁，因此工作者要直接关注这个问题。此外，还要对父母的压力水平进行评估。

尽管离婚对孩子的影响是一个值得关注的问题，似乎很多人研究了离婚对孩子的影响，但都不能做出公平的比较。例如，平斯夫（Pinsof，2002）认为，公平的做法应该是将来自离婚家庭的孩子与来自不幸福的、充满矛盾的家庭的孩子进行比较。大部分孩子可以在情感上应对父母的分居或离异，但很多孩子还需要心理上的适应。对某些孩子来讲，父母离婚或者分居带来的痛苦不亚于因死亡而失去了父亲或者母亲（Wallerstein，1983）。沃勒斯坦和凯利（Wallerstein & Kelly，1980）发现，离婚最大的陷阱就是它对孩子的发育会产生一定的影响。父母经历了离异，常常会感到身心疲惫，因为他们要应对自己的个人痛苦和压力，还需要寻找足够的情感能量来照顾孩子，满足孩子的情感、生理和社会需要。在离婚后适应期，获得监护权的父母一方得到的支持和关怀很少，因此在与孩子的关系上与离婚前相比，就显得更加焦虑（Bolton & Bolton，1987；Wallerstein，1985）。如果父母之间的关系趋向支持性，能够对孩子的感受保持敏感，并能让孩子与父母双方都保持正常交往，那么，孩子会从中受益颇多。当然要做到这一点，父母双方必须明白到底怎样做才是对孩子最好的选择，而现实中要做到这样，是很不容易的。非常不幸的是，孩子成为父母对付对方的兵卒，在这个过程中，受到伤害最大的就是孩子。

6～8岁之间的孩子往往会觉得自己要对父母的婚姻关系破裂负责（Thompson，Rudolph，& Henderson，2003）。当然，其他年龄组的孩子也会产生负疚感。此外，孩子们可能还会出现学业困难、愤怒或其他与离婚相关的行为问题。孩子们常常会在父母离婚后感到自己很差，很焦虑，但是这些情感常常被孩子生命中的重要他者忽视，或者得不到应有的处理。离婚对于年轻的男性来讲，尤为艰难。对于他们来讲，离婚后，他们可能需要两年的时间才能重新稳定自己的生活（Hetherington，Cox，& Cox，1978）。因此，孩子往往成了离婚的受害者，因为他们要长期承受婚姻解体带来的各种问题（Wallerstein，1985）。

家庭解体也会耗尽孩子原有的心理资源（Garbarino，1992）。例如，很多分居和离婚的条件有时是非常苛刻的，孩子对父母的双重忠诚就受到了威胁。拥有监护权的一方（通常是母亲）会承担绝大多数照顾孩子和家庭的责任，因此她的经济资源常常会减少。此外，长期处在无人监管状态下的孩子，与父母健全的孩子相比，有双倍的机会进入单亲家庭（Garbarino，1992）。离婚后，父亲常常会觉得自己是孩子生命中的不重要角色（Ahrons，2007），因此，非常有必要让获得监护权的母亲意识到，一定要认识到，孩子们需要不断与父亲来往，这样会对孩子的成长有益。尽管父母离婚了，但家庭社会工作者要帮助母亲审视自己的守门人的角色，要允许父亲经常来探视孩子们。

离婚之后，分居或离婚的父亲会在经济上更加宽裕。他们不用承担更多的儿童照顾，因为请假或需要照顾孩子而需要的直接和间接的花费也越来越少，因此，他们能获得更多的经济收益。有些父亲还不愿意妨碍孩子们的生活安排。一些让孩子在情感上和地域上与非监护权父母疏离的刻意的行为，可能会导致亲子关系的破裂。通过语言、地域和情感等方式的父母关系的疏离，都会给父子关系或母子关系带来负面的影响（Lero，Ashbourne，& Whitehead，2006，p. 106）。父母中的一方要让孩子与另一方疏离有很多公开的或者隐蔽的计谋，包括借口说孩子没时间不适合探访，甚至更加微妙的但伤害性更大的方式，包括说对方的坏话、强迫孩子在父母之间做出选择等。监护权和探视权可能会受到破坏，孩子的赡养费不能被按时支付，也可能出现虐待的指控等。有些指控是有根据的，有些则是无中生有。父亲或者母亲让孩子与对方疏离的模式非常普遍，因此出现了一个术语，叫作"疏离综合征"。另一方没有监护权的父母会放弃这种无休止的战争，逐步与孩子失去联系。

在有监护权的父母亲与没有监护权的父母亲之间，孩子常常需要分配不同的忠诚度，在旷日持久的离婚中，孩子还被当成了对付对方的工具（Ahrons，2007）。彼此敌视的父母会给孩子带来痛苦的、因对父母忠诚而产生的冲突。父母都忘记了这一点，即大部分孩子希望跟父母们在一起。对孩子来讲，尤为重要的就是，父母要彼此相亲相爱，不要把孩子拖进他们之间的纷争中。孩子会发现，要在父母之间周旋，压力非常大。

汤普森、鲁道夫和亨德森（Thompson，Rudolph，& Henderson，2003）提出，离婚家庭的孩子要成功地完成下列任务，才可以继续自己的新生活：

● 感到焦虑、被抛弃和否定：父母的支持是帮助孩子克服负面情绪的非常重要的因素。父母要告诉孩子到底发生了什么事情，但是不要指责对方。

● 远离父母的冲突和痛苦，继续自己的正常活动：离婚不应该侵蚀孩子们熟悉的日常生活。

● 处理失落感：孩子可能会感到悲伤，不仅因为失去了生活中非常重要的一个人，而且因为失去了生活中的重要内容，如熟悉的环境和邻居朋友。他们需要对很多的失落达成共识，包括依恋感的丧失（Bernstein，2007）。

● 处理愤怒和自责：孩子可能觉得是因为自己父母才离婚的，需要帮助他们消除这个顾虑。

● 接纳永久性的离婚：孩子常常觉得离婚不是不可更改的。在父母离婚之后很久，孩子们还会幻想父母能够破镜重圆。有些孩子甚至会制订计划让父母重归于好，或者为了让父母能够重归于好而故意惹是生非。他们可能会做出某些需要父母共同出面解决的事情。

● 就夫妻关系确定现实的希望：孩子需要明白，即使父母的关系不复存在，积极的婚姻关系还是存在的，他们不能将父母失败的婚姻关系无限放大到所有的亲密关系中，因为离婚对当事人双方而言，充满了很多潜在的地雷，一个日益受到大家关注的干预领域就是离婚调解。关于离婚调解的研究结果表明，在离婚中，有50%～85%的家庭可以成功地达成某种协议（Hahn & Kleist，2000）。在某些司法实践中，离婚调解是强制性的。调解适用于双方在财产分割、监护权决定和探视权方面无法达成一致的情况。很显然，调解更多的是解决法律监护权问题，而不是当事人对等的诉讼程序（Hahn & Kleist，2000，p.166）。

练习 4.12 可行的离婚

列出一些情境说明离婚是家庭的可行的、首选的出路。面对这样的家庭，家庭社会工作者该采取什么行动？

练习 4.13 离婚中的决策

在离婚过程中，需要做出很多决策。列出你能想到的、夫妻在离婚过程中需要做出的决定（包括孩子长大之后可能突然出现的决定）。把你的清单与班上其他同学的清单进行比较。

练习 4.14 离婚面临的发展性挑战

讨论一下你认为一个家庭离婚后可能会遇到的挑战。将这些挑战与那些夫妻中的一方去世的家庭所遇到的挑战进行比较。社会工作者应该在这些家庭经历这样的重要阶段期间和过后提供怎样的服务？

~~~~~~

练习 4.15　平和的离婚与恶劣的离婚

描述一下"平和"的离婚有哪些特点。描述一下"恶劣"的离婚有哪些特点。在班上讨论，并把你的观点与其他同学的观点做一比较。工作者应该如何帮助家庭实现平和离婚？

~~~~~~

~~~~~~

练习 4.16　社会变革影响离婚率

下列社会变革会如何影响离婚率？

寿命的延长

妇女角色的改变

文化价值观的改变

法律限制的改变

~~~~~~

单亲养育子女

与历史上任何时候相比，现在都有更多的人生活在单亲状态。美国差不多有一半的孩子在童年的某个时段，是生活在单亲家庭中的，而大部分单亲家庭是由女性当家的。单亲家庭会面临很多问题和困难，而这些问题和困难都属于生态性的问题，而非家庭单位中的结构性问题。这些问题包括财务问题、社会和情感支持、角色超载等。安德森（Anderson，2005）曾说过："尽管大部分单亲家庭经历了很多艰难困苦，承受了很多压力，但它们还是能够给孩子们提供他们需要的结构、价值观和营养。"（p. 399）此外，贫困及其相关的问题、生活在功能紊乱家庭的历史、要适应离婚的阶段等，都使我们不能轻易得出一个明确的、直接的结论，来评价单亲家庭的功能性（p. 400）。

尽管不婚人数规模不大，但还是在逐年增长（Berliner, Jacob, & Schwartzberg, 1999），因此，不婚也成为一个重要的选择。即使决定结婚，人们也会把结婚的年龄推后。同时，单亲家庭的比例也从 1970 年的 12％上升到了 1995 年的 26％（Mannis，1999）。另外，未婚母亲生育孩子的数量也在逐年增加。这些数据说明了什么？我们的信念来自我们的文化传统。例如，有人认为，这些数据源于女性主义盛行、宗教影响力下降、父亲角色的重要性降低或者是家庭价值观衰落等。在某些场合，单亲家庭被说成是不正常家庭，或者是对男性权威的侵蚀。相反，也有人认为严格的法律和父权制价值观会将某些弱势的家庭成员置于难以维持生存的家庭处境中。社会工作专业重视案主的自决，很显然，选择离婚就是一种自决的方式。

前面提到过，单亲家庭的孩子与父母齐全家庭的孩子相比，可能会经历更多的问题 138
（Blum，Boyle，& Offord，1988）。他们可能会出现一些行为问题，如行为失常、注意力缺损、学业表现差，以及情绪问题。这并不是说，单亲家庭的每一个孩子都注定要出现适应性问题。单亲家庭的问题可能因为经济状况不佳（Eichler，1997；Goldenberg & Goldenberg，2000；Nichols & Schwartz，2004；Pett，1982）以及身心疲惫（Okun，1996）而雪上加霜。在这个等式的积极一端，母亲的教育水平会有效地改善这些压力的负面影响（Tuzlak & Hillock，1991）。

单亲的出现可能源于不同的原因：死亡、离婚、遗弃以及从来没有结婚等。导致单亲的不同的路径表明，单亲家庭的经历也是非常多元的。无论造成单亲的原因是怎样的，有些单亲父母会经历孤独感、悲伤、内疚和愤怒，当然不是所有人都会这样（Goldenberg & Goldenberg，2000）。此外，离婚父母都应该决定是否需要采取合作态度，鼓励孩子与自己的前任夫妻及其家庭来往（Carter & McGoldrick，1999b）。

我们要认识到，在健康的单亲家庭中，孩子们一样可以健康成长。同时我们也要看到，不是所有的女性都会选择找个男人过日子。无论如何，独自一人养育孩子是非常辛苦不易的。单亲家庭的经济往往不宽裕，主要是因为现在出现的贫困女性化趋势。此外，单亲父母很难抽出时间关照自己，因为当单亲母亲每天都疲于奔命、操劳家务时，外人根本没有机会去跟她们谈情说爱。社会支持是一个非常重要的资源，它可以有效地缓解单亲家庭的角色紧张、压力、冲突和贫困等问题（Gladow & Ray，1986）。贫困是导致单亲家庭面临一系列社会心理问题的罪魁祸首之一。

在共同分担监护权的情况下，母亲和孩子们的状态普遍比母亲独自承担监护权要好（Hanson，1986）。单亲父母会感到角色超载，因为他们要承担原本由两个人共同承担的责任和工作（即使在父母双全的家庭中，也可能出现单亲家庭状况，因为父母中的一方可能不承担自己的责任和义务）。孩子年龄偏小，会需要更多的关注、照顾和监管，这样负担就更重。一旦孩子进入了青春期，单亲父母会感到自己的权力在缩小，且自己孤立无援（Anderson，1999）。照顾工作的超载可能会反映在家庭结构混乱、社会性孤立、亲子关系问题重重等方面。单亲父母如果拥有丰富的亲属和朋友网络资源，会感到应对自如，而那些社会性孤立的单亲们会感到举步维艰，难以应付。这时他们特别希望能够找到一个值得依靠的伴侣，这个方法对某些人奏效，但对另一些人则不奏效。

干预单亲家庭，必须也应该建立在生态系统基础上。"鉴于单亲家庭的环境非常重要，因此，评估单亲家庭现有的支持的数量和质量，就成了整个服务计划的核心所在。"（Anderson，2005，p.403）此外，孩子们的支持网络也要密切关注，特别是来自父亲的支持（pp.406-407）。在干预计划中，要将具体资源和社会支持的提供纳入其中。单亲父母还需要学习压力管理、悲伤情绪管理，以及有效管理孩子的技能等。最后，单亲父母还需要 139

建立一个强大的非正式支持网络，包括祖父母和朋友。

单亲家庭中父母需要完成的特殊任务罗列如下：

- 建立具体的社会支持系统；
- 解决悲伤、愤怒和孤独感；
- 处理压力、疲惫、角色超载，不要把这些压力转嫁给孩子；
- 学习儿童管理技能，不要轻易对孩子发脾气；
- 学习时间管理技能，从而更好地满足孩子的需求和自己的需求；
- 接受各种服务，包括就业、住房和临时看护服务等。

再婚、继父母和混合家庭：你听过多少关于丑陋的继父的故事？

> 生物性核心家庭的优势地位……进一步强化了对非核心家庭的污名化，特别是对
> 继父母家庭的污名化。

> ——安妮·琼斯（Anne Jones，2003）

"再婚会涉及一个将三个、四个甚至更多家庭交织在一起的网络，这些家庭的生命周期历程因为死亡或离婚而中断了。"（McGoldrick & Carter，2005e，p.417）继父母家庭是一个快速发展的家庭结构（Greeff & Du Toit，2009）。童话和好莱坞大片中充斥了对继父母家庭的各种负面的刻板印象，尽管这样，继父母家庭形式还是非常普遍，并非仅仅存在于故事中。差不多有三分之一到一半的家庭都属于继父母家庭（Jones，2003；McGoldrick & Carter，1999，2005e）。尽管有这么多的偏见和各种误解，但继父母家庭既非问题重重，也非低人一等。当然，它们也会面临特别的挑战。与所有的家庭一样，有些混合家庭的功能非常正常，有些则可能会遇到一些共同性的问题。通常母亲会获得监护权，这是大多数继父母家庭常见的模式。

要建立一个新的家庭来满足不同个体的需要，这个过程非常复杂。再婚涉及很多变化的情况，从离婚前的紧张、分居、新家的重新安排和亲子关系，到再婚和继父母家庭的整合。这个过程烦琐复杂，搞不好会一地鸡毛（Greeff & Du Toit，2009）。另外，再婚还要处理与孩子年龄相关的各种适应问题。如果前任们不配合，或者试图破坏新的家庭结构，这个过程就会困难重重。开始一段新的关系需要与前一次婚姻做出情感性分离（Holman，1983）。再婚给新的家庭组织带来很多新的变化。两个家庭的加入会使这个结合扑朔迷离，因为之前婚姻中产生的亲子关系会持续下去，这样，继父母与继子女在新的关系中会出现对抗（McGoldrick & Carter，2005e）。因此，刚开始时，很多家庭中的继父母—子女之间的关系非常脆弱，但随着时间的推移会逐步改善（Ahrons，2007）。当父母再婚时，他们相信，孩子们会跟自己一样兴高采烈，但现实情况并非如此。

离婚的成年人需要处理自己对进入新关系的害怕和担心。此外，再婚家庭会经历常见的三角关系，这在家谱图中可以清晰地发现（McGoldrick，1999a；McGoldrick，Gerson，& Petry，2008）；家庭社会工作者必须高度关注这些三角关系，因为这些三角关系会变成魔鬼，笼罩着新的家庭关系。第一个三角关系是在新婚的夫妻与前配偶之间形成的。第二个三角关系是在新夫妻与一个或更多的子女之间构成的。事实上，在之前的离婚家庭中，争论最多的问题就是如何养育孩子（Stanley，Markman，& Whitton，2002）。每个三角关系中都蕴含了潜在的冲突。

混合家庭带有子女时，会比没有子女的家庭更容忍分居，部分原因在于家庭成员之间的负面沟通以及与离婚相关的代际矛盾（Greeff & Du Toit，2009；Halford，Nicholson，& Sanders，2007）。会影响目前家庭关系的因素很多，可能是之前婚姻中的某些经验、与前配偶之间的继续来往，个人程度的差异、生活经历、社会地位，以及不同的规范和期望等（Greeff & Du Toit，2009）。混合家庭需完成的四大任务包括建立有效的新的夫妻关系、维持亲子关系、建立新的继父母—子女关系和在新家中建立家庭成员身份意识。在继父母家庭中，孤独感可能会转化为冲突（Nichols & Schwartz，2007），父母之间可能会就养育孩子问题发生持久性争斗。还可能出现冲突的情况包括，谁承担照顾孩子的主要责任，应该用何种方式来养育孩子，等等。继父母家庭的规则一开始时可能定得非常模糊，经历了很长一段时间后，才会出现规则、角色和界限的重新确定。孩子们可能一开始会非常困惑，因此会把仇恨发泄到继父母身上，因为他们认定继父母篡夺了自己无监护权父母的角色。继兄弟姐妹之间的敌意会非常激烈（Thompson，Rudolph，& Henderson，2003）。此外，孩子有与自己无监护权的父母来往的强烈愿望，但是，有监护权的一方则希望与对方斩断一切情感联系，这样，父母与孩子之间还会产生冲突。

要适应混合家庭的生活，对孩子们来讲有时并非易事。他们难以接受这样的事实，即自己的父母永远不能破镜重圆了，这时他们对父母的忠诚度就受到了考验。孩子们的忠诚会出现分裂，也就是说，父母中的一人会运用孩子来憎恨前配偶。同时，孩子们还会幻想父母复合的一天，他们还会不断努力促成复合。如果还有其他继子女进入新的婚姻关系，适应就会困难，因为这会涉及更多的对爱、关注和婚姻财产的争夺。

继父母家庭要成功整合，需要完成很多任务：

- 对之前婚姻失败的哀悼；
- 完成令人满意的继父母角色；
- 重新界定财政和社会责任；
- 就探视权和监护权达成一致；
- 建立稳定的领导权和管教权；
- 确保对新关系的期望是现实可行的；
- 在家中建立新的情感联结；

- 建立新的传统；
- 处理家中的性行为；
- 建立高效的新的夫妻关系；
- 建立家庭成员身份意识（Greeff & Du Toit，2009；Thompson，Rudolph，& Henderson，2003；Visher & Visher，1982）。

在新的混合家庭中，大家要协商确定界限。家庭成员之间不仅要建立有关私人空间的界限（分享、财产等），还应该决定与新的家庭成员之间建立何种亲密感，并就各自的角色和任务达成共识。经历了婚姻解体的成年人常常需要与过去的关系一刀两断，但是，有了孩子之后，孩子们需要与父母双方交往，并保持这种联系。此外，加入家庭的子系统（母子或者父子子系统），会给新的系统带来独立性功能。要将新家庭的各种子系统有机融合，需要做出改变和调整（Nichols & Schwartz，2007）。

在对再婚家庭研究的回顾中，麦戈德里克和卡特（McGoldrick & Carter，1999，2005e）发现，出现下列情况时，孩子的生活会较好：

- 监护权父母有效发挥作用，孩子有机会定期与父母双方交往；
- 父母冲突少；
- 扩大家庭赞同新婚姻；
- 亲生父母行使管教权和探视权；
- 继母与亲生母亲之间没有出现冲突性角色期望；
- 孩子有机会定期看望无监护权的父母；
- 与前配偶关系低调、和善；
- 建立了非传统的性别角色；
- 扩大家庭非常合作。

此外，当孩子尚未进入青春期、新婚姻中没有刚出生的婴儿时，新的婚姻关系就比较容易融合。混合家庭在面对挑战时，会表现出抗逆力。格里夫和迪图瓦（Greef & Du Toit，2009）指出，混合家庭的抗逆力的表现形式是：建立了积极的关系和支持、灵性和宗教、准确的家庭沟通，能够传递关怀和支持，家庭能够控制结果，以及建立很好的社会支持等。

练习 4.17　继父母家庭的发展性任务

随着家庭子系统的出现，混合家庭需要完成某些任务。要帮助这些家庭完成这些任务，社会工作者需要进行干预，请列出具体的干预计划。

家庭成员的去世

从历史的角度来看，大部分婚姻只能维持 10 到 20 年。配偶一方的去世曾经是婚姻结束的主要原因（Pinsof，2002）。现在离婚成为婚姻结束的主要原因，因此也带来了很多问题。离婚家庭出现的问题也会出现在父母一方去世的家庭中（Wallerstein，1983）。尽管在父母一方去世的家庭中，孩子年龄很小的情况不多见（Eichler，1997），但这种情况也的确存在。一方去世家庭也需要适应和调节。比如，自杀导致的死亡与自然原因的死亡，对家庭的影响是完全不同的。

家人的去世会给家庭带来适应的问题，以及长期和短期的家庭重组问题（McGoldrick & Walsh，2005）。适应的问题包括家庭要应对丧亲之痛，还需要继续生活下去（p. 185）。家庭中断的程度和类型取决于一系列因素：死亡的情况、与死者的关系（配偶、父母、子女）、死亡出现在家庭生命周期的哪个阶段，以及其他一些可能会影响家庭和家庭成员的问题。

亲爱的人的离世是家庭必须面对的最具压力的生命事件（Greeff & Human，2004）。所有的家庭在某个时段，都必须面对某个亲密的家庭成员的离世。麦戈德里克和沃尔什（McGoldrick & Walsh，2005）指出，有五个因素会影响这种丧亲的后果：

- 去世的时间点；
- 同时发生的多重丧亲，或者与主要的生命周期变化同时出现的丧亲；
- 过往创伤性丧亲和没解决的悲伤历史；
- 死亡的性质；
- 死者在家中的作用（p. 186）。

对儿童而言，因父母离婚而失去了父亲或者母亲，其后果与父母死亡是一样的。虽然失去伴侣不太会导致像获得监护权的父母离婚后那样经历收入的急剧下降，但是，丧偶者不太会像离婚夫妻那样再婚（Fustenberg，1980）。此外，经历了父母一方去世的家庭大多会与去世者的父母家庭、社区成员保持很好的关系。失去子女对家庭和父母来讲都是毁灭性的打击。

当带有孩子的丧偶者再婚时，如果新加入的是一个父亲的话，他得到孩子们的接纳的可能性更高。对孩子而言，要接受一个新母亲看起来似乎是非常困难的（McGoldrick & Carter，1999）。与此同时，还需要给孩子们空间来哀悼逝去的父亲或者母亲。但是，如果三角关系中加入了亡灵，这个问题就变得难以操控了（p. 422）。无论去世的时间点和性质如何，哀悼亡者都是一个长期的、贯穿家庭生活全过程的问题。家庭的动力关系会决定哀悼的过程，因此，家庭社会工作者可以帮助家庭成员一起或者单独哀悼逝者，这样的方式都是必要的。

　　　格里夫和休曼（Greeff & Human，2004）总结了两个过程，可以用来帮助家庭处理死亡事件：

（1）调整，包括保护性因素，能够协助调动家庭的能力来应对不幸。家庭必须努力合作来维持家庭的完整和功能正常发挥，在压力面前完成发展性任务。

（2）适应，包括发挥恢复性因素的作用，能够推动家庭有能力"崛起"并积极适应。适应还包括改变环境和社区、改变家庭与社区的关系等。

在这个过程中，家庭需要动员所有的力量来应对丧亲事件。这包括，要利用家庭的特点、行为模式和能量，来缓解亲人去世带来的影响，帮助家庭康复。家庭可以通过分享丧亲经历、进行开放和坦诚的沟通等方式，适应家庭结构的变化，处理模糊的家庭界限和角色期望，运用同理心包容冲突等。为了继续前行，家庭成员需要重组家庭关系和生活追求，并积极投入其中，找到自己的方式，运用文化和宗教信仰，给死亡重新定义，并与外部世界建立新的联系。灵性是一个获得抗逆力的基本资源，它可以给个人提供能力来理解和克服压力情境（Greeff & Human，2004，p.30）。此外，经济资源也能缓解家庭的丧亲之痛，提高影响他们的适应能力。最后，从扩大家庭和朋友那里获得社会支持也是非常重要的，因为这样可以获得跨家庭的情感和实际支持。关键一点在于，家庭成员要同心同德，共同面对挑战。

祖父母养育孩子

尽管很多家庭的流动性很大，但祖父母还是在孙子女们的生活中扮演了一个重要的角色。例如，很多祖父母在自己的儿子媳妇们外出工作期间，会照顾孙子女们（Gattai & Musatti，1999）。在过去几十年中，祖父母养育孙子女的情况在非裔美国人家庭中非常普遍，现在，这个情况在其他少数族裔家庭中也越来越多见了（Okun，1996）。在年轻人当中，吸毒和酗酒问题日益严重，离婚率上升，因犯罪入狱的情况也不断发生，艾滋病流行，以及未成年人怀孕率猛增，所有这些问题都导致了很多孩子面临着无父母照顾的处境（Williamson，Softas-Nall，& Miller，2001）。祖父母们常常面临的情况就是要不自己照顾，要不就眼见着孙子女们被安置到寄养照顾机构，因此，祖父母们觉得自己有责任来承担照顾孙子女的责任。

祖父母来照顾孙子女充满了压力和困难。例如，祖父母的有些养育孩子的习惯可能与现代养育子女的理念是相互冲突的（Okun，1996）。同时，祖父母也会担心等自己死了或者失能之后，谁能来照顾这些孩子。此外，很多老人的经济资源非常匮乏，难以应付照顾孙子女的责任，在一个早就入不敷出的家庭中，再增加一张要吃饭的嘴，对他们来讲就是雪上加霜。同时，很多老人一直期望自己能够过上不用照顾别人的生活。祖父母承担父母的责任来照顾孙子女，他们自己就要经历一个家庭生命周期的中断，因为他们的同龄人已经在享受一段悠闲的衣食无忧的生活了。

当孙子女搬进来与自己同住，自己要承担养育责任时，祖父母们还会面临情感压力。这些压力包括失去自由、没有自己的时间，以及随之而来的生活方式的改变。承担照顾者的角色，会给老人的身体、情感和经济状况带来更大的压力。威廉森、索夫塔斯-内尔和米勒（Williamson, Softas-Nall & Miller, 2001）在自己的研究中发现，祖父母在养育孙子女时，会遇到下列问题（这些问题可能在各国都普遍存在）：

● 父母的不断出现会成为子女适应新生活安排的重要干扰因素。祖父母与孙子女之间的关系是非冲突性的、支持性的，要尊重祖父母的生活安排。有这样的认识，压力就会比较小一点。如果父母不断地介入到新生活中，特别是当缺位的父母常常要提高孩子养育的期望，但又不能兑现时，祖父母会感到非常愤怒和沮丧。只有父母非常配合，祖父母才会对这种新生活感到满意。

● 很多祖父母会说自己抑郁，感到疲惫不堪，特别是当他们既要外出工作，又要持家时，这个问题会加剧。他们还会遇到经济拮据问题和管教孩子的问题。

● 如果孙子女之前曾经遭受过虐待或忽视，祖父母很容易就会激发孩子们的愤怒、焦虑和不幸福感。

● 祖父母担心健康，以及担心自己是否能够长寿。祖父母希望自己能够活得更久一点，担心不能给孙子女购买健康保险也是一个现实问题。

● 在管教孩子上也是问题不断。在见到父母之后，孩子们的行为会出现变化，所有这一切，使孩子们觉得他们根本不需要听祖父母的话。

● 祖父母会说，自己需要处理的问题包括孙子女的学习问题，如成绩差、学习习惯不佳，以及在学校的行为问题等。

● 需要指出的是，要改变祖父母的角色和计划。生活、自我形象以及自己逐步变老的生活计划，都会随着孙子女的到来而发生改变。祖父母一直期望自己退休后能悠闲生活和外出旅游，但这一切都不能实现。

● 祖父母照顾孙子女会带来正面的情感。祖父母会认为自己照顾孩子，不让他们进入寄养机构，是非常值得骄傲的举动。

● 无论发生了什么事情，祖父母都不要后悔让孙子女搬来与自己一起生活。

无论祖父母是给孙子女们提供初级照顾还是二级照顾，他们都要不断与孙子女建立强烈的依附感，要在他们的成长过程中扮演重要角色。威尔科克森（Wilcoxon, 1991）发现祖父母们至少要扮演五个重要角色：

● 历史学家，他们会把孩子与家庭和文化的过去联结起来；

● 角色示范，或者一个年长者榜样；

● 导师，或者一个智慧的长者，他们经历了自己的各种生活过渡事件；

● 哲人，他们是杰出的故事讲述者；

● 养育者，他们是家庭危机和过渡期中最主要的支持者。

145

案例 4.2　　　　　　　　　　处理多元家庭结构

家庭社会工作者要准备好针对多元家庭结构开展工作。例如，共同养育了一个孩子的男同性恋家庭，单亲家庭，祖父母养育自己的孙子女。下面就是这样一个案例：

凯瑟琳和瓦尔特是一对退休的夫妻，当他们的女儿玛吉把自己的几个孩子丢给了儿童保护服务机构后，自己就失踪了，这样，他们被儿童服务机构找上了门。凯瑟琳和瓦尔特同意监护三个孩子：8 岁的阿罗伊、6 岁的哈夫尔德和 3 岁的琳达。这个新组建的家庭的成员都需要辅导服务，然后，他们就被转介给了一个家庭机构的家庭社会工作者。孩子们面临的问题是母亲离家带来的悲伤，以及如何适应新的祖父母的养育生活。凯瑟琳和瓦尔特的任务就是适应一个更加结构化的养育孩子的方式，而这种方式与他们过去养育孩子的方式是截然不同的，以及适应新的邻里社区。凯瑟琳和瓦尔特遇到的问题包括要重新适应与小孩子一起的生活，要了解养育孩子的社会规范。现在养育孩子的方式与他们年轻时养育孩子的方式相比，发生了很多的变化。此外，他们还要失去自由，无法享受自己的退休生活了。

练习 4.18　发展性变化

如果你的原生家庭或者朋友的家庭不是传统的中产阶级家庭，请描述一下这些家庭的发展阶段与本章讨论的阶段有什么不同。

本章小结

家庭社会工作者了解家庭的一个方法就是熟悉家庭在不同的发展阶段会出现的各种问题。家庭的发展阶段包括结婚、养育子女、第一个孩子降生、学前儿童家庭、学龄儿童家庭、青春期孩子家庭以及青年人离家的家庭。

从一个阶段向另一个阶段的过渡会给家庭成员带来很多压力和张力。理解这些问题能够帮助家庭社会工作者有效地协助家庭应对这些改变，协助家庭不断走向成熟。

关键术语

家庭生命周期各阶段（注意：这些阶段未必是线性发展的）
结婚/合伙/结合/亲和取向
第一个孩子的降生等
学前儿童家庭
学龄儿童家庭
青春期孩子家庭
青年人离家的家庭：子女独立生活
返巢阶段
年迈父母的问题

推荐阅读书目

Carter，B.，& McGoldrick，M.（Eds.）.（2005）. *The expanded family life cycle：Individual，family，and social perspectives*（3rd ed.）. Boston，MA：Allyn & Bacon. 这本教材成为理解家庭生命周期的基础性教材。每一章中都包含了涉及不同生命周期阶段的细节。它还运用多元性视角讨论了家庭生命周期的不同阶段，包括它的线性模式，以及对家庭生命周期产生重要影响的家庭特点的多元性。

能力说明

E. P. 2.1.4a 认识到文化结构和价值观在多大程度上会压迫、边缘化、异化、建构或强化特权和权力：要认识到多元的结构，包括不同的发展阶段、性别和文化等。

E. P. 2.1.7a 运用概念性框架来指导需求评估、干预和评估过程：一个发展性概念框架可以用来评估个体发展以及家庭发展的不同阶段。

E. P. 2.1.7b 要善于批评并运用相关知识来理解个人与环境：另外还需要评估家庭和社会阶级等。

如果把家庭比喻成一个容器，那么，它就应该像个窝，一个具有包容性的窝，一个松散编织的、放射状的、开放的窝。如果把家庭比喻成一种水果，那么，它就应该是一个橘子，由很多瓣组成，但又可以独立分开，每一瓣界限清晰。如果把家庭比喻成一只船，那么，它就是一只独木舟，大家要齐心协力划桨，它才不会停滞不前。如果把家庭比喻成一项运动，那么，它就是垒球，一个耗时长久的、进度缓慢的、非暴力性的游戏，直至最后一个人出局，游戏才告结束。如果把家庭比喻成一个建筑，那么，它就是一所古老的但却坚实的建筑，蕴含了人类悠久的历史，它对那些透过坚实的外墙、泥灰以及亚麻地毯下的地板看见了其丰富内涵和各种可能性的人，充满了吸引力和诱惑。

——莱蒂·波格里（Letty Pogrebin，1983）（www. Bartleby.com）

第五章

家庭优势和抗逆力

◇ **本章内容**

优势为本的实务

抗逆力的定义

测量抗逆力

抗逆力的特质

家庭抗逆力

生态危险和机会

危险

文化

实务运用

本章小结

关键术语

推荐阅读书目

能力说明

◇ **学习目标**

概念层面：理解优势为本的实务。学生要懂得运用优势视角来理解家庭危险因素、文化和抗逆力。

感知层面：观察家庭和社区优势。

评价和态度层面：尊重家庭优势和抗逆力，相信优势视角，而非病态视角。

行为层面：学习如何发掘家庭和社区的抗逆力。

优势为本的实务

我们需要优势为本的、抗逆力取向的方法来改变实务重点，从关注家庭怎样无法解决问题转向家庭怎样成功解决问题。

——弗罗马·沃尔什（Froma Walsh, 1998）

在本章中，我们介绍优势为本的实务的相关概念，以及家庭抗逆力，这些概念将成为我们干预家庭的指路明灯。传统的家庭社会工作者都被培养成了悲观主义者！他们接受的教育都只看到了家庭黑暗的一面，了解的都是功能紊乱和异常状况，因此，他们在很多地方都只能看着这些负面的东西。过去家庭社会工作处理的都是家庭的痛苦和不幸，很少让家庭社会工作者关注家庭的正常运作是怎样的。要关注家庭问题是一件很痛苦的事，因为正是因为家庭出现了问题，有痛苦和苦恼，家庭才会来找家庭社会工作者求助。因为迫切需要处理家庭的苦恼，因此家庭社会工作有时忽视了家庭的优势和健康之处。

将家庭病理化造成了很多家庭社会工作实务按照这样的路径发展，即家庭社会工作者从家庭负面状况入手来了解家庭。家庭社会工作者试图通过消除或矫正某些行为来"修复家庭损坏部分"。然而，"矫正"的过程只是这个方程式的组成部分。其他部分包括要发现家庭中正确的方式是什么，要强化这些行为，要建立家庭的优势和能力。因此，需要建立一种更加多视角的家庭实务方法。家庭也会欣赏自己的积极特质能够得到承认，能让家庭社会工作者发现家庭的优点，这会有利于工作关系的建立，促进彼此的信任。发现家庭的优点还有一个好处，就是当家庭社会工作结束后，家庭面临困境时，家庭还可以运用这些优点来克服困难。这样，家庭可以依靠这些优势实现自我矫正。

在过去的十五年中，助人性专业人士开始关注抗逆力这个概念，它包含了复杂的过程，涉及生理、心理和社会因素，从而抵消了压力事件的负面影响，帮助个人和家庭处理艰难的生活事件。社会工作者要关注优势和抗逆力，这样他们才会变得更加乐观！优势为本的实务关注家庭的抗逆力，会有助于社会工作者从积极的方面找到新的干预方法。

优势为本的视角向家庭社会工作者揭示了如何发现、探索、修饰和开发家庭的优势和资源，协助家庭成员在人生旅程上不断实现自己的目标，实现梦想，摆脱自卑和担忧的束缚（Saleebey, 2000）。它要求重视家庭面对压力时所隐含的内在的创造力、勇气和胆量。

运用这个视角，家庭社会工作者可以通过一个独特的角度来审视家庭、家庭环境、困境以及家庭获取内在和外在资源的能力。家庭社会工作者改变了过去那种只关注问题的做法，他们为家庭建立了一个扎实的家庭发展和环境建设的基础。

这种从只关注问题和缺陷转向关注家庭能力的改变，重新平衡了实务界长期以来过度重视病理学，以及以医学和心理治疗模式为主导的因果关系的假设（Walsh，2002）。在这个积极转变过程中，家庭社会工作者与家庭的关系也变得越来越融洽，其赋权性也越来越明显。需求评估和干预方向也从问题是如何产生的，变成了问题应该如何解决，从而可以透过表面现象，找到并运用现存的、被掩盖的资源和能力。

家庭优势为本的实务的定义就是"可以在家庭面临逆境时，支持和保护家庭及其家庭成员的一系列关系和过程"（Myers，2003）。有时，服务对象的能力很强，在生活的方方面面都很成功，但是我们未必能够看见，因为我们关注的只是家庭遇到的各种问题（Gilligan，2004）。围绕家庭优势开展工作既是一种态度，更是一种技能。萨利贝（Saleebey）暗示道，"优势往往就隐藏在看似不可能的地方"，因此，要培养一种意识，要重视积极的特质、能力、才能和资源，这一点是至关重要的。

有关家庭是如何脱轨的研究已经多如牛毛了。但是，我们对于家庭是如何成功解决问题的了解甚少，有关健康的家庭关系的研究和理论的缺乏，使我们在这个领域存在很多缺陷（Young，2004）。家庭是非常多元的，尽管每个家庭都会遇到问题，但是，它们还是在不同的领域发挥了正常功能（Benzies & Mychasuik，2009）。因此，非常有必要关注家庭到底有哪些优势，使它们能够应对日常问题以及克服重大生活危机。

对于什么是健康的家庭，目前尚无一个普适性的模式或定义（Walsh，2006）。我们一起来看看下面引用的一些有关家庭的著名的表述："幸福的家庭都是一样的，不幸的家庭各有各的不幸。"托尔斯泰对幸福家庭的描述是正确的吗？如果他说的没错，那么，幸福家庭的特质是什么？现在我们用"健康"一词来替代"幸福"。大家请记住，所有家庭在各自的发展过程中的某个时段，都会经历不同的压力事件，它们也有快乐的、亲密的、一帆风顺的时候。经历了压力和困难时期，并不意味着家庭不幸福，或者是家庭功能紊乱。"危险因素的出现并不意味着家庭功能紊乱，相反，这说明很可能家庭问题会出现而已"（Greeff，Vansteenwegen，& Ide，2006）。沃尔什（Walsh，2006）也认为，说健康家庭永远不出问题，这本身就是个误解。

抗逆力的定义

目前对于抗逆力有很多不同的定义，我们一起来看看下面这些定义：

● 抗逆力指的是家庭积极回应不幸事件，并且更加坚强、能调动更多资源、更加自信（Benzies & Mychasuik，2009，p. 104）。

● 抗逆力指的是在重大危机或逆境中的积极应对模式，它会促进危险因素与保护因素有机互动（Greeff & Du Toit，2009）。

● 抗逆力包括"那些能够帮助家庭在面对变革时抵制破坏、应对危机的特点。不屈不挠是家庭系统对压力的回应方式，它指的是家庭问题的解决与应付、家庭抵抗性资源、社会支持和家庭凝聚力"（McCubbin，引自 Greeff，Vansteenwegen，& Ide，2006）。

● 抗逆力指的是从逆境中反弹并不断强大的能力和丰富的资源，因此，抗逆力并不仅仅指坚持下去（Walsh，2006）。

● 抗逆力指的是家庭有能力培育自己的优势来积极应对生活中的各种挑战（National Network for Family Resiliency，1995）。

● 家庭抗逆力指的是一些特点、面向和属性，能够帮助家庭在面对变革时抵制破坏，在面对危机时能积极适应（McCubbin & McCubbin，1988）。

还有一些术语也反映了抗逆力的含义，如"自动复原力"和"面对巨大挑战时能够以丰富的资源不屈不挠地应对"。所谓挑战指的是常规性压力（如生命周期各阶段）和非常规性压力（如健康问题或者失业）、持续性家庭压力（如婚姻冲突）和日常烦心事（如早上忙忙叨叨地准备孩子上学等）（Patterson，2002）。"要做到不屈不挠，人们必须经历危机，并成功应对"（Fraser，Richman，& Galinsky，1999，p. 137）。积极应对危机指的是要充分挖掘家庭资源，并将此当成家庭应对措施。

综合上述定义，我们发现抗逆力有几个明显的特点。第一，只有在面对逆境时，抗逆力才能得以体现，得到检验。第二，抗逆力指的是通过动员一系列独特的资源，来建设性地应对困难。抗逆力还包括个体、家庭和社区所具有的某些特点，单一的资源是不足以支撑抗逆力的，相反，抗逆力是一个复杂的、不同层面的、众多因素互动的结果。第三，家庭以某种方式回应，其目的在于妥善应对不幸事件，最终使家庭比之前更加强大。

在社会工作实务中，抗逆力已经开始从一个抽象概念转化为一个具有实务操作意义的概念了。发展抗逆力，不是通过回避不幸事件，而是家庭成功运用保护性回应措施，帮助自己以某种方式来应对这些不幸事件，最终使家庭越来越坚强（Benzie & Mychasuik，2009）。因此，不屈不挠就是一个动态过程，而远远不是结果。它受到很多因素的影响，在不同的时间、不同的背景中，会有不同的表现形式。家庭可在某个危机中表现出很强的抗逆力，但是在另一个脆弱性情境中会难以自拔。抗逆力会因为保护因素而得到提升，也会因为危险因素而受到压制。

保护因素会提高家庭应对危险事件的能力。它们会用资源来武装家庭，使其有效保护自己不受挑战的侵蚀，这样就极大提高了积极解决危机的可能性。而危险因素对问题的积极解决构成了威胁。这些保护因素和危险因素普遍存在于所有家庭中，也可能存在于所有事件中。要理解抗逆力，家庭社会工作者必须具有这样的能力：在评估问题时，能够发现家庭的优势所在。

测量抗逆力

目前已经有若干种测量工具和框架，可以帮助家庭社会工作者准确把握家庭优势和困难。

加德纳（Gardner）及其同事（2008）提出了"家庭适应性模式"。这个模式可用来从五个方面分析保护因素与危险因素之间的动态关系：需求（压力源）、评估（家庭如何看待这个处境）、社会支持（家庭成员之间的以及家庭外部的）、应对（家庭如何回应需求）以及适应。需求包括主要的生命挑战，如社会经济地位、健康问题、虐待等。堆积在一起的多重需要是成倍增加的，而非简单的叠加。因此，家庭内部就会出现多个压力源，从而增加了家庭的脆弱性。适应性评估指的是家庭在应对这个处境时的信念和态度、满足需求的能力、对眼前处境的解读和认识。社会支持长期以来一直被当成一个重要的因素，能够有效地缓冲负面生活事件，给人们带来安抚。社会支持的来源很多，例如，来自扩大家庭、朋友、社区网络和机构、工作单位等等。社会支持的作用在于它能从不同面向提供支持：情感支持、心理支持、信息支持、工具性支持、经济支持等等。

在第八章我们将讨论家庭类型架构，这个架构可以用来帮助我们了解家庭在下列领域是如何发挥功能的：（1）问题解决；（2）情感性回应；（3）情感投入；（4）沟通；（5）角色行为；（6）自治；（7）行为控制模式；（8）一般性功能。这个框架一方面有助于评估困境，另一方面告诉家庭社会工作者如何在每个类别中重视优势，发现家庭积极特质。

练习 5.1　家庭优势

分成八人小组。每个组从家庭类型表中选择一个功能性领域，并列出清单，说明可能从这个领域中找到的各种优势。跟班级其他小组进行分享。讨论家庭社会工作者应该如何利用这些不同的优势开展工作。

家庭优势与家庭健康密切相关。因此，赫特勒（Hettler，1984，引自 Myers，2003）提出了一个六面向的健康家庭功能性模式：（1）生理的；（2）情感的；（3）社会的；（4）智力的；（5）职业的；（6）灵性的。每个面向都指向了家庭可能隐含的优势，这就给家庭社会工作者在对家庭开展工作时提供了分析视角。

练习 5.2　潜在优势

从赫特勒提出的健康功能性的六个面向中列出可能的优势来源，把你列出的清单与班上其他同学列出的清单进行比较。

同样，斯威尼和威特曼（Sweeney & Witmer，1991，引自 Myers，2003）提出的全面"健康之轮"模式认为，健康源于互相关联、互相影响的生活任务，包括灵性、工作与休闲、友情、爱情和自我导向。所有这些内容都包含在上述的赫特勒模式中。自我导向又可以细分为：（1）自我价值；（2）控制感；（3）现实信念；（4）情感性回应和管理；（5）智力激发；（6）问题解决和创造性；（7）幽默感；（8）运动；（9）营养；（10）自我照顾；（11）性别认同；（12）文化认同；（13）压力管理。这些任务与家庭、社区、宗教、教育、政府、媒体和工商业等动态互动，互相影响。

练习 5.3　健康之轮

运用这个"健康之轮"来评估你的家庭的健康状况。假设有位家庭社会工作者来帮助你家，写下他们可能提出的优势为本的建议。这些建议应该围绕如何建构你家的优势。

麦卡宾二人（McCubbin & McCubbin，1988）认为，抗逆力涉及家庭的两个过程：

1. 调整，包括保护因素的影响，会协助家庭提升能力来维持其完整，并正常发挥功能，帮助家庭在面对危险因素时完成生活任务。

2. 适应，包括功能性恢复因素，能够促进家庭有能力"崛起"，以适应家庭的危机处境。适应还包括要改变环境、社区以及家庭与社区的关系等。

在麦卡宾二人对抗逆力家庭的研究中，他们发现了一种可称为"再生性家庭"的家庭类型。这些家庭会培育家人之间的信任和尊重，大家同心同德，维持一种平静和稳定状态。他们有信心接受压力性事件和困境的考验，大家齐心合力解决问题。他们能控制局面。与其他家庭相比，再生性家庭成员之间感情联系紧密，具有灵活应变性，家人之间彼此满意度很高，对周围人的满意度也很高，身心非常健康（p. 251）。

在家庭功能环形模式中，奥尔森（Olson）及其同事描述了两个面向：家庭的凝聚力和适应性（Olson, Sprenkle, & Russell, 1989; Olson, Russell, & Sprenkle, 1989; Olson & Lavee, 1989）。家庭凝聚力和适应性之间的平衡就特别准确地反映了家庭抗逆力的某些特质。

家庭凝聚力指的是"家庭成员彼此之间的情感联结"（Olson, Russell, Sprenkle,

1989，p. 60)。它包括情感联结、界限、结盟、时间、空间、朋友、决策、兴趣和娱乐等。家庭凝聚力从"脱节"（很低）、"分离"（低到中），到"联结"（中到高）、"密不可分"（很高）。处在中间环节的家庭（"分离"或"联结"）都属于健康家庭，因为家庭成员既可以彼此联结，也可以独立于家庭之外。"脱节"或"密不可分"的家庭都属于问题家庭。

这个模式的另一个面向就是适应性，指的是"婚姻或家庭系统在回应情境性和发展性压力时，改变其权力结构、角色关系、关系规则的能力"（Olson，Russell，& Sprenkle，1989，p. 60)。适应性可以从"严厉"（低）、"结构性"（低到中），到"灵活"（中到高）、"无序"（很高）。从"结构性"到"灵活"的中间阶段的适应性最能反映功能正常家庭的特点。一个结构性的关系不那么死板，没那么多的专制性，大家彼此之间有更多的分享。一个灵活的关系中死板更少，领导力会更多地在家庭中被分享。严厉的（高度专制的领导）关系或者无序的（不稳定的或者有限的领导）关系对家庭及其成员来讲，都是非常有问题的。

根据家庭功能的环形模式，我们可以得出这样的结论，凝聚力强的家庭（处在"分离"或"联结"阶段），以及适应性强的家庭（处在"结构性"或"灵活"阶段）最有能力来处理家庭困境。

153 ## 练习 5.4　抗逆力与你

反思一下你在生活中经历的一个困难的、你已经克服的时期。运用优势视角，找出四个帮助你克服困难的个人特点、四个家庭特点、四个社会特点。把这个困难事件的性质保留不说，向班级汇报到底有哪些特点帮助你克服困难。

练习 5.5　发现抗逆力

分成两人一组。每个学生都要回忆自己原生家庭经历的一个困难事件，与对方分享这段经历。然后说出到底是哪些优势帮助自己和家庭克服困难的。

抗逆力的特质

专业助人者经常认为自己是改变某个家庭生活的核心人物。然而，吉利根（Gilligan，

2004）认为，积极变化源于多种渠道。有时，抗逆力建立在某些特定领域的某些特定能力之上，如育儿技巧或者家庭凝聚力（Patterson，2002）。因此，家庭社会工作者的角色就在于要帮助家庭深入发掘这些优势，释放那些隐藏在失望和不知所措背后的正能量，并将其与支持性环境有机结合起来。反思一下米勒、哈布尔和邓肯（Miller，Hubble & Duncan，1995）的研究，我们发现，尽管与工作者之间的关系的质量是影响家庭改变的重要因素，但是，对变化过程最有影响力的却是服务对象的因素。这就是说，大约40%的变化与家庭的特质有关。关注家庭功能的积极方面，会极大地提高家庭积极变化的概率。

这些积极因素包括个人的特质、信念系统以及在一个强大的社会支持网络中家庭可用的资源。也就是说，家庭社会工作者可能并非唯一的或者重要的帮助来源，有时服务对象的自我也会发挥作用！工作者的任务并非扮演唯一助人的角色，而是发掘深藏在家庭和环境中的优势之源。在开始工作阶段，工作者需要问自己："服务对象哪些做法发挥了作用？别人有哪些好的做法和经验？"（Walsh，2003）

在讨论优势和抗逆力时，我们发现了一系列家庭特质。首先，在困境中，尽管需要向外求助，但灵活的家庭还是有能力朝着积极的方向迈进的。这些家庭的父母在困难时期，都会发挥坚强、灵活的领导作用，同时给家庭成员提供营养、保护和指引。其次，这些家庭具有很好的沟通和解决问题的能力，这使他们能清楚地认识到危机局面。同时，家庭能够有效回应彼此的需要，并共同解决问题。研究发现，家庭成员之间的彼此支持也是非常重要的。研究人员注意到，家庭成员之间的温暖、关爱、情感支持，家庭具有的清晰的、合理的结构和界限等都是非常重要的因素（Walsh，1998，p.11）。沃尔什还指出，下列因素也同样重要：鼓励，赞扬努力和成就，获取潜在的资源或能力，在逆境中准确定位优势，在家庭成员之间建立设身处地、换位思考的关系等。所有这些特质都与家庭类型架构中的各个领域高度契合。

本齐斯和米查斯维克（Benzies & Mychasuik，2009）断定，与抗逆力相关的因素具有积极和消极两极，例如，教育、健康和收入水平等，这些都是按照危险—保护这样一个连续体来分布的。例如，教育水平低就处在危险一极，而高教育水平就是一个保护因素。优势就包含了这样一些积极的关系型特质，如亲密、关系、照顾、投入和积极沟通等。抗逆力家庭也可以调动成功的应对策略，来对应挑战和压力源。此外，与积极的儿童发展相关的因素都与父母幸福指数密切相关，包括身心健康、全家的集体活动（如一起做家务）、家庭日常生活惯例和娱乐活动、父母参与孩子的活动、积极沟通模式等等。因此，我们重申："要帮助孩子，首先要帮助家长。"

抗逆力的特征是自发性的和持久性的，深受期望和信心的激发。个体和系统都可以具有抗逆力。抗逆力的特质包括：（1）有能力改变或适应并克服负面的生活情境；（2）有反弹的能力，持久面对压力；（3）有能力来挑战危险因素（Hinton，2003，p.38）；（4）从创伤中复原；（5）在逆境中成功适应。帕特森（Patterson，2002）认为，作为抗逆力的一

154

个重要的组成部分，家庭的意义非常重要，即家庭如何定义自己的需求和能力，家庭的认同和家庭成员的世界观，这些都会对家庭抗逆力产生重要影响。

家庭抗逆力

在家庭治疗领域，我们逐步认识到，干预能否成功在很大程度上取决于家庭的资源，而非治疗师的技巧。

——弗罗马·沃尔什（Froma Walsh，1999）

必须清楚地指出，优势为本和抗逆力取向的家庭方法更多是建立在家庭和社区具有掌控逆境的能力上的。尽管大部分有关抗逆力的研究关注的重点都是个体，但是，很多学者，包括沃尔什（Walsh，2003）都注意到了这样的事实，即有些家庭被危机击碎，而有些家庭在危机后前进了，并且资源更加丰富。"抗逆力的悖论在于，最艰难的时刻也能激发我们的最佳状态"（Walsh，1998，p. 10）。抗逆力激发了家庭的抵抗力和在逆境中反弹的能力，甚至是前进的能力。它指的是家庭作为一个功能性单位经历的应对和适应性过程（Walsh，1998，p. 14）。拥有抗逆力的家庭在面对逆境时，能够获得积极的、超出预期的结果。

抗逆力和压力源会在家庭生活中交替出现。压力源的问题在于，它会影响孩子，在某种程度上还会中断家庭的过程，破坏家庭关系（Patterson，2002，引自 Walsh，1998）。幸运的是，拥有抗逆力的家庭能够承受这些压力源。优势为本的、抗逆力取向的方法，从根本上改变了传统的缺陷为本的看待问题家庭的视角，后者认为一旦家庭出了问题，就是病理性的、无法修复的，家庭受到了生活逆境的冲击（Walsh，2002）。优势为本的视角强调家庭为了防止不良后果的出现，可以发展出一个保护性的机制（Patterson，2002）。

抗逆力是一个动态的过程，它包含了广义的"涉及在面对发展性威胁时成功适应的各种现象"（Fraser，Richman，& Galinsky，1999，p. 138）以及其他生命历程事件。它还涉及满足家庭成员需求、家庭整体需求以及社区需求，培育家庭成员能力、家庭整体能力和社区能力。

抗逆力绝非简单地低估了艰难的生活经历、痛苦和伤害。相反，它是一种在面临困境时的长途跋涉的能力，因为它坚信，尽管创伤令人痛苦，但是，这段经历是有教育意义的，是可以带来改变的（Saleebey，1996，p. 299）。拥有抗逆力的家庭相信自己的能力，明白现在的危机到底是什么，了解有哪些因素可以保护自己。所有家庭都会面临压力或问题。一旦出现压力和问题时，健康家庭就不复存在了，因为他们都要面对需求、压力、挑战和机会。家庭社会工作者必须抛弃这样的信念，即问题留下的痕迹是病态的、破坏性的，承载了问题的环境不可避免地会带来连续不断的问题。相比之下，抗逆力信奉的信念则是：家庭有能力自我矫正，克服困境，变得更加坚强。

拥有抗逆力的家庭即使面对压力和危机，也会找到优势和资源，推动自己前进。病理取向的模式把家庭当成了造成危险的原因，而忽视了关注家庭的优势资源。"要把抗逆力当成长期以来多重危险因素和保护性过程互动的结果，这会涉及个人、家庭和大的社会文化的影响"（Walsh，2003，p. 2）。拥有抗逆力的家庭尽管身处困境，依然可以正常发挥功能。拥有乐观的态度和坚定的信念，坚持优势和抗逆力的视角，可以协助家庭社会工作者与家庭成员一道开展工作，而大部分家庭成员对病态性标签都会持防御性态度。

从抗逆力视角来评估家庭时，要求家庭社会工作者把生态视角和发展性视角有机整合起来，这样才能在社会文化环境的情境下，更好地理解家庭功能性。由于抗逆力是一个**过程**，而非一个简单的特点或者一个特点清单，它最适合在支持性情境和支持性关系中成长。家庭社会工作者运用抗逆力开展工作时，要特别关注小家庭与扩大家庭、亲密伴侣、导师（如教练或者老师）之间的重要关系，还要关注与那些提供很多支持的朋友之间的关系，要相信个人是有潜能的，要鼓励家庭成员尽力而为，创造美好的生活（Walsh，2003，p. 2）。紧密的社区联系也会提高家庭有效应对艰难的生活事件的能力。家庭抗逆力视角建立在父母优势之上，当然，也要看到还有哪些局限性。认识到优势和局限能够帮助我们不断调整评估和干预计划，从缺陷为本的视角中解放出来，不再认为人们因为困境受损或者功能紊乱，而是认为人人都会面临社会处境的挑战。

抗逆力也不仅仅是克服困难、肩负重担、接受考验的能力（Walsh，2003，p. 13）。 *156* 抗逆力中隐含着人有潜能改变自己与他人的关系，获得成长，所有这一切都源于成功应对逆境。危机理论和抗逆力理论的一个核心原则就是家庭（和个人）在经历了危机之后，会变得更加坚强，更加资源丰富，因此，成功应对某个情境，能够激发人的优势和能力，以在未来处理类似的困境。换言之，在危机中激发的技能在未来可以迁移到其他类似的情境中。

为了帮助理解家庭抗逆力，沃尔什（Walsh，1999，p. 24）发展了这样一个框架：

家庭信仰系统
- 赋予逆境以意义
- 乐观的看法
- 超越和灵性

组织模式
- 灵活性
- 联结性
- 社会和经济资源

沟通过程

- 清晰
- 开放的情感表达
- 合作式的问题解决

家庭的信仰系统是抗逆力的核心和灵魂所在（Walsh，1998，pp.45-78）。换言之，有这样一句口号："问题不是问题，而针对问题的态度是问题！"信仰系统包括赋予逆境以意义、拥有乐观的看法、具有超越的信念。我们下面分别来讨论这些内容。

- **赋予逆境以意义**：必须相信家庭的重要性，相信家庭有能力照顾自己的成员。这样，危机就成为一个全家人需要共同面对的东西，每个家庭成员都会团结一心，共同解决问题。家人对彼此都有信心，对家庭也充满了信心，同时彼此之间互相信任。拥有抗逆力的家庭伴随着家庭生命周期而不断成长和改变。他们会接纳家庭生活的流动性和不断变化的特点。家庭社会工作者需要理解家中每个人眼中的家庭到底意味着什么。通过家庭成员间不断地产生交集，他们会学习赋予逆境以不同的意义，同时也明白了如何定义逆境会影响自己下一步的行动。如果家庭陷入死板的对问题的定义或信念而无法自拔，问题就出现了。积极的信念包括这样的表述："眼下我们面临了困境，但是，如果我们都能卸下包袱，前途就无限光明。"负面的信仰包括指责他人，或者认为只要将"有问题的人"赶出家门，问题就自然解决了。

157

- **拥有乐观的看法**：拥有抗逆力的家庭会把危机当成挑战，会给家庭带来机会，相信通过不懈努力，一定可以战胜危机。这样的家庭会勇于忍受艰难困苦，坚信未来的处境一定会更好。吃一堑就会长一智。此外，幽默感会提高家庭的应对能力。正如静心祷文所教导的，拥有抗逆力的家庭会积极主动处理问题。作为家庭，他们积极向上。

- **具有超越的信念**：超越的信念指的是超越了个人、家庭和逆境来看待意义和目标（Walsh，1998，p.68）。贯穿本书的一个信念就是，家庭跟外部社会支持系统紧密相连时，家庭的状态是最佳的。灵性的形式很多，可以为家庭提供工具系统和信仰系统，来协助他们处理逆境。最后，家庭还可以通过努力拼搏和痛苦来获得学习和成长。

生态危险和机会

抗逆力包含了生态、发展、关系性视角（Hernandez，2002），同时还包含了优势为本的视角。在本节中，我们要探讨不同的生态系统中存在的各种危险和机会：微观系统、中观系统、宏观系统和外部系统。

家庭是幼儿的第一所学校，父母就是最权威的榜样。

——艾利斯·斯达琳·霍尼格（Alice Sterling Honig）（www. Bartleby. com）

微观系统

在微观系统中，第一层关系就是家庭中的面对面的关系。"我们要测量孩子的社会财富，只要去观察围绕孩子玩耍、工作和爱好的包容性、互惠性和多面向的关系即可"（Garbarino，1992，p. 22）。这些关系首先源于其主要照顾者——通常是母亲，然后逐步发展起来。在孩子的成长过程中，他周围的关系会不断扩大到父亲、兄弟姐妹，可能的话还会延伸到扩大家庭亲属圈中。随着孩子一天天长大，他/她会学习一些技巧，将家庭的朋友和同伴也纳入到自己的关系圈中。用玛丽安娜·内福特（Marianne Neifert）的话说，就是：

> 家庭既是社会的基本单位，又是文化圈。它代表了孩子无条件关爱和接纳的最初的来源，为他们一生与他人交往建立了连通性。家庭是最初社会化的第一个场所，在这里孩子开始学习如何尊重他人，如何与他人相处。在家中，孩子们学会了如何表达爱意，如何控制自己的脾气，以及如何收拾自己的玩具。最后，家庭还可以是一个提供源源不断的鼓励、倡导、安全和情感的地方，这样，孩子才能健康成长，学会各种能力，应对外部世界的挑战，实现自己的梦想。家庭相对于外部世界，是一个微观系统，在这里孩子们开始学会了解自己，了解他人。正是在家中，孩子逐步学会了爱，了解了性别角色、能力、亲密、自治和信任等。（www. Bartleby. com）

加巴里诺（Garbarino，1992）在谈到有必要建立一个扩大的亲属、邻里和朋友网时，提出了一个更加丰富、多元的微观系统。一个富足的家庭必定有互惠性的关系，权力分配均衡，情感氛围温馨，有求必应，积极向上，饱含深情（pp. 36 - 39）。在这个环境中，社会隔离会对孩子的成长和发展极为不利。 *158*

有些家庭天生就有一些嵌入式的保护性机制，或者称之为"减震器"，它们可以在家庭经历负面事件时，发挥缓冲作用。沃尔什（Walsh，1998）指出了家庭"减震器"的下列特点：

- 灵活性；
- 稳定性；
- 有改变的能力；
- 能够平衡稳定和改变；
- 连通性；
- 平衡好团结和独立；

- 清晰的界限；
- 共同的领导给家庭提供营养、保护和指引。

这些家庭在面临严重压力和艰难逆境时，会表现出应对能力。我们现在要开始理解这些家庭在面临这些困境时，到底是怎样表现出抗逆力的。当然，还有些家庭不仅能够战胜创伤，而且到了最后，家庭状态变得更好。本齐斯和米查斯维克（Benzies & Mychasuik, 2009）回顾了影响家庭抗逆力的保护因素的有关研究后，提炼了 24 个支持家庭抗逆力的因素。这些保护因素既有个人层面的、家庭层面的，也有社区层面的。我们把他们的研究结果与其他人有关生态系统框架的研究整合在一起，列出了清单，在这个单子上，我们加上了他人研究发现的一些因素，这些因素在家庭面对挑战和功能性障碍时，能够发挥保护性作用。

在微观系统中有若干因素能保护家庭，提高抗逆力。由于近年来很多有关抗逆力的研究关注的都是个人，因此，发现的很多保护因素都是个人层面的。本齐斯和米查斯维克描述了有关个人的 9 个保护因素。当然，由于这些因素都是以个人为基础的，因此，我们不太清楚个人因素是如何转化为家庭功能的，特别是当某个家庭成员功能性很好，而其他家庭成员丧失功能时，个人保护因素是如何发挥作用的。人们可能会假设说，每个成员都有抗逆力的家庭，必定会给整个家庭单位带来抗逆力。但是目前我们还不清楚的一点就是，当一个家庭中一个成员有抗逆力，而其他成员没有抗逆力时，这个家庭会怎样发挥作用。

个人层面的保护因素

- **内控点**：拥有很强的内控点的人相信，自己能控制自己的命运，他们有权力和能力来改变自己的环境，或者创造自己独特的环境。换言之，他们相信控制自己生命的责任是掌握在自己手中的。

159
- **身心健康**：身心健康的人会有能力不断应对生活的各种挑战，身心健康会给人们力量、能量，使人看得更远，不断前行。
- **性格**：性格指的是一些倾向性的回应刺激的情感和行为方式。人在一生中，性格是非常稳定的。
- **性别**：本齐斯和米查斯维克认为，性别对年轻的女性是一个保护因素。与男孩相比，女孩常常会有更好的同伴关系，更少的外化问题行为。我们很好奇的是，在一个父权制社会中，当女性成年之后，这些保护因素会如何发挥作用。
- **情绪调节**：有情绪调节能力的人能够有效地控制自己的思想、情感和行为。他们会有良好的克制冲动的能力，在压力环境下能够保持思路清晰，做到喜怒不形于色。
- **信仰系统**：有很多信仰系统都发挥了保护性作用。这包括精神信仰和积极乐观的态度。
- **自我效能**：指的是个人相信自己是独立自主、自力更生、能够独立思考的。

- **有效的应对技巧**：即有能力回应突如其来的、需要调动资源的需求。
- **教育、技能和培训**：具有这些特点能够给个人在就业和收入等方面提供很多选择。

家庭层面的保护因素

很多保护因素就存在于家庭之中。这些因素在家庭作为一个整体共同发挥作用时，才会表现出来。它们包括：

- **归属感**：最重要的社会存在的归属就是家庭。家庭成员会通过文化、共同的宗教和认同感来与家庭建立连通。家庭的凝聚力或者是参与感、归属感和照顾，都是保护因素。（Benzies & Mychasuik，2009）。具有凝聚力的家庭会共同面对逆境，通过合作、互相支持，以及家庭全力以赴处理困难的方式，来动员家庭的凝聚力。随着人们不断重视社会网络，家庭成员也会与社区组织建立更加紧密的联系，家庭成员会走出家庭，参加一些发展性的活动。家庭社会工作者要努力加强家庭成员之间的联系，同时也要加强家庭与社会支持系统的联系。

- **家庭结构**：规模小的家庭经济压力也相应会小，孩子上中学的比例也会更高。此外，成熟的、年纪大一点的母亲会有比较稳定的职业，而未婚母亲往往会处于弱势（Benzies & Mychasuik，2009）。单亲家庭的处境会更加弱势，主要是因为他们的经济收入少，一个人既要当爹又要当妈。

- **随着孩子的成长，微观系统会不断扩展和多元化**：一个日渐长大的孩子会建立一个等级式的依恋关系，首先进入这个关系的是主要照顾者，然后是初级家庭成员、扩大亲属、邻居和朋友等。有些父母会通过教育来了解孩子的发展性需求。家庭社会工作者可以帮助父母通过绘图来了解孩子的微观系统在孩子生命过程中是如何发展的。家中的成年人也需要家庭之外的社会交往。主要照顾者会面临着一个不断增长的隔离的危险，特别是当孩子们年幼时。例如，麦戈德里克及其同事在画照顾家谱图时发现，照顾会给家庭带来张力，特别是给妇女带来张力（McGoldrick，Gerson，& Petry，2008）。

- **兄弟姐妹关系作为强有力的支持来源**：我们在第三章中谈到了兄弟姐妹子系统。不同家庭的手足关系的质量也不同的。例如，有个研究发现在家庭中，手足关系是最具暴力性的。无论如何，手足关系往往会伴随终身，因此，家庭社会工作者在与家庭开展工作时，需要强加手足关系。"手足间相处的时间越长，他们之间的关系的紧张度越高……亲密的手足关系会彼此相依为命，特别是当父母离世，或者父母无法养育他们时"（McGoldrick，Gerson，& Petry，2008，p. 120）。

- **个人的社交技巧和问题解决能力、情商、应对能力和幽默感**：家庭社会工作者可以帮助家庭成员发现这些特质，促进自己的发展。尽管人们对情商存在不同的看法，但情商观点还是认为，高情商的人能够更好地理解自己和他人，能够了解并控制好自己的情绪，积极主动，有上进心，能够发现并理解他人的情绪，会管理自己的各种关系（Goleman，1998）。

160

● **家庭的某些特点，如凝聚力、良好的沟通和行为管理技能**：具有这些特点的家庭会建立温馨的亲密的互动模式。他们彼此合作，互相支持（Benzies & Mychasuik，2009）。家庭类型框架会进一步帮助家庭社会工作者发现并培育家庭的这些积极特点。

● **家庭关系**：与友善的父母之间建立支持性关系会最大化地促进孩子的健康发展。它会提供积极的、安全的依恋关系，父母会参与到孩子的生活中，会制定清晰的、具有一致性的规则。个人特点、育儿方式、管教技术、互动模式、亲子关系质量和父母的支持都会影响孩子日后的同伴关系的质量。家庭支持也会预示孩子未来的朋友质量，家庭支持和朋友支持的质量与自尊水平密切相关。扩大家庭的关系也会与上述关系的质量有关。

● **足够稳定的收入**：丢掉工作对养家糊口的人来讲是个灾难，会让他们出现抑郁、孤独和敏感情绪（Benzies & Mychasuik，2009）。就业会增加家庭的资源，让家庭成员与家庭外部的网络保持联系。

● **适当居所**：这会影响孩子的学业表现，因为频繁搬家会中断孩子的学业（Benzies & Mychasuik，2009）。一个稳定的、有序的住所会给孩子提供安全、舒适的基地。

● **日常生活惯例和仪式**：这些习俗都是家庭抗逆力的转折点，它们通过学校和家庭的日常的规则和仪式，提供了稳定性和可预测性。日常生活惯例和仪式会巩固家庭结构，提高可预测性，使家庭日常生活更加安全、可靠。日常生活惯例是看得见的、每天重复的，因此，它们可以预测家庭成员的行为，规范日常生活。家庭成员知道，每天何时吃饭，何时洗衣，父母什么时候有时间。日常生活惯例还给孩子提供了探索世界的安全基础。日常生活惯例与仪式不同的是，它们不具有相同的象征意义或者情感意义。

> 事实上，家庭就是按照你的方式建构的。家庭之所以强壮，并不是由餐桌边坐了几个人来决定的，而是由下列因素决定的：你与家庭成员一起制定的仪式、你们共同拥有的美好记忆、愉快相处的时间、彼此之间表现出来的爱和关心，以及你们每个人及家庭作为一个单位赋予未来的希望等。
>
> ——玛吉·肯尼迪（Marge Kennedy）（www. Bartleby. com）

"仪式具有象征意义，因为它们代表了……集体认同感和连续性"（Sandler et al.，1989，引自 Gilligan，2004，p. 93）。仪式还可以帮助人们与自己的精神核心价值观一致（Walsh，1999）。下面的例子就很好地说明了家庭遵从仪式的重要性。本书的作者之一有一次坐在一家发廊中，听到另一位顾客在讨论自己家里的仪式。她说："我认为我出生于一个功能紊乱的家庭，但是，能让家庭一直维持下来的主要原因，就是我的父母每周都带我们出去野餐。我也准备让我的孩子们保持这个'仪式'，因为野餐真的挽救了我的家庭。"这段话最有趣的地方就是，这个顾客的家庭气氛有时会骤降至零下 40 摄氏度，但是，这个家庭依然没有解体，就是因为坚持了野餐这个仪式！

在前面这个例子中，我们可以发现，仪式会促进家庭的认同感。它们还可以帮助家庭对自己的处境赋予意义。家庭如果计划并继承了家庭传统仪式，孩子们就会远离父母的问题。仪式包括意识、传统、惯例等，它们会建立秩序感，具有预测性。家庭社会工作者要重视家庭传统和仪式，要创造机会让家庭建立新的仪式和惯例，或者恢复旧的仪式和惯例，以此来标记并赞美自己的家庭认同感。那些与某个特定的家庭问题（如药物依赖）无关的家庭仪式，会防止家庭建立与该问题相关的认同感。

在过去十多年中，家庭仪式作为积极的保护性的家庭习俗，其作用越来越明显。家庭仪式常常源于宗教实践，它"是一种象征性的沟通方式，通过反复实践，家庭成员对这个方式逐步感到满意，随着时间的推移，已经成为一种系统性方式了"（Wolin & Bennett，1984，引自 Viere，2001）。与日常生活惯例比较类似，家庭仪式会推动家庭稳定性和可预测性，赋予家庭成员以认同感，他们会觉得自己是家庭的一分子。在家庭内衡系统受到破坏，出现了暴风骤雨时，家庭仪式就成了支柱。仪式可能标记着失去生命或爱人去世（Walsh，1998），还可以在艰难困苦时期成为家庭成员团结起来的力量。仪式还包括婚礼、出生、食物以及不同的人生大事及其庆祝形式。

每个家庭遵从仪式的程度是不同的。沃林（Wolin，1993）指出，所有的仪式都处在一个连续体上，一端代表了家庭不遵从任何仪式，另一端代表了家庭严格执行所有的仪式。尽管这样，有四种仪式是所有家庭都必须遵从的：家庭庆祝仪式（与大的文化传统相关的，如基督教、斋月或犹太新年）、家庭传统（某些家庭特有的，如上面提到的野餐）、家庭生命周期仪式（葬礼、婚礼、毕业礼等），以及日常生活事件（正餐、就寝时间等）。因此，家庭社会工作者要围绕家庭的仪式来开展工作。仪式也可能成为家庭的幽默来源，这也是家庭抗逆力的主要来源之一。

162

～～～～～～～～～～～～～～～～～～～～～～～～～～～～～～

练习5.6 仪式

分成小组，讨论每个组员家庭如何实施（1）一般性仪式，（2）生命周期仪式，以及（3）日常仪式。还要讨论自己经历过的最重要的仪式是什么，为什么是重要仪式。把你们讨论的结果汇报给其他同学。

～～～～～～～～～～～～～～～～～～～～～～～～～～～～～～

～～～～～～～～～～～～～～～～～～～～～～～～～～～～～～

练习5.7 特殊仪式

现在我们来放松一下。分成小组，每个人轮流介绍一种在自己成长过程中与家人经历过的特殊仪式。这些仪式的特殊性在哪里？这些特殊仪式对你的家庭有什么影响？要有创造性，轻松一点。

～～～～～～～～～～～～～～～～～～～～～～～～～～～～～～

中观系统

　　所有父母都需要获得尽可能多的帮助，最强大的家庭以及最脆弱的家庭都离不开重要的社会支持网络。

——伯尼斯·韦斯包德（Bernice Weissbourd）（www.Bartleby.com）

　　中观系统指的是微观系统中面对面关系的质量，例如父母如何与对方相处，如何与孩子的老师相处等。中观系统的抗逆力来源包括不同微观系统之间各种关系的丰富性。"我们测量孩子的中观系统的丰富性，就是通过分析孩子拥有的关系的数量和质量"（Garbarino，1992，p. 23）。在这个层面上有一系列的因素：

　　● **强大的社会支持网络**：当家庭关系面临压力、麻烦不断时，网络可能就是压力和痛苦的来源。同样，网络也会成为家庭最有力的援助、支持和连通性的来源，家庭社会工作者要充分认识到社会联系的威力，在与家庭工作时，需要加强家庭成员之间的联系，培育家庭与社区之间的联系。社会支持包括家庭与扩大亲属关系、朋友、邻居、同事等人之间互动时所带来的安慰。这些人会成为情感支持、信息提供或实物帮助的主要来源，如照顾孩子、财政支持、帮助做家务等。

　　● **同伴接纳**：孩子在成长过程中，会逐步建立自己的扩大朋友圈。家中的成年人也需要家庭之外的友谊。

　　● **社区参与**：这包括要参与到更大的社会网络中，以及获取与健康照顾、教育和资源相关的信息。它还包括参与邻里活动，对社区有归属感，接近角色榜样，以及非亲属间的陪伴（Benzies & Mychasuik，2009）。

　　● **支持性导师和角色榜样**：这包括要与家庭之外的支持性角色、值得信任的人交往（Benzies & Mychasuik，2009）。强关系指的就是为了孩子利益最大化，重要的人团结起来，共同营造一个友好的、关爱性的环境，以有利于孩子的健康成长。中观系统越强大，孩子就越能获得更多的技巧和能力，来驾驭不同的系统。尽管社会重视独立性的价值，但是，没有一个家庭处在孤岛中。家庭外最重要的一个中观系统就是家庭与学校之间的系统。当父母得到了工作单位的支持时，父母会把自己获得的安全感和满足感带回家中，传递给家中的每一个人。无论孩子的能力如何，学校都非常重视孩子的付出，那么，这个孩子回家后也是非常快乐的。当家中有人生病了，教会及时给家庭提供了帮助，这就有效地缓解了家庭的负担。加巴里诺认为，这些关系能推动孩子谨慎地、温和地进入外部世界。当这些关系呈现多元性、合作性和支持性特点时，每个人都会从中受益。

　　● **原生家庭的影响**：本齐斯和米查斯维克（Benzies & Mychasuik，2009）提出，跨代联系与认知发展、学业表现和危险因素传递之间存在相关性。祖父母和扩大亲属网给孩子提供了支持和多元性，这会极大丰富孩子的成长过程。

社区可以通过给家庭提供机会，参与社区生活，获得非正式网络、社会网络、跨代指导等方式，来建立自己的安全空间，同时，家庭还可以为社会做出贡献，承担起有责任心的公民的义务。家庭社会工作者可以协助家庭发现并运用可用资源来协助自己解决问题。这些资源可能是传统的、正式的（如社会服务机构、有组织的运动队），也可能是非传统的、非正式的（如社交俱乐部、信仰团体等）（Dosser，Smith，Markowski，& Cain，2001）。支持性网络都是根据家庭的特别的需要和资源而量身定制的。工作者还要保持文化敏感性，关注家庭社区中存在的那些零星的和非正式的支持网络。此外，服务提供最好以团队合作的形式开展，将家庭置于中心地位，直接提供有益的、有用的服务。

在家庭遭遇不幸事件时，扩大家庭和社会支持网络提供了生命线，它们会提供实际的支持和情感支持。它们还发挥了榜样和导师的作用。社会支持网络的集中性，与现有的积极的关系，都分布在家庭内外，绝对不能低估了这些资源的作用。如上所述，在对家庭开展生态系统评估时，家庭社会工作者必须把家庭社会网络中的重要人物包括进来，特别是那些积极的、具有支持性的人物。能够减轻压力后果的重要关系包括微观系统中的各种积极关系的不同层面，以及家庭之外的重要他者。所有这些关系都能缓冲困境带来的破坏性打击。

吉利根（Gilligan，2004）把上述关系称为社会支持的"脚手架"（p. 95）。"脚手架"构成另一个支持性网络或安全网，可以防止人们从高空跌下来。它可能包括：

● **对重要他者的安全性依恋**：在一个理想世界中，重要他者至少是父亲或母亲，或者是老师、兄弟姐妹、祖父母、扩大家庭亲属或朋友。

● **对社区、文化或其他重要团体的归属感**：学校通过教学、体育运动和其他积极的社会经验，给孩子提供发展机会，让他们获得意义和接纳。教师可能就是有权威的导师。邻里社会组织、宗教团体和文化组织也是非常重要的社会支持来源，它们通过各种各样的社会认同活动，提供机制保障。

● **一个能够满足个人发展需要的广阔的社会网络**：随着孩子年龄增长，他们的社会网络也会不断扩大，会逐步超越家庭，将朋友、扩大家庭成员和老师也包含进来。如上所述，成年人也需要与社会网络建立积极的联系。

● **积极的角色榜样**：这些可能包括老师、社区工作者、媒体人物，或者某人生命中的重要他者。如果孩子或父母身边缺乏这样的榜样，家庭社会工作者需要帮助他们与有组织的社区支持系统联系起来，如兄弟会和姐妹会等。

家庭社会工作者在处理家庭的"脚手架"时，需要关注和强化对家庭的积极影响。与家庭之外的外部世界之间的关系会导致角色和认同的多元性，同时也会培育强烈的自我满足感。相比之下，陷入了单调的、一成不变的角色中，会埋没了人的潜能。单一的、不变的角色，如母亲、学生、养家糊口的人等，都极大地受到了限制和孤立，因为每个人都需要获取多个角色、多个社会认同和机会。在这个过程中，家庭社会工作者要探索并鼓励家庭与社区建立联系。抗逆力就是要发掘潜能。

通过社区能力建设，可以改变贫困社区的面貌。这并非因为微观社会工作（直接服务）比宏观社会工作（社区服务）更加有效。社会工作的两大方法可以综合起来，朝着一个共同的目标前进。从社会网络的视角来看，家庭和同伴关系是大的生态系统中的子系统，在促进儿童发展和儿童福祉中有互相重叠的功能（Franco & Levitt, 1998, p. 315）。专业人士之间互相配合是非常有必要的，但是他们都不能取代家庭环境中的自然关系。埃尔南德斯（Hernandez, 2002）指出，在与来自遭受了战争破坏国度的人开展工作时，"保护包容各种社区力量"是非常重要的。

外部系统

家庭并非直接参与外部系统，但是，外部系统的影响会通过家庭参与的各种社会组织，如学校、公司、教堂、社会服务网络、邻里、市政厅等，点点滴滴地渗透到家庭中。例如，市政厅决定在不同的无家可归庇护所中，将父亲和母亲分开居住，给家庭建立娱乐中心，或者在地方服务中心提供学前和放学后服务计划等。这些政策都可能给家庭带来积极的或消极的影响。学校可能会给那些做家庭作业困难的学生或者家庭困难的学生提供课外辅导。学校也可能开展对以大欺小零容忍的计划。各种社会组织也可能在某些少数族裔传统节日举办活动，庆祝民族和文化多元性。我们知道，有些学校还有薄饼节，在这一天，非裔美国人家庭会与学校的其他家庭分享自己的历史和美食。所有这些活动都会对孩子及其家庭的福祉产生积极影响。

总之，家庭需要生活在安全的邻里环境中，即摆脱了贫穷、犯罪和暴力，能够提供较好的基础建设、基本服务设施，能够减少环境危险因素的环境（Benzies & Mychasuik, 2009）。家庭还需要接受高质量的育儿照顾、学校和健康照顾等。

练习5.8　家庭的外部系统支持或者无支持家庭

设计一次社区访问，来研究社会机构、公民法和政策机构、学校以及其他你能想到的社会机构。深入调查其中一个机构，来探索它是如何支持或者不支持家庭的。将结果向班级汇报。

宏观系统

在宏观系统中，广义的社会价值观成为社会的"蓝图"（Garbarino, 1992, p. 45），从而渗透在生态系统的不同层面，影响了人们的态度和行为。社会政策就成为这些社会价值观和信仰的最好的回声。非常不幸的是，很多官僚机构和组织中的助人性政策往往与优势为本的取向是完全背道而驰的（Saleebey，1996，p. 297），在那里，人们喜欢使用的词语是"有病""问题"等，他们出台的政策也无法设想家庭的整体性。"追求一种以抗逆力、反弹性、可能性和转变为基础的实务是非常艰难的，因为说来也奇怪，这种实务取向并非助人界和服务界自然遵循的思路"（Garbarino，1992，p. 297）。

为了举例说明宏观系统价值观，我们引用了"美国家庭抗逆性网络"（The National Network for Family Resiliency）提出的能够支持家庭福祉和抗逆力的若干政策。它们包括：

1. **家庭支持和责任**：政策会支持和补充家庭的功能性，作为最后手段，来给家庭提供替代性服务。这个政策背后的价值观是，家庭能承担很多功能，而家庭的替代形式是最后的手段。

2. **家庭成员身份和稳定性**：政策应该鼓励和强化家庭承担的义务及其稳定性，特别是当孩子出生之后，更应如此。其背后隐含的价值观就是，将家庭成员带离家庭只能是保护其免受更严重伤害的措施。

3. **家庭参与和独立性**：政策必须明确家庭关系之间是彼此依存的，家庭联系和义务是强有力的，家庭拥有了很多资源，就是为了帮助家庭成员更好地成长。其背后的价值观是，解决家庭中个人的问题，绝不能伤害到其他成员。

4. **家庭的伙伴关系和赋权**：政策必须鼓励家庭成员在服务提供过程中，要与专业人士像伙伴一样合作。这背后的价值观是，当家庭在发展中遇到问题时，政策需要回应家庭的需要。

5. **家庭多元性**：政策必须承认并尊重家庭生活的多元性，家庭受到影响的方式也各不相同。这背后的价值观就是，所有家庭都需要支持，但是，不能因为家庭结构、文化价值观、生活阶段或者环境不同，而导致某些家庭陷入弱势境地。

6. **家庭脆弱性**：那些在经济社会方面需求极大的家庭在政府政策中应该得到优先考虑。这背后的价值观就是，所有家庭都应该得到支持，政策就应该特别关注那些面临很多经济和社会限制的家庭，以及那些最可能解体的家庭。

这六条说明清楚地表明了什么样的政策和价值观最能给家庭提供支持。它们倡导的是所有家庭成员的人权，并努力谋求社会公义。同样，不同的政党也拥有自己独特的社会价值观：我们应该向军队投资还是向健康照顾投资？我们是否相信经济学上的适者生存的价值观？帮助弱势家庭会让他们更加依赖政府吗？给家庭提供帮助是否能够为孩子提供基础，帮助他们克服贫穷的一代和贫穷环境的影响？看看上面提到的六个观点，就知道什么样的政治哲学能够最大限度地帮助家庭了。

传媒的影响也是非常普遍的，但是我们似乎对此视而不见。有关媒体的一个重要问题就是：它服务于谁的利益？在很多国家，包括民主国家，媒体会在新闻中加上偏见性的视角。由于家庭正是因为宏观系统而拥有多元性以及与周围的环境之间建立了丰富的关系，因此，宏观系统也会因为重视多元的观点和价值观而变得非常深厚，富有内涵。视角的多

166

元性尊重的就是多元主义。当然，媒体似乎绑架了我们的信仰。我们应该苗条、性感、结婚，应该是异性恋者、成功人士、爱国主义者、守法的好公民。信息就是权力，谁控制了媒体，谁就拥有至高无上的权力。

"家庭和社会彼此密不可分地联系在一起，互为前提，互为结果"（Becvar, 1998, p. 1）。某些社会最大的社会哲学就是在政治层面的争斗：为了福利而工作、控制青少年生育、家庭的尊严、人口控制、妇女的角色等等。当然，选民们到底获得了多少信息？有些人是根据跨代传统或者社区传统来投票的，他们很少认真思考这些问题。按照加巴里诺（Garbarino, 1992）的观点，"现有的数据表明，孩子道德发展的最大的危险就来自极权主义的社会，这样的社会要求人们对国家绝对忠诚"（p. 47）。当然，我们是否被鼓励批评国家？是否有平台让我们批评国家？提出批评是否就意味着该人不爱国了？

练习 5.9　宏观系统价值观

在班上讨论：什么样的政治意识形态能够最好地支持家庭社会工作的目标？为什么？证据是什么？

167 ## 危险

在上一节中，我们回顾了生态系统的不同层面，也分析了对孩子及其家庭可能构成的危险和机会。危险指的是个人或家庭经历不幸事件的可能性（Fraser, Richman, & Galinsky, 1999），这种危险存在于每一个层面。当然，造成问题发生的危险因素很多。例如，与儿童虐待相关的危险因素可能包括照顾者的抑郁、与朋友和家庭的社会隔离、育儿技巧不足、压力大、家庭关系松散（使家庭外部的罪犯可以进入家庭）、吸毒、失业，以及对孩子不切实际的期望等。

危险因素和保护因素互相交织在一起，从而会影响家庭能否处理一起危险事件。萨利贝（Saleebey, 1996）还加上了一个"生成性因素"，即这三类因素碰到一起，就会提高学习、资源获取和发展的水平，从而提升抗逆力水平，或者加重家庭逆境程度。总之，抗逆力的构成因素包括家庭长期以来的能力或功能性水平、面对的逆境的性质、个人和社会资产、环境保护和挑战、压力情境、个人对压力情境的感知和定义等。如上所述，当人们的优势得到认可和支持，他们就会积极主动地希望改变。

然而，弗雷泽、里奇曼和加林斯基（Fraser, Richman, & Galinsky, 1999）特别提

醒说，在应对逆境时，不能只看抗逆力或者优势，因为它们不能完全抵消"严重逆境的有害的后果"（p. 140）。他们主张首先要处理造成家庭逆境的条件。

让我们来看看孩子性虐待的例子。芬克尔霍（Finklehor, 1986）发现孩子性虐待有四大前提：有性虐待的动机，战胜了内在的抑制因素，战胜了外在的抑制因素，压制了儿童抵抗。这里每个因素都会提高性虐待事件发生的危险性，这些因素碰到一起，就提高了家庭微观系统中的危险域。在微观系统外面还存在其他的危险因素。

1. 违法者的性虐待动机必须被当成个人问题来处理，当然，这个问题可能超越了家庭社会工作者的专业能力。不正常的性冲动可能是干预的重要焦点，也包括个人意愿，因为违法者可能以前就是性虐待的受害者。性虐待的动机在性虐待事件中是一个非常重要的因素，事实上，这是第一重要的危险因素。不是每一个都有性虐待动机的人都会真正实施虐待行为。

2. 降低违法者战胜内在抑制因素的可能性，实际上需要专家的参与，特别是当违法者有吸毒、冲动控制或其他精神病时。无论如何，家庭社会工作者都可以告诉违法者他们的行为是不可以接受的，家庭社会工作者的角色就是要保护儿童。潜在的违法者必须增强内心的抑制，而药物依赖就是最厉害的反抑制物。当然，一个压根儿就没想要性虐待儿童的人，即使受到药物影响也不会这么做。我们记得有个继父性虐待自己的继女长达数年之久。在辅导过程中，他声称，自己当时喝醉了，不清楚到底发生了什么。家庭社会工作者告诉他："我很高兴你把这些都告诉我了。我们需要处理两个问题，你虐待孩子以及你酗酒。"

3. 下一个前提条件是处理外部的抑制因素。例如，家中父亲或者母亲的在场可能会制止虐待事件的发生。环境因素如果进入到了家庭和机制中，其影响就会大大增强，它会与其他前提条件共同发挥作用。这些就要求教育家庭成员尊重个人隐私和个人界限。家庭的社会隔离问题也要得到处理。要告诉家中的其他兄弟姐妹（他们的年纪要稍大一些，能够听懂这些事），让他们知道家中发生了虐待事件，这样才会打破秘密，才能发现他们是否也遭受过类似的虐待。同时也增加了一项家庭监控的内容。要向家庭成员传授健康性行为知识，要让他们学会尊重性别差异。还有一个重要的工作就是要向非犯罪的父亲或者母亲进行赋权。

4. 儿童的抵抗也是一个干预的切入点，这可能是家庭社会工作者的目标。要教育儿童有关性虐待的知识，要教他们如何坚定勇敢地反击。孩子们还要学习把自己遭受虐待的情况告诉别人（特别是非违法的父亲或母亲，或者其他能提供帮助的人）。要让这个孩子与非违法父亲或者母亲建立联盟，这样会增进他们之间的关系。

这个模式可以用来帮助我们甄别不同层面的危险因素在哪里。最为重要的危险因素就是虐待的动机。其他的因素，如家庭的社会隔离和紧密的家庭界限等都是围绕这个因素逐步发展的。如果逐一处理后三个前提条件，而忽视了第一个前提条件，那么干预是无效的，甚至是危险的。有些工作者按照某些理论，先追究责任，然后再处理危险连续体，例如，指责母亲要对虐待负责。在一个案例中，儿童保护机构找到了一名家庭社会工作者。一名年幼女孩的母亲刚刚开始与一名男性同居，该男子刚从司法鉴定的医院出来，被诊断为恋童症。家庭社会工作者给机构打电话，要求咨询师去看看这个幼女，要教会她一些自我保护和抵抗的技能。让这名幼女与一个恋童症患者居住在同一个屋檐下，这显然不是一个可行的计划。

我们需要小心那种将危险狭义化的倾向。相反，有必要广撒网，将生态系统都纳入其中。例如，有些家庭切断了与家庭外的很多关系。事实上，有些跨家庭的性虐待施暴者和家庭暴力施暴者，都会有意识地切断家庭成员与外界的交往。这样就能将家庭成员与外界的重要关系和重要信息隔离开，使自己的施暴行为不为人知。同时，社会隔离使得受害者无法获得潜在的支持性资源。这个例子很好地说明了中观系统的重要性。如果受害者在家庭外有一个值得信任的老师或者教练，揭露性虐待事件、让受害者受到保护的机会就大大增强了。

还有一些例子能够说明在外部系统和宏观系统中存在危险因素。鉴于从系统各个层面来揭示性虐待事件的研究已经很多了，我们只举几个例子。某些外部系统的决定可能会提高家庭发生性虐待事件的危险性。有个决定就是学校从不向学生提供性教育，特别是那些包括预防性虐待知识的教育。我们记得有一个社区曾经提出，要在辖区内的学校开展性教育，其中，有一个群体表示反对。社区召开了多次会议热烈讨论这个建议。反对者的一个说法就是，教会孩子说不，可能会给家庭带来无序状态，因为父母会在孩子面前失去权威感。最后，这个建议得到了采纳，但是孩子们需要得到父母的许可才可以参加性教育活动。这个例子说明了在外部系统中存在的危险。你还能想到别的例子吗？

很多学者研究了宏观系统的价值观对被性虐待的孩子产生了何种影响。媒体对孩子的性欲化也是另外一个例子。在父权制下，男性的权力体现在了社会结构中，男性被赋予了高于女性和子女的权力，这也是另一个例子。也许，当弗洛伊德在研究恋母情结和恋父情结时，他更多的是在考察自己所生活的社会，较少涉及那些受到性虐待的孩子们。

考虑到我们讨论了生态系统中蕴含的危险因素，需要特别指出的是，评估这些风险是非常复杂的过程。在开展家庭工作时，家庭社会工作者发现的每一个问题都与不同层面的危险因素密切相关，因此，不同的理论、研究和批评性思维就开始发挥作用了。家庭社会工作者借助了一个广角镜头来看世界，要将所有潜在的风险和优势都纳入视野，加以认真分析。

弗雷泽、里奇曼和加林斯基（Fraser, Richman, & Galinsky, 1999）提醒说，出现风险或者出现负面事件，绝非是单一因素或单一路径所致。无论如何，随着危险因素数量的累积，负面事件发生的概率也随之增大。因此，家庭社会工作者应该有能力对家庭中存在的主要危险因素进行及时干预，从而降低负面事件发生的可能性。在儿童虐待案例中，家庭社会工作者应该让父母学习有效的儿童情绪管理技能，提高家庭的社会支持水平，帮助家长更好地管理压力。在第十二章中，我们将呈现根据行为管理原则提高父母的育儿能力的具体方法。到目前为止，大部分人都看过一个电视节目"超级奶妈"（Super Nanny），即一个专业的奶妈进入到家庭中，教父母育儿技能，专门处理难以应付的孩子行为。育儿技巧的提高会降低儿童被虐待的风险，或者会减少孩子长大后出现不良后果的可能性。考虑到压力会是一个影响因素，家庭社会工作者要帮助家庭理解压力来源，要与家庭一起减轻压力。要做到这一点，需要把家庭与社区支持联系起来，要进行放松训练，或者帮助失业的父母找到工作。家庭社会工作者还可以帮助家庭认识到，过去他们是如何成功应对压力的，现在他们也能采取同样的方式来应对压力。

某个危险因素的影响程度取决于个人和家庭的特点和抗逆力程度。有些个人对风险的容忍度很高，而面对同样的危险因素，有些人则很快就垮掉了。例如，有些家庭需要正式社会机构提供多种支持，才能重新恢复功能，而有些家庭接受了个别人的帮助后就能很快成功应对压力。因此，进行个别化的需求评估是非常重要的。这就是为什么我们说特别重要的一点就是，家庭社会工作者要协助家庭发掘现存资源。孩子如果拥有强大的支持性朋友网络，在面对家庭冲突时，他们就不会很脆弱；如果孩子受到自己同伴的孤立或排斥，在面对家庭冲突时，就会非常脆弱。

170

正如抗逆力一样，危险因素也贯穿于生态系统的每个层面：微观的、中观的、宏观的和外部的系统中。在研究家庭生态区位时，非常重要的就是，要发现危险和机遇是如何分布在家庭的生态系统网络中的。问题源于家庭的脆弱性和优势的互动之中，同时还受到压力性生活经历和社会环境的影响。在试图处理这些问题的同时，也会出现很多的痛苦。生态系统的各个层面都嵌入在家庭的各个系统中，发挥了养育和增强抗逆力的作用。

● 危险因素可能是有时限的，或者是持续性的：危险因素很多。如前所述，危险与破坏性后果有关，但不一定呈直接的因果关系。危险是相对的、个别化的，既可以是破坏性不大的情况，也可能是危及生命的。小孩子乱发脾气对某个父亲或者母亲来讲可能意味着独立，但同样的行为对别的父亲或母亲来讲，可能就意味着逆反、抗拒或者父母的无能。不同的看法会导致父母会有不同的回应。

● 不同的危险因素彼此交织，不断累加：如果父母一直担心下一顿饭在哪里，如何应对自己配偶的吸毒事件或者暴力行为，自己晚上怎样才能睡好觉，等等，那么所有这些担心都会加剧危险因素。而那些有能力管理好自己生活的、衣食无忧的父母则不会有这些问题。

● 危险因素会随着年龄的改变而发生变化：年幼的孩子需要更多的保护，而对于青少年，让他们远离不良同伴和不良社会影响就可以了。

● 危险会反映组织结构性质量：生活在高犯罪率、高风险社区与那些生活在有门禁的、有保安的社区是完全不同的。

● 风险评估是一个预测性工具，但也有不足：家庭社会工作者要明白，在某个家庭的生态圈子中，存在着不同层次的风险。无论如何，风险评估都不一定意味着某个家庭注定要完蛋了。评估家庭的缓冲因素和优势，能够有效地抵制威胁家庭福祉的不良因素。

在上述清单基础上，我们发现，在面对同样的逆境时，有些家庭具备了更多的缓冲因素，使其免受危险的影响，而有些家庭则不然。这些缓冲因素就是保护因素，它们能够协助个体和家庭抵消或者战胜某个事件的负面后果。正如危险因素可以累加一样，保护因素也会叠加。

练习 5.10　家庭的危险因素和缓冲因素

分成三人小组。讨论在你成长过程中你的家庭面临的危险因素和缓冲因素。将这些因素列出清单。

文化

当家庭既要应对种族歧视或者贫困问题，又要应对生命挑战时，他们的处境会比较艰难（Hernandez，2002）。长期以来，很多人会因为种族和文化而受到歧视。世界上有很多社会都经历了寡廉鲜耻的政体统治，将文化当成了压迫、歧视和种族灭绝的工具。全球各地出现的大屠杀、奴隶制和征服性的对土著的种族灭绝都不断地证明了"人类对人类的残暴行为"。压迫和歧视也存在于家庭中，存在于当下。面对这些残暴行为，文化可以为那些遭受当权者压迫的人们提供避难所。回顾一下压迫以及反压迫的历史，我们发现，文化可以为受压迫者提供缓冲，可以为他们提供认同、群体支持、归属感，在面对极端逆境和压迫时，还可以教他们一些方法来应对和战胜压迫。

文化是家庭最强大的背景之一，它给家庭提供了认同感、意义感、归属感、仪式感和延续感。此外，"文化认同感对我们的福祉状态产生了深远的影响……同时也对我们的精神和生理健康影响颇大"（McGoldrick，Giordano，& Garcia-Preto，2005，p.1）。在面对困境时，对于某个文化的归属感会给我们提供最直接的社会支持网络。因此，家庭社会工作者要了解自己的偏见和种族优越感，这样，他们才能擦亮眼睛，找到文化多元性家庭的优势所在，而做到这一点是非常重要的。

文化和种族是密切相关的，但又不能互换的两个概念。"文化指的是人们在家庭和社区背景中学习到的价值观、信念和规范等。种族指的是服务对象对某个少数族裔群体的认同、承诺和忠诚。"（Jordan & Franklin，2009）种族一词适用于每一个人，同时会影响每个人的价值观，当然并不仅限于那些处在边缘的人群（McGoldrick，Giordano，& Garcia-Preto，p. 2）。

从历史的角度来看，教学生具有文化敏感性和文化能力，往往就是列出不同民族、不同文化的一系列特点和特质清单。然而，文化是一个动态的、复杂的过程，很难通过清单的方式来进行理解，清单式的理解就是把文化简化成了一个静态的、刻板印象式的同质性实体，实际上，文化是一个动态的、有生命力的实体，它会影响人的一生，从世界观到沟通方式，到食物喜好，再到家庭的信仰系统以及日常行为和习俗等。事实上，文化具有很多不同的面向。在其他著作中（Coleman，Collins，& Collins，2005），我们提出了文化的若干个不同的面向。这些面向包含了赋予家庭某些特别的礼物，从而帮助家庭获取认同感，形成仪式和惯例，建立有效的社会联系。理解不同种族群体的历史背景是非常重要的，因为这样我们才能了解每个群体的习俗和信仰是什么。家庭社会工作者的任务就是"发现我们自己视角的局限性，这样才能敞开心扉去了解他人的经验"（McGoldrick，Giordano，& Garcia-Preto，2005，p. 11）。

按照我们提出的文化的不同面向，我们发现每种文化中包含的优势主要有：

1. 文化认同感：文化给人们提供了至少对某个少数族裔群体的归属感。如前所述，归属感是抗逆力的重要特点之一。

2. 信仰系统：麦戈德里克及其同事（2005）指出，当人们不了解某个家庭的文化价值观时，要理解家庭成员行为的意义是不可能的（p. 24）。信仰主导了行为，我们世界观的形成就是建立在信仰系统之上的，而信仰则是我们文化传承的结果。非常有趣的一点就是，在北美，很多人是由于异族通婚、移民和历史等原因，进入到跨文化状态的（McGoldrick，Giordano，& Garcia-Preto，2005）。因此，对于家庭社会工作者来讲，最重要的就是定位某个特定家庭的核心信仰系统，了解这些信仰是如何与我们当代社会信仰系统融合的。在生态系统层面，家庭社会工作者必须批判性地评价我们的主流社会在多大程度上能够欣赏多元文化的丰富性。埃尔南德斯（Hernandez，2002）鼓励工作者协助人们从自己过去的意识发展过程中寻找意义，意义的界定能够帮助培育希望。赋予希望以意义也是沃尔什（Walsh，1998）提出的重点工作之一。

3. 世界观：世界观与信仰紧密相关。它赋予人们一种理解世界、在世界生存的方式。例如，北美流行的一种信仰系统就是个人主义，据此，人们都希望独立自主，而非集体主义的共同生活。个人主义带来的社会政策鼓吹的是重视人们"依靠自己生存"，不需要政府的帮助。某些文化强调的是集体责任。例如，摩尔·海因斯和博伊德-弗兰克林（Moore Hines & Boyd-Franklin，2005）描述过一个非裔美国人家庭就是强调亲属联系、宗教和灵性，推崇勤奋工作。同样，美国不同土著部落的成员也拥有不同的信仰系统，但是，他们还是拥有一些共同的特点，使土著与其他少数族裔能够有明显的区别（Sutton & Broken Nose，2005）。土著共享的另一个信仰就是他们重视自然与人类之间的灵性关系（Sutton & Broken Nose）。（目前人们对环境和气候变化的担心，更加说明了这种信仰对人类生存的重要性！）土著美国人相信他们是天地合一的整体中的一部分，他们欣赏并努力维持与其他生物之间的平衡。这种对自然的尊重之心使美国土著建立了以自然循环或四季交替为基础的时间观。此外，分享也是一个传统的习俗，这包括将自己的东西赠予他人，以示尊重，或者纪念已故的亲属等。在传统的美国土著文化中，孩子们要学习尊重他人按照自己的愿望做人做事的权利，不要轻易打扰别人。在不同的部落中，灵性信仰也不尽相同，但是都重视仪式和典礼。人们在生理或精神出现问题时，会去找部落的巫医（虽然不是内科医生或者专业的健康工作者）寻求治疗方法。此外，我们已经多次提到了他们的集体归属感和家庭支持的信仰。

4. 某个文化的历史，包括殖民地化历史：通过某种文化的历史，我们可以了解到他们是谁，他们是在历史上什么阶段形成的。例如，非裔美国人就是被迫离开自己的祖国，被贩卖到了西方的。"从 16 至 19 世纪，非洲因死亡或奴隶制而失去了 5 千万人口，……他们往往生活在奴隶贩子和煤矿主手中，过着悲惨的生活"（Black & Jackson，2005，p.78）。为了应对艰难困苦的历史，他们发展出了很多技巧，面对压迫者，不屈不挠。摩尔·海因斯和博伊德-弗兰克林总结了非裔美国人在一个充满敌意的社会中使用过的生存技巧，主要包括：

（1）强大的亲属联系，比历史上传统的血亲关系更加广泛（Moore Hines & Boyd Franklin，2005，p.89）。

（2）更加明确的教育和工作成就导向。"非裔美国人父母一般都希望自己的孩子能够找到提供安全的职业，并且能够超过父辈，获得更加舒适的生活"（p.94）。

（3）更加灵活的家庭角色，这一点在危机时期能够得到检验。常见的方式就是孩子可以被祖父母（主要是祖母）或者扩大家庭亲属非正式领养。

（4）遵守宗教价值观，按时参加教会活动。从历史的角度来看，非裔美国人家庭历来重视灵性导向，直到今天都是这样。灵性将家庭与网络族群联系起来，这在应对压迫中发挥了重要作用。

（5）人道主义的取向。强大的灵性基础包括对他人感受的敏感、对自己的行动负责、重视个人实现和满足、自我约束、宽恕他人、健康的性满足，以及为了自己的目标而奋斗等（p.93）。

5. 沟通意义，运用语言和自我表达：跨文化误解的主要原因就是无法理解别人在表达什么。语言揭示了我们看待世界的方式。文化群体使用机构提供的社会服务，如果不提供双语服务，那么，助人者就会面临曲解服务对象或者评估出错的风险。使用翻译也会出现问题。麦戈德里克（McGoldrick，2005）给我们介绍了爱尔兰人是如何使用语言的：

"他们运用自己的语言来丰富一个凄凉的现实……与其他少数族裔相比，他们有更多的不同的表达方式，例如夸大和幽默等，来给现实着色"（p. 598）。

6. 移民历史：与家庭一起讨论他们移民来北美的历史是非常有意思的。这个家庭移民是为了寻找更多的机会，还是为了逃避祖国无法容忍的局面？他们移民来的希望和期望是什么？这些希望是否已经实现？要背井离乡，来到千里之外的异乡，是需要很大的勇气的。对于很多移民来讲，到来异国他乡，他们的家庭关系、朋友和其他自然社会支持网络都很小。很多人还需要克服语言障碍、工作技能的挑战和歧视。在家庭工作中，我们要庆祝和尊重新移民的抗逆力。总之，移民需要勇气、远见和抗逆力。"要让家庭恭敬地接受自己的历史，帮助他们将自己使用的适应性策略成功地迁移到其他情境中，以解决眼前遇到的问题。"做到这一点，就能够凸显新移民家庭和少数族裔家庭的优势（Boyd-Franklin，2006，in McGoldrick，Gerson，& Petry，p. 238）。

～～～～～～～～～～～～～～～～～～～～～～～～～～～～

练习5.11 移民

174

分成两人小组，互相访谈，以发现对方家庭从国外移民来的历史。他们移民时的期望和希望是什么？这些期望和希望都实现了吗？

～～～～～～～～～～～～～～～～～～～～～～～～～～～～

7. 有关家庭、家庭结构和亲属关系的信念：家庭的概念在不同的文化中有不同的表述。摩尔·海因斯和博伊德-弗兰克林（Moore Hines & Boyd-Franklin，2005）指出，非裔美国人妇女在自己子女的生命中扮演了核心角色（p. 90）。一个原因就是非裔美国人的高失业率和高死亡率。结果，家庭就倾向于出现平等的角色分工。母亲常常要承担经济责任，扮演养家糊口的角色，同时还要承担照顾孩子的任务。扩大家庭网络也会参与家庭照顾，好像教堂家庭一样。

在美国土著家庭中，扩大家庭网络（可能包括非亲属）是非常重要的。这些群体也许会住在同一屋檐下，也许不住在一起，但是，扩大家庭群体都会给土著家庭提供支持。支持的形式可能是示范婚姻角色和父母角色。祖父母养育自己的孙子女也是很常见的（Mooradian，Cross，& Stutzky，2006）。儿童福利发现了这种亲属照顾的价值，它使孩子们可以在自己的文化中茁壮成长。文化适应的水平影响了婚姻关系。在不同的美国土著部落之间以及土著与其他少数族裔群体之间的通婚非常普遍。离婚和再婚在土著群体中都是可以接受的。

8. 对孩子和育儿的信仰：每种文化都有自己独特的方法来养儿育女。在非裔美国人家庭，孩子要以平等的方式被对待，要根据他们的年龄分配不同的责任。最大的孩子要负责照顾年幼的弟弟妹妹。在美国土著家庭，孩子们就是部落生命复兴的希望，因此备受重视。孩子的教育和规训都是由扩大家庭成员以平等的方式进行的，经常是通过角色示范来开展的。一般不会采用体罚的方式来教育孩子，相反，角色示范是最受欢迎的技巧（Coleman，Unrau，& Manyfingers，2003）。在扩大家庭氛围中，孩子们与手足和堂表兄弟姐妹们一起成长，大孩子负责照顾和教育小孩子。

9. 家庭生命周期问题和与生命周期相关的文化仪式：家礼包括与文化身份相关的仪式，这些都是家庭优势和抗逆力的主要源泉，它们会培育家庭成员的归属感。某些文化仪式会庆祝生命周期中的重要事件，如婚礼、葬礼和出生等。此外，在某些文化中，不同的期望会伴随着不同的家庭生命周期，如何时离家、谁参与孩子照顾等等。

10. 结伴：有关我们如何寻找伴侣的微妙的、不微妙的说法都与我们的文化背景有关。例如，在印度教家庭中，由父母安排子女的婚姻，但是，按照印度教的规定，妇女应该受到尊重，并享受与男性一样的权利（Pillari，2005）。因此，有必要了解一个人到底想跟什么样的人生活一辈子，还有了解他们扩大家庭的想法。有时与其他文化的人结合会引起大家的不满。

~~~~~~

练习 5.12 结伴

你在青春期得到过什么样的信息，来限制你是否可以选择约会对象？对这个问题，你的看法是什么？与你的同学讨论你们对此的不同意见和看法。

~~~~~~

11. 性别角色：在第十三章中，我们会讨论性别问题，包括性别角色问题。有些文化严格遵循传统的性别角色，这一点对家庭社会工作者来讲是比较困难的，因为工作者会从一个性别平等的角度来开展工作。我们的父母、文化、历史背景和大众媒体传播给我们的社会态度等形成了我们对性别角色的认识。人们会坚持传统的性别角色吗？他们的性别角色信念来自何处？这个人是否愿意做出改变来接受现代社会的新观念？例如，尽管在墨西哥家庭中存在着父权制的性别角色，但是，复杂的动态关系还是在一步步发生着变化（Falicov，2005，p. 229）。

~~~~~~

练习 5.13 性别平等与文化多元性

尊重文化多元性是社会工作重要的价值观。尊重两性平等也是重要的价值观。假设你与一个传统的家庭开展工作，在这里妇女几乎没有权力，你认为妇女因为没有权力，所以才遭受不幸。那么，要优先考虑哪个价值观：性别平等还是文化多元性？在班上进行辩论。

~~~~~~

12. 社会价值观、社区意识和社会支持：有些文化支持坚定的个人主义，而有些文化则强调对社区的忠诚。也就是说，有些文化更加重视集体性。例如，在亚裔家庭中，优势的来源在于他们能获得扩大家庭的支持，具有责任感，特别重视学习成绩和来自宗教组织和民族社区的支持（Lee & Mock，2005，p. 286）。

13. 宗教和灵性：宗教和灵性是家庭生活的重要组成部分，现有的研究也开始承认，非常有必要重视家庭的宗教和灵性价值观。"人们把宗教当成了应对压力和无权状态的重要工具，同时也当成了灵性自我实现和情感支持的主要手段"（McGoldrick，Giordano，& Garcia-Preto，2005，p. 22）。宗教信仰对育儿既有积极影响，也会有负面影响。从积极方面来讲，宗教虔诚能提供一些假设，来激发亲子关系、社会支持和人际亲密感（要了解更多的有关宗教和家庭的讨论，请参见 Walsh，1998）。宗教和家庭生活往往会交织在一起，形成一个价值系统和"共同的信念，可以超越家庭经验和知识的限制，使家庭成员能够更好地面对生活中不可避免的危险和丧失"（Walsh，1999，p. 9）。宗教帮助家庭建构或者制定婚姻、生与死的仪式，从而标志着家庭生命周期的进程。宗教与种族之间存在着松散的联系，因此，工作者不能简单地假设两者是可以互换的。

在处理家庭的宗教或灵性层面时，工作者需要努力解决几个伦理问题。工作者特别需要明确，将宗教信仰强加给服务对象，就是一种殖民行为；尊重那些与自己的宗教信仰不同的家庭，是开展符合伦理要求的实务的基础。要鼓励家庭社会工作者正确处理服务对象的信仰系统，首先，要避免做出那些与服务对象现实完全不符的价值判断（Thayne，1998）。在与家庭开展工作时，他们需要找到平衡，确保既尊重信仰，又不牺牲家庭成员的利益。也许后面这个问题特别强调了过去长期以来助人者都不愿意进入服务对象的宗教世界的状况。宗教对于家庭社会工作者来讲，可能具有很多负面的含义，因为他们可能从小接受的教育就是世界上只有唯一的宗教（就是他们自己信仰的宗教），或者他们自己对宗教是持怀疑态度的，也知道宗教是如何播下了民族之间以及国与国之间的冲突的种子的。还有人可能抗拒任何宗教教条，特别是那些保守的、歧视或压迫他人的教条，如针对妇女和男同性恋者的。

宗教和灵性虽然相关，但又是截然不同的两个概念，它们常常在某个文化中同时出现。宗教是外在的（通过宗教机构从外部灌输给人），而灵性是内在的（来自人的内心）。在宗教节日中，宗教活动可以通过仪式和典礼增强家庭的凝聚力。"正如很多社会科学家所述，如果宗教与两大重要议题（个人意义和社会归属）有关，那么，毫无疑问，宗教更多关注的是第一个议题而逐步演变到今天的"（Roof，1999，引自 Wendel，2003，p. 172）。"有生命力的宗教"这个概念试图说明的就是介于官方宗教与老百姓日常生活经历之间的空间，这个概念也具体表达了人类生活的个性化和宗教性的内容（pp. 173 - 175）。个人宗教在很多时候是一个主观性的、个别化的体验，尽管它有时会与制度性的宗教表达无序地联系在一起。

在某种程度上，宗教是对民族和文化遗产的一个制度性的表达。尽管人们不需要皈依宗教，但是他们还是会遵从父母信奉的宗教教义的。很多年以来，专业助人者要么把宗教当成了一种病态行为，要么把宗教当成了一种最好置之于助人过程之外的东西（Wendel，2003，p. 165）。现在，人们从另外一个角度来看待灵性。在需求评估和干预中，非常重要的一点就是把家庭的宗教和灵性内容都纳入其中，加以考虑。回应灵性问题，表明我们尊重信仰的多元性。这里的关键在于不要把宗教信仰强加给服务对象。要做到这一点很不容易，因为很多宗教的信条都要求劝说非信徒皈依宗教。家庭社会工作者在开展家庭社会工作时，一定要把自己的宗教信仰放在一边。这样做的目的不是确定某个家庭到底信仰什么宗教，相反，是要探寻家庭的世界观、宗教信仰是什么，了解他们的社会支持网络，以及指导他们家庭生命周期的路径的仪式是什么（Wiggins Frame，2001）。在很多时候，教堂可能看作是家庭的扩大家庭的组成部分。

177

宗教和灵性会极大地影响家庭就某些重要事件的决定、看法和感受，如离婚、流产、妇女角色和育儿等（Murray，2002）。沃尔什（Walsh，1998）指出，"苦难带领我们进入到了灵性世界"（p. 71）。对于某些家庭来讲，离婚或亲人离世可能也是灵性问题。来自不同宗教背景的人的通婚可能会给夫妻关系带来很多挑战。

研究表明，宗教是影响家庭关系的突出因素（Marks，2004）。宗教经历的三个面向（宗教信仰、宗教活动和宗教团体）与高质量婚姻，以及婚姻的稳定性、满意度和父母双方的投入等因素密切相关。另外，在对宗教的虔诚表达与某些不良后果（如偏见、专制、虐待、容忍虐待）之间也存在紧密关联。无论如何，共同的宗教活动会促进亲密关系和婚姻的忠诚度。宗教活动会有助于家庭仪式的建立。"承认宗教对某些家庭很重要是一回事，但是，要求治疗师必须实实在在地回应和处理宗教问题又是另一回事"（Marks，2004，p. 228）。

练习 5.14 当宗教价值观与平等冲突时

我们都熟悉社会价值观有时与某些宗教团体的学说是相抵牾的。例如，妇女的角色、对男女同性恋者的谴责、流产等等。选择上述一个问题进行辩论。随机将全班分成两组，就下列观点进行辩论："尊重家庭宗教信仰，远远要比解放一个深受宗教压迫的家庭成员重要得多"。然后，讨论在家庭社会工作中，工作者应如何尊重家庭的宗教价值观，并对其开展工作。

弗雷姆（Frame，2001）建议说，对于那些宗教和灵性在家庭生活中扮演了重要角色的家庭而言，有必要给他们制作一个灵性家谱图。这样的家谱图会形象地描绘出在这个家庭的几代人中，灵性问题和宗教问题是如何制约并影响了服务对象当今的信仰和价值观的。当然，用家谱图来关注宗教和灵性是很必要的，同样，还要分析家庭的教派历史、宗教间的婚姻、洗礼、初领圣体、宗教团体中的事件、稳定和不稳定的归属团体身份、宗教的紧密度、离婚、宗教寓意等。他提醒家庭社会工作者在处理别人的宗教信仰和态度之前，首先要了解自己的宗教信仰和态度。

~~~~~~

练习 5. 15 灵性家谱图

给你的家庭绘一个三代家谱图，特别要关注家庭的宗教信仰和灵性方面。这个家谱图揭示了你和你的家庭的哪些内容？对家庭社会工作有什么启发？

~~~~~~

灵性可以超越我们的家庭、我们面临的问题和我们自身，给我们带来意义和目标。困难可能是一个灵性问题，灵性可以给人们的烦恼赋予新的意义。灵性仪式如祷告、冥想或者对宗教团体的精神支持，都可以在困难时期给人们带来力量。危机可以推动建立更加清晰的道德指南针，使夫妻关系更加有意义。创造性的改变就源于危机之中，这就是抗逆力最突出的特点之一。

178

讨论灵性可能让学生和新入行者感到焦虑，因为他们不知道该如何处理家庭灵性问题，特别是在面对宗教内部的多元性和宗教间的多元性时，他们更加不知所措。我们希望学生们保持一个谦逊的、无知的立场，也就是说，用处理文化多元性的立场和心态来处理宗教多元性。格里菲思（Griffith，1999）提出，在与家庭工作时，可以采取以下立场：

- 不要假定你了解上帝对某个家庭到底意味着什么，即使你们是教友；
- 不要假定你听懂了某个家庭对上帝意义的表述；
- 不要假定某个家庭眼中的上帝与你眼中的上帝是一样的；
- 不要运用心理分析理论来接受别人对上帝的信仰。

14. 与衣食、音乐艺术相关的文化表达：同样，与审美相关的共同的文化表达方式可以为家庭带来归属感和稳定性。近年来，主流社会越来越欣赏少数族裔的食物。同时，不同文化的服饰也不尽相同，它们会带上宗教或文化色彩。

15. 工作、教育和社会阶级：社会阶级（教育水平、收入、在社区中的地位）是评估的重要内容，因为更高的地位通常会带来更高水平的福祉，有更多机会获得更广泛的资源。"阶级强有力地贯穿于种族中，若想理解某个家庭的问题，就必须考虑阶级问题"（McGoldrick, Giordano, & Garcia-Preto, 2005，p. 23）。不同阶级群体的主要区别在于，他们重视教育或"获得成功"的程度不同（p. 23）。当然，在某些情况下，尽管家庭拥有很高的社会地位，还是可能受到主流文化的歧视，与此同时，他们还可能受到自己民族同胞的排斥，因为他们融入主流文化的程度很高。这就使这些家庭陷入了双重危机之中。

16. 对社会问题、求助行为的信念，包括运用本土的和传统的治疗方法：对种族的研究表明，不同种族的区别在于：

- 他们经历的情感痛苦；

- 他们如何给症状贴标签；
- 他们如何表达自己的痛苦和症状；
- 他们对困境产生原因的阐释；
- 他们对助人者的态度；
- 他们期望的干预（McGoldrick，Giordano，& Garcia-Preto，2005，p. 28）。

在本节中，我们讨论了如何尊重文化激发的优势，从而提升家庭的抗逆力。当然，优势家庭社会工作者需要做出艰难的抉择。麦戈德里克及其同事指出："某种文化拥护某个价值观或信念，这并不能让我们把这些价值观和信念奉为圣明。所有的文化习俗都是不能用道德和伦理来衡量的。"（McGoldrick，Giordano，& Garcia-Preto，2005，p. 31）这个提醒也适用于我们自己的文化。每个人都有价值观，只不过不同的人价值观的排序是不同的（Rokeach，1973）。也就是说，有些文化支持压迫或虐待妇女和儿童，而有些文化则认为这些都是"人权问题"（p. 31）。因此，家庭社会工作者要学会甄别出那些尊重基本的人类尊严的价值观，并把它们与那些将弱势群体（包括妇女、儿童，以及非主流性取向的人群）边缘化的价值观区别开。

练习 5.16 多元性的影响

列出清单说明多元性在你的社区、亚文化圈和国家是怎样得到鼓励或压制的。这些会对你服务的家庭产生什么影响？作为家庭社会工作者，你可以做点什么来保持中立，或者协助家庭来应对这些社会问题？

实务应用

要专注于优势为本的实务，家庭社会工作者需要四种技能：

1. 辨别和运用优势的能力：辨别和运用优势既是一种态度，也是一种行为。

2. 文化能力：文化能力使家庭社会工作者能够对家庭文化中蕴藏的资源保持开放性和敏感性。同时，还需要知道如何运用文化财富让家庭受益。

3. 人际敏感性和知识：这包括知道从哪里入手发掘家庭生活的财富。

4. 支持性关系行为：社会工作实务的核心所在就是建立关系（Green，McAllister，& Tarte，2004）。

家庭社会工作者可以在实务中以不同的方式来运用危机、保护和抗逆力等概念。首先，他们可以寻找某个家庭到底有哪些因素在发挥作用。找到危险因素是消除危险因素的第一步。例如，如果父亲或母亲失业，家庭社会工作者就要帮助失业者提升技能，或者提高找工作的能力。下一个步骤就是帮助改进应对机制，因为原有的应对机制出现失灵，形成了连锁反应，增加了家庭的压力。接下来，家庭社会工作者要决定，在特定的情境下，哪些因素能够保护个人或家庭，在工作中就要强化这些因素。最后，家庭社会工作者可以帮助提高家庭的自信心，使他们相信自己有能力克服困难。关键的一点就是，社会工作者帮助家庭对自己的状态建立切合实际的看法，这样，他们才不会被面临的问题打倒，然后才能发现自己拥有什么技能可以应对这些困难（Walsh，2006）。

除了要问家庭成员他们到底面临了什么问题之外，家庭社会工作者还要探究每个成员到底可以给家庭带来什么力量，他们如何得知其他成员身上到底还有哪些力量。工作者要建立一套"优势""希望"和"运转"的新话语系统（Kaplan & Girard，1994，引自 Saleebey，1996），要抛弃开口闭口"问题"的对话方法。

文化图标和时间线可以用来描绘家庭历史中的重要时间节点（McGoldrick，Giordano，& Garcia-Preto，2005，p. 757）。这些图标可以帮助我们了解家庭在亲属网络、文化、种族、性别、宗教、移民历史等背景中的位置。它们还可以用来概括家庭资源和脆弱性。很多学者提供了系列文化图标的问题，在绘图时可以询问家庭成员，以提醒他们"借助文化遗产的价值观改变自己生活的能力，以及朝着与自己文化目标一致的个人生活目标努力的能力"，从而发现自己的抗逆力（p. 762）。此外，运用图标还能帮助家庭了解自己的历史，帮助他们调动和重拾自己在其他情境中采用的应对策略，来解决眼前的问题（McGoldrick，Gerson，& Petry，2008，p. 238）。

180

本章小结

本章的重点在于协助家庭社会工作者思考家庭的优势为本的实务和抗逆力。抗逆力是一个动态的过程，在这个过程中，家庭要集聚资源，整体团结协作，应对挑战。通过生态方法，可以找到这些优势，同时还可以发现危险因素，这时工作者要特别关注微观、中观、宏观和外部系统。还要特别强调的是，需要分析家庭成员的信仰，这也是优势和危险的主要来源之一。文化不是一个简单的概念，它涉及多重面向。了解文化和种族对优势和抗逆力的积极作用，是非常重要的，家庭社会工作者要对此有深刻的理解和认识。最后，现在人们越来越关注宗教和灵性在家庭生活中的重要性，它们可能会让家庭社会工作者陷于两难境地，也会给他们带来机遇。家庭社会工作者只有坚信并发现家庭优势，才能坚定自己针对家庭开展工作的信念。

关键术语

家庭优势为本的实务："一系列关系和过程，在困境中，能够支持和保护家庭及家庭成员"（Myers，2003）。

生态系统层面：微观系统、中观系统、外部系统和宏观系统。

微观系统：家庭中各种关系的第一个层面，包括面对面的关系。

中观系统：家庭与社会系统，如孩子的老师的关系。

外部系统：影响家庭的地方政策和社区信仰。

宏观系统：影响家庭的大的社会系统中的社会政策、社会价值观和信仰。

抗逆力：家庭积极回应不利事件的能力，随后家庭会表现得更加强大、资源更加丰富和更加自信（Benzies & Mychasuik，2009，p.104）。在面对逆境时，抗逆力可以得到检测和显现。抗逆力包括通过动员一系列独特的可用资源来建设性地回应困境。家庭回应的方式是——战胜困境，达到彼岸时会比之前更加强大。

危险因素：指的是家庭或个人经历不利事件的概率（Fraser，Richman，& Galinsky，1999）。

推荐阅读书目

Becvar，D.（2006）. *Families that flourish：Facilitating resilience in clinical practice*. New York：Norton. 该书可以帮助学生和工作者理解在与多元化家庭开展工作时，如何将抗逆力融入实务中。贝克弗全面总结了家庭在成功应对困境时的特征。

Saleebey，D.（2000）. *The strengths perspective in social work practice*（4th ed.）. Boston，MA：Allyn & Bacon. 萨利贝是优势为本的社会工作实务界的领军人物，优势视角改变了把问题当成病态的传统视角，关注对服务对象的赋权。

Walsh，F.（2006）. *Strengthening family resilience*（2nd ed.）. New York：Guillford. 该书既适用于教学，也适用于实务指导，它倡导改变我们看待家庭的方式，强调所有家庭都有优势，这些优势都可以用来激发改变。沃尔什讨论了家庭抗逆力背后的理论，提出了家庭抗逆力中包含了三大要素，即信仰系统、组织过程和沟通过程。

能力说明

EP 2.1.4a 明确文化结构和价值观可能会压迫、边缘化、异化、制造或强化特权和权力。这包括多元性、价值观和生命周期问题等。

EP 2.1.4b 获得足够的自我意识，来消除个人偏见和价值观在自己与多元化群体合作时的影响。对家庭社会工作者来讲，非常重要的一点就是要保持文化能力。

EP 2.1.7a 运用概念性框架来指导需求评估（assessment）、干预和评估（evaluation）的全过程。"人在情境中"的视角指导家庭社会工作者，从这个框架中产生了危险评估的概念。

第六章

家庭社会工作实务

◇ **章节内容**

转介过程

计划家庭会谈

准备和保管资料

如何着装

邀请孩子参加会谈

处理中断，保持联系

电话跟进

安全考虑

第一次会谈：评估服务对象的需求

与服务对象建立关系

向服务对象介绍家庭社会工作

保护服务对象的隐私

本章小结

关键术语

推荐阅读书目

能力说明

◇ **学习目标**

概念层面：理解为开展家庭社会工作做准备的重要性，认识到工作者与家庭的关系是开展家庭社会工作的基础。

感知层面：认识到服务对象在与家庭社会工作者接触初期可能会焦虑。

评价和态度层面：重视与家庭建立一种专业性的、关爱性的、非判断的关系。

行为层面：学习具体的初期与家庭建立关系的技能。

在家庭社会工作中，需考虑很多实务工作。在本章中，我们将探讨一些具体的话题。我们强调的是，既要遵循家庭会谈的常规程序，还要有足够的灵活性来应对突发事件。我们就家庭社会工作者如何准备和阅读资料提出了建议，我们还讨论了如何决定是否需要子女参加家庭会谈。我们就如何处理经常搬家的家庭的中断和保持联系提供了一些诀窍。我们还涉及了安全问题。在第一次家庭会谈时，我们提供了一些评估家庭需要时常用的话题，以及用来邀请家庭成员参与助人过程的方法。最后，我们还介绍了将服务对象引入家庭社会工作以及保护服务对象的隐私的方法。

183

转介过程

家庭通常通过以下几种不同的方法被转介给家庭社会工作者。首先，家庭在了解了相关服务，决定了自己需要寻求什么样的服务之后，自己来找家庭社会工作者；其次，另一个机构会向你转介家庭，因为他们相信你可以满足这个家庭的需要；最后，法庭会强制性转介家庭来到你的机构接受服务。个案笔记可能会与家庭转介记录放在一起，在第一次家庭会谈之前回顾一下个案笔记，既有好处，也有坏处。

练习 6.1　阅读个案笔记

分成小组，讨论阅读由过去的工作者留下的个案笔记的利弊。在班上讨论。

好处就是可以了解之前家庭曾经做过什么样的努力，取得了什么成就。这还可以提醒家庭社会工作者关注一些特殊问题和某些危险因素。当然，阅读之前的个案笔记也可能会影响自己的判断。例如，这个家庭过去曾经接受过他人提供的家庭社会工作服务。此外，之前的工作者可能会有某种偏见，或者采用了某种理论框架，这些可能会误导新接手的工作者。新接手的工作者至少可以阅读转介材料和之前的个案笔记，但是我们建议，要保持开放的头脑，了解家庭发生的变化，并试图用新的方式来看待这些变化。最好的方法就是新接手的工作者能够与之前的工作者或者转介机构就个案情况进行讨论。

计划家庭会谈

在对家庭进行第一次家访之前，家庭社会工作者需要完成下列工作：

1. 确定家访的目标；
2. 明确本次会谈需要解决的问题；
3. 与家庭成员接触，安排会谈；
4. 了解家庭的住址；
5. 决定第一次会谈的时间长短。

按照计划进行工作会让家庭社会工作者和家庭事半功倍，当然并不是说计划不能修改，只是在第一次家访前需制订一份周详的计划表，以便稳定推动家庭朝着既定目标前进。每周一次的会谈一般来讲比较合适，但是会谈的频率取决于每个家庭的需要和目标。在这个工作计划中，需要加入的内容还包括与同事和督导讨论、社区联络和倡导、文件整理和其他相关工作。

家庭会谈的计划可能需要修改，因为意外事件的发生是家庭和家庭社会工作者难以预料和控制的。家庭社会工作者必须有足够的心理准备，沉着应对计划的改变。我们认为秘诀就是认真计划，但同时要对突发事件可能会影响计划的执行有足够的思想准备。关注计划是特别重要的，因为家庭社会工作者需要全力以赴，满足家庭的需要。

安排第一次约见

在很多情况下，社会工作者与家庭的初次接触就是通过电话来安排第一次见面。如果有些家庭没有电话，那么，家庭社会工作者需要给家庭写封信或者开车上门与家庭进行初次接触。

在打电话或者上门家访期间，家庭社会工作者和家庭都会给对方留下初次印象（Goidenberg & Goldenberg, 2000）。家庭社会工作者得到的印象就是家庭是否准备好了一起工作，以及家庭成员是怎样看待自己的问题的。从家庭的角度来看，第一印象是非常重要的。服务对象喜欢的家庭社会工作者往往是温暖的、善解人意的，可以给自己带来希望，提升自己的能力。社会工作者要注意的是，不要让自己陷入某个家庭成员对问题的看法中难以自拔（Nichols & Schwartz, 2004）。

在初次接触中，家庭社会工作者要与家庭约定第一次见面的时间和地点。为了实现这个目标，很多社会工作者都希望与全部家庭成员见面。在很多时候，服务对象可能不希望全体家庭成员都参与第一次家庭会谈。他们可能要求社会工作者只见有问题的孩子，也可能采取行动阻止其他家庭成员参与见面，如父亲和其他没有"问题"的孩子。一般的规则是在第一次见面时，要尽量多邀请家庭成员参加，因为出席第一次会谈的家庭成员会对他们参加后面的会谈发挥重要作用（Brock & Barnard，1992）。更多家庭成员的出席会帮助他们深入理解家庭问题。但是家庭社会工作者需要注意的是，不要受到每个人对问题的看法的影响（Nichols & Schwartz，2007）。

家庭社会工作者还可以建议，家庭成员尽可能多地参与会谈，可以帮助自己最大限度地理解家庭问题，全体人员的参与非常重要，因为家庭出现的问题会影响每个人。

185

练习 6.2 邀请家庭成员加入

分成小组，在小组中列出你认为在会谈中要尽可能多地邀请其他家庭成员参加的理由。同时，再列出一个清单，说明家庭可能不愿意其他成员加入的理由。把这些讨论通过角色扮演表演出来，即请一名同学扮演家庭社会工作者，另一名同学扮演家庭的守门人。

留出时间探路

在计划家访时，家庭社会工作者要确定留出足够的时间来熟悉环境，并准时抵达。如果时间允许的话，家庭社会工作者可以选择在第一次家访前先去探探路，从而确定需要多少时间才可以到达目的地，捷径怎么走，以及怎样停车等。这样做还可以协助工作者了解家庭的环境。在制订计划时，需要考虑的问题还包括交通方式、可能的建筑工地的堵塞、桥梁开启和封闭的时间、单行线以及影响到达服务对象家中的其他相关问题。家庭社会工作者还需要有一张最新的城市地图，同样，一些在线资源，例如"地图查询"（Map Quest）能够准确地标示出服务对象家庭所在的位置。此外，很多机构还会给工作者配备"导航仪"。

在机构中，机构与服务对象住所之间的距离通常是给社会工作者分配个案的主要标准。为了减少在路上花费的时间，涵盖大地域人群的服务计划的督导们常常会根据地域来分配工作。这种做法未必合适，因为这样分配的社会工作者未必能最大限度地满足家庭的需要，但是必须承认，路上是否花费很多时间的确是计划工作安排的一个重要考虑。在两次家庭会谈之间要留出足够的时间，这样才能确保如果不能按期完成一次家庭会谈，不会导致下次会谈延期。社会工作者应该将自驾车的里程补助表贴在自己的车里，每次家访结束后，就立即填上。

〜〜〜〜〜〜〜〜〜〜〜〜〜〜〜〜〜〜〜〜〜〜〜〜〜〜〜〜〜〜〜〜〜

练习 6.3 绘出路线图

随机从电话本中找出一个地址，运用在线资源，绘出从你所处位置达到这个地址的路线图。

〜〜〜〜〜〜〜〜〜〜〜〜〜〜〜〜〜〜〜〜〜〜〜〜〜〜〜〜〜〜〜〜〜

很多服务计划要求社会工作者在下次会谈开始之前对本次会谈的资料进行归档记录。这样，在制订计划时，需要考虑在什么时候、什么地点来完成这些工作。家庭社会工作者要寻找一个合适的地方来完成这些工作。他们常常会光顾服务对象家庭附近的咖啡厅、图书馆和其他方便的场所来做这些事。

满足家庭的需求

家访的会谈时间应该兼顾家庭社会工作者和家庭成员双方的需要。例如，要确保会谈卓有成效，就需要考虑大家的精力是否旺盛。另外还要考虑对不同家庭开展工作的难度到底有多大。例如，家庭社会工作者在安排与最棘手的家庭会谈时，安排在早上或周一可能会更好一点。安排如果能够兼顾个人喜好和需要，将会极大提高工作者的效率，改善个人的状态。因为不方便的安排而造成的棘手的案例，也会导致工作者的倦怠。此外，一个精疲力竭的家庭社会工作者是无法提供家庭所需要的服务的。

家庭对会谈时间也通常会有自己的喜好，在安排家访时，家庭的需要应该得到高度重视。家庭会有不同的生活方式和日程安排。有些家庭会有固定的、可以预测的时间表，这样要正常安排家访就会比较方便。有些家庭生活没什么规律，这样正常安排家访就会打乱家庭生活节奏，甚至让家庭难以接受。父母的工作时间安排也不尽相同，家庭社会工作者在安排家访时间时，需要配合父母的时间表。敏感地感受到家庭的喜好、习惯和生活方式，会帮助社会工作者恰当地安排家访。由于家庭社会工作的会谈常常需要上门进行，尊重家庭的隐私、适应家庭的时间安排就显得尤其关键。例如，有些家庭在小孩子午睡时间不愿意与社工见面，但是，有些家庭可能就愿意在孩子睡觉的时候与社工见面。

在家庭社会工作会谈期间，其他人可能会临时登门拜访。家庭成员或者家庭社会工作者应该请他们稍后再来。在计划家访时还需要考虑另一个因素，即某些家庭可能会沉湎于某些电视节目。如果家庭社会工作者在这些节目播放时登门，家人会接待社工，但是，可能要等到节目播送完毕，家人才会和社工开始讨论。有些社工发现，在正式开始前与家庭一起观看一些电视节目，会有助于与家庭建立信任关系，特别是那些有沟通问题的家庭。

与那些外出工作的父母安排家庭会谈可能会比较复杂一点。忙完了一天的工作之后，父母和家庭社会工作者都会感到比较疲惫，如果晚上还要安排活动，会感到过意不去。在这种情况下，家庭社会工作者可以考虑不安排在晚上，而是安排在周末。这样安排可能会打破家庭社会工作者自己的生活规律，但是，将会谈安排在家庭方便的时候通常会得到家庭的欢迎。

　　总之，安排家庭会谈应该灵活机动。家庭社会工作者需要在实现某些服务计划目标与满足家庭眼前需要之间达成平衡。即使社会工作者与家庭达成了一致的日常安排，有时会谈可能也会延期。可能在某一天，家庭就无法按照计划来集中，因为家庭出现了某些事件，例如被房东赶出来了、失业了或者孩子病了。在这种情况下，家庭社会工作者需要回应家庭眼前的需要，与他们一起讨论是否有足够的资源来处理危机事件。在危机时期，可能就需要家庭社会工作者倾听家庭的担忧，提供情感支持，鼓励家庭积极解决问题，或者协助家庭向其他机构求助。试图将既定的方案强加给一个尚未准备好的家庭，这会给助人关系带来不利的因素。正如一位家庭社会工作者所述："灵活性让我保持清醒的头脑，我不断地告诉自己万事皆能变通，我非常相信我的直觉。"无论如何，工作者都可以确定自己事先预计的困难是否会预示在真正开始家庭工作后遇到的各种抗拒。

187

准备和保管资料

　　计划阶段的另一个重要方面就是要准备和收集资料。资料可能是标准化的，也可能是用于每次会谈的。这些资料包括活动卡、宣传页、玩具、彩色笔和纸、书籍、录音设备、评估测量工具或者转介表格。准备家庭会谈所需要的时间可能跟会谈本身所需要的时间是相同的，特别是这些资料需要收集或制作。家庭社会工作者需要多准备一些资料留在家庭中，以防原来的资料找不到了。

〰〰〰〰〰〰〰〰〰〰〰〰〰〰〰〰〰〰〰〰〰

练习 6.4　有用资料

　　列出对家庭社会工作可能有用的资料清单。将这些资料按照不同年龄组进行分类：

婴儿

蹒跚学步的幼儿

学前儿童

公立学校孩子

少年

青少年

父母

家庭整体

∿∿

资料需要按先后顺序组织起来，并很好保存，这样才能容易找到，便于使用。家庭社会工作者在策划时需要特别关注这一点，因为他们常常会在机构和服务对象家庭之间来回奔波。当家庭社会工作者奔波于不同的家庭之间时，他们需要几套资料，同时他们在机构中还需要保留几套资料，因此，他们需要给资料编号，这样便于查找。资料管理混乱可能会导致浪费时间、错过干预家庭的最佳时机，同时也会让工作者和家庭都感到失落。家庭社会工作者可能希望在车上放一个资料盒，以保留每个个案的近期和目前的文档材料。家庭社会工作者可能会替换资料盒中的旧材料，添加新资料，以方便用于马上要召开的会谈。

家庭社会工作者必须小心保管这些材料，防止找不到、毁损、被偷或者与其他资料混在一起，这些可能会给家庭会谈带来麻烦。如果有手提电脑就会方便得多，家庭社会工作者可以借此来记录资料、复制办公室档案，还可以保护服务对象的隐私。如果没有手提电脑的话，可以使用一个独立的盒子，或者安全的可移动的档案盒来保存隐私的材料，可以带在家访的路上。每次家庭会谈之后，要在一个安全的场所，立即将隐私资料存档。需要特别小心的是，每个家庭的档案需要与其他家庭档案分开保存，这能避免家庭社会工作者发生档案混乱的意外事件。

如何着装

每个社区和服务对象群体都有自己的着装标准，家庭社会工作者需要对这些标准保持高度敏感。着装应该是职业化的，但是，其正式程度有所不同。此外，着装应该配合每次家庭会谈的活动。例如，如果在家庭会谈中需要家庭社会工作者与孩子们一起坐在地板上玩耍，或者有其他身体运动，在着装的选择上就要配合这些活动。本书的作者之一记得她曾经与一个家庭开展过多次面谈，这家人在家中养了六条狗。她身着便装，坐在地上与孩子们一起玩耍。她回家后发现全身上下都是红色的咬痕，最后她发现原来自己被跳蚤咬了！无论如何，这个家庭非常感谢工作者能够与自己的孩子一起玩耍。

此外，贵重的名牌衣服可能会在家庭社会工作者与家庭之间建立距离感，会破坏他们之间的信任关系。我们记得有位工作者开着一辆凯迪拉克，穿着貂皮大衣，结果被访的家庭拒绝接待她。

邀请孩子参加会谈

∞∞

练习 6.5　家庭会谈中的儿童

分成小组，列出在什么情况下，孩子应该或不应该参加家庭会谈。把这个清单与班上其他同学分享。

∞∞

鉴于很多家庭会谈常常是为了回应某个特定目标孩子的需求，有时我们称这个孩子为“确定者”（identified person，IP），孩子常常是家庭社会工作的重点。尽管只有一个孩子是干预的目标，但家中其他孩子可能也需要帮助。家庭社会工作者在会谈期间，需要协助家长制订**策略**，来应对孩子们的需要。有些会谈需要孩子去另一个房间玩耍，特别是当讨论的重点放在了成年人的个人问题，如婚姻不幸、性行为和经济困难等问题上时，就更加需要孩子们回避了。当面谈的重点更多是某个孩子时，就需要孩子们的参与了。很显然，是否邀请孩子参与取决于会谈的重点是什么。当家长们参加会谈，没人来照顾孩子们的时候，需要在另一个房间给孩子们安排一些特别的活动，以转移孩子们的注意力。社会工作者在准备材料时，需要准备一些能够吸引孩子们注意力的资料。家庭社会工作者需要补充一些能够让孩子感兴趣的资料和活动。或者，工作者可以花时间单独与孩子们一起玩耍，从而了解孩子们是如何玩耍的，他们都想些什么问题。在这种情况下，工作者需要跟父母和孩子们解释清楚自己为什么要单独跟孩子们相处。这样做的目的就是防止孩子们或者父母感到焦虑。

一般来讲，与父母的单独会谈会比较容易安排。萨提尔（Satir，1967）指出，“孩子的在场可能会让治疗过程陷入混乱”（p.136）。尽管这样，孩子的在场与否需要根据每次会谈的目标来确定，而不是看孩子的在场是否更加容易控制。但孩子达到了一定年龄，能够对家庭会谈有所贡献时，可以邀请孩子们参与其中。萨提尔（Satir，1967）还指出，社会工作者在会谈中当着孩子的面，需要扮演一个主动的角色（p.186）。例如，家庭社会工作者可以示范如何有效地与孩子沟通。一开始，家庭社会工作者可能需要评估家长是怎样给孩子们设限的。底线就是家庭会谈的结构建立在一个刻意的决策过程之上。

在家庭会谈期间接近孩子的方法很多，比如跟他们协商参与一些有意义的活动，可以是他们自己的活动，也可以是工作者事先准备的活动，活动结束后，要特别给他们一些奖励。在某些特殊的情况下，可以安排另一个家庭社会工作者来带领孩子一起活动，与家长的会谈分开进行。全家一起在场时，协同工作者可以帮助协调会谈活动。家访时观察父母如何与子女互动，可以帮助家庭社会工作者评估亲子关系，设计干预活动，促进家庭的积极改变。

有时家庭社会工作者可能会在家庭会谈期间，要求父母将孩子安排在另一个房间，如果这一点做不到的话，可以把这个会谈安排在另一场所，如某个单位的办公室。一旦家长希望讨论一些事，如婚姻问题、亲密的隐私问题或者是一个或多个孩子需要成人的关心等问题，不想孩子们听见时，这是个好办法。孩子们不在场，父母可能会比较自由地与社工进行交谈。有些机构还会在会谈期间支付儿童照顾的费用。

190

例如，在办公室的面谈中，当孩子在工作者的办公室上蹿下跳、翻抽屉、闯入工作者的私人领域时，孩子的母亲只是被动地坐在那里。社会工作者并没有强迫限制孩子的行为，反而要求孩子的母亲出面干预。孩子的母亲发现这个要求难以实现。当社工问及她为什么不干预时，这个母亲答道，控制和管制孩子是虐待的一种形式。作为回应，社工告诉她说，不控制孩子也是一种虐待，因为这个孩子没有学会如何尊重他人的财产，他如果对他人麻木不仁的话，小伙伴们都会不喜欢他的。对此，这个母亲回答说："这样的情况已经发生了。"这个事件给我们讨论设限和管教孩子提供了一个机会。这个母亲不知道自己的孩子社交技巧很差，小伙伴们都不喜欢他。在另一个家庭中，母亲是一个单亲妈妈，带了三个喧闹的青春期的孩子，孩子们不听话时，她会粗暴地揪着他们的耳朵。在会谈期间，孩子们的耳朵一直是红色的。这个事件给我们提供了机会来讨论管教孩子，以及如何回应孩子们的不满。

在家庭会谈中，父母如果无法给孩子设限，就给工作者提供了有价值的信息，来进一步了解家庭内部的互动，以及高效的父母是怎样管理孩子的行为的。此外，社会工作者可以鼓励父母在现场运用一些给孩子设限的技巧。工作者还要及时给父母学习新行为提供反馈。孩子参与家庭会谈可以给社工提供有关家庭动力关系、育儿技巧和亲子关系的信息。例如，当目前的家庭问题与孩子有关时，观察父母和子女之间的互动，是理解某些问题的必要手段，孩子的在场有利于工作者观察家长行为出现了哪些改变。

在评估孩子在家庭中的角色时，家庭社会工作者需要记住的是，家庭是一个系统，其中某个成员出现问题，也会影响家中的其他成员。例如，家中降生了一个身体有残疾的孩子，就有可能影响父母与家其他孩子的互动，也会影响夫妻之间的互动。此外，某些严重问题，如少年犯罪和酗酒问题的出现，会对家庭需要和互动产生深远影响。目标儿童的手足也需要有机会来表达自己的感受，需要有人坦诚直接地解答自己的问题。家长常常错误地假设，由于某个孩子没有"问题"，因此，没必要让他参加家庭会谈。只要问问孩子这样一个问题："能告诉我你的担心是什么吗？"就会打消上述顾虑。因此，家庭社会工作者需要对整个家庭的动力关系保持高度敏感，在召开家庭会谈时，要考虑所有家庭成员的需要。

处理中断，保持联系

尽管大部分家庭会谈会比较顺利地进行，但是，家庭社会工作者还是需要做好充分准备，以防出现不顺利的局面。嘈杂的电视声、朋友和邻居来访、响个不停的电话等通常都是家庭领域内不可缺少的内容。家庭社会工作者需要找到创造性的方法来处理这些使人分心的事件。例如，在门口走廊上聚会，或者在一家餐馆聚会，或者让大孩子看管小孩子等。如果这些分心事件和混乱不断，家庭社会工作者和家庭就需要讨论这些障碍，找到一个合理的方式来解决这些问题。

有一点非常重要的是，服务对象和家庭社会工作者都必须知道如何联络对方。如果服务对象有电话，联络就会比较方便；但是，如果服务对象没有电话，就需要找出其他办法来联系这个家庭，包括使用邻居的电话、在家门口留纸条等。有一个家庭社会工作者在多次失败之后，给家庭留下了一个有地址的、贴好邮票的信封和文具，以提醒自己会谈取消了或者搬家了，这个方法非常有效，可以随时联络到家庭。机构的政策可能决定家庭社会工作者是否可以给服务对象留下自己的住宅电话号码。

服务对象经常搬家会导致服务的中断，如某个家庭事先计划好了要搬家，那么，社会工作者要先了解这些情况，从而调整以后的会谈安排。但是，很多家庭搬家时并没有事先通知家庭社会工作者，这样，工作者很难再找到他们。因此，在第一次会谈时，家庭社会工作者就要留下一个知道家庭行踪的人的名字和电话，以便查找。

电话跟进

两次会谈之间的电话跟进是非常有帮助的，因为很多父母会在上次访谈结束后进行反思，并会思考一些问题。如果家庭社会工作者主动进行电话联系，就能帮助父母回答某些"闭口不提"的问题，或者让他们打消顾虑，主动向家庭社会工作者提问。

如果提供信息和指示以及谨慎的跟进都无法实现既定的目标，家庭社会工作者就需要考虑是否增加一些可能对父母有帮助的干预。其宗旨在于协助父母理解自身的问题，以自己可以接受的方式来改变行为。如果给父母提供了一些难以操作的建议，可能就会适得其反。家庭社会工作者要准确地做出判断，马上需要采取什么措施，什么措施需要在初期目标实现之后才实施，什么措施需要等等再说。总之，家庭社会工作者需要根据进展和父母对干预计划的反应灵活采取不同的措施。跟进可以帮助强化新行为，或者帮助家庭社会工作者确定是否需要进一步的干预。

安全考虑

如果社会工作者自身的安全都得不到保障，他们就很难完成服务计划。在某些情况下，家庭社会工作者的安全会受到具有暴力倾向的服务对象的威胁，还有家庭所处的地区治安很差也会给社工造成不安全的因素。家庭社会工作者需要掌握自我保护的技巧。

针对社会工作者的暴力并非空穴来风。相反，有暴力行为的人常常会把矛头指向某些机构，不管这种针对是有依据的，还是凭空臆想的（Munson，1993）。例如，攻击性较强的父母会要求家庭社会工作者在等待名单上给自己加塞儿，或者要求提供特别的服务，或者提出一些不合理要求，并威胁家庭社会工作者。家庭社会工作者必须随时处理服务对象的不良行为、越界或攻击性的要求。家庭社会工作者是否能够帮助这个家庭，取决于他们是否有能力化解服务对象的这些无理要求和迫在眉睫的威胁。为了保护自己，社会工作者必须小心谨慎，同时要能够确保自己是从专业角度而非个人层面来开展工作的。

练习 6.6　充满敌意的服务对象

有些社会工作者完全意识不到服务对象的言语性敌意。在这个角色扮演中，我们希望班级分成三人小组，分别扮演一个充满敌意的服务对象、一个社会工作者和一名观察员。大家轮流来表演这一情境，服务对象对社会工作者极度愤怒。观察员要记录哪些方法奏效，哪些方法不奏效。然后轮流继续角色扮演，让每个人都有机会体验所有的角色。在班上讨论有哪些方法能够帮助服务对象放下戒心和敌意，将这些方法罗列出来。

有些父母会采用威胁或者联盟的方式来避免对自己的不良影响。家庭社会工作者要清醒地意识到这一点，并警惕服务对象试图操纵、攻击或越界。家庭社会工作者对父母到底有多大的用处，取决于工作者是否有能力扭转服务对象的越界，化解他们的威胁。

由于家庭身处不同的环境之中，有的住在农村地区，有的住在老城区和郊区，提供服务时的人身安全问题的严重性也各不相同。尽管这样，我们还是发现有几个基本的安全指南会对家庭社会工作者有所帮助。为了确保家庭会谈在安全条件下进行，我们建议遵循以下几个原则：

1. 也许最重要的原则就是时刻保持危险意识。当社会工作者感到身处劣势或不安全时，他们应该采取措施自我保护。有时，家庭社会工作者对服务对象的朋友感到不安或持有怀疑，或者在某些地区感到不安时，他们可能会克制自己的不安情绪，但是忽视这些不安情绪会将社工置于危险之中。如果家庭社会工作者仅仅是对服务对象的环境不熟悉，或者是在一个不熟悉的文化环境中与家庭见面，就需要认真分析自己担心的原因，然后再判断自己的环境是否安全。熟悉不同的文化和地区，能够帮助家庭社会工作者辨别出真正的危险和假想的危险。

2. 安全举行家庭会谈的一个相关原则就是要尽快熟悉家庭所处的社区。了解服务对象家庭周围的环境、设施和活动，能够给工作者评估危险提供一条基准线。

3. 要让机构服务计划督导和其他机构负责人了解自己家庭服务的计划安排。这个计划安排中应该包括家庭的姓氏、地址、聚会的时间和可能返回机构的时间等。一旦家庭会谈被安排在一个不太安全的环境中，家庭社会工作者可以计划一个监督系统，如在会谈结束时，安排同事打个电话进来询问。如果没有电话，我们建议购置一个移动电话。移动电话越来越便宜，家庭社会工作服务计划应该考虑使用移动电话，以确保工作者的安全。下面的案例就展示了一位社会工作者因为机构不知道自己在哪里而身处险境，这位社工怀孕8个月，被一个狂怒的家庭的父亲掳为人质，这个局面持续了8个小时，她机构的人都不知道她成了人质，也不知道她去了哪里，因为她在该机构中没有打过核对电话。由于这位社工保持了清醒的头脑并不断说服对方，最后她成功逃离了现场。此后，她吸取了教训，事先告诉机构的人自己的行踪和计划。

4. 晚上不要去危险地区。如果晚上一定要去这些地区，最好有人陪伴。例如，有个服务计划聘请了专业陪伴晚上外出工作的人。在这个服务计划中，每个社会工作者都会在有人陪伴的情况下，安排夜间会谈。另一个选择就是要求亲属或者朋友护送社会工作者进入服务对象家中，家庭会谈结束之后，亲属或朋友再过来接。

5. 事先评估去服务对象家最安全的路线。如果去服务对象家最近的路上没有路灯或者没有警察巡逻，那么，应该选择一条更加安全的路线。在服务对象家附近停车可能也会出现安全问题。唯一的停车地点可能离服务对象家很远，或者是在高犯罪率地区。如果找不到安全的停车地点，请人开车可能是很好的选择。有个在高危地区提供服务的计划就专门雇人开车，陪伴家庭社会工作者去不同的家庭家访。如果社会工作者觉得在服务对象家中进行会谈不自在，可以选择一个公共场所。

6. 在访谈中，如果社会工作者感到不安全，就可以立即离开（Kinney, Haapala, & Booth, 1991）。

服务对象和社区可以积极参与关于家庭社会工作者安全问题的讨论，这是赋权策略的一个重要的、有意义的组成部分。另外，在家庭内部讨论安全问题，是家庭社会工作过程的一个重要方面。除了上述原则，还有其他几个安全因素需要考虑。由于家庭社会工作者

常常是自己驾车去进行家访的，他们需要确保自己的车处在良好状态。那些需要长时间在
高危地区开车的家庭社会工作者要确保有足够的汽油。还有，由于某些保密材料也存放在
车中，需要防止被盗。

在社区中举行家庭会谈时需要确保个人物品的安全。家庭社会工作者不要带过多的现
金。个人物品如钱包和珠宝之类的东西最好不要带去参加家庭会谈。偷窃社会工作者尽管
很少见，但确实会发生。经常家访的工作者身着价值不菲的服装、开着名车来参加家庭会
谈，是非常不合适的，机构通常会阻止员工这样做，以防患于未然。在与家庭见面时，还
要注意，不要把重要文件留在车中。如果社会工作者在家庭工作中一直担心此事，会影响
他们的工作效率。

家庭社会工作者要发现服务对象的暴力前兆，需要接受机构提供的相关培训。除了提
供有关处理暴力事件的技巧的培训之外，所有机构还要给社会工作者提供一个安全备忘
录。在家访中，社工一旦感到有危险，就需要立即对危险做出评估，并及时离开。尽量小
心是不会错的。需要采取上述措施的情境包括家中的暴力事件、吸毒和贩毒、私藏武器和
炸药以及失控的个人。在家庭会谈中，社工如果遇到上述事件，应该与督导一起商讨寻找
确保以后会谈安全的办法。在某些情况下，应该停止家访，而将会谈安排在其他安全
场所。

另一个需要关注的就是家中出现病人。如果某个家庭成员得了传染病，社会工作者
需要评估接近病人的危险性。如果病人得的是传染性肝炎或者感冒，社工应该咨询相关
的医务工作者，听取他们的建议。有时可能重新安排其他时间家访是最好的选择。"领
先"（Head Start）家访计划中就明确制定了程序，指导社会工作者处理服务对象的
疾病。

家庭成员有时会给社工提供咖啡和茶点，一般来讲，这不是一个问题。但是，很多社
工会遇到某些家庭卫生状况不好的情况，因此，他们需要想出一个有礼貌的方式来拒绝食
用这些东西，但同时又不让对方难堪。在某些文化中，给客人提供食物是表示尊重的方
式，如果社会工作者拒绝食用，就是对家庭的不敬。我们建议，一个简单的方式就是感谢
家庭提供食物和咖啡，但是自己刚吃过饭或喝过了咖啡。

第一次会谈：评估服务对象的需求

熟悉个人咨询技巧培训的社工在与家庭一起工作时，会感到力不从心。他们可能不清
楚自己的期望是什么，该怎样推进。必须记住的一点就是，第一次会谈的目标就是评估问
题，让全家一起参与问题的解决。

～～～～～～～～～～～～～～～～～～～～～～～～～～～

练习 6.7　举步维艰的首次会谈

列出一些你在首次会谈中可能会遇到的困境。对于每个困境，都提出两个以上的解决办法。

～～～～～～～～～～～～～～～～～～～～～～～～～～～

家庭社会工作者可能会排斥这样的说法，即在正式会谈之前，需要先见见家庭，以尽可能多地收集相关信息。实际上，这是一个很好的做法，如有可能，社工需查阅家庭档案，了解与家庭问题相关的文献，这通常是一个很好的开始。督导可以协助家庭社会工作者运用相关的理论来理解某个家庭的特定问题。家庭社会工作者还要认真反思自己的个人价值观或偏见，因为这些东西可能会影响自己对家庭开展工作时的表现，另外，还要与督导进行讨论。在进行初次见面之前，工作者还需记住理解多元性的问题是非常重要的环节。

家庭社会工作者要记住家庭的特定问题，回顾一下家庭访谈的原则和技巧。需要涉及的话题包括：如何让全家人都参与进来？要做到这一点需要什么技巧？在家庭会谈中如何设定目标？在初次会谈中可以设定哪些目标？这个家庭会面临哪些文化问题？

一旦家庭社会工作者就上述问题找到了答案，督导就可以针对这些答案提供一些反馈和指导。督导和机构的其他同事也可以对这个家庭进行角色扮演，这样家庭社会工作者就能知道如何进行开场白，坐在哪里，是否喝咖啡，等等。角色扮演给家庭社会工作者提供了机会，即在真正会谈之前，能够学习新的技巧并获得重要的反馈。这是一种正式的演练。督导要鼓励就其他任务进行角色扮演，如投入和目标设定等。尽管现实与演练会有很大的区别，但是，家庭社会工作者还是可以感受到家庭会谈中的期望是怎样的。

第一次会谈期望的基本模式包括家庭成员之间进行的语言和非语言沟通。家庭社会工作者要特别关注冲突的迹象、成员之间出现的分歧、家庭成员的座位表明的彼此之间的关系，以及谁替谁说话等。

～～～～～～～～～～～～～～～～～～～～～～～～～～～

练习 6.8　自我介绍

列出清单，来指导你在首次家庭面谈时如何介绍自己，如何介绍家庭社会工作的目的。

～～～～～～～～～～～～～～～～～～～～～～～～～～～

在第一次会谈开始时，家庭社会工作者应该介绍自己，说明所在机构的目的。如果服务对象不是很清楚，对机构的介绍就尤其重要。接下来，家庭社会工作者就需要让全家共同参与，来对问题进行评估。评估包括理解问题是什么，造成问题的原因是什么，如何改

196

变这些问题（Holman，1983）。理想的情况就是，评估变成一个在工作者和家庭之间共同分担的责任。工作者要鼓励每个家庭成员参与，以此来收集信息。这样工作者就可以知道每个人的名字，了解每个人是怎样理解家庭问题的。鼓励每个人发言是非常重要的，常见的情况就是父母替孩子们回答问题，或者是成年人替他人回答问题。下面的例子就展示了家庭社会工作者需要关注和处理的一个不断重复的家庭模式。社会工作者必须理解在会谈中谁在代替谁说话，要让代言人允许他人自己发言。要做到这一点，家庭社会工作者需要挑战家庭的模式，特别是固定的家庭权威模式。理解文化规范和沟通模式在这里就显得非常重要了。

发现问题、了解家庭的过程可能复杂且耗时。工作者要逐步让家庭参与到活动中来，比如画家庭关系图或者社会关系图。这些活动能够吸引其他家庭成员的参与，协助成员均衡地参与到访谈中，同时可以帮助家庭界定问题，这样，家庭成员就比较容易接受未来的工作计划。要让评估比较全面，需要采取一个生态视角，要去关注家庭与环境之间的互动（Holman，1983）。需要对所有的问题进行生态评估。

社会工作者需要评估家庭的生活环境。通过对家庭实地拜访可以更多地了解这个家庭，特别是了解公领域与私领域之间的差异。饭桌是家庭的另一聚集点，可以提供家庭生活方式和管理方式的信息。每天晚上一起围着大桌子吃饭的家庭所呈现的画面，与各自在自己房间里面对电视吃饭的家庭是完全不同的。在评估家庭时，找到"合适的地方"可能对未来工作的策划是至关重要的，特别是当家庭社会工作者要鼓励家长和孩子讨论对不同区域的看法，以及描述每个区域对每个人的不同意义时，就尤其重要了。

在家庭访谈中，保持工作者—家庭之间的沟通包括要坐在一个大家都能彼此看得见的地方。眼神的沟通是邀请全家人一起参与的关键途径。我们建议，要等到全家人都到齐了再开始访谈。耗时的社交行为最好留到访谈结束之后再进行。访谈中每个人的语调可以帮助家庭社会工作者确定是需要小憩片刻，还是一鼓作气到会谈结束。

在访谈中界定不同区域是非常有意义的，因为大家都可以参与进来。有人可能会一怒之下跺着脚离开房间，接着进入另一个房间，静听隔壁房间的讨论。如果有人进入了卫生间并锁上了门，这就表明他离开了讨论。因此，整个家庭就需要讨论如何处理该成员缺席。这些事件的发生不能改变家庭工作的计划。相反，这些事件反映了家庭中常见的自然事件，可以用来帮助我们更多地了解家庭。此外，这些事件可能给家庭成员提供了机会来学习新的行为模式。

现在社会工作者会发现，工作的技术和技巧日益重要，但有的干预方法和理论之间有矛盾。随着人们对干预技术越来越感兴趣，工作者担心如果自己不运用最新的治疗方法，就不会出色。现在看来，治疗师更关注的是技巧而不是服务对象（Miller，Hubble，& Duncan，1995）。然而父母们报告说自己重视的是基本的服务要素：支持、倾听、现场支持以及随时能够找到社工（Coleman & Collins，1997）。

　　基本的助人技巧，如共情、温暖和真诚以及当意义不清晰时的主动澄清等都是干预中的关键要素。表现这些素质，给坚固的工作者—服务对象的关系奠定了坚实的基础，这些就是常说的治疗联盟。熟练掌握这些技巧的家庭社会工作者可以成功地主持第一次和后面的家庭会谈。第二次访谈会比第一次容易一点，第三次访谈会更加容易，第四次访谈对于经验不足的家庭社会工作者来讲，要对自己的工作表现做出评判是比较困难的。尽管这样，这种困难和自我意识是工作者学习和成长的重要标志。

与服务对象建立关系

　　家庭社会工作的核心就是家庭社会工作者与家庭之间的关系，这种关系使家庭社会工作者有可能给家庭提供帮助。这种关系就是一个干预家庭并促进他们改变的载体。它对成功干预至少有 30％ 的功劳（Miller，Hubble，& Duncan，1995）。第一次家庭会谈标志了家庭社会工作者与家庭之间的助人关系的一个开始，这种关系可能是短期的，也可能是长期的。

　　家庭社会工作者需要明确的一点是当家庭出现冲突时，家庭成员可能会试图让社会工作者站在自己一边，从自己的角度来看问题。家庭社会工作者需要预计到这种情况，要避免表明自己的立场，但可以对他们表达共情，而不能与他们共谋。家庭工作要在中立与对个体经验敏感之间保持一个平衡。当社会工作者无法保持中立时，某些家庭成员就会远离社会工作者（Coleman & Collins，1997）。社会工作者一方面要倡导家庭内部的公正，另一方面又要处理与某些家庭成员之间结盟的问题，特别是在某些受到家庭动力关系弱势化和伤害的成员之间，如在家庭暴力的案例中，这一点让社会工作者非常纠结。沃顿（Worden，1994）提出了与服务对象建立坚固的治疗联盟的三个要素：

1. 工作者与服务对象之间就治疗目标达成共识。
2. 工作者与服务对象就实现目标达成一致和合作。
3. 服务对象与工作者之间建立强大的、积极的情感性联系。

　　牢记这三个要素，可以帮助家庭社会工作者协调第一次家庭会谈的复杂情况。如果可以处理涉及种族、性别和家庭生命周期不同阶段的问题，就可以加强这个治疗联盟（Worden，1994，p.25）。

　　需要特别关注第一次家庭会谈，不仅因为它是在家庭社会工作者与家庭之间建立积极关系的基础，还因为它会直接影响后期的工作质量和进程。因此，吸引家庭的兴趣，与家庭建立关系对家庭社会工作者以后持续进入家庭是非常关键的。第一次家庭会谈应该是有时间限制的、焦点明确的、轻松的。

　　第一次会谈的另一个要素是培养相互信任感，使家庭成员可以坦诚地表达自己的担忧。信任不会自然而然地出现，它会随着家庭会谈的不断进行而逐步产生。家庭社会工作者应该真诚地关心家庭成员的需要，表达自己愿意帮助家庭，在困难时期要对家庭不离不弃，这样才能培养信任关系。对有的家庭比较容易与之建立信任关系，对有的家庭则需要耐心和坚韧不拔的毅力。影响信任关系建立的因素有家庭及其问题的性质、家庭工作的目标、家庭社会工作者的个性特点以及家庭成员的生活经验等。家庭希望怎样解决问题以及自己对问题的看法，都会影响他们接受家庭工作的程度。与家庭建立关系是需要时间的。

　　一个重要的方面是，需要在家庭与家庭社会工作者之间营造支持性氛围，同时还要在家庭成员之间营造支持性氛围。高水平的信任和良好的关系能够协助问题的界定和有效的工作关系的建立，最后也会有利于有效地解决问题。高效的工作关系能促成行为的改变，从而提升家庭的满意度和自信水平。家庭社会工作者的一个角色就是协助服务对象明确个人的目标，制订计划来实现这些目标。社会工作者与服务对象之间的关系对家庭社会工作者来讲是至关重要的，只有建立了积极的互动关系，服务计划的目标才能够实现。只要社会工作者能够评估家庭优先考虑的问题，鼓励信息的良性传递，提供支持和鼓励，促成学习自立和有效应对技术，那么，治疗联盟就能得到强化。

　　发展信任关系并非一帆风顺。对助人系统大失所望的服务对象可能会对信任问题充满疑惑。在一次会谈中建立的信任关系可能在下一次会谈中荡然无存，这取决于家庭对被干预的问题的解释和认识。这些问题可能与家庭社会工作者有关，也可能没有关系，但是，可能会涉及家庭生活的日常琐事，从而导致大家对他人动机的怀疑。我们知道有这样一个案例，当一位儿童保护服务个案工作者就一个疑似的儿童忽视或虐待案例对家庭进行家访时，家庭与家庭社会工作者之间的信任关系受到了破坏。尽管家庭社会工作者与这次调查没有关系，但是，家庭将自己的不信任和恐惧投射到了这位家庭社会工作者身上了。

　　在第一次的会谈以及后面几次会谈中，家庭社会工作者需要对家庭的隐私保持高度敏感性，要注意不要去破坏家庭隐私。工作者需要尊重家庭的领地，要对家庭容许工作者进入自己的领地表示感谢。换言之，家庭社会工作者是家中的客人（Kinney，Haapala，& Booth，1991）。工作者要问的问题必须集中在实现服务目标所需要的信息上，特别是在第一次会谈中，尤其不要越界。有些家庭可能比较愿意与工作者分享更多的信息，但是，这种情况并不多见。如果家庭愿意谈论一些个人的问题，家庭社会工作者要认真倾听，并及时做出支持性的回应。如果讨论开始跑题，家庭社会工作者要及时将谈话聚焦到与服务计划相关的话题上。在早期打探家庭成员的个人生活内容，可能会破坏与家庭的工作关系。有的家庭成员在自由分享个人信息后，可能会后悔自己说得太多了。因此，在工作中，家庭社会工作者要给他们提供支持，不要提问太多。

~~~~~~

练习 6.9 是否要留下家庭电话号码?

分成两个小组来进行辩论。正方认为应该出台政策,允许家庭保留家庭社会工作者的家庭电话号码。反方认为不能让家庭要走家庭社会工作者的家庭电话。记下各方提出的观点,在辩论结束后进行讨论。

~~~~~~

~~~~~~

练习 6.10 信任

写下一个你从未告诉他人的家庭秘密。写出你不告诉别人的理由。闭上眼睛,放下铅笔,花5分钟的时间来假设一下,你必须把这个秘密告诉一个刚刚进入你家门的陌生人。你把家庭秘密告诉这个陌生人时,你的感受是怎样的?你在做好准备要告诉陌生人你家的秘密之前,你会(具体)做什么?

~~~~~~

向服务对象介绍家庭社会工作

家庭社会工作者与家庭成员的接触程度和参与他们问题的程度都会影响建立个人亲密感,但是,这种关系还是要保持在一个专业层面。家庭社会工作者常常面对的是处在严重危机之中的家庭。很多家庭经历了长期的家庭问题,还曾接受很多机构的服务和治疗。因为这些家庭曾经历很多不成功的治疗经验,因此,在一开始家庭社会工作者就需要建立积极的改变期望,给家庭建立希望。在提供机会让家庭改变的同时,需要给家庭提供支持。

回顾家庭社会工作的目标和需要完成的活动的性质,能够有效推进家庭社会工作。聚焦于家庭目标能让每次会谈卓有成效。自从家庭同意参与家庭工作开始,时间会过得飞快,家庭社会工作者需要协助家庭不断回忆最初达成一致的目标。不断提醒家庭回想这些目标,可能会提升家庭成员的热情、兴趣和参与度。

在第一次家庭会谈上,家庭社会工作者需要清楚地解释自己的角色,包括责任和参与的界限。当双方都明白了工作关系的限制和结构后,家庭社会工作者和家庭才可以集中精力,一致协作。明确各自的职责和角色需要在工作过程中不断地重复和强化。有些家庭服务计划可能会狭义地界定家庭社会工作者的角色,有些计划可能会允许甚至鼓励家庭社会工作者在建立工作关系时,具有更大的灵活性和自主权。无论怎样,明确家庭社会工作者的责任和限制，能够有助于预防双方对社会工作者的角色的困惑和分歧。

家庭在改变过程中的角色也需要明确界定。将整个家庭当成改变过程中的合作伙伴，而不是服务的接受者，这就意味着家庭社会工作是家庭与社会工作者的共同责任。家庭最明显的贡献就是他们随时准备开始家庭工作。如果没有家庭的参与和使用服务，家庭社会工作者就无法在助人过程中发挥任何作用。

在第一次会谈中，还可以了解家庭对家庭工作的看法和期望。有时，家庭的期望会不现实。家庭社会工作者会发现服务对象可能误解了服务计划的目标，或者是获得了错误信息。在第一次会谈中能够发现家庭的期望，并进行修正，可以消除后来的误会。最后要鼓励整个家庭就家庭工作达成共识，提出可行的期望。

第一次家庭会谈可以持续 1 到 2 个小时，要取决于会谈的目标。一旦计划的活动完成后，就可以结束了。如果会谈进展顺利，整个家庭都积极参与，家庭社会工作者还可以相应地延长会谈时间。第一次会谈的成功结果就是社会工作者在离开服务对象家门时感到轻松，并期待下一次会谈。第二次会谈需要安排在全体家庭成员都方便出席的时候。

保护服务对象的隐私

与其他服务系统相比，家庭社会工作给家庭提供的服务是建立在以人为本的基础之上的。鉴于这个工作的特性，保持合适的保密性是非常关键的（Collins，Thomlison，& Grinnell，1992）。案例 6.1 就呈现了破坏服务对象保密性的严重后果。

 案例 6.1 保密

在筛选和转介阶段，你接到了辛普森一家的案例。在第一次会谈上，你告诉辛普森一家说你是他们家新的家庭社会工作者。他们似乎不太愿意跟你交谈，因此，你要鼓励他们发言，你承诺说，他们说的内容会被高度保密。当时，你对此深信不疑。后来，当你跟秘书罗玛尔达谈起这个案例时，你发现她正在将个案内容输入电脑中做记录，其中包括了你从辛普森家人那里获得的信息。后来，在你所在机构的咖啡室里，同事们都在谈论自己的案例，他们也问及你的案例情况。你也谈了一些有关辛普森的案例的细节。再后来，你听说辛普森先生需要医疗救助，你放入他的档案中的有关信息被拿到了不同的政府部门和医疗服务部门，你沮丧地发现，自己可能将这些记录交给了报社，最后你发现你做的记录中的一页从档案夹中滑落，碰巧被辛普森的邻居捡到了。你拼命地寻找自己准备跟督导一起分享的录音资料。同时，辛普森一家发现了他们跟你谈的高度机密的东西，如今在社会服务提供系统得到了广泛流传。在一个星期五，你约见了你的督导，提交了一个自己接过的案例的概要，辛普森一家的案例也在名单之上。

辛普森一家感到怒不可遏，他们向你的督导投诉了。你的督导小心地向你解释了绝对保密和相对保密之间的差异，所谓绝对保密指的是我们的服务对象家庭说的所有的内容都不得以任何形式与别人谈及，而相对保密指的是在必要的时候，可以与同事分享有关信息。你终于意识到，作为机构的工作者，不可以向服务对象承诺绝对保密，也许，你甚至根本无法承诺保密。

尽管你的督导措辞谨慎，你还是感到她发现了自己的无能。你感到非常气恼，她之前早就应该告诉你有相对保密这回事。

保护服务对象隐私的指南

1. 不要在访谈地点之外（也就是说开门的办公室、课堂、小组、餐馆等）讨论与服务对象有关的事宜，即使是化名和内容稍作修改，也不行。与家人或朋友一起谈论服务对象的情况也是不允许的。家庭社会工作是压力很大的工作，社会工作者需要放松自己，需要宣泄自己的感受和压力。比较合适的讨论服务对象的情况的方式就是找一个隐蔽的地方，如个案会谈室中，与督导或同事进行讨论。当讨论的内容涉及家庭时，家庭社会工作者必须身处办公室，与督导或同事在一起，而不应该与家人或朋友在一起，因为他们不像家庭社会工作者那样受到了职业伦理的约束，懂得保密的重要性。非专业人士会有兴趣听你讲家庭或机构的故事，但是，在这个过程中，他们可能会失去对社会工作者、机构或这个专业应有的尊重。他们可能会想："如果我有问题，我绝不会去找他们或其他的社会工作者，否则，全城的人都知道我的秘密了。"的确，如果我们不小心，这样的事情是有可能发生的。

2. 如果你打电话时服务对象不在家，告诉接电话的人你姓什么，不要告诉他们你想干什么。也可以根据当时的情况，留下你的电话号码，这要看当时的情况。

3. 社会工作者在午饭或喝咖啡的时候千万不能与同事讨论服务对象的情况，在餐厅或其他公共场所，这样的谈话很可能会被别人听到。即使没有指名道姓，人们还是可以猜出服务对象是谁。让别人听到自己在公共场所讨论工作，会给人留下社会工作者根本就不在乎保密性的印象。

4. 当你在办公室访谈服务对象时，需要安排其他人来接你的电话。中断访谈去接电话可能会导致工作关系的中断，也会破坏保密的原则。同时，服务对象可能会想："她还有比倾听我说话更重要的事情要做呢。"在家访期间，如果你的寻呼机收到消息，不要马上回电话，这样家庭就不会听到你跟别人的谈话内容了。

5. 确保每次访谈都很隐蔽，环境很安全，别人绝对听不到。

6. 不要将案例记录、电话信息或者笔记遗留在办公桌上或者没锁的车上。案例记录通常会有服务对象的名字，因此可能会引起某些人的关注。离开办公室之前，要收好记录和档案，确保服务对象的档案是锁起来的。服务对象看见了家庭社会工作者随意放置档案，可能会假定家庭社会工作者也不会认真地保护自己的利益。

7. 在晚会或其他社交活动中，千万不要讨论服务对象，同事们有很多机会参加社交活动，他们很容易会讨论起一个棘手的案例、谈论一个案例或者常见的问题。

8. 如果服务对象表现出对保密问题的担忧，对此我们要表示尊重和理解。有的服务对象想在休息室中开始访谈，也有人希望在公共场所访谈。在这种情况下，访谈需要延迟，等找到一个隐蔽的场所再进行。

9. 对机构的内部运作和权力关系进行保密也是非常重要的。

10. 如果要协助家庭与其他社区服务机构建立联系，家庭社会工作者首先要得到家庭的同意。即使家庭同意让相关的机构或个人了解自己的保密信息，信息的分享也只能控制在必需的范围之内。大部分机构都有信息发布表，专门用来处理这种情形。

11. 在很多情况下，如果有人（特别是儿童）面临受到伤害的危险，保密原则可以放弃。事先必须告知服务对象这一点（1-11 条款，引自 Collins, Thomlison, & Grinnell, 1992, pp. 186-187）。

 案例 6.2　　　　　　　　　　准备首次家访

莎伦和乔迪以及他们 6 个月大的女儿杰姬由儿童保护服务（Child Protective Services, CPS）转介给了一位家庭社会工作者。这对夫妻结婚一年半了，目前遇到了婚姻问题，有人举报说丈夫对妻子和孩子施暴。接案报告中说莎伦是一个全职太太和母亲，乔迪已经在一家典当行工作了 5 年。邻居们说这对夫妻几乎每天晚上都打架、喊叫，而孩子则大声啼哭。

为了准备首次家访，家庭社会工作者回顾了接案报告，熟悉了这对夫妻住处附近的环境，因此她安排了在乔迪下班后即晚上去他们家进行家访。她还准备了一些记录表格和测量工具，包括家庭暴力指数表，她认为这些工具可能会用得上。由于家庭社会工作者了解到那个地区不太安全，她还请一个同事陪同自己一起家访。为了准备好这次家访，家庭社会工作者还回顾了建立积极关系的指南、保密原则规定以及访谈家庭的规则等。

练习 6.11　保密

与其他学生进行角色扮演，讨论与服务对象相关的保密问题。

本章小结

全面考虑个案计划的实务方面，会帮助家庭社会工作者充分展现专业能力。要安排好足够的时间来进行会谈、选好路途交通方式、找到服务对象的住处，这些都会有助于家庭会谈。事先的策划和准备还包括准备材料、处理家中的孩子，安排好这一切能够缓解家庭社会工作者的压力。

在与多重问题的家庭一起开展家庭社会工作时，与服务对象保持联系是非常关键的。家庭社会工作者需要想办法处理经常搬家的家庭中断服务，以及找不到他们新地址的问题。

确保家庭社会工作者的安全也非常重要，因为大部分家庭社会工作是在服务对象的家中进行的。家庭社会工作者必须清楚地了解自己的工作环境，采取措施避免危险，例如，在进入一个贫困的高犯罪率地区时，不要穿华丽的服装、佩戴贵重首饰等。

第一次家庭访谈会给后面的会谈奠定基础。简明的自我介绍、机构介绍和对家庭会谈目标的说明都是必不可少的。与家庭建立工作关系和信任，是家庭社会工作的核心任务。最后，保密是彼此信任的服务对象—工作者关系的关键所在。

关键术语

生态评估：生态评估涉及就家庭关系绘图，并就家庭与外界社会生态系统的互动情况绘图。例如，与社会支持系统、朋友、教会的互动等。

生态地图：作为生态评估的一个组成部分，生态地图是社会交往的谱系图（参见第八章）。

家谱图：家谱图建立在家庭地图之上（参见第八章）。

中立性：最初对家庭社会工作者来讲最为重要的就是，就家庭问题发表看法，不要简单地同意某个家庭成员的意见，反对其他人的意见，工作者应该感同身受地理解每个人的观点，而不要偏爱某人。

204 推荐阅读书目

Coleman, H., & Collins, D. (1997). The voice of parents: A qualitative study of a family-centered, home-based program. *The Child and Youth Care Forum*, 26 (4), 261 - 278.

能力说明

EP 2.1.2b. 运用全美社会工作者协会、国际社会工作者联盟以及国际社会工作学院联盟制定的伦理工作守则和实务原则，做出符合伦理的决定：保护服务对象隐私的原则包括何时何地讨论服务对象的问题、访谈时的隐私，以及与他人分享服务对象信息的问题等。

EP 2.1.10a. 真诚地、实质性地准备好与个人、家庭、小组、组织和社区采取行动：家庭社会工作者要为开展家庭社会工作做好准备，包括安全保护措施、准备好的各种资料、合适的衣着等。

EP 2.1.10b. 运用同理心和其他人际技巧：家庭社会工作者要运用技巧，成功地把孩子们也带入家庭访谈过程中。

EP 2.1.10c. 建立双方达成共识的工作焦点和预期结果：引导家庭进入家庭工作，包括告诉家庭要做什么、有什么期望、家庭的角色是什么、社工的角色是什么等。

第七章

开始阶段

◇ **本章内容**

开始阶段的任务：投入、需求评估、目标设定和签约

家庭社会工作者需要的基本技能

有效干预指南

有效沟通原则

家庭社会工作者必备的核心素质

在家庭社会工作中应该避免的不良行为

本章小结

关键术语

推荐阅读书目

能力说明

◇ **学习目标**

概念层面：理解吸引全体家庭成员参与的必要性，不要指责任何人。

感知层面：倾听家庭对参与家庭社会工作服务的最初感受，观察家庭社会工作者与家庭之间的初期关系是如何建立的。

评价和态度层面：带着非批评的态度对家庭和家庭成员开展工作。

行为层面：学习家庭社会工作技巧，吸引家庭参与，为家庭设定目标并签约。

在前几章中，我们奠定了理解家庭社会工作不同阶段的基础。首先，我们回顾了家庭社会工作的历史背景，探讨了不同时期和不同文化背景中"家庭"意义的演变过程。然后，我们讨论了隐藏在有效的、公正的家庭社会工作实务背后的价值观、假设和信念。接

下来，我们把系统理论运用到家庭社会工作中。第四章探讨了家庭的发展以及家庭的生命周期。第五章描述了家庭的优势和抗逆力。最后，我们还讨论了家庭社会工作实务，提出了与家庭建立关系的指导原则，以及主持初期面谈的原则。

206

在本章中，我们将继续讨论如何与家庭结盟，规划积极的改变。我们首先将讨论有效沟通的原则，重点放在家庭社会工作者开始对家庭开展工作时所需要的技巧上。

家庭社会工作共有五个阶段：开始、需求评估、干预、结果评估和结束。每次家庭会谈都会包含上述内容，同时家庭社会工作者与家庭的总体联系，也都会涉及这五个阶段的内容。在下面几章中，我们会概述在每个阶段家庭社会工作者需要的技巧。我们会涉及助人阶段的一个过程，每个阶段都会有一个明显的划分，但是，在实务中，它们是互相交织在一起的。例如，从接到一个转介开始，家庭社会工作者就要进行需求评估，要阅读转介表格或个案记录。投入家庭和评估其需求都需要家庭社会工作者的全程参与和投入，但是，在初期的会谈中，这些工作显得尤其重要。

练习 7.1　家庭社会工作者面临的挑战

思考一下你认为最难处理的服务对象类型和问题类型是什么。列出来，并写出自己如何处理。

开始阶段的任务：投入、需求评估、目标设定和签约

新入职的社会工作者常常希望能够有个秘方来指导自己在某个特定的情境中该如何行事。不幸的是，目前还没有这样的秘方，有的只是一些指导原则。一个老生常谈的建议就是"要站在服务对象的立场开始工作"，另一个更加准确的指南就是"从社会工作者的立场出发"（Hartman & Laird，1983），因为家庭社会工作者拥有的知识、技能和价值观会影响他们如何开展需求评估和与家庭建立关系。家庭社会工作者会肩负机构的使命而进入家庭。如上所述，感知性、概念性和操作性的技能都会贯穿家庭社会工作实务全过程。

投入指的是在家庭与家庭社会工作者之间建立并保持一种有意义的工作关系。它包括要为家庭发展一个令人信服的论据，建立积极的工作关系，培育个人能力，维持一个创造性的工作者—家庭关系，同时还要培育希望。在每个细节上，你都会知道工作者是否全身心投入，因为他们就在对面跟你说着话！令人欣慰的是，家庭成员与家庭社会工作者的谈话会从表面层面，逐步进入另一层面，可以揭示家庭问题，表达家庭情感。

让家庭投入是非常重要的，但至于有哪些具体的技术，在家庭社会工作中很少被提及。我们这么说，是因为投入奠定了基础，也给未来深入工作打开了大门。成功投入的指标可能包括较高的出席率、完成家庭作业、每次会谈都有情感投入、逐步朝着实现干预目标前进等（Cunningham & Heneggler，1999），当然还有家庭成员会持续与你深入交谈。相反，投入出现了问题可能通过这些行为表现出来：很难预约下次面谈时间、爽约、干预计划难以执行、家庭目标没有实质性内容、进程不均匀、家庭成员对某些重要问题撒谎，以及避免谈论有深度的话题等。汤姆和赖特（Tomm & Wright，1979）提出了一些成功让家庭投入的秘诀，他们建议采用同理心、送礼物（在工作初期采用的一个策略，可以使服务对象获得某些直接的好处）、使问题正常化、降低焦虑感和内疚感，以及不断提升希望等方式。

家庭社会工作者在开始阶段的任务仅仅是，让家庭加入到助人过程中，评估困扰家庭的问题的严重性，设定目标并签约。非常重要的是，要明确家庭社会工作者不是"给"家庭"做"干预。家庭并不是被动、无助的。他们有很多优势和能力，需要我们去发掘出来，从而在助人过程中发挥积极的、创造性的作用。下面我们就来详细讨论这些技巧。

家庭在准备接受服务时，需要满足几个条件：首先，家庭同意作为**一个整体**来接受外部对某些问题的干预。其次，家庭必须主动接触机构来处理某个问题。最后，机构必须决定家庭的问题是否在自己授权范围之内。上述各个因素都会影响家庭工作的进程。在某些情况下，法庭强制要求家庭与机构进行早期接触。尽管家庭在早期是一个非自愿性的服务对象，但家庭社会工作者还是能够帮助家庭看到家庭社会工作的优势，并同意接受帮助。

投入涉及要在家庭成员与家庭社会工作者之间建立工作关系。评估指的是要发现家庭中反复出现的、与家庭面临的问题有关的模式和问题，同时还要甄别那些反映家庭与社会环境之间关系的特点。全体家庭成员都要参与。家庭社会工作者不能仅仅联系家庭中某一个成员，他们必须不断与全体家庭成员联系。这就是第一次会谈时全体家庭成员必须出席的一个原因。一个强有力的工作者—家庭关系，完全有能力超越文化差异（Beutler，Machado，& Allstetter Neufelt，1994）。

吸引全体家庭成员的投入可以创造一个平台，让家庭成员可以安全地讨论自己和彼此之间的问题（Satir，1967）。家庭社会工作者应该营造一个氛围，减少家庭成员的担心，提高他们的自信心。家庭成功的投入还可以在社会工作者和家庭之间建立工作关系。在家庭社会工作者进入家庭之前，父母可能非常担心、缺乏自信。父母们报告说干预给他们带来很大压力，他们自己也非常自责（Stern，1999）。大部分家庭尽管表面上会表示欢迎社工进入家庭开展工作，但实际上或多或少都有点抗拒（Haley，1976，p.16）。他们可能认为自己需要家庭社会工作的干预，就意味着自己的无能。还有的父母会觉得自己要对家庭出现的问题负责，他们会感到孤立无援，垂头丧气，在向外人求助之前，他们也付出过很多努力试图解决问题。这时，需要处理绝望感，要帮助家庭重新界定他们的处境，将其进行积极概念化，正面强化家庭的勇气，强调家庭一直在努力解决自己的问题的力量（Cunningham & Henggeler，1999）。很多家庭在接受家庭社会工作服务之前，曾经尝试过很多方法来解决问题，工作者此刻需要了解他们都试过什么样的方法。

同时，出现问题的人（常常是但未必一定是孩子）往往会感到自责并受到批评，因为他们给家庭带来了痛苦。这个孩子可能担心还会受到指责，或者与家人关系越来越疏远。受到伤害、愤怒、无能为力、恐惧和拒绝都是常见的情感表现。在这个阶段早期，家庭成员很少能够就问题产生的原因达成共识。不要期望家庭一开始就信任工作者，或者相信家庭社会工作能够解决他们的问题。人们在进入一个新的、陌生的领地时，要自动信任其他人，不是很容易的。当工作者感到缺乏信任感时，需要停下来好好讨论并确认为何有这种感觉（Cunningham & Henggeler，1999）。

最初的几次面谈的任务可以分解成以下几类。

1. 与每个家庭成员接触

首先，家庭社会工作者需要营造一个环境，让自己与家庭成员接触，同时让成员们感到舒适。在这个阶段，首先需要关注的是社交礼节，而不是家庭问题。这时要做自我介绍，逐个问候家庭成员。还要观察整个家庭状态，包括他们的模式、家庭关系、行为以及接受服务的态度。家庭社会工作者还要注意每个成员坐在哪里。最初的印象和观察可能会随着资料的不断丰富而有所改变，但是如果一开始就跟他们分享这些信息，可能有点为时过早。这个阶段可能会持续几分钟，但是如果拖的时间太久，家庭社会工作者就会发现难以过渡到深入讨论家庭问题阶段了。工作者必须清楚这一点，要把握好时间，明确何时讨论表面问题，何时切入正题，处理家庭问题。

投入阶段一个常用的术语就是"参与"（Minuchin，1974）。在这个时候，家庭社会工作者要给家庭传递的信息就是"我与你们同行"。参与有助于缩短社会工作者与家庭之间的社会距离。

此时，家庭社会工作者要与家庭成员建立关系，要主动寻找每个成员的独特的信息。

鉴于每个家庭成员都是独特的，没有一个明确的规则来说明到底应该先找家里的哪个成员。当然，批判性反思和批判性思维可以帮助我们确定如何开始与家庭成员的接触，同时还要考虑性别和文化因素。某些文化的礼仪要求社会工作者先跟父亲接触。无论如何，介绍的顺序是非常有讲究的。例如，首先让指定的人自我介绍，可能就意味着突出了这个人是"有问题的"。从"问题孩子"开始，可能会使这个孩子压力过大，因为他已经首当其冲，成了家人指责和愤怒的对象了。另一个选择就是，从看上去最漫不经心的人开始，这样可能使其能够及时参与进来。

　　还有其他的一些选择，社会工作者可能希望强化父母的权威地位，首先请父母介绍。理想的方式就是，介绍的过程需要与目前家庭面临的问题和文化相匹配。家庭社会工作者还需要向家庭介绍自己，包括叫什么名字、机构、家庭如何找到机构的，以及自己的角色和工作情况等。

　　工作者进入家庭后，要注意家庭的用词和家庭的语言风格（Goldenberg & Goldenberg，2000）。家庭成员彼此之间如何说话，也会影响社工如何跟他们说话。无论社工用什么名字称呼他们，如何选择名字都是需要刻意安排的。例如，萨提尔（Satir，1967）建议，在指代父母，特别是讨论父母的角色和责任时，最好就称"妈妈""爸爸"，其他时候叫他们的名字就可以了。此外，少数族裔家庭关系比较特别，他们有自己的文化礼节，工作者要尊重这些礼节。在少数族裔家庭中，社工与个人相处的方式必须符合该家庭的文化习俗。因此，社工必须熟悉该家庭的文化传统和习俗，要知道这个家庭在他们的文化中是否属于传统型的家庭，要记住，在同一文化中，也是存在很大的异质性的。

　　介绍的一个方法可以是这样的：为了减少个人偏见，先问候全家，然后提出一个开放式的问题，这样使家庭可以按照自己习惯的方式来进行介绍。这是这个阶段家庭社会工作者最希望看到的结果，不要着急做出结论。记得在第三章中，我们讨论了三角关系，注意，在这个阶段，家庭社会工作者很容易就会陷入到家庭系统的三角关系中。因此，从一开始就要对此保持高度的警惕，要避免此类事件发生。

　　在决定首先跟谁说话时，工作者就要开始习惯这些内容，如抱怨的问题、性别、年龄、家庭结构、等级制、文化模式等。只要社工对这些问题保持高度敏感，并理解这些问题如何影响这个家庭，就有机会在接下来的时间中仔细处理这些问题。

　　有几个来自不同渠道的障碍可能会阻碍家庭的成功投入。例如，父母可能有吸毒、精神健康问题（如抑郁），智力有限，对接受服务不悦，对自我效能的期望很低等。还有一些障碍来自家庭和社会层面，例如，亲子关系疏远、婚姻不和谐、失业、贫困、缺乏社会支持以及与助人者之间有强迫性互动的经历等。这些因素会提醒工作者关注这些状况，在工作过程中，需要逐一处理。此外，工作者方面可能会打扰家庭投入的因素包括与某个家庭成员结盟、过度的自我袒露、错误地概念化家庭问题、压力、职业倦怠、持以儿童为中心而非家庭为中心的态度、对处理某些问题感到不安、缺乏对服务对象文化背景或价值系统的理解等（Cunningham & Heneggler，1999；Stern，1999）。

　　父母的投入和配合，对解决家庭面临的问题是至关重要的，因为父母是家庭的核心，是子女正常发挥功能的最重要的主导因素（Kindsvatter，Duba，& Dean，2008）。此外，社会工作者要知道，自己作为外人进入家庭后可能会遇到的优势和不足（Hartman & Laird，1983）。

209

210

练习 7.2　开始家庭面谈

分成小组，运用下面的案例，让一名组员扮演社会工作者，其他组员扮演家庭成员。角色扮演几次如何开始家庭面谈，每次先介绍不同的家庭成员，最后介绍整个家庭。哪种介绍方式最好？为什么？

2. 界定问题，综合全家人的看法

在澄清"显现的问题"时，社工要跟每个家庭成员交谈，以了解他们对问题的独特的看法。如果家里有婴儿的话，家庭社会工作者可以允许他们在场，这样就可以发现是谁在照顾这个婴儿。家庭社会工作者要让每个成员充分表达自己对问题的看法，不要让家人互相打扰。要礼貌但是坚决地处理争论和中断他人发言的行为，确保发言的人不被他人打扰，这可能对社工来讲是第一个挑战。家庭社会工作者应该试图了解每个家庭成员如何看待为什么家庭要寻求社工服务。

家庭社会工作者还可以了解家庭成员都曾经做过什么努力来处理家庭问题，他们对未来的想法是什么等。一旦出现愤怒和指责，家庭社会工作者要确保大家不会指责某个"替罪羊"。社工必须明确指出，要给全体家人提供帮助，因为个别家庭成员可能会对社工的出现表示不满。

211

在这个开始阶段，工作者需要"将自己的行为建立在理解和尊重家庭现状的基础上，这包括价值系统、文化背景，以及家庭成员的经验性特点"（Alexander，Holtzworth-Munroe，& Jameson，1994，p. 623）。最终要把问题当成整个家庭的问题。有几个不同的方式可以协助家庭在家庭框架内看待自己的问题。有个常见的让家庭形象化的方式就是用汽车来比喻家庭：一个成员的行为会影响到其他成员，即所谓牵一发而动全身。最后，界定家庭问题，需要将家庭成员的共同的痛苦经历联系起来，以发现到底需要改变哪些方面。把问题看成是影响每个人、必须要改变的，这就为下一步开展工作奠定了基础。

案例 7.1

约翰今年 44 岁，他的妻子玛丽 43 岁。他们有三个孩子，分别是 14 岁的儿子马文、13 岁的儿子迈克尔和 11 岁的女儿莎伦。他们是由他们的家庭医生转介过来的，母亲玛丽因为家庭琐事而患有抑郁症。这些琐事包括贫困。约翰晚上在一家比萨店送外卖，挣的工资很少。他长期失业。玛丽一周工作几天，给人打扫房间。背疼和劳累使她无法长时间工

作。他们住在一个拥挤的两居室中。

他们经常去教堂，三个孩子都上了教会学校。由于这类学校是私立的，因此学费很贵。孩子们在课后是没有钱去参加任何课外活动的。孩子们的学习成绩都还不错，只是马文的数学不太好。女儿莎伦超重，患有严重的湿疹。

由于家庭住房拥挤，家中几乎没有私密性可言，两个男孩经常打架，并联合起来欺负妹妹。父亲常常在晚上外出工作，管教孩子的责任就落到了母亲身上。几个孩子谁也不听母亲的话，他们谁也不帮忙做家务。

在问题识别阶段，谈话要围绕"显现的问题"开展。在这一点上，社交细节就要放在次要位置上了，而关注点应该聚焦于对问题的讨论。这时家庭社会工作者要控制整个谈话过程，直截了当地切入主题，问问家庭成员为什么他们认为需要接受家庭社会工作服务。家庭社会工作者要观察每个成员都是怎样描述问题的，要特别关注他们在发言时的情感投入质量，以及每个人是如何回应别人对问题的表述的。这时，家庭成员往往会把问题归结到"问题人物"身上。

3. 鼓励家庭成员彼此互动

在问题界定阶段，家庭社会工作者应该鼓励家庭成员之间就问题进行充分互动。要鼓励家庭成员彼此之间深入讨论自己的问题。只有当每个家庭成员都能够表达自己的观点之后，这种互动才会出现。家庭社会工作者要从沟通的中心转变为家庭成员沟通的观察者和指导者。这样会揭示家庭的模式，而正是这些模式导致了问题的产生和发展。它还可以澄清为什么社工要来家庭见大家。

在互动期间，家庭社会工作者的角色就是更像一个家庭乐队的指挥，在一旁观赏家庭"音乐"。他们演奏的旋律包括家庭模式，家庭活动和家庭结构、循环模式，以及其他与家庭关系有关的问题。在这部分结束时，家庭和家庭社会工作者都能够清楚地发现需要处理哪些方面的问题。直接请家庭详细说明他们希望有哪些改变，这就是目标设定阶段。

起初，社工要保持中立的立场，要避免在尚未完全掌握全部信息时，就过早地对质或做出解释（Gurman & Kniskern, 1981）。保持中立的立场，必须小心谨慎，因为有时工作者需要表明立场，例如在虐待和暴力个案中，或者在其他威胁他人人身安全的情况下。与此同时，当家庭成员情感达到白热化，例如激烈指责某个家庭成员时，家庭社会工作者需要出面进行调解。

家庭问题需要以这样的方法来进行分解，即这个问题是可以解决的。家庭问题要与家庭的优势和能力联系起来，这样就向家庭传递了希望、自信，即家庭是有能力解决这些问题的。很多家庭，特别是那些深受多重问题困扰的家庭，不应该被眼前的问题压垮。家庭社会工作者要帮助他们分解这些问题，并优先解决那些他们希望解决的问题。还可以从实际行为和发生率的角度来定义问题。家庭社会工作者可能会发现，到目前为止，我们的讨论过多地把焦点放在了"问题"人物身上。要矫正这个问题，就要帮助家庭检讨家庭面临的困境如何影响到了家中的每一个人。通常的表现就是担惊受怕（在愤怒背后还有伤害）。当然，也许这么假定并非过度泛化，即每个家庭成员都希望家庭一切安好。工作者指出大家对问题的担心和焦虑，可以协助他们在一个共同的平台上分析问题，这样全家人才能同心协力，一起解决问题。一个找到全家人关心的共同主题的表达方法就是："我发现家中的每一个人都对目前的家庭状态感到不安，我的感觉就是，家中的每一个人都对这个状况感到愤怒，受到伤害，尽管每个人对这个状态的理解方式不同。"

这个阶段对工作者来讲是最具吸引力的。家庭社会工作者要倾听大家在描述问题时的情感因素，以及大家在描述各自看法时，家庭的反应是怎样的。还有一点也非常重要，即人们会指责谁，要求谁来负责。当家庭成员发言时，工作者需要观察其他人的反应（Haley，1976，p.30）。

~~~~~~

练习 7.3 家庭界定问题

与上一个练习一样，运用案例 7.1 中的家庭，进行角色扮演，练习如何对家庭开展工作，要讨论如何让家庭就"问题"形成一致的定义。

~~~~~~

在疑似儿童被虐待或忽视的案例中，评估儿童是否处在危险中成为一个关键首要任务。对虐待的风险评估可能会遇到重重困难，因为只有工作者与家庭建立了信任关系，双方的工作关系比较稳定，才能获得最准确的信息。如果家庭是因为虐待而被转介过来的，社会工作者就要保持高度的审慎态度。在其他的案例中，工作者随着工作的不断深入，才会怀疑有虐待问题。要评估儿童是否受到虐待，社工首先要去看儿童是否有任何身体征兆，如无法解释的伤痕或伤口。社工还要观察儿童的行为。虐待的行为指标可能包括胆怯、攻击性等，尽管这些表现会代表其他不太严重的问题。对儿童当着父母面的行为也要仔细观察。儿童是否看上去很怕父母？最后，还要观察亲子关系，特别是父母是怎样与孩子进行互动的。父母是否对孩子容易发怒、缺乏耐心？父母是怎样对孩子进行解释的？他们之间的关系很亲密吗？是否有身体接触？

~~~~~~

练习 7.4 家庭问题

每六人分成一组。一人扮演家庭社工，来访谈一个有因为携带大麻而被起诉的青春期孩子的家庭。这家人的情况是这样的：凯蒂（母亲），鲍比（父亲），菲尔（14 岁被起诉携带毒品的孩子），杰姬（16 岁的乖乖女）以及吉米（8 岁）。法庭要求这个家庭接受治疗。所有的家庭成员都因为菲尔给家里惹出这么大麻烦而感到愤怒，家庭成员也承认自己对问题的出现或多或少都有责任。

角色扮演这个家庭，把这个问题定义为家庭问题，每个人对此都有负责。等问题界定清楚后就可以停止角色扮演。把各自的角色扮演的情况拿出来，跟全班进行分析，并解释你是如何将重点从菲尔身上转向整个家庭的。

4. 制定目标，明确干预过程

一旦找到关键问题，下一步就是制定目标。要按照合同的格式，逐项制定清晰、具体、准确、可测量的目标，这些目标要与家庭的信仰和利益保持一致。目标一定是重要的、可实现的、现实的，要根据家庭的能力和资源来确定。需要制定一个合理的实现目标的时间表，还要确定一个评估日期。在合同中，要明确具体采用哪些方法，不同家庭成员和家庭社会工作者需要履行哪些责任。此时，要强调正常出席家庭会谈的重要性，因为某些家庭成员可能还会抵制家庭社会工作（Nichols & Schwartz, 2007）。

就目标达成一致，需要家庭和家庭社会工作者之间配合，如果前几个阶段进展顺利的话，这个过程也就水到渠成了。社工要给家庭画一个成员动机程度示意图，要明确整个家庭到底希望改变什么。目标的制定要让全家人共同参与讨论，所有人都要同意朝着这些目标努力，以学习新行为，逐步消除问题。要提出具体的解决问题的想法和计划，要给家庭灌输新的乐观意识，要相信天下没有过不去的坎。

家庭社会工作中的核心原则就是自决，这个原则相信服务对象有权利和责任同意自己要做什么。要就目标陈述达成一致。家庭社会工作者与家庭要通力合作，来确定最后的理想状态是怎样的，也就是说，要说清楚家庭中的每个人希望如何与他人和睦相处（Bandler, Grinder, & Satir, 1976）。要实现这个理想状态，双方所有人都要就目前状态达成共识，要清楚认识到家庭的资源是什么，要实现这些目标，需要哪些资源。家庭不能感到自己被操纵，或者被迫接受一些他们不想要的目标，这一点很重要。确定的目标、意图和责任可以随着环境的改变而不断进行修正和调整。

要协助家庭制定目标，家庭社会工作者需要做到：

（1）确认家庭成员在危机阶段，是最能够接受改变的；

（2）要把抽象的、宽泛的目标转变为具体的、明确的目标；

（3）界定清晰的、具体的、可测量的目标；

（4）协助家庭甄别自己最希望首先实现的目标；

（5）协助家庭成员就行为改变进行彼此协商；

（6）识别家庭的技能和优势；

（7）得到家庭的承诺。

　　一旦重点突出、目的明确的目标被制定后，家庭社会工作就可以继续向前了。家庭社会工作的目标需要被清晰地表述，并且能够预测到一旦目标实现后，家庭会发生什么变化。换言之，目标要能够确定目标实现之后的状态是怎样的。尽管制定目标是一个持续性的、动态的过程，但是，最好的制定目标的时间点还是在问题确定之后。如果家庭和家庭社会工作者对家庭状态尚未达成共识，目标的制定就是为时过早的。

5. 与家庭签约

　　在这个阶段，社工与家庭就具体问题达成了一致，如家庭会谈召开的频率、谁参加、家庭会谈时间的长短、干预的大概时间、每个家庭成员的动机以及对是否实现目标的评价标准等。协议中还应该包括对问题的定义，以及大家怎样做才能解决问题等。社工和家庭需要就目标和方法达成共识。书面的协议会比较清晰，将未来要做的工作具体化，也反映了工作的严肃性。协议的内容应该具体，如会谈的时间和地点，还要说明希望家庭及其成员有哪些行为改变。案例 7.2 就展现了家庭社会工作的协议范本。

案例 7.2　　　　　　　　　家庭社会工作协议

　　罗奇洛一家在生活的不同方面都遇到了几个难题，本协议将主要处理这些难题。本协议是作为父母的特蕾莎和爱德与他们的孩子——12 岁的坎贝尔以及 6 岁的杰基一起，与家庭社会工作者乔登女士之间达成的正式协议。他们双方就在下列领域开展工作达成了一致：（1）育儿技巧；（2）丈夫失业；（3）坎贝尔逃学。

　　1. 全体家庭成员和家庭社会工作者一致同意，每周一在罗奇洛家中会见一次，时间是晚上 6 点到 7 点半，持续六周。

　　2. 他们会讨论前一周布置的家庭作业。

　　3. 罗奇洛先生和太太同意跟进育儿技巧课程信息和乔登女士介绍的就业技能培训信息，每次会面时，大家要讨论各自的落实情况。

　　4. 罗奇洛先生和太太同意上育儿技巧培训课程，并努力合作改进自己的理家技能。

　　5. 罗奇洛先生同意参加就业技能培训，并积极听取课程上老师提出的相关建议。

　　6. 罗奇洛先生和太太都同意与坎贝尔一起去见老师，制订计划，补上他落下的课程。

　　7. 坎贝尔同意正常上学，每天早上父母要协助他早点起床、吃早餐，每天要把家庭作业带去学校。

　　8. 杰基同意继续自己完成家庭作业，自己铺床。

　　9. 本协议审定日_____（日期）。如有需要可以重新议定。

练习 7.5 第一次家庭会谈

　　每六人分成一组。一个学生扮演家庭社会工作者，另一个学生做观察者。提出一个问题，建立一个家庭。角色扮演第一场家庭会谈。前文中列出的每个阶段各花 10 分钟时间。向班级汇报会谈的进展，包括哪些进展顺利，哪些比较艰难。讨论结束时，与全班同学集思广益，共同解决在角色扮演中遇到的问题。

　　从第一次会谈开始，家庭社会工作者和家庭都会设想自己到底希望得到什么结果，自己的目标在多大程度上可以实现。协议可以是短期的，也可以是长期的。例如，短期的口头或书面协议可以帮助家庭战胜危机（Kinney, Haapala, & Booth, 1991），而长期的协议关注的是经过一段时间之后的结果，如孩子学习成绩的提高。家庭社会工作协议就是一个具体的议定，详细说明了干预的具体目标和实现目标的手段。协议一定要说清楚具体的问题是什么，解决问题的目标和策略是什么，以及各方参与者的角色和任务是什么。协议就是明确的议定书，说明了目标问题、家庭工作的目标和策略、对家庭成员期望的角色和任务是什么。家庭最了解自己面临的挑战的性质是什么，最清楚他们对服务计划的期望是什么。协议还要借鉴家庭潜在的优势和自己解决问题的专长（Fraenkel, 2006）。

　　协议的开头可以是家庭社会工作者就解决问题应该做什么给家庭提出的一些建议（Nichols & Schwartz, 2007）。家庭社会工作者至少需要经过几次面谈，对家庭状况做出评估，与家庭建立了一定的联系之后，才开始着手起草协议。协议内容要涵盖一些重要的程序性内容，如会谈的时间和地点、会谈持续多久、记录什么内容、如何报名、谁出席等。

　　协议的核心内容应该是家庭与家庭社会工作者之间的问责。家庭成员在整个过程中应该是主动的参与者，不是被动的接受服务者。埃根（Egan, 1994）总结了如下几点家庭协议的基本特点：

　　（1）协议需要在助人者和家庭之间反复协商，而非简单宣读一下；

　　（2）参与各方都要完全理解协议内容；

　　（3）要获得口头或者书面的对执行协议的承诺；

　　（4）协议在执行过程中要不断审议，如有必要，可以进行修订。

　　家庭社会工作者要主动引导，并组织对协议的讨论。首先，要找到家庭的需要与自己可以提供什么样的服务之间结合的平台。要充分考虑到时间限制，家庭社会工作者在与某个家庭一起工作时，不可能 24 小时待命。此外，机构的规定也会限制社工进入服务对象家中的方式。最后，家庭社会工作者不能承诺提供那些超出了机构能力和资源范围的服务。

　　如前所述，随着服务进程的发展，协议是可以改变的，这就充分体现了家庭社会工作的动态性特质。一般来讲，每当家庭与家庭社会工作者就某个活动达成一致意见时，他们也就已经形成了协议关系。随着工作的推进，协议的内容也就越来越复杂，甚至会涉及家庭与家庭社会工作者关系的问题。协议可能会要求家庭与家庭社会工作者彼此问责，以确保双方都能主动承担各自的责任和角色，完成双方商定的任务，朝着议定的目标前进。协议还要明确规定互尽的责任以及评估方法。

在初次访谈结束时，家庭社会工作者应该可以给问题下一个基本的定义，这个定义不能将问题的产生和发展归结到一个人身上。如前所述，这就是"拓宽焦点"，借此全家人一起对问题的产生和发展承担责任（Nichols & Schwartz，2007）。某些家庭成员可能会把问题归咎于某一个人，家庭社会工作者要从家庭动力关系的角度，吸引每个成员参与讨论，这就是概念化过程（首先是无声地概念化）。相关领域的理论和研究可以给概念化指明方向。例如，萨提尔和哈利都指出，当父子的代际界限受到侵犯，父亲或者母亲过度关注某个孩子或与其走得过近时，孩子就会出现问题。其他学者（例如，Kindsvatter，Duba，& Dean，2008）也指出，大部分问题会出现在下述一个或多个领域：家庭中父母子系统中的等级结构、父母子系统的执行功能、家庭成员彼此之间的心理距离。

家庭社会工作者需要的基本技能

如前所述，要成为一名高效的家庭社会工作者，需要一系列感知性、概念性和执行性的技能。对某些人而言，这些技能可能就是过去学过的技能的翻版。我们还是想特别强调，对家庭开展工作的技能与个人工作的技能比较类似，但还是需要一些特别的技能。他们不仅要运用这些技能来完成前几节中提到的各项任务，而且要给家庭成员示范新行为。会谈技术是家庭社会工作的基本技能，这些技能包括：

- 认真倾听个人和家庭作为整体所表达的意义；
- 对每个家庭成员提出的意义、希望和目标的语言和非语言表达保持高度敏感；
- 找出那些能够得到有效解决的家庭问题；
- 改进技巧、知识、态度和环境状况，提高家庭的功能性。

家庭社会工作者的角色就是通过改进家庭的问题解决、决策和育儿技巧，协助父母更加有效地与孩子相处。

217   访谈一个小组要比访谈个人复杂很多，这是因为迷宫式的家庭问题已经将家庭中的每个人都卷进来了，同时还涉及了家庭成员间的各种关系。讨论时家庭的动态关系会呈指数增长。由于家庭讨论的人数和次小组数量的增加，社工对整个局面的控制远远不如个人讨论（Munson，1993）。社工常常报告说信息量太大，在同一时间，从不同的渠道，铺天盖地涌来，而这些信息有时是自相矛盾的。个人工作中出现的复杂性在家庭会谈中会变得更

加扑朔迷离。要同时理解每个家庭成员，还要避免与任何人结盟，这些对家庭社会工作者来讲都是非常重要的任务。其他需要留心的问题包括性别角色、种族和需要关注的双人关系的数量等（Alexander，Holtzworth-Munroe，& Jameson，1994）。

在开始家庭社会工作之前，工作者需要区别友谊和专业关系，区分社交谈话与问题中心的家庭社会工作会谈。如果这些问题界限不清的话，家庭社会工作者在面对家庭时，就会丧失重点，无法让家庭参与进来解决问题。尽管家庭社会工作者可能有时不在正式场合开展工作，但是，家庭社会工作者与家庭之间的清晰的界限还是非常重要的，因为它可以确保家庭工作成功实现目标。此外，明确的界限能够为符合伦理的实务保驾护航。

有效干预指南

下面的指南可以帮助家庭社会工作者与服务对象建立专业关系（摘自 Kadushin & Kadushin，1997）：

- 访谈是经过深思熟虑设计的；
- 访谈的内容与某个特定的目标密切相关；
- 家庭社会工作者要对访谈内容和方向负责；
- 关系是结构化的、有时间限制的。

家庭访谈是经过深思熟虑设计的，并有一个既定的目标和特定的目的，所有这一切都是由参与者共同决定的。由此可见，访谈的焦点被放在了一系列家庭问题上，旨在解决某个问题。为了找到问题解决办法，家庭社会工作者必须克制自己参与谈话的冲动，因为这样做会阻碍目标的实现。例如，拖拖拉拉的闲谈可能是浪费时间，也可能是回避伤心话题的方法。闲谈可能是吸引家庭和社工彼此熟悉的一个好办法，也是用来吸引家庭成员参与的秘诀。运用得合适的话，家庭社会工作者可以用闲谈来与家庭建立工作关系。但是，要记得一旦抗拒的家庭成员参与进来之后，就要切入正题，讨论相关的问题了。

在与来自不同文化背景的家庭合作时，家庭社会工作者要从友好的谈话开始，与家庭逐步熟悉，而不能一开始就切入正题。有关建立关系的规则在不同文化中有不同的表现。来自友好文化的人常常认为主流的西方文化过于直接，甚至有些粗鲁，有失恭敬。家庭社会工作者要对其他文化中建立关系的习俗保持敏感性。当差异产生时，公开讨论这些差异会有助于澄清很多误会。

一旦工作关系建立后，家庭社会工作者必须明确工作的重点。找到工作重点花费的时间越长，就越难集中在某个日程上，越难完成后面的工作。如果长期找不到工作重点和方向，在第一次和第二次会谈之间，服务对象可能就会退出服务计划。因此，建立一个明确的方向，关注家庭的需要，回应家庭的担心，能帮助工作者与家庭建立关系，并有一个积极的开始。

一些新入职的工作者可能会对内容和过程的差异感到困惑。内容指的是说了什么，包含了什么信息和想法。而过程则指的是"目前真正走到哪一步了"，以及是如何走到这一步的。过程涉及了更深层次的沟通，可以通过一系列方法来表现，如谈话的频率和时间、声调、面部表情、眼睛转动、明显的身体移动、身体姿势和座位的安排等。内容实际上就是"什么"，而过程则是"如何"。

家庭会谈的内容要根据事先约定的目标来依次进行，并且朝着解决大家认定的问题的方向前进。所有的陈述和计划的活动都要围绕目标的实现来进行。例如，家庭社会工作者在开始家庭会谈时要是问这样的问题"最近怎样啦"，接下来的讨论效果就不会太好；相反，如果一开始家庭社会工作者就说"请告诉我上周我们学习的育儿技巧实际运用的效果怎样"，接下来讨论就会更加有效。

在家庭工作中，家庭社会工作者假定自己需要掌握访谈的内容和方向。有时家庭社会工作者如果不愿意运用自己的专业权威和专家身份与家庭一起工作，例如当服务对象比家庭社会工作者年纪大，或者家庭社会工作者自己还没有孩子时，要掌握好访谈的内容和方向就会很具有挑战性。父母有时会问家庭社会工作者是否有孩子，他们试图发现社工能否理解自己的处境，也会对社工的经验做出初步的评价。这些问题可能会对那些刚刚入职并且还没有孩子的社工造成不安全感，但是，他们又不愿意表现出自己的无能。对这些问题最好的回答就是跟父母一起讨论他们到底担心什么。例如，家庭社会工作者可以说："没有，我自己目前还没有孩子。听起来你很担心我因为没有孩子，可能会不太理解你的处境，或者难以帮助你。我们一起来讨论一下这个问题吧。"

家庭社会工作者与家庭之间的关系**是结构化的、有时间限制的**。这就是说所有的活动都是有目的性的，专注于目前需要完成的任务，需要营造一个氛围让家庭成员可以通过共同协作来解决大家认可的问题。这还意味着家庭社会工作是有始有终的。因此，家庭社会工作者必须了解家庭何时完成了自己的任务，不再需要家庭社工的帮助了。同样，每次与家庭的会谈都应该是有时间限制的，时间的长短取决于需要完成的任务的性质。由于是家庭社会工作者试图跟家庭建立合作伙伴关系，因此，这个关系基本上都不是互惠性的。家庭社会工作者要给家庭提供指导、知识和方向。服务对象的兴趣和需要成为关系的核心，这就要求将家庭社会工作者的需要置于一旁。例如，家庭可能会问家庭社会工作者一些私人问题，社工需要决定到底跟他们分享多少信息。同时还要记住，要首先满足家庭的需要和治疗的重点。社工向服务对象的自我袒露必须有明确的目的。

家庭社会工作者的每个行为和活动都必须是有目的性的，要小心措辞，带有明确的意图。例如，家庭社会工作者可以根据家庭的兴趣来选择合适的词语进行表达，如果家庭喜欢运动，家庭社会工作者就可以称家庭为一个"运动队"。当然，要做到谨慎使用每个用词，每个行为和活动都有目的性，会消耗社工很多精力，但是这样做会带来事半功倍的效应。工作者的深思熟虑体现在几个不同阶段，在评估家庭此时此地的状态的基础上，家庭社会工作者要决定说些什么。一旦工作者开始干预，他们需要评估自己说的话对家庭会产生什么影响。如果这些影响是负面的，工作者需要选择更好的方式；如果影响是正面的，带来了预期效果，家庭社会工作者就需要沿着这个方向继续前进。

家庭社会工作者—家庭的关系需要有明确的、稳定的界限，这样才能确保家庭的需要能够置于社工的需要之上。新入职的家庭社会工作者常常会因此而感到很辛苦，因为他们希望与家庭"成为朋友"，并与他们建立私人关系。这是很自然的，因为家庭社会工作者参与到了家庭生活的亲密关系中，还因为积极的关系是开展工作的关键所在。另外，了解人们生活的隐私细节就会产生亲密感。家庭社会工作者与人们深入接触，付出了很多情感。此外，家庭社会工作者还可能会喜欢上自己的服务对象，这种喜欢成为未来工作的关键要素。

尽管有各种原因，但是，家庭社会工作者还是需要坚持"专业焦点"。助人关系是与友谊完全不同的关系，因为家庭社会工作者在这个关系中拥有某种权威，这样要在工作者与家庭之间建立一种平等关系是完全不可能的。社工的职业伦理也明确提出什么行为是可以接受的，什么行为是违背职业伦理的。例如，家庭社会工作者准备向这个家庭购买一辆车，与家庭一起安排买卖交易。这就明显违背了职业伦理，需要向机构汇报这个行为。其他的违背伦理的行为还包括与服务对象发生性关系，与家庭一起外出度假，或者将服务对象的孩子带回家庭照顾一段时间等。家庭社会工作者要坚守职业伦理，一旦有困惑，家庭社会工作者要与督导进行讨论。需要提醒的是，当社工觉得有必要向机构隐瞒一些信息时，首先要考虑一下这样做是否违背了职业伦理。

因此，家庭社会工作者必须承诺要首先满足家庭的需要，家庭社会工作者的个人需要不是工作关系的重点，因为他们的注意力一定要放在家庭问题上。很自然，家庭社会工作者要尽自己最大的努力来工作，并得到回报。但是，不管家庭如何奉承工作者"你是我见过的最好的社工"，或者历数过去的社工的种种不是，工作者一定要避免与其他社工进行比较。社工可以接受服务对象真诚的或者自发的赞美，但是，这种赞美不要变成与其他社工的负面比较。家庭社会工作需要根据时间、地点、时限和目的做出正式的安排。有些不愉快事件，如对质，是不可避免的，同时也是完成约定的工作任务的重要组成部分。

220

练习 7.6 朋友会谈与专业会谈

将班级分成三人小组。一半小组角色扮演朋友间的讨论，一个人把自己遇到的问题告诉自己的朋友。另一半小组角色扮演一个服务对象与社会工作者讨论自己的问题。角色扮演结束时，大约 10 分钟后，全班一起讨论与朋友谈话和与专业人士谈话之间的差别。

练习 7.7　工作者的问题

所有的家庭社会工作者都可能会遇到源于原生家庭的个人问题，也有可能会把这些问题带入到家庭工作中。有效家庭工作的一个关键点就是，工作者要明白这些问题，并有意识地不要让这些问题影响到自己的家庭工作。这些问题包括可能父亲或者母亲是酗酒者、家里有性虐待经历、闹腾的青春期等。反思你的原生家庭，列出三个或者四个你过去遇到的问题，而这些问题可能会影响到你的工作。在每个问题旁边，列出它们会怎样影响到你的工作，你会如何应对自己的本能反应。这些可能是非常个人化的问题，所以，不要强迫自己把这些内容与他人分享。但是，班上如果有人愿意把自己的经历与大家分享，班上同学要积极倾听，并参与讨论。

有效沟通原则

访谈是接触的一种特殊形式，在这种接触中所说的每句话都会传递某种信息。所有的信息都是有目的性的。沟通不仅发生在社工与家庭之间，而且发生在家庭成员之间。沟通的目的比较复杂，有经验的家庭社会工作者是这样理解人类沟通的通则的：**"你不可能不沟通"**（Watzlawick, Beavin, & Jackson, 1967）。沟通不仅指语言，可能还包括表情、手势、身体姿势和语调等（Satir, 1967）。

练习 7.8　沉默

每两人分成一组。尝试什么都不与对方沟通。怎样才能做到不沟通？

其他的沟通通则还包括：
- 沟通传递了信息和行为。所以，只要有沟通，就会有约束和关系。因此沟通包括了内容和关于某种关系的讯息，也就是说，所有的沟通都既有报告的内容，又有指挥的内容，即关于沟通的信息和沟通如何被接受的信息。
- 所有的行为都是沟通。
- 沟通存在两个层面：内容和关系。
- 关系的本质取决于沟通双方之间的沟通序列的分界，这种分界组成了行为事件。

某些关系冲突是围绕着对系列事件的分界的分歧而展开的：谁开始沟通，谁打断，谁同意，谁反对。这些都是分界的例子。很有趣的是，有个对权力的定义就是："谁最后拍板！"

● 沟通可以是形象化的，也可以是类推式的（Suissa，2005）。形象化的沟通指的是运用某些象征性的词语，如猫，与语言的句法结合起来。而类推式的沟通则更加抽象。它指的是意义的非语言表达成分，如身体移动、姿势、手势、面部表情、声音变化、用词的顺序、节奏和韵律，以及其他非语言沟通和在互动过程中出现的微妙的沟通暗示等。要说明其真正所指还是比较含糊的。一个例子就是在非语言沟通中，这两种形式的沟通会同时存在。模拟沟通的清晰度可能是非常不清不楚的。关于非语言沟通，点头和"喔嗯"都是很好的例子。再比如，在我们的沟通课程上，鉴于这种模糊性，我们都不鼓励使用最小的提示性语言。很多工作者习惯使用点头和说"哼""哈"，这样可能会传递很多不同的信息，包括"我同意""继续讲""我已经心不在焉了，现在进入自动驾驶模式"。一旦使用数字沟通和模拟沟通，必须保证这种表达是合适的，如果是不合适的，就会给服务对象带来困惑和模棱两可的感觉。

● 所有的沟通交流可能是对称的，也可能是互补的，取决于沟通交流是建立在平等还是差异性基础之上（Watzlawick，Beavin，& Jackson，1967，pp.48–70）。

萨提尔（Satir，1967，1971，1972）在其家庭工作中，特别强调沟通的重要性，指出沟通就应该是清晰的、直接的、坦诚的：

● **清晰的**沟通不需要掩盖，沟通者说出自己想表达的内容。

● **直接的**沟通就是直接指向信息接收者（非直接讯息无法传递个人责任感，表达真实感受）。 *222*

● **坦诚的**沟通传递的是真实的讯息。

简单的沟通指的是一个人向另一个人发送讯息，见下图：

这个图标反映了简单的线性沟通过程。例如父母对孩子说："捡起你的玩具。"在这个讯息中，讯息的线性传递包括两个人：一个主动的发讯人和一个被动的收讯人。无论如何，即使在这个看似直接的例子中，也可能包含了附加的意义。想一想，如果"捡起你的玩具"是由被激怒了的父母口中说出来的，这可能表明，父母认为这个孩子不为他人着想或者很粗心。这个讯息就远远不是一个简单的指示，可能包含了愤怒的语言声调和非原因的行为暗示，反映了父母的不快。父母的身体语言也会对孩子具有威慑作用。因此，沟通包含了参与者的循环性的、互动性参与的过程（Tomm，1988）。

语言会包含多种意义，社工需要理解同一个词所指的不同意义，以及不同的词对不同人的意义（Bandler，Grinder，& Satir，1976）。记住，人们往往是无意识地选择用词的。

沟通过程

下面是对沟通过程进行的交互分析。注意这些交互模式分解了第三章中讨论过的循环互动环节，变成了六个明确的步骤：

- 发讯人在发出信息前将自己的意图、想法和感受组织起来。发讯人要对讯息进行**编码**，将想法、感受和意图变成可发送的讯息。
- 发讯人通过某个**渠道**向收讯人传递讯息。通常这个渠道就是文字、声音、表情、体态和身体语言等（Bandler，Grinder，& Satir，1976）。
- 收讯人通过相关的感觉通道接收信息，如视觉、听觉和触觉。
- 收讯人要根据讯息的意义来进行讯息的翻译。意义的获取受到了讯息传递方式和讯息传递的情境的影响。收讯人的解释取决于自己对讯息的内容、情境以及发讯人的意图的理解，此外还受到了沟通者之间的关系质量的影响。

223
- 收讯人最后要对讯息的解释做出回应。讯息的意义涉及讯息的字面内容（外延层面），以及发讯人与收讯人之间的关系（元沟通）。换言之，元沟通指的是**关于讯息的讯息**（Suissa，2005；Satir，1967，p.76）。此外，收讯人会将讯息与过去经验联系起来，从而影响对讯息的理解（Bandler，Grinder，& Satir，1976）。收讯人的生活脚本或者内在化的自我形象也会影响对讯息的解读。
- 收讯人对发讯人的语言和非语言讯息进行反馈。

对于一次沟通交流来讲，这些过程可能在一分钟之内就能完成！记住，家庭会谈往往要持续一个小时，这就是说，有大量的信息需要交流和处理。很多事情会干扰信息的编码、传递、接收和解释过程。这就是所谓的"噪声"。

"噪声"指的是干扰这个沟通过程的任何事物。发讯人面对的噪声包括态度、参照物、情感以及难以选择合适的词语等。从收讯人的角度来看，噪声主要有态度、背景、影响解码的经验等。在沟通渠道环节，噪声可能来自环境背景、语言问题，如口吃、生气或者表达含糊不清、听力问题等。成功的沟通最终取决于在多大程度上能够克服或控制这些噪声。

在家庭社会工作会谈中，可能会同时发生很多事情，工作者要清楚抓住那些重点，放弃那些，是非常不容易的。非常有意思的是，鉴于沟通的复杂性，人们之所以能够彼此理解，在很大程度上是因为他们愿意彼此理解。

文化背景的影响

高效的社会工作者的一个基本素质就是，即使存在文化差异，也能够感同身受地体会服务对象的处境（Canfield，Low，& Hovestadt，2009）。文化不仅影响人们彼此的沟通方式，还会制造独特的"噪声"干扰沟通。例如，种族常常与社会阶级的差异性密切相关。这是因为贫困的非白人群体的比例远远大于白人群体（Davis & Proctor，1989）。对种族的研究表明，不同的种族在下列方面存在了很大的差异：

- 情感痛苦的经历；
- 如何标示痛苦的症状；
- 与他人沟通自己痛苦的方式；
- 对痛苦成因的看法；
- 对社工的态度以及对干预的期望等（McGoldrick，Giordano， & Garcia-Preto，2005，p. 28）。

鉴于这些差异的存在，来自主流文化的社工在与少数族裔群体用自己不熟悉的语言沟通时，可能会出现误解。

家庭社会工作者要认真考虑那些会影响个人语言和非语言行为的因素。在家庭社会工作中，我们认为，个体的行为发生在家庭情境中，同样，家庭的行为也必须纳入某个特定的文化情境中进行分析。在解释个体的语言和非语言行为时，需要考虑个人的、家庭的、文化的和社会的背景。对某个人而言，缺乏眼神接触可能表明回避；而对另一个人而言，缺乏眼神接触表明他在倾听，因为在他的文化中，眼神接触是一种不礼貌行为。同样，面对面的交谈可能在某个文化中代表了一种兴趣和关注，而在另一个文化中代表了不尊重。

文化沟通的微妙性贯穿于每一个互动中，从来自同一文化的人们如何互相问候开始。文化沟通的问题我们在第二章中有了深入的讨论。大家可能都比较了解有很多不同的问候方式。在某些文化中，拥抱和亲吻是问候的方式，而在其他文化中，人们会觉得这种方式让人不舒服。在没有充分了解服务对象的个人、社会和文化背景之前，家庭社会工作者不要对服务对象的最初印象给出结论性的评价。熟悉其他文化最好的方式，就是表现出极大的兴趣，通过提问来了解服务对象的文化。很多人是非常乐意向工作者介绍自己的文化传统的。文化专家会提出这样的建议："尽管人们不可能完全理解他人的文化，但是，保持好奇心、谦逊和发现自己文化的价值和历史等，都有助于开展具有文化敏感性的会谈"（McGoldrick，Giordano， & Garcia-Preto，2005，pp. 36 – 37）。

助人性专业人士越来越关注文化的影响。此外，家庭问题还需要通过性别、角色、表现力、出生顺序、分居，或者家庭成员拥有的自主性等视角来进行过滤。如上所述，不同的文化背景都有自己不同的沟通规范。有些信念，如家庭事务不外传，或者讨论某些问题的方法（或哪些问题不能讨论）等，都是通过代际学习获得的，这些都反映了对个人和文化的影响。在第二章中，我们详细讨论了不同民族的信念和模式，有兴趣的读者还可以参阅麦戈德里克、乔达诺和加西娅-普莱托（McGoldrick，Giordano， & Garcia-Preto，2005）。

∽∽∽∽∽∽∽∽∽∽∽∽∽∽∽∽∽∽∽∽∽∽∽∽∽∽∽∽∽∽∽∽∽

练习 7.9　文化背景

分成两人小组。组员互相进行访谈，以了解对方的文化背景。然后转换角色。向班级汇报各自的文化特点。你可以运用下列问题作为提问的开始：某些特定的文化是如何看待麦戈德里克和乔达诺列出的问题的？如果你访谈的人来自一个特殊的文化，这个文化群体的人们是怎样互动的？有什么差异？这个文化中的家庭有什么特别之处？要邀请这个文化中的家庭加入家庭工作，应该怎样做？来自其他文化的工作者怎样才能被这个家庭接纳？

∽∽∽∽∽∽∽∽∽∽∽∽∽∽∽∽∽∽∽∽∽∽∽∽∽∽∽∽∽∽∽∽∽

225

工作者提供的信息

在专业服务中，最常见的干预方式就是提供信息。家庭社会工作者必须决定给父母提供什么样的信息，怎样来评估父母是否理解了这些信息。如果父母没有掌握这些信息，家庭社会工作者的职责就是确定下一步采取什么措施，帮助父母掌握相关知识来处理自己的问题；或者改变自己的工作方式，实现干预目标。

家庭社会工作者要评估父母的功能性水平，包括他们是否具备团队合作的能力。理解父母的背景，可以帮助家庭社会工作者决定如何给他们提供恰当的信息，如何关注父母关心的问题。评估还可以协助家庭社会工作者理解父母在子女管理中的优势和弱势所在。倾听父母讨论自己的孩子和相关的问题，是最好的获得理解的途径，尽管这向家庭社会工作者提出了新的要求，因为他们更加习惯于在跟父母访谈时有时间限制。

在给家长提供简单的指示时，也需要给他们量身打造方案，以符合他们的具体情况。例如，悲观的家长在面对有攻击性行为的孩子时，可能无法采取准确的行为管理方法，而有权威的家长可能会发现难以与自己的孩子就家庭规则问题进行有效商讨。处在这两个极端案例之间的家长，如果接受的指示很清晰，他们就会很好地按照指示来行事。家庭社会工作者需要准确评估家长的风格，及时调整自己的策略，用个性化的方式来给他们提供指示。

家庭社会工作者需要不断评估家长，理解他们回应压力的个性化的反应，以及他们解决问题的能力。这个过程也适用于给家长提供看似简单的任务指示。因此，家庭社会工作者要找到一个清晰的方式，来提供指示，并确定对方是否理解了信息。

在每次访谈结束时，要把一些复杂的指示写下来交给家长。家庭社会工作者可以建议他们将这些书面提示放在一些醒目的地方，如冰箱门上，这样家长随时可以看见这些提示。最好请家长重复一下指示，以确定他们准确地理解了这些指示。这种口头的复习是一个确保工作者提供的指示是清晰的、准确的，并得到了对方准确的理解的很好的方式。同时，也给家长一个提问的机会。当然，这个方式未必是唯一安全的，也可以采取同样奏效的其他步骤。

很多家长在反思访谈过程时，可能会有很多问题，但是，他们可能不愿意开口，或者不愿意打扰繁忙的社会工作者，因此，一个有效的方式就是社工对家长进行电话跟进。另一个评估家长的方法就是，鼓励家长在需要的时候给社工打电话。尽管这样，在和个别家庭成员谈话时，非常重要的一点就是，家庭社会工作者要十分清楚地知道，自己很可能会被卷进家庭动力关系的三角关系中。还有，不断评估家庭状况，与家长讨论后面的访谈，也都是需要不断进行的。

向家长提供信息、指示和跟进服务等，都不足以完成治疗任务，家庭社会工作者要明确家庭是否需要进一步的服务。这里的目标就是，找到一个实际的方式来协助家长理解自己的问题，在必要的时候，要改变自己的行为。有能力的家庭社会工作者需要及时做出评断：需要采取什么措施，做点什么，在实现某些具体的治疗目标之前，应该推迟做什么，还有哪些事情需要下一步再完成。总之，家庭社会工作者要在对全部情况做出评估的基础上，及时调整自己的程序和计划。

出于很多原因，家长可能无法理解一些看似简单的指示。在这种情况下，工作者需要找到其他形式的帮助，给他们提供支持性的、准备性的干预。同时，家庭社会工作者需要向家长寻求反馈，邀请他们积极参与到评估过程中来。

关注行为

关注行为可以帮助家庭社会工作者很快进入并聚焦于访谈过程。新入职的工作者常犯的一个错误就是，他们会陷入谈论一个不在场的人的话题中。家庭社会工作者要知道什么时候会出现这种情况，因为陷入这样的谈话会让人感到有点"搬弄是非"。这些感受表明，社会工作者非常关注服务对象的所说和所为。在这个过程中，家庭社会工作者要尽量减少关于自己个人经历的讨论，因为家庭会谈不是社交活动，社会工作者要约束或者控制自己。

例如，积极倾听是关注行为的基础，要准确地传递这样的信息，即自己准确地理解了他们的信息。关注性倾听要同时调动所有的感官，要通过适当的身体语言和口头语言向服务对象传递这样的信息：工作者对他们所说的内容非常有兴趣。家庭成员需要被理解。视觉关注技巧，特别是眼神接触、恰当的面部表情等也能表达理解。保持眼神接触并不是说需要紧紧地盯着对方，而是意味着需要用一个连续的、放松的方式，让服务对象保持在你的视觉范围之内。眼神接触的程度需要尊重文化差异性。

工作者不能只看见说话的服务对象，而是要能够看到房间中参加讨论的每个人。家庭社会工作者还要运用身体关注技巧。理想的状态就是，在一个家庭会谈中，家庭社会工作者面对每个家庭成员，保持一个既不紧张，又不过分放松的姿势，因为过分放松的姿势会传递一个非正式的信息。语言的关注技巧包括要认真倾听别人的语言表达（内容）、次语言（语调和变音）以及非语言（身体语言）等内容。随着不断的练习，家庭社会工作者可以区分出服务对象的"元信息"（隐藏的信息）。家庭会谈最独特的地方就是，对着全家人说话的人，实际上是在回应每个家庭成员、家庭模式、家庭关系等。

我们有一些建议，但并非绝对的和一成不变的规则。家庭社会工作者必须对问题差异保持高度敏感，这就需要我们对倾听技巧做出一些修改。例如，某些文化的人们会认为直接的眼神接触是不敬之举，还有的文化会对沟通双方之间的身体距离有不同的要求。总之，社会工作者需要学习根据不同的文化特点来运用不同的关注技巧。本书将在不同层面来讨论跨文化技巧。

227

自我意识

自我意识是家庭社会工作的一个非常重要的要素。在前面的篇幅中，我们指出，价值和偏见会影响我们与家庭一起开展工作。每个人都有自己的需要、价值观、感受和偏见，家庭社会工作者必须评估自己的个人偏见，以免影响自己有效开展家庭社会工作。要做到自我意识，家庭社会工作者需要表现出诚意，避免违背伦理，利用服务对象来满足自己的心理需要。所有的人都会有未满足的需要或奇想，我们需要对此保持清醒认识，确保它们不会破坏工作的有效性。例如，如果服务对象面临的问题与家庭社会工作者面临的问题比较接近，就会在家庭社会工作过程中，引起工作者的困惑或导致他们的逃避。做到自我意识有下列好处：

1. 自我意识能够提高个人能力，这样家庭社会工作者就不用依靠服务对象来提高自己的自尊。家庭社会工作者在与服务对象一起开展工作时，需要真诚，不要虚情假意地要求对方提出积极反馈，或者担心服务对象会中止接受自己的服务。

2. 自我意识会促进社工恰如其分地运用专业权威。如果家庭社会工作者希望拥有控制感或者强迫服务对象服从，他们就有可能，也有机会滥用权力。权力滥用还表现在工作者给服务对象提供强制性建议或自以为高人一等。

3. 自我意识可以帮助工作者合理运用亲密感。家庭社会工作者如果自身拥有未满足的亲密感，或者无法处理亲密关系，就难以建立正常的工作者—家庭关系。例如，缺乏自我意识的家庭社会工作者可能会表现出超常的距离感，或者与服务对象不分彼此。

自我意识还可以协助家庭社会工作者意识到，个人问题、未满足的情感需要和重要的生活事件何时会影响自己为服务对象提供有效的服务。移情和反移情就是与自我意识相关的两个重要概念。移情指的是服务对象将家庭社会工作者当成了自己生活中的另一个重要他者（如父母或其他权威人士）。在其他关系中出现的感受、担心、防御和其他反应都会投射到家庭社会工作者身上。反移情指的是家庭社会工作者将自己对重要他的感受转移到服务对象身上。在助人关系中，这些感受是非常常见的，而自我意识就能够帮助家庭社会工作者控制自己的这些感受，而不是听之任之。

要提高工作者的自我意识，可以采取几个步骤。工作者可以就提高自身的自我意识接受个人的辅导。如果自我意识影响了自己工作的有效性，或者给工作或服务对象带来困难，也可以与自己的督导来讨论这些问题，这样，自己的工作范围可以控制在不受自我意识影响的范围内。

精明的家庭社会工作者是完全有能力控制自己的经历和感受，并接纳自己的经历和感受的。他们清楚地知道自己的价值观、信念和需要，并能够与他人建立温暖的、深厚的关系。精干的家庭社会工作者会自如地向别人袒露自己。他们会对自己的行为负责，以非自卫的方式来接受他人的意见，勇于承认错误，限制自己，坦诚待人。精干的家庭社会工作者会与服务对象一起设立切实可行的目标，深知自己对他人的影响。要把自己培养为一名精干的家庭社会工作者，通常需要一个持续的过程，不能一蹴而就。因此，家庭社会工作者需要在自己的职业生涯中，不断改进、完善自己的技巧。

228

~~~~~~

练习 7.10 培养技巧

想想看做一名家庭社会工作者需要什么技巧。列出这些技巧，从重要技巧开始。然后，反思你已经拥有的优势是什么，列出这些优势。

~~~~~~

家庭社会工作者必备的核心素质

研究结果显示，社会工作者具有同理心、温暖和真诚的能力是非常重要的。所有这些品质是大部分助人工作的关键所在，也是有效开展社会工作的必要条件。它们协助社工营造一个信任和安全氛围，其中，家庭成员可以开始从一个新的角度来审视自己的问题（Kindsvatter，Duba，& Dean，2008；Lambert & Bergin，1994）。

有数据表明，在辅导过程中，大约30％的改变缘于工作者—服务对象的关系的品质，而工作模式和技术只占15％，这一点足以让家庭社会工作者感到欣慰。如果家庭认为社会工作者温暖、值得信任、非判断、善解人意，那么，他们之间很容易建立坚固的联盟（Miller，Hubble，& Duncan，1995）。这个观点得到了对参加家访式的家庭中心服务计划的父母的访谈研究的支持（Coleman & Collins，1997）。在这个研究中，家庭最喜欢的社工访谈技巧包括：倾听、支持和传授。研究人员得出的结论是："家庭根本记不住那些花里胡哨的技巧，相反，他们只能记住在治疗中自己获得的尊严和尊重。"（p. 268）与此同时，非常重要的一点就是要记住，家庭社会工作者一进入家庭就和家庭建立关系并受到尊重是不可能的。另一个研究也证明了相同的结果（McWhey，2008），父母们欣赏的工作者的特点包括个性好、支持性、重视技能培训等。

229

同理心

家庭社会工作者可以运用同理心来与家庭沟通，以表明自己从服务对象的角度，理解了他们的经历、行为和感受。同理心是与服务对象建立和发展关系的核心要素。社工需要对个体家庭成员保持感同身受，对家庭的行为方式表示尊重。家庭社会工作要从"服务对象的处境"开始工作，即使服务对象的视角最终还需要受到挑战。同理心指的是通过另一个人的眼睛来看世界，但这又不同于同情或怜悯。需要记住的是，某些少数族裔不关注不同的感受，这样，工作者必须找到适合种族特点的方式，通过他人的眼睛看世界。

如果我们无法理解服务对象的感受，就无法假装出同理心。家庭社会工作者可以承认自己无法理解服务对象，这样他们就可以进行澄清。不恰当地表达同理心的表现主要有：鹦鹉学舌般的重复，逐字逐句的重复，毫无诚意，这样的同理心是非常不准确的。此外，过分表现的同理心会让人感到做作，让对方不快。所有家庭社会工作者都会面临的一个难以操作的复杂问题就是，当另一个人受到指责时，如何表达同理心。在这种情况下，家庭社会工作者可能会这样说："我发现菲尔的行为让你非常头疼，我能理解你非常不开心，我的感觉是菲尔也感到困惑，你能告诉我听到凯蒂说这些话的时候你的感受是怎样的吗？"在家庭会谈中表达同理心面临的困境就是，工作者在对某个人表达同理心时，可能就与此人结盟来针对另一个人了。避免与某个家庭成员结盟的方法之一是，倾听每个人的感受，然后找到共同点，或者找出大家之间的差异所在。家庭社会工作者可以使用的另一个办法就是，让家庭成员彼此表达同理心。

练习 7.11 同理心

继续从你选择的案例中找到一个场景进行角色扮演。要注意听每个人都说了什么，要避免偏向某个人。等每个人都说完后，试图从全体成员的角度总结一个共同主题。

同理心的表达可以有不同层次的深度和效果。特鲁瓦克斯和卡克赫夫（Truax & Carkhuff，1967）提出了五个测量同理心的层次。

层次一：在层次一上，社工的回应主要是针对服务对象的语言和行为表达而进行的。

这种回应传递的信息少于服务对象所表达的信息，社会工作者完全没有意识到甚至是表面的感受。社会工作者可能感到厌倦、无趣，或者仅是按部就班开展工作，从而无法回应服务对象的个性化需要。

层次二：社会工作者部分地回应了服务对象表达的重要因素。社会工作者可以稍微体验对方明显的表面感受，但尚未接触到服务对象的经验层面。

层次三：社会工作者接受服务对象的回应，他们的表达可以互换，因为他们表达了同样的内容和意义。社会工作者准确理解了服务对象，但是，可能忽视了深层的感受。这种回应没能增减任何新内容，从而表明社会工作者愿意知道并理解更多的内容。

层次四：社会工作者的回应能够鼓励服务对象有更多的表达，会引导服务对象更加愿意表达自己，达到更深层次的感受。这样，社会工作者就能够理解双方沟通的更深层次的内容。

层次五：社会工作者能够准确回应服务对象所有的深层次和表面的感受，社会工作者能够准确理解服务对象，使双方能够深入探讨服务对象的生活内容。

出现了层次三以下的同理心，就说明社会工作者没有能够抓住服务对象感受的关键内容。

230

~~~~~~

练习 7.12　同理心的五个层次

分成小组，按照下列引语，来设计不同层次的同理心：

我不知道我要做什么。我儿子刚刚因为贩毒而被捕了，我老公又开始酗酒了。最为重要的是，我女儿刚刚得了暴食症，我也要失业了。

层次一：

层次二：

层次三：

层次四：

层次五：

将你们各自的回应与班上其他同学进行分享。

~~~~~~

能够理解家长的需要，是与家庭有效开展工作的前提。家庭社会工作者常常会很容易与子女找到认同，很多时候，这种认同会表现为与家长是对着干的。这样的状况会导致这样的看法，即家长会对子女产生负面影响；以及出现这样一个倾向，即工作者要站在孩子一边，与父母对着干了。这样反而使孩子与父母关系疏远，同时会阻碍家庭社会工作的顺利开展。

家庭社会工作者必须理解父母的需要，对他们的感受表达同理心。同理心的重要性在于，可以理解所有的父母在养育孩子，特别是有特殊需要的孩子的过程中所经历的各种酸甜苦辣。此外，家庭社会工作者必须承认，当家庭问题严重到需要专业人士帮助时，父母可能会感受困惑、受伤或内疚。他们会通过愤怒或指责的方法来回应。因此，高效的家庭社会工作者需要从儿童中心转向家庭中心，既要对父母表达同理心，也要对孩子表达同理心。当然，同理心是家庭社会工作者必须掌握的技能，家庭成员如能够掌握这个技能，会彼此表达同理心，他们也会从中受益的。

　　表达同理心的一个格式就是："你感到_____（感情），因为_____（复述孩子的经历或行为）。"有些人认为运用句子填空的方式可建立表达同理心的机制，但是，这样的方法仅仅是培育自己表达同理心技能的开始。一旦社工摸索出表达同理心的方法，他们就可以自由发挥，形成自己表达同理心的风格。要使用不同的句型，运用不同的、丰富的语言和情感表达方式。下列句型就常用来表达同理心：

　　（1）"听上去你感到……""听起来像……""你似乎感到……""从你的观点来看……""听起来你是在说……""我看到的是……""我不知道我是否听懂了你的话，但是……"

　　（2）感情标签（运用一系列的描述感情的话）。

　　（3）将感情放到具体情境中。

　　（4）将感受的事态放在此时此地。

　　（5）在家庭访谈中，表达同理心的另一个步骤就是，要与家庭成员一起讨论，看看就某个问题自己是否准确把握了他们的感受。

〰〰〰〰〰〰〰〰〰〰〰〰〰〰〰〰〰〰〰〰〰〰〰〰〰〰〰〰〰〰〰〰〰〰

练习 7.13　同理心回应

　　在小组中，一个人扮演家庭社会工作者，另一个人扮演服务对象。运用本书中的案例，角色扮演 5 分钟。社会工作者的目标就是运用尽可能多的同理心回应。然后向全班汇报。

〰〰〰〰〰〰〰〰〰〰〰〰〰〰〰〰〰〰〰〰〰〰〰〰〰〰〰〰〰〰〰〰〰〰

　　回应感受　回应感受是表达同理心的一个方式。由于服务对象可能会将自己的感受伪装起来，或者自己也毫无意识，因此，正确地回应感受可以让服务对象的感受真实化，同时也会表明社会工作者正在认真倾听。这个过程就像是一面镜子，准确地折射出服务对象的感受和表达内容。回应感受可能会比较困难，特别是当同时有几种不同的感受时，但是，准确地回应感受，能够帮助服务对象分辨出自己内在矛盾的感受或模糊的感受到底是怎样的。感受的表达可以是语言的，也可以是非语言的，要尽量找到语言和非语言表达之间不一致的地方。例如，有个服务对象可能口头上说自己很愿意见家庭社会工作者，但是同时，家庭社会工作者也注意到了对方表现出来的一些表示不愿意的非语言信号，如愁容满面，或者一个紧绷的、封闭式的姿势，或者缺乏眼神接触。

回应感受能够帮助工作者与服务对象建立工作关系和信任，某些服务对象愿意表达自己的感受，例如，有些人会运用理性化来进行防御。

同理心五个层面的案例　服务对象（描述自己决定要找工作时丈夫的反应）："他嘲笑我，我自己的丈夫就坐在那边，嘲笑我。我感到自己就像个傻瓜，非常沮丧。"

层次一："你说他叫什么?"

层次二："哦，我知道了。"

层次三："你听起来对丈夫很生气。"

层次四："他这样说你感到很屈辱。"

层次五："我觉得你丈夫的话大大伤害了你，我感到你对他很生气。"

高级同理心　通过运用高级同理心，家庭社会工作者可以分享有关服务对象的预感，从而可以更加清晰地理解服务对象的感受和担忧。其目标在于协助服务对象的自我意识，最终使服务对象建立新目标和新行为。下面就是一组通过分享家庭社会工作者的预感而运用的高级同理心的案例：

● 预感是协助服务对象建立一个更加宏观的前景，例如："问题不再是你对你丈夫的态度，你的不满似乎已经延伸到孩子们的身上了，情况是不是这样的?"

● 预感是帮助服务对象清晰地认识到自己没有直接表达思想（只是隐晦地表达思想），例如："我想我还听到了你说你不仅仅是非常失望，或许你感到受伤害，非常愤怒。"

● 预感是帮助服务对象从自己的表达中得出逻辑结论，例如："在我看来，你刚才对她的评论其实表明了你对跟她在一起感到非常不满，我知道你没有直接这样表达，但是，我想知道的是，你是否真有这样的感受。"

● 预感要协助服务对象讨论他们一直避讳的话题，例如："你几次提到了与性有关的问题，但是，你一直没有进一步说明这些问题，我猜性问题可能对你来讲是一个非常重要的话题，也许也是非常敏感的话题。"

● 预感要协助服务对象明确主题，例如："如果我没搞错的话，你用两三个不同的方式都提到了，你要维护自己的权利非常不易，例如，你让你丈夫来决定你是否要重新上大学，尽管这样做是违背了你自己的意愿的。"

● 预感要协助服务对象完整表达自己的经历、行为和感受，例如："你听上去好像已经决定要嫁给他，但是，我一直没有听到你直接这样表达。"

232

练习 7.14　反思感受

分成小组，列出一个至少包含 25 个词的清单，这些词能够描述出服务对象的下列感受：

愤怒

高兴

悲伤

激动

焦虑

害怕

担忧

把这个清单与班上其他同学分享。

～～～～～～～～～～～～～～～～～～～～～～～～～～～～～～

233 ## 无条件的温暖

在家庭社会工作者与服务对象的关系中，第二个重要因素就是工作者表现出来的对服务对象的温暖和关心程度。当社会工作者与服务对象沟通时，能够传递出接纳、理解和关心他们的福祉，无论他们的外在条件怎样，无论他们的问题行为、举动或外貌如何，工作者都会让他们感到安全，这就是温暖。戈尔德斯坦（Goldstein）认为，"缺乏温暖，任何干预可能都仅在技术上是正确的，但是从治疗效果来讲，却是收效甚微的"（Hackney & Cormier，1996，p. 65）。将工作关系建立在温暖和理解之上，是成功促进服务对象改变的基础。

温暖并不是只说"我关心你"，尽管这种表达也是非常有必要的。温暖的表达可以通过措词，但是，更多的是通过非语言行为。表达温暖的例子包括（Johnson，1993，引自 Hackney & Cormier，1996，p. 66）：

语调：温柔、平稳。

面部表情：微笑，很有兴趣。

姿态：放松，向对方前倾。

眼神接触：直视对方的眼睛。

身体接触：温柔地、周到地接触对方[①]。

手势：开放、主动。

身体距离：接近。

---

① 家庭工作中或其他咨询中的身体接触的问题是有争议的。弗吉尼娅·萨提尔的强项就是向服务对象表达温暖，常常会与服务对象有身体接触。当然，很多服务对象经历了很多"不好的接触"，如虐待和暴力，因此，身体接触会使他们不安。

~~~~~~

练习7.15 身体接触

分成小组，讨论在助人关系中，身体接触是否合适。列出相关的理由说明为啥身体接触有用，再列出一个清单说明为啥身体接触有问题。然后，写出助人关系中身体接触的规则是什么。你们小组写的这个规则与其他小组的规则有什么不同？

~~~~~~

是否表现出温暖，会对服务对象和工作者—服务对象的关系产生重要影响。如果缺乏温暖，"工作者的语言就会显得苍白无力，缺乏真诚，也就不会有治疗效果了"（Sheafor，Horejsi，& Horejsi，1997，p. 149）。

无条件温暖的五个层次　下面罗列出了无条件温暖的五个层次。层次三是精干的家庭社会工作者必须达到的最低限度，而层次四和层次五则可以表达深入的温暖和尊重。层次三以下，则无法传递足够的温暖。

层次一：家庭社会工作者通过语言和非语言的表达传递的内容缺乏对服务对象的尊重（负面尊重），家庭社会工作者传递的是缺乏尊重。

层次二：家庭社会工作者不尊重服务对象的感受、经验和潜能，基本上是机械地或被动地回应。

层次三：家庭社会工作者最低限度地尊重服务对象现有的能力和改进的能力，家庭社会工作者至少会表示服务对象是非常重要的。

层次四：家庭社会工作者表达对服务对象的高度尊重和关心，家庭社会工作者的回应使服务对象能够释放自己，感受到自己经历的价值。

层次五：家庭社会工作者表达了对服务对象作为人的价值及其潜能的高度尊重，以及自己对服务对象的关心和责任。

五个层次的无条件温暖的案例　记住语调和非语言行为是传递温暖的非常关键的环节。

服务对象说："我女儿非常聪明伶俐，但是她在学校学习成绩很不好，我不知道该怎么办。"

层次一："哦"（语调枯燥，与服务对象没有眼神接触）。

层次二："这可是不容易的事"（有些眼神接触，语调平淡）。

层次三："你女儿没能发挥自己的潜能，确实使人生气"（眼神接触，身体向着服务对象前倾）。

层次四："孩子在学校学习成绩不好，可能会让你很失望，你对她非常担心吧"（家庭社会工作者看着服务对象的眼睛，语调中带着关心）。

层次五："你女儿在学校成绩不好，你和你女儿可能都很失望。我们一起看看是否有什么方法可以帮助你女儿提高学习成绩"（很好的眼神接触，放松和开放式的姿势，关心而又乐观的语调）。

〰〰〰

练习7.16　温暖的五个层次

运用你们擅长的角色扮演，分成小组，来演绎五个层次的温暖。然后，用5分钟时间来表演对服务对象的温暖。

〰〰〰

真诚

真诚也许是最难用语言来描述的，特鲁瓦克斯和卡克赫夫（Truax & Carkhuff，1967）认为，真诚指的是社会工作者在与服务对象沟通时，没有任何防御，不做作。巴克（Barker，1995）是这样界定真诚的："认真和诚实，真诚包括对服务对象不矫饰、不做作"（p.150）。与同理心和温暖一样，真诚也可以在不同层次上表达。层次三是对老练的社会工作者的最低要求。

235

真诚的五个层次

层次一：家庭社会工作者的语言与服务对象当时的感受有点不相干。服务对象的回应可能是负面的或者破坏性的。家庭社会工作者可能会通过语言或行动传递防御性的信息，但没能运用这些防御性的感受来探索与服务对象之间的助人性关系。

层次二：家庭社会工作者的语言偏离了服务对象的感受，家庭社会工作者不知道如何处理在访谈中自己对服务对象的负面回应，也不知道该怎样建设性地运用这些感受。访谈方式会有点机械或照本宣科。

层次三：访谈中家庭社会工作者的表达和感受是一致的，社会工作者会采取一个中立的个人立场，做出合适的回应，但是不能表达出深入的个人投入。

层次四：家庭社会工作者做出一些暗示，代表了非破坏性的真诚的回应（可能是积极的，也可能是消极的）。回应是前后一致的，但是，家庭社会工作者没能充分表达这些回应。

层次五：家庭社会工作者以非控制的方式来自由表达自己，家庭社会工作者是自发的，所有的经验都是非防御性的，工作者建设性地运用互动来引导与服务对象之间深入的讨论和探索。

五个层次的真诚的案例　服务对象说："我很想把女儿赶出家门，她从来都不听我的话，想干什么就干什么。"

层次一："你似乎有点过分了。"

层次二："你要学会恩威并重。"

层次三："青春期的孩子都很难管的。"

层次四："从我的个人经历来讲，我知道跟青春期的孩子打交道是很有挑战性的。"

层次五："我知道与青春期的孩子沟通是很具有挑战性的，难度很大。我们一起看看我们可以怎样帮助你和你的女儿建立一个双方都很满意的关系。"

练习7.17　真诚的五个层次

运用你们擅长的角色扮演，分成小组，来演绎五个层次的真诚。然后，用5分钟时间来表演对服务对象的真诚。在班上总结一下如何真诚地回应服务对象。同时还要讨论要真诚地回应服务对象需要的自我意识的层次。

练习7.18　核心条件

就每个核心条件找出例子：同理心、非控制性温暖和真诚。就每种回答的五个层次做出具体回应：

服务对象说："我不知道该怎么办。我丈夫刚刚离开我，我儿子因为在商店偷窃被抓，我女儿告诉我她刚怀孕了。如果这些还不够的话，我老板刚跟我说，因为公司业务不足，我刚刚被解雇了。"

在家庭社会工作中应该避免的不良行为

新入职的家庭社会工作者易犯的错误

在本章中，我们讨论了一些在家庭社会工作开始阶段需要的基本技巧。除了要了解在访谈中哪些技术是非常重要的之外，社会工作者还要清醒地了解到有哪些不良行为可能会破坏有效的干预。新入职的家庭社会工作者可能在初次与家庭会谈时，常常会陷入一些常见的误区中（Collins, 1989；Gabor & Collins, 1985—1986）。这些误区是学习家庭社会工作的重要内容，也是实务过程中的必经阶段。如前所述，反思和培育意识是不断提高实务水平的重要手段。因此，下列行为都是在实务中需要尽量避免的，包括：

1. 将有问题的个人当成家庭社会工作的焦点，让其他家庭成员成为这个人生活的压力源。

2. 过分强调历史，忽视此地此刻的经历。

3. 直到自己收集到了很多信息后才开始干预。

4. 过度关注破坏性的、隐藏的感受和态度。

5. 让家庭去适应某种方法。

6. 陷入家庭派别纷争中。

7. 过分将结果和目标当成家庭干预的重要缘由（Haley，1971，pp. 228 - 236）。

8. 在不合适的时候做出虚假的承诺或协议。

9. 在处理"客观"事件时，忽视家庭成员对问题的主观感受和经验，无法让会谈聚焦。

10. 作出判断性的回应。

11. 不恰当地运用幽默或其他方式中断讨论，或者破坏信任关系。

12. 解决问题的方式不成熟。

13. 批评或贬损家庭成员，表现出高高在上的姿态。

14. 过多地"闲扯"。

15. 过度保护家庭成员，忽视了很多隐含信息的暗示。

237　　　新入职者面临的最后一个陷阱就是，有人走出房间后，开始对其评头论足。家庭社会工作者要知道当全家都在讨论时，一旦发生这样的事情，就是开始嚼舌头了。服务对象常常会这样做，其目的就是把焦点从自己身上转移。能了解到这些感受就说明社工密切关注服务对象的言和行了。因为家庭会谈不是一般的社交性活动，所以社工要控制这样的会谈，并且要很好地约束自己。

练习 7. 19　不良行为

运用练习 7.4 中提供的案例，分成小组，轮流进行角色扮演，做出上述各种不良行为。在班上讨论这些行为对家庭的影响。你还能够想出哪些会在家庭社会工作中给工作带来破坏的行为吗？

练习 7. 20　面谈的头 15 分钟

运用一个案例（或者自己建构一个案例），用 15 分钟时间来角色扮演一下第一次家庭面谈。小组中一名成员作为观察者。要明白什么时候是你或者家庭在闲谈，什么时候你需要提醒家庭开始工作。如果你发现自己陷入了闲谈中，就立即停止闲谈，并开始对家庭展开工作。

本章小结

家庭社会工作共有五个阶段：开始、需求评估、干预、效果评估和结束。在每个阶段，家庭社会工作者都需要掌握一些特定的技术。在本章中，我们讨论了开始阶段社会工作者在与家庭建立关系时所需要掌握的一些技术，家庭社会工作者需要理解有效沟通的原则，知道如何解读服务对象的语言和非语言信息。家庭社会工作者必须具备的核心品质包括：同理心、无条件的温暖和真诚。这些技术和品质都是有效开展社会工作的前提，在社会工作者的职业生涯中应该得到不断发展和完善。

关键术语

关注：关注行为可以帮助家庭社会工作者调整并关注参与会谈的所有人。核心的关注技术就是学会积极倾听。倾听包括听到、观察、鼓励、记住和理解。

沟通：既有数字沟通，又有模拟沟通。数字沟通指的是说出的词及其内容。而模拟沟通更加抽象，常常指的是意义或关系的非语言成分。

同理心：是家庭社会工作者从家庭成员的角度来表达理解家庭成员的体验、行为和情感的方法。

真诚：指的是家庭社会工作者在与家庭成员沟通时，不带有防御性或虚伪性。真诚需要认真和坦诚。

无条件温暖：指的是不受外部因素，如家庭成员的问题行为、举动或外貌的影响，家庭社会工作者与家庭成员沟通时充满了接纳、理解和对他们的福祉的关心，让他们感到安全。

自我意识：指的是理解自己的需要、价值观、感受、行为、想法、偏见，以及这些因素对自己开展家庭社会工作的影响。家庭社会工作者需要坦诚，不能做出任何违背伦理的事，不能利用服务对象来满足自己或他人的需要。

推荐阅读书目

McGoldrick，M.，Giordano，J.，& Garcia-Preto，N.（2005）．*Ethnicity and family therapy*（3rd ed.）．New York：The Guilford Press．该书是与家庭社会工作相关的所有人的必读书，它是针对多元家庭开展工作的奠基石。

Watzlawick，P.，Beavin，J.，& Jackson，D.（1967）．*Pragmatics of human communication*．New York：W. W. Norton．该书是一部经典之作，为沟通，特别是家庭治疗中的沟通提供了基础。

能力说明

EP 2.1.1d　要从行为、外表和沟通中表现出专业性：家庭社会工作者要共同避免的陷阱包括忽视与家庭之间的必要界限、过早地解决问题、对他人做出判断。

EP 2.1.4a　要认识到人们的文化结构和价值观可能会压迫、边缘化、异化，或者建立或强化特权和权威：家庭社会工作者要意识到与家庭多元性相关的问题。

EP 2.1.10b　运用同理心和其他人际沟通技巧：家庭社会工作者要运用人际沟通技巧，包括真诚和温暖。

EP 2.1.10c　要在工作重点和期望的结果之间达成共识：家庭社会工作者要不断与家庭协商个案重点和相关活动，这样，个案工作对家庭才具有重要意义。

EP 2.1.10d　收集、组织和解释服务对象的资料：家庭社会工作者要采用技术来选择收集家庭什么样的资料，然后将这些资料组织起来，并向家庭做出解释。这样可能给家庭提供反馈，让他们了解自己的优势和限制。

EP 2.1.10f　要在目标和目的之间找到共识性的干预计划：非常重要的一点就是，家庭要同意朝着干预目标前进。否则，家庭就是在干预中途退出的。

第八章

家庭的质性评估

◇ **本章内容**

质性需求评估简介

家庭需求评估的情境

质性技术

可视化技术

质性评估中的特殊考虑

评估家庭功能性标准

家庭类型模型

评估育儿技巧

评估多元家庭需求

本章小结

关键术语

推荐阅读书目

能力说明

◇ **学习目标**

概念层面：学会用结构式方法来评估家庭需要。

感知层面：通过结构化视角来理解家庭。

评价和态度层面：领会有必要在理解家庭时具有全方位视角。

行为层面：运用具体的需求评估工具。

质性需求评估简介

　　需求评估是一个持续性的收集资料的过程，旨在通过分析其所处的环境系统来理解服务对象。

　　　　　　　　　　　　　　　　——乔登和弗兰克林（Jordan & Franklin，2003，p. 1）

　　在接下来的两章中，我们将讨论如何开展家庭需求评估，把家庭优势和抗逆力当成评估过程中的重点。需求评估始于问题的发现，我们可以采用质性和定量的方法作为切入点，将需求评估与干预有机结合起来。

240　　质性和定量视角背后的理论是"人在情境中"和系统理论（Jordan & Franklin，2003，p. 4）。评估的目的和问题的界定就是要探索、发现和界定家庭内部和外部的动力关系，因为正是这些关系既导致了家庭问题的出现，同时也构成了家庭的优势所在。需求评估是一个对家庭收集足够信息的过程，这样，我们才能在全面掌握信息的情况下，制订出有针对性的干预计划。

　　细致的评估会有助于我们制定出切实可行的、具体的目标，因为需求评估能够告诉我们作为一个家庭社工的未来工作方向。例如，在需求评估之后，工作者认为孩子的问题源于他陷入了父母婚姻的三角关系中，这样，工作者可能就会解构这个三角关系，进行婚姻修复（参见第三章和第十三章案例）；另一方面，如果工作者发现孩子出现问题，是因为家庭缺乏有效的行为管理原则（参见第十二章案例），那么，干预的目标就是向父母传授儿童行为管理原则和子女管教技巧，协助他们学习有效的育儿技术，培育儿童持续性的合适的行为。

　　需求评估非常灵活，且处在不断的变化中。随着收集的信息不断增加，家庭社会工作者要不断修改、拓宽已有的评估。在很多方面，评估都不可能一次性完成，因为家庭社会工作者在处理信息的过程中，新信息不断出现。在评估过程中，家庭社会工作者要协助家庭成员尽量参加，最理想的状态就是让全体家庭成员全部参与进来，一起探讨他们的问题。这种探讨需要更加深入地、准确地理解家庭面临的处境。每个家庭成员都会对当前的处境有自己的看法，每个人的看法都是非常重要的。例如，家庭定义某个孩子的问题是"与朋友在外闲逛"，这在父母看来可能就是一个不听话的问题，对孩子自己来讲就是一个独立性的问题，对兄弟姐妹来讲就是一个不合群的问题。这些问题通常会涉及行为、情感、认知和经验等层面。此外，某些家庭在生命周期中的危机阶段，就更容易出现某些问题（参见第四章）。

　　需求评估和干预需要在某些理论概念的框架内进行。对家庭需求的评估给后来的干预提供了平台，也是干预成功的关键所在。要对家庭开展全面的需求评估，有三个主要的方法（Holman，1983）：

访谈

观察

清单和工具

评估中还涉及两种类型的信息：内容和过程。内容指的是向家庭社会工作者提供的真实的信息。过程指的是家庭成员如何彼此进行互动。

在本章中，我们将介绍几种对家庭进行质性评估的方法。质性技术能够运用语言、观察、照片和实地分析等方式，帮助家庭社会工作者理解家庭生活中某些事件的意义，而不是运用数字（数字会被运用在定量评估中）。乔登和弗兰克林（Jordan & Franklin，2010，pp. 127-130）总结了质性评估测量的五大贡献：

（1）质性测量可以揭示那些被定量数字忽视的现实，可以让家庭图画富有情境感。例如，家庭可能会有日记。

（2）质性技术是开放式的、过程导向的，给人们提供了多种机会，运用文化脚本与文化意义，来讲述自己的故事（定量的技术也未被证明可以运用到所有人群）。

（3）质性评估可提高实务工作者的自我意识，从而有助于建立积极的工作关系。

（4）质性评估是全方位的，可以推动建立互惠的服务对象—工作者之间的关系。

（5）质性技术与很多理论和治疗高度契合。这包括社会工作者常用的理论和视角，如家庭系统视角、生态系统模式、认知—建构治疗、女性主义治疗等等。

一般来讲，家庭社会工作者要对家庭生命和功能性获得一个整体性认识。在这个过程中，质性技术特别有用。接下来，在谈及质性需求评估哲理和技术时，我们将提出某个案例。然后描述家庭评估的情境，展示一系列质性技术，讨论在评估多元家庭相关的问题。最后，我们要提出质性需求评估中可能出现的特殊问题。

家庭需求评估的情境

在案例 8.1 中，该如何处理贾丝明？在这个家庭中，有几个问题需要得到关注。最紧迫的问题就是贾丝明企图自杀的问题，她用自残的方式来伤害自己。此外，这个家庭还面临其他问题。家庭社会工作者需要处理哪些问题？在与这个家庭一起工作时，工作者需要从哪里入手？在本节中，我们将讨论需求评估的情境，包括评估的目的和生态系统评估。

241

案例 8.1　　　　　　　　　　　家庭需求评估

　　14 岁的贾丝明在试图割腕自杀之后，和她 49 岁的妈妈珍妮被转介给了家庭社会工作者。8 个月前，贾丝明搬出去住了，按照她继父杰克的话来讲，这就是"青春期叛逆"。她跟自己的好朋友萨拉一起住。

　　珍妮和杰克在一起有十年了，珍妮在贾丝明的大姐艾莉森遭到珍妮的第一任丈夫阿尔性侵犯后，就跟阿尔离婚了。艾莉森今年 25 岁，住在离家 2 000 英里的地方，跟家人很少来往。阿尔最后因为性侵犯艾莉森而被判刑。家里还有两个男孩，一个是 10 岁的格兰汉姆，一个是 6 岁的约翰。

242　　珍妮的姐姐朱迪一直给她提供支持，朱迪努力希望保持家庭的完整，也不断鼓励珍妮和贾丝明彼此坦诚相待。近几年中，这个家庭经历了好几个生离死别的灾难事件。几年前，朱迪的女儿不幸去世了，此外，珍妮的母亲几年前也去世了，一年后父亲也离开了人世。母亲的去世对这个家庭打击很大，他们似乎没有从悲伤中走出来。

　　贾丝明最近也透露自己一直受到亲生父亲的性侵犯，同时也受到了母亲现任男友的性侵犯。珍妮听了贾丝明的话后，立即与杰克分手了。除了要处理贾丝明受侵犯的事情，珍妮还面临经济困境。由于她只有一份工作，而杰克也不再给她提供任何经济支持，经济上入不敷出的问题就越来越严重。珍妮十分担心贾丝明，揭露受到性侵犯对贾丝明来讲压力是非常大的。同时，珍妮还发现，要"读懂"和理解女儿是一件不容易的事。由于遇到了这么多的困难，珍妮不知道该怎样管理和约束贾丝明。如果贾丝明的问题仅仅是青春期的问题，珍妮还是可以应对的。但如果贾丝明的问题跟性侵犯有关，她可能就需要以支持性的、不同的方式来处理这些问题。珍妮需要得到外界的帮助，来理解自己的女儿。她担心，随着女儿年纪的增长，她会无法影响和控制她的行为。同时，她还希望能够跟女儿亲近一点。作为一个社工，你该从何入手开展工作？

练习 8.1　集思广益

　　分成小组，针对案例 8.1 中提出的各种问题进行集思广益。假设出每个问题背后的东西。然后，针对每个问题，提出相应的干预方法。请注意，对每个问题都需要提出一个具体的干预方案（除非所有问题密切相关）。要很好地干预这个家庭，你还需要哪些信息？然后回到班级中，每个组都要分享各自设计的干预方案。班级中会出现哪些相异或相同的干预方法？开始讨论。

奥斯特里恩（Austrain，引自 Jordan & Franklin，2010）指出，持续性的需求评估涉及五个步骤：

1. 运用多种方式来探索，包括倾听、观察和其他资料收集手段。

2. 推理性思维会带来扎根于实证知识的临床判断，有助于就某个案例做出决定。

3. 评估服务对象的功能性和技能，以及可能会阻碍服务对象功能性发挥的各种社会环境性因素。

4. 定义问题要准确，并且在服务对象和社工之间达成共识。

5. 与服务对象一起制订干预计划，从而促成积极结果出现（p.4）。

运用合适的评估工具和手段，可以帮助工作者确定在第一次和后续的会谈中，到底需要收集什么信息。一旦他们掌握了有关理解家庭和家庭问题的理论之后，他们会发现，不同的家庭治疗模式会强调不同的评估内容和重点。例如，有的理论强调两人关系和三角关系，而有的理论则关注整个家庭单位。在评估家庭中，可能最重要的就是要把家庭当成一个独特的个体。清晰地理解家庭问题，是设计合适的干预的必要条件。家庭社会工作者要做好充分的准备，来研究现有的文献，了解专家们是怎样认定是什么因素导致了家庭问题的产生的。有必要理解家庭问题（常常是与孩子有关的问题）持续的时间长度，以及家庭过去做过什么尝试来处理这些问题。另外，家庭社会工作者还要致力于发现家庭的优势和资源所在（优势、资源和抗逆力我们在第五章中都已经讨论了）。家庭社会工作者还要关心家庭的角色、沟通模式、家庭成员在扮演角色时运用的技术、家庭封闭程度和家庭规则等。他们还需要掌握家庭作为一个系统是怎样运作的，家庭内部的子系统，如父母和子女的子系统，是怎样发挥功能的。

工作者在进行家庭需求评估时，有几个工具是非常重要的。它们是：家谱图、生态图和家庭时间线。所有这些工具都可以通过对视觉数据的描述，给我们呈现重要的家庭信息。它们可以在一张纸上提供丰富的家庭信息。它们将信息按照一个具有内在联系的、容易理解的顺序进行排列，也反映了家庭理论的不同要素。同时，这些图标还形象地描述了家庭在不同生命周期中，成员彼此之间互动、家庭与周围环境互动的过程。例如，第二章中提及的循环的互动模式——循环式因果关系——就反映了在家庭转换模式中不断重复出现的两人互动。这个图表是动态的，它通过一个简单的图形来体现复杂的互动模式。同样，其他的图表评估工具也能抓住这样的过程，呈现复杂的信息。

例如，家谱图就是常见的画图工具，常用在家庭工作中，来反映过程和内容信息。事实上，家谱图常常是开展家庭功能性评估的开始。我们将在后面详细描述家谱图，同时也要讨论生态信息，因为这是成功评估家庭的一个非常重要的手段。生态信息是通过生态图（也叫生态表）表现的。另外一个有用的绘图工具是家庭时间线。我们会在后面讨论这些技术。下面我们要讨论家庭评估的目的，以及生态评估的内容。

243

家庭评估的目的

评估家庭功能是非常复杂的，社会工作者需要决定哪些信息是重要的，哪些信息可以忽略不计。尽管有必要从家庭中获取家庭信息，工作者还是需要观察家庭互动。除了通过提问和观察家庭成员此时此地的互动来收集信息之外，工作者常常还会运用具体的工具来收集信息，为评估提供依据。关注家庭问题是一个方面，同时还要理解家庭的优势和抗逆力。在第五章中，我们详细讨论了这个问题。家庭评估的目的主要有：

1. 评估家庭是否需要接受家庭工作辅导，如果需要，要确定何种干预能满足他们的需要；

2. 明确家庭需要做出哪些具体的改变；

3. 根据切实可行的目的，建立长期和短期的干预目标；

4. 找出家庭的优势和资源，以及现有的环境和社区资源，或者推动家庭改变所需要的资源；

5. 理解并收集家庭功能的基线信息，这样可以对比干预的结果；

6. 确立双方都认可的改变目标，从而确定干预结束的标志，工作者和家庭都能测量已经获得的成就。

生态评估

正如第一章所述，家庭社会工作常常涉及与那些基本需求没有得到满足的家庭一起开展工作，而这些并不是家庭本身的过错所致。家庭社会工作者应该从家庭所处的环境来理解其家庭关系。这种关系是双向的，也就是说，家庭向社区付出，同时也有索取；而社区会向家庭付出，同样也会从家庭索取。尼科尔斯和舒瓦茨（Nichols & Schwartz, 2007）指出，生态学就是对关系的研究，而关系则将地球上所有家庭成员联系在一起，环境在家庭问题的产生和发展中起了推波助澜的作用。助人性专业人士常常会陷入这样一个误区，即会从疾病或病态学的角度来看问题。与此不同的是，家庭生态评估则提出要从家庭所处的环境来理解家庭功能，同时考虑家庭的优势和弱势。每个家庭成员的行为都会影响他人，同时也是他人影响的结果。有个流行的比喻就是把家庭比作汽车，每个成员都是汽车的一个部分，当一个部分移动了，其他部分也会移动，家庭就是这样。某个家庭成员的行为发生了改变，其他成员也会相应受到影响。环境中的某些问题，如种族歧视、贫困、对单亲家庭的负面态度等，都会在家庭中得到反映。因此，家庭的反映深受它们所处的环境中的"大气条件"的影响。

每个人都处在一个大的、成系列的社会单位之中，就像一个俄罗斯套娃。其中，第一个社会单位就是家庭，也被称为微观系统。生态评估就是要明确家庭已有的社会支持有哪些，以及家庭与社会之间的互惠关系。有些家庭对社区的依赖性非常强，而他们对社区的回报却非常少。还有的家庭可能缺失环境支持，导致自身的需要得不到满足。一般来讲，如果家庭有足够的资源来应对压力和危机，这个家庭成员的功能性水平就会比较正常（Rothery，1993）。随着子女一天天长大，他们的生态活动范围也不断扩大。

> 青少年的世界的威力很大，它们不再是用家庭来界定的，而是用系统力量来界定的，如同伴网络、流行文化、学校和邻里。因此仅仅针对家庭开展工作已经不足以影响和改变某个深感困惑的青少年的一生（Yalof & Abraham，引自 Jordan & Franklin，2010，p. 181）。

大部分的孩子都会上学，因此，对家长来讲，非常重要的就是培育他们在孩子教育问题上的支持性态度，当然，学业困难对家庭和社会工作者来讲都是难以驾驭的问题。如果家庭环境过于混乱，孩子的学习能力就会受到影响，出现学习困难的问题。还有的孩子出现学习问题，是因为他们食不果腹，或者受到欺负，或者因为过分焦虑而出现睡眠问题等。同伴的压力以及家庭缺乏结构化的情况也会影响孩子良好的学业表现。一旦孩子在学校出现反社会行为，就会给大家带来麻烦。家庭社会工作者需要将家庭和学校有机联系起来，协助老师和家长团结起来，共同处理影响孩子正常学业表现的问题。因此，家庭社会工作者需要考虑大社会系统对个体和家庭的影响。

家庭的支持系统也是生态评估的一个关键要素。有些家庭在正式网络中获得了过多的资源，如儿童福利、司法系统、成瘾治疗等。当家庭获得了过多的政治支持，而缺乏非正式支持，如亲属和朋友的支持，他们的生活也会出现混乱，因为不同的助人专业人士会频繁来访，同时，还会出现交叉工作。家庭的支持网络到底是什么样的，会受到文化因素的影响。例如，多元家庭的亲属关系就会比较强大。

因此，家庭社会工作者需要理解社区到底会给家庭带来什么好处。

在与多元家庭开展工作时，具有文化能力的家庭社会工作者在评估时，必须考虑种族和移民身份问题。家庭社会工作者要愿意为改变大的社会系统（如学校和社区）而积极倡导（Canino & Spurlock，引自 Jordan & Franklin，2010，p. 192）。

另一个需要考虑的问题就是资源流动的方向，也就是说是社区给家庭单向提供资源，还是家庭也会给社区一些回报？与邻里的关系也需要进行评估，即家庭与邻居的熟悉程度是怎样的？如果有选择的话，人们大多会选择依靠非正式网络。正式网络永远都不能取代家庭内部的功能。

246

生态评估应该是多面向的，工作者发掘得越深，得到的细节信息就越全面和复杂。阿尔梅达、伍兹、梅西诺和方特（Almeida，Woods，Messineo，& Font，1998）发现，文化情境模式会决定家庭生活的多面性：

文化情境模式吸取了发展理论、女性主义理论、跨文化研究的精华，形成了一个整合性的网络。它从一个多面向的、社区为本的视角来研究家庭，关注到了性别、种族背景以及社会化因素（p. 415）。

开展全面的生态评估，要运用需求层次作为一个框架，要对服务对象的具体实际状况进行评估，如衣食住行、医疗、就业以及各种社会关系（Holman，1983）。此外，社会网络可以是正式的或非正式的提供支持的个人或社会机构，因此有必要关注两个层面的社会网络。非正式提供支持的个人是家庭网络中的重要组成部分，这些个体或群体就是"自然的助人者"。对某些家庭来讲，环境资源非常不足，还有的家庭根本就不知道自己周围有环境资源，或者不知道如何运用环境资源，有的干脆拒绝使用这些资源。因此，生态图就是一个有用的起点，帮助我们了解家庭与周围环境关系的信息。按照马斯洛（Maslow，1968）的需求层次，生态图可以给我们提供有关家庭如何满足自身需求的重要信息。

马斯洛提出的理论将需求层次划为五个广义的层面：生理、安全、爱和归属、自尊和自我实现（参见图 8.1）。在人的一生中，这些需求成为人的发展需求。

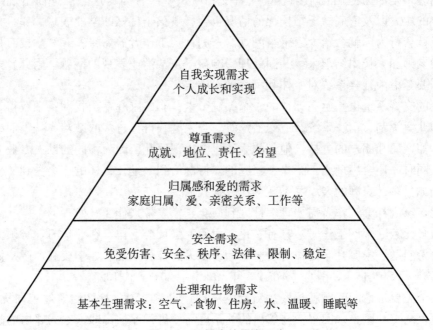

图 8.1　马斯洛的需求层次

生理需求是最显性的，涉及生理上对食物、水和其他物质的需求。令人不安的是，即使在世界上很多富庶的国家，也还有很多人，特别是儿童，无法满足自己的生理需求。儿童们饿着肚子去上学，老人们靠狗食来果腹。他们都是弱势群体。你可以举出很多例子向社会展现，它是如何对待自己的弱势群体的！

第二个需求层次是对安全的需求。一旦生理需求得到了满足，就会出现对安全的需求。居住在一个安全的社区、不受他人身体或情感的威胁、拥有一份有保障的工作等，都是人们的安全需求的表现。归属的需求包括需要友谊、爱、关心和对社区的归属感。自尊的需求包括两个方面：需要受到他人的尊重，以及需要自尊。前者可以从他人对自己的欣赏和拥有尊严来实现，而后者则需要自信心、能力、成就、独立和自由的支持。马斯洛认为这四个层次的需求是缺陷需求，也就是说，如果这些需求得不到满足，我们就出现了欠缺。尽管这样，一旦这些需求得到了满足，它们也未必会激励人的发展。

最后一个层次，自我实现的需求就是要获得个人成长，达到完美的境界，即超越。达到自我实现的人，就具备了理想化的人的所有品格：诚实、善良、公正、光明磊落、独特等。家庭社会工作者在现实中基本上看不到自我实现的家庭。事实上，米纽钦（Minuchin，1974）指出，大部分低收入的家庭基本上每天都在为生计而奔波操劳。

247

〰〰〰〰〰〰〰〰〰〰〰〰〰〰〰〰〰〰〰〰〰〰〰〰〰〰〰〰〰〰〰〰〰〰

练习 8.2　需求层次

运用马斯洛（Maslow，1968）的需求层次列出一个清单，说明你家人的各种需求、满足这些需求的方法，以及这些需求会怎样受到威胁。

〰〰〰〰〰〰〰〰〰〰〰〰〰〰〰〰〰〰〰〰〰〰〰〰〰〰〰〰〰〰〰〰〰〰

与家庭之外的重要他者之间的关系，成为家庭情感支持的主要来源。在评估家庭社会支持的质量时，需要特别关注这样一些概念：互惠性、密度、复杂性、情感氛围以及反馈特点等（Rothery，1993）。

"互惠性"指的是社会支持与他人交换的程度。很多与正式助人者之间的关系是单向的，助人者提供帮助，而家庭则简单地接受帮助。最理想的关系是家庭既接受支持，也提供支持。

248

"密度"指的是家庭成员与他人建立关系的数量。理想的状态是，每个家庭成员都应该在家庭外有多个支持性的个人，每个家庭成员都应该根据自己的发展能力，自由地与家庭外部的重要他人建立关系。

"复杂性"指的是社会支持网络满足个体和家庭多种需要的能力。当社会支持能够满足家庭和个体需要时，该家庭的社会支持网络就足够了。

"情感氛围"指的是与家庭外部成员之间关系的质量。关爱性和支持性的关系会比令人紧张的关系更受欢迎。

"反馈特点"指的是支持网络成员给家庭提供的信息的类型。理想的情况是，反馈应该是清晰、直接和坦诚的，在需要的时候还可以进行修改或极具支持性。

生态图可以准确地抓住家庭与外部世界之间的关系的本质，反映资源与需求之间是否匹配，在本章的"可视化技术"一节中，我们将详细讨论生态图。

质性技术

在本章开头我们提到，质性技术旨在描述和理解家庭功能背后的意义。这里要讨论的质性技术包括：访谈、观察，以及形象化技术，包括家谱图和生态图。

家庭社会工作者在与家庭就某个具体问题一起开展工作时，需要遵循以下原则：

"严重或紧急性"：这个问题给家庭带来了痛苦、危险性很大，或者发生频率很高，是否需要立即处理？需要首先处理的就是一些身体或情感威胁性的问题。

"重要性"：这个问题在服务对象看来是否非常重要，需要立即采取行动？在家庭处理问题时，对不同的成员来说，问题的重要性是不同的。

"时间性"：此刻解决这个问题是否有足够的资源？

"复杂性"：这个问题是否是一个更大或更加复杂的问题中最容易控制的部分？它是否可以分解成若干个容易处理的部分？

249

"成功的希望"：如果这个问题就是焦点，是否有把握成功解决这个问题？如果不能，是否应该从这个问题入手？

"推广效应"：如果处理好了这个问题，是否能够带动家庭其他问题的解决和改善？

"控制性"：这个问题是否在服务对象的控制之中？要有效处理问题，是家庭采取行动还是家庭影响他人来采取行动？

"意愿"：家庭是否就这个问题展开讨论？

在评估中，家庭社会工作者需要关注下列领域。

家史

家史是一个很好的切入点。家史与个人的社会史一样，可以分解成具体的类别，与家庭发展的阶段和在不同时代遇到的问题联系起来。

问题

1. 是什么因素促成了家庭社会工作者进入家庭？为什么家庭需要帮助？如果家庭不情愿来机构寻求帮助，为什么会出现这种情况？家庭是怎样进入机构的？

2. 家庭目前面临的长期和短期问题是什么？在来见你之前，他们做过什么努力来处理这些问题？

3. 问题的严重性是怎样的？需要处理问题的紧迫性是什么？是否有家庭成员面临危

险——身体的、情感的、性和环境的危险？

4. 家庭中都有谁？他们与目前出现的问题之间有何关系？

5. 家庭结构是怎样的？描述一下它的界限、循环互动、角色、沟通、关系、联盟和三角关系。

6. 家庭对工作者的进入有什么态度和动机？家庭个别成员的改变动机与其他成员有什么不同？

7. 家庭成员是怎样界定问题的（例如，是认为大家都有责任还是认为是某个人的问题）？如果能够保证整个家庭的参与，在解决问题的过程中，每个人的积极性是怎样的？家庭对工作者的期望是什么？

8. 有哪些家庭外的社会系统参与了这个家庭？为什么要参与？每个家庭成员是怎样看待这些问题的？在开展家庭社会工作时，如果某个家庭成员继续留在这个家中，会受到身体或情感威胁吗？

家庭内部功能性

250

1. 家庭具备了哪些能力，特别是心理和社会资源方面的能力，来维持日常生活并应对危机？

2. 家庭成员是怎样描述自己整个家庭以及自己与其他家庭子系统之间的关系的？家庭内部关系的本质是什么？与其他成员之间的互动模式是怎样的？什么样的互动模式可能促进问题的发展？家庭中目前的模式和主题是什么？

3. 家庭结构的等级是怎样的？谁拥有权力？是如何运用这些权力的？

4. 家庭单位和家庭成员拥有什么优势和资源，可以协助问题的解决？

5. 家庭的沟通是怎样的？不断重复出现的循环沟通模式是怎样的？沟通是直接的、开放的、真诚的吗？

6. 家庭成员如何扮演自己的正式和非正式角色？

7. 家庭的界限是什么？这些界限是怎样在个体与子系统之间、围绕家庭整体而运作的？

8. 家庭中谁与谁在某些核心问题上保持一致？

9. 家庭中的三角关系有哪些？哪些三角关系会伤害家庭成员？

10. 导致目前家庭问题的循环模式是什么？

11. 父母子系统是怎样运作的？他们的婚姻满意度是怎样的？在管教孩子时，他们是否会互相支持？

12. 家长是怎样管教孩子的？家长的表现是一致的吗？

13. 家庭成员之间的关系怎样？

14. 谁的需求得到了满足？谁的需求被忽视了？是什么因素导致了这种差异性地满足家庭成员需求的状况？

家庭生命周期

1. 家庭的历史是怎样的？夫妻是怎样相识的？他们各自都给婚姻关系带来了什么？他们是怎样决定要孩子的？

2. 从家庭生命周期的角度来看，这个家庭建在哪里？家庭怎样满足每个成员的发展性需要？在这个阶段，家庭系统面临的发展性问题有哪些？这些发展性问题与目前的问题和整个家庭功能之间的关系是怎样的？

3. 家庭成员如何通过扮演自己的发展性角色来完成发展性任务？

4. 在解决发展性危机时，家庭常用的方法、模式和机制是怎样的？

5. 这个家庭在其生命周期中经历了什么样的严重事件和中断？离婚？分居？死亡？孩子出生？疾病？家庭是如何处理这些中断事件的？

家庭生态环境

251

1. 家庭与环境的关系的本质是什么？环境因素是促进还是阻碍了家庭功能的发挥？

2. 家庭与社会环境互动的质量如何？包括外部关系的范围和质量，以及外部因素对家庭的影响。

3. 家庭是如何满足自己的基本需求的？缺乏什么？有哪些优势？

4. 需要时，家庭可以依靠谁？从数量和质量上来讲，家庭与外部支持者之间的接触的特点是什么？

5. 这个家庭对外部资源的依赖性是怎样的？它是否能够自力更生？

6. 家庭与一些重要人物或机构，包括朋友、家庭、学校、工作单位、宗教机构、健康机构等的关系怎样？

7. 在他们的民族文化群体中，这个家庭的地位和关系是怎样的？

8. 宗教信仰和价值观对这个家庭有什么影响？

9. 家庭的文化传统是什么？这些传统到底是家庭的优势还是劣势？

10. 家庭的正式和非正式支持有哪些？

11. 这个家庭的文化、种族和宗教状况是怎样的？

12. 这个家庭在多大程度上遭受了压迫和歧视？这些压迫和歧视对家庭功能有哪些影响？

13. 有多少机构曾经接触过这个家庭？为什么？

家庭社会工作者需要观察家庭的社会功能性。要正确理解社会功能性，需要观察家庭成员扮演的社会角色。个体的行为和适应反映了家庭成员能否很好地扮演自己的社会角色。格斯马和艾尔斯（Geismar & Ayres, 1959）发现了家庭内部角色扮演的四个领域和家庭外部角色扮演的四个领域。内部的角色包括：

● 家庭关系和家庭和睦；

- 儿童照顾和训练；
- 健康保健；
- 家庭事务。

外部角色包括：

- 运用社区资源；
- 社交活动；
- 经济活动；
- 家庭与社会工作者的关系。

练习 8.3 满足家庭需求

下面的清单包含了家庭的所有需求。给每个类型举一个例子。在每个例子旁边，列出有哪些生态资源能够满足这些需求。在生态资源例子中，提供一些正式和非正式的支持资源，并表明这些需求是基本需求还是发展性需求。 *252*

需求	正式支持资源	非正式支持资源
生理需求		
安全需求		
归属感需求		
自尊需求		
自我实现需求		

可视化技术

很多家庭社会工作者非常喜欢运用家谱图和生态图来进行需求评估。通过家谱图和生态图获得的有关事件和资料，都可以用来开展并支撑家庭评估。它们还是与家庭建立信任关系的重要手段。根据我们过去的经验，家庭成员们会对这些图表符号产生兴趣，非常渴望了解自己的家庭生活到底可以怎样通过图表在纸上得到呈现。当家庭成员迫切希望将自己的生活历史呈现在纸上时，大家要注意，这里的焦点不是呈现他们的问题和家庭目前面临的问题。这时，这些工作就成为一个机制，借此我们能够开始与家庭这个系统建立关系，并与家庭个体成员建立关系。同时，这些工具能够描绘出家庭内外的各种关系。

其他的评估工具，如家庭时间线，也可以用来对家谱图和生态图进行补充。家庭评估工具有各种功能。这些评估工具可以用来对家庭功能性收集诊断性的信息。这些工具也可用来协助家庭成员自己来评估家庭功能性、讨论家庭问题的基础，并以重点明确的、结构性的、合作性的方式来设定家庭目标。

家庭结构和家庭问题可能非常复杂，表格式图形可以有效地帮助我们对详情进行筛查和清理。视觉记录技术使家庭社会工作者能够选择最有用的工具来进行评估和干预。这些工具可以有效地进行信息组织，帮助工作者发展一个前后一致的干预计划。社会工作者在自己的工作中更多地依赖这些工具，因为这些工具可以帮助他们避免在复杂的案例中忽视一些重要细节。由于这些图表工具关注细节，因此很多问题和现象都会凸显出来。尽管这样，这并不意味着每个问题都会成为干预的焦点。相反，图表为我们理解其他问题提供了一个很好的背景。这样，这些目标问题领域才会成为干预的焦点。家庭社会工作者面临的一个挑战就是，如何选择最具影响力的干预方案。描述家庭状况的某个图表中所包含的信息量，取决于工作者特定的角色。图表应该包括足够的信息，能反映家庭的复杂性，但同时又要简明易懂。

家谱图

家谱图反映了一个家庭，它可以帮助家庭社会工作者理解家庭中的成员和家庭关系的本质。这个家庭关系图可以用来描述家庭的结构、关系的特点和几代人之间的问题的表现。如前所述，家庭成员常常会积极参与家庭家谱图的绘制过程，因为家庭社会工作者和家庭成员都会对家庭的模式和互动产生不同的观点和看法。

家谱图从视觉层面展现了家庭的信息，使人们可以很快地了解家庭模式的全貌或者"完形"（McGoldrick，Gerson，& Petry，2008）。这些工具是吸引家庭成员积极参与的工具，它们可以对家庭重要事件，如出生、婚姻、分居和死亡等提供详细描述。家谱图还可以传递一些社会性信息，如种族、社会阶级和宗教地位等（Holman，1983）。最后，家谱图可以帮助社会工作者对家庭状况的过去和现在进行概念化，从而打开这些系统，澄清家庭模式，重新界定和化解家庭问题。

这些工具对家庭社会工作者来讲是很有吸引力的，因为它们可以准确地抓住家庭的特点。家谱图使家庭社会工作者能够清晰地描绘出家庭结构，并随着家庭的发展，不断完善家庭全貌。随着社会工作者和家庭成员获取新的信息，家谱图也会发生改变。作为临床记录，家谱图提供了信息丰富的家庭总结，使对家庭不了解的人，很快就能掌握与家庭相关的信息。家庭问题也在其中得到凸显。家庭中几代人之间的行为模式在家谱图中也会一目了然。模式、事件、关系和行为常常在几代人之间不断重复。例如，在弗洛伊德的家庭中，有几位亲属都患上了精神疾病，并自杀了（McGoldrick，1999a；McGoldrick，Gerson，& Petry，2008）。沟通和关系模式是特别需要观察的内容，因为它们会在几代人之中重复出现。

在家庭工作中，家谱图还可以帮助工作者避免事后发现干预中遗漏了一位重要的家庭成员。在收集详细的家庭信息时，这些工具尤为重要。通过家谱图，家庭社会工作者可以发现家庭中反复出现的模式。在家庭工作的早期面谈中，也可以运用家谱图。尽管文字信息可能会消失在个案的众多的档案中，但是，家谱图中的信息是非常容易看见的。一个简单的家谱图可以将很多页的叙述内容浓缩到一页上（McGoldrick，Gerson，& Petry，2008）。

此外，家谱图的绘制过程提供了机会，使家庭社会工作者能够与家庭成员建立信任关系，很快就能让家庭成员参与到家庭工作过程中。工作者和家庭成员一起参与绘制家谱图，就成为工作者—家庭之间伙伴关系的第一步，并吸引家庭参与问题的界定和解决的过程了。

如何绘制家谱图

254

麦戈德里克、格森和佩特里（McGoldrick，Gerson，& Petry，2008）指出，绘制家谱图的过程涉及"铸造一个信息巢"，包含了从显现的问题到大的背景，从小家庭到扩大家庭，从现在到历史，从简单的到敏感的，从事实到判断和假设（p. 62）。

首先，非常重要的一点就是要注意，家谱图总结了每个家庭成员对家庭和家庭关系的看法。在开始绘制家谱图之前，思想上要做好准备，要接受大家对家庭关系本质的众多不同看法。例如，家庭中某个人会认为自己与他人的关系非常亲密，但是在其他人看来，他们的关系非常紧张。这样的极端情况是非常罕见的，但是，依然会出现这种非常伤害情感的情况。家庭成员之间的关系受到了彼此之间的沟通的影响。有些关系可能会让人觉得是充满愤怒或者冲突的，而有些关系则会让人觉得是非常亲密的，在这种关系中，互动双方会分享各自内心的秘密。

尽管家谱图的方法得到了广泛运用，但目前尚无绘制家谱图的标准（例如，参见McGoldrick，Gerson，& Petry，2008；Hartman & Laird，1983；Wright & Leahey，1994）。但是，它们还是包含了一些基本的信息：家庭成员是谁，孩子们是什么时候出生的，重要的关系是什么以及什么时候有人去世等。有些家谱图是用来记录家庭几代人的医疗状况的。还有一些家谱图记载的是几代人的某些心理社会问题，如精神疾病、自杀、酗酒等。还有一个常用的家谱图方式就是，记录几代人之间的关系模式的特点，特别是充满了冲突的、分崩离析的或困境重重的模式。有时，工作者会运用不同的颜色来指代不同的代际模式，尽管这样做需要投入更多的时间和精力。无论如何，目前人们达成了一个松散的共识，即在家谱图中应该包括哪些基本信息、如何记录这些信息、如何解读这些信息等。幸运的是，家谱图的一般性结构都遵循了规范的遗传性和家系图表的规则。由于按照标准化的习俗，家谱图中至少要包括三代人（如爷爷奶奶、父母和子女），因此，在绘制之前，就要规划出足够的空间。在绘制中，需要用很多符号，因为在家谱图中，很多信息都是缩写。图 8.2 展示了家谱图绘制中常用的一些符号。

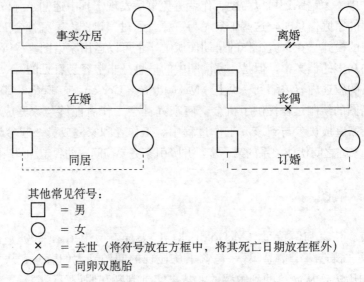

其他常见符号：
□ ＝ 男
○ ＝ 女
× ＝ 去世（将符号放在方框中，将其死亡日期放在框外）
○—○ ＝ 同卵双胞胎

图 8.2　家谱图中常用的符号

家谱图中的常用符号

家谱图反映的是家庭成员彼此之间的关系，还可以协助工作者理解谁与眼前的家庭问题有关，这样，工作者在制订干预计划时，会将这些成员包含其中。有的家谱图可能比较复杂，因为它超越了传统的核心家庭结构。离婚、共同法婚姻、分解、混合家庭、婚外情、继父母家庭等都应该体现在家谱图中。还要增加继子女、寄养的孩子、收养的孩子等，这样，这个图就可以表现非常复杂的关系。

255　　可以根据性别用圆圈或方块来代表每个家庭成员。用两条线来表示个体的服务对象（标志性人物，或者称为可识别的病人），整个家谱图就是围绕该人来绘制的。怀孕者用三角表示，如果流产了，则要在三角中加上一个×。男性用方块表示（□），女性用圆圈表示（○）。双胞胎用一条线连接，但是中间会分开，并形成一个三角，三角的底端可根据性别，采用方块或圆圈。寄养的孩子要用虚点线与父母的平衡线相连接。领养的孩子要用短虚线与父母线连接。在家谱图中，每个孩子都要通过不同的方式与父母线联系起来，不管他们当时是否存活，是否还生活在家中。只要这个人曾经活过，他就要出现在家谱图

256　中。家谱图要根据人数和关系数量来进行分布。参见图 8.3 和图 8.4。

关系线和代际线　连接不同人的平行线将家中的成年人联系在一起。孩子们要放在这条线的下方，排列的顺序是从大到小，自左向右。同一代的家庭成员都要放在代表同一代人的平行线上。例如，一条平行线反映了婚姻或共同法婚姻关系，离婚就要用两个斜杠

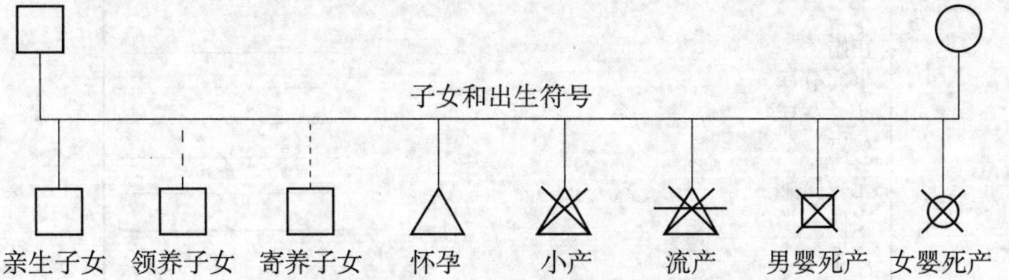

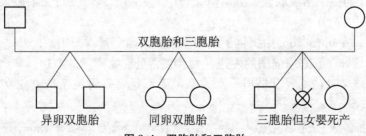

图 8.3 子女和出生符号

（//）来表示，分居用一条斜杠（/）来表示。恋爱关系和同居关系用虚点线（————）来表示两人之间的关系。当出现再婚时，前配偶会用小一号的标志；如果有多次婚姻，前配偶的排列方式就是按照年代远近，自左向右排列，最近的配偶排在最后。不同婚姻带来的孩子要排列在各自父母下面的线上，然后，通过竖线与父母的横线连接起来。三角模式反映了家庭中的重要关系。此外，家庭社会工作者需要寻找的是描述性的信息，而不是结论。这就是说，了解具体的行动和行为案例，而不是让家庭成员来评估自己的关系。参见图 8.5。

其他细节 每个家庭成员的名字和年龄应该放在代表那个人的方块或圆圈中。出生和去世的年代也要放在反映性别的符号上面。出生日期放在横线上，自左向右排列。有时，出生日期跨了两个世纪，为了不让人误解不同的世纪，要加上年代的头两个数字。在每个符号的外面，要记录上重要的事件和日期（例如，"外出旅行"和"辍学"）。有些事件在家庭内部刮起了"情感冲击波"，激发或封闭了很多的沟通（Nichols & Schwartz，2007）。一旦有人去世，对去世的年代、去世时的年龄、去世的原因都要进行记录。在运用流产符号时，如果知道的话，也要记录下流产胎儿的性别。

关系线 一旦将家庭中重要的信息都记录下来，家庭社会工作者就可以开始描述家庭内部的关系了。在家谱图上加上一些关系线，就能让家谱图更加详细、具体，因此，在一开始，就需要计划和关注最重要的家庭关系。家谱图中人们之间的线描述了家庭关系的特点和质量。要抓住家庭关系的质量，需要常问这样的问题："你父母关系的特点是什么？""你认为自己在家中跟谁更亲密？"我们建议，工作者一开始需要与原生家庭工作，慢慢地才可以

图 8.4 双胞胎和三胞胎

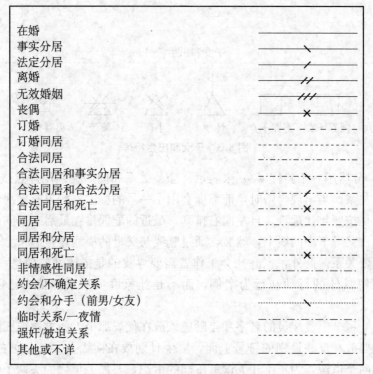

图 8.5　关系线和代际线

与配偶们讨论自己的原生家庭是怎样影响自己目前的家庭生活，特别是自己的婚姻的。在对原生家庭开展工作时，工作者需要发现一些关键主题和反复出现的模式，这些东西可能会再现于目前的家庭中。主题的一个例子就是："男人要在影响家庭的主要决定中做主"。

　　家人之间的一般性关系需要通过一条线来描述，两人之间的亲密关系用两条线表示，融合性关系用三条线表示。虚点线代表了两人之间的疏远的关系，起伏不平的线反映了两人之间的紧张或敌对关系。破裂的关系则用带有两个斜杠的横线来表示，参见图 8.6。

　　在第三章中，我们讨论了家庭子系统中的三角关系的意义。三角关系常常代表了两个人为了对付第三方而建立的联盟。它可能是父母针对一个孩子而形成的三角关系，也可能是父母中的一个与孩子结成联盟，以对付父母中的另一个。将三角关系放入家谱图中，就是一个非常有用的工具。

　　网站 www.genopro.com 中提供了绘制家谱图的四个基本原则。①

　　1. 男性总是处在家庭家谱图的左边，女性常常处在家谱图的右边。

　　2. 在出现歧义时，就假设是男—女关系，而不是男—男关系或女—女关系（当超过

_____

　　① 本章中引用的图表下载于 www.genopro.com/beta/。这些图表都免费对公众开放使用，这个网站还可以免费下载绘制家谱图的软件。免费使用一个月之后，如果想继续使用，你需要购买该软件。

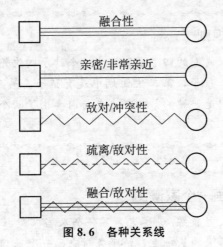

图 8.6　各种关系线

两个以上的人出现在横线上时)。

　　3. 配偶必须离自己的第一个配偶最近,然后是第二个(如果有的话),接着是第三个,依次类推。

　　4. 最大的孩子总是在家谱图的左边,最小的孩子在家谱图的右边。

练习 8.4　你自己家的家谱图

　　画一个你家的家谱图。首先要计划你需要收集什么资料,你希望追溯几代人。其中最重要的是你手头有哪些资料。如果你想追溯到几代人,但是缺乏足够的资料,那么,你就应该去问你父母一些问题(如果他们还健在的话)。可以问这样的问题,如重要的日子、名字、关系,还有一些有用的信息,如教育、职业、主要的生理疾病和精神疾病等。用手绘家谱图可能更加容易,尽管有很多电子资源可以购买或者在网上下载。让你自己成为家谱图中的核心人物,选择一个问题,看一看你是否可以从过去几代人中追溯这个问题的根源,或者追溯到你的原生家庭。

练习 8.5　建立一个家谱图

　　选择一部电影或者电视中的家庭,其中必须有足够的信息让我们了解这个家庭,或者几代人的关系。根据这个家庭,绘出一个家谱图。把这个家谱图与班上同学进行分享。然后分成小组,分析家谱图中包含的信息。提出一个问题清单,以了解这个家庭的家谱图。把你的答案与别人的答案进行比较。

练习 8.6　画家谱图的规则

遵照本章中提出的画家谱图的四个原则，为一个结了四次婚的妇女画一个家谱图。在第一次婚姻中，她生了三个孩子，第二次婚姻中没有孩子，第三次婚姻中生了两个孩子，第四次婚姻中没有孩子。但是，她的第四任丈夫与前妻生了两个孩子。把你的家谱图与其他同学的进行比较。

练习 8.7　角色扮演来画一个家谱图

分成三人小组。一个人当教练/观察者，另一个人当家庭社会工作者，最后一个人当服务对象。在尊重隐私和界限的基础上，给服务对象画一个家谱图。在角色扮演中，服务对象有权拒绝回答一些具体问题。

生态图

家谱图揭示的是家庭内部的动力关系，而家庭外部的动力关系需要通过生态图来反映。有些问题产生于人与环境的互动过程中。这个图能够呈现家庭关系与外部世界（生态系统）之间的关系，同时可以准确反映家庭与外部联系的优势和质量，以及家庭冲突的范围。生态图还可以呈现环境资源向家庭流动的情况，同时也可以反映家庭资源的被剥夺情况和没能满足的各种需求（Holman，1983）。生态图能够说明服务对象与环境的互动情况，这些信息能够帮助我们全方位地评估家庭，并对家庭状况进行概念化。通过生态图，我们可以对观察到的家庭—社区之间的关系进行分类。

与家谱图一样，生态图的一个基本的功能就是能够形象化、概念化地将很多信息在纸上反映出来（见图 8.7）。这个图简单明了地描述了家庭的支持系统。家庭社会工作在很大程度上依靠生态图中反映出来的信息，因为家庭生活工作的核心就是关注需要和社区资源。与家庭成员一起绘制生态图，可以在需求评估阶段，也可以在干预计划策划阶段，要关注一些有关系统形成的重要信息，如界限问题、干预方向、频率、社会关系的相互性等问题。生态图可以压缩个案档案中的叙述的内容，但是，可能需要在收集足够多的信息和绘制完整的生态图所需要的时间之间，找到一个平衡。生态图还可以包含随着时间推移而出现的变化。它们现在就成为某些机构记录的标准化内容，特别是在机构员工变化非常频繁、服务对象有很多没能满足的社会需求时，这些记录就更能反映出变化的情况。

　　与家谱图一样，让家庭成员参与绘制生态图，对家庭是非常有益的，特别是在家庭社会工作的早期。需要指出的是，有些家庭经历过社会性歧视，在生态图中需要反映出遭受歧视的后果。生态图抓住了家庭与外部系统之间的互动，而家谱图呈现的则是家庭内部的交换。有时候，要将这两种图结合起来，以形成一个完整的家庭状况的图画。社会工作者和服务对象都会发现这两个工具都非常有意义。将抽象概念具体化和图表化，例如运用家谱图和生态图的方式，可以加深我们对家庭的理解和对家庭资源掌握情况的了解。生态图还可以帮助我们将家庭从宗教和文化角度与社区建立各种关系。对于少数族裔服务对象来讲，这些图表能够帮助我们了解他们目前所遭受的压迫以及他们的财政状况。

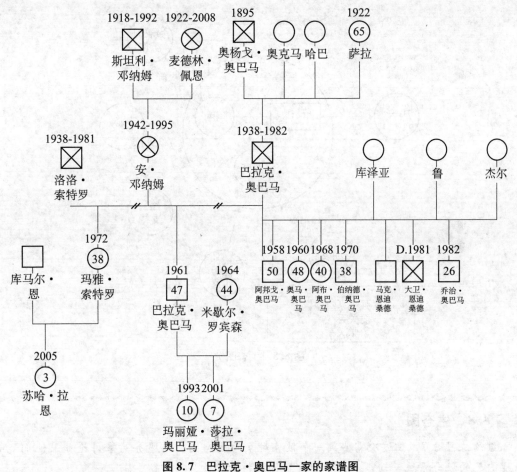

图 8.7 巴拉克·奥巴马一家的家谱图

　　如何绘制生态图 生态图是由若干个互动的圆圈构成的，它们分别代表了家庭外部各个系统。绘制生态图的第一步就是要将之前绘制的家谱图放在中心的圆圈中，并标上家庭或家庭户。在这个圆圈外面的若干个圆圈代表了家庭成员生活中的重要的人物、机构或组织。圆圈的大小并不重要。里圈和外圈之间的线反映了目前存在的各种互动关系。直线（——）代表了强关系，点线（……）代表了弱关系，波浪线（～～～）代表了紧张关系。

粗线反映了很强的关系，沿着线的方向的箭头表示资源和能力流动的方向。如果需要，还可以根据重要关系的数量来增加圆圈。随着家庭关系的改变，或者随着家庭与社会工作者之间信息分享的增加，生态图也可以发生改变。图8.8呈现了一个生态图的案例。

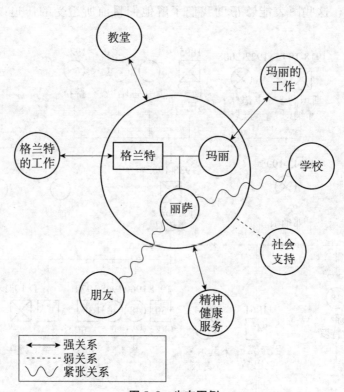

图 8.8　生态图例

练习 8.8　生态图

继续练习 8.7，但这次需要画一个服务对象的生态图。与服务对象讨论如果他们能够改变自己的社会系统互动，他们希望看到什么样的变化。

其他视觉技术

家庭画像　另一个可用来描述家庭关系的技术，就是要求一家人一起来画家庭画像。家庭成员可以分开画自己心中的家庭画像，接下来可以讨论和比较每个家庭成员的画像。另一个类似的技术就是让家庭排出一个全家福，然后，由家庭成员一起摆出姿势。人们如何安排这个全家福，会帮助我们收集很多有关家庭关系的信息。每个技术运用之后，要安排家庭成员来讨论自己看到了什么样的家庭画像。

家庭雕塑　还有一个方法就是要求家庭成员给自己的家庭进行"雕塑"（Satir & Baldwin, 1933），也就是说，让家庭成员站在一个房间里，摆出姿态来反映家庭关系。每个人轮流按照自己的方式来反映家庭成员彼此之间的关系。通过这个雕塑，我们可以了解每个人的身体姿势、人际距离和身体行动等相关的信息。每个家庭成员都会负责设计自己的雕塑，让其他成员按照自己的指示来完成这个雕塑。雕塑者要把其他家庭成员当成泥土，可以随意进行雕塑（Holman, 1983）。同一个家庭中的不同成员也会用不同的方式来进行雕塑，这取决于不同的雕塑者对雕塑方式的看法。对于语言沟通不多的家庭来讲，雕塑是非常有用的，可以提供一个手段来彼此表达和互相理解（Holman，1983）。

家庭时间线　还有一个有趣的评估工具就是家庭时间线。家庭时间线是通过格栅表格来体现的。这是一个非常简单的格栅表格，按照时间维度来描述和评估重要的家庭事件。它们能迅速地反映家庭在自己的生命周期中发生的重要事件，如父母的相见、约会、结婚、去世、子女的出生、生病、失业、搬家、离婚等，所有这些事件都按照时间线来进行记录。时间线可以帮助家庭社会工作者从家庭历史的众多信息中，抓住很多重要细节，以及家庭历史时间的重要性。有两个方法可以用来评价事件的影响力。第一个方法就是，将负面事件放在时间线的下方，将正面事件放在时间线的上方。第二个方法，也许是最简单的方式，就是按照 1 到 10 的等级来进行评价。1 表示极其令人不快或者有压力的事件，10 表示极其正面的事件。1 到 10 之间的数字反映了不同的重要性，5 是一个中立的回答。时间线上出现的数字，就能够代表家庭发展过程中的起起伏伏的状况。也可以从事件对家庭的影响的角度来分析事件，从第一个事件开始，一直分析到目前的事件。一旦完成了时间线的描述，家庭社会工作者就可以引导家庭开始分析家庭生命周期中的各个事件。如果家庭成员对事件的重要性不能达成共识，那么，接下来的讨论就会非常有成效。只要出现这种情况，家庭社会工作者就可以协助家庭成员理解不同的家庭成员是怎样理解和看待不同的事件的。

家庭重要事件可能包括：

● 搬家；

● 子女出生；

- 离婚；
- 结婚；
- 开始养宠物/宠物去世；

- 家庭成就；
- 新的工作；
- 家庭成员的个人事件（毕业、升职、结识新朋友等）。

家庭生命周期时间，例如祖父母进入老人院、爸爸妈妈参加菲尔医生的展览等。

达琳 遇见史蒂夫	婴儿 艾丽出生	婚礼	婴儿 吉瑞出生	达琳 母亲去世	离婚	达琳和 史蒂夫再婚	史蒂夫被查 出得了癌症	艾丽怀孕
1980	1981	1985	1990	1996	1997	1999	2001	2006

质性评估中的特殊考虑

在质性评估中，有四个方面的内容需要特别考虑：评估家庭功能性标准、家庭类型模型、评估育儿技巧和评估多元家庭。

评估家庭功能性标准

有很多模型都可以用来评估家庭功能性，但大部分模型都只支持某个理论框架。例如，有个家庭评估框架叫作"家庭功能复杂模型"，就是将家庭功能纳入两个连续体中：适应性和凝聚力（FACES III）（Olson，1986）。比弗斯（Beavers，1981）发展的另一个模型，根据能力、结构和灵活性来评价家庭功能性（Beavers-Timberlawn 家庭评估量表）。家庭评估测量，也被称为家庭类别图表，将家庭功能描述为涉及基本任务、发展任务和冒险任务（McMaster 模型）（Epstein，Baldwin，& Bishop，1983），还有一些具体的家庭功能领域（问题解决、沟通、角色、情感回应、情感投入和行为控制），所有这些都可以用来评估辅导的需要（McMaster 临床评价量表）（Epstein，Baldwin，& Bishop，1983）。

社会工作者还可以事先发展出自己的打分表。打分表可以用来说明家中物质资源的需求状况。相反，如果工作者想关注家庭成员在某个领域的特定的角色表现，这个打分表就可以涉及对儿童的生理照顾，或者评价家庭的情感氛围。打分表的优点在于，它们可以根据家庭的具体情况和环境来量身设计。

有一本非常有用的书，不仅能够评估家庭，而且可以评估个人问题，书名为《临床实务测量》（Corcoran & Fischer，2007）。这本书收录了很多家庭评估工具，涉及了家庭功能的方方面面。有些测量工具关注特定的家庭关系，如亲子功能，还有一些测量工具关注的是家庭整体的功能性状况。在本书中，我们将介绍家庭评估测量，因为它全面涉及了家庭功能的各个领域，是采用家庭系统框架来设计的。这个测量工具可用来对家庭功能进行定量测量，或者，家庭社会工作者可以根据这个测量工具的概念性基础，通过访谈和观察，来理解家庭功能性。

家庭类型模型

要理解并评估家庭功能性，一个有效的方法就是把家庭类型模型作为框架，这个模型是根据爱泼斯坦、毕晓普和列文（Epstein，Bishop，& Levin，1978）的著作编制的。这几位学者给家庭社会工作者设计了一个工具，供他们在完成了与家庭的初次会谈之后使用。这个定量的工具是由 60 道自我报告题组成的问卷，涉及以下几个领域：（1）问题解决；（2）情感性回应；（3）情感性投入；（4）沟通；（5）角色行为；（6）自主性；（7）行为控制模式；（8）一般性功能。如果家庭社会工作者不想使用整个问卷，他们也可以选择运用这八个类型来检验家庭功能性。下面我们将对前七个领域做一个介绍，然后再提供一个问题样本供大家参考。

问题解决

问题解决指的是家庭作为一个功能性单位，如何应对威胁情感和生理健康的压力，或者对家庭生存的威胁。这些威胁可能是工具性的，也可能是情感性的。工具性威胁包括生存的"机械性"或具体的方面，如经济的、物质的或健康方面的问题。因此，父母的失业或对儿童的虐待就是说明对家庭的工具性威胁的两个例子。情感性威胁会破坏家庭成员的情感性健康状态，这个方面的例子包括抑郁的孩子、负担过重的父母，或者一个适应不良的循环性互动等。我们常常会发现，工具性威胁与情感性威胁交错出现。父母感到抑郁，因为这些现实情况是自己失业带来的。沃尔什（Walsh，1998）在描述家庭的抗逆力时指出，尽管家庭的功能正常，但是，这并不意味着家庭中没有问题，这些坚忍不拔的家庭具有这样的特点，即他们有能力很好地处理冲突。此外，有效解决问题有这样几个步骤：第一，发现问题；第二，就问题进行充分沟通；第三，团结协作，集思广益；第四，计划并做出行动，检测过程，评估结果（Epstein，1983，引自 Walsh，1998）。

表达问题解决的自我报告的例子就是："我们能够解决日常生活中的大部分问题。"另一个问题包括："举例说明你们碰到过的家庭问题。你是怎样处理这个问题的？这些问题中有哪些东西使家庭感到难以处理或很有压力？"

情感性回应

在一个支持性的家庭环境中，家庭成员应该可以自由表达自己的各种情感。这种情感可以分成两个主要类别：福利情绪，如快乐、幸福、温柔和同情；以及紧急情绪，包括愤怒、生气、惊恐和抑郁。

家庭社会工作者需要评估家庭是否有能力回应各种刺激性情绪，以及回应的数量和质量。家庭社会工作者需要关注家庭中表达出来的福利情绪和紧急情绪、表达的方式等方面。这包括情绪的表达是否清晰、直接、开放、真诚。个体成员参与情感交换的程度也是非常重要的。沃尔什（Walsh，1998）指出，感同身受地分享情绪，充满爱心地包容差异性和负面情绪，是坚忍不拔的家庭的一个重要特点。

表达情感性回应的例子就是："我们家有些人不做出情感性回应"（Corcoran & Fischer，2007）。

情感性投入

在多大程度上，家庭成员能够在情感上投入到超越了家庭工具性功能需要的活动和兴趣中？对家人的情感性投入的重要性超过了对家人的关爱，反映了家庭成员彼此之间的情感投入的数量和质量。表扬一个孩子完成了家庭作业是一件事，但是，与孩子一起坐下来讨论他的作业却是更加重要的事情。我们极力建议父母支持自己的孩子，因此，父母要积极参与孩子们的兴趣活动。与表达情感性投入相关的例子就是："家庭成员彼此之间很难开口谈论柔情蜜意"（Corcoran & Fischer，2006）。可以提的问题包括："你参与过什么？对什么有兴趣？谁跟你兴趣相投？他们怎样表达自己的兴趣？你是否认为你的家人各行其是，对你毫不关心？你跟孩子如何相处？你如何描述你与某某的关系？"

沟通

沟通可能非常复杂。有句关于沟通理论的格言是：**你不能不去沟通**。因此，家庭中出现的语言和非语言沟通都非常重要。沟通有两个功能：第一，沟通内容，界定说话者和听话者之间的关系的特点；第二，元沟通。认真倾听家庭成员彼此的沟通，会给家庭社会工作者提供很多重要的有关家庭关系的信息。出于关心的信息与出于愤怒的信息显然是不同，即使传递的信息内容是一样的。

　　健康的家庭沟通是清晰的、直接的、开放的和真诚的。与问题解决一样的是，沟通可以分成情感性和工具性两个类型。"情感性沟通"指的是传递的信息从本质上来讲是表达情绪的，而"工具性沟通"指的是传递的信息基本上是"机械性的"。工具性信息反映的是"做事"，涉及家庭生活的日常任务内容。

　　沟通的方式可以是语言的，也可以是非语言的，通过姿态、语调、手势和面部表情来反映。一个人说"我在听呢"时与你有眼神接触和微笑，与说话人藏在报纸后面，这句话就可以从不同的角度来进行解释。理想的状态就是，语言和非语言沟通应该是一致的，此外，信息的交流应该是相互的和积极的。

　　表达沟通的例子是："当有人不开心，别人都知道是为什么"（Corcoran & Fischer，2006）。可以提的问题包括："家中相互交谈多吗？谁跟谁谈话？当你不开心时，你会跟家中谁来说？"等等。要揭示沟通是否有所掩饰，你还可以问："谁是怎样让你知道他不开心的？你怎样获取这个信息？当谁跟你说'你说了算'时，你明白他的意思吗？谁刚才说了什么？你刚才说的就是什么和什么吗？"等等。

　　沃尔什（Walsh，1998）是这样详细阐述家庭内部的沟通过程的：

清晰性
- 清晰的、一致的信息（语言和行动）。
- 澄清有歧义的信息：寻求真理/表达真理。

开放的情感表达
- 分享丰富的情感（开心和痛苦，希望和惊恐）。
- 互相感同身受，包容不同观点。
- 对自己的情感、行为负责，不指责批评。
- 愉悦的互动，幽默。

合作性的问题解决方式
- 发现问题、压力源、解决方式和限制。
- 创造性地集思广益，信息丰富。
- 共同决策：谈判、公正、互惠。
- 解决冲突。
- 关注目标：采取具体步骤。

- 逐步走向成功，从失败中学习。
- 积极主动的态度：预防问题，避免危机，准备好应对未来的挑战（p. 107）。

角色行为

每个家庭都要面对日常的压力，完成任务，行使职责。要应对这些任务，每个家庭成员都要扮演各自的角色，并逐步形成自己的行为模式。"角色"指的是不断重复的行为模式，它能在日常家庭生活中发挥一定的功能。它们可能有很多形式，例如，有遵循传统角色规范的（如性别角色），还有背离传统角色规范的，也被称为异质性角色。

传统的角色包括母亲、父亲、丈夫、妻子、儿子、女儿等，由某个文化中的传统习俗来界定。现在，按照性别界定的角色与过去相比越来越模糊了，同样出现难以分清的问题的还有配偶角色和父母角色。尽管这样，人们还是认为照顾孩子更多的是母亲的责任，而不是父亲的责任（Eichler, 1997）。当然，人们对角色职责的认定依然是有争议的，包括父母的角色是帮助孩子社会化，要对孩子的情绪和生理辅助负责，人们对此尚没有达成共识。异质性角色是在传统社会期望之外的，例如，母亲可能需要扮演家庭主要经济提供者的角色（传统上这是男性的角色），而父亲则可以照顾子女、操持家务。某些异质性角色可能也与家庭出现的问题有关，例如，某个孩子需要扮演替罪羊的角色。还有一些异质性角色，诸如在酗酒者家庭中，会有小丑和英雄的角色。

理想的家庭角色包括：
- 清晰区分父母和孩子的角色。
- 当环境需要时，会出现灵活的角色。
- 完全有能力扮演各种角色（Brock & Barnard, 1999）。

表达角色行为的例子就是："我们每个人都有自己的职责和责任。"可以提的问题包括："你们如何决定家中谁要干什么？家中成员各自的角色是什么？如果一项工作没人做了该怎样？"

自主性

自主性反映的是家庭成员独立行事的能力，以及完成个人责任和任务的能力。当每个家庭成员都有一个明确的、独立的个人认同，能够自主地选择外界的影响，做出自己的选择，并愿意为自己的选择负责任时，自主性就出现了。评估自主性时，需要考虑每个人的年龄、发展能力和潜能。还有一个重要的方面就是家庭单位中出现的个别化程度，以及家庭单位之外的个人生活能力。个别化指的是个人能够感觉到自己是独特的、与他人不同的。

表达自主性的例子是："妈妈总是告诉我，我应该穿什么衣服。"

行为控制模式

行为控制涉及家庭处理外部刺激、维持行为标准和处理威胁性情境的方式。下面我们罗列了四种行为控制模式。

严厉型：拥有一套固定的家庭行为模式，不能包容个体差异（例如，从来都不允许孩子们在朋友家过夜）。

灵活型：家庭的行为模式有明确的界定，但同时有灵活空间，允许个体差异（例如，家庭中达成了某种共识，在特殊情况下，能够容许个体差异，也就是说，一般不允许孩子在朋友家过夜，但是，如果是庆生宴会，则可以灵活掌握）。

放任自流型：不存在固定的行为控制模式（例如，可能规定上学期间不能在外面过夜，但是，规则可以随时改变，如当孩子苦苦哀求时）。

混乱型：家庭中的行为控制模式完全不是持续性的（例如，没有规则禁止上学期间在外面过夜，但是在某个情境下，家长允许孩子在外面过夜，而在另一个情境下，又不允许孩子在外面过夜，这样孩子完全不明白到底是否可以在外面过夜）。

要评估这四种行为控制模式，可以看它们是否具有一致性，也就是说，这种行为控制模式是可预测的，还是不可预测的。

表达行为控制模式的相关例子就是："我们有规则禁止打人。"

~~~~~~

练习 8.9　家庭功能性

设计四个问题，每个问题都跟上面讨论的家庭功能性的七个领域有关。要意识到，在你设计的问题中，不能带有任何性别歧视、年龄歧视或文化偏见。

~~~~~~

评估育儿技巧

家庭社会工作者需要评估家庭的育儿技巧，特别是当孩子的安全受到威胁时。下面是可以用来评估育儿技巧的标准（Steinhauer，1991）。

1. 依恋程度：依恋是建立信任、自尊水平和未来发展亲密关系的必要条件。孩子最初的依恋应该是对父母的依恋。父母应该了解孩子们的这些需要，并及时做出回应。父母如果自身存在问题，如不成熟或自我关注，常常就不能准确地理解孩子们的需要。此外，亲子关系既不能矛盾重重，也不能格格不入。

2. 价值观传递：父母有责任向子女传授是非曲直的观念。通过言传身教，孩子们会学习尊重他人，控制自己的冲动。道德感在尊重文化模式的前提下，应该与外部文化环境保持一致。

3. 杜绝抛弃，无论是公开的还是隐蔽的。疏忽和虐待就是公开抛弃的最好的例子，而隐蔽的抛弃是难以界定的，它很可能涉及微妙的或者露骨的情感虐待。

4. 关爱共同体：父母之间、父母与子女之间的连续性关系是非常重要的，关爱需要满足孩子的发展需要。

有时法庭或者监护律师会要求家庭社会工作者评估父母照顾子女的能力。还有的时候，社会工作者需要决定孩子继续留在家庭中是否安全，他们是否应该至少暂时接受寄养照顾。要做出这些决定，是非常困难的。要评估家长的育儿能力，家庭社会工作者需要分析儿童的成长过程和家庭的亲子关系历史。家庭社会工作者有时还要咨询专家，来评估儿童发展，或者诊断父母或孩子的精神残障问题。无论如何，评估应该从确定长期以来亲子关系的特点入手。

评估儿童发展

有关儿童发展的信息，包括认知的、情感的、生理的和社交能力方面的，都应该属于评估的范围。社会工作者应该了解儿童发展的一般性知识，借此来补充自己的观察信息。斯坦豪尔（Steinhauer，1991）认为，儿童评估应该包括下面的信息内容：

（1）认知、行为、情感或学业功能方面的行为。

（2）父母对孩子的态度。

（3）与亲子关系有关的依恋问题，包括分居和儿童虐待历史。

（4）父母方面的精神疾病和社交障碍历史，包括任何药物滥用历史，或者反社会、犯罪行为。

（5）在虐待和忽视案例中，要对儿童的安全进行危险评估。

（6）发展中的重要事件，如医疗和生理史。

（7）父母对子女的态度，现在或过去父母抛弃或敌意的指征。

（8）与上述问题相关的外部资源的获取。

（9）学校和朋友情况。

（10）根据一到两个儿童发展理论来评估儿童发展水平，涉及社会心理、认知和性心理等方面。

〰〰〰〰〰〰〰〰〰〰〰〰〰〰〰〰〰〰〰〰〰〰〰〰〰〰〰〰〰〰

练习 8.10　评估孩子

　　选择一个你认识的孩子，运用斯坦豪尔的十个儿童评估领域来评估孩子的需求。

〰〰〰〰〰〰〰〰〰〰〰〰〰〰〰〰〰〰〰〰〰〰〰〰〰〰〰〰〰〰

评估亲子关系

　　家庭社会工作者需要对家庭亲子互动有一些详细的观察。观察应该是不断重复的，要持续一定的时间。家庭社会工作者需要观察父母与孩子到底是怎样交往的，要关注一般性的、符合年龄特点的数据。其中，特别重要的就是父母与孩子之间的身体和情感接触的质量。家庭社会工作者还需要观察父母的管教风格和界限的设立。孩子通过玩耍可以间接地表达自己的观点。除了关系问题之外，社会工作者还要评估孩子的生理需要是否得到了满足（也就是说，孩子是否得到了足够的营养、衣食住行是否合适，孩子是否得到了合适的社会和智力教育）。此外，社会工作者还可以将自己的服务对象转介给其他专业人士，来对父母或子女进行住院评估或心理检测。

　　通过这些经验，社会工作者可以发现，有三个层次的育儿能力（Steinhauer，1991）。最高层次就是家庭功能正常，孩子发展正常，有必要时，父母会寻求外界支持。在第二个层次中，儿童发展受到了暂时性危机的影响，但不是长期的问题。与儿童相关的危机可能会给家庭带来混乱，家庭因为缺乏资源而暂时难以应对。在这个层次中，父母基本上没有情感或社交障碍，会接受外界的帮助。在问题发展过程中，父母会承担自己应有的责任，也愿意处理问题。在第三个层次中，儿童发展出现了一些问题。家庭的问题是长期的，同时也会出现育儿技能的缺失。孩子在自己生活的某些领域中会感到非常困惑。父母在社交或者情绪方面会表现出明显的问题，可能还有过接受社会服务的失败经验。父母们会难以合作，否认自己应该对家庭问题负责任。

评估多元家庭需求

　　"美国的种族/民族趋势的表现就是，种族多元性越来越强化，人们的民族认同感日益增强。到了 2050 年，种族和少数族裔人口将占到美国全国人口的 49.9%"（Gilbert，2011，p. 360）。

　　画图技术，如家谱图、生态图和家庭时间线都会特别有用，因为它们强调了对扩大家庭的评估。家庭社会工作者在家访时需要观察家庭的互动。在评估多元化家庭时，我们希望大家记住，即使在同一文化中，也存在很大的异质性。要是采用清单打钩的方式来了解家庭的特点和经历，可能会遇到的风险就是出现刻板印象，最后让我们得出偏见性的结论。据此，我们在这里特别要讨论多元化家庭可能会遇到的问题。对所有的家庭，包括多元化家庭都可以使用家谱图和生态图来进行分析。但是，如果我们采用的指标和问题是根据主流家庭建立的，那么，家庭社会工作者一定要小心是否会出现文化偏见。

非裔美国人家庭的评估问题

社会经济地位、教育水平、文化认同、家庭结构和对种族歧视的反应等都是评估非裔美国人家庭中的重要变量（Gilbert，2011）。可以采用生态图来收集有关家庭优势和社区资源的重要信息，评估家庭成员之间的关系的质量，了解家庭与邻里之间的关系等。

拉美裔美国人家庭的评估问题

拉美裔美国人家庭可能会经历歧视、失业、缺乏住房和其他资源，这些问题在评估中应该得到重视（Jordan, Lewellen, & Vandiver, 1994）。文化适应的水平、融入主流文化的水平对于拉美裔美国人家庭来讲，都是非常重要的问题。在拉美裔美国人家庭中，可以发现有三个层次的文化融入：刚来的移民家庭，移民—美国家庭和移民后裔家庭（Padella, et al. and Casas & Keefe，引自 Jordan, Lewellen, & Vandiver, 1994）。

第一组是刚来的移民家庭，还没有融入新国家的价值观和社会方式中。家庭成员往往不会讲英语，或者只会讲一点点英语。第二组是移民—美国家庭，即父母是在移出国出生，而孩子是在移入国出生的，这可能在老一代和新一代之间造成冲突，因为新一代可以更快地融入新国家中。第三组是移民后裔家庭，这个家庭中所有的人都是在移入国出生的，他们可以完全融入新的国家中。

亚裔美国人家庭的评估问题

在评估亚裔美国人家庭时，融入主流社会是一个主要的问题。接受相关社会服务的主要障碍来自他们对新国家的医疗保健制度的不熟悉、语言障碍、与主流文化相冲突的文化传统和价值观（Jordan, Lewellen, & Vandiver, 1994）。越南和老挝的家庭可能会花很多时间来建设难民营，这样，他们会经历更大的痛苦。家庭社会工作者需要对这种可能性保持高度敏感，要评估家庭是否需要接受服务来处理与压力相关的问题。

美国印第安人家庭的评估问题

雷德·豪斯（Horse，1980）描述了三种需要不同帮助的美国印第安人家庭的情况。第一种家庭就是受到部落习俗和信念控制的传统家庭。家中长者讲自己的土语，扩大家庭的支持网发挥了重要作用。第二种家庭就是非传统的双文化家庭，尽管扩大家庭网络非常重要，长辈们说的是土语，但英语还是主要的语言。家庭成员之间的互动非常随意，他们与主流文化的成员自由自在地交往。第三种家庭是泛传统家庭，他们寻求的是与自己的文化传统重新建立关系。双文化家庭最愿意寻求精神健康专业人士的服务，而传统或泛传统家庭在需要帮助时，会咨询自己的部落社区助人者，或者宗教领袖。

在评估美国印第安人家庭时，除了考虑家庭类型之外，家庭社会工作者还要记住，长期以来，他们是歧视的受害者。从历史上来看，美国印第安人被迫签署了不平等条约，使自己失去了土地，丧失了自己的生活方式。在某些情况下，孩子们被迫离开自己的父母。

社会心理适应

在对来自少数族裔家庭的儿童进行社会心理评估时，家庭社会工作者必须对种族问题和因素保持高度敏感。社会工作者要对服务对象的家庭民族背景有充分的了解，包括熟悉他们的信念、习俗和价值观。无论如何，家庭社会工作者都需要明白，在每个少数族裔团体中，会存在很多个体差异性。因此，社会工作者需要充分了解每个家庭的信念、习俗和互动模式。在社会心理评估中，需要涉及以下领域。

1. 生理评估：由于营养不良或者缺乏必要的医疗保健，如常规检查和免疫，低收入少数族裔家庭的孩子可能会经历生理问题。因此，需要进行生理（如眼睛或牙齿）检查。

2. 情感评估：自尊水平、能力和其他影响孩子情感的感受可能是孩子少数族裔背景的产物。家庭社会工作者需要明确自己对文化规范的假设。

3. 行为评估：行为因素，如攻击和成就，可能会受到文化因素的影响，也可能与主流文化完全不同。例如，在音乐或体育方面的成就可能会比学习成绩受到更多的赞扬。某些家庭会运用羞耻和内疚来管理攻击行为。

4. 应对和防御机制：孩子可能会学习内在化某些行为，如应对和防御机制，来处理焦虑或惊恐。典型的例子就是出格行为，如打人或骂人。

与家人的关系

家人如何看待孩子的行为是评估的一个重要因素。需要关注的领域包括：

274

1. 亲子关系：少数族裔家庭在看待父母与子女关系上与主流文化有很大差异。例如，某些亚裔美国人家庭中推崇的等级制和父权制的关系，不同于某些美国印第安人家庭中的平等亲子关系。

2. 出生顺序：遵循等级制结构的家庭，会对子女的角色有严格的规定。例如，在亚裔美国人家庭中，最小的女儿可能得多照顾自己年迈的父母。

3. 年龄：兄弟姐妹的关系可能受到年龄的影响。例如，在美国印第安人家庭中，年长的孩子需要给年幼的弟弟妹妹和表弟妹们提供角色示范和教育。

4. 性别：男性和女性家庭成员可能需要扮演不同的角色，他们所拥有的家庭地位也不尽相同。

5. 家庭期望：家庭对其成员还有很多其他的期望。例如，孩子应该跟谁结婚，或者谁要照顾孩子或老人等。

练习 8.11　与家人的关系

分成小组，从每个组员的个人文化经历出发，讨论上面提到的五个领域，列出清单，并向班上其他同学汇报。

学校适应和学业成就

学校是孩子们与家庭外部的人们交往沟通的主要环境。与学业表现相关的因素，可以给我们提供福祉的重要指标，但是，评估需要包括关注种族。在评价学校适应和学业成就时，有四个重要的指标：心理适应、行为适应、学业成就和与同伴的关系。

1. 心理适应：如果自己的文化与主流文化价值观差距很大，少数族裔父母和儿童可能就会害怕学校，或者从负面来看待学校。

2. 行为适应：少数族裔家庭会教育自己的孩子将应对和解决问题的模式外在化。运用这些外在行为，可能会让孩子在学校遇到很多麻烦。重要的是，家庭社会工作者要意识到，这些问题行为可能会带来一些健康问题，如注意力缺陷、胎儿酒精综合征或视力问题等。

3. 学业成就：如果一个少数族裔孩子的学习成绩低于平均水平，这个孩子可能对那些缺乏文化敏感性的书本和考试方式难以适应。父母如果不了解学校系统，也无法给孩子提供必要的支持，或者示范有效的学习技巧。

4. 与同伴的关系：孩子们可能在外表上与同伴不同，可能因此受到同伴的排斥（或者自我排斥）。来自与孩子们同一民族的同伴的支持可能难以找到。

案例 8.2 中显示了少数族裔儿童所面临的问题。

案例 8.2 　　　　　　　　　　**少数族裔**

　　萨丽·雷德蒙是一个 7 岁的孩子，上二年级，由于学业问题，跟父母一起到一家家庭社会工作机构求助。萨丽告诉家庭社会工作者，她一点也不喜欢自己的学校，如果可以不去上课就最好了。她的老师说，萨丽在学校很安静，表现得非常胆小，她没有朋友，很少参加班里的活动。

　　萨丽的父母卢和达琳在萨丽 2 岁时收养了她。萨丽的亲生父母是韩国人，她一出生就被送进了一家韩国孤儿院。这个小姑娘有着黑头发、黑眼睛和深色皮肤，与卢和达琳的金发碧眼完全不同。

　　家庭社会工作者跟萨丽一起去了她们学校的操场，在那里，社工有机会观察萨丽在课间的表现。在很多时候，其他孩子都忽视萨丽的存在，但是，当她挡在踢足球的男孩子面前时，他们叫她"哑巴"。后来，当问萨丽有关这些孩子的情况时，萨丽说他们总是这样跟她讲话，并常常就自己的外表嘲笑自己。她说，自己比较喜欢与美国黑人一起玩耍，因为他们"肤色跟自己比较相像"。

　　萨丽告诉家庭社会工作者自己希望长相更像自己的养母，如果这样的话，她可能就会有更多的朋友。她的老师跟家庭社会工作者说，萨丽的学习成绩不好，因为"我上课时，她从来都不跟我有眼神接触"。

　　在与萨丽、她的父母和老师交谈之后，家庭社会工作者开始理解，这些成年人谁都不了解韩国文化。

同伴关系

　　评估少数族裔儿童的同伴互动关系，能给家庭社会工作者一个重要的指标，来评估儿童融入主流文化的水平。

　　1. 同伴互动：儿童与同伴的关系可能是反映自己福祉的重要指标。与他人"相处得好"，并有一个同伴支持小组，对儿童的自尊和归属感是非常重要的。这些指标包括儿童报告的朋友情况以及参与小组活动的情况。

　　2. 参与程度：家庭社会工作者可以通过询问儿童的喜好和其他活动来评估孩子的参与程度。提问的例子包括体育运动和社团情况、男女童子军和俱乐部等。还有，可以问问孩子在同学中是否有自己的好朋友。

　　3. 异性关系：对于那些开始考虑异性关系的青少年，评估需要考虑能够找到伙伴的可能性。例如，可以问类似的问题：少数族裔青少年在学校舞会上或约会关系中，感到自己被他人接纳了吗？

适应社区

社区参与的指标是评估少数族裔儿童融入社会环境的重要因素。家庭社会工作者需要评估他们参加小组活动和工作的情况，以及家庭成员对孩子参与社区活动的态度。

1. 参与小组：家庭社会工作者需要评估儿童参与小组的情况，如教会、娱乐中心和俱乐部等。参与程度也是儿童是否成功参与的重要指标。例如，儿童参与教会活动的频率是怎样的？儿童在那里是否有自己的朋友？儿童参与什么样的由教会资助的活动？

2. 工作参与：青少年可能会在社区中有份工作，需要对他们的工作的合适性进行评估。与此相伴随的是，青少年可能需要一份工作，但他们最终的目的是就业。

3. 家庭成员对儿童参与社区活动的反应：家庭成员融入主流社会的水平会影响儿童参与小组活动和工作的情况。家庭社会工作者需要协助家庭接受儿童在家庭外部的互动，或者还需要协助家庭给孩子们探索和建立自己与社区的关系的自由。

4. 儿童特殊的兴趣和能力：发现儿童的特殊兴趣，特别是他们的特殊才能，是制订成功的干预计划的关键所在。家庭社会工作者需要发现儿童的优势所在，借此来推动儿童更好地适应与自己的原生家庭文化不同的社会文化环境。例如，有些孩子在运动和音乐方面有特殊才华，在这些领域的杰出表现，会弥补他们的不良的学业表现，提升儿童的自尊水平。

  案例 8.3　　　　　　　　**家谱图**

家庭社会工作者收到了一份家庭调查报告：这个家庭居住在小镇边缘地区，房子很小，但家庭却是一个大家庭。这个家庭是刚刚来到这个社区的。邻居报告说，这个家庭中一天到晚吵吵嚷嚷，几代人不停地折腾，还有几个孩子无人照应。

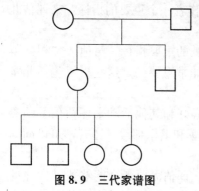

图 8.9　三代家谱图

当家庭社会工作者来到这家时，她发现邻居反映的情况属实，这家不知道住了多少人。她决定对家庭进行访谈，绘制一个家谱图，以更好地理解家庭结构。一天，当所有的家庭成员都在家时，她来进行家访，这样全家人都可以参加活动了。家庭社会工作者绘制的家谱图就是图8.9中展示的。家庭社会工作者发现，三代人住在祖父母（艾伦和泰德）的房子中，他们的女儿（邦妮）与丈夫（阿尔）一起居住，邦妮的几个孩子（本、杰克、苏、安）也跟他们一起住。

〜〜〜〜〜〜〜〜〜〜〜〜〜〜〜〜〜〜〜〜〜〜〜〜〜〜〜〜〜〜〜〜〜

练习 8.12　聚焦问题

　　本章针对家庭需求评估面谈而提出的问题清单涉及了很多可能性。分成三人小组，头脑风暴一下还有哪些问题可以提出。向班级汇报各自的发现。指定一名同学来收集各组都涉及的问题。这个清单可以提供给全体同学作为参考。

〜〜〜〜〜〜〜〜〜〜〜〜〜〜〜〜〜〜〜〜〜〜〜〜〜〜〜〜〜〜〜〜〜

本章小结

　　本章主要涉及了质性需求评估，也就是说，用文字、图画和观察资料，来理解服务对象的家庭。相比之下，定量的评估更多运用的是数字化的测量和量表，将服务对象的优势和弱势进行量化（参见第九章）。

　　家庭和社会组织的成长和团结，建立在不断变化的成员身份之上。所有的家庭都处在动态变化之中。家庭的动力关系取决于家庭成员如何定义自己，而非严格的预定的公式。家谱图和生态图帮助家庭社会工作者理解家庭变化的动态关系，给他们提供了一幅活生生的家庭成员之间的关系以及他们如何与环境互动的全景。

　　我们首先探讨了家庭评估的环境，包括家庭评估的目标、家庭功能模式和生态评估的问题。然后，介绍了质性评估技术，包括生态图、沟通技术、视觉技术，如家谱图和生态图。最后，还涉及了评估中的一些特殊问题，如评估家庭功能性的标准、家庭类型模型、评估育儿技术以及评估多元家庭等。

278

关键术语

　　质性技术：一种研究和收集信息的技术，运用文字和口头表达来对发现的问题进行描述，揭示隐藏在信息中的模式、主题等。

　　生态视角：社会工作的一种视角，用来全方位地观察家庭和家庭面临的问题，以及家庭所处的社会环境。

　　家谱图：与家庭一起绘制的一种图表，可以发现家庭目前和几代家史、时间和各种关系。家谱图可用来分析某个特殊问题（如家人不和、经历的社会问题、文化、灵性和跨代问题），或者帮助人们全面理解家庭的现状。

生态图：与家庭一起绘制的一种图表，可以揭示个人和家庭与家庭外部社会网络之间的关系。

推荐阅读书目

McGoldrick，M.，Gerson，R.，& Petry，S.（2008）. *Genograms：Assessment and intervention*. New York，NY：Norton.

能力说明

EP 2.1.3a. 发现、评估和整合不同来源的知识，包括研究为本的知识和实务智慧：在制定需求评估中，非常重要的一点就是在家庭问题（和优势）、家庭系统、家庭环境和家庭生命周期四个领域获得深度理解。

EP 2.1.3b. 分析需求评估、预防、干预和评估的模式：质性工具如家谱图和生态图，能够帮助家庭社会工作者描述和理解家庭功能背后的意义。某些指南，如问题的严重性、重要性和时间性等，都能帮助家庭社会工作者与服务对象一起聚焦某些关键问题。

EP 2.1.4c. 发现并表达自己对影响生命经历的差异性的理解：不同人群的不同经历，与白人和中产阶级中的大多数是截然不同的，这些会影响人们的生活经历。家庭社会工作者必须理解服务对象的特点以及他们的生活经历，这些都会影响他们的生活、优势以及问题。

EP 2.1.10e. 评估服务对象的优势和限制：把家庭当成一个系统，放在周围的环境中进行分析，能帮助家庭社会工作者理解在服务对象生活的不同层面，到底发生了什么；同样，这样也能帮助我们发现不同层面的优势和弱势。

第九章

定量的需求评估

◇ **本章内容**

定量需求评估的目的

选择测量工具

好的工具的特质：信度和效度

整合定量测量的框架

测量工具

用测量将需求评估与干预结合起来

治疗计划

本章小结

关键术语

推荐阅读书目

能力说明

◇ **学习目标**

概念层面：理解开展家庭需求评估的结构式方法，理解定量测量相关概念。

感知层面：观察和记录具体行为。

评价和态度层面：理解一种严格的需求评估手段。

行为层面：运用具体的需求评估工具。

在第八章中，我们介绍了质性需求评估的内容，质性需求评估指的是运用描述性方法来收集服务对象的信息，包括绘图技术和开放式访谈。第九章将介绍如何运用定量手段为需求评估提供信息。定量需求评估包括运用测量方式来获得"服务对象功能性某些方面的数字性指标"（Franklin & Corcoran，2006，p. 71）。"今天的需求评估采取的都是证据为本的方法"（McNeece & Thyer；Gibbs & Gambrill，引自 Jordan，2008，p. 1396）。"证据为本的方法认为，最佳证据的运用，需要与批判性思维技术、最佳实务知识和服务对象的投入等条件配合"（p. 1396）。

281 　　在需求评估中引入定量测量的方法，基于以下四个理由（Franklin & Sanchez，引自 Jordan & Franklin，2011，pp. 53 - 54）：

1. 定量测量能够帮助实务工作者改进干预。
2. 定量方法能帮助实务工作者参与临床研究。
3. 定量测量为实务评估和问责提供了扎实基础。
4. 定量测量能够有效提高实务工作者的全部技能。

本章要讨论定量需求评估的目的，给综合开展定量需求评估提供一个框架，介绍几个常用的测量工具，讨论如何用测量工具把需求评估与干预有机结合在一起。

定量需求评估的目的

我们在开展定量和质性需求评估时，是基于对需求评估的如下假设：

第一，需求评估必须有实证基础，也就是说，在文献检索的基础上，必须运用最好的技术。从这个角度来看，应该选择对评估对象信度最高的测量工具。

第二，需求评估应该是系统导向的。换言之，界定问题时需要宽泛一点，测量时需要将问题所处的情境一并考虑。我们要从系统的角度来分析服务对象，要考虑他们生活、工作和互动的复杂的情境。

第三，需求评估必须能够多角度来测量服务对象的优势和问题。三角关系常被用来描述这个视角。三角关系主张在测量服务对象的优势或问题时，要从三个系统入手：（1）服务对象自我报告；（2）服务对象行为观察；（3）他人报告或观察。家庭社会工作者运用这种系统可以获得更加准确的信息，了解家庭内部到底出了什么事。

第四，运用定量需求评估可以帮助我们更好地了解家庭问题的广度。此外，还能确保对干预活动的监测和评估。这种定量的方法被广泛运用到今天的管理性照顾领域。

定量需求评估的另一个好处就是，因为对实务过程进行了持续性的监测，因此有可能改进治疗，丰富研究文献，同时还能得到反馈，这样，家庭社会工作者就可以提高自己的技术、能力，增加问责。

选择测量工具

选择什么样的测量工具，非常重要的一点就是要确保这些测量工具既要具有信度，又要具有效度。下面我们将详细讨论这些术语。在《临床实务测量》一书中，科科伦和费希尔（Corcoran & Fischer，2007）对书中罗列的各个测量工具的心理测量特质进行了回顾。在练习一节中，我们将从该书中选择一些案例。在讨论结束时，我们希望读者可以很好地理解信度和效度的概念，并懂得如何选择最合适的测量工具，与家庭开展工作。做好准备哟，下面的讨论技术含量很高！

证据为本的实务越来越成为社会工作的重要组成部分。人们越来越意识到社会工作职业需要有问责制，所以，开始发展出来很多测量手段来监测和评估临床实务（Corcoran & Fischer，2007）。鉴于社会行为科学的有效性可以通过测量工具得到证实，我们需要发展出系统的测量工具。因此，在过去几十年中，测量工具得到了长足的发展。

很多引起社会科学家关注的问题都是一些抽象问题，因此，测量工具就成为当下一个难以解决的问题。测量技术成为发展基础知识和评估临床实务的一个重要组成部分。测量涉及"将抽象概念与实证指标联系起来的过程"（Carmines & Zeller，1979，p. 10），或者说是"量化一个变量的过程"。从定义上讲，测量常常是一个将可观察的事件与理论性很强、难以观察的概念联系起来的过程。一般来讲，一个测量工具包括了若干个项目，它应该可以被赋值、加总，最后可以给每个个案算出分数。这个过程的关键就是要给测量工具建立信度和效度。这些术语将在下面详细讨论。

测量工具还应该具有文化敏感性。这就是说，选择的这些工具可以安全地运用到某个文化群体中，测量的这些概念应该考虑到文化差异性。有时，在发展阶段，这些工具可能只在某一个文化群体中得到检测。将未经检测的工具运用到其他文化群体中，可能出现很多问题，会影响测量工具的信度和效度。此外，测量工具的测量标准也需要适合某个特定的文化群体。

标准化测量

标准化测量已经被专家在本领域中着手实施和检验。当它被应用在与服务对象相似的人群上时，这种检验是最有用的。检验确定了测量的信度（准确度）和效度（真实度）——在选择一个能应用于你的服务对象的测量时，这是一个重要的考量。而且，所问的问题类型也是重要的，因为有许多方式可以测量任意的概念。比如，一个家庭满意度量表可以测量家庭动力关系。我们建议，家庭社会工作者在对一个家庭的成员进行测量之前，要熟悉任何测量的问题、赋分方式等等。

由凯文·科科伦（Kevin Corcoran）和乔尔·费希尔（Joel Fischer）著的两卷本《临床实务测量》（2007）可以为家庭社会工作者所用，这是一本包括多种测量的手册。标准的检验"评估广泛的服务对象行为，包括个性、智力、婚姻满意度、自尊以及人类行为的几乎所有方面"（Corcoran & Fischer，2007）。正如前面提到的那样，当这些测量包含了一些我们可以使用的分数线或者标准以对服务对象进行比较时，它们尤其有用。图 9.8（家庭关系指数量表，IFR）测量家庭关系，经过计算机处理后，这个量表就可以提供切点分数。例如，家庭关系指数的切点分数是 25＋或 25－。这代表着如果某个得分为 25＋或者 25－，就说明在家庭关系上有严重问题；分数低于 25＋或 25－的，说明出现家庭关系问题的概率不大。

好的工具的特质：信度和效度

我们在前面提到了信度（准确度）和效度（真实度）。下面，我们将详细讨论这些概念。

信度

能够产生稳定的结果以及最小化测量误差的工具就是一个好的工具。信度就是"一个实验、测验或者任何测量程序在重复测验时能够产生相同结果的程度"（Carmines & Zeller，1979，p.11）。因此，一个测量在不同时间上的一致性和稳定性是信度测定的焦点。信度测量的精确性和一致性使它比效度测量更容易用数学公式表示。虽然消除误差是完全不可能的，但是获得可靠测量的目标就是尽可能地消除误差。如果大量的测量都朝向从一个测量到另一个测量的一致性，就意味着信度很高。一个测验分数的信度就是这项测验独立于测量误差的程度，这本质上是一个误差理论。由于信度是基于包含在观察分数中的误差的数量，一个可靠的工具会产生很小的误差。最终的分数就是所谓的信度系数。如果信度系数很大，这个工具就被认为是可靠的，反之，更小的系数就意味着更低的信度。

测验建构（或者概念）的理论主要是从经典测量理论演变而来的，经典测量理论的主要目标就是减少误差（Pedhazur & Pedhazur，1991）。根据经典测量理论发展出来的真实分数模型成为估计信度的主要理论，可以用 O＝T＋E 这个等式来表达。其中，O 指的是观察分数，是由 T（真实分数）加上 E（某种误差）组成的。真实分数的特点是具有假设性和不可观察性，要直接获得真实分数是不可能的。任何观察到的分数与真实分数都是不同的，因为有"干扰"，对"干扰"的接受基于这样一个假定，即它的波动是随机的、相互抵消的且平均数为0。

测量的目的就是尽可能消除误差。测量误差可能是系统性的，也可能是随机的，或者两个兼而有之。可靠的测量能有效消除这两类误差。

所有测量工具都可能出现随机（非系统的）和非随机（系统的）测量误差。一个测量工具只有反复测量而不受随机误差影响，才具备信度。由于随机误差是非系统的，这些误差可以彼此抵消。随机误差包括所有这些干扰测量的"随机因子"，它们可能产生于办事员的错误、访谈员的疲劳或者被访者难以遵从相关提示。信度与测量过程中出现的随机误差数量成反相关。相反，非随机误差会系统性地使测量结果产生偏误，这成为测定信度的主要问题，因为这些误差会阻碍指标反映研究的理论概念（Carmines & Zeller，1979）。因此，信度建立在测量过程中出现的非随机误差程度的大小之上。

一个测量的信度得分在0和1之间。因此，信度可以很容易地用真实分数和随机分数的方差来表示。在信度系数的可接受范围上，存在一些不同的看法（Pedhazur & Pedhazur，1991）。不过，对于科学研究来说，0.60及以上的信度系数通常是可以被接受的；而对于临床实践来说，提倡0.80及以上的系数（Corcoran & Fischer，2000）。从解释的角度来看，一个0.80的信度系数就表示观察得分方差的80%是系统的（Pedhazur & Pedhazur，1991，p.86），而0.80～1指的是由于随机误差而产生的方差所占的比例。科学研究和临床实践之间在可接受水平上的差别源自这样一个事实，即科学研究通过使用大样本可以把随机误差平均地消掉。

有四种基本的方法可用于估计经验测量的信度，它们是：（1）前后测法；（2）替代工具法；（3）折半法；（4）内在一致法。

前后测法　根据前后测法，我们用同一个工具对一个人群测量两次，所计算的信度就是用一个量表在两个不同场合所获得的一组得分之间的相关系数（Hudson，1982）。这个方法是基于这样一个假定：未观测到的分数是个常量（即得分在时间1和时间2上没有发生变化）。相关系数越小，测量的随机误差就越大。这种方法试图捕捉一个工具在不同时间上的稳定性。科科伦和费希尔（Corcoran & Fischer，2007）建议，如果两次测量时间相隔一个月，一个0.69的系数是可以接受的；如果两次测量时间相隔更短，一个0.80的系数是可以接受的。

等价工具、替代工具或者并行工具法　这种方法需要使用一个针对同一概念进行相同形式测验的替代工具。它反映了对同一个属性进行测量的两个工具的可靠性程度。两个并行工具之间的相关可以作为任意一个工具的信度估计。如果能够获得某个量表等价的且良好的替代工具，将会得到这个替代工具信度的一个直接估计。

卡迈恩斯和泽勒（Carmines & Zeller，1979）认为，尽管这种方法的根本缺陷是信度可能受到真实变化的干扰，从而使其与不可信变得难以区分，但这种方法还是优于前后测法。如果两个测量在很大的时间跨度上进行的话，此种说法尤其正确。此外，并行工具的使用也可能是一个问题，因为创建或者获得另外一个完全测量同一个概念的工具是有难度的。

对于这种方法，虽然系数可接受的有效范围有所不同，但是科科伦和费希尔（Corcoran & Fischer，2007）认为系数至少为 0.80。

折半法　这种估计信度的方法是把量表分成两半，然后计算两者之间的相关系数。折半法是在一个时间点上进行的，因此消除了在前后测法和替代工具法中存在的一些问题。这是一种对信度进行测量的方便方式，它根据的是经典测验理论的根本假定，即所测量的属性是个常量，误差是随机的。换句话说，误差等于 0。

在使用这种方法测验信度时，所有的量表项目被分成两半，两部分得分的相关系数就是信度的估计。一半测验得分与另外一半得分而不是总体得分相关。这种统计相关的强度（斯皮尔曼-布朗预测公式）可以使研究者测定整个测验的信度。如果项目之间的平均相关不发生变化，那么，一项测验的信度会随着项目数量的增加而增加，因此，我们需要一个修正的信度系数（Norusis，1990）。

内在一致法　如果项目之间是一致的且被断定是在测量同一个变量，那么这个工具就具有内在一致性（Corcoran & Fischer，2007）。通常，实施单次测验就能获得内在一致性，克隆巴赫 α 常被用来估计信度。α 是根据单次测验的内在一致性计算得到的。一个项目与量表中所有其他项目的平均相关告诉了我们共同性的程度。克隆巴赫 α 值既依靠测验的长度，又依靠测验中项目之间的相关程度。从理论上讲，如果量表中项目的数量足够多，那么即使项目之间的相关程度较小，也有可能获得一个较大的信度系数。可接受的克隆巴赫 α 值并不确定，一些人建议，对于被广泛使用的量表，需要这个值达到 0.80 或以上（Carmines & Zeller，1979）。

对于有二分的而不是定序项目的测量，库德-理查森信度公式的值达到 20 就是测量内在一致性的较佳统计量。在这种方法中，项目被虚拟编码（0 和 1），这依赖于受访者是否具备所研究的特质。KR-20 是 α 的一个特例，与 α 的解释方式是一样的。定序或者连续变量不应该被合并为二分变量，因为在合并的过程中会丢失信息。

效度

如果测量工具不具有可靠性，这个工具就不具有有效性。效度反映的是任何测量工具能够测量它本应该测量的事物的程度（Corcoran & Fischer，2007）。它是一个单一的概念，这是因为没有不同类型的效度。不过，存在一些不同的方法来确定效度。因此，下面对效度的分类体系并不意味着一组相互排斥的且穷尽的类别，更谈不上不同类型的效度——这些方法是同一过程的相互关联的方面。效度不是指所讨论的具体测量,而是基于得分的一种推断。因此,一个测量工具是否有效并不在于测量工具本身,而在于它与被使用目的的相关的程度(Carmines & Zeller,1979)。因此,一个工具在测量一种现象时可能是有效的,但是在测量另外一种现象时可能就是无效的。

效度可以根据两个期望来进行预测:它测量了所讨论的概念,以及概念被准确地测量(Bostwick & Kyte,1988)。测量效度的方法既被应用在测量的背景下,也被应用在研究设计的背景下。与信度一样,效度是一个数量问题,通常也有不同的程度(灰阶)。信度是效度的必要条件,反之则不成立。此外,效度受到信度的决定或者限制,因此,我们需要通过保护信度来保证效度。任何量表效度的上限就是其信度的平方根(Hudson,1982)。有几个方法可用于测量效度,包括:(1)内容效度;(2)标准关联效度;(3)建构效度;(4)因子效度。

内容效度 此种方法的效度指的是内容的一个"领域",概念既被充分覆盖,又是相互关联的,从而把有关的内容考虑进来。因此,测量的内容必须与概念的定义相一致(Pedhazur & Pedhazur,1991,p. 80),并且包括表示这个概念的充分的项目,需要用一种试验的方式把所有被认为是表示内容的成分包括进来。项目也必须反映与每个概念维度相关联的意义。不幸的是,在社会科学中,关于内容的领域通常有不同的看法,效度的测定变得要依靠主观判断,从而会产生一些误差。由于我们几乎不可能创造全体项目去表示一个单一概念的不同测量,所以经常使用一部分项目。从理想的角度看,可以先指定所有的领域,从中抽取一部分项目,然后组成一个可以用于测验的工具。在抽取项目的开始阶段,项目数宜多不宜少,因为后期可能会从工具中删除一些项目。 *287*

内容效度通常是根据批判性思考以及在本领域内具有专业能力的有资质评判者的一致意见而获得的。自然地,研究人员努力让评判者之间有高度一致的意见。最后,一个不具备内容效度的测量不可能通过其他形式的效度检验。因为要测量的概念是抽象的,所以,要准确地全面抓住内容,绝非易事。

练习 9.1 内容名目

选择下列概念中的一个,列出最能反映这个概念的内容项目:

健康的家庭功能性

慈母

慈父

手足之争

三角关系

身体虐待的严重性

然后与班上同学进行分享。

～～～～～～～～～～～～～～～～～～～～～～～～～～～～～～～～

表面效度　它被认为是测定效度的最弱方法，变成了一个根据工具所测量概念的外在表现情况而进行判断的一个问题。在测定表面效度时，一个潜在的问题是，关于所测量概念的定义经常会出现意见不一致的情况。此外，概念可能是一个包含几个亚概念的多维概念，因此，测量可能会变得冗长和复杂。虽然表面效度对受访者来说是重要的，缺乏表面效度会严重影响受访者的响应，但是，它成为一个必要的但不充分的效度形式。

标准关联效度　这种标准效度方法涉及与外在的标准比较分数，这个外在标准早前就已经被认为是有效的和可靠的。"当我们的目的是使用一个工具评估一些重要的行为，而这些行为外在于测量工具本身且后者被认为是标准时"（Nunnally，1978，p. 87），就是标准效度问题。这种方法是以经验为基础的。因此，标准关联效度的程度依赖于此测验和事件、标准之间对应的程度。效度系数通常要比它们的理论上限要低很多，"好的"系数在0.40和0.60之间（Hudson，1982）。

288　　标准效度可以进一步被划分为两类：预测效度和共时效度。共时效度可以用于诊断的目的，而预测效度关注一个标准的预测力（Anastasi，1988）。预测效度展现了一个工具测量（预测）一个未来事件的能力。首先，把工具应用到所有相关的对象上，然后计算这些结果与未来一个时间点上的标准之间的相关，由此获得效度系数。预测效度关注的是成功预测的程度，而不管它是否可以解释导致所预测事件发生的过程（Pedhazur & Pedhazur，1991，p. 32）。当切点分数（即某个能够划定问题出现的分数）出现时，统计数据可以用来预测标准效度。由于出现测量误差，切点分数只能是不完善的指标。例如，"临床测量工具包"（Hudson，1982）中的某些测量工具标准误差大约是5，这使30分的切点分线变得难以解释。

共时效度计算的是在同一个时间上而不是在不同时间上的检验分数和标准分数之间的相关系数（Carmines & Zeller，1990）。因此需要标准测量有效程度的独立证据。在已知群体方法中，选择一些人群，然后根据他们是否具备所考虑的相同特征、属性等再分组。根据对两个累积频次分布的比较，确定一个分数线以最小化假负值和假正值。一个有效的工具就会发现两组人群之间的统计显著差异。

建构效度　这种效度测定方法通常被认为是社会科学中最有效和最有用的方法。它指的是，一个工具能测量它本应该能够测量的概念或者特质的程度（Allen & Yen，1979）。克林格（Kerlinger，1979）认为，建构效度是主要的效度测定方法，它"关注的是某一个测量与其他测量相关联的程度，这些测量与所测量概念的理论推导假设相一致"（Carmines & Zeller，1979，p. 23），因此，既涉及工具的效度也涉及潜在理论的效度（Bostwick & Kyte，1988）。通过计算一个量表工具与另外一些获得概念支持的证据之间的关联程度，可以得到建构效度。

建构效度需要从大量研究人员的发现中找到一个一致性模式，这些研究人员使用了许多的理论结构。当这个过程产生负面证据时，理论框架可能是有缺陷的，测验方法可能缺少建构效度或者信度。从理性的角度看，多个指标产生的结果应该一致、方向相同、强度近似。由建构效度所产生的检验假设可能是收敛效度或者鉴别效度。一些研究者把因子效度包含在建构效度下面，而其他研究者则把它当成是一个不同的类别。

1. 如果所研究标准的两个独立测量产生了相似的结果，一个测量就被认定为具备收敛效度。"通过用不同方法测验相同特质而得到的分数之间的高相关系数，可以说明具备收敛效度"（Nunnally，1978，p.111）。比如，一个新建构的测量抑郁的工具与早前用来测量抑郁的有效工具产生了相似的结果，那么，新工具可以被认为具备收敛效度。

2. 如果一个概念与其他一些不相关的概念无关，它可以被认为具备鉴别效度。因此，虽然它与其他的一些有效测量存在正相关，但是与这个工具本不想测量的那些测量无关。还用前面提到的例子，新建构的测量抑郁的工具可能与用来测量生活满意度的测量无关，因此，它可以被认为具备鉴别效度。

因子效度 测量的因子构成在前面提到的效度方法中扮演着部分作用。因子分析可以被用来确定内在一致性。它是基于这样一个假定，即量表中的项目是平行地且均等地测量了一个现象。当项目不能均等地测量一个现象或者当项目均等地测量了不止一个概念时，因子分析是一个有用的工具。因子载荷可以被用来确定每个项目与每一个因子相关的程度。来自其他量表的项目也可以放在一起进行因子分析，这样可以决定每个项目是测量了所测验的概念还是另外一个概念。一个因子效度测量与概念相似测量的项目之间将有较高的相关系数，而与不关联项目之间将有较低的相关系数。

练习9.2 选择工具

下面两段内容摘引自《临床实务测量》（Corcoran & Fischer，2007），介绍了两种不同的测量工具。运用本章开头介绍的信息，选择一个最具心理测量特质的工具。你们可以在小组中共同完成这个练习。

1. FACES III 是一个有 20 道题的测量工具，用来测量家庭功能性的两个主要面向：凝聚力和适应性。信度：FACES III 具有较好的内部一致性，整个工具的 α 等于 0.8，凝聚力是 0.77，适应性是 0.62。尚无再测信度数据。但是，FACES II 有一个 4～5 周的再测信度数据，凝聚力的相关系数为 0.83，适应性为 0.80。效度：FACES III 表现出很好的表面效度，其他类型的效度目前尚无具体数据。另一方面，有一些研究表明，FACES II 具有很好的群体效度，在几个问题领域，可以很好地区分一些特殊的、中等的和失衡的家庭。还有一些针对 FACES III 的研究正在进行中，可能会给我们提供更多的效度信息（Corcoran & Fischer，2007）。

2. 家庭评估工具（Family Assessment Device，FAD）：FAD 是一个 60 题的问卷，根

据麦克马斯特（McMaster）模型，用来评估家庭功能性。它把家庭功能性分成了六个领域：问题解决、沟通、角色、情感回应、情感投入和行为控制。信度：FAD表现出很好的内部一致性，α在0.72和0.92之间，整体信度信息尚无报告，再测信度数据也缺乏。效度：如果将整体功能性分量表从分析中撤出，则其他六个分量表都是相对独立的。FAD表现出某种并列效度和预测效度。

在一项单独的研究中……FAD与洛克-沃洛斯（Lock-Walloce）的婚姻满意度量表表现出相关性，这表明，它可以预测费城老年中心信心量表中的分数。此外，FAD还具备了很好的群体效度，七个分量表能够很好地区分个人与临床家庭、临床家庭与非临床家庭小组（Corcoran & Fischer，2007，pp.250 - 251）。

练习9.3 家庭问题测量

选择一个具体的家庭问题，然后找一个家庭测量工具来测量这个问题。这个问题的心理测量特质是什么？你在测量时，对这个测量工具了解多少？

整合定量测量的框架

在这里，我们介绍两个把定量测量与家庭社会工作实务进行整合的框架，它们是个案层面设计和目标达成量表。

个案层面设计

个案层面设计，也称为单一个案涉及，给我们提供了一个建立定量测量系统的框架，用来监测和评估家庭社会工作实务和家庭服务计划。在我们的讨论中，这个设计可以用来研究一个个体，或者一个家庭。个人或家庭都可以被当成是一个个案。这个监测和评估的方法，可用于社会工作者对家庭的直接服务中，给社工提供信息，了解家庭是如何正常运作的。如果家庭不能正常运作，家庭社会工作者就会改变干预计划，增加新的内容，发挥干预效果。个案层面设计还可以用来收集某个服务方案中的服务对象的数据，了解服务计划是否实现了自己的目标（Grinnell，Williams，& Unrau，2009）。常用的设计方法有A、B、C和D设计。

下面，我们将简单介绍一些不同的研究设计，同时会说明个案层面设计中不同的字母包含了什么意义。

A 设计 A 指的是某个家庭或个人问题的基线数据。基线数据的收集始于干预之前。有些研究者建议说，在开始干预前，要在 3～7 组数据测量之间进行资料收集（Grinnell，Williams，& Unrau，2009）。A 设计会问这样的问题：（1）问题是否长期以来一直存在于不同层面；（2）问题是否会自己改变（p.124）。从家庭干预的角度来看，家庭社会工作者一般都是在危机阶段介入的，因此，很难事先了解情况，也不可能在介入之后不直接干预而进行基线资料收集，这是违背伦理的行为。

B 设计 这个设计处理的问题是：问题是否因为家庭干预而发生了改变（Grinnell，Williams，& Unrau，2009）。在干预初期，要采用标准化的测量工具来测量问题，家庭社会工作者在干预期间，要定期采用同样的工具进行反复测量。在这个设计中，家庭社会工作者不知道问题的改变是因为家庭干预所致，还是干预导致了改变的出现。

AB 设计 这个设计是将基线数据与 B 阶段有机结合起来。同样，伦理考虑和紧急介入状态等因素，决定了社工是否有机会将基线数据收集纳入干预之中。

BB 设计 在 BB 设计中，家庭社会工作者要开展干预，同时还要运用上述工具，但是，在干预的某些时点（特别是当家庭社会工作者感到干预不奏效时），需要采用改变后的 B 干预，来看看新的干预是否会带来新的变化。

BC 设计 BC 设计是把 BB 设计又往前推进了一步，但还需对干预进一步调整。家庭社会工作者会引入一个新的干预（C），与之前的 B 干预完全不同。在 BC 设计中，家庭社会工作者不能把家庭发生的变化与干预有机结合起来，因为他们不知道这些变化到底是对 B 干预的延迟反应，还是 B 和 C 干预的联合作用，抑或是 C 干预激发了变化。

ABC 设计 这个设计与之前的 BC 设计类似，但是，是与基线阶段结合起来的。你还可以创造一个 ABCD 设计，只要加上另一个新的干预计划。

〰〰〰〰〰〰〰〰〰〰〰〰〰〰〰〰〰〰〰〰〰〰〰〰〰〰〰〰〰〰

练习 9.4 需求评估框架

你该如何向机构主管建议运用单一个案设计框架？然后，说一说如何运用目标达成评分框架。

〰〰〰〰〰〰〰〰〰〰〰〰〰〰〰〰〰〰〰〰〰〰〰〰〰〰〰〰〰〰

下面的七个步骤引自布卢姆、费希尔和奥姆（Bloom，Fischer，& Orme，2009）。

步骤一，测量问题。在这个步骤中，家庭社会工作者所关注的包括与家庭开始建立关系、被获准进入家庭系统、确定信任关系以及开始需求评估，还包括收集数据。在这个步骤上，数据收集可能是质性的（见第八章）。诸如家谱图或者生态图这样的质性工具可能有助于介入这个家庭，而且也有助于家庭社会工作者考量家庭问题和优势的范围。

步骤二，对评估和治疗的过程实施重复测量。步骤二要转向定量测量，以进一步捕捉有关服务对象具体问题和优势的信息。确定对干预目标进行测量的具体测量工具，在整个治疗过程中将使用这些测量。比如，如果服务对象得了抑郁症，可能就会每周使用一次贝克抑郁量表（Beck Depression Inventory）来监测服务对象在干预过程中的进展。

步骤三，决定实施一个单一个案设计。通常使用的单一个案设计是 AB 设计，其中 A 指的是干预的基线阶段，而 B 指的是干预阶段。基线阶段是在干预开始之前的定量信息收集时期。然后，把此数据与执行干预时所收集的数据进行比较。

步骤四，收集基线数据。步骤四包括在最初的评估会议期间收集的基线数据。然后，这个数据被画在图 9.1 上。注意，在图 9.1 上，基线数据（A 阶段）是在干预（B 阶段）之前三周收集的。我们应该清楚地定义干预，以便家庭社会工作者在建立来自不同家庭的图表清单时，能够知道针对具体服务对象的工作内容是什么。在基线阶段结束和干预开始之后，家庭社会工作者继续收集数据。

步骤五，分析数据。通过"目测"，可以对数据做一个简单的分析。比如，在两个阶段，数据的趋势和斜率是多少。注意，在图 9.1 上，基线数据的斜率和趋势是朝上的方向。就本例中使用的贝克抑郁量表而言，分数越高则表示抑郁的水平越显著。通过查看干预阶段数据的趋势和斜率，我们发现，当分数向下移动到一个非显著性水平时，它们是不断增加的。稍后，在本章中我们将讨论标准化测量，比如贝克抑郁量表、割切分数及其标准。这些会涉及能用来与服务对象得分进行比较的分数。使用这些，我们可以查看在测验上获得的具体分数，而且能断定我们的服务对象与临床的总体人群相比是否抑郁。这是标准化测验的优势之一，因为它们具备这样的比较信息。

在一些情况下，比如当采用直接行为观察时，我们无法获得比较的分数。我们可以用一些统计方法来对基线分数和干预分数进行比较，包括休瓦特图、加速线以及 T 检验。有关这方面的更多信息，参见布卢姆、费希尔和奥姆（Bloom, Fischer, & Orme, 2009）。此外，家庭社会工作者可以采用其他的单一个案设计对几个家庭进行比较，或者采用标准分数以使结果具有可比性（Bloom, Fischer, & Orme, 2009）。

步骤六，实施跟进测量。对于家庭社会工作者来说，跟进是一个重要的概念。追踪服务对象以了解他们的现状，可能是具有挑战性的事情。不过，它是很重要的，尤其是当家庭遭遇困境而且可能继续需要来自家庭社会工作者和机构的服务时。在服务停止后，继续对家庭保持监测是重要的，这样可以确保持续的、正向的进展。从一开始就为了评估而建立了追踪机制，追踪就会变得更加容易。一些追踪的方法包括获得扩展的家庭成员或者在首次会谈中接受干预家庭的朋友的姓名、地址以及电话号码。获得那些在事件中离开但家庭将会与其保持联系的那些人的姓名，也是重要的。另外一个方法是，对于那些做评估和干预的人员也进行追踪。我们相信，信任关系建立之后，家庭有可能对与其有友好关系的家庭社会工作者做出回应。

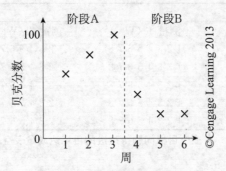

图 9.1 单一个案 AB 设计图

步骤七，呈现结果。最后，我们要讨论单一个案数据收集的结果对服务对象和家庭社会工作的价值何在。对这些数据感兴趣的其他人员包括督导、社区成员以及资助方。这个数据也可以用于对更大的项目进行评估以及申请资金，特别是当这些数据来自很多家庭，集中起来可以反映服务计划的有效性时。

如果我们采用单一个案设计来测量家庭成员关系问题，我们就可以采用家庭关系指数（Index of Family Relationship，IFR）（见图 9.8）。家庭关系指数可以运用到全体家庭成员中，这样就可以对他们的得分进行比较。我们可能期望看到，某个家庭成员会比他人更加痛苦，或者他们都对自己的家庭关系深表不满。运用单一个案设计方法，就要求在治疗过程中，所有家庭成员都要定期接受这个工具的测量，这样才能对全体家庭成员的进展进行监测。鉴于家庭关系指数有一个切点分数，因此，很容易就可以发现家庭中谁的情况最糟糕。这个测量工具也给家庭社会工作者提供了方向，让他们知道自己该在何时结束干预。

目标达成量表

294

另外一个对实务进行评估的方法是使用目标达成量表（Goal Attainment Scaling，GAS）。根据 GAS，家庭社会工作者与家庭成员一起描述改变的领域、确定可能的结果范围以及从最不合意的结果到最合意的结果的范围（Jordan，Franklin，& Corcoran，2005）。GAS 的优点在于聚焦的领域对于某个家庭来说是完全个体化的。最不合意的结果的得分是－2，而最合意的结果的得分是＋2。图 9.2 中展现了完整的 GAS，就是一个让有三个问题的服务对象填写的空白表。例如，第一栏是亲子争吵，第二栏是父母找工作，第三栏是父母坐下来花半个小时来讨论一天发生的事件。

GAS 有几个优势。第一，每个独特家庭的目标设置都是个别化的，在必要时是可以修改的。服务对象家庭要参与到目标设置中，经过这个过程，大家共同商定，达成共识，即干预结果会是怎样的，他们需要做什么。要记住，一定不要给家庭设置太多的目标。目标还应该是现实可行的，根据他们的时间和能力是可操控的。

目标达成测量行为			
预测实现的程度	测量 1（Wt.）	测量 2（Wt.）	测量 3（Wt.）
−2 低于预期很多	1 2 3 4 5 6 7 8	1 2 3 4 5 6 7 8	1 2 3 4 5 6 7 8
−1 低于预期一点	1 2 3 4 5 6 7 8	1 2 3 4 5 6 7 8	1 2 3 4 5 6 7 8
0 预期结果	1 2 3 4 5 6 7 8	1 2 3 4 5 6 7 8	1 2 3 4 5 6 7 8
+1 高于预期一点	1 2 3 4 5 6 7 8	1 2 3 4 5 6 7 8	1 2 3 4 5 6 7 8
+2 高于预期很多	1 2 3 4 5 6 7 8	1 2 3 4 5 6 7 8	1 2 3 4 5 6 7 8

图 9.2　有三个目标问题待改进的目标达成量表空表示范

这是设置 GAS 的四个步骤：

1. 要找到优先实现的目标。

2. 确认每个选定的目标可能的结果是什么，结果也要具体化，能成为一个可观察的行为（最可能实现的目标可以设定为 0，成功实现的目标是 +1 或者 +2。同样，没能实现的目标是 −1 或者 −2）。

3. 每次会谈结束时，坐下来与家庭一起给每项打分。

4. 讨论要改进分数，未来需要做什么。如果必要的话，可以换个方法，即要保持现有的积极结果，该做什么。

参考本章结束时的那个案例，来了解如何运用 GAS 对那些学业表现不好、有自杀念头和自残行为的青少年开展工作。图 9.3 就测量了这个姑娘的治疗目标：（1）提高学校出勤率；（2）削弱自杀念头和企图。

295　目标：上课出席，并摆脱自杀的念头和企图。检查一下这个表格的打分是否由案主和 CIC 访谈者协商进行。是＿＿＿＿＿＿否＿＿＿＿＿＿

量表题目和量表权重

量表得分情况	量表 1：教育（W1=20）	量表 2：自杀（W2= 30）
a 最不期望的治疗结果（−2）	病人不希望被×中学录取。	病人实施了自杀。
b 期望不大的成功治疗（−1）	病人被中学录取，但是在跟进时已经退学。	病人在首次见过 CIC 之后，至少有过一次自杀冲动，自杀不成功。
c 预期的成功治疗（0）	病人被学校录取，跟进阶段也在学校读书，但是 常常缺课（大约每周有三分之一的时间不来上课）。	病人报告说，在首次见过 CIC 之后，有过至少四次自杀冲动，但是从来没有实施过自杀行动。
d 超过期望的成功治疗（+1）	病人被学校录取，跟进阶段也在学校读书，天天上课，但是没有职业目标。	病人报告在首次见过 CIC 后，再也没有过自杀冲动。
e 最期望的成功治疗结果（+2）	病人被学校录取，跟进阶段也在学校读书，天天上课，初步形成了自己的职业目标。	病人报告在首次见过 CIC 后，再也没有过自杀冲动。

图 9.3　目标达成量表

资料来源：Reid, W., & Smith, A. (1981). *Research in social work*. New York: Columbia University Press.

测量工具

前面的单一个案设计部分讨论了如何建立一个框架以使用定量评估。本节介绍量化测量的类型，包括服务对象自锚以及评分量表、直接行为观察和标准测量。也介绍了其他的有关服务对象量化数据的方法。本节引自弗兰克林和科科伦（Franklin & Corcoran，2007）。

自锚和自我监测工具

自锚和自我监测工具是实务中最常用的定量测量类型。通常，它们都有非常高的信度，因为它们都是专门针对具体的服务对象或者家庭而设计的，而且把他们的独特问题考虑了进来。服务对象和家庭社会工作者通常一起来设计这样的工具。它们可能是质性和定量的一种结合。图 9.3 就是这样一个例子。注意，图 9.4 结合了愤怒日记（质性的）和评分量表（定量的）。在这个测量中，服务对象把它带回家，当情况发生时填写它。一个定量问题的例子是：“本周吵架几次？”服务对象提供了一个离散数字。来自日记本的一个质性问题是：“你已经使用了哪一步的干预？”服务对象被要求用自己的话叙述他们吵架的时候发生了什么。把这个质性维度加入到定量测量中，给了家庭社会工作者更多的信息以明白什么干预是正确的，什么干预是错误的，然后对干预做出进一步的改善或调整。注意，我们可以安排几个家庭成员完成一个愤怒日记，借此给我们提供在本章早些时候讨论过的三角系统。

练习 9.5　工具的测量

回想一下你曾经工作过的家庭或者你未来会开展工作的家庭。设计一个自锚量表来测量他们碰到的一个问题。这个同样的问题是否可以通过直接行为观察来测量？例如，你该怎样记录服务对象的角色扮演数据？

做一个可以用来测量服务对象同样问题的标准化测量工具的文献检索。

图 9.5 是由家庭社会工作者和服务对象一起设计的自锚量表的例子。虽然这个自锚量表测量的是抑郁，但是几乎所有事情都可以用这种简单的方式进行测量（比如，服务对象对治疗的抵制）。注意，自锚量表通常有 7 个点，被放置在量表的两个末端。就图 9.5 而

言，这些锚点是通过服务对象对抑郁的独特回应而建立起来。其他的服务对象将有不同的锚点。另外一个自锚量表（参见图9.6）测量了冲突的避免方式。注意，服务对象的许多问题可以通过这种简单的方式进行测量。评分人可以是服务对象、一个家庭成员、家庭社会工作者或者其他参与人员（比如，学校老师或者其他专业人员）。

姓名	日期
本周吵架几次？ _____	
你愤怒的程度？评分（1～10） _____	
你的内在信号是什么？	
你已经使用了哪一步的干预？	
之后，发生了什么？	

图9.4 愤怒日记和评分量表

资料来源：Jordan and Franklin（2003）. *Clinical assessment for social workers：Qualitative and quantitative metbods*. Chicago：Lyceum.

指导语：在适合你每天早上八点之前情况的数字上画圈。	
1 2 3 4 5 6 7	
有活力	疲累，没有活力
感觉清醒	感觉没有睡醒
准备去工作	从来没有起床

图9.5 抑郁的自锚量表

资料来源：Jordan and Franklin（2003）. *Clinical assessment for social workers：Qualitative and quantitative metbods*. Chicago：Lyceum.

不适当 1 2 3 4 5 6 7 8 9 10 适当	
改变话题	保持话题
离开房间	留下来
拒绝讨论问题	谈论有关冲突的问题

图9.6 冲突避免自锚量表

资料来源：Jordan and Franklin（2003）. *Clinical assessment for social workers：Qualitative and quantitative metbods*. Chicago：Lyceum.

直接行为观察

图9.7是一个图表的例子，为了记录从直接行为观察获得的信息。换句话说，家庭社会工作者为一对夫妻建构了一个沟通性角色扮演量表，然后观察他们的沟通情况。在图9.7中，量表列出了良好沟通的要素，它们一直是夫妻沟通干预的焦点。家庭社会工作者

观察这对夫妻，对量表上的每个要素进行评分。这种针对直接行为的评分量表很容易建构，特别是当干预的要素很容易被分建或者目标很容易被操作化时，建构这样的评分表就更加容易了。对服务对象行为的其他方面也可以用这种方式进行记录和观察，比如儿童行为问题。家庭社会工作者可以观察在教室里的儿童，计算儿童离开座位、喧闹等的次数。老师有时也可以充当干预的得力副手，为家庭社会工作者提供这些信息。图 9.8 就是本章前面提到的家庭关系指数量表。

对沟通性角色扮演进行评分的夫妻评分量表

不适当　1　2　3　4　5　6　7　8　9　10　适当

为自己辩护

使用"我"表达

采用暂停行动

询问反馈

倾听

总结

求证

询问开放式问题

检验

图 9.7　行为观察评分量表

其他的量化测量

其他的对服务对象的问题和优势进行量化测量的方法，包括行为的意外后果和心理生理学测量。行为的意外后果是问题的物质性象征。比如，一个想戒烟的服务对象可能会计算烟灰缸中的烟头数量。心理生理学测量，比如生物反馈设备，则需要专门的训练。想获得更多有关这些测量以及其他测量的信息，参见《社会工作者的临床评估：质性和定量方法》(Jordan & Franklin，2003)。

用测量将需求评估与干预结合起来

本节内容为评估什么时候服务对象可以从需求评估阶段转向干预阶段提供指导，引自乔登和弗兰克林（Jordan & Franklin，2011）。

服务对象准备接受治疗

300

如果服务对象还没有准备好接受治疗，就不能把他们推向干预阶段，这是很重要的，否则必败无疑。下面的方法能够告诉我们在家庭社会工作中服务对象是否做好了前进的准备。

　　服务对象指标：一个要问的重要问题是家庭社会工作者是否已经与家庭建立了信任关系。实务人员从正面影响服务对象的能力是干预过程成功的一个重要指标。

299

> 这个问卷的设计是为了测量你了解整个家庭的方式。它不是测验，因此答案没有对错之分。认真回答下面的每一个题目，在每个题目旁边尽可能准确地填上一个数字。
>
> 1＝从来没有
> 2＝非常少
> 3＝很少的时候
> 4＝有些时候
> 5＝很多时候
> 1.＿＿＿我的家人之间确确实实是相互关心的
> 2.＿＿＿我认为我的家庭很恐怖
> 3.＿＿＿我的家庭给我勇气
> 4.＿＿＿我真的喜爱我的家庭
> 5.＿＿＿我真的能依靠我的家庭
> 6.＿＿＿我真的不在乎围着家庭转
> 7.＿＿＿我希望我不是这个家庭的一分子
> 8.＿＿＿我与我的家人相处得很好
> 9.＿＿＿我的家人经常吵架
> 10.＿＿＿在我的家庭中，没有亲密感
> 11.＿＿＿我感觉在家中我是个陌生人
> 12.＿＿＿我的家人不理解我
> 13.＿＿＿在我的家中有太多的敌意
> 14.＿＿＿我的家人真的对彼此很好
> 15.＿＿＿我的家庭受到那些认识我们的人的尊重
> 16.＿＿＿在我的家中似乎有很多的摩擦
> 17.＿＿＿我的家中有很多的爱
> 18.＿＿＿我的家人相处得很好
> 19.＿＿＿在我的家中生活一般是不愉快的
> 20.＿＿＿我的家庭对我来说是最大的幸福
> 21.＿＿＿我为我的家庭感到自豪
> 22.＿＿＿别人的家庭似乎比我们的家庭要相处得好
> 23.＿＿＿我的家庭是我获得安慰的真正源泉
> 24.＿＿＿我感到我忽略了我的家庭
> 25.＿＿＿我的家庭不是一个幸福的家庭
> Copyright © 1992，Walter W，Hudson

图 9.8　标准化测量：家庭关系指数（IFR）

　　资料来源：W. Hudson in Jordan and Franklin（2003）. *Clinical assessment for social workers：Qualitative and quantitative metbods*. Chicago：Lyceum.

数据收集：家庭社会工作者完全理解服务对象的问题和优势，这是很重要的。在这里，收集质性数据和定量数据是很关键的。

机构/社会工作者变量：另外一个关键性的考虑是家庭社会工作者和/或机构能否提供服务对象所需要的干预。如果不能，就应该考虑转介。

练习9.6 将需求评估与干预方案联结

描述一些服务对象和机构的变量，运用这些变量来选择干预方案。根据你的服务对象可能会遇到的问题，设计一个治疗方案。

治疗计划

治疗计划涉及测量的目标、具体目标、结果以及被认为对特定服务对象的问题和人群有效的以证据为本的治疗。乔登和弗兰克林（Jordan & Franklin，2011）详述了制订治疗计划过程的五个步骤。

步骤一：选择问题。选择问题涉及从质性和定量的视角理解这个问题，把家庭所在的情境考虑进来。

步骤二：定义问题。定量方法尤其有助于定义和操作化问题，这样才能对它们进行测量和追踪。

步骤三：制定目标。目标陈述就是宽泛地描述所期望的成功结果是什么。对每个问题都应该有一个目标陈述。目标可能是长期的预期。

步骤四：具体目标的建构。具体目标是可测量的步骤，即为了实现目标，必须实施这个步骤。每一个目标都应该至少有两个具体目标。用测量术语对具体目标进行操作化。对于每个具体目标，也可以安排一个实现目标的日期。

步骤五：实施干预。干预应该与每个具体目标相匹配。干预的选择要基于临床人员的立场，不过，现在的趋势是朝向简要的、以证据为本的方法，这些方法已经被证明对于个体、家庭或者问题是有效的。此外，我们建议吸收操作化的干预和治疗计划人员。另外，图9.9是一个治疗计划的例子。

301

> 问题：行为问题
> 定义：注意力分散、分心、突然发怒以及偶然的攻击行为
> 目标：改善在家中以及学校中的注意力，消除突然发怒
>
> | 具体目标： | 干预 |
> | --- | --- |
> | 1. 父母和老师学会如何帮助安东尼集中精力做事情 | 1. 让父母和老师学会为教导安东尼集中精力做事情而建立一个奖励体系 |
> | 2. 安东尼学会控制发怒 | 2. 教导安东尼学会愤怒管理 |
>
> 诊断：314.01 关注缺失/多动症紊乱，混合型。

图9.9　治疗计划案例

资料来源：Jordan and Franklin（2003）．*Clinical assessment for social workers：Qualitative and quantitative methods*．Chicago：Lyceum.

 案例9.1　　　　　　　　　　定量的评估

莎伦，14岁，她的母亲乔伊和继父奥托被莎伦的学校转介给儿童保护服务机构。根据她老师的介绍，莎伦一周至少逃学一次，并且她的成绩在本学期已经从平均水平下降到C级。在家访中，家庭社会工作者发现乔伊和奥托对莎伦的行为束手无策。乔伊说："莎伦以前从来没有这样。"奥托作为继父，是这个家庭的新客。在乔伊看来，当自己和奥托在四个月之前结婚时，莎伦开始出现问题。奥托说，他已经清楚莎伦需要一个"强硬措施"，而乔伊对她"太心软"了，他的惩罚手段也不起作用，因为除了在学校的问题，莎伦在家就行为不良。他们给出了一些例子：莎伦从二层窗户跳出，和一些朋友整个晚上待在一个摇滚音乐会上。

家庭社会工作者建议父母与莎伦签订一个合约，其中合适的行为（待在学校、遵守父母的规定、在学业成绩上至少得到B）将会被奖励。之所以会选择这些行为，是因为它们能很容易地被测量。遵守清单中的至少90%，将会使莎伦赚得积分，这些积分可以用来交换特别待遇（比如打电话、外出等）或者音乐会或电影票。相反，如果莎伦的表现落在了预期水准的90%以下，她将会失去这些特别待遇。

302 **练习9.7　定量评估的目的**

选择你工作或者实习的机构，在这个机构工作实习期间，开展定量评估和测量的目的是什么？

本章小结

本章介绍了定量评估的领域。它的目的是帮助实务工作者改善干预、有助于临床研究，定量测量方法还为实务评估和问责提供基础，以及提升家庭社会工作者的技能和能力。最后，它们还可用来测量家庭在干预过程中发生的具体改变。

为了把定量测量包含在家庭社会工作实务中，我们介绍了两个框架。单一个案设计有助于找准服务对象的问题以及对整个家庭工作过程进行监测。标准化测量常常被用来收集定量的数据。另外一个方法是目标达成量表，它常常被应用在机构中。使用这个系统，任何问题都可以被量化。

我们还介绍了量化测量的类型，包括自锚量表和自我监测量表、直接行为观察、标准化测量以及其他方法。最后，还提出了一个指导性原则，以便利用测量把需求评估和干预联结起来。

关键术语

定量测量：一种运用数字来反映变量的测量工具。在家庭需求评估中，定量测量需要运用有效的、可靠的、经过了大量数据检测的量表，来测量家庭功能的某些具体方面。

信度：测量工具的一种特质，即同一变量在不同时间检测时，能够持续性产出相同的结果。检验信度的方法有前后测法、替代工具法、折半法和内在一致法。

效度：测量工具能够准确测量研究的概念的程度。信度包括内容效度、表面效度、标准关联效度（预测效度和共时效度）、建构效度和因子效度。

推荐阅读书目

Bloom, M. , Fischer, J. , & Orme, J. (2009). *Evaluating practice*: *Guidelines for the accountable professional* (6th ed.). Boston, MA: Pearson.

Corcoran, K. , & Fischer, J. (2007). *Measures for clinical practice*: *A source-*

book （Vols. 1 - 2）. New York：Oxford Press.

Franklin, C., & Sanchez, K. （2011）. Quantitative clinical assessment methods. In C. Jordan & C. Franklin （Eds.）, *Clinical assessment for social workers：Quantitative and qualitative methods* （pp. 51 - 79）. Chicago，IL：Lyceum Books.

303　　能力说明

　　EP 2.1.3a. 发现、评估和整合不同来源的知识，包括研究为本的知识和实务智慧：定量的需求评估需要了解那些可用来测量服务对象问题的评估工具，这些工具同样可以用来评估个案结果。

　　EP 2.1.3b. 分析需求评估、预防、干预和评估模式：定量测量需要大量的工具，可以用来测量和评估服务对象的问题，同时还需要有能力为服务对象本人和服务对象的问题选择合适的工具。

　　EP 2.1.10e. 评估服务对象的优势和限制：能够评估服务对象的优势和限制的工具包括自锚量表和自测工具等。

家庭系统干预

◇ **本章内容**

有效的需求评估和干预

发掘家庭优势的主要策略

界定问题

优势为本的需求评估

循环模式

干预技巧：协助改变适应不良的循环模式

去三角关系

针对非自愿服务对象开展工作

针对少数族裔家庭开展工作

本章小结

关键术语

推荐阅读书目

能力说明

◇ **学习目标**

概念层面：理解全方位评估家庭的必要性。

感知层面：多角度观察家庭问题（六个不同问题的定义和优势为本的视角）。

评价和态度层面：重视以多种方式来理解家庭问题，欣赏家庭在处理日常生活和问题时表现出来的优势，从病态视角转向优势为本的视角。

行为层面：完成全方位的家庭需求评估，处理系统动力关系和循环因果关系。

在第十章中，我们会提出有效进行家庭系统干预的原则，同时会提供新的视角来理解家庭问题，特别是让家庭成员与家庭社会工作者一起，用不同的方式来分析和界定问题。最后，我们还将运用优势为本的视角，来评估家庭运用自身优势来解决问题的能力。此外，我们还会讨论在处理家庭或有问题的三角关系中出现的循环模式时，需要哪些促进改变的技巧。

305

有效的需求评估和干预

优势为本视角下的需求评估和干预到底是怎样的？首先，工作者要树立这样的态度，即要重视家庭改变的潜能。这就是说，运用的干预方法一定能够赋权家庭，使其能够自己采取行动来改变。赋权的过程要将家庭和社区的去权化感受不断减少，要不断强化这样的信念，即家庭有动力、技能和资源来解决自己的问题。在这个过程中，家庭社会工作者要协助家庭不断发现自己隐藏的优势，将这些优势动员起来。所有的服务对象身上都蕴藏了优势，助人的专业人士往往忽视了家庭所具备的无限的，但又得不到关注的资源。培育服务对象的优势，实际上就是给家庭灌注自信心，激发他们的活力。此外，家庭社会工作者能够激发家庭现有的能力、知识和技能，家庭还会持续性地改变和成长。从优势入手开展工作，会在社工和家庭之间建立合作性关系，因为家庭社会工作者发现，服务对象是自己生活的专家。因为家庭社会工作者会运用生态视角与家庭开展工作，他们都知道家庭所处环境中会有很多资源能够提供帮助。

练习 10.1　聚焦评估问题

分成三人小组，对在需求评估访谈中可能会涉及的问题进行头脑风暴，向班级进行汇报。指定一个同学对各组都提到的问题进行记录，把这个清单发给全班所有同学，以作为参考。

评估和动员家庭优势时，需要关注下面这些相关领域：

● 家庭关系，涉及对家人的照顾、需要尊重和重视的性别角色关系、对儿童发展极为有利的亲子关系、生理性和情感性的自我照顾、积极和成功的家庭事件、支持性夫妻关系、家庭成功处理危机的历史以及强烈的家庭认同。

● 个体家庭成员的技巧，关注的是认知和理性能力、乐观主义、相信通过内在的控制点可以获得的自我责任感、有能力的育儿行为、家庭内的支持和凝聚力、积极的指导关系、支持性的社会环境。

● 个人特点，如幽默感、动机、方向感、内在的优势和资源、与他人的紧密联系、非攻击性以及愿意应对挑战等。

● 获取社区资源，包括朋友和家人之外的照顾者、支持性关系、健康保健、教育、娱乐、精神社团、社会服务，以及寻找社区资源的技巧。

● 观察学习，包括有能力发现和记住艰难的社会经历，并从这些经历中学习成长。

306

社工要特别关注几代同堂的家庭系统，因为它经历了家庭生命周期的全过程。在家庭生命周期的每个发展阶段，家庭都要在压力事件与保护性过程之间寻找平衡，压力事件会强化脆弱性，而保护性过程会提高家庭的抗逆力，以及家庭、同伴和其他社会力量的影响力。家庭抗逆力的框架关注的是围绕关键事件的家庭适应力，包括可预见的事件、正常转变性事件，以及意外事件（Walsh，2003，p. 4）。

有必要注意到近期出现的紧急事件的各种征兆，它们可能会中断或威胁家庭。在很多情况下，个人的困境会与压力性转变同时出现。在分析压力性事件时，很重要的一点就是要揭示家庭成员是怎样处理这些情境的，包括他们的立场、即时的反应以及长期的生存策略。没有任何一个家庭健康和抗逆力的模式可以适合所有的家庭，在处理逆境时最重要的一点就是需要一个高效的家庭过程。家庭评估的特点就是静态的，缺乏情境性，仅仅给我们提供一个对家庭互动模式情景的抓拍，我们看不见家庭与资源的互动，不明白限制是什么，也不知道长期以来家庭所经历的各种挑战。

发掘家庭优势的主要策略

第一个策略就是要通过家庭与社会的互动，来了解家庭的信仰系统。家庭信仰系统会影响家庭如何理解自己的问题。在家庭与社会的互动中，会产生对现实的看法和理解。这些看法会帮助家庭决定采取何种家庭过程，以及怎样处理危机情境。"逆境会触发意义危机，可能会给家庭的整体性带来潜在的破坏"（Walsh，2003，p. 6）。家庭社会工作者要支持家庭信仰系统，这样才能抓住机会接近问题，促进家庭和个人的成长。有两个问题能直接切入到家庭重要的信仰系统：（1）询问家庭成员他们是如何解释自己面临的困境的原因的；（2）如果要解决问题，他们希望怎样办。

家庭社会工作者可以帮助家庭赋予自己的个人困境以意义。强大的、健康的家庭成员之间彼此有紧密的依恋感，他们会团结一心，共同抗击挑战，这种团结一致的家庭关系给予他们力量。家庭成员一旦能够从家庭生命周期的角度来看待自己的问题，就要帮助他们认识到家庭会随着时间的推移而不断调整、变化，获得成长，同时还要让他们认识到家庭生命周期的过渡会带来挑战，这些挑战具有重要意义，是不可避免的，而不要简单地认为这些挑战就是家庭问题事件，否则会为家庭解体埋下祸根。家庭还要知道，互相指责，感到耻辱，或者将其病态化，都会把整个家庭拖垮。家庭社会工作者可以帮助家庭朝这些方向发展，协助他们将自己面临的问题界定为可以理解的、可以控制的、意义深远的。此时，工作者的角色就是要澄清问题的本质，发现可以利用的资源，协助家庭成员团结一心，彼此之间互相支持。抗逆力就会因为成员彼此之间的支持、合作和依恋而得到不断加强。

乐观或悲观的信念决定了家庭能否正常运作。通过讲故事和叙事的方式来表述家庭问题为家庭建构意义奠定了坚实的基础，这也表明家庭是如何看待自己和自己的家庭的。家庭故事将其信念与家庭现状有机结合起来。家庭需要空间来讲自己的故事。"对于那些遭受主流社会组织控制或自己的文化受到打压的群体而言，他们的故事常常不为人所知，不仅在外部世界，甚至在他们自己的世界中，都不曾被表达"（Saleebey, 1996, p. 301）。当然，压迫的一个特征就是被压迫者的故事和信念因为忽视、刻板印象和熟视无睹而被否定。

对问题保持现实主义的态度。即使是采取优势视角开展工作，认清家庭所面临的问题也是非常重要的。理解他们的痛苦和不幸也很重要。尽管这样，还是要清楚，问题不会成为常态。家庭评估必须将优势和问题都纳入其中。优势视角欣赏的是家庭在外界的支持下，有能力实现自我矫正，并找到正确的自我。工作者必须灌注希望和信念，即家庭的困难是一定能够克服的。要做到这一点，需要具备合作精神，让工作者和家庭一起参与问题的定义过程。他们彼此合作，在一个互相尊重的氛围中学习知识，掌握技巧，设定努力目标。萨利贝（Saleebey, 1996）指出，优势视角的实务，并不意味着要忽视家庭面临的困难：

> 在优势视角词汇中，否认可能性，否认问题，是完全错误的……它否认主导的精神病理学领域是具有人性的、符合道德的、具有医疗范畴的规范；它否认大部分人都是虐待的受害者，或者是暴饮暴食的受害者；它否认所有经历了创伤和痛苦的人们，都不可避免地要受到伤害，无能为力，或者变得软弱……欣赏和理解优势视角，就是要对这些误解加以矫正，在某些情况下，要特别强调什么是错误的，什么被遗忘了，什么是不正常的（p. 297）。

家庭社会工作者可以通过向家庭成员灌注希望，建立前途是光明的信念，来帮助他们重新将自己的困难界定为积极的。家庭社会工作者需要的第一个方法就是，要帮助家庭克服无用感和失败感，因为一旦家庭丧失了希望，他们就不会努力解决问题，相反，他们会变得非常被动，非常悲观。家庭社会工作者自己的积极态度可以培养家庭的乐观意识，有了乐观意识，家庭就可以发现并欣赏自己的优势，找到解决问题的新思路和办法。同时，也不要简单地消除家庭成员真实的、明显的失望感。家庭社会工作者特别要对他们的失望表示同感，同时，也要协助他们明确自己的优势和潜能。

关键的一点是保持平衡。对家庭的评估必须从家庭可以做什么入手：他们的能量、才华、能力、可能性、愿景、信仰、希望和潜能等。这就是说，要采取其他措施，从人们知道了什么和可以做什么的角度出发；这还意味着要重视并运用个人的、家庭的和社区的资源。在优势为本的家庭工作实务中，需要充分发挥语言的作用。"语言建构了世界"，拥有无限权威。病理学的词汇只关注问题，使前景黯淡，而在优势为本的词汇中，则充满了解决办法和希望。萨利贝（Saleebey, 1996）鼓励我们"运用词典助人"，这个词典中要包括这些词汇：赋权、技巧、希望、支持、能力和知识。运用这样一本词典，可以提醒我们哪些做法是对的，存在哪些可能性，还可以引导我们深刻理解每个人都是自己生活的专家。家庭社会工作者不要去讨论家庭生活中到底哪里出了问题，而要不断丰富已有的正能量。同时，工作者和家庭还可以运用幽默、鼓励家庭中的健康忠诚、支持独立性、培育顿悟能力，协助家庭从艰难困苦中学习成长。

家庭社会工作者开展需求评估和干预，其目的就是促进家庭系统的改变。这种改变不仅涉及家庭内部互动的改变，而且涉及家庭与社会系统的互动的改变。改变并非是一个稳定的过程，家庭社会工作者对家庭的干预可能会受到不同的阻碍。如果家庭社会工作者能够记住下列原则，他们的需求评估和干预就会非常有效：

1. 保持实务的文化敏感性；
2. 聚焦家庭的需要；
3. 尊重服务对象的自决；
4. 避免产生依赖；
5. 重新评估服务对象的抵抗；
6. 保持职业距离；
7. 设立合理的期望；
8. 宏观和微观方法并用。

案例 10.1　　　　　　　　　　　寻找优势

有时，家庭社会工作者必须关注家庭问题，因为这些问题使家庭或社区处于危险境地。无论如何，即使是面临严重问题的家庭，也会有自己的优势，因此，家庭社会工作者要认识到这一点，是非常重要的。下面就是一个案例。

家庭社会工作者得到反映，康妮和戴夫可能忽视和虐待自己的两个孩子坎贝尔（3岁）和阿什利（2岁）。康妮是个家庭妇女，戴夫过去在一家汽车行做助理技师，最近汽车行倒闭了，他也失业在家。截至目前，他已经失业在家6个月了，这对夫妻原本就不多的积蓄早已花光了。他们感到压力很大，非常担心房东会将自己从现在的两居室中赶出去。这个状况导致了戴夫的抑郁和退缩，而康妮则对丈夫每天睡懒觉、不出去找工作愤怒不已。这就造成了孩子无人看管。邻居在未经证实的情况下，向社会福利署报告说，听到孩子们常常挨揍，并且被揍得很厉害。

在评估过程中，家庭社会工作者开始寻找优势，探索问题。她知道，找到夫妻的优势，就能够发现从哪里入手，能够支持夫妻应对目前的局面。她报告的优势有：社会支持，包括愿意提供帮助的扩大家庭成员，教会的教友们也愿意提供帮助。教会还给康妮提供外出工作的支持服务，以及替代性育儿服务。本地社区中心也提供育儿课程，协助这对父母学习合适的育儿技巧和管教孩子技术。在评估报告中，还提到了夫妻个人的优势，包括戴夫有很好的工作记录和培训背景，可以成为技师。戴夫和康妮都愿意与家庭社会工作者一起开展工作，希望自己能够接受所需要的帮助。

文化敏感的实务

本书并不讨论来自某一个文化背景的工作者是否应该只针对与自己文化背景相同的人开展工作。相反，我们一直强调工作者需了解各种文化，避免运用刻板印象来处理少数族裔家庭。现实就是，很多机构聘用了最好的员工，但是，在社会工作领域没有足够的少数族裔工作者，因此，来自不同背景的工作者需要面对所有家庭开展工作。少数族裔和非少数族裔应该团结起来，分工协作，共同为改进不同文化背景的家庭福祉而努力。家庭社会工作必须提供个别化服务，满足少数族裔家庭的需要，要尊重每个家庭独特的习俗。工作的底线就是家庭社会工作者要具有敏感性和理解力，要认识到，帮助孩子最好的方法就是帮助家庭，而帮助家庭有效的方法就是确保家庭能够获得足够的社会资源，以提高其成功承担亲职的能力（Garbarino，1992）。

北美集中了地球上每一种文化，每种文化都包含了丰富的异质性。说单一的服务计划或者干预能满足所有家庭的需要，就面临了这样两个风险：对多元文化的刻板印象，以及把多元文化简单化为单一实体（Gross，1998）。家庭社会工作者必须密切关注不同文化群体的灵性、语言、社会结构和家庭差异。换言之，他们可能会过多概括文化知识，或者不恰当地、无效地将这些知识运用到多元文化家庭（Sue & Zane，1987；Weaver，1997）。服务计划必须具有灵活性。格罗斯（Gross，1998）意识到了不这样做的危险，他警告说，"世界上对某个文化或亚文化的所有研究都不会通过暗示，来解释某种文化或亚文化某个成员的行为或态度"（p. 9）。他还讨论了从个体或者"微叙事"的角度来理解文化的"宏大叙事"。例如，土著人的宏大叙事包括：对人、土地和生物的尊重，从而带来对老人的尊重；不干涉他人生活，包括育儿事务；互联性和互相依存（Coleman, Unrau, &

Manyfingers，2001）。工作者需要从社会和个人层面来理解家庭。外人经常容易曲解文化叙事。

此外，家庭社会工作者需要学习理解文化的宏大叙事和微叙事，这样才能与家庭很好 *310*
地沟通。微叙事应该在干预中占据一定的位置，要发现这些微叙事，光靠阅读多元性是不够的，还需要认真倾听（Gross，1998）。因此，家庭社会工作者要倾听每个家庭，"把宏观叙事当成文化背景"（Coleman，Unrau，& Manyfingers，2001）。要对某个文化群体的每个细节了如指掌是不可能的，但是，在使用评估和干预技巧的过程中，需要注意不同群体的不同特征，这一点是无可置疑的。

某种文化的历史，会对其成员如何回应家庭社会工作干预，产生重大影响。有些群体会觉得家庭社会工作者不值得信任，后者是强权的代表。此外，在同一文化群体中，每个成员与自己文化传统的关联度也不同。文化内部的差异性很大，与他们对主流文化的融入和接受程度有关，与特定的家史也有关。有些群体在日常生活中会吸收很多不同的传统的和非传统的习俗。文化适应、融入主流文化的方式可能是马赛克式的、结合了传统因素的。"要把这些马赛克集合起来，或者挑出最好的部分来说明所有家庭的特征，可能是非常诱人的，但是，马赛克的丰富性就在于它能提供多元的视角"（Coleman，Unrau，& Manyfingers，2001）。

为了与来自不同文化背景的家庭有效开展工作，科尔曼、昂劳和马尼芬格斯（Coleman，Unrau，& Manyfingers）提出了五种服务结构，可用于家庭社会实务中：

1. 工作者必须认真学习和接纳不同的文化。只要做到这一点，就会有更多的机会，来消除助人者—服务对象关系中的权力差异。家庭社会工作者必须随时能对其他文化表现出"文化无知"，机构也要帮助工作者发展策略，来了解服务对象的问题。

2. 作为家庭社会工作实务的一部分，工作者能够挑战自己的文化优越感。督导要关注工作者对所谓"正常家庭"和"健康家庭"的一般性假设，要检讨自己使用的理论，看看它们是否适用于某个特定的文化，是否与期望的改变匹配。反思的技巧能帮助工作者时刻记住自己在实务中要做到自我批评，要把家庭当成一种文化存在。这样就会降低把价值观强加给服务对象和压迫服务对象的风险。

3. 家庭社会工作者还要与传统文化中的助人者和领袖合作，支持家庭选择那些传统资源来帮助家庭，这些选择可能是在某个文化中常见的，是与干预方法平行的，或者补充甚至取代干预方法的（Weaver，1997b）。在某些情况下，也要把自然的助人者纳入到服务提供系统中。

4. 家庭社会工作者必须熟悉并准备好运用服务对象现存的支持系统，当然首先要遵循必要的文化规范和礼节。

5. 家庭社会工作者运用的干预技巧需要适应某些特定的文化情境。

6. 家庭社会工作者要学习某种具体文化的知识，包括了解其沟通模式、世界观、信

311 仰系统和价值观等（Weaver，1999）。沟通模式是非常重要的，因为沟通会导致误解或贴错标签。沟通意识包括语言和非语言沟通模式，某种文化是如何解释问题、表达情感的，以及他们认为何种服务是有效的等。

7. 工作者如果想给家庭寻找一些符合自己文化习俗的资源，了解如何进入某个文化社区就是非常关键的。

尽管提出了上述七个建议，但我们还是认为，要全面理解他人的文化，仍然是不容易的。家庭社会工作的基本技巧基本上都是帮助社工与家庭建立联系和信任关系的。家庭社会工作者如果能够带着无知的立场、对家庭文化充满极大兴趣的态度开始家庭工作的话，是非常有好处的。这就包括要用好奇的、感同身受的方式，提出问题，了解具体背景，对家庭经历的压迫，以及主流文化的错误行为保持非防御性。我们发现，大部分家庭都愿意并乐意向社工介绍自己的文化背景，并喜欢那些对自己的文化保持浓厚兴趣的社工。

聚焦家庭的需要

有时，对家庭社会工作者来讲，要聚焦家庭的需要绝非易事，特别是当家庭社会工作者的日程安排与家庭的日程安排相冲突时，就更加不易了。家庭社会工作者可能想安排在下午 4 点去家访，5 点之前就能完成工作，但是，作为服务对象的家庭可能希望家庭社会工作者晚上 8 点来访，这样能给父母在上了一天班之后，留点休息的时间，或者父母能与孩子一起待一段时间。同样，服务对象的行为或选择可能与家庭社会工作者的信念完全不同，例如，有个服务对象坚持要与失业的男友一起居住在一个犯罪高发地区，而不愿意搬去与母亲一起居住在一个安全地区。这个服务对象从男友那里得到的情感支持远远超过了母亲。尽管家庭社会工作者希望在安全地区与她见面，但是，他发现，服务对象还是坚持要跟男友在一起，不愿回到母亲身边。

尊重服务对象的自决

自决是社会工作的核心价值观，家庭社会工作者也认为，服务对象有权做出决定。所有的选择当然与结构密切相关，结果自然由服务对象来承担。家庭社会工作者的角色就是
312 支持服务对象自己做出决定。要让家庭社会工作者不参与服务对象的决策，往往不是一件轻而易举的事情，特别是当服务对象的决定具有自我破坏性，如拒绝离开危险的暴力关系时。鼓励人们做出决定本身就是提高他们的能力，增强对自己生活的控制，因为他们正是通过亲身经历来获得提升的。正如一个家庭社会工作者说的："我们帮助服务对象获取社区资源，不断帮助他们改进自己的技巧，就是在支持服务对象，服务对象通过这样的方式来逐渐学习做出合适的决定，并改变不良的生活模式。"

要承认服务对象有权利做出决定，家庭社会工作者必须牢牢记住，服务对象是一个独立的个体，他们有权利控制自己的生活。家庭社会工作者不需要承担服务对象行动的责任。家庭社会工作者要学会分清自己的个人价值观和生活目标与服务对象的价值观和生活目标之间的区别，要记住，最终的目标就是协助服务对象学习技巧，高效的专业人士会鼓励服务对象进行自我探索和自我导向。如果家庭社会工作者难以将自己的需要与服务对象的需要区别开，那么，督导就需要协助他们来进行自我反思。例如，家庭社会工作者特别重视大学教育，而服务对象则不以为然，那么，必须尊重服务对象选择自己的生活方向。

避免产生依赖

家庭社会工作者需要关注的第三个问题就是服务对象的独立性。有时，服务对象必须依赖社会工作者，但是，过去的依赖可能会产生反作用。在危机和压力阶段，服务对象可能需要依赖家庭社会工作者来协助自己做出决定，并积极实施。例如，有位家庭社会工作者帮助一名患有抑郁症的服务对象接受专业的心理辅导。服务对象需要有人帮助自己找到治疗师、安排见面等。家庭社会工作者在家访中，花了很多时间给治疗师打电话，并安排了第一次面谈，尽管这是常规工作，但家庭社会工作者只需要提供信息，鼓励服务对象开始与治疗师接触就可以了。短暂性的依赖是可以接受的，家庭社会工作者要避免服务对象产生不必要的依赖。对服务对象的鼓励会提升他们刚刚获得的能力，能帮助他们发展新的能力。如果让服务对象过于依赖社工，就是害了服务对象，而不是帮助他们。有位家庭社会工作者在一次家庭会谈结束时，有个服务对象给她打电话，要求搭她的车。这不是一个紧急状态，家庭社会工作者没有给自己的专业角色设限。协助这个服务对象找到自己的交通路线，可能对服务对象来讲是更有意义的，因此，要鼓励服务对象学习独立应对的技巧。在家庭社会工作者与家庭一起工作期间，家庭对工作者的依赖类型和程度也不尽相同。总体目标就是鼓励服务对象自力更生。记住这个目标，能够帮助社会工作者判断什么样的依赖是合适的，什么是不合适的。

313

重新评估服务对象的抵抗

家庭社会工作者需要考虑的第四个问题就是服务对象的动机。有些服务对象似乎没有配合执行服务计划的动机，或者实现重要的生活目标的动机。很多时候，社会工作者将这些行为界定为抵抗，这些行为的出现有时是家庭社会工作者与服务对象之间工作目标不一致所致。当家庭社会工作者感觉到服务对象动机很低时，就需要问这样的问题："这些目标到底是服务对象的目标，还是我的目标，抑或是机构的目标？"也许这些目标不符合服务对象的文化传统，或者对服务对象完全没有意义，如果出现这种情况，而确定的目标的确能够让服务对象受益，家庭社会工作者就需要换一种服务对象可以接受的方式来开展工作；如果确定的目标不能使服务对象受益，就应该选择放弃。

有时会出现服务对象抵抗的信息，这个信息可能反映了家庭社会工作者超越了他们之间的界限。抵抗也可能表明，双方正在讨论的问题对服务对象来讲是非常关键的。如果家庭并没有朝着既定目标有任何进展，家庭社会工作者就需要认真思考到底有哪些障碍阻止了家庭实现既定目标。在这种情况下，通常会出现两个主要的障碍：一个是缺乏资源，另一个就是缺乏技巧。也许帮助服务对象解决问题、克服这些障碍，就能够推动家庭朝着既定目标前进了。

在非自愿性服务计划中，如果家庭不能配合目标实现，如法庭强制要求虐待儿童的父母参加治疗计划而父母并不配合，服务计划政策和法律程序将给家庭社会工作者如何回应提供明确的指导。在非资源服务计划中，如果服务对象不想参加父母面谈，那么，家庭社会工作者需要调整自己对这个家庭的期望。另外，家庭社会工作者可以设法鼓励服务对象参加服务计划中对这个家庭有吸引力的其他活动。对法庭命令的抵制，可以通过讨论这些困难来进行处理："我发现，这个法庭命令让你很不开心，为什么我们不来谈谈这个法庭命令呢？"

保持职业距离

家庭社会工作者需要考虑的第五个问题就是他们与家庭的关系是怎样的。随着时间的推移，他们的关系也会发生变化。例如，随着工作者与家庭之间的积极感受不断增加，他们之间的界限会逐渐模糊，他们之间的关系也趋向于私人关系。家庭社会工作者可能会真正喜欢这个家庭，也深深地投身到助人过程中去。尽管积极看待服务对象是建立良好工作关系的关键，但是，这种关系不能与友谊混为一谈。家庭社会工作者需要保持一种适度的情感距离。基于如下几个原因，工作者需要保持这种距离：

首先，家庭社会工作者需要保持客观性，聚焦目标，才能帮助家庭实现独立和高效。家庭成员与社会工作者之间的适度距离可以促使家庭将家庭社会工作者当成自己行为改变的角色榜样。其次，与家庭保持专业关系对家庭社会工作者来讲是一种自我保护形式。家庭社会工作者一旦情感陷入太深，或者要对家庭问题的解决负起个人责任的话，这个家庭的生活状况就会占据家庭社会工作者的全部。如果无法与家庭之间建立清晰的界限，有时家庭社会工作者就会对该家庭困境深感痛苦。家庭社会工作者要专业地、高效地开展工作，就必须学会理解家庭的感受，而不为这种感受所控制。

设立合理的期望

给家庭社会工作者的第六条指南就是，要帮助家庭提升能力，改变无能感。家庭可能会感到，无论什么样的服务计划，一旦让社会工作者进入自己的家庭，就会使自己陷入弱势境地。此外，家庭还可能担心自己的期望无法实现。尽管家庭社会工作者要不断地鼓励和强化家庭的优势，但是，也要清楚地看到家庭的限制和不足。家庭社会工作者需要小心的是，不要过度对负面感情和处境表达同理心，从而让家庭产生无能感。

微观和宏观焦点：生态视角的干预

家庭社会工作者需要超越微观焦点，既要处理家庭内部互动，又要关注宏观层面的互动，也就是说，要重视家庭与外部系统的互动。生态理论对此有很好的指导意义。是否采取生态视角的干预，取决于对家庭所处系统的评估，正如生态图所呈现的那样。生态图成为计划改变的设计图，是决定行动的第一个阶段（Hartman & Laird，1983）。生态图不仅能够以视觉的方式来组织信息，还可以提炼出家庭的主题和改变的目标。正如第八章所提到的那样，全体家庭成员应该参与到生态图的绘制中。家庭社会工作者需问家庭成员："这个生态图对你来讲意味着什么？"聚焦于生态系统，可以将问题从个人层面转移出去。我们在这里应该指出的是，生态视角的干预的目标就是教会服务对象如何自己解决自己的问题，而不是指望家庭社会工作者来帮自己解决问题。

卡普兰（Kaplan，1986）指出，社会工作者要首先关注环境问题，要协助家庭先处理一些威胁性不强的问题，同时还可以协助他们寻找社区资源的支持。运用哪种生态干预，取决于问题、技巧和可用的资源。例如，有位家庭社会工作者报告说，下列这些资源对服务对象来讲，要么是难以获取，要么就是完全缺乏：精神健康治疗、住房、日间照顾、低技能基本工作、交通、法律服务和宗教服务计划（Goldstein，1981）。在另一个服务计划中，社会工作者发现，应急性住房、管家服务、教养院、父母帮手、吸毒和酗酒的住院治疗和临时照顾等服务，都是非常难以获得的（Kohlert & Pecora，1991）。社会工作者还要协助家庭寻找创造性的方式，来运用正式和非正式资源。有的时候，家庭只是对现存的服务缺乏信息和了解。有的时候，家庭成员有相关的知识，但是缺乏技巧来获取资源。在这些情况下，家庭社会工作者只需要帮助家庭与这些资源链接起来。最终的目标就是协助服务对象学习如何自己满足自己的需要，尽管这看起来很简单，但实际上，要鼓励服务对象自给自足，往往比自己满足他们的需要更加劳神（Kinney，Haapala，& Booth，1991）。

赫普沃思和拉森（Hepworth & Larsen，1993）罗列了下列几个生态视角的干预，供

315

家庭社会工作者为家庭提供服务时参考：

- 在家庭环境中补充资源；
- 建立和强化支持系统；
- 将服务对象纳入新环境；
- 提高组织回应人们需要的能力；
- 增加组织和机构之间的互动；
- 改进机构环境；
- 增强机构环境；
- 开发新的资源。

界定问题

问题界定的目标就是要揭示、发现和界定家庭内部的动力关系，以寻找改变的可能性。问题界定是非常重要的，因为界定问题的方式决定了我们会采取什么方式来解决问题。每个家庭成员都会对问题有自己独特的见解，每个见解都非常重要。例如，某个家庭界定的问题是，有个孩子花很多时间"与朋友在外面瞎逛"，这个问题对父母而言就是"服从不服从"的问题，对孩子来讲，就是一个"独立不独立"的问题，而对兄弟姐妹来讲，就是一个"排斥不排斥"的问题。

练习 10.2　重新将个人问题界定为家庭焦点

选择一个家庭社会工作者在工作中可能遇到的家庭问题。如何将这个问题界定为个人问题？设计一个场景，重新把这个问题界定为家庭问题。家庭成员会怎样反对问题的重新定义过程？

316　　清楚地理解家庭问题，是制订干预计划的必要步骤。因此，家庭社会工作者和家庭共同分析和了解问题是尤为重要的。对问题的认识和界定，将指导干预方向。大部分的问题界定需要具有系统性。尽管这种系统性可能会特别不同。下面我们列出了六种看待分析问题的方式，同时也列出了相应的干预模式，有些模式我们将在后面的章节中再讨论。你在界定问题时，常常需要遵守这些原则：

- 家庭最初是如何界定自己的问题的；
- 家庭社会工作者用什么样的理论视角来分析问题；

● 你机构的权限以及机构是怎样看待这些问题的，例如，有些机构力主以问题解决为本的辅导方式，因此会将问题的界定朝着这个方向引导；

● 家庭怎样和你一起来界定问题，双方能否就给家庭改变带来最大可能性达成共识。

下面让我们来分析一下看待问题的六种独特方法：

1. 传统的分析角度是：有征兆表现的人就是问题人物。这个传统的分析角度起源于精神病理学，它认为问题就出在人的身上。几乎所有的个人辅导的咨询师都倾向于采取这个角度。但是，一个更加全面的生态视角的角度已经超越了个人精神病理学的角度，更多地关注社会系统对个体福祉的影响。假定史密斯一家被转介给你，他家出现的问题是，家中13岁的孩子非常不听话，爱争执，乱发脾气。传统的分析角度会说，这个孩子不懂得克制，自尊水平低。由于这是从个人角度来评估问题，因此，治疗师喜欢采取的治疗方法就是给孩子提供个人辅导，重点放在学习愤怒管理技巧和讨论自尊的问题上。

2. 社会系统的假设是：家庭是问题的根本（基本的系统角度）。家庭系统理论在20世纪60年代和70年代很具影响力，它改变了很多咨询师看待问题的方式。这个视角并非将问题当成个体身上的问题，而是将问题当成系统问题，即问题产生于家庭内部的关系模式。对人关注最多、产生最重要影响的系统就是家庭。因此，社会系统假设就是，家庭就是问题，特别是家庭问题产生于家庭成员之间的互动。很多家庭治疗模式就采用了这个分析视角，包括沟通模式和结构式家庭治疗模式。

例如，史密斯一家难以处理愤怒，家庭成员彼此之间难以提供互相支持。将愤怒的问题定义为家庭系统的问题，治疗方法就会涉及家庭辅导，重点在于家庭作为一个整体，成员之间要互相支持，以此来处理不满情绪。同时要教授家庭成员学习表达不满的方式，同时，也要让他们了解随便发泄自己的不满会对他人造成伤害。

3. 帕洛·尔托（Palo Alto）的精神健康研究所的假设是：意图的解决办法就是问题（互动的角度）。这是一个非常有趣的角度，换句话说就是"如果你努力做的事情没有成功，那么，就停下来，换个其他办法"。如果对孩子大吼大叫不管用，那么，就换个办法。如果唠唠叨叨地叫你的配偶来帮你做家务不管用，那么，就换一个方式。因此，如果你认为某个办法能够解决问题（也就是说，大吼大叫是解决不做家庭作业这个问题的方法，唠唠叨叨是解决不干家务的办法），而这些办法都不管用，那么，这些所谓的解决办法本身就成了问题，需要进行改变。行为家庭治疗就成为一个有益的模式，用于寻找其他的行为（解决办法），促进家庭的改变。

例如，家庭成员之间的大吼大叫和争吵（他们意图的解决办法）不仅不能平息家人的愤怒，反而会增加他们的愤怒。这时需要提供家庭辅导，但重点要放在改变家庭行为上，要将家庭关系模式引向积极适应性行为。当父母面对大发脾气的孩子时，就会出现典型性的适应不良模式。父母争吵不休或对孩子大吼大叫只能"激发"孩子乱发脾气。吼叫只能

317

不断地拱火，虽然父母一开始是为了释放能量。相反，父母应该息怒。我建议采用一个比较有效的方式：父母不再吼叫，而去给孩子一个拥抱，然后给孩子一个选择，是继续接受拥抱，好好表达自己的想法，还是回到房间好好控制自己的脾气。这样就不用对孩子大吼大叫了。父母要学会给孩子几个选择，让他们学习用更合适的方式来吸引家长的注意力，控制自己的情绪，同时，父母自己也要学习控制局面。

4. 米兰小组是策略家庭治疗的主要学派。米兰小组认为，问题就是解决办法（功能控制的角度）。它认为问题在家庭系统中发挥了某种功能，因此，在家庭关系或系统中，问题的出现是有原因的，或者是要发挥某种功能的。所以，要评估和假定问题到底要发挥什么功能，然后，围绕这个功能，来寻找解决办法。

例如，在愤怒的时候，史密斯一家了解到亲密情感的重要性，也就是说，家庭的愤怒过后会带来彼此间的宽恕，从而使家庭更加亲密无间。鉴于愤怒具有这个功能，因此需要提供家庭辅导。要让家庭明白愤怒的后果或者愤怒对家庭产生的功能，它可能会推动家庭变得更加亲密。接下来要鼓励家庭在日常生活中，彼此之间情感上更加亲密，而不需要通过表达愤怒来实现这一切。

5. 澳大利亚的社会工作者迈克尔·怀特以及来自新西兰的社会工作者戴维·爱普生提出了一个非常独特的观点：征兆（问题）是一个限制（进化控制的角度，即问题和解决办法之间的互动方向非常重要）。

例如，史密斯一家有时会让愤怒控制整个家庭，因此，需要特别小心不要让家人愤怒（愤怒或吼叫被表达为一个外在的实体）。家庭辅导的重点就在于，要帮助家庭了解愤怒和吼叫对家庭的影响。要鼓励家庭努力学习如何将愤怒的影响降到最低，例如，组织家庭娱乐活动，确定家庭谈话时间，等等。还有，脾气控制也成为一个可以外在化的主题。

6. 马图雷纳（Maturana）认为：差异就是问题（结构化决定的角度）。发脾气和吼叫可能是难以避免的，或者是一个挑战。不管家庭将愤怒界定为消极的（即难以克服的）还是积极的（吸引关注），都能找到改变的可能性。你能准确区分杯子是半空的还是半满的吗？早上醒来之后，如果你这样跟自己说："我不想起床，我讨厌上班。"就会让这一天的心情都不好。或者，你早上起床时，这样说："早上真美，我今天会很开心！"这会让你一天都很开朗。

在家庭辅导过程中，要鼓励家庭重新界定愤怒，从而找到改变的可能性。例如，愤怒可以帮助人们真正去欣赏那些全家人开开心心在一起的日子。青春期的女孩发怒，可以用不同的方式来进行界定（重构），可能意味着她是一个敏感的孩子、关心他人的孩子，或者被家中发生的事情触动等。不要再认为某个孩子是个狂怒的人，而是一个敏感的人，是一个深受家中发生的事件影响的、关心他人的孩子，这个孩子会接受必要的帮助，来继续做一个尊重他人的、自信的、听话的、不会自我怀疑和指责他人的人。

在史密斯一家中，愤怒可以被理解为要求（纵然是一个大声的要求）关注。通过提供及时的情感支持，给予他们足够的关注，这样，通过发怒来获得关注也就没有必要了。我们希望家庭成员可以知道，如果他们需要情感支持，只要直接表达就行了，不需要通过吼叫或者发怒。这样，当青少年感到生气、受到伤害或自我怀疑时，他们不会用愤怒来表达，相反，他们可以直接要求家庭支持和安慰自己。

优势为本的需求评估

通过优势为本的需求评估，家庭社会工作者会把问题朝着优势背后的二级状态推进。这看上去非常困难，特别是当问题非常严重而不能忽视时，如家庭成员之间可能会给彼此带来伤害的行为。当某个家庭成员有自杀危险或者伤害别人的危险时，这个问题情境就需要立即介入，要确保参与方的安全。不幸的是，由于这些行为可能还会出现，即使危机过去了，这些问题也会成为评估的主要内容，要做好个案计划，因此，家庭社会工作者需要从一个极端的危机干预进入到优势为本的、长期的家庭干预模式。尽管某些危险因素非常紧急，不容忽视，但是，一旦紧急危机解除后，这些因素还是要与家庭成员的优势发掘一并考虑。

家庭成员和家庭社会工作者面临的两难境地就是，他们要确定这个危险因素是否非常紧急，相比之下，日常生活内容都变得微不足道了。这里的悖论就是，如果家庭成员都不满意，没有就齐心协力克服例如自杀念头或者家庭暴力这样的危险因素达成一致，家庭面临的问题就不能得到有效控制（Saleebey，1992）。如果采取问题中心的工作模式，家庭问题可能会更加恶化。把诸多问题列出来，可能会遏制家庭的热情，打击那些承认自己遇到问题但还不清楚问题严重性的家庭成员。聚焦问题会使家庭面临引发新问题的危险。"人们接受问题中心的评估时间越长，问题难以处理的可能性就越大。无论如何，问题确实会愈演愈烈。正如在一个大型戏剧中，只有几句台词的演员也是主角一样，问题会给家庭带来很多负面的情绪，如痛苦、愤怒、羞耻和困惑，这些都会引起我们的关注和注意。所有这些都是信号，表明需要做点什么来推动家庭改变了"（Saleebey，1992，p.45）。涉及家庭问题的评估非常复杂，往往容易让我们忽视了家庭强大的优势所在，以及家庭成员过去的成功经验。

把焦点放在家庭成员身上，对优势进行评估，进而进行策划和干预过程等，这样才能防止新的问题出现或者进一步恶化。一旦一个问题出现了，这个问题就成了家庭目标实现的障碍，而这些目标对家庭成员来讲是非常重要的，因此，问题与目标实现之间的关联就更加突出了。问题出现，接下来家庭成员和家庭社会工作者就会联手来解决问题。如果家庭社会工作者研究了问题的取向，通过优势为本的视角来使问题得到缓冲，重大问题就不会成为家庭的中心了，同时，家庭成员也逐步理解，问题不能决定家庭认同，更不能消耗家庭认同。无论问题到底是什么——可能是药物依赖、儿童虐待或者混乱的家庭关系——家庭的力量永远大于问题的影响（参见第三章"家庭系统"）！

循环模式

除了上述六个界定问题的方法之外，还有一个非常有用的评估家庭需求的方法就是，要寻找反复出现的循环模式。反复出现的循环模式在第三章中详细讨论过了。在这里，我们将聚焦于通过鼓励互动，运用线性的、循环性的、策略性的和反思性的问题，来对这些模式进行干预。当我们把问题放进社会系统假设中分析时，即"家庭就是问题"，这个模式就是非常重要的。

要知道，模式是家庭系统理论的里程碑。我们说的模式，指的是那些反复出现的、可以预测的行为。家庭发挥功能的方式常常是可以预测的、有模式可循的。因此，家庭社会工作者需要关心目前家庭成员之间正在发生的、反复出现的沟通模式。可预测的模式会使家庭系统保持稳定，这样家庭成员的能量就不会浪费在琐事上。我们知道，谁来安排孩子们洗碗，安排他们睡觉，督促他们完成家庭作业。我们还清楚孩子们该怎样回应上述要求。当系统稳定时，家庭中的熟悉的模式就发挥了重要作用，维护家庭系统平稳运作。家庭模式也揭示了系统内部的情感模式、张力和等级模式（Minuchin, Colapinto, & Minuchin, 1998）。有些家庭模式是由民族特点和文化决定的。要通过这些正在进行的、反复出现的模式来解释人们的行为——正是这些模式引发了这些行为，并将其维持下来了。

一旦家庭有了麻烦，常常会因为这些反复出现的行为而导致惰性，从而无法及时回应眼前出现的问题。这样，解决办法就成了问题。由于模式就是习惯，家庭成员会因为习惯带来的稳定而感到安全。习惯性的模式可能会给个人带来伤害，也可能给家庭系统带来危害，但是，因为家庭成员不了解有其他的回应方式，或者不能熟练掌握其他回应方法，他们难以改变，这样家庭就变得束手无策了。

〰〰〰〰〰〰〰〰〰〰〰〰〰〰〰〰〰〰〰〰〰〰〰〰〰〰〰〰〰〰

练习 10.3　循环因果关系

反思你自己目前一个比较稳定的关系，或者你童年时代经历过的一个良好的关系。试着去发现在你与别人之间的一种循环互动模式。指出你的想法、感受和行为。然后，对对方也做同样的分析。如果关系中出现了权力失衡，这种循环因果关系会怎样运作？

练习 10.4　进行中的个人循环因果关系

研究一下你目前正在进行中的关系。找到一个与重要他者互动的循环模式。这个模式何时开始并不重要（你可能希望与这个人一起工作）。与他人一起来发现想法、感受和行为，然后找另一个人重复这个行为。把这个模式逐一画在纸上。这个循环的因果关系是如何运作的？

家庭社会工作者不仅需要评估不良适应模式，而且需要从优势为本的角度，来评估适应性模式（健康互动模式）。的确，家庭工作的目标就是提升家庭内部的适应性模式。干预包括既要将不良适应模式改变为适应性模式，又要强化家庭现有的适应性模式。

步骤一　鼓励互动

在评估循环模式时，必须观察在家庭访谈中反复出现的循环模式。我们会采用"鼓励互动"的方式（类似于现场实施）。家庭社会工作者可以等待家庭事件的发生，这样就可以出现模式；工作者也可以制造机会让家庭成员来表演各自的日常角色。"有效的表演能够给家庭赋权，使他们能够表达自己发挥作用的日常方式，自己探索新的出路"（Minuchin, Colapinto, & Minuchin, 1998, p. 49）。

家庭社会工作者要让家庭中两个成员面对面坐在一起，让他们就某个话题进行对话。例如，在史密斯一家中，工作者可以让父母坐在一起沟通，试图解决他们前一天晚上就如何管教孩子的问题产生的分歧。

然后，家庭社会工作者坐在一边，仔细地观察他们的沟通，大约持续5分钟（这通常是观察沟通模式的时间长度）。对模式的操作性定义就是，出现了三次以上的循环沟通。史密斯夫妇可能会开始谈话，家庭社会工作者会注意到史密斯夫人看上去十分抑郁、寡言、退缩，而史密斯先生则看上去不太确定、焦虑，想保持沉默和退缩。工作者逐个跟他们沟通，从每个人口中了解到各自的想法、感受和行为。需要将三个人联系在一起。当一个服务对象在描述自己的想法、感受和行为时，另一个服务对象必须坐在那里静静地听。

当家庭社会工作者对模式（在5分钟的沟通中出现了三次以上）有了一定的认识后，就有必要干预这个不良的模式，要与夫妻一起合作了。如果这对夫妻的沟通是适应良好的话，那么，就让他们继续。适应性的沟通就是他们需要学习、需要鼓励的。例如，如果史密斯夫妇能够分担各自的育儿压力，彼此倾听，制订现实可行的计划，那么，就放手让他们去做吧。等他们结束了这种适应性交流之后，对夫妻的互动进行点评，并协助他们明白自己的适应性循环沟通。不幸的是，很多家庭来见咨询师时，都表现出对沟通方式的不适应，因此，很重要的一点就是，要与家庭订立协议，确定他们是否愿意改变这种适应不良的模式。一旦家庭社会工作者带着夫妻经历了整个过程，他们就学会了理解过去彼此误解之处是什么。他们还了解到，在不良适应模式下，他们是如何出现沟通障碍的，因此，要鼓励他们用更加积极的行为来取代不良适应模式，从而真正解决问题。要问问他们到底需要哪些改变，要让夫妻双方各自提出自己在模式改变中的责任到底是什么。“你到底做点什么能够改变现状？”接着，要求他们反复练习学到的新的沟通方式。家庭社会工作者要在他们被卡住时，提供指导和示范。如果他们成功地完成了练习，家庭社会工作者要积极强化这些改变，这个过程就是赞扬。

步骤二　干预循环性适应不良模式

要运用循环性因果关系开展工作，非常重要的一点就是要发现反复出现的行为，以及循环出现的互动。我们再回头看看第三章图 3.1 中的例子。如果工作者能将家庭的循环模式画在一张纸上，特别是围绕一个具体的问题制作一个活动挂图可能会更好，这样，每个家庭成员就都能从自己的角度看见这个循环模式。记住，最简单的模式包括感受—行为—感受，依此逐步扩大。

1. 要让家人澄清这些模式，要指出感情或感受和行为之间的关系。例如，父亲骂孩
322 子，孩子感到受伤害，孩子噘嘴，父亲很沮丧，父亲继续骂，这个模式循环往复。让家庭明白自己的适应不良的循环是怎样的，是非常有益的。

2. 完成第一步之后，要帮助澄清支持这些模式的家庭规则或误解，例如，有误解认为要让孩子听话，唯一的办法就是父母要对孩子喊叫。

3. 在与家庭澄清某个循环性模式时，有必要揭示隐藏在这些感受和行为背后的东西。

4. 找到证据说明情感受到的伤害，让家人发现这些特定的感受。一旦感受，特别是担心和伤害被揭示出来，人们就能够面对。

5. 鼓励家庭成员彼此之间提供肯定和支持。

6. 将家人之间的循环性模式包括深层的感受都摊开来说，协助家庭加深彼此之间的理解。

7. 一旦发现了那些功能紊乱的模式后，工作者就要协助家庭来思考有哪些适应性的模式可以帮助自己应对问题情境。

8. 协助家庭探讨同步的改变。

9. 强化家人提出的建设性建议。

10. 指导家人尝试新的适应性行为，给他们布置一些可行的任务当作家庭作业（Tomm & Wright，1979）。

线性的、循环性的、策略性的和反思性的问题

除了鼓励互动之外，家庭社会工作者还要通过提问来评估循环模式。卡尔·汤姆 (Tomm，1987a，1987b，1988) 提出了可以用于家庭访谈之中的四种问题：线性问题、循环性问题、策略性问题和反思性问题。汤姆认为，提问具有治疗和评估的功能。选择什么领域进行探讨，需要小心谨慎，"每个问题和点评都需要仔细斟酌，看看是对服务对象或家庭的一个行为或多个行为带来了肯定，还是构成了挑战"（Tomm，1987a，p.4）。例如，在开始访谈时就问"今天你们希望讨论什么问题"，可能会有各种不同的回答，而如果问"上个星期发生了什么正面的事情"，所带来的回应也会不同。家庭社会工作者需要仔细观察服务对象对问题的反应。

线性问题用于收集信息，它假设有一个基本的因果关系。线性问题系统界定问题，寻求解释。线性问题的例子包括下面的问题：

- 今天你有什么收获？
- 这个问题困扰你有多久了？
- 什么事情让你不顺心？

循环性问题是基于循环的因果关系和家人之间的联系提出来的。循环性问题可以帮助家庭社会工作者了解目前的家庭互动模式，以及家人行为彼此之间的影响。循环性问题可以向家庭表明，目前的问题并不属于某个人专有，家中每个人都与"问题"有关，不管他们是否表现出相关的"症状"。

循环性问题的目的在于促进改变，而线性问题则是收集信息（Wright & Leahey，1994）。循环性问题旨在给问题寻找解释，发现不同的人、想法、信念和事件之间的关系。它们还可以用来改变家庭功能中的认知、情感和行为领域。循环性问题非常适合用来评估目前问题在家庭中的作用。要问每个人是如何定义问题的，包括谁对谁说了什么。下列的例句就好似循环性问题：

- 当梅丽莎说她对你很生气，你是怎样回答的？
- 当你听见丈夫对孩子吼叫的时候，你的感受是怎样的？

策略性问题是根据社会工作者对家庭问题的评估而提出来的，旨在推动改变。策略性问题背后的理念就是要矫正行为。这些问题挑战或对质家庭中的模式。策略性问题的例子有：

- 你是否能够从这个角度来看？
- 你准备什么时候告诉他你的想法？

反思性问题要求服务对象能够自我观察。反思性问题建立在这样的信念基础之上，即改变是服务对象努力的结果，而非社会工作者。反思性问题的例子包括：

- 你就找到一份新工作是怎样计划的？

- 你认为要提高学习成绩，该怎样做？
- 当你母亲与姐姐吵架时，你父亲通常在干什么？

练习 10.5　循环因果关系角色扮演

与其他两个同学一起角色扮演，他们会扮演两个家中出现沟通问题的家庭成员。你作为家庭社会工作者要指导这两个人这样说："我希望看看你们两个人到底是如何处理差异的。"然后，这两个人转身面对面，就问题展开互动（选择一个与两人有关的问题），这个过程要持续 5 到 10 分钟。家庭社会工作者首先要澄清第一个人的感受和想法是什么，以及为了解决冲突都做了什么。然后，工作者要聚焦第二个人，分析其想法、信念和感受。最后，还要描述一下第二个人的行为。

下一步就是要把第二个人的行为与第一个人的想法、感受联结起来。完成这个之后，工作者可以开始把第一个人的行为与第二个人的想法和感受联结起来，直到最后，他们开始明白自己是如何影响对方的。下一步就要问："好，我们如何改变这一切？"让他们自己制订一个具体的计划来解决这些问题。

干预技巧：协助改变适应不良的循环模式

汤姆和赖特（Tomm & Wright，1979）提出，有六大技术能够帮助家庭改变不良循环模式，汤姆称这些技术为病理学互动模式（Tomm，1991）。

1. 打破不良适应模式

- 制止引入一些超出家庭及其成员能力范围的改变。
- 开始一些至少有一个家庭成员认为有用的改变。
- 中断不良适应行为模式，控制家人之间的直接互动。
- 重建家庭的语言互动和空间互动，干预控制不良适应模式。
- 指示家庭成员明确彼此之间的行为期望，并坚持设限。如果他们做不到这些，就给他们提供示范。
- 在合适的时候，协助家庭成员用适应性方式来表达愤怒，这样可以阻止他人的周期性的问题行为。

2. 明确问题后果

● 让家庭描述在直接互动过程中经常出现的问题行为，要求描述准确，要强化他们的连贯表达的意识。

● 列举不良适应互动的每个环节，并把模式标示出来，让家庭了解到不良互动的整个过程以及反复出现的模式。

● 如果问题模式仍然持续的话，则鼓励家庭成员对最后的结果进行反思。

● 鼓励每个家庭成员探讨自己的行为对其他家庭成员在认知、情感和行为上的影响，评估自己对问题的出现到底要负什么责任。

● 就自己行为的问题性后果与家庭成员进行对质。

● 在对质前后，必要时要给他们提供语言和非语言的支持。

3. 改变情感障碍

● 为了让家庭更好地理解并保持良好的行为模式，要告诉家庭表达和澄清情感经历的重要性。

● 要消除不合适的情感障碍，鼓励家庭成员公开讨论情绪混乱的问题，认可他们的经历，明确要表达的内容，并提供支持。

● 鼓励家庭成员进一步自我反思，并通过愉快、轻松的方式，用语言表达自己特殊的情感经历。

● 探索悲惨的期望，对不合适的、不切实际的恐惧进行脱敏。

● 在协助家庭公开表达愤怒后，要减少其投射性因素，鼓励自我反思，处理背后的挫折感。

● 告诉家庭，哭泣是对丧失的一种健康的回应，但是，需要辨别有节制地发牢骚与通过哭泣宣泄情绪之间的差别。

● 动员家庭成员提供认同感，并提供语言和非语言的支持，当家庭无法或不愿这么做时，需要提供示范。

● 当压力过大、出现混乱局面时，要提供支持，减缓治疗过程，同时协助家庭成员调整自己的期望。

● 一旦情感被调动起来，接下来就要激励家庭成员用语言表达与之前经历相关的认知感受。

4. 开始认知重建

● 鼓励家庭成员用语言表达，这样可以揭示个人的观念和家庭的信仰系统。

● 重复重要的节点，将概念和事件联结起来，澄清问题。

325

● 对那些看起来有问题的信念、价值观或目标进行质疑，开始公开讨论并重新评价相关问题。

● 挑战适应不良的思想，鼓励个人倾听他人观点，鼓励家庭成员为彼此提供正确的反馈。

● 为了预防新的情感阻碍下一步的干预进程，要鼓励表达情感，并放下情感包袱（特别可以通过大笑或者哭泣的方式），同时要修正过去的认知定势。

● 运用比喻、明喻、夸大、悖论等方式来澄清、提取和强调那些有适应性内涵的概念。

● 提供合适的新信息或新模式，来建立自己更加具有适应性的理解。

● 需要的话，用更加积极的术语，来重塑之前问题不断的负面概念。

● 在不同的认知层面，描述和界定相关的问题，激励建立新的家庭理解力。

● 鼓励家庭成员进一步思考新的想法，继续讨论家中的具体问题，这样才能达至现实为本的共识。

5. 落实新的适应性模式

● 在每次家庭会谈时，要根据行为原则，运用社会强化作用来强化合适行为，鼓励家庭成员也要照做。

● 鼓励每个家庭成员愿意给自己找到适应性行为，对他们提出的建设性建议，予以支持。

● 引导家庭成员愿意并善于接受他人的建议，鼓励家庭成员就某些具体行为提出建议（或者给他们提供建议）。

● 指导家庭落实那些与整个家庭和每个家庭成员的发展性任务一致的改变。

● 在面谈时引入适应性行为改变，要重新设置互动模式，改变空间和座位安排，以重新规划家庭次系统。

● 协助家庭成员协商并落实同步改变，必要的话，要指导他们开始学习新行为。

● 必要时，要聚焦之前存在的或者隐藏的冲突性问题，以提高家庭成员行为改变的动机。

● 要让家庭不同成员保持一个合适的焦虑状态，要通过对质和支持等方法，强化或者缩小不同家庭成员对危机的体验程度。

● 逐步放松对家庭成员互动的控制，当家庭成员在互动中出现了适应性模式时，要尽量避免模式中断。

● 提出那些对积极经验的语言表达，鼓励家庭成员彼此之间就建设性事件做出反馈。

● 把那些现实的、具体的行为问题作为家庭作业，要求家庭成员做出具体的承诺，在具体时间内完成。

● 鼓励家庭成员之间的互动，不断灌输希望，同时，要明确适应性改变会带来的结果是什么。

6. 必要时要动员外部资源

● 公开承认进程不理想，探索家庭内外可能存在的抑制因素。

● 指导家庭成员动员外部资源，并将这些资源变成建设性资源，可以建议家庭要求其朋友或亲属参加家庭会谈。

● 如果家庭问题持续性恶化，要寻求及时的督导、咨询或共同治疗咨询，或者考虑转介给其他治疗师。

● 必要时，要仔细选择某些特殊的家庭成员，并将其转介给其他专业机构，使其接受合适的治疗。

● 清楚表达可实现的任务或自然资源，以提供合适的控制和支持。

去三角关系

在第三章中，我们讨论了家庭中常常会出现的三角关系，也可参见图 10.1。对于家庭社会工作者来讲，最重要的就是要制止这种三角关系，要对家庭成员进行"去三角关系"。去三角关系需采用一些策略，包括家庭社会工作者要中断这个三角，帮助家庭成员建立新的、功能正常的联盟或者三角关系。卡特和麦戈德里克（Carter & McGoldrick，1999）指出，去三角关系包括"消除强制性的忠诚，这样对称的三种关系会取代纠结的三种关系"（p. 441）。

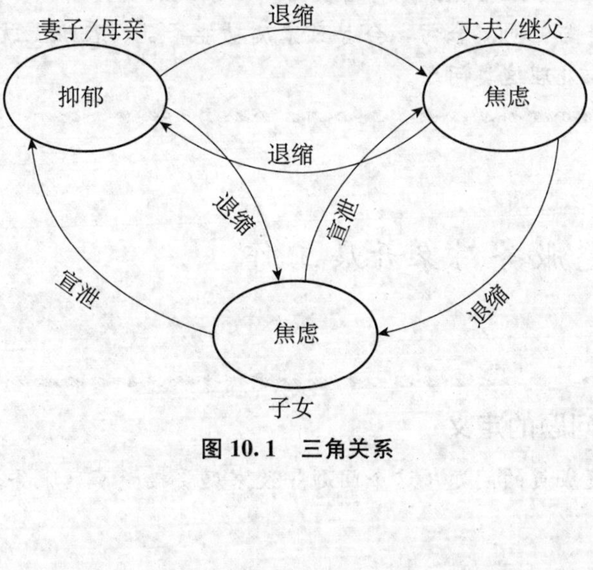

327

图 10.1 三角关系

功能紊乱的三角关系会通过一种父母与子女间紧密关联的方式表现出来，常常是子女与父母中的一人联合起来，对抗另一个人。有四种方法可以帮助家庭社会工作者去三角关系。

1. 去三角关系的一个方法就是，要告诉这三人，他们形成了一个三角关系，人们对此如果完全没有意识的话，是不能改变这种关系的。因此，要将这个关系明确地指出来，让他们都明白现在到底发生了什么情况。

2. 另一个去三角关系的方法就是，要确保家庭成员是以二人的形式进行互动，这样可以确保第三者不能介入有冲突的两人关系中，但是，要允许这两个家庭成员依靠自己的力量来处理他们的冲突。

3. 第三个方法就是通过倒转的方式，即让三角关系中的一人按照相反的方式行动。例如，如果一个青春期的孩子在父母发生争执时有所表现，那么，工作者就可以指导孩子在父母再次争执时，回到自己的房间去看半小时的书，让父母自己来处理面临的问题。

4. 去三角关系还可以通过转移联盟关系（谁跟谁做了什么）来实现。如果母亲总是希望孩子服从某个指令，就可以尝试让父亲来发出指令，让孩子来服从。如果夫妻与某个孩子形成了三角关系，以此来逃避夫妻关系中的问题，那么，工作者就可以指导夫妻坐在一起，好好讨论他们那天到底是怎样想的，不要第三者在场。如果他们需要第三者帮助以找到解决办法，最好鼓励他们去找成年人求助，包括家庭社会工作者。理想的状态就是，这对夫妻能够直接学习如何坦诚地处理自己的问题。另外，另一个成年的家庭成员则可以扮演支持性顾问的角色，将孩子从夫妻的三角关系中拉出来，这样就能引导家庭与核心家庭或扩大家庭成员建立新的功能性依恋。

〰〰〰〰〰〰〰〰〰〰〰〰〰〰〰〰〰〰〰〰〰〰〰〰〰〰〰〰〰〰〰〰〰〰〰〰〰

练习 10.6　工作者三角关系和伦理问题

班级分成两个组，一组坚持说工作者要为一名家庭成员保密；而另一组则坚持，如果为该成员保密，就是与他同流合污，会导致家庭功能紊乱。在班上就此进行辩论。然后，制定一个机构政策来处理这类问题。

〰〰〰〰〰〰〰〰〰〰〰〰〰〰〰〰〰〰〰〰〰〰〰〰〰〰〰〰〰〰〰〰〰〰〰〰〰

针对非自愿服务对象开展工作

〰〰〰〰〰〰〰〰〰〰〰〰〰〰〰〰〰〰〰〰〰〰〰〰〰〰〰〰〰〰〰〰〰〰〰〰〰

练习 10.7　抵制问题的定义

识别出某个家庭成员的问题，这个问题导致家庭要接受家庭服务。家庭社会工作者如何成功地将这个问题定义为家庭问题，而不招致其他家庭成员的抵制？

〰〰〰〰〰〰〰〰〰〰〰〰〰〰〰〰〰〰〰〰〰〰〰〰〰〰〰〰〰〰

非自愿服务对象往往不是出于自己的要求而接受服务的。他们进入家庭工作是完全没有动机的，他们不愿意朝着那些由家庭社会工作者、机构或者其他权威机构外人士制定的目标前进。非自愿服务对象常常是被强制接受机构干预的，因为他们的问题涉及儿童福利、精神健康或者司法问题。一个很棘手的例外就是药物滥用。对于上述问题（药物滥用除外），都有现成的法律，要求服务对象无论是否愿意，都必须接受干预治疗。当服务对象在不愿意的情况下接受治疗时，他们大多会表现出抵抗。因此，对非自愿服务对象的评估就需要特别谨慎，因为他们的问题可能比较严重，会涉及非法的问题，或者两者兼而有之。有时家庭社会工作者还需要出庭作证，或者给法庭出具报告。

这样的家庭在进入家庭服务时，会带有很多不情愿的因素。有时能够明显看到他们的不情愿和抵抗情绪。如果服务对象面临性虐待、家庭暴力或药物滥用等问题，在家庭工作刚开始时就比较容易抵抗。服务对象的抵抗是很自然的事情，因为很多人在开始接受家庭工作时，都会感到不安、惊恐或者不好意思。此外，当个人问题引起机构关注时，父母们往往容易感到自己很失败。要承认自己有问题，需要参与必要的服务计划以做出改变，家庭成员对此往往会表现出不同程度的抵抗。有种特别复杂的情况就是，当家庭内部出现某种迫害情况时，作恶者往往不想做出任何改变。例如，在儿童保护服务中，父母的动机和改变的准备成为非常重要的因素（Littell & Girvin，2004）。

有些家庭抵抗机构的服务，可能是因为自己过去与机构打交道的经验不好，或者机构的形象不好。有的家庭之前去很多机构寻求过帮助，但是问题解决毫无起色。服务对象可能会担心保密的问题，或者担心机构不能理解自己的问题。结果，他们只是勉强接受机构的服务，象征性地做一些事情来敷衍了事。大部分非自愿的服务对象都会不配合，但是不是所有不配合的服务对象都是非自愿的。是否愿意接受家庭服务，不同家庭的情况各不相同。服务对象会形成一个是否愿意接受服务的动机连续体。在其中一端的服务对象是根据法律强制性来接受服务的，他们根本不相信自己有问题；有时在这个连续体中间的服务对象，会相信自己有问题，但是他们不想接受治疗，做出改变；而在连续体的另一端的，就是最理想的服务对象，他们发现自己有问题，需要做出改变，以解决这些问题。

即使没有法律强制要求服务对象接受治疗，有些服务对象也会接受服务，因为他们受到了来自家人和朋友的压力。例如，药物滥用者的配偶会威胁说，如果对方不接受治疗，自己就会离开。儿童通常不会对家庭接受干预产生任何影响力，除非孩子的行为问题非常严重，家长无法再逃避了，例如孩子试图自杀或者离家出走。当某些家庭成员抵抗家庭工作时，他们常常会拖整个家庭的后腿。另一个常见的情形就是，某些家庭成员认为自己家里的确出了问题，但是，他们相信是个别人出了问题。这在有青春期"出格"孩子的家庭中非常常见。社会工作者面临的挑战就是，要协助所有的家庭成员明白自己在家庭问题形成中的作用和影响力。

服务对象常常会需要家庭社会工作帮助自己解决一个或两个问题。有些人只希望能够消除家庭问题给大家带来的痛苦，在这个过程中，他们希望得到"扶持"。一旦最初的压力消除了，这些服务对象就会感到满意，他们不太愿意做出进一步的艰难的改变。还有的服务对象希望从细节上改变自己的生活。他们愿意付出努力，来改变自己的生活。这些服务对象对家庭社会工作者来讲，是最值得付出的人。

练习 10.8　角色扮演

每六人分成一组。一人扮演家庭社工，来访谈一个有因为携带大麻而被起诉的青春期孩子的家庭。这家人的情况是这样的：凯蒂（母亲），鲍比（父亲），菲尔（14 岁被起诉携带毒品的孩子），杰姬（16 岁的乖乖女）以及吉米（8 岁）。法庭要求这个家庭接受治疗。所有的家庭成员都因为菲尔给家里惹出这么大麻烦而感到愤怒。家庭成员也承认自己对问题的出现或多或少都有责任。首先，角色扮演要有意识地在家庭中引起抵抗。5 至 10分钟后，要处理并降低这种抵抗，然后，开始处理他们的问题。比较两种不同的方法，看看这两种方法有什么不同。向班级汇报结果。

330　　利特尔和格文（Littell & Girvin，2004）把抵制家庭与普罗查斯卡和迪克莱门特（Prochaska & DiClemente，1992）的改变阶段模式联系在一起了。他们认为，这个改变阶段模式可以用来评估未来可能给孩子带来伤害的危险因素。可以想象的是，很多非自愿接受服务的家庭都是旁观者，换言之，他们不认为自己有问题。也有人承认自己家庭出了问题，但是他们不愿意处理这些问题。家庭社会工作者要看看这些父母到底处在改变的连续体的哪一边，需要适时地调整自己的干预计划。对于某些家庭而言，他们需要学习投入技术，因为过快进入干预可能适得其反。给家庭设定切实可行的目标，是推动家庭前进的关键环节。

非自愿或抵抗的家庭可能需要有一个明确的协议，协议要清楚说明他们期望的结果是什么。家庭社会工作者的任务就是告诉他们，尽管他们不是心甘情愿地参与这个干预计划，但他们还是有一些选择的，每个选择都会有一些预期的结果。例如，那些因为虐待儿童而被法官宣判接受服务的人，如果拒绝的话，他们会发现，家庭社会工作者会给法庭提交一个报告，或者他们的孩子将会被送往寄养机构。最后，社会工作者要对服务对象的愤怒和担心表示共情，接下来，要与他们讨论这种非自愿的工作会给每个人带来什么影响。

家庭需要知道，参与家庭社会工作是自己的选择。当家庭明白自己的确在某些事情上能够有控制力时，他们的抵抗就会减少。家庭社会工作者要强调，一旦法庭强制令的条件或者协议的工作完成后，他们就能停止接受这些非自愿的服务。这个协议需要说清楚，某种程度上服务对象是需要自我决定的；还要说清楚在什么条件下，家庭可以不受机构和司法程序的干扰。在针对非自愿的服务对象开展工作时，首先要知道他们是因为什么原因而被迫接受家庭服务的。提出这个问题，是一个表达同理心的很好的方法，也就是让家庭工作从服务对象的处境开始。一旦家庭社会工作者知道了家庭接受服务的原因，工作的重点就是要关注一些具体的、特定的改变。

如果服务对象是因为法庭命令而来接受服务的，那么，就要清楚地告知他们某些工作是不能讨价还价的，他们需要了解终止服务的具体条件。尽管面对这样的人群会感到很不自在，但是，家庭社会工作者还是需要清楚地了解与非自愿家庭开展工作的要求。例如，如果社会工作者需要准备法庭报告，在一开始家庭就应该知道这个情况。服务对象应该知道自己应该达到什么标准，哪些是可以协商的。当服务对象不配合时，家庭社会工作者要指出，家庭有权利不参与，但是，不参与会带来很多后果。总之，家庭社会工作者必须讨论问题的特点、自己的角色、不能协商的要求、转介机构提出的强制性程序、可以协商的要求以及服务对象有哪些选择等（Hepworth & Larson, 1993）。

动机是抵抗的另一面。当家庭有很强的愿望要改变自己的生活时，他们就具备了很强的动机。愤怒和消极会削弱这种动机。当服务对象感到社会工作者和机构因为自己的问题而指责自己，对自己毫无理解和共情时，他们会认为家庭社会工作者对自己构成了威胁。家庭社会工作者要准备好面对服务对象的敌对情绪和愤怒，要直截了当地回应这些负面情绪。争执是不能解决问题的，反而会激化服务对象的敌对情绪和愤怒。由于抵抗可能是家庭应对外人的一个方式，家庭社会工作者的共情式的回应，可能会给他们提供一个恰如其分地回应的示范。我们建议，在建立信任和被接纳之前，不要直接否定服务对象的观点。在评估阶段，直接提出谁应该对问题负主要责任，可能会导致家庭的自我防御，不利于家庭的改变（Ivanoff, Blythe, & Tripodi, 1994）。相反，运用同理心化解阻力，可能是非常有效的方法。家庭社会工作者可以先提起"家庭不愿意卷入到家庭工作中是通过什么表现出来的"这样的话题，再接着讨论家庭中到底发生了什么。

我们建议，家庭社会工作者不要在工作开始时就否定服务对象的观点，这并不是说，家庭社会工作者应该支持和鼓励服务对象的功能紊乱。处理家庭抵抗的最重要的方法就是"掌握时机"，知道何时给家庭提出问题会带来反作用（Brock & Barnard, 1992）。要在适当时间处理服务对象的对抗，寻找机会促进改变。有时，服务对象会阻碍工作协议的进程，会强烈要求按自己对问题的定义来开展工作。社会工作者需要能够在自己与服务对象对问题的定义之间，找到一个共同认可的平台。很多家庭社会工作者发现，一旦打破了最初的障碍，服务对象就会逐步放弃防御，不再坚持自己对问题的定义。社会工作者需要记住，防御对服务对象来讲具有保护性功能，当服务对象感到安全时，就会放弃这个保护性立场。要战胜抵抗，服务对象通常需要了解家庭社会工作者，并对他们进行评价（Lum,

331

332

1996)。

 案例 10. 2   **与其他助人者开展工作**

　　万达和肯尼思来见家庭社会工作者，因为肯尼思的前妻要把他两岁的儿子约翰尼带到其他州生活，并拒绝让肯尼思探望孩子。肯尼思说，他的前妻诺拉对他们离婚一直耿耿于怀，并妒忌他现在的妻子万达。诺拉一直以为他们可以复婚，但是万达的出现使她的梦想破灭了。万达说，不单单是诺拉对他们夫妻心怀怨气，就连双方的家庭（包括一些朋友）都对他们的婚姻表示不满。万达说，这是因为自己比肯尼思年纪大，自己也是离过婚的。他们双方的家庭都有宗教背景，都反对离婚，而且他们都不能接受夫妻之间存在的这种非传统式的年龄差异。

　　家庭社会工作者的评估表明，他们需要接受法律帮助来处理监护权和探视权的问题，还需要接受家庭辅导来处理扩大家庭的问题。由于万达和肯尼思经济比较拮据，家庭社会工作者把他们转介给了一个专门按照个人收入收费的律师。同时，社工还把他们转介到了一个与他们的宗教背景相同的家庭服务机构，接受家庭辅导，以解决他们面临的问题。

　　与非自愿的服务对象一起工作的有效性，与自愿服务对象是完全相同的（Ivanoff, Blythe, & Tripodi, 1994, p.57）。最积极的结果就是，有效程度会与工作者—服务对象的互动关系质量密切相关。最后一个建议就是要有序：一个聪明的工作者必须能够敏锐地发现抵抗家庭与无效干预之间的差异。

针对少数族裔家庭开展工作

　　家庭社会工作者适用于少数族裔家庭的工作技巧之一就是增进社会工作者和家庭之间的联系。为了吸引家庭参与，社会工作者可以运用家庭的语言和非语言的沟通风格，以及相关的隐喻。还可以运用的家庭系统技术包括行为方法，如社交技巧培训。例如，有一些专业的治疗工具可以用来协助家庭学习更好沟通的技巧、问题解决的技巧和对不满情绪的管理技巧（参见 Franklin & Jordan, 1999）。

干预非裔美国人家庭

卢埃林和乔登（Lewellen & Jordan, 1994）发现，家庭赋权和对服务满意的感受都与成功的家庭干预密切相关。此外，信任和沟通风格也是非常重要的变量。非裔美国人家庭与其他少数族裔群体相比，可能会对某些问题非常敏感，如家庭社会工作者的麻木不仁。非裔美国人家庭报告说在服务设计阶段就缺乏信任，包括精神健康服务的提供者。缺乏信任可能会导致与家庭社会工作者之间的小心翼翼的沟通和防御性互动。下面就是对非裔美国人家庭提供服务时需要遵循的一些原则：

1. 要给扩大家庭网络或者彼此互相支持的若干家庭提供服务。

2. 要考虑单亲的、女性家长的家庭的需要，包括交通问题、安排工作的计划，以及照看孩子的需要等。

3. 聚会时间要灵活，这样扩大家庭成员可以参与。另外要考虑给扩大家庭提供交通和住宿服务。

4. 服务要简洁，有时间限制，从而鼓励那些不信任精神健康系统的家庭接受服务。

5. 治疗要聚焦于心理教育和社交技巧的培训，以及直接与家庭就治疗问题进行沟通。

6. 家庭社会工作者必须愿意并且能够发现种族歧视，以及阻碍非裔美国人家庭成员自我袒露的问题。

7. 非裔美国人家庭成员非常重视互助性和平等性，因此，家庭社会工作者提供的服务应该能够尊重服务对象的家庭，要让家庭参与到决策过程中（Jordan, Lewellen, & Vandiver，1994，p.32）。

333

干预拉美裔美国人家庭

给拉美裔美国人家庭提供干预，可能需要根据他们融入主流文化的程度来分析这些家庭：刚刚抵达的移民家庭，需要具体的服务，包括语言指导、信息、转介和倡导。需要努力接触这些家庭，因为由于语言和文化障碍，他们可能自己找不到所需的服务。由于隔代之间的冲突，移民的美国家庭可能需要有关解决冲突、解决问题或控制情绪的培训。移民的后代家庭比较愿意接受传统的精神健康服务。他们可能会在家里讲西班牙语和英语，逐步融入了主流文化中（Padella et al. and Casas & Keefe in Jordan, Lewellen, & Vandiver, 1994, p.33）。

家庭社会工作者可能会被拉美裔美国人家庭当成治疗者、牧师或医生，这取决于家庭融入主流文化的程度。事实上，家庭可能在寻求正式机构服务之前，会去咨询牧师或者传统治疗师。

乔登、卢埃林和范迪维尔（Jordan, Lewellen, & Vandiver, 1994）就如何给拉美裔美国人家庭提供服务，给出了以下建议：

1. 设计有时间限制的治疗计划，鉴于家庭的重要性和孤立性，要邀请家庭及其扩大家庭共同参与。

2. 服务内容要对家庭融入主流文化的程度、信念、等级和传统保持高度敏感。

3. 新抵达的移民家庭可能会经历角色困惑，治疗要对此保持敏感，因此，传授的技巧要包括沟通技术、协商技术培训和角色澄清等。

4. 治疗要对家庭的教育、信息和转介服务的需要保持高度敏感。

5. 要将传统的治疗者、牧师或其他非亲属的助人者纳入服务计划中（p.34）。

干预亚裔美国人家庭

乔登、卢埃林和范迪维尔（Jordan，Lewellen，& Vandiver，1994）指出了一些技巧能够提高给亚裔美国人家庭提供服务的水平。因为在亚裔家庭中等级森严，因此，治疗计划要邀请家中或者社区中高身份人士参与。家庭社会工作者可能会被当成一个权威人士，因此，他们可以利用这个身份来推动家庭的积极改变。社会工作者必须确保尊重家庭成员。在家庭所在的社区中提供服务，将会极大提高服务对象的参与度。

家庭社会工作者与家庭成员之间的清晰的沟通是非常重要的。社会工作者要避免使用俚语、行话或方言。还有，如果一定要使用翻译，工作者一定要对家庭的文化和社会阶级保持高度敏感。治疗需要包括心理教育技巧。要将整个家庭都纳入治疗中，社会工作者要对家中的长者表示敬重。社区、活动中心、教会或庙宇中的其他家庭，也可以用来组成支持/社交小组，可以协助治疗诸如长期的、严重的精神疾病等问题。

干预美国印第安人家庭

胡（Ho，1987）提出了在给美国印第安人家庭提供服务时保持敏感的几个建议：

1. 由于缺乏食物、住房或其他生活必需品，要根据美国印第安人家庭经历过的艰辛，来提供具体的服务。给家庭提供生活必需品，能够协助社会工作者与家庭建立关系。

2. 家庭社会工作者与美国印第安人家庭的沟通必须"开放、充满关爱和一致性，要用简单、具体、缓慢和平静的方式来进行"（Ho，1987，p.94）。

3. 要了解美国印第安人家庭，家庭社会工作者需要观察他们的沟通模式和风格，要注意到扩大家庭成员是怎样彼此进行互动的。"要做到这一点，家庭社会工作者需要特别关注，少说，多看，积极倾听"（Ho，1987，p.95）。

4. 要了解扩大家庭，需要使用画图技巧。

5. 美国印第安人家庭特别重视集体主义，这表明需要双方合作来确定治疗目标。

6. 要协助问题解决，需要"（1）进行社会的、道德的、有机的重新界定或重新命名；（2）动员和结构化扩大家庭网络；（3）作为家庭重构的技巧，促进家庭独立；（4）运用角色示范、教育者角色和倡导者的角色；（5）重构问题解决的禁区；（6）与医务人员、半专业人士和治疗师合作"（Ho，1987，p. 99）。

本章小结

在本章中，我们主要讨论了对整个家庭的需求评估，提出了六种不同的界定家庭问题的方法。这里特别需要强调的一点就是，对于家庭社会工作者来讲，就是要保持文化敏感性。干预的目标是改变循环性的模式，主要方法有鼓励互动，运用线性的、循环性的、策略性的和反思性的问题以及去三角关系。我们还讨论了如何与非自愿服务对象开展工作，包括家庭社会工作者有必要与整个家庭一起设定目标，制定协议。

要实现某些目标，需要建立家庭社会工作与服务对象之间的关系。目标设定使工作朝着目标发展，并逐步接近目标。目标需要具体化服务对象对家庭工作的期望，以及使用什么方式来实现目标。目标的设定需要满足下列条件：应该可以测量、在合理的时间框架内、与服务对象的价值观和能力一致、是服务对象能力所及的。设定目标的策略包括发现一般性意图、界定目标的具体细节、在可测量的时间内设定可以实现的目标。

协议的制定需要在评估的最后阶段。协议实际上是服务对象与家庭社会工作者之间的约定，概要性地揭示了双方的工作目标以及实现目标的手段。协议可以是口头的，也可以是书面的，制定过程可以协商，在实施过程中也可以随时修正。如果没有协议，就容易出现困惑，因为家庭社会工作者和家庭对双方的工作进展缺乏一个共识。协议还会受到时间的限制和机构的约束。有效的协议会清楚地表明实现的目标和途径、家庭社会工作者和服务对象各自的角色和责任、程序细节如聚会的时间和地点等。

关键术语

适应性模式（健康互动模式）：循环性互动模式，既能满足家庭成员的情感、思维和行为的需求，又能在家庭成员中促进成长，提供关爱性的和健康的沟通互动模式。

情感性障碍：会阻碍循环互动模式的改变。它们常常是某种类型的恐慌，如恐慌愤怒的爆发，或者担心被抛弃。

循环模式：长期以来，两人之间不断重复的互动或沟通模式。这种模式可能是适应性的，也可能是适应不良的。

文化敏感性实务：在社会工作实务中能够意识到、保持高度敏感并能尊重与自己文化不同的文化。社工有能力把家庭文化特点有机整合到家庭社会工作实务中。

去三角关系：将第三方从一个不良的三角关系中清除的过程，其目的就是让有问题的两人组正视并处理自己的问题，而不需要将第三方卷入。

线性的、循环性的、反思性的提问：一种提问方式，用来收集多种类型的信息。有些问题（如线性问题）用来收集事实，而有些问题（如循环性问题）用来建立家庭成员之间的联系，以促进改变（如策略性问题），或者鼓励服务对象反思自己的生活（如反思性问题）。

不良适应模式或者病理性互动模式：两人之间的，不能满足感情、思维和行为需要的循环的互动模式，并且呈螺旋式下降的方式发展，阻碍问题解决，破坏家庭成员之间的关爱关系。

336
推荐阅读书目

Tomm, K. (1991). Beginning of a HIPs and PIPs approach to psychiatric assessment. *The Calgary Participator*, 1 (2), 21 – 24.

Tomm, K., & Wright, L. (1979). Training in family therapy: Perceptual, conceptual, and executive skills. *Family Process*, 18, 250 – 277.

能力说明

EP 2.1.4b. 在与多元群体开展工作时，要拥有足够的自我意识来消除个人偏见和价值观的影响：生态视角会帮助家庭社会工作者考虑多元家庭结构和需要，并保持敏感性，以消除家庭工作中的个人偏见。

EP 2.1.10e. 评估服务对象的优势和限制：家庭社会工作者要运用优势框架，来分析家庭及其优势和问题。

EP 2.1.10g. 选择合适的干预策略：家庭系统干预，如循环问题和去三角关系技术等，都可以帮助家庭社会工作者在家庭系统的各个层面进行干预。这些技术同样适用于帮助非自愿家庭。

第十一章

干预阶段

◇ **本章内容**

干预阶段

家庭社会工作者的角色和目标

干预技巧

危机干预

问题解决干预

生态干预

专业化家庭工作视角

本章小结

关键术语

推荐阅读书目

能力说明

◇ **学习目的**

概念层面：理解家庭社会工作者不同的干预角色，以及干预中的各种有用技术。

感知层面：观察不同的角色和技术，关注它们对家庭的影响。

评价和态度层面：认识到家庭有内在的优势可以解决问题，家庭社会工作的干预就是与家庭建立伙伴关系。

行为层面：运用基本的干预技术，包括问题解决技术等，建立一个优势视角。

干预阶段

很多家庭社会工作者对投身家庭、建立关系、评估阶段的工作感到得心应手，但当推动具体改变发生时，他们可能会自我怀疑。在第十章中，我们讨论了很多实在的改变，包括家庭社会工作者开展家庭工作时运用的技巧。家庭社会工作者不能机械地使用这些技巧。他们应该根据对家庭评估结果来选择性地运用这些技术。干预阶段是从家庭社会工作者进入家庭正式开始的，需要完成全面的评估、目标设定和清晰的协议制定。

在本章中，我们首先来看看人们常用的微观技术，用以协助家庭和家庭成员改变自己的行为和反复出现的发挥功能的方式。这些技巧包括聚焦、运用例子、对质、现场再现、问题外在化和使用隐喻。然后，我们要回顾干预的各个阶段，包括签订协议、危机干预、生态视角的干预和问题解决。我们相信，这些综合性的方法会给家庭社会工作提供一个开始阶段的通才视角。我们还会通过这些干预方法，简单介绍一些有助于处理紧急问题、改进家庭沟通、处理界限问题、运用某种形式的认知方法，也就是叙事方法。我们坚信，这些开始层面的方法和具体技术能够有效地增强通才家庭视角。这些视角，简单来讲，就是解决办法为本的视角、沟通/体验式视角、结构家庭治疗视角和叙事视角。

选择家庭视角

怎样知道我们应该采用哪个视角？这个问题完全取决于家庭和家庭社会工作者如何界定需要解决的家庭问题是什么，包括家庭成员使用什么语言来描述问题。家庭社会工作者必须认真倾听家庭成员使用的语言的"细微差别"（Collins & Tomm，2010）。如果这些基本的细微差别是围绕情感的，那么，最好的办法就是采用沟通/体验式方法。例如："今天我感到非常抑郁。"如果主要的细微差别是围绕缺乏某些行为改变的，那么，就应该选择行为视角、问题解决或者解决办法为本的视角。例如："我发现跟我儿子相处非常困难。"如果细微差别围绕的是压迫和无权感，那么可能需要采用女性主义视角："我觉得对我做母亲和妻子的期望是非常不现实的。""大家期望我做所有的家务，还要管教孩子。"围绕非理性思维的细微差别可能会让我们选择认知或叙事视角。例如："我认为我一事无成。"

家庭社会工作者的角色和目标

从历史的角度来看，专业助人者都是以"专家"的身份走进家庭和服务对象交流的。通常认为，社工具备了比服务对象更多的知识和专业经验。专业人士针对家庭开展工作，解决家庭的问题，帮助服务对象做出决定，向家庭传授有效的育儿知识。作为专家，助人的专业人士都站在家庭外面，扮演了权威的角色，在改变过程中，家庭从来都没能成为专业人士的合作伙伴。权力和知识都掌握在专业人士手中。在这个过程中，助人者给予，而家庭则接受。这种"给予—接受"的模式建构了权力的不平衡，妨碍了家庭的动机、投入的水平和目标的设定。

人们对家庭和有效助人过程的不同认识，导致社会工作者的角色发生了变化。今天，*339* 家庭不再是一个被动的干预的接受者，而是自己整个改变过程中的一个积极主动的合作者和参与者，同时人们相信，社会工作者并不比家庭的知识面更加广泛和渊博（Wood & Geismar，1986）。在社会确定的框架内，家庭应该界定自己的需要，提出优先关注点，表达自己喜欢什么样的服务。结果，家庭社会工作者就成为一个合作者、协作者和谈判者。这些多元角色要求社会工作者接受很好的专业训练。的确，要扮演好这些角色，家庭社会工作者需要运用多重助人技术，要具备多方面能力。家庭合作者和伙伴的角色需要工作者放弃做一个只会给事先界定的问题提供事先想好的解决办法的"专家"。家庭有权利和责任来明确自己的担心，确定与家庭相关的目标，在解决问题的过程中扮演积极主动的角色。

要更好地帮助家庭，家庭社会工作者必须理解自己的家庭问题，弄清楚自家的人际关系，这样才能与服务对象家庭建立互相尊重的合作伙伴关系。对很多专业人士来讲，将焦点从个人身上扩大到整个家庭身上，是一个意义深远的转变，他们的专业背景和思维促使他们呼吁倡导儿童权利，有时，这与家庭的利益是相冲突的。这种从个人角度向家庭角度的转变，要求工作者能够把认为家庭有能力的信念，融合在决策和问题解决的过程中。

在与家庭的伙伴关系中，家庭社会工作者要运用七种角色，来发挥跳板作用，协助家庭推动改变：共情的支持者、教师/培训者、顾问、使能者、动员者、调解者和倡导者。

1. 在共情的支持者角色中，指导家庭社会工作者的哲学基础是，要发现和强化家庭的优势，同时也要发现家庭的不足或资源的缺乏。发现优势能够使家庭社会工作者进入家庭，建立联系，增强他们之间的信任，提高家庭改变的动机，使家庭乐观地朝着目标前进。尽管每个家庭都有自己的优势，但是，社会工作者常常会陷入功能紊乱和病理学视角中，也许关注问题本身就是在强化功能紊乱。例如，尽管都是从负面的角度来教育孩子，但大部分父母还是特别关心自己的孩子。需要强调这种关心，这样就能给处理目标问题奠定一个很好的基础。

340   2. 教师和培训者的角色使家庭社会工作者可以找到家庭的不足之处或者是在哪些方面缺乏技巧或知识。要将家庭问题当成技巧缺乏的结果（或者用轻松的表达方式，就是需要学习新的技巧），而不是去寻找一些病理学的证据。要让家庭更加开放，需以非防御的方式来处理问题。问题可能是沟通技巧、育儿技巧、问题解决、愤怒管理、冲突解决、价值澄清、财务管理和日常生活技巧等方面的缺陷和不足。

    教师的角色常常需要运用于育儿技巧培训的干预中。有时，教师的角色需要协助父母采用一些更加积极和建设性的亲子互动来取代过去的语言和身体惩罚。有的时候，家庭社会工作者要教授父母更加有效的技巧来处理难对付的孩子行为，教他们强化积极行为，阻止负面的令人不悦的行为。通过这种学习，父母就能成为孩子们的治疗师。

    3. 家庭社会工作者的顾问角色就是要针对家庭出现的具体问题提供建议。例如，家庭一般来讲功能正常，但是，他们发现孩子进入青春期后，家里就开始不安宁了，因此，他们需要专业的支持。家庭社会工作者作为顾问，就能给父母提供有价值的信息，来处理典型的或"正常的"青春期行为。在这个过程中，父母会逐步了解青春期孩子的需要，在未来的互动中，也不会将孩子当成问题的根源。家庭社会工作者还可以给父母和孩子们不断提供反馈，而这种反馈从其他渠道是根本得不到的。

    4. 使能者的角色使家庭社会工作者帮助家庭开拓过去得不到的机会。例如，一个移民家庭可能不了解自己周围有什么样的资源能够满足自己的特殊需要。给家庭提供相关的服务资源信息，帮助他们获取这些信息，就能提高家庭的能力，给他们赋权。在完成某项任务的过程中，家庭成员的能力得到提高，这能够为他们未来成功奠定基础。

    5. 作为动员者，家庭社会工作者要充分利用工作者在助人性社会资源网络中独特的地位。社会工作者要全面了解助人系统和社区支持网络的情况，动员和推动不同的社区团体和资源为家庭服务。家庭社会工作者在对家庭开展工作时，要能够动员社区机构。例如，当学校给孩子带来了很多挑战和压力时，家庭社会工作者要协调学校和家庭之间的关系，促进他们之间的沟通，给努力奋斗的孩子提供新的机会。

    6. 作为调解者，家庭社会工作者要处理个人和系统之间的压力和冲突。调解的层面很多。当家庭与社区发生冲突时，家庭社会工作者需要调解、找到解决办法，或者在更加微观的层面上，还需要调解家庭成员之间的矛盾和冲突。如果家庭成员与房东或者邻居关系紧张，家庭社会工作者就需要介入这些冲突。

341   7. 家庭社会工作者还需要扮演倡导者的角色，这个角色要求他们代表服务对象采取行动。家庭社会工作者处在一个独特的位置，能够理解家庭问题在社会情境中产生的根源。因此，社区行动和政治行动都成为家庭社会工作者的手段，以争取社会和法律改革，让服务对象受益。

练习 11.1　家庭社会工作者的角色

　　家庭社会工作者可以在很多情况下帮助家庭解决问题。想一想家庭社会工作者到底可以扮演哪些角色。举例说明在某个情形下，该如何运用每个角色。举例说明家庭社会工作者该如何扮演好自己的角色。

干预技巧

　　家庭社会工作者要能够运用很多技巧来协助服务对象家庭获得新的顿悟，最终能够实践新行为。这些技巧包括：观察、聚焦、运用例子、对质、情境重构、运用隐喻和协议。

观察

　　结构性观察既是一项研究技术，也是一项记录行为的实务技术，可以用来记录有关事件出现时的客观信息（Polster & Collins, 2011）。只有了解了某个问题发生的频率，如发脾气的频率，并收集相关信息，才能给家庭提供所需要的帮助。系统观察法能够协助父母学习管理多动症儿童，或者有其他行为问题的儿童的行为，还可以用来帮助施暴的父母学习积极有效的行为管理技巧。要将惩罚性的、不良的育儿风格转变成积极的、支持性的育儿风格，需要采用自我监督的程序。例如，要教父母记录他们积极或消极回应孩子的次数；协助父母学习记录孩子的口吃问题，如在一天中口吃的频率，这将有利于评估孩子的语言困难程度；协助父母学习记录某个物理治疗的次数，也会有效地提高家庭执行某个治疗计划的配合程度。

　　倾听和观察构成了质性家庭评估的主要内容。观察是家庭社会工作者必须具备的一个基本技术，但是，也不能过分强调其作用。没有开放的、准确的观察，接下来的活动就缺乏依据。观察使工作者能够获得精确信息来理解家庭，当然，某些观察信息也不是非常具体的。无论如何，如果不用心去观察，很多的信息就会遗漏。家庭成员自己描述的家庭事件和动力关系常常是互相矛盾的；还有的时候，家庭成员无法描述家中发生的一切，因为他们缺乏语言技术，或者因为他们不明白家里到底发生了什么。此外，通过独立观察某个家庭发生的事件，家庭社会工作者可以将很多零散的、各自为政的信息，整合为一体。这样，通过观察，或者说"用眼睛来倾听"，家庭社会工作者抓住了物理特点、非语言行为、能量水平、情感，以及语言和非语言表达之间的一致性。

　　观察还可以使家庭社会工作者全面理解家庭感受世界的方式。社工需要倾听家庭的环境和过程。例如，家庭社会工作者观察到了与权力、权威以及对求助的不确定性相关的微妙信息。在这个过程中，要讨论社会污名化的话题，压制直接和全面表达强烈感受，都是非常困难的，对此要特别小心（Shulman，1992）。由于相比语言沟通，家庭社会工作者更容易从非语言沟通中获取间接信息，因此，他们对此要密切关注。观察家庭的动力关系，可以补充通过访谈以及家庭社会工作者运用的评估工具所收集的信息。

　　家庭社会工作者可以利用很多机会来进行观察。与办公室背景不同的是，家庭社会工作者有机会对个人、家庭和社区进行生态评估。工作者要通过了解家庭所在的社区，通过社区服务（包括交通和医疗教育机构）的获取、邻里安全、娱乐和文化机会等细节，来把社区记入脑海。这些信息能够帮助与家庭讨论解决办法，在帮助家庭与新的服务联系起来时，也会提供一个知识背景。

　　社工一旦进入家庭，观察的作用就凸显出来了，因为他们亲身经历了家庭的环境：亲眼看见家庭的布置，以及是否有足够的资源来满足家人的基本需要。家庭社会工作者需看到服务对象的优势，以及应对策略、资源和家庭环境带来的限制。在进入家庭之前，工作者需要根据家庭的环境特点，列出清单来指导观察。当然，特定的环境也会影响对物理环境的观察（Holman，1983）。例如，在严重经济危机期间，某个家庭可能会住在一所破烂不堪的房子中，缺水少电，鼠虫遍地。有位家庭社会工作者曾经访问过一个家庭，这个家庭住在一所小房子中，养了六条大狗。每次家访之后，她都会注意到自己身上多了一些虫咬的痕迹。另外，穷困潦倒的家庭可能意味着萧条和冷淡。同样，在与一个调皮孩子的父母一起工作时，家庭社会工作者可能注意到家庭中几乎没有孩子的东西，因此怀疑家长是否缺乏有关儿童发展的知识，或者是没有能力购买玩具。家庭社会工作者会对家庭建立自己的假设，然后试图证实或者推翻这些假设。在前面的例子中，工作者提出了父母缺乏有关儿童发展的知识的假设，如果家中到处都是孩子的东西，包括书籍、玩具和其他玩耍设施，那么，这个假设就可能被推翻。

　　家庭观察除了能够给家庭社会工作者提供环境和资源的信息外，还能给他们提供机会来观察家庭成员之间日常互动的情况。在办公室访谈时，专业人士只能一次与一个家庭成员进行互动，然而，在上门访谈时，家庭社会工作者有机会与整个家庭一起沟通。个体家庭成员对正常发挥的家庭功能或家庭功能紊乱都不能忽视，需要了解他们到底需要什么帮助。仔细的观察还可以丰富文字材料内容，完善服务计划所需的记录。

　　总之，观察技术给很多干预决定的制定提供了很多信息。在观察家庭时，需要增加文化和种族差异的信息。在某些文化中，扩大家庭与核心家庭是一起居住的。有的文化认为不同的家人同处一室很难堪，或者也不习惯过于直白。要收集信息，就要保持敏感性，要尊重这样一个事实，即家庭社会工作者是家庭中的来访者。这些信息不能被用来责备或者评价他们的生活方式。

家庭社会工作者需要观察家庭的社会功能性。要全面理解社会功能性，需要分析家庭成员扮演的社会角色。个体的行为和适应力反映了家庭成员扮演好各自角色的程度。格斯马和艾尔斯（Geismar & Ayres，1959）提出了家庭内部角色表现的四个领域，以及家庭外部角色表现的四个领域。家庭内部角色包括：

- 家庭关系和家庭团结。
- 子女照顾和教育。
- 健康。
- 家务。

家庭外部角色包括：

- 运用社区资源。
- 社交活动。
- 经济活动。
- 与社会工作者的关系。

聚焦

344

家庭社会工作者对家庭及其环境做了基本的观察之后，就需要将重点放在某些问题上。聚焦需要关注某些问题。要做到这一点，服务对象和家庭社会工作者都要确信自己能够很有成效地运用好时间。切入正题有时的确很有成效，但大部分时候都是徒劳的。因此，非常重要的一点就是，要发现服务对象什么时候转换话题，或者将讨论引向其他方向。有可能的话，将焦点放在服务对象身上，放在他们关注的主题或者问题上，放在他人身上，放在双方共同关心的问题上，放在被访者身上，放在文化、环境或情境问题上。根据自己之前对服务对象及其问题的了解，家庭社会工作者可以列出一份清单，这份清单涉及需要探索的相关领域和问题。这是因为，事先列出问题领域常常是不靠谱的。很多时候，服务对象的想法非常分散，或者不知所措，因此列出一个清单还是非常有益的。

练习 11.2 聚焦服务对象

设想一个跟你互动有困难的人（不一定在社会工作服务领域）。列出你如何做才可以跟这个人建立信任关系。然后，列出你如何向这个人展示你在关注对方，而非关注自己。

运用例子

例子可以帮助家庭社会工作者向家庭解释、描述或者传授概念。一般来讲，例子需要与家庭的生活经历相匹配。运用例子可以实现几个目标。例子展示的是其他人也有类似的经历。有个家庭的孩子上了幼儿园，父母感到不安，家庭社会工作者这时可以对父母这么说："很多父母都有类似的担心。有个母亲告诉我，她有五个孩子，每个孩子上幼儿园的时候，她都非常担心。"例子还可以用来呈现处理困境的不同方式，有个家庭社会工作者告诉父母："我曾经同一位母亲讨论过类似的问题。她告诉我，她试图让自己的孩子睡个午觉。你的处境比较相似，她的做法是否对你有参考意义呢？"

很好地运用案例，可以帮助服务对象放松，从容面对一些让自己担心的事情。家庭社会工作者可能会说："我记得有个母亲试了很多方法来帮助自己的孩子学会用厕所，和她一样，你可能会发现第二个或者第三个方法会起作用，虽然第一个方法不奏效。"用有趣的讲故事的方式来举例子，是最有益的方法，因为它们会比抽象的表述更容易让人记住。

练习11.3 运用例子

想出三个例子来说明你该如何有效地向服务对象说明一个概念或者实务活动。跟你的同伴一起，练习运用例子来向服务对象解释这些概念（例如"运用限时隔离"）。

对质

对质是家庭社会工作者常用的一个技术，但是，它的有效性常受到质疑，因为它既可能有利于服务对象的成长，也可能毁掉服务对象。对质常常代表了敌对、不愉快、贬低他人，会令人产生焦虑。家庭社会工作者可能都不太愿意运用对质，因为它会带来不良后果，例如服务对象脱离治疗关系，或者加剧愤怒。尽管这样，对质在某些情况下，是非常有帮助的。要认真选择对质程度，正所谓"杀鸡焉用牛刀"。同样，对质并非说了就了事的，相反，它是需要建设性地运用以推动改变的。

对质的目标就是向服务对象呈现他们忽视的或者看不见的信息，以此来提升他们的意识。家庭社会工作者必须找到一个方式，使被对质的服务对象愉快地接受这些新信息。虽然说要掌握好对质技术非常不易，特别是对家庭社会工作者来说，他们对运用这个技术不了解，但是，它的确能够很快促使改变发生。

决定是否需要与服务对象对质的一个有益的原则就是，要确定对质要达到什么目的。

因为家庭社会工作者耐心不够，不愿意任由服务对象按照自己的节奏来改变，所以计划了对质吗？家庭社会工作者喜欢对质或者希望将自己的个人价值观强加给服务对象吗？或者，运用对质是因为家庭社会工作者要配合服务对象的感受，并希望推动改变？只有当其他方法都不奏效时，才应运用对质。

对于家庭社会工作者来讲，要运用好对质，需要具备坚持不懈和机智的特点。他们要愿意公开披露难以表达的感受、想法或问题。如果没有家庭社会工作者的对质，家庭成员可能就会坚持自己那些自我伤害或伤害他人的行为。对质运用恰当、恰到火候，会使服务对象受益匪浅。布鲁克和伯纳德（Brock & Barnard, 1992）认为，要区别实行得好的对质和令人感到羞辱或产生敌意的对质，只要听听社会工作者的语调就能分辨出来。

对质非常适用于处理服务对象反复出现的、其他方法一直不能带来改变的问题行为。例如，服务对象可能会回避一个给家庭带来麻烦或造成功能紊乱的关键问题，这时运用对质能够帮助家庭成员发现这些自我伤害或伤害他人的行为，或者以特别的方法来理解这种行为的可能后果。还有一些适用对质方法的例子包括：访谈中出现的不一致行为影响了辅导关系，无法自己承担责任，思想/感受与语言/行为之间产生明显差距；以及对现状具有不现实的或扭曲的看法等。

对质的目的就是指出服务对象语言和非语言行为之间不一致的地方，将这些东西带到意识层面。对质的基本功能就是制造一种不平衡，以促进新行为的出现。尽管对质不能解决实际问题，但是，它还是能够协助服务对象为解决问题做好准备。

当服务对象与家庭社会工作者之间的信任关系建立之后，运用对质才会最有效。一个基本原则就是服务对象与家庭社会工作者之间的信任关系越强大，对质的有效性就越明显。对质的积极结果就是进一步加深服务对象与工作者之间的关系。通过运用关注性倾听和共情等技术可以缓和服务对象对对质的反应，家庭社会工作者可以帮助服务对象进一步加深对改变的认识，提高他们的改变动机。例如，工作者可能会说："我感觉到你对我刚才的话深感不安。"鉴于对质涉及了很强的情感因素，它不适用于面谈结束的时候，因为这个时候情感基本上到达了一个稳定的状态。

对质有各种各样的结果，出现哪种结果取决于服务对象是否有足够的个人和社会资源，来处理对质中提到的信息。防御机制很强的服务对象可能会拒绝接受对质的影响力，家庭社会工作者要发现这些防御机制，并深入讨论这些防御行为。有些人对回馈的反应比较消极，不诚实的社会工作者会对此假装视而不见，从而支持和维护了这些适应不良行为。

成功的对质关键在于两个阶段：组织对质的表达和处理服务对象的回应。社会工作者需要准备好应对服务对象可能的回应，如退缩、对家庭社会工作者观察结果的狡辩、否认、怀疑反馈、争辩或者找其他人结盟。

346

下面的句式可用来组织对质的表达：

- "一方面你说……，但是另一方面，你又……"（用来指出语言和行动之间的差异。）
- "我对你刚才说的/做的感到困惑，你能不能帮我理解一下？"
- "我不太明白……"

有效的对质需要社会工作者指出服务对象语言和行动之间的差异、不一致性和自相矛盾的地方。要准确描述这些差异，家庭社会工作者必须避免做出评价性或评估性的推测和总结。在对质之后，需要有一个共情式的回应，这样会提高对质的有效性，发挥其推动变化的功能。

对质的不同层次

层次一：向服务对象让步。在这个层次上，家庭社会工作者要么忽视问题行为，要么匆匆对质，一旦遇到抵抗就退缩了。在这个层次，家庭社会工作者可能会担心服务对象不喜欢自己或攻击自己，或者对自己的工作投入不够，无法建立信任的工作关系。

层次二：责骂。社会工作者通过羞辱、让对方感到内疚，或不停地唠叨，强迫服务对象做出改变。家庭社会工作者可能会冒着失去自我控制的危险给服务对象上课，告诉他们什么样的行为是可以接受的。在这个层面上，对质的功能是羞辱和控制服务对象。

层次三：描述无效的行为。社会工作者描述了那些伤害了服务对象或别人的行为，并给这些行为找出理由。家庭社会工作者试图表达共情，他们传递的信息就是要面对这些情境是非常艰难的，要为这些行为负责也绝非易事，当然，这些信息是直截了当的，并没有说教或让步的成分。

层次四：明确行为的负面后果。社会工作者要明确无效的行为模式，并回顾各自的感受。家庭社会工作者也要帮助服务对象发现，如果继续这些行为，会导致哪些后果。

层次五：将层次三和层次四共同运用，可以提高改变的动机。这个层次整合了层次三和层次四的内容，同时还会鼓励服务对象勇于承担问题的责任，以及承担改变的责任。一旦服务对象能够坦诚地与社会工作者达成一致，改变就会出现了。

练习 11.4 对质

列出三种情形，说明在干预中对质是非常有效的。与同伴一起，角色扮演如何与服务对象对质。

情境重构

情境重构指的是将某个处境从旧的情境（系列规则）中转移出来，纳入一个新的情境（系列规则）中，对其赋予新的定义（Becvar & Becvar, 1996）。在情境重构时，要赋予问题行为和回应以积极的解释（Satir & Baldwin, 1983）。家庭社会工作者只有使家庭相信，情境重构是有道理的，比过去的解释更加准确，这个技术才能发挥最好的作用（Brock & Barnard, 1992）。如果能从一个积极的角度来理解问题，就可能找到新的解决办法。

情境重构之所以成为推动改变的有效工具，是因为一旦我们发现新的归类方式，就能走出困境，不再回到过去痛苦的现实中了，也不可能再恢复到过去那种无助状态，特别是不会回到过去那种无法找到出路的绝望处境了（Watzlawick, Weakland, & Fisch, 1974）。社会工作者需要选择性地运用情境重构。并非所有问题都需要情境重构。例如，性虐待永远都不能被重新界定为施暴者为了表达自己的爱慕之意。

情境重构的例子 一名患有多动症的孩子可以被重新界定为一名具有挑战性的精力旺盛的孩子。父母可以订出计划，帮助孩子多做运动以"燃烧"过剩的精力，而非依赖药物治疗。

练习 11.5 重新界定问题

以多动症孩子为例，找出一些其他可用的情境重构的方法。再找出你熟悉的另外两个个案例子，说明你是如何通过情境重构而解决问题的。写出每个个案中负面的陈述，以及可能会用到的正面的情境重构内容，与班上其他同学分享。

运用隐喻

348

隐喻是一种修辞手法，指的是一个词组或短语被运用在一个地方时，表达了某种事物或想法，而被运用在其他地方时，则反映了两者之间的相似性或类比性（Satir & Baldwin, 1983, p.244）。隐喻可用来帮助服务对象理解抽象概念。它们会以非威胁性的方式来提供信息，使家庭远离威胁性的情境。

运用隐喻的例子 为了帮助家庭理解危机会怎样瓦解家庭系统，家庭社会工作者把家庭比喻成一辆因超载或不断转圈而失衡的汽车。

~~~~~~

练习 11.6 家庭隐喻的例子

每三到四人分为一组，设计一次家庭角色扮演。设想一个处在危机中的家庭，找出隐喻，借此来帮助家庭战胜危机。与班上同学分享结果。

~~~~~~

协议

协议包括家庭成员之间签订的协议。常用的协议有两种形式：补偿式和美好信念式（Jackson，1972）。在补偿式协议中，某个家庭成员同意为满足和得到自己希望的事和物，而向其他家庭成员承诺改变某个行为。例如，如果女儿能够主动洗碗，那么，母亲就会同意她开车跟朋友一起去逛商场。相反，美好信念式协议并不取决于其他家人的表现。当某人严格遵守了协议之后，应该得到奖励。例如，如果一个孩子在一周之内很好地完成了家庭作业，那么，她就可以在周末邀请朋友来家里住一个晚上。在订立这两种协议时，家庭社会工作者可以协助家庭成员尽可能地将协议内容具体化、清晰化。

~~~~~~

练习 11.7 协议

分成四人或五人小组，选择一个家庭希望儿童改变的行为。制定两个协议，一个是补偿式协议，一个是美好信念式协议，来处理这个问题。你们小组喜欢哪个协议？与班上其他同学分享。

~~~~~~

接下来，我们要呈现三种形式的干预，这些都是通才家庭社会工作者需要熟练掌握并用来与家庭一起开展工作的。这三种干预就是危机干预、问题解决干预和生态干预。

危机干预

在与家庭开展工作时，家庭社会工作者会碰到各种危机，有时，危机能变成家庭的优势。很多时候，这意味着工作者可能希望创造一场危机，但是有时工作者又希望化解危机（Brock & Barnard，1992）。有两个化解危机的方法：家庭社会工作者可以在某个关系中建立三角关系，或者家庭社会工作者让家庭恢复到过去的状态。工作者要建立一个三角关系的方法就是，通过运用共情式表达，让某个家庭成员排他性地关注工作者。让家庭恢复到过去的状态，就是让家庭回忆家庭过去经历过的类似的危机，协助他们明白，尽管眼下正面临着危机，但是，他们过去也经历过危机，并运用了一些方法成功地处理了危机。

不管情形是怎样的，非常重要的一点就是在访谈过程中，工作者要保持冷静，处理危机中的服务对象最好的办法就是采取开门见山的方式。

危机干预中有很多模式，我们下面呈现一个常见的模式（Gilliland & James，1993）：

1. 界定问题：在问题界定中，第十章中提到的技术会给如何进行危机干预提供指导。

2. 确保服务对象的安全：必须满足服务对象眼前的需要。

3. 提供支持：有时支持的形式就是将他们转介到其他助人性服务机构。

4. 研究可行方案：可行方案要立足于服务对象的优势。

5. 制订计划。

6. 取得服务对象的承诺。

工作者不一定都希望回避危机，例如，家庭社会工作者可能希望制造危机来打破家庭的平衡。有很多方法可以做到这一点，如将孩子从家中带出去。很多时候，家庭可能由于满足于现状，缺乏改变现状的动机，因此没有动力来实现改变。制造危机的一个方法就是将家庭中的问题无限放大（Brock & Barnard，1992；Minuchin，1974）。工作者可以从访谈中，找到一些家庭成员之间互动的片段，极力强调其重要性。这样，工作者可能会改变家庭成员赋予某段特别经历的意义。坚持这样的信念，即服务对象看问题的角度发生了改变，就会带来行为的改变（Brock & Barnard，1992）。

问题解决干预

家庭社会工作的焦点是对家庭单位进行系统干预，而不是关注个体成员。系统干预与问题解决和沟通干预紧密联系在一起。系统干预的焦点是家庭作为一个单位，问题解决干预要清楚告诉家庭成员，需以大家都能接受的方式来协商解决自己的问题。问题解决包括七个步骤：界定问题、选择目标、形成解决办法、考虑后果、决策、执行和评估。教授服务对象问题解决技巧，需要家庭社会工作者的身份发生转变，从现在开始他们不再是"专家"，而是协作者。作为协作者和顾问，家庭社会工作者要向家庭传授如何给自己的问题找到解决办法，而不是依赖外界的帮助。

问题解决步骤

1. 问题界定描述的就是问题情境。情境就是问题，而没有解决办法。它还涉及探索每个家庭成员对问题的形成都起到了什么作用。

2. 目标选择要囊括每个人对未来的希望。

3. 形成解决办法需要集思广益，这有助于发现一系列备选的方案，能够解决具体问题。

4. 考虑解决办法的积极和消极结果，可能包括时间，金钱，个人的、情感的和社会的结果，还包括眼前的和长远的结果。

5. 决策要建立在对解决办法和结果的权衡之上，从而决定到底哪个办法对大家最有利。决策包括考虑个体优先关注什么，价值观是什么，然后就解决办法达成约定。

6. 执行就是要根据解决办法来采取相关的行动。

7. 评估需要回顾问题解决的结果，看看到底哪些目标实现了，是否需要进行调整，然后决定是否需要选择其他解决办法（回到步骤3）。

发展问题解决技术

无序和不成熟的家庭通常缺乏解决问题的技巧。家庭需要学习处理眼前的问题，同时，当工作者离开之后，还要用新技巧解决未来可能遇到的问题。问题解决共有七个步骤，可以协助家庭最终给自己的问题找到解决办法。

问题解决模式不仅应关注协助人们解决目前出现的困难，还应让服务对象学习解决问题的技巧，学习处理眼前和未来问题的策略。因此，问题解决的重点就是协助家庭学习独立自主的有效方法。

向服务对象传授如何解决问题，家庭社会工作者要扮演协作者的角色，而不是专家的角色。这种由专家向协作者角色的转变，是从问题和目标界定阶段开始的。过去是由工作者来界定服务对象的问题，并提出解决办法。而如今的问题解决模式是对服务对象和家庭进行赋权，鼓励他们积极发现自己的需要和目标。如果家庭做不到这一切，家庭社会工作者就需要简化这个过程。在某些时候，如果家庭只能模糊地界定某个艰难的情境，家庭社会工作者就需要主动一点，提出问题，逐步将家庭成员带进来一起讨论和界定。最终的目标就是给家庭赋权，使他们能够承担起责任，协助他们学习相关技巧，真正负起责任。

在考虑解决问题的办法时，家庭社会工作者通常比家庭掌握的信息和知识要丰富一些。因此，可以将家庭社会工作者定位在提供协助的协作者上。社会工作者向协作者身份的转变，并不是说这些信息不重要，相反，它意味着需要鼓励服务对象自己提出问题解决办法，并考虑到相应的结果。在决策阶段，家庭社会工作者常常需要提出一个观点，或者具体提出需要做哪些事情，当然，工作者还是要鼓励家庭来做出最后的决定。随着服务对象不断改进自己的应对策略和决策技术，他们就在逐步获得独立性。

在问题解决的早期阶段，可能需要家庭社会工作者提供更多的指导。在后期阶段，随着服务对象开始承担责任，家庭社会工作者要减少指导。有个服务计划介绍了在不同时期给家庭提供的服务的变化过程：一开始是"替做"，接着是"一起做"，最后是"为他们加油"。这里需要的技术就是签订协议（Jordan & Cobb，2001）。

练习 11.8 问题解决方法

凯特琳·琼斯是一个 15 岁的女孩，她在学业上有困难。她的哥哥和姐姐中学还没有毕业就离家了。她的哥哥瑞安触犯了法律，她的姐姐杰米 17 岁就怀孕了，然后就住进了男友家中。凯特琳的父母鲍伯和克里很担心凯特琳也会辍学，很早就离家。凯特琳感到父母一直在学业上给自己很大压力。她一直非常努力学习，非常害怕考试不及格。写下凯特琳可能会用的与她父母沟通的表达方式，以及她父母积极倾听的方法。与其他三个学生一起，来角色扮演与这个家庭的会谈（一个学生要扮演家庭社会工作者，其他人分别扮演凯特琳、鲍伯和克里）。概述如何对这个家庭进行问题解决干预。

生态干预

采取什么样的生态干预，要根据第八章中描述的家谱图评估情况来决定。家谱图是计划改变的蓝图，是决定行动的第一步（Hartman & Laird，1983）。家谱图不仅能够提供视觉信息，还可以提炼出家庭的主题和改变的目标。家谱图需要与整个家庭一起来绘制。要问"这对你意味着什么"之类的问题，这样才能把家庭的关注力引导到问题解决上。聚焦于生态系统，可以将问题从个人层面转移开，避免归咎于个体。我们需要指出的是，生态干预的目标就是教服务对象为自己做出一些改变，而不是依赖家庭社会工作者为自己带来改变（Kinney，Haapala，& Booth，1991）。

一般来讲，工作者要先关注环境问题（Kaplan，1986）。这将帮助家庭首先围绕不太严重的问题展开工作，与此同时要建立家庭的支持资源。采取什么样的生态干预，要根据具体问题、服务对象的技术和社区所具备的资源来确定。例如，有学者指出，对于家庭中心的工作者来讲，下列资源可能会缺乏或难以获取：精神健康、住房、日间照顾、低技能基本工作、交通、法律服务和宗教服务计划（Goldstein，1981）。在另一个研究报告中，工作者发现紧急住房、家务服务、教养院、父母帮手、吸毒和酗酒的住院治疗、临时照顾等，都难以获取（Kohlert & Pecora，1991）。工作者还需要帮助家庭创造性地运用正式和非正式资源，有时，家庭不知道从哪里可以获得帮助自己的资源，有时家庭成员知道这些信息，但是缺乏获取这些资源的相关技能。因此，家庭社会工作者的任务就是要协助家庭与现存资源连接起来（Helton & Jackson，1997）。最终的目标就是协助服务对象学会依靠自己满足自己的需要。可能工作者自己做远远比教他们学会自己做，要容易得多（Kinney，Haapala，& Booth，1991）。

赫普沃思和拉森（Hepworth & Larsen，1993）提出了一系列给家庭的生态干预方法，包括：

- 为家庭环境补充资源；
- 开发和强化支持系统；
- 将服务对象带入一个新环境；
- 提高机构对人们需求的回应能力；
- 改善机构环境；
- 强化机构环境；
- 开发新资源。

专业化家庭工作视角

请记住，差异源于多元性，我们现在还要呈现几个新视角，用来补充和延伸危机干预、问题解决干预和生态干预方法。由于家庭和家庭社会工作者界定问题的方式不同，家庭工作的目标也不同，下面这些视角会发挥不同的作用。

解决办法为本视角

解决办法为本的方法提供了一些非常有用的问题，在协助家庭解决问题时，可以提出这些问题（DeJong & Berg，2002）。这个方法特别适用于家庭处在危机状态下，所有家庭成员都特别希望快速找到问题解决办法，以帮助自己走出危机，重返健康的、家庭功能正常发挥的状态。

背景　解决办法为本的视角致力于简单明了的作风，不强调过去，要求家庭集中精力找到过去家庭曾经有效解决问题的办法。这个视角的根基就是策略性治疗，但是，它不再关注问题本身。这个方法最初是由已故的斯蒂夫·德·谢泽（Steve de Shazer）提出的，他曾经在旧金山附近的帕罗奥托与 MRI 小组工作过，因此，深受他们的精要治疗方法的影响。实际上，英素·伯格（Insoo Berg）也对这个理论的发展做出了很大贡献，因为他给这个方法的很多领军人物都做过培训（de Shazer，1983，1991）。

主要概念

1. 聚焦问题解决办法：这个理论并不过分解释问题，或者描述家庭动力关系，它只关注问题的解决办法。其基本假设就是，服务对象真正希望改变。家庭社会工作者要运用技术，帮助家庭成员从"问题表达"转向"解决办法表达"，因为语言建构了现实。这样，家庭会找到自己的目标、资源和解决问题的出路。

问题解决为本的家庭社会工作者开展工作的基本信念是，人们已经拥有了解决问题的能力，但是，他们并没有发现自己的能力所在。他们的问题日益凸显，从而挫伤了自己解决问题的积极性。这就需要帮助他们转变方向，要更多关注他们使用过的奏效的方法，并寻找那些他们目前没有被发掘的能力来应对生活难题。

2. 适度的目标：家庭社会工作者要从服务对象对问题的理解入手开始工作。因此，关注点就是服务对象表现出来的抱怨是什么。因为问题解决的视角并非用于发现个体的个性特质或者家庭结构，因此，适度的目标就是大家期望的标准。只要能带来一个很小的改变就足够了，因为改变会像滚雪球一样，越滚越大。

3. 简单明了：不需要全体家庭成员都参与会谈，只要那些有兴趣来的人参加就可以了。接案的信息是有选择性地收集的，因为问题解决办法为本的家庭社会工作者更多地关注未来。干预本身是非常简要的，因此，这个方法深受很多个案管理机构的青睐。

技术 在第一次会谈时，家庭社会工作者要问："我可以做点什么来帮助你们呢？"这个问题会指引家庭明确自己到底需要什么样的具体帮助。这同时还为协商可实现的目标奠定了基础。在会谈期间，还需要提出几个问题，以帮助服务对象建立并保持解决问题导向：

● "奇迹性问题"：假定某天晚上你在睡觉，这时出现了一个奇迹，于是问题就解决了。这个奇迹会是什么？你怎么知道这就是个奇迹？奇迹出现后，会有什么不同？通过提出这些问题，人们开始逐步明确自己的目标到底是什么。

● "例外性问题"：在过去或现在的某个时段，如果问题在该出现的时候却没有出现，会有什么不同？这会导出一些线索来探讨如何将这些例外情况不断延伸和扩大。它会传递这样的信息，即问题是可以得到改变、控制或者解决的。

● "评级性问题"：在一个 1～10 分的量表中，10 分代表你感觉最好，你看看今天你处在几分的位置上，离 10 分还有多远？你需要做点什么才能达到下一个分值？这个问题会鼓励小的改变，会缓和抵抗情绪。在处理一些比较模糊的话题，如抑郁和沟通等问题时，它还会识别并测量具体的改变和目标。

354

● "应对性问题"：当服务对象描述自己在过去曾经克服了困境时，家庭社会工作者应该问问，他们到底是怎样克服的。这个问题旨在让服务对象展现自己的能力和应对技巧。

● "首次会谈任务准则"：在首次会谈结束时，要指导家庭观察并写下自己的生活或家庭关系中，有哪些东西是自己希望继续保留的。这可以帮助他们聚焦自己的优势，建立一个更加积极正面的看法。这就是"首次会谈任务准则"。

转写展示解决办法为本治疗技术　情景：母亲芭芭拉（45岁）和女儿苏珊娜（22岁）由他们的家庭医生转介给了家庭工作机构，因为苏珊娜得了抑郁症。家庭社会工作者要主持一次介绍性会谈，同时还要了解家庭希望通过家庭工作（6～8次会谈）实现什么目标。

下面就是一些可以向家庭提问的例子：

● "我可以为你们做点什么？"（鼓励服务对象明确自己到底想获得什么帮助。）

● "你是如何应对自己的抑郁的？"（通过"应对性问题"寻找能力展示。）

● "你过去是否遇到过类似的情况？"（寻找过去的成功经验。）

● "在1到10分的量表上，10代表什么都不需要担心，你认为目前你对苏珊娜的担心到底可以打几分？"（运用"评级性问题"来测量离目标和改变还需要多少阶段。）

● "要从4分跳到5分或者6分，我希望你想一下需要做点什么。"（鼓励发展具体的目标。）

● "苏珊娜，我们来看看，在1到10分的量表中，10代表完全不抑郁，你觉得最能反映你现在状态的是几分？"（"评级性问题"用来明确改变目标是非常有效的，这里的目标即结束抑郁状态。）

● "要从3分跳到4分甚至5分，需要采取哪些步骤？"（同样是鼓励发展出具体目标以结束抑郁。）

● "非常重要的是要'一次关注一个步骤'。你们都提到了要改变苏珊娜的睡眠模式。这就是非常关键的、我们可以开始工作的第一步。苏珊娜，我很高兴，你愿意为改变自己的抑郁症而积极努力。这说明你跟你妈妈一样知道，在关键时候是需要求助的。这让我看到了你身上的优势，这是非常有价值的。你是否能够告诉我，在过去六个月中，你是否有不感到抑郁的时候？"（鼓励发展附加性目标和小的改变，跟进一个"例外性问题"，以确定解决办法的第一步，同时也可以呈现服务对象有能力改变、控制或者消除问题。）

● "如果有一天晚上奇迹发生了，第二天一早你醒来时，发现抑郁症没有了，你怎样能够知道奇迹发生了？那时的感受会是怎样的？把这些讲给我听。"（"奇迹性问题"用来调整苏珊娜的目标。）

● （转向芭芭拉）"现在我要问你同样的问题。如果有一天晚上奇迹发生了，第二天一早你醒来时，发现你对苏珊娜的担心无影无踪了。你怎样知道奇迹发生了？那时的感受是怎样的？"（通过"奇迹性问题"来了解芭芭拉的目标。）

355

● "我真要恭喜你们两位能就现在发生的事情进行分享，太棒了。你们的沟通技巧很好，我能够深切地感受到你们对彼此的关心和关怀。我们本次讨论的时间快要结束了，所以，我建议你们每个人都在下次讨论之前好好想一想。我希望你们写下你们对彼此的关系以及自己的生活到底还有什么期望。我们下次见面时好好讨论一下。"（本次讨论结束时需要特别强调她们的资源所在。"首次会谈任务准则"可以帮助她们聚焦自己的优势，给她们一个希望，即距离找到解决办法不远了，她们是有能力找到解决办法的。）

解决办法为本的问题小结

下面就是家庭社会工作者常问家庭的一些问题：

1. 你家目前到底有哪些资源？
2. 你希望能够保留哪些情况？
3. 当事情出现转机时，你会不会注意到家庭中所发生的变化？
4. 每个家庭成员将会出现什么变化？
5. 是否有机会出现上述变化（或者很小的变化）？出现了变化之后会有哪些不同？
6. 当家庭朝着这个方向发展时会有什么样的基本标志？
7. 你家人如何知道在发生改变？

这些问题可以帮助家庭社会工作者发现，微小的变化会带来问题解决过程中的重大改变。

沟通/体验性视角

接下来我们将介绍沟通/体验性视角。这个视角最初是由已故的社会工作者弗吉尼娅·萨提尔发展出来的。如果家庭认定他们的主要问题是沟通技巧很差，特别是不懂得如何以支持性、关爱性的方式来表达情感，那么，沟通性视角中提供的各种技术都是非常有用的。这个视角的重点在于非常明了、直接、开放、单纯的沟通，特别是能够很好表达家人之间的关爱的沟通（Satir, 1967, 1972; Satir & Baldwin, 1983）。

体验性视角是家庭工作的一种形式，其基础就是要通过关注的方式，来了解感受。人们把家庭当成了个体的组合，而不是一个系统。体验性视角的重点就是"此地此时"家庭成员之间的互动，借此来帮助家庭解决面临的各种问题。其背后的理念就是真诚的表达会带来个人和家庭的满足（Nichols & Schwartz, 2004, p.200）。也就是说，个体感受到被爱和被关怀，会提高自尊水平，这样才能改变行为方式。能够让个体接收这些关怀和爱的信息的系统就是家庭系统。

历史背景 体验性视角源于完形人本主义心理学，以及服务对象为本的干预。体验性视角的两个发明人就是弗吉尼娅·萨提尔和卡尔·惠特克（Carl Whitaker）。萨提尔坚信爱情具有治疗的威力，沟通的重要性无可替代。惠特克强调自我实现取决于家庭的凝聚力。他们两个都提出了运用自发性、创造性和冒险等方式来解决冲突。沟通/体验性视角可以有效地帮助家庭成员接触并处理自己的情感障碍，从而使家庭成为更加健康的单位。某些技巧，如家庭雕塑、角色扮演和身体接触（在下一节再讨论）都可以非常有效地帮助家庭成员与自己的感受亲密接触。要实现家庭的目标，还需要采用更多的技术。这些技术给家庭提供了解自己不健康的、紊乱的沟通模式的机会，从而建立一种更加健康、更加正常的行为模式。

萨提尔试图与人们建立联系（建立一种同理性的关系），因为她相信，人的基本需要就是"被爱"和"被尊重"。体验性视角试图触碰人们不开心的核心所在，然后朝着健康的、功能正常的方向发展。在这个方法中，家庭社会工作者是一个积极的变革的推动者，要身先士卒做表率，给家庭传授清晰的、直接的沟通技巧。这样，家庭社会工作者需要了解自己的感受，同时要与家庭的感受保持同步。

主要概念　家庭工作的沟通/体验性视角有五个关键概念：（1）关注情感或感受；（2）家庭社会工作者是重要的变革的推动者；（3）自我价值；（4）沟通；（5）婚姻关系。

1. 关注情感或感受：每个人都希望自己被爱、被重视。例如，家庭社会工作者会问家庭成员："你想要什么？"或者："你认为家中出了什么问题？"（Satir & Baldwin, 1983, p. 35）大家所描述的症状都是缺乏情感表达造成的（功能紊乱的家庭常常是分离的）。例如："在我看来，这个家里的人都不愿意表达自己的感受，这才是这个家庭面临问题的主要原因。"

2. 家庭社会工作者是重要的变革的推动者：家庭社会工作者应该运用他们的反应和个人经历，并将这些反应用语言表达出来，这样才能帮助家庭实现自己的目标。可以通过必要的自我袒露来做到这一点。例如，如果一个家庭成员正在谈论死亡，家庭社会工作者可以向家庭成员讲述自己也曾经历过自己最亲爱的人的逝去，或者自己熟悉的人也曾经历过亲人的去世等。

3. 自我价值：沟通方式和总体的功能性，是与自我概念、自尊水平密切相关的。这里的假设就是，如果人们能够与自己的情感亲密接触，那么，改变就开始出现了。家庭社会工作者需要通过贴标签的方式来提升家庭成员的意识。例如："约翰，我注意到你一谈到父亲就很伤心，你意识到这一点了吗？"家庭社会工作者应该认真倾听，要让叙述者表达自己的感受，不要进行指责。例如，"每当我要疯的时候"就是表达愤怒，是一个常见的表达方式（Satir & Baldwin, 1983, p. 23）。

4. 沟通：沟通的重点就是强调清晰的、简明的面对面的互动（聚焦在当下）。例如："我想确认一下你是不是表达这个意思，你是不是在说……"开放性和真诚为建立信任关系奠定了基础，家庭社会工作者需要强调的就是，家庭工作需要一个安全的氛围，因此他们会说："当家庭进入这个房间时，我要尽力让每个人都感到自己是安全的。"语言和非语言信息要保持高度一致。家庭社会工作者要教家庭关注沟通中透露的非语言暗示，例如：

"你脸上有一种表情，我不确定现在你的感受到底是怎样的"（Satir，*Step by Step*，1983，p. 48）。

　　沟通可能预示着家庭内部的严重的功能紊乱（Satir，1967，p. 17）。在某些家庭，有很多隐性的规则使家人无法把自己的痛苦公开表达出来。例如："我知道我不能告诉我妈，我很伤心，这些事是不能说出来的。"

　　5. 婚姻关系：夫妻就是家庭的建筑师，他们影响了家庭的内衡（Satir，1967，p. 1）。我们相信，如果婚姻关系、夫妻关系非常强大、健康，那么，家庭就非常稳定，而功能紊乱的夫妻关系可能就是婚姻冲突的结果。例如："我感到玛丽和丹虽然是夫妻，但是彼此没什么感情，这样，他们在做出育儿决定时，一定会出现冲突。"

　　沟通/体验性视角的目标

　　1. 家庭成员的成长：沟通/体验性视角旨在通过"冒险"的方法来提高家庭成员的意识。因为，维持现状不会强化家庭单位的功能。例如，家庭社会工作者会说："我发现你们家的人解决这个问题的方法是完全不同的，但是，我希望你们能够想出另一个方法，要让萨莉知道，你们对她很生气。"

　　2. 提高家庭的"舒适度"：这个目标强调的是协助家庭在谈论和表达自己的感受时感到自如。要做到这一点，可以恰当地运用幽默手法，这可以帮助化解家庭成员间的紧张关系，帮人们彼此建立关联。例如："看起来家里火药味很浓呀，我不知道你们是不是常常搞摔跤比赛。"还有一个观念就是要提高家庭满足个人和家庭需要的敏感性，要鼓励家人之间分享。非常重要的就是要鼓励每个成员表达自己的感受。例如："玛丽，我注意到你一直没有讲话，我想知道你对你跟你兄弟之间的争斗有何感想。"还有一点也非常重要，家庭社会工作者要给家庭带来希望。例如："如果大家愿意彼此支持，那么，你家的问题很容易就得到解决了。"

　　3. 家庭社会工作者的指导性角色：如前所述，家庭社会工作者的风格应该是全情投入、活跃的，并且是具有指导性的。例如："我准备请大家都站起来，让我看看你们在家里都干些什么。"家庭社会工作者要示范清晰的、开放性的沟通是怎样的。例如："我请你们做的事情是否明确？"要与家庭建立关系，并保持对家庭的尊重，可以通过重新界定对家庭的积极的理解，少一点负面的表达。例如，"把'脾气'这个词换成表达自己想法的词语"（Satir，*Step by Step*，1983，p. 37）。

358

　　技术

　　1. 角色扮演：家庭设定角色和情境。如果可能的话，要把椅子换换位置，这样家人可以面对面，鼓励彼此互动，可以说："简和萨莉，你们是否可以展示给我看看，你们在家时都是怎样对话的？"我们相信，在处理真实问题时，人们才能流露出真实的感受。例如："我从来都不知道，你是那样想的。"

　　2. 家庭雕塑：由一名家庭成员从物理角度安排家庭，或者由家庭社会工作者来对家庭做一个物理安排，为的是从位置的角度来反映家庭内部到底发生了什么。如果是由家庭社会工作者来主导这个活动，那么，非常重要的一点就是，参与者要明白家庭社会工作者要干什么。例如："我准备根据我看到的现象，从物理的角度把家庭成员放在家中的不同位置上。"家庭雕塑可以通过视觉呈现，提供更多的视角，让我们理解家庭动力关系和互动模式。同样，非常重要的就是要确保呈现的画面就是对家庭现状的准确再现。"这是否就是你观察到的你在家庭中的位置？"此外，当我们需要跟孩子们一起工作时，我们还会使用家庭艺术治疗或者绘画的方式，来鼓励家庭成员讲出自己的感受。

3. 身体接触和触摸：要深度体现爱的情感和感情层面，就需要通过身体接触，以及身体的亲近。例如："请你们把椅子靠近一点，我想玛丽和凯茜手拉手"（当然，家庭社会工作者首先要评估身体接触是否对家庭有帮助）。例如，如果出现了性侵犯问题，家庭社会工作者就要帮助家庭成员区分什么样的接触是"善意的"，什么样的接触是"恶意的"。

4. 家庭生活年表：要更多地关注婚姻关系，而不是有问题的个人。我们假定说，如果要做一对好父母，他们的婚姻关系必须首先是健康的（我们常常见到，来接受治疗的家庭情况都是这样，但也不是所有的家庭都这样）。例如，一个喜欢嘬指头的孩子可能会激发父母大战。这背后隐藏的问题可能是这对夫妻根本就不愿意谈论（或承认）自己婚姻中的问题，因此，大家的焦点就放到了孩子身上。家庭社会工作者要了解夫妻为什么决定要接受服务，就应该问一问父母，他们与自己父母的关系是怎样的（从而可以发现他们学习到了什么样的信念）。例如："在我看来，玛丽与她父亲的关系非常健康，非常正面，因此，她也希望自己跟比尔的婚姻与自己父母的一模一样。"

359　　演练：让班上的两个同学扮演夫妻。记住去三角这个概念，要强迫这两个人对话沟通，以防止三角关系出现。开始角色扮演时，可以这样说："我希望你们两个人把椅子转过来，面对面坐着，这样，你们可以直接讨论你们对夫妻关系的感受和看法。"作为角色扮演中的家庭社会工作者，你要根据他们表达出来的感受，找到他们之间循环的沟通模式。最后，如果他们需要的话，你要给这对夫妻示范如何以直接的、清晰的、开放的、真诚的和支持性的方式来表达自己的感受。

小结

沟通/体验性视角能有效帮助家庭成员认识到自己的情感障碍，只有这样，才能建立一个健康的家庭。要帮助家庭成员处理自己的感受，家庭雕塑、角色扮演和身体接触等技巧是非常有效的。为了实现家庭和谐，还有很多不同的技术可以运用。这些技术给家庭提供了机会，以发现自己不健康的、功能紊乱的模式，并努力改变这些模式，建立健康的、功能正常的行为模式。

萨提尔试图从个人层面与人们建立关系。她认为，每个人都有得到他人的关爱和重视的需要。体验性视角试图切入人们的不幸，帮助人们处理不幸，并恢复健康功能。在这个治疗方法中，家庭社会工作者就是一个积极的改变推动者，社工要扮演示范者角色，教授他人如何进行清晰的、准确的表达和沟通。因此，家庭社会工作者必须明确自己的感情，并与家庭成员的感情产生共鸣。

结构家庭视角

结构家庭治疗在处理无法制定合适的家庭规则、无法应对由此带来的后果的家庭时是非常有效的。

历史背景 萨尔瓦多·米纽钦（Salvador Minuchin）早在 20 世纪 60 年代在维尔特维克男校工作时，就开始发展结构家庭治疗了。到了 20 世纪 70 年代，结构家庭治疗成为北美家庭治疗中最有影响力的治疗方法（Minuchin，1974，1981，1992）。

主要概念 结构家庭治疗中有三个关键概念：（1）家庭结构和等级；（2）子系统；（3）界限。

1. 家庭结构和等级：家庭结构是由规则组成的，而规则决定了家庭成员以何种方式、何时、与谁建立关系。功能正常的家庭的结构会把父母放在等级的顶端，他们对子女拥有权力和权威。

2. 子系统："家庭中的单位是根据某些特点组成的，如性别、年龄或者兴趣"（Piercy & Sprenkle，1986，p. 31），这些单位构成了子系统。家庭中有三个主要的子系统，包括夫妻/婚姻子系统、父母/管理子系统和兄弟姐妹子系统。夫妻/婚姻子系统包括夫妻双方，父母子系统包括那些对子女拥有权威的人。人们可能会同时处在夫妻子系统和父母子系统中。

3. 界限：界限指的是"能约束人们交往的数量的隐形障碍"（Nichols & Schwartz，1998，p. 245），这里的交往指的是个人之间、子系统之间和整个家庭成员之间的交往。界限可以形象化为一个从严格到混乱的连续体：

> 严格——清晰——混乱
> 疏离————缠结

严格的界限是有限制的、不灵活的。它们会限制不同家庭子系统之间的交流，从而制造出"疏离家庭"。在疏离家庭中，"成员之间各自为政，对自己的行为会给他人带来什么影响，漠不关心"（Piercy & Sprenkle，1986，p. 31）。家庭成员之间非常冷淡，也不参与他人的活动。清晰界限是牢不可破的、灵活的，允许自治，家庭成员之间彼此支持，互相关爱（Becvar & Becvar，2005）。例如，家庭成员彼此之间非常亲密，同时还有与年龄匹配的健康的个人自由度。混乱的界限是模糊不清的，家庭成员之间纠缠在一起，其结果就是造成了"缠结"。在缠结家庭中，"家庭成员绑在一起，自治是绝对不可能的"（Piercy & Sprenkle，1986，p. 31）。例如，家庭成员不允许参与家庭之外的任何活动。

结构家庭视角的目标　结构家庭视角的目标是"改变家庭系统中的功能紊乱的部分，将其改变成为一个比较合适的家庭结构，这样才能最大限度地激发每个家庭成员的潜能"（Minuchin，1981，p. 446）。与不同的家庭开展家庭治疗的目标包括：

● 在与缠结的家庭一起工作时，目标就是清楚地界定个人和子系统之间的界限，给个人一定的自由度。例如，家庭社会工作者可问每个家庭成员，在他们看来是谁制定了家庭规则："谁来决定你们全家人去哪里度假？""在度假计划中，孩子们有发言权吗？"

● 在与疏离的家庭一起工作时，目标就是提升家庭成员之间的亲密度和参与度。"家庭工作的目标就是带来结构性改变，而解决问题则是系统目标的一个副产品"（Nichols & Schwartz，1998，p. 253）。也就是说，家庭工作不是仅仅解决家庭眼前的问题，而是要教育家庭学习新的互动模式，这样家庭才能解决自己的问题。

家庭社会工作者的目标是改变家庭结构，使家庭能够激发能量，来运用潜在的问题解决技巧。非常重要的一点就是，家庭社会工作者要理解所有成员之间的互动。家庭社会工作者必须静坐一旁，观察成员之间的互动模式。当一种互动模式重复三次时，这通常就是家庭的模式。当然，在处理一些威胁生命的苗头时，结构家庭社会工作者要采用一些其他治疗方法。例如，在处理厌食症时，家庭社会工作者需要运用行为技术，如强化，鼓励对方进食。

干预/技术　下面是结构家庭视角常用的技术。

顺应：顺应指的是家庭社会工作者要采用一些技术，来与家庭建立一种有益的工作关系。记住，根据米勒和哈布尔的研究发现，可能家庭社会工作者做的最有价值的事情就是与服务对象建立关爱性的关系。顺应（与家庭建立积极关系）的方式有很多。

（1）加入："家庭社会工作者要与家庭成员建立信任关系，要暂时性地成为家庭系统的一分子"（Piercy & Sprenkle，1986，p. 33）。例如，家庭社会工作者需要理解家庭成员的感受，可以这样说："我听说你感到非常生气，我不知道这背后是否还有悲哀的成分。"

（2）维持：家庭社会工作者在分析家庭结构时，要支持其中的部分结构（Kilpatrick & Holland，1999；Piercy & Sprenkle，1986）。例如，家庭社会工作者要观察家庭成员彼此之间的行为方式，同时，要试图理解行为背后到底有什么。

（3）模拟："将家庭的状态或行为并联"（Piercy & Sprenkle，p. 34）。家庭社会工作者要模仿服务对象的坐姿，跟上他们的语调和语气，这样，才能"加入"到服务对象中间。例如，家庭中如果有个孩子有吮吸手指的习惯，家庭社会工作者也可以暂时性地吮吸手指。

（4）设定界限："结构家庭社会工作者干预的目的就是重新设定界限，提高家庭成员之间的亲密度或者距离感"（Nichols & Schwartz，2004，p. 262）。例如，在一个家庭安排座位时，父母永远都不坐在一起，家庭社会工作者就要让父母调换座位，坐在一起，家庭社会工作者可以这样说："弗兰克，我注意到你跟孩子们坐在一起，盖勒自己坐在这边。我希望你能够坐到盖勒身边。"通过"规范倾向性、重复和持久性"，家庭社会工作者可以推动家庭从功能紊乱的模式中走出来（Nichols & Schwartz，2004，p. 260）。例如，如果一对父母与孩子在讨论一个问题，却不断与家庭社会工作者说话，不与孩子说话，家庭社会工作者可以这样来引导父母："我希望你直接跟贾丝明说，而不要跟我说。"

（5）强化：家庭社会工作者要聚焦如何帮助家庭引出隐藏的感受，从而不断强化家庭模式。

（6）打破平衡："在打破平衡时，家庭社会工作者要加入并支持某个个体或者子系统，而忽视其他人"（Nichols & Schwartz，1998，p. 263）。例如，家庭社会工作者可能通过支持某个成员来反对另一个成员，通常这样做的目的就是阻止某个家庭成员打断家庭社会工作者的工作，或者是让家庭社会工作者持续关注自己，而忽视其他成员。

362

（7）也许在家庭干预中最重要的方法就是"挑起互动"。挑起互动指的是"在家庭面谈中，在家庭社会工作者的鼓励下表现出来的功能紊乱的模式"（Piercy & Sprenkle，1986，p. 33）。例如，家庭社会工作者可以指引家庭在自己面前讨论某个话题。家庭社会工作者这样做的目的就是分析每个家庭成员之间的功能紊乱型互动，从而提供一个环境来练习功能正常的互动方式。"一旦挑起互动发生了，家庭社会工作者就可以用这样的方式介入：评论错误的方式，或者鼓励他们继续"（Nichols & Schwartz，1998，p. 255）。

展示结构视角的案例片段 布朗一家有比尔·布朗（40岁），是一个单亲父亲，他有一对15岁的双胞胎女儿丽萨和洛丽，还有一个8岁的女儿苏珊。这个家庭是由丽萨的高中校长转介给家庭社会工作者的，因为在过去的3个月中，丽萨经常逃学，考试科目大部分不及格，最近还被发现在自己学校的储物柜中藏匿了大麻和致幻蘑菇。比尔说，他极度担心丽萨的行为，特别担心她这样做会给自己和其他两个孩子带来非常负面的影响。由于受到丽萨的影响，洛丽也开始远离自己的同伴，她也表示非常担心自己的双胞胎姐妹，她还试图教育丽萨。苏珊在家里也表现出异常行为，她常常大喊大叫，亢奋多动。比尔还说，他再也管不了丽萨了，因为她根本不听自己的话，他已经放弃管教她了，因为她是越管教越肆无忌惮。他已经黔驴技穷了。

结构式家庭模式在案例中的运用 根据所了解到的有关这个家庭的信息，结构家庭社会工作者会试图理解家庭的结构、界限和子系统。工作者可能会把丽萨的行为解释为这个家庭结构的症状，这个家庭结构已经不能正常运作了，工作者会怀疑洛丽已经把自己当成了父母子系统中的一员。因为比尔说，洛丽试图管教丽萨，这远不是她那个年纪的人该做的事。如果事实真是这样的话，家庭社会工作者就需要把洛丽从父母子系统中拉出来，因为她在这个子系统中是不正常的，要让她回归到兄弟姐妹子系统中。

技术

1. 挑起互动：我首先会让家庭参与到互动当中，这样才能发现他们的互动模式。例如，我会说："我想看看你们是如何解决问题的，爸爸和丽萨，你们来讨论一下有关丽萨逃学以及在她的储物柜中发现毒品一事，好吗？"

2. 利用物理空间：在家庭工作中，家庭社会工作者可以运用物理空间，让洛丽和她姐妹坐在一起，让比尔自己坐，这表明了他在家庭中的权威地位。"比尔，我希望你跟丽萨换个位子，这样，你自己就会处在一个权威位置上。丽萨，我希望你跟你姐妹坐在一起。"

3. 打破平衡：家庭社会工作者可以站在比尔一边，支持他在孩子面前表现出自己是一家之主。例如，如果洛丽在教训丽萨，并且在比尔与社工交谈时打断比尔，家庭社会工作者可以这样说："洛丽不断试图参与我们的谈话，比尔，告诉她，这是我们之间的谈话。"比尔说："洛丽，我在跟家庭社会工作者谈话呢。"家庭社会工作者说："比尔，再说一遍。"比尔说："洛丽，我在跟家庭社会工作者谈话呢，你别说话。"

通过运用这些技术，家庭社会工作者会聚焦于帮助布朗一家重建清晰的、合适的界限、结构和子系统。一旦这个目标实现了，家庭就有能力自己解决自己的问题。

叙事家庭视角

当家庭运用某些语言把某个问题看成是家庭的压力源，或者是影响家庭福祉的因素时，家庭社会工作者可以运用叙事治疗的方法。例如，家庭成员可能会说他们不堪重负，天天做噩梦，或者是一沟通就生气等。这些问题就成了主导他们生活的全部内容。

> 我们生来就有很多故事：父母的故事、家庭福祉和文化故事。这些故事创造了意义，这些意义先于我们，包装了我们，伴随我们一起来到了这个世界，这些意义也会束缚我们，限制我们，当然，它们也可能解放我们。一出生我们就处在了家庭故事和文化故事的摇篮之中，很快，我们还要开始建构我们自己的叙事，不可避免要带上很多浓厚的特色（Epston, White, & Murray, 1992）。

历史背景 叙事治疗是北美家庭工作中非常新的工作方法。已故的迈克尔·怀特和戴维·爱普生是叙事治疗最主要的创始人。一般来讲，这个方法涉及倾听人们的故事和自己经历的问题，讲述、重述他们的故事和经历（White, 1990, 1995）。

主要概念 聚焦于故事。故事是我们存在的现实。我们在谈到现实时，除了故事，就没有别的内容了。家庭社会工作者的角色就是要倾听家庭成员叙事，帮他们找到一个切入点来重述故事，使其获得期望的结果。通过叙事，家庭成员能够以有意的方式来重新检视自己的生活经历（Freedman & Combs, 1966）。通过建构新的叙事和故事，可以改变过去。

叙事治疗的目标　叙事治疗的假设就是，人不是问题。问题本身才是问题（参见第十 *364*
章有关定义问题的内容）。这就是说，要把问题与人分开，不要把问题当成人的一个组成
部分。在叙事治疗中，人们相信，每个人的经历都可以用很多不同的方法来解释，因为世
上不存在单一的真理。家庭社会工作者在对家庭成员分析问题时，须抓住某个特殊情况，
运用这个特殊情况来重新塑造服务对象。尽管比较关注个人，但叙事治疗不仅关注个人故
事，而且要求家庭成员互相倾听，并重述自己的故事，因为他们是自己家庭生活经历的
主人。

步骤和技术

1. 开始家庭讨论：家庭社会工作者首先要从家庭成员那里了解到他们平时在一起都
干什么，这样才能了解到他们是如何看待自己和别人的。家庭社会工作者还需采用因果问
题的视角（参见第十章），以此在服务对象和故事之间建立关联性。与此同时，家庭社会
工作者要注意发现家庭成员的才能和才华，要做到这一点，就需要特别注意服务对象提出
的跟才能和才华有关的信息。例如，家庭社会工作者可能会这样说："哦，你能跟儿子一
起玩，真是太好了！"或者说："你太棒了，能够平衡好生活中这么多的杂事！"

2. 问题外在化：问题外在化作为一种干预技术，要归功于已故的澳大利亚社会工作
者迈克尔·怀特及其新西兰同事戴维·爱普生。这个技术指的是将问题与人区别开，跳出
这个人来看问题。"外在化是家庭工作的一个方法，它鼓励人们客观地看待人，同时，拟
人化地看待那些人们感到难以忍受的问题。在这个过程中，问题就成为一个独立的实体，
独立于个人或关系之外的存在，问题就是问题"（White & Epston，1990，p. 38）。这样，
家庭才有机会来控制问题，解决问题。将人与困扰人的问题分开，需要运用外在化的语言
或行动，把问题置于人之外的地位。

在开始干预时，家庭社会工作者要让家庭来描述他们对问题有什么影响，问题对他们
又有什么影响，这是一个相对影响问题（White，1989）。"问题就是问题，于是，人与问
题的关系就成了问题"（White & Epston，1990，p. 40）。一旦家庭能够从优势的角度（即
双重描述）来看待自己的问题，他们的视野就开阔了。通过改变与问题相关的感知和意
义，就会有很大的空间找到问题解决办法（Brock & Barnard，1992）。

3. 标注影响：接下来，家庭社会工作者要标出问题的影响，要深入研究这个问题对 *365*
家庭成员的生活和他们之间的关系产生了什么影响。这时可以提出一些相对影响问题，例
如："坦妮娅，愤怒这一怪物是怎样影响你的生活的？"或者问："愤怒导致你做了什么？"
这样，家庭社会工作者就能够标注出问题对家庭成员的影响，当然，也包括要检视服务对
象是否有能力控制问题。例如，可以问这样的相对影响问题："你是否还记得有过这样的
经历，就是愤怒想控制你，但是你成功地摆脱了愤怒的控制？"或者是："在你洗澡的时
候，愤怒还在吗？""你去健身房时，愤怒还在吗？"诸如此类的问题可以帮助我们发现一
些特别的结果，与服务对象表现出来的模式不相符，好像这个时候问题是不存在的。

4. 重写关系和生活故事：在这个阶段，家庭社会工作者要运用特别的结果作为一个起点，来协助服务对象开始一个新的生命故事。要关注他们成功克服问题的例子，服务对象终究会明白，他们是有选择的，他们是有能力控制问题的出现的。最后，服务对象的整个认知都会围绕一个新的、更加积极的故事而得到重塑。

5. 强化新故事：需要鼓励和支持服务对象的新故事。为了维持新故事，需要外部的支持。可以问服务对象这样的问题："你是否愿意找人谈谈你现在选择的新方向？"以此来表达你对服务对象的鼓励和支持。同时，家庭社会工作者还可以邀请服务对象写信，这样，他们就可以正式记下自己生活改变的事实。在最后一次面谈后，家庭社会工作者还可以运用同样的技术，给服务对象写封信，表扬服务对象现在可以控制自己生活中的很多事情，借此来强化他们新的生活故事。

6. 提问（参见第十章有关因果循环模式的内容）：家庭社会工作者要运用叙事方式来提问，引出家庭的经验，而不是仅仅收集信息（Freedman & Combs, 1996）。从叙事的视角来看，运用提问的目的，就是引导服务对象描述问题对家庭成员的生活是否造成了影响，并加以澄清和强化（Chang & Phillips, 1993）。在提问时，家庭社会工作者要强调家庭成员曾经克服了艰难处境的那几次成功经验，这个过程使家庭成员能够重视自己的能力和本事，这些能够有效地帮助他们面对眼前的问题（Morgan, 2000）。例如，工作者可以问："在你的生活中，你什么时候感到过幸福？"通过运用外在化问题，发现特别的结果，工作者才能深入理解家庭过去采用的策略和战略，才能更好地支持家庭，找到方法来消除问题对家庭生活的影响。尽管这个方法比较关注个体，但是，叙事方法不仅鼓励个体，而且要求家庭成员彼此倾听，共同重写故事，因为他们才是自己家庭生活的主人。

问题外在化的案例　不是将问题当成一个内在化的问题，而是要将问题界定为内在的压力源怪物，只不过它是偶然进入到我们的生活中的。家庭社会工作者就可以探索在什么情况下，家庭成员面对这个压力怪物时，表现出了很大的脆弱性，以及在什么情况下，家庭成员能够将这个压力怪物驱逐出自己的生活。问题外在化可用在很多情境中。布鲁克和伯纳德（Brock & Barnard, 1992）指出，在与有成瘾问题的家庭开展工作时，问题外在化技术非常有效。这样，酒精就成了整个家庭共同的敌人。

练习 11.9　外在化

分成三人或四人小组，制订一个计划来帮助一个有酗酒问题的家庭，在这个计划中，学生要显示如何通过外在化，将酗酒变成全家人的"敌人"。把你们的计划在班上分享。

展示叙事视角的个案片段

坦妮娅是个单亲母亲，有个 5 岁的儿子贾森。她告诉你，她感到自己没有能力控制自己的情绪。她说，她常常因为很小的事情就对贾森发火，总是对他大喊大叫，并把他关进小房间。她担心这样做会影响他们的母子感情，因为她发现，贾森越来越胆小，并且怕自己。

叙事干预

从叙事的角度出发，家庭社会工作者首先需要花时间来发现坦妮娅是如何看待自己发脾气这个过程的。这样，家庭社会工作者就能明白坦妮娅是如何感知自己发脾气的。家庭社会工作者还要鼓励坦妮娅讲自己的故事，包括她的问题，然后，家庭社会工作者要提问，来帮助她将问题外在化。例如，可以这样问："当你觉得愤怒控制你的时候，你能告诉我到底发生了什么事吗?"或者问："当你觉得愤怒出现在你跟儿子之间时，你的想法是什么?"

诸如此类的问题会呈现这个问题是怎样影响坦妮娅和贾森的生活的，同时还可以确定愤怒就是个独立实体，独立于他们两人之外。家庭社会工作者还要探究一些特别的结果，以确定过去坦妮娅是否有能力控制愤怒。要做到这一点，可以借助这样的问题："你是否还记得有过这样的经历，就是愤怒想控制你，但是你成功地摆脱了愤怒的控制?"回顾她曾经成功战胜愤怒的经历，会让坦妮娅明白，自己是有能力控制愤怒的。证明坦妮娅有能力，就开启了一个新的叙事过程。

本章小结

367

本章介绍了家庭干预阶段。在家庭社会工作的干预阶段，家庭社会工作者要提供支持、教育和具体的帮助。有效的干预指的是，家庭社会工作者要关注家庭的需求，要尊重服务对象的独立性，要避免造成依赖，要不断评估服务对象的抵抗性，要保持专业距离，设定合理的期望。

家庭社会工作常用的干预技术包括：运用例子、对质、情境重构、挑起互动、运用隐喻和协议。干预技术的选择要满足家庭的需要。如果需要生态干预的话，工作者要记得做需求评估，运用生态图。

　　家庭社会工作者常常会遇到家庭正在经历危机。这时，非常重要的一点就是工作者要保持冷静，要帮助家庭找到办法，应对挑战。系统干预可以帮助家庭社会工作者和家庭都把家庭当成一个整体来考虑。系统干预可以在解决家庭问题和提高家庭沟通技巧方面发挥重要作用。

　　我们还讨论了干预的不同阶段，包括协议、危机干预、生态干预和问题解决干预。我们相信，把这些方法整合起来，就给家庭社会工作提供了一个通才视角的基础。我们还超越了这些干预方法，简单描述了一些处理眼前问题的方法，以提高家庭的沟通技巧，处理家庭界限问题，以及运用认知方法，简言之就是叙事治疗。我们认为，在初学阶段，这些方法和具体的技术，都能有效地提高通才家庭工作模式的效果。这些方法概括起来讲，就是解决办法为本视角、沟通/体验性视角、结构家庭视角和叙事家庭视角等。

关键术语

　　沟通/体验性视角：强调清晰的、直接的、开放的和真诚的沟通。特别是要让家庭成员彼此表达关爱。

　　危机干预：帮助家庭解决直接威胁家庭福祉的紧急性问题，给家庭带来安全、希望，为长期家庭工作创造条件。

　　生态干预：建立在对家庭生态图的评估之上。主要关注让家庭获取社区资源，并得到更多的社区支持。

　　叙事视角：以家庭讲的自己的负面故事为基础，帮助家庭重新塑造或重述负面故事，为未来家庭的赋权和改变提供积极的可能性。

　　问题解决干预：传授问题解决技巧，用来解决家庭问题。

　　解决办法为本视角：可用来帮助家庭就问题找到短期解决方案。这个方法避免讨论问题，主要聚焦于对"解决办法"的讨论。

　　结构视角：结构家庭治疗关注规则如何主导家庭成员何时、以何种方式、与谁建立关系，包括如何解决冲突等。

推荐阅读书目

Garbarino，J.（1992）.*Children and families in the social environment*（2nd ed.）.

New York：Aldine. 这是一本面向本科生的通俗读物，它以家庭为背景，将儿童发展与生态系统理论有机结合起来。是一本方便读者的书，以尤里·布朗芬布伦纳（Urie Bronfenbrenner）的生态系统理论为基础，收集对每个生态系统的研究，在每个生态系统层面都采用了人本的方法，来针对家庭开展工作。

Minuchin, P., Colapinto, J., & Minuchin, S. （2006）. *Working with families of the poor*（2nd ed.）. New York：Guilford. 该书是本科生很好的资源，阐述了如何针对经历了多重危机的贫困家庭开展工作。与其他同类教材不同的是，该书关注了机构和系统性照顾，特别聚焦于领养照顾、精神健康问题和依赖问题等。书中运用了大量的案例分析。

Satir, V., & Baldwin, M. （1983）. *Satir step by step：A guide to creating change in families*. Palo Alto，CA：Science and Behavior. 该书通过对家庭治疗会谈的渐进性分析，发展了萨提尔的沟通模式，同时还揭示了她的治疗方法背后的信念。强烈推荐那些有家庭工作基础知识的人阅读该书。

能力说明

EPAS 2.1.10g　选择合适的干预策略：家庭社会工作者必须备有一整套干预技巧，可以用于不同的人群，处理不同服务对象的问题。本章呈现的干预方法包括危机干预、生态干预等等。

EPAS 2.1.10k　为服务对象协商、调解和倡导：在前几章中我们提到了，家庭社会工作与家庭治疗是不同的。家庭社会工作者要运用临床技术，同时，也是一个家庭的协商者、调节者和倡导者。

子女与父母层面的干预

◇ **本章内容**

家庭行为视角

亲职技巧训练

行为问题和亲子冲突

协助父母制定规则

干预中常见的误区

家庭心理教育干预

药物滥用

本章小结

关键术语

推荐阅读书目

能力说明

◇ **学习目标**

概念层面：在针对家庭中的儿童开展工作时，要进一步理解行为原则，并灵活运用。

感知层面：能够观察到具体的儿童行为和父母行为。

评价和态度层面：把父母当成改变儿童行为的重要工具。

行为层面：在与父母和儿童一起开展工作时，能够传授并规范行为原则。

家庭行为视角

家庭和父母层面的干预是本章的核心内容，这些干预建立在行为干预的原则之上。家庭行为视角与家庭的生命周期是相容的。家庭发展的不同阶段需要每个成员都要适应不断改变和成熟的家庭系统。行为视角要求不断地再教育和学习，这对年幼的子女来讲是特别有效的（Thompson & Henderson，2011）。当然，这些基本的假设对家庭生命周期后来的发展也是非常有帮助的。再教育需要父母能够与子女建立积极的关系，这样，他们在经历各个挑战性的发展阶段时，能够引导和指导子女。例如，青春期就是子女向成年过渡的重要时期，青春期的孩子就是一脚迈向成年，一脚留在儿童期，因此，父母在与他们相处时要保持灵活性、敏感性和指导性。

家庭行为社会工作与传统干预相比，有几个优点。它对混乱的家庭特别有帮助，因为紊乱的家庭需要有一个结构化的干预策略，这样，父母才能运用到日常的家庭生活中（Kilpatrick & Holland，1995）。在办公室背景中，行为或事件的表现会非常粗略、偶然，或者远离子女和家庭其他的生活经验（Gordon & Davidson，1981）。它还避免了将家庭病态化。家庭行为社会工作将问题界定为缺乏技巧所致，而这些技巧是可以习得的。

家庭行为社会工作源于这样的观点，即行为受到了环境的影响，特别是家庭环境。它坚信，改变环境的偶然性（奖励或惩罚）就能改变行为，因为环境的偶然性事件支持了问题行为的出现，阻碍了社会认可的出现行为。由于父母控制了子女环境中的重要的偶然事件，特别是当子女很小时，他们是协助子女改变行为的最佳人选。因此，父母要首先做出改变，然后才是子女。从根本上来讲，父母就是自己子女的治疗师。

鉴于此，家庭社会工作者要给父母提供辅导，教他们如何直接及时干预自己的行为。父母成天与子女生活在一起，是一个稳定持续的治疗资源。如果父母学会了与子女相处，即使家庭社会工作者离开了，促进持续性的行为改变的环境情境也已经建立。这就是社会学习理论的基本原则，父母可以结合不同程度的育儿技巧来运用这些原则。

假设

家庭行为干预关注的是目前的家庭关系和互动模式，而不是个别家庭成员的内心生活。按照行为学派的术语，沟通是积极或消极行为的强大后果。通过建立积极的工作者—家庭关系，工作者可以示范合适的社会行为，辅导父母发展积极的沟通技巧，协助他们建立一系列固定的行为事件，并持续地运用到家庭互动中（Thompson & Henderson，

370

2011；Bloomquist，1996；Kilpatrick & Holland，1995）。根据父母是子女最佳的治疗师这个假设，父母行为有计划的改变，必将带来子女行为的改变，反之亦然。

行为问题常常被看作习得性回应，经过不断的强化物的支持而得以固定和强化。家庭中的很多强化物是无意识的，因为家庭成员很少意识到行为是怎样得到强化和保持的。对很多父母而言，要做到自我意识，并能够长期追溯子女的行为，绝非易事。父母缺乏意识，把自己的意愿强加给孩子，就会导致意想不到的行为出现。例如，谩骂可能会强化孩子的行为，因为孩子受到了父母的关注。而在其他情境下，父母可能会反复无常地忽视或强化孩子的行为，这样就很难消除或改变这个行为。很多家长不知道如何有效地运用行为后果。在这种情况下，父母就难以做到不再使用恐吓。如果惩罚滞后，其效果就会大打折扣，而孩子也会感到非常困惑，有时，惩罚的力度与问题行为的严重程度完全不匹配，要么太重，要么太轻。

与第三章中描述的循环互动类似的是，消极回应子女的父母也会培养孩子的消极行为。在某些家庭中，消极行为会比积极行为吸引更多的关注。因此，行为干预就需要修正问题互动，消除表现出来的症状。理想的状态就是，父母或子女行为的改变会促进家庭出现螺旋式的积极互动。最后，治疗需要根据特定家庭的特定情境来量身制定。其目标就是促进积极的行为改变，增加奖赏性互动，减少强制和令人厌恶的控制，传授有效沟通和问题解决技巧。

根据家庭行为社会工作的前提，如果改变了偶然事件和强化物，行为就能得以改变。在行为改变之前，家庭社会工作者必须对家庭进行谨慎的、详细的评估，以理解问题的全部信息，发现在改变之前问题行为出现的频率（也就是基线频率）。然后，家庭社会工作者要采取策略来改变每个家庭的偶然事件。在信息收集阶段，主要任务就是要发现问题行为的前因和后果。要以具体的、可观察的和有策略的方式来界定问题。根据这些信息，要采取一些策略来改变行为的前因或后果。需要记住的是，在干预前后，都要测量问题行为。

图 12.1 和图 12.2 是其他形式的测量工具：时间样本（时间比例）、行为持续性记录和行为频率记录（参见 Jordan et al.，引自 Grinnell & Unrau，2011）。

第一周表现出来的行为频率_____
问题行为_____

日期	频率	总计	时间	评论

图 12.1　时间样本和行为频率记录

第一周行为表现的持续性_____　　　　　　　　　　　　　　　　　　　　*372*
问题行为_____

日期	观察行为的时间长度	总计时间	附加观察

图 12. 2　行为持续性记录

原则和程序

　　家庭行为视角建立在行为修正和社会学习理论原则之上，这些理论解释了行为怎样增加、减少或得以保持，新行为何以习得。我们相信，理解这些原则对于那些开展家庭工作的人是至关重要的。社会学习理论视角给家庭提供了一个结构化的方法来处理一系列家庭问题。家庭社会工作者如果不熟悉社会学习理论视角，就无法有效地开展家庭工作。

　　行为分析的基本原则强调的是行为的前因和后果。尽管大部分的注意力被放在行为的后果上，特别是积极后果或强化物上，但是，我们发现日新月异的直接环境的影响力也是不可低估的。这种对环境的关注，可以使家庭对孩子们而言变得更加安全。例如，我们会围绕孩子们的游戏场地扎上一圈篱笆，保护他们的安全，把危险物品放在孩子们够不到的地方等。家庭社会工作者在与父母或某些孩子会谈时，要给其他孩子带个玩具，或安排他们做别的活动，这本身就是在积极改变孩子的环境。我们彼此之间的对话本身就能成为一个前因条件，从而使某个行为的出现成为可能。例如，如果父母知道如何发出清晰准确的指令，并执行这些指令，就比较容易跟孩子建立合作关系，而那些指令不清、前后矛盾的家长则难以与孩子建立合作。

　　行为还会受到结果的影响。积极的、强化性的结果会提高该行为重复出现的概率，而消极的结果则会减少该行为出现的可能性。例如，很多父母在表扬或鼓励自己的孩子蹒跚学步或牙牙学语时，自然会运用积极的结果来刺激新行为的再现。但是，随着孩子的行为变得越来越复杂或者当出现问题时，父母常常不清楚哪些行为需要更多关注，哪些行为应该忽视或者受到惩罚。父母在与子女互动时，由于缺乏技巧，或者因为沮丧，常常会无意识地表现出消极的互动。他们要学会将自己这种令人不快的互动关系变成更加积极和共享天伦的互动关系。

　　父母要学会判断孩子的行为是否合意，就需要将有关儿童发展的知识与行为原则有机整合起来，接下来，在育儿技巧训练中一个非常重要的内容，就是向父母传授如何有效使用强化物。此外，在传授育儿技巧时，也要传授前面讨论过的家庭工作一般性原则。例　　　　*373*

如，家庭社会工作者可能会发现父母自身的需要和问题会影响他们育儿的能力，因此，需要先处理他们的问题。还有，前面提到的系统视角会提醒家庭社会工作者需认真考虑干预可能给其他家庭成员带来的影响。同样，孩子的行为受到了家庭子系统的影响，在干预家庭中的亲子关系时，这些子系统也要考虑进来，例如寡居的祖母住在这个家中，且试图承担家长的角色。广泛的生态视角可能不仅要问什么样的后果会改变孩子的行为，而且要了解环境条件。例如，家庭环境（包括祖母的干预）是否使孩子有可能服从父母？

正如行为管理的原则在家庭社会工作和育儿训练中发挥了举足轻重的作用，问题解决技巧也是至关重要的。问题解决技巧是育儿能力中的不可或缺的内容。另外，开展育儿技巧训练，最好在家中进行，不要在诊所或其他机构中进行。

技巧

鉴于本书篇幅所限，无法对家庭社会工作者在运用行为管理原则中需要的每个具体的技巧进行全面介绍，我们希望读者掌握这些知识，作为开展家庭工作的铺垫。目前有一些可行的、全面的育儿训练计划，可以协助父母处理很多孩子管理问题。这些服务计划对有残疾子女的服务以及那些受虐待或忽视子女的服务，特别有用。下面就是一些帮助家庭处理具体问题的行为技巧。

传授知识是一个可以成功运用到家庭中的有效工具。在一项研究中，有父母说喜欢学习不同的行为处理方法，例如，提供很多选择，以分解权威。在同样的研究中，另一对父母也说："我学会了如何干预，可以运用更多不同的管教技巧。"（Coleman & Collins, 1997）

传授知识应该建立在对每个情境加以评估的基础之上，还可以用来向家庭展现如何运用具体技巧。传授知识的步骤包括：

1. 让学习者明白学习技巧的理念。
2. 呈现技巧。
3. 让服务对象练习技巧，然后给予反馈（Brock & Barnard, 1999）。

374 　**给家庭传授沟通技巧**　例如，家庭沟通是一个简单的技巧，却是支撑家庭功能性的基础。布卢姆奎斯特（Bloomquist, 1996）提出了一个处理沟通技巧的三部曲模式：

1. 向家庭介绍家庭沟通技巧（如直接、坦诚和开放，关注此地此时，专注倾听，运用"我"来表达，不要打断别人说话，不要吼叫，不要使用暴力语言等）。
2. 在家庭中练习这些技巧。一个方式就是进行角色扮演，练习要做什么，不要做什么，这样大家就能明白两者之间的差距，从而进一步认识并接受这些技巧。家庭社会工作者在家庭进行角色扮演之前，对这些技巧进行示范。全体家庭成员要轮流练习这些技巧，可以将过程录像，以协助大家了解自己的表现。

3. 将家庭沟通技巧运用到现实生活中。工作者可能希望展现或上演"真实的"问题，也就是说，选择一个与全家有关的问题，然后让家人在讨论这个问题时，运用学习到的新的沟通技巧。

教孩子听话　布卢姆奎斯特（Bloomquist，1996）还提出了一个循序渐进的方法来教育孩子听话，一个听话的孩子就是要听父母的指导，并服从父母。父母和子女都要学习新行为。

1. 给出有效的指令。指令要具体，要是一次性的，这样孩子才能准确地了解父母对自己的要求是什么。不要运用那些常以问题的形式出现，内容很多，且有很强的理性的模糊指令。

2. 运用有效的警告。如果孩子不听从指令，那么，父母要用这样的形式来警告："如果……就……"警告只要一次就够了。

3. 指出孩子听话或不听话的积极或消极结果是什么。要对听话的孩子进行表扬，而对不听话行为要指出其消极结果。

4. 如果孩子不听话，父母要努力表现得很冷静，夫妻之间不能有权力之争。

5. 一定要坚持，让孩子明白父母这次动真格了。父母第一次使用这些技巧时，很少会成功，因此需要坚持不懈。实际上，行为模式变成习惯，可能需要更长的时间。

6. 要前后一致。确保父母在回应孩子的某个行为时要保持一致。

7. 对年幼的孩子可以使用图表。

学习新的技巧可能是解决问题、克服困难的一个方法，对很多家庭来讲，这些可能都是新生事物，因此人们对辅导的刻板印象就是对过去的事件进行分析。

有几个不同的方法可供传授给服务对象。首先是直接指导，工作者要直接向服务对象提供信息。其次是示范，工作者要在服务对象面前演示行为。接着是偶发事件管理，要教服务对象管理强化物的偶发事件管理，也就是说，通过奖励某些行为来保持它们，而通过忽视或惩罚行为来推动改变（Kinney，Haapala，& Booth，1991）。

人们只有明白了学习是日常生活的一部分，才愿意去学习。然而，他们可能需要明白一些道理，特别是明白运用某个特定的技巧会给自己带来各种好处。一旦家庭明白了这些道理，他们可能就愿意将这些技巧分解成可以操作的细节。展现这些技巧需要非常准确。在工作者展现了这些技巧之后，就要让家庭成员来描述他们逐步观察到的内容。由于每个技术都包含了一系列复杂的行为，工作者需要将这些技巧分解成可以操作的细节，让服务对象一步一个脚印地学习这些细节内容。可以在家中"现场"传授和展现这些技巧。工作者要注意利用一些合适的时机来开展教学，运用危机或其他即时事件，不失时机地进行教学。父母会充分利用学习机会，他们报告说这是非常有效的干预方式（Coleman & Collins，1997）。传授技巧的最后一个阶段就是让个人或家庭练习学习到的技巧，并就自己的表现听取反馈。在这个阶段，工作者要给予积极的评价，要给服务对象提供矫正性反馈。

正强化是一个过程，借此能够发现合意行为，并将之强化固定，确保这个行为未来能够再现。不幸的是，父母常常会注意那些不合意行为，从不会关注那些合意或社会认可的行为，所以，他们难以表扬或者奖励合意行为，对这些行为进行强化。例如，有些孩子会花一个小时来完成家庭作业或者读书，这样的孩子应该得到表扬，可以邀请他们与父母一起观看自己喜欢的电视节目。有效的做法是，让孩子自己选择自己喜欢的东西或想干的事情，作为强化物，然后画一个表格。除了跟父母待在一起之外（下面将详细讨论），强化物可能还包括允许参加一个自己喜欢的活动、外出晚点回来、表扬、请朋友回家住一个晚上等。我们建议多用社会性强化物（例如表扬，或者与父母一起参加自己喜欢的活动），少用物质强化物（例如给钱或者买一辆新自行车）。

有种积极形式的强化物就是父母花时间跟孩子相处，并一起玩耍。这样的社会性和优待式的强化物对孩子来讲，是行之有效的。父母与孩子在一起实现了双重目标，既积极奖励了孩子，又增强了家庭成员之间的情感交流。"对合意行为的正强化会造就循规蹈矩的孩子"（Bloomquist，1996，p. 52）。对孩子积极活动的安排涉及列出父母和孩子都喜欢的活动是什么，共同确定时间，父母一旦"发现"合意行为就要表扬、时常描绘合意行为是什么，并表现出感动（p. 53）。要奖励行为，首先就要注意到哪些行为需要奖励。要做到这一点，父母必须时刻关注自己孩子的行为举止。在正确使用正强化物之前，父母要深刻理解其含义。他们还要愿意将自己的回应放在显微镜下进行仔细观察，这样他们才能明白自己需要改变什么，如何改变。

负强化包括运用结果来强化或维持某个行为。例如，父母的吼叫是让孩子听话的一个负强化。在这里，听话就是要做家庭作业。在孩子听话继续做家庭作业之前，如果父母不再吼叫，而是告诉孩子，不做家庭作业没关系，那么，就是孩子赢了。如果孩子为了避免父母做出更加令人不愉快的行为，而停止了某个行为（在这里就是不做家庭作业），那么，父母就认为吼叫是行之有效的办法。负强化不要与惩罚混为一谈。

惩罚涉及在行为发生之后，立即采用厌恶性措施。我们有理由相信，积极结果当然比惩罚更受欢迎，因此，在必要的时候，应该运用积极结果。惩罚的例子包括取消优惠或限时隔离。我们不提倡使用打屁股作为惩罚手段。因为打屁股给孩子传递的信息是，要实现目的，身体暴力是可以接受的。同时，打屁股还会造成孩子对父母的恐惧。

行为消退是一项行为技术，用来消除不合意行为。要指导服务对象将注意力从有不合意行为的个体身上转移开，不要采取任何形式的强化，来增强问题行为。行为消退是处理发牢骚、哭泣、发脾气和睡眠紊乱等问题的有效方法（Thompson & Rudolph，1992）。行为消退奏效很慢，对于那些不合意行为，要一概忽视，全体家庭成员要配合这个行为消退计划，即使这个方法不能立刻产生效果，父母也必须坚持下去（Davis，1996）。

限时隔离是一个不可替代的育儿技巧，可以用来弱化孩子的问题行为。如果能正确运用，父母可以用限时隔离来取代身体处罚。父母常常会发现，孩子的行为愈演愈烈，超出了父母的耐心限度。限时隔离包括将孩子从高刺激性的环境中转移到低刺激性的环境中。在限时隔离时，当孩子冷静下来之后，父母有机会重新恢复平静。安静的场所可能是一张椅子或者一间空房间。不要把孩子的卧室当成限时隔离的场所，因为如果把卧室当成限时隔离的场所，孩子会把卧室与不愉快事件联系在一起，造成以后的睡眠困难。

当孩子违背了父母定的规则，限时隔离就成了孩子打破规矩的一个后果，因而效果明显。当孩子破坏了规矩，出现了相应的后果之后，父母应该立即将孩子带到限时隔离地点。站在限时隔离地点的时间长短，取决于孩子的年龄，一般要控制在5~15分钟之间。在实施限时隔离技术之前，工作者需要将下列程序传授给父母。戴维斯（Davis，1996）建议在运用限时隔离时，可以掌握这些诀窍：

● 要确定哪些行为需要采取限时隔离的方式来处理。然后，要把父母对孩子的期望准确具体地告诉孩子。一般来讲，限时隔离可用来处理乱发脾气或其他不听话行为。

● 事先要确定哪里是限时隔离最合适的地方。

● 决定在什么时候采取限时隔离的方法。我们建议，需要首先警告孩子不执行家长的指令的后果是什么，然后才能运用这个方法。如果孩子违规了，就应该立即执行限时隔离，即使孩子激烈反抗或让步了，也不能心软。

● 事先要让孩子知道，什么行为是可以接受的，什么是不可以接受的。然后，要冷静地告诉孩子限时隔离的目的是什么。

● 在实施限时隔离时，不要跟孩子争执。除了解释限时隔离的目以及为什么要这样做之外，不要跟孩子进行其他的交谈。

● 很多时候，特别是在开始适应限时隔离的方法时，孩子可能需要被强行带到隔离地点，如果孩子试图离开隔离的地方，父母要把他们带回去。父母要明白，在刚使用这个方法时，孩子是一定会抵抗的，对父母来讲，要孩子安静地待在一个地方，基本上是不可能的，需要费点力气。因此，父母可以考虑在离孩子不远的地方守着，但是，要保持一定的距离，要确保对孩子有警示作用。父母需要确信一旦孩子习惯了接受限时隔离的惩罚，他们以后就会慢慢变得听话了。

角色扮演可以使服务对象能够再现真实的生活场景，从而可以发展技巧、提高信心来处理困难的情境。很多时候，可能还会出现这样的情况，即服务对象面对新情况的出现，束手无策。例如，父母被孩子老师的粗暴行为激怒，不愿意向老师了解孩子在学校的表现。在角色扮演中，家庭社会工作者需要扮演学校老师的角色，而让母亲来向老师了解情况。然后，这个母亲可以扮演两个角色，例如，她可以扮演母亲的角色来问老师问题，家庭社会工作者要告诉母亲如何向老师提问，然后，让母亲扮演老师的角色。

角色扮演可以用于很多家庭中。通过角色扮演，服务对象开始明白别人是怎样看待自己的，然后，可以从别人那里得到解决的反馈（Thompson & Rudolph，1992）。角色扮演能有效推动技巧学习，其中，人们可以假设一个场景，展现某个行为会产生什么样的结果。角色扮演还可以跳出此时此地的背景，来描述问题情境，例如，与邻居或老板之间的矛盾。

在家庭采用角色扮演，有几个不同的方法。有个方法就是让社工扮演自己的角色，让家庭成员也扮演自己。另一个方法就是让人们交换角色，展示问题出现的情境。后一个方法可以有效地帮助人们彼此理解，学习共情技巧。最后，还可以运用角色扮演针对某个情境进行练习，犹如在真正的观众面前表演之前的排练。

在进行角色扮演时，要求服务对象将问题情境带进会谈中，要求他们在会谈中重新建构这个问题情境。角色扮演结束后，要给家庭成员提出相应的反馈。

角色扮演是一种安全的行为操练方法，它可以涉及新行为的练习，而不用担心后果。在行为操练的过程中，工作者和重要他者可以向服务对象提供反馈。一旦这个行为在一个安全的环境中进行练习之后，服务对象就可以在现实世界中运用这个行为（Davis, 1996）。

〰〰〰〰〰〰〰〰〰〰〰〰〰〰〰〰〰〰〰〰〰〰〰〰〰〰〰〰〰〰〰〰

练习 12.1　练习角色扮演

列出一些情境，在其中角色扮演是非常有效的技术。从中选择一个场景，并与同伴进行练习。

〰〰〰〰〰〰〰〰〰〰〰〰〰〰〰〰〰〰〰〰〰〰〰〰〰〰〰〰〰〰〰〰

制定规则指的是父母要给孩子设定规矩。要知道在什么情况下设定什么规则，同时要学习当孩子不服从规则时，该如何强化这些规则。父母要学习一系列的程序来制定规则，这样才能确保自己前后的规则能够保持一致性，让那些不服从的孩子承担相应的后果。制定规则和规则的强化可以分解成几个可以掌控的步骤。

● 首先，父母必须告诉孩子规则是什么，为什么要设定这些规则。在解释时，要考虑到孩子的认知能力和接受能力。

● 然后，父母可以给孩子提供行为选择，要告诉孩子一旦打破规则可能出现的后果是什么。

● 如果行为依然存在，父母必须严肃地告诉孩子，类似行为再次出现，后果是什么（后果需要被准确地表达出来）。

● 如果孩子的问题行为继续出现，父母就要制止孩子，立即实施后果。一旦孩子打破了这个规则，就要立即采取这个程序。要保持一致性，如果一次实施后果，但下一次又不实施，就会给孩子带来困惑。此外，断断续续地强化规则不会改变孩子的行为。

示范是就某个行为向家庭成员进行展示。如果家庭成员不知道如何做出某个行为，或者无法做出某个行为，示范这个技术就非常有效。如果家庭成员缺乏足够的技巧而无法采取某个行动，或者不愿意尝试新行为，这个技术也非常有益。适合采用示范技术的例子包括演示求职面试、请求配偶来协助自己照顾孩子、安抚悲伤的孩子等。

　　家庭社会工作者可以有效地向父母进行示范，还可以通过录像进行示范。此外，邀请那些经历过类似问题，但学习了相关技术成功处理问题的同伴和成年人，也可以给服务对象进行示范。在第七章中，我们讨论了工作者与家庭开展工作时需要的一系列沟通技巧。家庭社会工作者可以向家庭示范这些技巧，期望家庭可以认同咨询师的沟通方式，并将这些方法运用到与家人之间的互动中。

　　在进行行为示范之后，家庭社会工作者要鼓励服务对象重复和练习这些行为。这样做的目的就是确保服务对象理解示范的内容，这样服务对象才能模仿家庭社会工作者的行为。必要的时候，家庭社会工作者要提供修正性的反馈。这样的练习有助于确保服务对象能够记住这个行为，也给家庭社会工作者提供了机会来矫正服务对象在表现中出现的错误，还会强化和鼓励服务对象的行为。

〰〰〰〰〰〰〰〰〰〰〰〰〰〰〰〰〰〰〰〰〰〰〰〰〰〰〰〰〰〰〰〰〰〰〰〰〰〰

练习 12.2　示范

379

　　列出三个情境，在其中示范是非常重要的技术。选择一个情境与同伴练习。

〰〰〰〰〰〰〰〰〰〰〰〰〰〰〰〰〰〰〰〰〰〰〰〰〰〰〰〰〰〰〰〰〰〰〰〰〰〰

　　自我控制训练对那些能够对自己的行为负责的个体非常有效。自我控制训练对降低焦虑、厌学、口吃以及某种程度上的多动症都非常有效。自我控制训练的步骤包括：

1. 记录变化。
2. 修改计划，确保变化能够保持。
3. 选择需要改变的行为。
4. 记住一周当中行为出现的频率、背景、前因和后果。
5. 设定一个现实的目标。
6. 改变与行为有关的前因和背景。
7. 改变强化行为的后果。

　　布置家庭作业包括让家庭带作业回家做。在家庭会谈中开始的改变不应因为会谈结束而结束，家庭应该在会谈结束后维持这些改变。要保持变化，第一个方法就是，要在两次会谈之间，给家庭布置家庭作业。作业的形式是多样的，但都必须发挥下列三个作用：

1. 促使家庭成员行为改变。
2. 就家庭成员在会谈之外的行为收集信息。
3. 强调自我责任，促进改变。

　　作业需要与家庭会谈中的工作重点密切相关，可以有效地弥补两次会谈之间的空白。它们应该立足于家庭的能力和动机，这一点必须表述清楚。给家庭布置家庭作业，会协助家庭慢慢习惯对自己的行为改变承担责任，这样，即使社会工作者离开家庭，家庭也可以独立自主，处理自己的问题。家庭作业的例子包括：写信、打电话、记录行为、继续运用达成共识的育儿技巧。家庭作业的其他例子还包括，让家庭成员记录某个行为。记录某个行为可以帮助家庭成员了解行为发生的频率，这样，家庭就能参与到家庭工作中，监测行为改变的进展环节（Kinney，Haapala，& Booth，1991）。

选择布置什么样的家庭作业是非常重要的，需要对家庭以及已经开展的工作进行评估。例如，如果家庭处在社会性孤立之中，给家庭或家庭成员的作业可以是鼓励他们运用社区资源，或者培养其他家庭外的人际关系。

要使家庭作业非常有效，家庭社会工作者需要在下次会谈之前，对上次的作业进行复习和回顾。有的时候，家庭社会工作者发现，家庭根本就没有做作业。在这种情况下，有必要了解家庭为什么没有完成家庭作业。不做作业的理由可能是公开的抵抗，或者是不理解作业的要求。当家庭作业常规化后，家庭在每次会谈结束时，都会期待社会工作者布置家庭作业（Hartman & Laird，1983）。

380

减压包括渐进性放松，这是一个应对泛焦虑症或特定情境下焦虑的非常有效的技术。对于泛焦虑症，要教患者一些放松技术。对于特定情境的焦虑，要教患者学会放松，同时将激发焦虑的情境视觉化。在深度肌肉放松技术中，人们要学会放松肌肉，一组一组地放松，直到出现深度的放松。一般来讲，告诉人们首先放松和收紧自己的脚趾头，然后，慢慢地将这种收紧和放松扩展到身体的其他部分的肌肉。肌肉的紧张可以一次保持 5～10 秒。有很多录像带和指南来指导人们学习渐进性放松。此外，工作者还可以自己撰写一些放松练习。

在针对儿童开展工作时，后效契约是非常有效的，因为它需要听取有关各方的建议和想法。经过互相的协商，可以形成一个协议，来确定个体应该做出什么样的行为，在什么时候做出这些行为。一般来讲，这个协议要以正式的书面形式，清楚地说明，谁在什么情境下，在什么时候、什么地方，为谁做什么。协议中还要说明奖励是什么，这样才能确保相关各方能够成功地执行协议，遵循协议，获得规定的各种奖励。协议中的各方都必须清楚地知道自己将付出什么，执行了协议后，将得到什么。

后效契约可以分解成为 5 个步骤（Thompson & Rudolph，1992）：

1. 明确说明需要解决的问题。
2. 要就问题发生的频率进行基线数据收集。
3. 咨询师和服务对象要制定双方一致同意的目标。
4. 选择实现目标的手段。
5. 评估可以观察、可测量变化的技术。

青春期的孩子会发现这种后效契约非常有效（参见图 12.3）。家庭可以运用这个协议来确认哪些行为是合意行为，相应的奖励和结果是什么。青春期的孩子和父母都可以就协议中应该包含哪些行为，提出自己的想法，并可以进行讨价还价。在开始使用协议方法时，需要从简单问题开始。

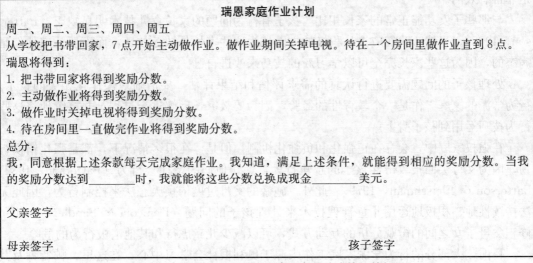

瑞恩家庭作业计划

周一、周二、周三、周四、周五

从学校把书带回家，7点开始主动做作业。做作业期间关掉电视。待在一个房间里做作业直到8点。

瑞恩将得到：

1. 把书带回家将得到奖励分数。
2. 主动做作业将得到奖励分数。
3. 做作业时关掉电视将得到奖励分数。
4. 待在房间里一直做完作业将得到奖励分数。

总分：_____

我，同意根据上述条款每天完成家庭作业。我知道，满足上述条件，就能得到相应的奖励分数。当我的奖励分数达到_____时，我就能将这些分数兑换成现金_____美元。

父亲签字

母亲签字   孩子签字

图 12.3 父子之间就完成家庭作业而达成协议的例子

果断性训练可以教家庭成员如何以合适的方式来表达自己的想法，也就是说，既不能咄咄逼人，也不能唯唯诺诺。家庭中出现矛盾，常常是因为家庭成员不知道如何恰当地表达不同观点，不知道如果果断处理问题，其结果就是要么咄咄逼人，要么唯唯诺诺。当某个家庭成员唯唯诺诺时，他们的权利很容易受到侵犯。咄咄逼人的成员常会侵犯其他成员的权利，他们会通过发火来达到自己的目标。向家庭成员传授果断处理问题的技巧，能帮助他们处理彼此之间的矛盾，这些技巧还能协助他们处理家庭之外的矛盾和问题。

行为学派家庭干预的实证基础

孩子们在不同的情境中会有不同的表现，这就表明，成年人决定了在每个情境中，允许什么样的行为。例外的情况是，孩子们的侵略性行为是常态，也就是说，一个在家里有侵略性的孩子在与同伴相处时，也会表现出侵略性。在孩子年幼时进行干预还是非常有效的。有行为问题的孩子在很大程度上能够控制自己的环境。他们很难假装出"良好"行为，问题行为逐渐形成了习惯性模式。

我们常常采用行为学派的家庭工作来处理这些问题，如乱发脾气、多动症、家庭作业问题、尿床、不听话、不法行为和侵略性行为（Alexander & Parsons, 1973; Baum & Forehand, 1981; Foster, Prinz, & O'Leary, 1983; Webster-Stratton & Hammond, 1990）。还有人运用行为学派家庭工作来向那些有虐待儿童行为的家长传授育儿技术和儿

381

童管理技术。行为治疗中的儿童管理技术（Sandler，VanDercar，& Milhoan，1978；Wolfe，Sandler，& Kaufman，1981）以及自我控制技术（Denicola & Sandler，1980；Isaacs，1982）是非常有效的。

与那些子女功能正常的家长相比，孩子有行为问题的家长育儿技术明显缺乏（Patterson，1982）。当然，我们应该从积极的方面认为这些家长是缺乏技巧，而不要认定他们是病态的，因为这些家长完全可以学习新的技巧来改进自己。

382　　处理孩子的问题需要进行认真的需求评估和结果评估，要清晰地操作化相关的技术。行为学派的家庭工作是一个教育性的经验，因为要教家长理解这个过程，并持续地将这些行为技巧运用到孩子身上。

在强权家庭中，会存在正强化和负强化机制，但是，在很多情况下，都是强化错误行为，因为父母会回报攻击性孩子的越轨行为，惩罚他们的亲社会行为（Patterson，1982；Patterson & Fleischman，1979）。此外，施暴的父母过度依赖厌恶法来控制行为，因此无法持续性地、积极地运用儿童管理技术来处理孩子的问题（Denicola & Sandler，1980）。修正父母子女之间的微观分析的互动方式，可以减少儿童虐待和其他消极行为的危险。

目前，大部分的行为学派家庭工作来源于奥利根社会学习中心，在这里，帕特森及其同事（1982）深入研究了家庭中的微观分析互动，他们发现，如何回应决定了互动。微观分析互动与第三章中描述的循环互动模式非常类似，尽管这个模式是线性的，因为它发现了前因事件和后果之间的差异。它基本上关注的是此地—此时，很少关注历史。

反社会的儿童基本上是缺乏家庭规则的，父母的默许常常造就了孩子的攻击性行为。依赖厌恶法的父母禁止了孩子的亲社会行为，激化了孩子的胁迫性行为。反社会的儿童的父母很可能会对孩子的胁迫性行为采取厌恶性惩罚（即打屁股、大吼大叫）。因此，受虐儿童与其他孩子相比，具有更严重的胁迫性行为。负强化提高了高密度的消极回应的可能性。例如，父母在杂货店答应给孩子买糖，孩子就不再发脾气。

〰〰〰〰〰〰〰〰〰〰〰〰〰〰〰〰〰〰〰〰〰〰〰〰〰〰〰〰〰

练习 12.3　行为家庭方法

假定你的督导要你去见服务对象史密斯一家。史密斯一家遇到的问题是一个 13 岁的女儿克里斯蒂娜。问题的核心就是克里斯蒂娜希望获得更多的自由。她希望去逛商场，周六留宿在好朋友家，但是她的父母（汤姆和茱丽）都担心，她年纪太小，还不能对自己负责。此外，克里斯蒂娜觉得自己的父亲太专横，太跋扈，而母亲又太像个受气包。克里斯蒂娜说，如果她从学校早退，跟同学去逛店，回来后她父亲会抽她耳光。克里斯蒂娜还告诉你，她 14 岁的哥哥托马斯每个周五晚上，都可以在没有大人监督的情况下，跟朋友去踢足球。她觉得这非常不公平。与你的同伴组成小组，运用行为家庭方法，来处理这个家庭的问题。

步骤一：界定问题。
步骤二：行为观察。
步骤三：设计干预。

亲职技巧训练

与其他的家庭工作模式不同的是，父母训练会接受父母将孩子定义为问题儿童。父母训练假定父母界定的问题需要成为改变的目标。尽管这个模式明确表示儿童是改变的中心，但父母还是需要学习以不同的方式来回应孩子。父母训练协助父母意识到孩子行为的前因和后果，并学习如何控制这些行为。父母训练可以在家庭之外的小组活动中进行，或者是在家庭或办公室中与某个家庭一起开展。

假设

父母训练基于本章前面回顾的行为学派的基本原则，它可以从以下几个方面来帮助父母：

1. 它可以帮助父母学会了解孩子的需求和节奏。例如，父母在孩子睡觉前刺激孩子是非常不明智的，同样，在孩子要午睡时给孩子照相也是不合理的。对孩子的各种回应需要适合孩子的年龄需要。

2. 它可以帮助父母理解父母需要做出多大的自我牺牲。父母需要意识到一旦孩子降生，自己的生活方式就要永久性地改变。孩子发展的每个阶段都要求父母的生活方式做出相应的变化。人们不可能一面育儿，一面开派对，这样会造成自己睡眠不足。

3. 父母要学习理解伴随着孩子的成长自己的家庭关系中出现的各种压力。尽管夫妻关系亲密，但是，有时还是会感到对方不爱自己或不需要自己了，感到被冷落。这时，需要帮助夫妻公开讨论各种因素对自己关系的影响，包括自己的能量水平和性生活的改变。他们还要公开讨论如何成为高效的父母，此外，还需要处理经济压力。

4. 父母要意识到，有些问题需要及时处理。一夜起来 4 次给孩子喂奶，一定会减少夫妻之间的性生活。同样，晚上不睡觉等待晚归的青春期的孩子，也非常令人疲惫不堪。婴儿能够整夜睡觉后，大人的睡觉模式才会慢慢稳定下来。尽管父母无法改变这个状况，但是，舒缓情绪的方法是，夫妻之间各自说出自己的遭遇和需要。

5. 父母应该意识到沮丧、经济压力和长期睡眠不足，都会带来很多冲突，这反过来又会加剧沮丧感。打孩子和离开配偶的想法是司空见惯的。如果只是瞬间的想法，是非常正常的。但是，如果将这些想法付诸实践，就会出现问题了。

6. 父母要意识到，他们需要学习如何爱自己的孩子。父母与子女之间的亲密关系不是凭空而来的，而是需要时间和精力来培养的。亲子关系中一个重要的方面就是脾气秉性的匹配。一个活跃的孩子对安静的、慢节奏的父母来讲就是一个天大的挑战。小孩子的出生与哥哥姐姐之间的冲突也构成了亲子关系中不满的成分。

7. 父母需要认识到，他们需要帮助来欣赏"天伦之乐"。如果父母整日被育儿的日常压力拖累，他们就会错过孩子带给自己的各种惊喜和快乐。因此，父母需要学习平衡工作和承担育儿的责任以及与孩子一起玩耍的能力。

8. 父母需要认识到，没有处理的个人问题，会带来更多的压力。明确什么是个人问题，什么是夫妻的问题，是非常重要的。一般来讲，不同的问题需要不同的干预办法。例如，压抑了自己孩童时代遭受的性虐待经历的妇女，在女儿出生之后，或者女儿长到一定年龄后，自己过去的不幸和焦虑情绪会突然出现。这种压力放在发展性危机的背景中，是难以处理的。

原则和程序

对父母进行育儿技巧训练需要准备一个清单，要进行家庭观察和访谈。下面是一个开展父母训练的循序渐进的计划。

第一步：要清楚界定问题。在界定问题时，要把与问题相关的行为分解成具体的、可观察和测量的行为。问题界定通常需要三个阶段：第一，社工和父母要明确行为发生之前出现的事件。这些事件就是前因，他们需要提供重要的信息和征兆，来说明行为之前发生的事件。第二，评估问题要描述具体行为。第三，需求评估需要包括行为的后果，如父母的回应，要特别发现那些维持行为的回应。

在界定问题时，需要邀请家庭所有成员一起参与，这样，每个人都能明白自己在导致或强化问题的过程中，各自发挥了什么作用。然而，我们建议，父母的建议应该成为第一次访谈的核心。在第一次信息收集中，是否需要让孩子参加？让孩子参与可能会干扰我们发现重要的信息片段（Gordon & Davidson，1981）。如果父母对问题的理解存在分歧，让孩子参加第一次访谈来确定问题就是必要的，否则对孩子是非常不利的。父母可能在第一次访谈中，希望私下来谈论孩子，或者对孩子颇有微词。因此，父母如果不能重新界定和理解孩子的问题，认识不到这些行为是后天习得的，他们就会简单地给孩子贴上"坏孩子"或"有问题的孩子"等标签。

理解行为的切入点可能就是，请父母来描述某一天的情况，请他们提供具体详细的信息。可以运用清单或图表来抓住家庭的行为特点。在第二次会谈中，请孩子参加是高明之举，因为这时可以观察到亲子互动。如果在机构中开展需求评估，某些机构设有观察室，带有单面镜，这样同事就可以组成一个团队，来观察家庭的互动模式。

　　父母可能会很容易界定孩子的问题，但是难以发现行为的前因。换言之，父母可能会认定孩子是个坏孩子，但是，无法提供具体的例子来说明这些行为何时会出现。家庭社会工作者必须协助父母来描述具体的问题行为。例如，当孩子发脾气时，具体会有哪些表现（哭、尖叫、打人、扔东西等）？频率如何（每天、每周等）？要从频率、严重程度、持续时间、后果和社会情境的角度来理解这些问题行为。父母要表达自己认为互动的顺序是怎样的，哪些互动导致了问题行为的发生。重要的一点就是，要通过具体的行为描述来说明问题的行为顺序，同时，还要具体描述亲子互动。

　　第二步：观察和测量行为。一旦确定了具体的需要改变的目标行为，家庭社会工作者就必须找到方法来观察和记录该行为的频率和持续性。重要的是，需要让每个有关的人都知道行为的基线频率（即在干预前的行为发生频率），从而确定是否有所改变。在这个阶段，家庭社会工作者必须教父母观察和记录实际发生的行为，以及行为的前因和后果。家庭社会工作者和父母可以运用清单和问卷来协助观察和记录。

　　在家庭社会工作者的工作中，要在每个家庭中进行行为的观察和记录。父母需要接受培训来发现行为是何时发生的，特别要了解何时行为不会发生。父母还需仔细研究在儿童行为发生前后自己是怎样做的，也就是说，是否会给孩子提供积极或消极的关注，有没有忽视孩子。最终，家庭社会工作者希望明确的是，孩子的行为与父母的行为是相匹配的，反之亦然。一旦父母学会了观察和记录孩子的行为，并意识到自己对这些行为的系列回应，父母就会变得更加具有"自我意识"，并认识到自己对孩子的不良行为负有责任。

　　家庭社会工作者在服务对象的家中开展工作时，都要做好上述工作。需要记住的是，强化某个问题的方式是可以复制的，因为强化物具有遥控维持行为的功能。例如，父母在因为孩子的攻击性行为而打屁股时，其结果可能是给孩子示范了攻击性行为，这样，就给孩子带来了不良影响。家庭外发生的事件也可能会强化孩子的问题行为，例如，同伴鼓励孩子逃学。对于家庭之外的问题可能需要与重要他者进行会谈和策划，从而确保对某个行为的回应具有一致性。家庭干预的核心就是要改变亲子互动。关注家庭自身的努力也非常重要，因此，不能简单地批评指责他们做错了。

386

　　除了使用社会性强化物（如表扬或一起玩耍）之外，还可以使用某些物质性强化物（如玩具、金钱）。决定采用什么样的强化物是非常重要的，因为不是人人都喜欢同样的奖励。但是，社会工作者服务的很多家庭是缺乏物质资源来提供物质性强化物的。实际上，在采用社会性强化物时，孩子就在学习如何欣赏和重视自己与他人的关系。

　　总之，要指导父母运用"三维应急量表"进行测量（Gordon & Davidson, 1981），它包括：（1）观察行为的前因（也就是说，给问题行为提供平台的事件）；（2）描述该行为；（3）观察行为的后果（也就是说，行为之后的特定事件）。父母需要在一周内记录观察，在这一周内，他们要对这些事件产生新的见识。在信息收集过程中，家庭所获得的见识将成为未来改变的动力。

第三步：设计干预。 测量工具不能仅仅局限于需求评估，而必须贯穿于整个干预过程，以确定是否使用了正确的干预方法，并了解干预是否产生了期望的结果。干预必须适应家庭的情境，必须具有一定的灵活性和个别化，以满足每个家庭的需要，解决每个具体问题。下面的四个原则会帮助我们选择某个治疗计划（Gordon & Davidson，1981）：（1）要确定父母是否具备了足够的资源来控制现实的环境；（2）评估婚姻关系的质量，以了解父母是否有能力形成团队开展工作；（3）明确父母各自的问题，如抑郁和药物滥用，这些问题会影响他们执行干预计划的能力；（4）评估孩子是否具有能力来配合干预计划。要记住，"环境噪声"（压力）可能会干扰干预计划的实施。

然后，要决定什么行为需要得到强化，什么行为需要受到抑制。积极的强化物会增加哪些发生频率不高的行为。选择的强化物要得到孩子的认可和喜欢，工作者会发现孩子要明显地愿意让父母知道在干预计划中，最好采取什么样的强化物。在干预中，父母必须学会及时回应（采取正强化物、惩罚、忽视等，根据什么行为需要增强或抑制来确定）孩子表现出来的问题行为。在增强强化性行为时，强化物需要逐步撤出，以期望合意的行为逐步形成，直到完全成形。孩子行为的改变，就是对父母最大的奖励。然而，家庭社会工作者可以要求父母考虑用不同的方式来奖励自己（例如，晚上夫妻不带孩子外出，过二人世界），孩子一旦染上了不良行为，父母就没有机会过自己的二人世界，因为他们更为看重孩子，看重孩子与自己的关系。

偶尔运用惩罚和打压手段可以消除某些行为，限时隔离就是惩罚的方法，孩子一旦表现出问题行为，就要被立即隔离开。其他消除行为的方式包括语言谴责或忽视该行为。可以用积极的强化物来取代限时隔离，例如，孩子可以因好行为而赢得代币或者分数。

第四步：要让家庭准备好鼓励新行为保持下去。 大部分的干预评估都会关注干预是否导致了初步的改变，但是，很少关注这种改变是否能够持续（即保持下去）。很多治疗师采用的是"培训加希望"的方法，他们相信，干预阶段产生的变化将在干预结束后维持下去（Stokes & Baer，1977）。要让父母持续采用这些新的技术，他们还需要学习在不同的背景中、新的情境或环境中运用这些技术（Foster，Prinz，& O'Leary，1983）。父母必须学会保持这些新的改变，尽管面临了一些环境压力，而这些环境压力会抵消治疗中获得的改变（Steffen & Karoly，1980）。因此，干预的一个重要部分就是要考虑在家庭社会工作者离开之后如何保持积极的改变。可以直接问父母自己在干预中学到了什么，如何期望保持这些改变。

家庭社会工作者可以与家庭一起来设计针对孩子问题行为的清单。观察到的行为可能包括发脾气、不做家庭作业、不完成家务、晚上尿床等等。很多这些观察到的行为可能会在家中出现，通常是当着父母的面发生的。

要教父母观察和记录孩子行为的下列几个方面：

● 记录在某段时间内某个行为发生的次数，具体时间长短取决于问题的性质，例如，有个孩子晚上 7 点至 8 点之间应该做家庭作业，但是，为了逃避做作业，他不停地离开房间，一会儿去上厕所，一会儿跟宠物玩，父母就可以在这一个小时中，观察并记录孩子的逃避行为。当然，如果父母需要记录孩子乱发脾气的频率，就需要观察在一天中或者更长的时间段中，孩子发脾气的情况。

● 注意某个行为持续多久。某些行为可以通过持续多久来进行测量。例如，父母可以记录要花多长时间让孩子听话去洗碗。

● 记录行为的严重性。在进行这个类型的观察时，家庭社会工作者必须协助父母设计一个量表来测量某个行为。例如，孩子碗是否洗得很干净，或者当父母不答应孩子的要求时，孩子发牢骚的声音有多大。

父母还需要了解目标行为之前出现了什么事件，以及自己是怎样回应这些行为的。

案例 12.1 中介绍了给哈利·弗赖尔和丽萨·弗赖尔夫妇开展父母训练的情况，他们有一对双胞胎孩子。

 案例 12.1 **父母训练**

当他们的双胞胎（蒂娜和汤米）出生时，哈利和丽萨还是 16 岁的中学生。家庭社会工作者乔伊丝·珀杜太太来协助他们处理育儿经验不足的问题。珀杜太太的评估结果是，丽萨是主要的照顾者，而哈利在本地的一个杂货店工作。丽萨说双胞胎很难带，她说，孩子们白天不午睡，夜里睡觉也常常吵闹。他们醒着的时候，要么是互相打斗，要么就是联合起来淘气。例如，上周的某天，当丽萨在接电话时，蒂娜就用蜡笔在客厅的墙上涂鸦，而汤米则爬到了书架上，把书一本本扔到地上。

哈利下班回家后，也试图帮助丽萨，让她休息一下，但是，两个孩子不听话，他们毫无办法。哈利说这两个双胞胎"基本上比较健康，也很开心，但是完全失控了"。

珀杜太太帮助这对夫妇运用奖励的方法来培养孩子的听话行为。例如，双胞胎可以在午餐后吃一个冰棒作为甜点，或者去公园玩一次。夫妇们得知，鼓励孩子们的好行为就能提高行为出现的可能性。家庭社会工作者还帮助丽萨和哈利学习在必要的时候采用高压的方式，阻止消极行为，或者忽视这些行为。当打压已经无效时，弗赖尔夫妇开始学会了限时隔离。例如，蒂娜和汤米互相打斗时，父母将他们放在限时隔离的凳子上，以重新指导孩子的行为。

弗赖尔夫妇还通过观察珀杜太太示范的很多育儿技巧，得到了学习。然后，丽萨和哈利就练习这些行为，而珀杜太太则在一旁观察，并给予反馈。随着弗赖尔夫妇的育儿技巧不断增加，珀杜太太提醒这对夫妇，在积极变化出现之前，他们可能会发现双胞胎不合意的行为还会反复出现。但是，弗赖尔夫妇会继续运用自己学习到的新技术，逐步观察到双胞胎行为的改进。珀杜太太于是就协助父母来制定简单的规则，给双胞胎指出指导他们的行为规则。这些规则包括不能打他人，不能破坏别人的东西，晚上 8 点半睡觉等。弗赖尔夫妇报告说，随着自己的育儿技术的改进，家庭生活越来越平静，越来越幸福了。

技术

下面就是某些育儿技术，家庭社会工作者需要协助父母来学习这些技术：

1. 协助父母学习给孩子提供一系列刺激性经验。这些经验需要符合孩子们的年龄和情境，这就涉及共同的亲子行动，如阅读、玩游戏和娱乐活动。

2. 协助父母学会强化孩子的独立行为。父母要支持孩子培育独立的自我认同。儿童时代的发展性任务就是要与父母分离，逐步走向成熟。父母可能会发现难以处理发展性阶段，因为他们会担心孩子的安全。还有些父母可能相信，孩子的独立就是通过叛逆来表现的。另外，有很多研究表明，父母会给男孩子更多的独立性，而给女孩子较少的独立性。因此，父母要意识到性别差异。

3. 协助父母意识到，在家庭早期发展阶段，他们的任务一点也不少，相反，这个阶段的要求是不断在增加的。例如，养第二个孩子，带来的并不仅仅是养一个孩子工作量的双倍，工作量可能是无休止增加的。

4. 协助父母意识到孩子既有独立的需要，也有依赖的需要。这可能会让父母和孩子都感到困惑不解，但事实就是这样，家庭生活也因此变得难以理解。

5. 帮助父母认识到当他们在外面工作时，他们可能会因为工作的压力和家庭的压力而感到心力交瘁。处在这种状态的父母，常常会感到内疚，特别是当母亲感受到来自丈夫、扩大家庭和邻居的压力时，因此，她们要为了家庭和孩子而牺牲自己的生活。男性常常感受不到这种压力。

行为问题和亲子冲突

家庭社会工作者常常遇到的就是亲子冲突。家庭社会工作接到的与儿童和青少年有关的转介差不多有三分之一和二分之一涉及行为问题（Kadzin，2004）。亲子冲突可能是孩子行为问题的表现之一，或者是家庭烦恼和育儿技巧拙劣的标志之一。行为问题的表现形式是多样的，取决于孩子的年龄、情境性因素和个性因素，但是一般包括不听话的行为、发脾气、攻击性、好争辩、不服从熄灯令、离家出走、参与犯罪活动、酗酒和吸毒。有行为问题孩子的父母常常感到很无助，身心疲惫。

一般来讲，干预家庭中的亲子冲突包含了五个阶段（Forgatch，1991）：

1. 跟踪记录行为：父母要特别关注孩子的行为，特别是要学会分辨哪些行为是服从行为，哪些是不服从行为。父母对合意行为要给予合适的回应，千万不要强化那些问题行为。

2. 积极强化：如果孩子的行为是可以接受的，那么，父母应该给予表扬或奖励，或给予一些特权。

3. 传授合适的规矩：如果孩子的行为不合意，父母需要采用一些手段，如限时隔离，或者剥夺一些特权。

4. 监测子女：父母要学会监测孩子的行为，去了哪里、跟谁一起以及干了什么。

5. 解决问题：第十章中我们讨论了问题解决的干预策略。运用问题解决技巧可以帮助父母处理目前的问题，同时还可以预防未来问题的发生。

亲子冲突常常与孩子的行为问题有关。冲突的严重程度取决于问题性质以及参与各方的性格特点。在冲突中，父母气得不行，而孩子同样感到伤心不已。

贝纳德二人（Baynard & Baynard，1983）简要概括了一个三步计划，来协助经历亲子冲突的家庭： 390

1. 让父母各自列出导致冲突的孩子的行为的清单，如果父母都在，他们应该单独列出自己的清单，然后将它们合并在一起。

2. 请父母将清单分类，变成不同的类别：一类是孩子的，一类是父母的，有一类可能是双方都涉及的。在孩子的类别中，加上一些不会影响父母未来生活的行为，当然，这些行为可能会对孩子产生一定的后果。在父母的类别中，增加一些会影响父母的行为。孩子的类别中可以包括：看电视时间过长，穿衣邋遢，与兄弟姐妹打架等。父母的类别中可以包括孩子的违法犯罪行为，如偷窃、破坏公物或攻击等。涉及双方的类别中的行为可以分别放进孩子或父母的类别中。在对孩子的问题进行分类时，父母需要认真考虑，哪些行为是可以控制的，哪些是失控的。

3. 协助父母学会对孩子类别中的行为负责。父母要给孩子传递信任感，让孩子们明白，他们能够做出正确选择。

协助父母制定规则

格伦沃尔德和麦卡比（Grunwald & McAbee，1985）提出了下列原则来理解一些自然的、符合逻辑的行为结果：

1. 结果需要与行为直接相关。
2. 结果对孩子要有意义。
3. 行为的结果需要事先了解。
4. 孩子需要明白，自己可以选择是做出合意行为还是做出带来消极结果的行为。
5. 行为发生之后，结果就要立即出现。
6. 结果的持续时间不能太长。
7. 结果不能停留在说教层面，而应该到达行动层面。
8. 家庭成员要尽量同意采取这些行动。

练习 12.4　父母训练

给一个单亲母亲家庭设计一个干预方案，她与自己有越轨行为的青春期儿子有冲突。

干预中常见的误区

在采用行为治疗干预时，家庭社会工作者必须小心避免出现一些误区。例如，约翰逊（Johnson，1986）指出，将问题界定为互动性问题，往往会让服务对象感到，整个家庭都要受到批评。另外，某些干预可能会让某些家庭成员受益，另一些家庭成员则会受到伤害，而不能公平对待每个家庭成员。

在一项研究中，父母就家庭社会工作中可能出现的联盟和权力关系不平衡的问题进行了讨论。首先，父母非常担心家庭社会工作者会破坏自己作为父母的权威。其次，社会工作者与家庭成员之间的联盟可能也会带来新的问题，例如，如果家庭社会工作者与孩子联盟，父母就会觉得这种联盟会削弱自己作为父母的权威。相反，如果社会工作者与孩子建立了工作关系，父母就会非常高兴，因为他们觉得孩子受到了特别的关注（Coleman & Collins，1997）。家庭社会工作者需要做好准备，与服务对象公开讨论联盟和权力问题，以便预防和避免问题的出现。

家庭社会工作者如果表现出下列行为，就会影响行为干预的有效性，应该加以避免：

- 因为出现了问题而批评个别家庭成员或整个家庭。
- 与个别家庭成员站在一起，或与他们拉帮结派。
- 告诉服务对象怎样做，而不是协助他们自己寻找解决办法。

- 造成消极结果而不是积极结果。
- 使用家庭不明白的专业术语。

要了解人们的学习方式，发展技巧来平衡家庭和个人的需要，家庭社会工作者可以协助营造一个氛围，让每个家庭成员都能感受到自己的声音得到了重视和理解，可以用直接的语言来表达自己的期望，这样，全体家庭成员就可以积极参与到家庭改变的过程中。

家庭心理教育干预

这里之所以讨论家庭心理教育技术，是因为家庭行为技术是与教育和社会支持干预紧密联系在一起的。下面的资料摘引自《家庭治疗》（*Family Treatment*）一书（Janzen，Harris，Jordan，& Franklin，2006，pp. 57 - 59）。

假设

家庭心理教育的目标是教育家庭了解自己的问题，改进家庭成员之间的互动，以及家庭与外部社区的互动。家庭心理教育本身就是用来干预那些被诊断出有精神疾病的个体及其家庭的问题的。教育性的内容与其他技术和社会支持干预有机结合在一起，构成了这个心理教育模式。沟通技术和问题解决培训也可用来改善家庭的功能。这个模式还包括了支持的内容，将家庭与经历了同样问题的家庭联系起来，彼此支持。鉴于这个技术最早被用来处理那些被诊断出精神疾病的个人，家庭心理教育技术还被用来处理很多其他问题，适用于很多不同类型的家庭。适合采用心理教育干预的例子包括多动症、厌食症、糖尿病以及其他健康问题。这个方法还被用来处理家庭问题，如愤怒控制和冲突处理等。

家庭心理教育干预的假设是，家庭是健康的、正常发挥功能的，可以公开讨论所有的问题，从而改善家庭功能。这个假设与过去的很多理论是背道而驰的，因为很多理论都认为家庭成员要对家庭中出现的问题负责。发明这个模式的人包括法伦（Falloon）、霍格蒂（Hogarty）、安德森（Anderson）、赖斯（Reiss）和约翰逊（Johnson）。这些临床研究者们从理论的角度提出，家庭可以成功地学习处理自己面临的问题。他们的研究表明，家庭如果以批评、敌对或过分关注的方式来处理问题，无疑会让问题雪上加霜；相反，如果家庭中有良好的沟通和问题解决技巧，就一定会有助于家庭很好地处理问题。

原则和程序

在家庭心理教育干预中，家庭社会工作者的任务就是教育家庭，提供技巧培训，将家庭与社区资源连接起来。他们要扮演的角色包括教育者、治疗师、个案管理者和倡导者。

家庭社会工作者还需要监督和鼓励家庭，示范新的技术，布置家庭作业以协助家庭练习这些技术等。家庭心理教育可以针对某个家庭来开展，也可以与多个家庭在小组中进行。

技术

家庭心理教育干预的**需求评估**主要集中在甄别家庭现有的技术（如沟通、冲突解决等）的水平。可以采用定量和质性技术来进一步探索家庭功能的不同领域。例如，运用家谱图可以揭示家庭某个疾病的模式，这可能成为心理教育治疗的核心。比如，酗酒可能是家庭功能紊乱的模式，通过画图可以清楚地发现这个模式。定量的技术可以帮助我们进一步将问题操作化。仍以酗酒为例，可以采用一个标准化的量表来测量酒精和药物使用的数量程度。

教育就是以启发的方式来传递信息，常常由家庭社会工作者或其他专家（医生或其他专业人士）在小组中开展教育。教育的内容常常是先于家庭心理教育内容，或者配合家庭心理教育一起来进行的。

个案管理就是要将家庭与所需要的社区资源有机结合起来，如就业培训、住房和支持小组（如匿名戒酒协会），或者能够满足家庭需要的其他资源。家庭社会工作者需要全面了解服务对象所处的社区内到底有哪些资源。

家庭社会工作者所需要的**家庭治疗技术**常常处在技术层面。最有用的技术包括沟通、冲突解决、愤怒控制、婚姻关系强化和问题解决。有些家庭成员可能还需要其他技术如就业培训，或其他生活技能如协助医疗治疗等。

393

〰〰〰〰〰〰〰〰〰〰〰〰〰〰〰〰〰〰〰〰〰〰〰〰〰〰〰〰〰〰〰〰〰〰〰

练习 12.5　家庭心理教育

找出你认识的一个服务对象，设计一个家庭心理教育计划，包括教育、技巧训练、发现支持性资源等。

〰〰〰〰〰〰〰〰〰〰〰〰〰〰〰〰〰〰〰〰〰〰〰〰〰〰〰〰〰〰〰〰〰〰〰

家庭心理教育的证据基础

很多家庭心理教育研究都关注那些与精神健康系统有关的家庭。兰伯特（Lambert，

2004）的元分析结果表明，家庭心理教育在处理情感紊乱、严重的抑郁和厌食症方面是非常有效的。弗兰克林和乔登（Franklin & Jordan, 1999）的回顾研究也表明，这个模式在改善家庭功能、处理来自不同家庭背景的病人的状况方面，是非常有效的。

案例 12.2　　　　　　　　　　心理教育

　　家庭社会工作者接到了一个案例，有个家庭中的母亲被诊断出携带艾滋病病毒。这位母亲名叫埃琳娜，她一直目睹自己丈夫的艾滋病病情日益恶化，两年前他去世了，留下了埃琳娜和一个 12 岁的儿子华金。家庭社会工作者在回顾了家庭心理教育的各个步骤之后，就安排了对埃琳娜及其儿子的家访。家庭社会工作者感到，这个干预模式应该是适用的，因为这个案例表明，这个家庭正在遭受生理和心理痛苦。她回顾了大量的证据为本的文献，最后她发现用这个模式来处理艾滋病是非常有效的。下面就是对心理教育每个阶段家庭社会工作的一个简单的回顾。

　　需求评估：家庭社会工作者要关注家庭的技术水平（沟通、冲突解决等），质性的和定量的技术可以用来进一步探索家庭功能是否正常发挥，可以用家谱图（质性的技术）来评估家庭的社区支持和家庭支持的程度。要运用一个健康量表和社会支持量表来进一步将问题操作化。

　　教育：埃琳娜和华金要与其他家庭一起，参加一个共计三次活动的关于艾滋病的工作坊。

　　个案管理：家庭社会工作者要为埃琳娜和华金扮演一个个案管理者的角色，协助他们与社区资源建立联系。家庭社会工作者要帮助埃琳娜和华金获取医疗资源，以及与一个每月聚会一次的 HIV-AIDS 家庭支持小组建立联系。

　　家庭治疗技术：家庭社会工作者采用哪些家庭治疗技术取决于需求评估的结果。这个评估表明华金有明显的情绪波动，埃琳娜也需要接受育儿培训。这个家庭最终还需要接受一些技术培训，如协助药物治疗，这要根据埃琳娜的病情发展来确定。

394

案例 12.3　　　　　　　　　　聚焦孩子

　　家庭社会工作者对克里夫和克莱尔进行了家访，他们是一对非裔夫妻，有 4 个孩子，分别是 14 岁的埃布尔、12 岁的方坦娜、6 岁的塞琳娜和 4 岁的福斯特。有邻居举报这家有针对孩子的家庭暴力行为。家庭社会工作者发现这对夫妻对家庭社会工作者及其机构都不太信任，他们说之前也被人举报过，这些邻居是"故意陷害自己"。

在进行家庭评估时，家庭社会工作者比较关注儿童虐待的高危因素，以便辨别举报是否属实。她也找到了一些因素，例如，这个家庭比较孤立，没有其他的支持系统，家庭成员之间的互动比较消极，父母对子女期望过高，父母育儿技巧不足，压力很大。在调查过程中，家庭社会工作者发现克里夫和克莱尔基本上不了解儿童的发展阶段，缺乏育儿技巧。而孩子们都在不断地试探边界。可能因为哥哥姐姐与父母之间的关系紧张，两个小一点的孩子都有攻击行为。干预的焦点就是这些方面。

 案例 12.4　　　　　　　　　　　　整合不同人的观点

艾利斯和雷都属于"三明治"一代人，他们要养雷从上次婚姻中带来的两个孩子，双胞胎凯西和里基，今年 14 岁。此外，这对夫妻自己又生了一个 6 个月大的孩子希瑟。双胞胎是在自己的母亲因为酗酒出了问题之后才过来跟父亲一起住的，现在，他们的母亲还在一家治疗机构接受治疗。双胞胎搬来与艾利斯和雷一起住后，雷的母亲贝思也搬了过来，她今年 78 岁，刚刚摔断了盆骨。在接受了手术进入康复阶段之后，她不能独立生活了，因此就搬过来跟儿子一起居住。

在这样的状态下，要开展家庭社会工作，需要了解所有家庭成员的观点。以这个家庭为例，家庭社会工作者发现，艾利斯觉得双胞胎被他们的妈妈宠坏了，完全没有规矩。她对雷也很愤怒，因为他也从不严厉管教这对双胞胎。艾利斯对奶奶贝思也掺和到孩子教育中同样深感不满。而另一方面，雷觉得双胞胎跟酗酒的妈妈在一起生活，非常不易，他们需要温柔和关爱。此外，他觉得自己的母亲年迈体衰，有家不能回。因此，每次贝思"插手干预"孩子教育时，他总是一笑了之。双胞胎认为，自己的继母非常"邪恶"，总是"跟自己过不去"，明显护着小弟弟，忽视自己。他们认为爸爸很软弱，从不说艾利斯不是，因此，他们很想念自己的妈妈。他们觉得奶奶是唯一站在自己一边的成年人。

家庭社会工作者的任务就是要协助家庭来协调各自不同的看法和立场。需要采用的技术包括问题解决、冲突解决、沟通训练和愤怒控制等。

药物滥用

药物滥用可能会出现在很多家庭，无论其成员的年龄、性别、文化、教育背景或职业地位。此外，在某些服务对象中，还会出现多种药物并用的情况。

直到近些年，干预药物上瘾者才引起了家庭和社区的关注（Nichols & Schwartz，2007）。虽然很多治疗师喜欢采用个人视角来处理药物滥用问题，但是，有些治疗成瘾的专家已经开始运用家庭系统视角来治疗药物上瘾者。家庭系统治疗师指出，药物滥用引起了家庭功能紊乱和冲突。有些人还认为，是家庭功能紊乱引起了药物滥用。药物滥用可能会隐藏在家庭问题，如性虐待和家庭暴力等背后。

药物滥用者的家庭会有一些共同特点，特别是涉及药物滥用者的行为方式的家庭的功能发挥方面。家庭生活的所有方面都要以滥用者的行为为中心。常见的情况就是，家庭成员都否认成瘾是个问题，同时对此都感到很羞耻。家庭成员不会彼此讨论药物滥用的问题，更不会与外人提起。所有的家庭都会保守自己的家庭秘密，但是药物滥用者家庭对此更加守口如瓶。这些秘密把家庭成员压得痛苦不堪。

另外，家庭成员会无心地支持药物滥用现象，因为药物依赖会维持家庭现状。家庭成员会把这一切当成家庭生活的常规组成部分，因此，他们会慢慢适应这种矛盾的、不安全的和担惊受怕的状态。

与此同时，变化也一天天出现了，家庭成员不能彼此依靠。此外，家庭关系也越来越松散，成为一个主要问题，因为家庭凝聚力能够抵抗或者减少孩子的药物滥用行为。强大的家庭联系不仅能够减少滥用药物的可能性，还能培养孩子积极的自尊和对学校的积极态度。

在这些家庭中，公开表达情感，特别是表达哀伤、爱意和温柔，是非常困难的。家庭成员之间没什么亲密感，但是他们还是会彼此挂念。他们可能会利用家庭冲突来掩盖自己脆弱的情感，例如父母和子女之间、夫妻之间都会出现冲突，最后大家会愤怒和彼此憎恨。更为典型的就是，家庭社会工作者会观察到家庭成员之间有内疚、指责。在药物滥用者家庭，父母彼此交流很少，而子女之间的交流会更多一点。此外，在出现药物滥用的家庭，日常事务处理的时间会更长。父母在情感上与孩子疏远，家庭成员之间规避冲突和对质（Aponte & VanDeusen，1981）。

婚姻中的一方如果是药物滥用者，另一方会指责、憎恨对方。另外，整个家庭会抵制治疗。因此，要让药物滥用者的配偶接受治疗是非常困难的。这个配偶会抵制反思自己与药物滥用相关的行为和态度。家庭社会工作者应该意识到指责、回避和抵制的各种模式。

药物滥用会渗透到家庭生活的方方面面。滥用者的古怪的、不可预测的行为会导致家庭成员的可预测的反应。家庭结构沿着这一模式发展，即家庭成员的行为不断调整，以避免出现与药物滥用相关的压力和冲突。久而久之，家庭就适应了滥用者的功能紊乱的行为，以实现家庭的内衡，与此同时，内衡反过来提高了维持药物滥用行为的可能性，因为系统提供了机会以维持滥用行为。

药物依赖会削弱家庭的力量，特别是在育儿方面的能力。它可能还会伴随家庭中的暴力行为的出现。有人认为，药物滥用导致了家庭暴力，但是，更可能是药物滥用损害了人的判断力和自控力，给施暴者一个施暴的理由。例如，本书作者之一曾经在一个家庭工作过，这家有个女儿不断受到继父的性侵犯。当继父的行为受到对质时，他的解释就是："但是，当时我的确喝高了。"社会工作者的回应是："我很高兴你能把这件事告诉我，你需要处理两个问题：性侵犯了你的女儿和酗酒。"其他家庭社会工作者也遇到过服务对象报告说："他真的打我打孩子们，但是，只在喝多了的时候。他清醒的时候，是个大好人。"不幸的是，这个借口掩盖了潜在的危险的、功能紊乱的家庭生活方式。

家庭成员可能还会使用防御机制，家庭和滥用者都会否认、最小化上瘾行为。这堵否认之墙是牢不可破的。此外，家庭社会工作者可能还相信，药物滥用不是一个严重的家庭问题，只是上瘾的家庭成员的问题。上面提到的继父更愿意承认自己的性侵犯行为，而不愿承认自己的药物滥用问题。家庭社会工作者必须意识到，药物滥用者一般都会否认自己有成瘾问题，都会掩盖自己的问题。如果人们不承认自己有问题，他们就不会接受外界的帮助。社工必须尽最大努力帮助服务对象接受治疗，预防他们中途退出治疗（Aponte & VanDeusen，1981）。

如果让服务对象接受治疗的努力失败了，由于上瘾行为的存在，孩子们会身处险境，这样，就需要采取进一步的行动。家庭社会工作者需要向儿童福利机构汇报，特别是当孩子有过被忽视、虐待的经历，或曾因缺乏监管而面临安全隐患时。药物滥用者的孩子们常常得不到基本的生活保障，很容易出现越轨行为、抑郁或者自杀（Wegscheider，1981）。

练习 12.6　药物滥用家庭的动力关系

回顾家庭系统理论的假设（参见第三章），然后形成小组，假定某个家庭有人酗酒，列出清单，说明家庭的动力关系。描述当家庭社会工作者在帮助家庭成员戒酒时，需要关注哪些动力关系。然后，选择另一个家庭问题来重复这个练习。最后，向全班同学报告结果。

397

干预药物滥用者子女

药物滥用者的子女会面临很高的与药物依赖相关的危险性。无论如何，孩子们有很强的抗逆力，拥有滥用药物的父母不一定意味着孩子们也会成瘾。在这些孩子们中间，有70%～92%没有出现药物依赖的情况（Bernard，1992）。不幸的是，药物滥用者的子女们最关心的问题就是，如何预见自己未来的生活是怎样的（Gilliland & James，1993）。

药物滥用者的子女用不同的方式来显示自己的痛苦。除了具备我们下面讨论的特点之外，为了回应父母的成瘾问题，孩子们可能还会出现行为问题。尽管这些行为可能与药物依赖没有直接关系，但还是需要考虑药物滥用的作用的。所有这些问题都需要与家庭全体成员一起开展工作，以提高他们下一代的生活质量。

孩子的下列行为可能受到了父母成瘾的影响：

- 上学迟到或者经常逃课。
- 担心放学回家很晚或者因参加其他活动而回家晚。
- 穿着不合季节的衣服，营养不良，或者大部分时间感到疲劳。
- 具有与年龄不匹配的行为，如尿床、白天尿裤子或者吮拇指等。
- 回避争论和冲突。
- 担心朋辈会与自己的父母联系。
- 发脾气、躁动或具有攻击性。
- 过度担心学习成绩，或者要取悦权威人士（Northwest Indian Child Welfare，1984）。

即使成瘾者的子女不会成为药物滥用者，他们还是会经历与父母药物滥用相关的困难。成瘾者的子女们可能会面临下列问题：

- 胎儿乙醇综合征：胎儿乙醇综合征源于母亲怀孕期间酗酒。主要症状有身体残疾或者精神发育迟缓。有胎儿乙醇综合征的孩子需要特殊的治疗（那些受胎儿乙醇效应影响的孩子也会表现出与胎儿乙醇综合征相关的问题）。

- 人际亲近困难：药物滥用者的子女，由于照顾者不在身边，常常缺乏与照顾者之间的健康的依恋，可能是生理性的，也可能是情感性的。婴儿可能会难以存活，年纪大一点的孩子可能难以建立健康的社会依恋。

- 健康问题：药物滥用者的子女比一般家庭的孩子更容易生病，缺乏应有的卫生和医疗照顾等。

- 教育问题：由于基本生存需要花费很多精力，孩子们在学习上也表现出不足。社会性因素会影响他们的学业表现，包括经常旷课、迟到和不参加学校课外活动等，因为担心不能及时赶回家。这些孩子们还不愿意让老师见自己的父母。此外，滥用药物的家长因为自己无法很好处理夫妻关系，因此也无法帮助孩子解决在学校遇到的问题。这些孩子在学校也不招人待见，因为他们很脏，衣衫褴褛。他们可能被同伴疏远，因为他们有攻击性行为，容易发脾气，或者做出很多幼稚行为。在学校的负面的社会交往经历反过来会破坏他们的自尊，让他们在药物滥用面前表现得非常脆弱。

- 社会性问题：药物滥用者子女们常常会在社会功能性方面表现出很多问题。他们可能被孤立了，因为同伴的排斥；他们可能没有机会很好地与其他孩子交往，学到合适的社交技巧。这些孩子们自己也很容易变成药物滥用者。这些孩子还可能遭受身体的、性的或者心理的虐待，发生辍学、意外怀孕、犯罪、精神健康问题以及企图自杀（Johnson，1990—1991）。

除了遇到这些个人问题，药物滥用者的子女们还可能承担不同寻常的角色（Maisto，

Galizio，& Connors，1995）。这些角色主要有：

● 负责的人（家庭英雄）常常是家中老大。这个孩子一般都是取得高成就者，但是自我感觉很不足。孩子的"父母化"可能会得到依赖药物的父母的强化，他们会夸奖这个孩子的高掌控力和自控能力。父母的这种行为反应似乎跟酗酒者缺乏意志力有关。

● 替罪羊（出格的孩子）常是家庭混乱的中心，会把家庭成员的注意力从药物滥用者身上转移到自己身上。这个孩子的表现很肆无忌惮、令人愤怒，但是内心却很受伤害。

● 迷失的孩子（调节者）会放弃个人的需求，压抑自己的需要，以适应家庭状况。这个孩子不会质疑家庭系统，但是常常会感到孤独或者很安静。这些孩子们常常是排位在中间的孩子，因为他们不会出现很多明显的问题，因此往往得不到社工的关注。

● 讨好的孩子（校平器）是一个敏感的孩子，会试图让每个人都感到不错，解决纠纷、传递信息、就问题自责等。这些孩子都是"取悦他人的人"，他们看上去彬彬有礼。很多讨好的孩子长大后都成了专业助人者。

● 家庭的吉祥物（干扰项）通常是最小的孩子，给家庭带来欢乐。这个孩子的行为幼稚，看上去像家庭的婴儿，需要他人的保护。这个孩子可能会感到害怕和担忧，有时也会过度活跃（Bean-Bayog & Stimmel，1987；Northwest Indian Child Welfare Institute，1984）。

这些角色在成瘾或有其他问题的家庭中也能看到。这些角色与"正常"的孩童行为互相交织在一起，可能会持续整个儿童时代，给后来的成年生活带来困难。

干预药物滥用者家庭

如果家庭社会工作者怀疑服务对象有药物滥用问题，他们就要做以下这些事：

● 甄别并评估问题。

● 与家庭公开讨论药物滥用的问题。

● 家庭在改变过程中不断提供支持。

● 把家庭与专业化服务机构建立联系。

● 在专业性治疗开始后，提供个案协调和管理。

与药物滥用者家庭开展社会工作，常常需要改变家庭的动力关系，这样家庭成员才不需要继续伪装或者给药物滥用者打掩护（Aponte & VanDeusen，1981）。尽管家庭干预常常需要与所有家庭成员会谈，但其目标可能需要与一个成员或家庭子系统合作才能实现，例如与夫妻子系统合作（Bowen，1973）。从家庭角度处理成瘾问题非常有效，因为它协助整个家庭来改变家庭系统、动力关系，从而帮助家庭成员拒绝协助成瘾行为。家庭角度关注的是循环性因果关系，因为家庭中每个成员的行为都会彼此影响。在酗酒个案中，盛行很多负面的刻板印象和态度，家庭社会工作者要对家庭保持非判断的态度。要帮助家庭与那些匿名戒酒协会建立联系，匿名戒酒协会也可以帮助酗酒者消除自责和内疚感。

当家庭需求评估在家中进行时，家庭社会工作者可以观察家庭成员的日常生活惯例，以发现药物滥用到底会怎样影响人们的用餐时间、家庭作业、睡觉时间等。社会工作者还要评估家庭资源，如每个家庭成员的能力、来自亲属的支持等。家庭还需要了解有关药物滥用的后果，要意识到他们目前遇到的问题都跟成瘾有关。

在与药物滥用者家庭一起工作时，家庭社会工作者应该明确指出家庭和个人的优势，引导家庭朝着问题解决的方向发展。对家庭做出全面的需求评估，能够帮助工作者理解成瘾行为对家庭个体成员的影响，同时，辨别到底哪些行为是支持成瘾行为的。

邀请家庭参与进来，需要贯穿在整个干预过程中，家庭必须接受帮助，这样才能促进改变。社工通常要克服家庭最初的抵制。克服过去的否认，是家庭社会工作者需要完成的紧迫性任务，因为否认会干扰有效的干预。可以技巧性地使用对质（Gilliland. & James，1993）。此外，对于家庭的日常惯例、个体差异、互动、行为、应对模式以及管教程序等，都需要进行深入的分析。在一天当中的不同时间观察家庭的互动，会有助于我们全面了解家庭的功能性情况。要特别注意冲突和问题。在评估阶段，还要跟学校、成瘾问题专家、医生和教会牧师联系。还需要提供具体的援助，例如，确保家庭有足够的经济资源，满足家庭成员的基本生存需求，一般来讲，成瘾家庭成员都要接受门诊治疗。由于很多家庭只在家中出现严重混乱和解体时，才会承认问题的严重性，因此社会工作者不要期望家庭会主动把有关问题信息全部透露给自己。家庭社会工作者要关注间接的线索。慢慢地，随着酒精中毒逐步深入发展，配偶和大孩子也会慢慢承认问题的存在，并不再掩盖问题。

400

家庭社会工作者的角色

成瘾需要专家的治疗。无论如何，在评估家庭需要的过程中，家庭社会工作者还是可以扮演若干个重要角色的：养育者、教师、协调者和倡导者。在扮演这些角色时，工作者可以帮助缓解家庭的功能紊乱状况，改善家庭的沟通。

养育者 一个强有力的工作者—服务对象的关系是成功开展家庭工作的关键。与家庭建立紧密的、经常性的联系可以帮助家庭社会工作者进一步发展助人关系。危机中的家庭完全依靠工作者来建立信心，给他们勇气做出必要的改变。不幸的是，转介过来接受服务的家庭，一般都是些不擅长建立关系的人，由于他们负面的生活经历，这些家庭对权威、机构和助人性专业都采取不信任态度。与工作者建立紧密的关系，能鼓励家庭使用必要的服务。

教师 家庭社会工作者是教师和教练，能够帮助家庭成员学习很多技巧：家庭管理和生活技巧、沟通和关系建立技巧、育儿技巧和儿童管理技巧、自我肯定技巧和自我倡导技巧、问题解决技巧、运用社区资源技巧以及建设性应对技巧等。社会工作者可以通过解释、示范、角色扮演、指导和鼓励等方式来向他们传授技巧。他们可以帮助家庭制定预算、找房子、规划营养餐，或者分配家务劳动任务等。传授这些实用性技巧是非常有必要的，因为药物滥用者的家庭可能连履行日常生活惯例都存在一些问题。因此，发现家庭哪些地方做得好、他们想学习什么技巧，是非常重要的，同时还要运用助人关系作为媒介，来协助家庭更好地学习这些技巧。

协调者　家庭社会工作常常需要与家庭保持频繁的接触，家庭社会工作者要明白协调工作的必要性，以及会遇到的问题。协调服务的目标就是在必要时，制订合作性治疗计划；明确参与的机构和团队成员各自的角色和功能；确保所有机构的努力都是朝着一个方向发展的。在干预中运用的方法和技术不能自相矛盾，或者让家庭成员感到困扰。社会工作者需要监督其他助人专业人士提供的服务，要判断不同机构的努力是否自相矛盾。当服务没能跟上时，还要扮演家庭的倡导者的角色，但是家庭社会工作者仍然应该支持其他机构的服务。此外，每个服务提供者都需要获得家庭的准确信息，了解其他机构都提供了什么样的服务。社会工作者要帮助家庭成员建立自己的社会支持网络，在干预结束后，这个网络依然可以发挥作用。由于家庭成员的处境各不相同，他们所拥有的不同的支持来源也非常多元，这些支持包括社区组织、宗教团体、文化群体和活动、育儿课程班、兴趣小组等（如运动小组、文化小组、空手道或园艺）。在扩大家庭建设性介入之前，要处理好家庭成员与扩大家庭之间的紧张关系。

家庭社会工作者经常会干预家庭，并为家庭争取权利，但是，他们还要教家庭如何为自己的权利倡导。针对家庭或某个成员的紧急干预可以给人以希望，证明社会工作者的可信度，还可以展示关爱和使命。当然，在代表服务对象利益之前，工作者要问自己这样的问题：如果没有我的帮助，我的服务对象可以做到这一点吗？我们是否可以联合行动？他们是否仅需要一些动力来激发改变？他们是否需要社工来评估各种选择并计划策略？通过倡导和传授自我倡导技巧，家庭社会工作者向家庭成员赋权。

本章小结

本章讨论了有助于家庭处理压力和日常生活问题的几个技术和策略，以营造积极的家庭氛围。采用的干预方法包括家庭行为治疗、家庭心理教育和亲职技巧训练。只要让夫妻进入正常的发展阶段，他们就可以通过建立积极的亲子关系和学习技术，用积极的方式来引导孩子的行为，从而协助家庭不断走向成熟。

关键术语

强化：有助于使某个行为持续的奖励。

正强化：指的是一个过程，其中合适的行为得到认可和强化，从而提高了未来继续这个行为的概率。

负强化：运用后果来抑制某个行为，直到其消除。

惩罚：行为发生后，立即运用厌恶性后果。惩罚用来消除某个特定的行为。

行为消退：一个行为技术，通过不作为（如不关注）来消除某个行为。

限时隔离：是一个儿童管教技术，可以用来弱化孩子的问题行为。它包括将孩子带离刺激性现场，将孩子置于一个无刺激环境中。

推荐阅读书目

Thompson，C.，& Henderson，D.（2011）. *Counseling children*（8th ed.）. Belmont，CA：Brooks/Cole，Cengage.

能力说明

402

EP 2.1.6b. 社会工作者要运用研究证据来指导实务：证据—知会的方法就是要从文献中找出证据，来说明干预和技术在处理哪些问题、针对什么人群开展工作时是有效的。这能帮助社会工作者做出知会性的治疗决定。

EP 2.1.10a. 社会工作者要真正地、发自内心地为服务于个人、家庭、小组和社区做好准备：社会工作者要掌握干预模式，了解研究基础及其背后的假设，这样才能为服务对象服务。社会工作者还需要掌握知识，避免各种干预陷阱，能够在个案推进中，应付各种可能出现的情况。

EP 2.1.10g. 社会工作者要选择合适的干预策略：社会工作者要了解各种干预方法，这样才能给服务对象选择最佳方案。

EP 2.1.10j. 社会工作者要帮助服务对象解决问题：社会工作者要选择与服务对象问题高度匹配的干预技术，这样才能帮助他们解决问题。

第十三章

403

夫妻干预与性别敏感干预

◇ **本章内容**

夫妻工作

传授沟通技术

同性夫妻

性别敏感视角

性别敏感干预

性别敏感干预视角的问题解决

历史情境

女性主义对家庭系统理论的批评

家庭关系中的权力失衡

家庭价值观和家庭暴力：评论

社会化和性别角色

家庭中的劳动分工

对性别敏感的家庭社会工作的建议

家庭暴力

暴力性关系

本章小结

关键术语

推荐阅读书目

能力说明

◆ **学习目标**

概念层面：观察和理解家庭中不平等的来源。

感知层面：认识到不平等如何导致了家庭中暴力的出现。

评价和态度层面：以非批判的方式与家庭一起开展工作，发现来自社区的性别不平等如何影响家庭中的性别关系。

行为层面：以非压迫的方式与家庭成员一起开展工作，给所有家庭成员赋权。

夫妻工作

404

在与家庭一起开展工作时，家庭社会工作者常常会发现，婚姻问题会直接影响到夫妻的育儿任务，严重的婚姻问题甚至会影响孩子的健康成长。"有无数证据表明，婚姻不幸、婚姻冲突和婚姻破裂都会给家中的子女带来很多消极影响"（Gottman，1999，p. 4）。本书的重点是家庭工作，不是家庭治疗，也不是婚姻治疗，因此，我们建议，刚刚入行的家庭社会工作者在遇到夫妻希望接受婚姻治疗的情况时，应该把夫妻转介给婚姻治疗师。当然，我们在开展家庭社会工作时，还是需要关注婚姻关系，帮助夫妻双方在养育子女中互相支持。

萨提尔（Satir，1967）把夫妻比喻成了"家庭的建筑师"。很简单，这意味着什么样的父母决定了家庭具有什么样的特点。父母创造了家庭结构，制定了统治家庭的规则。父母应该教育孩子用健康的方式来为人做事。要教育自己的孩子循规蹈矩，最主要的方式就是父母要为人表率。如果夫妻期望自己的孩子能够团结协作，那么，夫妻之间就要首先做到分工协作。

萨提尔（Satir，1967）提出了家庭中父母有两个中心主题：（1）"婚姻关系是其他家庭关系建构的中轴，夫妻双方是家庭的建筑师"；（2）"痛苦的婚姻关系会导致功能紊乱的养育关系"（p. 2）。家庭社会工作者在家庭工作中，常常只能见到夫妻，因此，重点应放在他们的婚姻关系以及他们如何沟通，如何在育儿问题上彼此支持，保持一致上。让夫妻在场共同接受育儿技巧训练（参见第十二章），也是家庭社会工作者需要承担的责任。针对夫妻的家庭社会工作基本上处理的都是一些简单的问题，对于那些复杂的夫妻问题，就需要家庭治疗师的参与了。简单的家庭工作就是基本的教育和支持性工作，协助夫妻能够示范自己期望子女做到的行为。

家庭规则的制定就是为了协助家人以健康的方式来做人做事，父母也要遵循这些规则。例如，如果规定子女之间不能打架，那么，家庭规则就应该是"不能动手打家人"，包括父母彼此之间也不能动手。如果规定子女不能骂人，父母自己就要做到不骂人。同样，如果家庭规则规定不能吼叫，那么，父母就要为人表率，先做到不大吼大叫。这正遵循了这样一句古训："躬行己说，身体力行"。我们知道，在很多情况下，人们对成年人与对儿童的规矩和期望是不尽相同的，但是很多规矩和行为期望是针对整个家庭的，是需要父母做出表率的。要想知道一个家庭的孩子是怎样分享感受、处理情绪问题和压力、解决问题的，去观察他们的父母就能得到答案。父母需要以健康的方式来进行沟通，解决问题，这样才能将这些行为示范给自己的子女。

当两个经历了个人问题的个体走到一起时，他们都希望自己的问题能够得到解决，因为不能解决的问题会给孩子带来很多麻烦。他们可能希望某个孩子会满足自己的需要，或者，他们需要孩子来弥补自己的关系（参见第三章和第十章中的三角关系）。在这里，非常关键的一个方面就是需要了解婚姻的历史。夫妻双方是怎样认识的？他们彼此喜欢对方什么？他们是怎样决定结合的？生孩子之前他们的关系是怎样的？最终，家庭社会工作者就能够发现服务对象家庭中的重要人物，甚至可以追溯几代人，找到问题产生的根源。家庭社会工作者要协调夫妻之间的消极互动，因为这种互动会给孩子带来消极影响（Stanley, Markman, & Whitton, 2002）。

戈特曼（Gottman, 1999）深入研究了婚姻关系，发现了一些能够预示离婚的行为特点。离婚的预示指标存在于所有婚姻中，但是，在幸福婚姻中，预示离婚的行为出现的频率很低。经过大量研究，戈特曼提出了下列威胁婚姻的行为：

- 在争执时消极态度多过积极态度。
- "天启四骑士"（Four Horsemen of the Apocalypse）——批评、防御、藐视和阻挠。这四大"骑士"对婚姻关系极具破坏性。在满意的婚姻关系中是不会出现藐视的。
- 情感分崩离析，充满了紧张和悲伤，生活中一地鸡毛。
- 婚姻中充满了"没完没了"的冲突，或者是同床异梦。
- "修复"的努力以失败告终。
- 冲突性的争执周而复始。
- 丈夫拒绝接受妻子的帮助（妻子常常会接受丈夫的帮助）。
- 双方从没试图将冲突降级。
- 毫无积极影响（p. 68）。

〰〰〰〰〰〰〰〰〰〰〰〰〰〰〰〰〰〰〰〰〰〰〰〰〰〰〰〰〰〰〰

练习 13.1 健康的婚姻

分成四人小组。列出健康婚姻的特点。把这些特点与戈特曼提出的婚姻中的危险信号进行比较。把你们的发现向全班汇报。

〰〰〰〰〰〰〰〰〰〰〰〰〰〰〰〰〰〰〰〰〰〰〰〰〰〰〰〰〰〰〰

传授沟通技术

健康的沟通，是家庭社会工作的重要内容，因为功能紊乱的沟通可能会干扰有效的问题解决过程（Kaplan，1986）。有效的问题解决要求家人之间的沟通顺畅、一致、直接、坦诚和明了（Satir，1967）。通过观察家庭的沟通，工作者能够发现家庭成员彼此之间的关系是怎样的，他们是如何表达亲密、如何传递信息的（Satir & Baldwin，1983）。因此，处理家庭的沟通蕴含了传授新的技术。传授这些技术，可以通过指导，也可以通过工作者的言传身教（Bodin，1981）。改变功能紊乱的沟通需要以下三个步骤：

1. 家庭成员必须讨论沟通。
2. 然后，他们要分析行为和情感回应。
3. 最后，他们要分析关系互动的影响（Watzlawick，Beavin，& Jackson，1967）。

406

练习 13. 2 理解亲密关系

描述一个健康的亲密关系的构成要素。每四人分成一组，每组要列出两个婚姻满意度清单。每个清单都是怎样形容满意婚姻的特点的？比较这些特点，并在班上讨论。

元沟通是"有关沟通的沟通"，或者是"关于信息的信息"（Satir，1967，p.76）。大部分的沟通是一个请求（Satir，1967，p.77），而元沟通是用来检验别人的话的意义最有用的手段，它在与家庭一起开展工作时特别有价值。由于家庭中的沟通非常多，他们很少有时间来分析彼此之间隐藏的信息（Hepworth & Larsen，1993）。讨论元沟通最有效的时机就是当家人之间的互动刚刚发生，每个人还记忆犹新时。家庭社会工作者需要特别关注正在进行的家庭互动，要暂停互动过程，然后引导家庭对刚发生的事件进行讨论。其目标就是让家庭用健康的沟通方法来取代紊乱的沟通模式。

练习 13. 3 与夫妻的沟通干预

分成三人或四人小组。在纸上画上两栏，在一栏写上应该做的，在另一栏写上不应该做的。设计出一系列技术，用来给夫妻开展沟通技巧训练。把你的清单与他人的清单进行比较，然后根据大家讨论的结果整理一个清单。

系统干预也要关注家庭互动，特别是沟通的优势和不足。要培养家庭改善家庭沟通的能力，需要强调语言和非语言技术（Granvold & Jordan，1994）。语言沟通技术包括倾听和共情、运用"我"表达、调整声调和语言简洁等。

倾听和共情

要向家庭成员传授积极倾听或者解释说话者的表达方式，以沟通确保对方接收了信息。例如，妻子对丈夫说："我现在很生气，因为你迟到了，也没打电话。"她的丈夫运用了积极倾听技术，说："我没打电话告诉你我要迟到了，所以你很生气。"如果丈夫换一种表达，可能就会产生矛盾："你一天到晚唠唠叨叨，就是想控制我，走远点！"比较这两个不同的回答。哪个回答是更为健康的沟通？在第一个例子中，听者没有进行争辩，而是复述了妻子的不满情绪，向妻子表明自己听到了她的话，然后，对她的表达进行了支持性回应。当然，如果这种解释不准确的话，说话者可能有机会给予反馈，进一步澄清自己的信息。这种形式的倾听向说话者传递了很好的共情。

运用"我"表达

运用"我"表达来传递信息，特别是可能让听者出现防御的信息，可以帮助家庭减少冲突。上面的例子中，愤怒的妻子可能会说："你是个没脑子的废物，你天天这么晚回来，从来都不打电话！"反过来，她也可以运用"我"表达来表达丈夫行为对自己感受的影响。例如："你回来晚了，也不给我打电话，这让我很生气，很不安，因为我担心你的安全。""我"表达的一般格式就是"我感到（说话者的感受），当你（家人的行为），因为（令人信服的理由）"。

家庭中心的、住宅为本的模式发明者们提出了运用"我"表达的一些指导性原则（Kinney，Haapala & Booth，1991）：

- 描述行为而非个人。
- 运用观察而非推论。
- 运用行为描述而非评价。
- 不要使用推广化语言，如"从来""总是"这样的词。
- 就事论事。
- 分享想法，不提供建议。

如果听者采用了积极倾听的方式，并表达了共情，说话者可能就会提供解决办法，例如："我们能不能约定一下，你迟回家不到半小时，我就不担心，但是，如果超过半小时，你就一定要给我打电话，可以吗？"听者可能会对这个解决办法提出修正意见，或者提出新的解决办法，直到双方达成共识。积极倾听和运用"我"表达，家庭成员可以在家庭社会工作者的指导和反馈下练习。

家庭社会工作者需要关注在互动过程中出现的沟通不足。例如，有的家庭成员可能说话声音太大或者太小，太快或者太慢，或者语调过于单调和枯燥，或者过于激动或充满了敌意等（Gambrill & Richey，1988）。家庭社会工作者还需要找到办法帮助家庭成员来改进非语言沟通。例如，家庭成员可以练习用放松的姿态来沟通，脸上带着温暖的微笑，加上恰当的眼神接触（Hepworth & Larsen，1986）。

~~~~~~

练习 13.4　沟通技巧训练

克里·琼斯对丈夫鲍勃不管家务非常生气，也气他宁愿跟狐朋狗友一起喝酒，也不愿意回家。写下克里可能会用来与丈夫沟通、表达自己感受的语句，以及她丈夫应该进行积极倾听的行为。与其他两个同学一起，进行角色扮演，与这对夫妻一起工作（一个学生扮演家庭社会工作者，另外两个人扮演夫妻）。协商讨论解决克里的问题的方法。

408

~~~~~~

同性夫妻

沟通技巧方法也可以被用来针对同性夫妻很好地开展工作。当然，对家庭社会工作者来讲，他们必须时刻记住同性夫妻面临的关键问题。沟通的方法可以帮助他们明确地、直接地讨论自己作为同性夫妻所面临的问题，特别是如果他们其中一个还有孩子的话，他们的处境就更加不好。下面我们将介绍工作者必须理解的一些背景和一些重要问题。

性取向

在本书中，我们强调说，家庭会有很多不同的形式、规模和类型，这使家庭的定义非常丰富。这里我们将特别讨论一种新的家庭形式：男女同性恋家庭。帕特森（Patterson，1995）提出，"大量的男女同性恋父母都在养育孩子，这个现象反映了一种社会文化创新，这在目前的历史阶段也是独具特色的"（p.263）。

由于很多人对同性恋的恐惧和异性恋主义的流行，因此，男女同性恋者面临着很多的压迫（Adams，Jaques，& May，2004）。此外，男女同性恋父母也遭受了很多压迫，因他们成了少数群体。鉴于社会工作的独特的反压迫视角，以及人在情境中的视角，社会工作者早已做好准备挑战现状，并对服务对象的利益进行倡导，当然这些服务对象也包括男女同性恋家庭。要做到这一点，他们必须了解情况，并保持开放的心态。他们还必须对来自自己社会文化次群体的信息保持批判性分析的态度，例如，他们的家庭、宗教团体或者他们的社区价值系统等。我们认为，男女同性恋家庭反映了政治或社会氛围，缺乏社会和机构性支持，以及个人的信念、态度和偏见等（Adams，Jaques，& May，2004）。这就是说，要对蔑视同性恋的异性恋主义者和反同性恋的语言保持高度敏感，同时，要推动相关的政策和实务具有包容性。

男女同性恋家庭成员的数量目前尚不清楚，这是因为在很多司法系统中，他们是没有合法地位的。迄今为止，只有几个国家和地区颁布了法律，承认同性婚姻是合法的，当然这个数字还在不断增长。由于这种对同性婚姻的歧视和污名化的存在，男女同性恋都很担心，如果人们假定孩子一定要生活在异性恋家庭中，自己就会失去对孩子的监护权或探视权。他们还会因此担心自己该以怎样的方法、向谁表明自己的性取向。除了监护权纠纷之外，他们还担心原生家庭的反应、负面的朋辈反应，因此，决定何时、向谁公开自己的性取向，与这些家庭的开放程度有关（Adams，Jaques，& May，2004）。

男女同性恋可以通过若干方式来当上父母。生育技术，如人工授精和代孕父母等，使男女同性恋者能有机会生儿育女。女同性恋可以让其中一人进行人工授精，男同性恋则可以借助人工授精，通过代孕的方式来完成这个任务。这两种办法的最引人注目的地方就是，生儿育女是他们的一种**选择**。怀孕和生育不再像异性恋夫妻那样是个意外。尽管这个决定是经过深思熟虑之后做出的，当然也是非常昂贵的，但男女同性恋父母还常常会受到法律的歧视，因为人们往往对男女同性恋做父母的能力深表怀疑。不幸的是，这些假设和怀疑得到了社会科学的研究的支持和强化。早期的《诊断和统计手册》最初就把同性恋当成了一种精神疾病，社会偏见认为，男女同性恋父母都是精神病患者，或者女同性恋母亲是没有母性的。然而，很多新兴的研究证明并非如此。

兰伯特（Lambert，2005）总结了近年来对男女同性恋父母的研究结果。在本节讨论中，我们提醒学生们的一点，就是在所有的社会群体中都存在丰富的多元性，任何号称能够反映某个社会群体中的所有类型的信息，实际上都不能抓住各个群体内部的丰富性和多元性。我们鼓励学生要认真综合兰伯特文章中提到的这些研究。我们对这个研究回顾总结如下：

1. 在测量心理功能性时，同性恋母亲与男性离婚后的得分至少与离婚的异性恋母亲一样。

2. 在父母的性别角色行为、对育儿的兴趣、回应儿童行为或表达对孩子的温暖上不存在差异性。

3. 离婚的同性恋母亲更加担心在监护权纠纷中会失去孩子。

4. 同性恋母亲更会给孩子买那些与男女性别都相关的玩具。

5. 离婚的同性恋母亲与那些离婚的异性恋母亲相比，会更加愿意与一个浪漫的伴侣一起生活。

6. 在某种程度上同性恋母亲"表明了身份"，与女性主义行动密切相关，这些对孩子的心理健康都产生了积极影响。

7. 有关同性恋父亲的信息很少。同性恋父亲的收入会比同性恋母亲收入高，与同性恋母亲相比，他们愿意鼓励孩子玩那些与特定性别相关的玩具。

8. 在女同性恋和其他年轻的成年人之间，在性取向、性别认同，或者性别角色行为上，不存在明显的差异。

9. 女同性恋家庭的孩子更愿意考虑建立男同性恋关系或者女同性恋关系。这可能因为他们成长的环境比较包容和接纳。

10. 大部分来自男女同性恋家庭的孩子都标榜自己是异性恋者。

11. 来自男女同性恋家庭的孩子们的朋辈关系都很正常。

12. 男女同性恋家庭的孩子报告说自己会对自己父母的性行为进行调侃或开玩笑。如果父母担心安全问题（Adams，Jaques，& May，2004），孩子们也同样会担心。

13. 早年对离婚的同性恋母亲的研究发现，与离婚的异性恋母亲的孩子们相比，同性恋母亲的孩子们都更愿意跟自己的父亲（离婚的丈夫）来往。

14. 男女同性恋家庭的孩子在日常生活中会遭遇更多的压力。

410

15. 男女同性恋家庭的劳动分工趋于平等。

由于受到了来自主流社会的边缘化压力，很多男女同性恋夫妻都不得不对自己的家庭生命周期打上自己的标记。约翰逊和科卢奇（Johnson & Colucci，1999）注意到，对很多男女同性恋者来讲，他们的朋友网络都是以家庭为单位的，这样做的主要原因就是，要回应主流社会把家庭定义为血亲或法定关系。这些研究者认为，无论如何，要对现有的家庭生命周期模式进行修正，而不是要消除。鉴于我们的社会是建立在异性恋基础之上的，因此，同性恋家庭生命周期的每个阶段遇到的挑战就变得特别复杂，在生命周期的每个节点上都会出现独特的问题，包括站出来表明身份、向家人坦白、约会、转换工作、建立浪漫的关系和生儿育女等。对异性恋者来说轻而易举的事情，在男女同性恋者身上就变得举步维艰。他们的抗争在来自主流社会的对同性恋的恐慌、压迫或者麻木的回应面前，变得异常曲折艰难。

练习 13.5 包容性

选择一个你周围的歧视同性恋的异性恋例子。描述这种异性恋对同性恋的歧视。选择一种政策或实务来改变这种歧视。

练习 13.6　你们的学习方式

你有关男女同性恋家庭的信息和知识是怎样获得的？这些信息来源是什么？这些信息满足了谁的利益？与你在成长过程中获得的知识相比，你的立场是什么？这些信息与社会工作专业是背道而驰的还是一脉相承的？你的信念如何反映了周围的政治或社会氛围、缺乏社会和机构的支持，以及个人的信念、态度和偏见？

练习 13.7　氛围

描述一下下列因素如何影响公众对男女同性恋家庭的态度：

1. 政治
2. 宗教
3. 父权制
4. 女性主义
5. 社会科学
6. 研究
7. 治疗和辅导

练习 13.8　让结婚权更加包容

把班级分成三组。一组坚持认为蓝眼睛的人应该允许依法结婚；第二组认为棕色眼睛和蓝眼睛的人都有权结婚；第三组认为成年人都有权结婚，无论他们的眼睛颜色是怎样的。记下人们的观点。在价值观判断基础上，人们都提出了什么观点？哪些观点有科学依据？如果研究能够支持这些观点，那么，哪一方会获胜呢？

411

需要从沟通角度加以处理的特殊问题

男女同性恋夫妻也会面临与异性恋夫妻同样的但又独特的问题。此外，在夫妻关系中，双方"对外"表明身份的程度不同，也会给关系带来很大的张力。由于社会对他们的批判态度，他们还会遇到特别的压力源。法律是歧视性的，健康照顾中的歧视可能意味着一个人不能将同性伴侣纳入自己的工作健康照顾计划中，享受应有的待遇。在与夫妻沟通时，家庭社会工作者要聚焦他们如何应对来自社区、法律系统、学校、宗教等其他机构和组织对同性恋的恐惧，这样才能发现他们是否感到自己被接纳。刚结婚的夫妻还必须考虑法律问题，如财产权、继承法以及与遗嘱相关的问题、委托书以及治疗决策等。婚前财产公证可能也是一个需要讨论的问题。

在男女同性恋家庭中长大的孩子也会遇到很多特殊的问题。他们可能在学校受到欺负。如果孩子之前生活在异性恋家庭中，同性恋的父亲或者母亲就会面临监护权问题，这取决于同性恋"对外"表明身份的程度。此外，同性夫妻收养了来自其他国家的孩子，也可能会遇到双重歧视，一重歧视与性取向相关，另一重歧视与文化问题相关。从孤儿院收养的孩子可能会有精神疾病、艾滋病，或者有其他行为问题。同性夫妻家庭的孩子可能没有资格享受父母任何一方的工作单位的福利。父母要成功养育自己的孩子，会承担额外的压力，祖父母参与到子女养育中，特别是如果夫妻没有表明身份，或者祖父母不认可这段关系的话，情况就更加复杂了。

家庭社会工作者还需要对家庭社会工作所使用的语言保持高度敏感。即使在男女同性恋社区中对婚姻存在分歧，工作者也需要了解夫妻喜欢使用什么样的语言，不喜欢什么样的语言。如果你不知道如何提问，可以这样说："如果我有冒犯之处，我不是有意为之，请给我指出来。"例如，一对同性恋父亲可能说他俩一个是爸爸，一个是爹爹。这两个术语可以互换。20 世纪 60 年代流行的指代伴侣的词是情人，这也取决于夫妻表明身份的程度，或者要看夫妻是跟谁在交谈，他们用的词可能是我的朋友、室友、伴侣、配偶、丈夫或者妻子。同样，家庭社会工作者需要熟悉这些词，并接受不同观点的性别表达。一旦出现家庭暴力时，工作者需要注意不要对年龄或性别做出假设。

家庭社会工作者还要帮助家庭与社区组织建立联系。这些组织会成为同性夫妻重要的帮助系统，可以为他们提供社会支持，以及有效的教育性体验。这些组织包括"出柜"组织、育儿组织、男女同性恋专业组织等等。

性别敏感视角

412

在与家庭和夫妻一起开展工作时，我们采用的一个哲学理念就是性别敏感视角。我们要让家庭和夫妻都明白，性别敏感视角是一个哲学思想和方法，同时也是当今西方社会重要的哲学理念。我们知道，我们这么做带有自己的偏好，因为，不是每个家庭或夫妻都会接受这个观点，但是，我们坚信在家人和夫妻之间分享平等的概念，是非常重要的。

我们相信将性别敏感视角运用到婚姻和父母子系统中，是非常有益的。性别敏感视角的理念就是这个视角有助于理解和引导夫妻进入咨询过程。它能使我们对于服务对象的感受和身份认同保持高度敏感。

我们首先来看看在与夫妻一起工作中会遇到的问题，以及性别敏感的概念性框架是怎样的。本章的后半部分会进一步阐述第十二章中提到的行为干预方法的运用，重点放在在性别敏感情境中如何开展育儿技巧训练。

性别敏感干预

性别敏感干预是与支持、教育和问题解决联系在一起的。这个方法的要素包括协助家庭做到：

- 发现并改变那些刻板印象的角色和期望所带来的消极后果。
- 避免鼓励妇女和儿童的依赖性和服从性。
- 鼓励妇女发展积极的自尊，鼓励男性参与育儿和家务劳动。

采用性别敏感方法的干预并不提倡家庭社会工作者像传统的家庭治疗那样保持中立。性别敏感的家庭工作要求工作者和服务对象处在平等地位上。要给家庭成员赋权，使其积极认识自己的能力和技巧，以积极的方式来改变整个家庭。这一点与本书中始终强调的家庭社会工作者要积极支持家庭成员是一脉相承的。支持和教育、问题解决和约定，所有这些都与女性主义的目标相吻合。

运用性别敏感的方法，辅以支持性措施，能够通过向家庭成员宣传性别问题和性别现状，来帮助家庭解决问题。年轻的姑娘在成长过程中接受的有关自己价值、角色和生活机会的信息，完全不同于男孩所接受的。当然，传统的治疗在处理女性和女孩问题时，往往不能考虑到社会环境因素。治疗师在处理妇女的抑郁和愤怒时，认为这是对暴力的婚姻关系的反应，是个体精神层面的问题，因此，会鼓励妇女自己解决问题，而不是去改变自己的情境。对于家庭社会工作者而言，非常重要的一点就是要从当代社会情境中理解家庭，特别要理解女性，而不能从一个传统的精神病学模式中理解家庭和女性。家庭社会工作者要教女性区别自己与他人问题的不同，帮助她意识到自己婚姻关系的失败不是自己的错。女性在社会化过程中被教育要对家庭关系负责，要对家庭中每个成员的福祉负责。

家庭社会工作者要协助家庭发现并改变家庭中那些传统的角色和期望所带来的消极后果。传统的治疗师会以不同的方式来评估男性和女性的精神健康状态。人们会期望健康的妇女与健康的男性相比，能够比较服从、较少独立、容易受他人影响、不具备竞争精神、比较情绪化、易激动、很关注自己的外表、不够客观、数学和理科很差。对妇女而言，最大的障碍就是人们一直都用男性的行为标准来衡量什么是"健康的"和"正常的"，因此，要找到一个理想的社工处理自己的问题，是很难的。对于家庭社会工作者而言，尤为重要的一点就是在开始家庭工作之初，就要表明自己不用传统的方式来分析服务对象的问题，要强调自己主张的是夫妻关系平等。在干预阶段，这个态度意味着要求成人平等地参与育儿和家务劳动。

性别敏感的家庭工作反对提倡妇女儿童的依赖性和服从性。女性常常觉得自己的角色就是要照顾、支持别人，而不是表达自己，因为她们从小就被教育要首先照顾他人。结果，她们看不到自己的需要。身心疲惫的妇女努力要满足工作要求，同时还要兼顾家庭需要，往往到最后累得半死。此外，性别敏感的家庭工作重视婚姻关系对妇女的重要性，同时又特别小心，在强调婚姻时，不要给妇女带来压迫，或者使他人控制妇女。

对那些受到暴力虐待的妇女，要从了解她们的健康和福祉入手，进而发现她们求生的愿望。将妇女面临的问题放在一个大的社会情境中分析，这也会提升妇女的自尊。高效的家庭社会工作能够帮助妇女重建自信，重新站起来，并对自己的生活拥有更多的自主权。它不会否定妇女，而会赋予妇女更多的选择和机会，同时，还会鼓励男性尊重自己的伴侣和父母。在干预过程中，要鼓励男性积极参与到子女照顾和家务劳动中。要强调服务对象的优势和能力。的确，要帮助妇女和家庭，关键在于要强调他们的优势，而不是弱势。在家庭或夫妻工作中，这意味着要平等地考虑到妇女的技能、期望和职业发展等问题。

在针对婚姻关系纠结的夫妻开展工作时，性别敏感的家庭社会工作者要告诉他们，成功婚姻的两个关键要素是这样的：

1. 幸福的婚姻需要支持性、培育性的关系，需要夫妻之间真诚、忠诚和彼此关照。这就是间接地说，夫妻之间需要建立亲密关系，才能获得满意的婚姻关系。如前所述，婚姻破裂的一个主要原因就是大家在婚姻中感受不到关爱。

2. 令人满意的婚姻还需要平等地，至少是有协商地分担家庭中的工具性工作。如果有了孩子，夫妻就应该平等地分担照顾孩子的任务，例如辅导孩子做家庭作业，带孩子去看牙医，跟孩子一起玩耍等。夫妻双方都要明白自己投入在孩子照顾中的时间和精力，会得到巨大的回报，因为会促进健康的家庭功能性。此外，男性在子女照顾中的责任还需要进一步提高，这样才能与女性建立平等的关系。也就是说，女性不要抱怨男性在照顾子女方面无能，男性也要积极参与家务劳动，如做饭、洗衣等。

414

练习 13.9 对家庭问题的不同观点

回想一个你熟悉的家庭。你如何评估这个家庭的问题？重新定义问题，将权力和性别面向纳入问题中。

性别敏感干预视角的问题解决

问题解决干预可以与性别敏感视角互补。因为性别敏感视角提倡家庭成员的平等，其前提就是每个人都有发展的能力和自主能力，而问题解决需要所有家庭成员一起来解决大家共同面临的家庭问题。困扰某一个家庭成员的问题，也同样会困扰整个家庭。问题解决就是帮助家庭成员彼此之间进行协商，以大家可以接受的方式来解决问题。

在向家庭传授问题解决技巧时，家庭社会工作者要先协助家庭明确自己的担忧和目标，确定优先顺序，制订计划来寻找解决办法。问题解决能力是个人和家庭福祉水平的重要组成部分，运用这个模式能够提高家庭独立解决问题、满足自身需要的能力。在个人生活和职业生活过程中，家庭成员都会有自己的目标，也会遇到问题或者困难。可以运用问题解决策略来实现目标，迎接挑战，或者处理压力和问题。问题解决是应对生活事件的方法之一。在同样的压力情境下，有人会选择否认或逃避，也有人会选择有效的问题解决方法来积极处理。要教父母学习问题解决的过程，这样他们就会更好地理解问题解决的过程和策略，在面临问题时，就可以分析问题，找出解决方案。

社会工作专业中运用问题解决的方法历史悠久。问题解决模式从某种意义上讲，是建立在这样的假设之上的，即父母的日常状况与很多专业人士所面临的处境一样复杂，充满了挑战。因此，很多社会工作专业人士接受的问题解决的训练，也适用于帮助父母。问题解决技巧是社会工作专业训练的重要部分，他们要接受训练，学习如何发现、评估和干预服务对象的问题。第二个假设是，给父母传授问题解决技巧可以确保父母有能力去建立积极的亲子关系。

历史情境

从历史的角度来看，男性拥有的公共和私人权力都多于女性。男性制定法律、控制钱财、当家长，女性则承担了家庭的主要劳动，而她们的付出却得不到应有的认可和尊重。随着越来越多的女性进入劳动力市场和政治领域，这些模式在过去几十年中有所改变。由于长期以来一直存在的性别不平等模式，家庭社会工作者可能会遇到这样的情况，即女性受到了压迫和虐待。

希望妇女适应受压迫的处境是不合适的，相反，家庭社会工作者会给妇女赋权，使她们获得对自己生活更大的控制权。给妇女赋权可能包括协助她们找到改变或离开暴力婚姻关系的方法，并意识到自己拥有很多的选择。因此，性别敏感的干预是非常适合家庭社会工作的，特别是在与那些妇女受到了男性压迫和虐待的家庭一起工作时，尤为合适。

性别敏感的家庭社会工作者会质疑传统家庭治疗师的某些观点，包括他们强调因果关系，特别是在处理家庭失衡中的因果关系。他们反对这样的说法，即妇女受到虐待是自作自受。相反，他们认为虐待是权力分布不均和滥用所致。

要将性别敏感的方法运用到服务对象身上，家庭社会工作者首先要愿意质疑这种对男性、女性和性别角色的假设。他们需要了解社会是怎样强化并支持基于性别的不平等干预方法的。性别敏感的社会工作者在理解家庭动力关系时，要采用生态视角，要发现家庭所处的社会环境怎样影响家庭内在功能性的发挥。很多家庭从外部社会吸收了有关性别传统印象和性别不平等的信息。最后，性别敏感的家庭社会工作者要意识到，家庭中出现的改变会逐步导致社会的改变，而社会变革则会带来家庭生活的改善。

女性主义对家庭系统理论的批评

性别敏感的家庭社会工作采用了女性主义的视角来理解家庭发挥功能的过程。女性主义视角被描述为"一种态度、一个视角、一种关于性别等级及其影响的思想体系，而非一种特定的模式或者临床技术的大杂烩"（Carter，1992，p.66）。女性主义理论成为家庭社会工作者建立性别敏感干预的哲学基础，他们反对夫权制对女性在家庭和社会中角色的期望和假设。将女性主义理论应用到家庭社会工作中，就要倡导敏锐地察觉到那些因为将严厉的、传统的性别角色强加给家庭成员（损害女性利益）而出现的问题，或者那些因为权力分配不均衡或权力滥用而出现的问题。它还强调这样的事实，即社会性别会影响男性—女性关系（Ramage，2005）。女性主义社会工作者能够清楚认识到家庭中权力不均衡和以性别为基础的不平等关系产生的消极后果是什么。

女性主义者挑战了传统家庭治疗师的某些基本假设，关注到了文化历史偏见对家庭理论发展的影响（Nichols & Schwartz，2004）。女性主义理论家严厉批评了家庭治疗先创者的性别歧视偏见，这些女性主义先驱们无法质疑与男性社会化相关的性格特征（独立、理性），而贬低了与女性社会化相关的性格特征（如照顾和互相关联性）。早期的家庭治疗师还赞成所谓"正常家庭结构"，这些都建立在性别不平等之上。例如，早期的理论家大谈工具性角色（往往归于男性）和情感性角色（往往归于女性）。一旦出现角色倒转，家庭治疗师就会倡导"将穿裤子的特权归还给男性"。而女性主义社会工作实践倡导者相信男性建构的世界观将女性特点归纳为柔弱、被动、受虐狂和卑贱。

416

在 20 世纪 80 年代，女性主义者开始批评家庭系统理论在某些地方带有性别歧视的偏见，特别是家庭系统理论有个假设认为，一个系统中的所有参与者导致了某个问题的出现，因为他们在系统中拥有了平等的权力。女性主义者特别质疑了系统理论中的某些概念，如循环因果、中立、互关性和内衡性等，我们在第三章中讨论了这些概念。在女性主义者看来，循环因果（指的是家庭成员被禁锢在一个平等的、无止境的、不断重复的互相强化的行为循环之中）是一个指责受害者、将其不幸处境合理化的深思熟虑的方法（Goldner，1985a）。循环因果被用来解释虐待问题或其他与权力失衡有关的问题时，问题多多。的确，麦戈德里克（McGoldrick，1999b）指出，"有责无权的难题长期以来一直成为妇女的生活的典型特征"（p. 107）。

在解释家庭暴力问题时，循环因果认为施暴者和受害者对"问题"的出现负有同样的责任。最极端地运用循环因果理论的方法就是"强调"循环模式，认为虐妻事件发生的顺序始于妻子对丈夫的唠叨。这样，妇女不仅要因为虐待而受到指责，还要因为自己是暴力事件的始作俑者而受到指责。女性主义治疗的立场与此截然相反，他们会挑战主流的家庭理论，坚信妇女不该为自己受到的虐待而与男性负同样的责任，因为她们在家庭系统中拥有的权力很小。他们强调说，运用循环因果理论来解释虐待，实际上是刻意帮助施暴者逃避责任，同时还指责受害者参与了导致虐待的互动关系，要对自己受到的虐待负责，这是有问题的。

同样，工作者接受了家庭系统理论，被要求在家庭工作中保持中立，这实际上会忽视甚至宽容家庭成员之间的权力差异问题。女性主义者反对这种观点，即社会工作者应找出某个家庭成员，认为他（她）要对某个问题负主要责任。女性主义者坚信，家庭中那些滥用权力的人要对家庭问题的出现负主要责任。他们认为，传统的助人者保持了中立，同时也维持了不平等状态的持续。

417

女性主义者还挑战了性别互补性的观点，这种观点相信性别差异是可以接受的，因为男性和女性在家庭生活中扮演了不同的但又平等的角色。按照传统的观点，男性要负责家庭的经济状态，而女性则要负责照顾家庭成员。换言之，在传统模式下，妻子的责任就是要确保家庭正常运作，如做家务和照顾子女（Eichler，1997）。女性主义者指出，尽管持家的角色在观念上受到了肯定，但是，具体的持家工作却受到了轻视（Pogrebin，1980）。此外，女性在社会化过程中不断被灌输这样一种观点，即要负责关注家庭成员的情感状态。戈德纳（Goldner，1985a）提醒大家要注意这样的偏见："我们认为母亲是守门人，负责规范家庭与外界的互动，她们还是交换机，负责规范家庭内部的沟通模式"（p. 39）。

对家庭工作中性别偏见的一个主要批评，就是长期以来在助人性专业中一直流行这样的模式，即当家中有人出了问题，或者家庭出了问题时，母亲往往会受到指责，因为，人们认为维持家庭的稳定和和谐是母亲的天职。讽刺的是，她们手中无权，却要她们对家人的福祉负责。人们一直认为母亲是子女社会观的核心（有时是唯一的）代言人（Mackie，

1991)，完全忽视了父亲在育儿中应该承担的责任。鉴于这种责任划定，一旦出现性虐待，人们都认为是女性的错。家庭出了问题就指责母亲，这当然侵犯了女性的权利（Caplan & Hall-McCorquodale，1985）。家中出现了依恋紊乱（Bowlby，1969）、精神分裂症（Weakland & Fry，1974）或性虐待（Trepper & Barrett，1986）时，人们都会认为是女性没有做好"良母"。母亲还会因为常常受到自己丈夫的虐待，而颇受微词。在过去的文献中，女性常被描述为热衷干预，或麻木不仁。她们要么过分强悍，要么软弱无能；要么感情丰富，要么冷酷无情。女性里外都不落好。无论是怎样的女性，她们都要对家庭出现的问题负主要责任。在儿童问题发展过程中，母亲常被当成子女问题的始作俑者，但是同样，父亲的责任常被忽视，即使孩子的问题，如性虐待问题是直接因父亲而产生的。母亲还会因为自己男人的问题而受到批评（Caplan & Hall-McCorquodale，1991）。

家庭系统理论的另一个基本原则就是，家庭作为一个生命有机体，会努力保持其平衡或内衡性。这样来看待家庭功能，实际上是模糊了或减少了个人责任，因为家庭中的所有行为都是为了维持内衡性。在家庭系统理论中，家庭内衡性与指责母亲互相作用，进一步强化了反女性的偏见。一方面，母亲要对家庭问题负责；但另一方面，内衡性又成为男性家庭成员解脱或推卸滥用权力的借口。

家庭社会工作者要特别关注人们是怎样利用内衡性来解释家庭问题的，特别是当家庭问题涉及了受害者时。例如，家庭系统理论家在讨论家庭内部的性虐待原因时，会用非常积极的术语来解释父亲的行为（例如，表达爱意的错误企图），而在涉及母亲的虐待行为时，则会评估她们的遗传性的性欲。这样的分析就暴露出了很微妙的性别偏见。父亲的虐待行为被标榜为出于好意，相反，母亲却会因此受到批评。同样，用戈德纳（Goldner，1985a）的话来讲，"既然所有的是非都指向母亲，母亲的优缺点就会对其生活产生重要影响，会影响其子女的发展"（p. 40）。

418

练习 13.10　女性主义

很多保守主义思想家认为，女性主义摧毁了家庭。将班级分成两派，一派支持这个观点，另一派反对这个观点，进行辩论。

家庭关系中的权力失衡

女性主义者对家庭治疗最有力的批评就是，家庭治疗无法挑战家庭中的权力失衡，相反，家庭治疗将这种权力失衡合法化（Dye Holten，1990）。鉴于女性主义关注的是权力以及权力分配，女性主义理论重视的就是家庭关系中的不平等问题。女性主义的一个基本目标就是确保家庭中的权力能够平等分配。

权力不平等的来源之一就是法律制度，法律赋予丈夫、妻子、母亲、父亲和子女某些权利和义务。权力不平等的第二个来源是社会建构的性别规范。随着传统角色定义的改变，性别权力也会发生改变，这些改变在教育水平较好的中产家庭中尤为明显。性别角色的改变可能会给家庭带来困惑，家庭成员可能会遭遇角色改变带来的冲突。权力失衡的第三个来源就是获取知识和资源的途径。人们不断提高自己的正规教育水平，获取更多的资源，如金钱、信息或社会支持，因此个人的权力基础也不断得到改善。与男性相比，女性的经济权力会相对弱势，而经济依赖会随着孩子的降生而越发严重（Mackie，1991；McGoldrick，2002）。然而，当妻子的地位和金钱超过自己的丈夫时，很容易导致婚姻的破裂。

个性差异也会影响家庭中的权力分配。例如，高自尊的家庭成员会比那些低自尊的家庭成员享有更多的权力。开朗的、健谈的、果断的人往往会比那些内向的、话少的、寡断的人拥有更多的权力。

另一个重要的权力来源跟年纪和生命阶段有关。影响个人权力的生活情境的改变有时很令人难以理解，因此会成为生活压力事件。例如，失业的丈夫与工作时相比，其权力会明显减少。由于生活情境的改变而导致的权力丧失，可能会带来悲伤或愤怒，或者两者兼而有之。男性在退休时会丧失社会权力，因为他们不再参与公共生活，这时的权力差异可能会出现改变。

影响家庭成员的最后一个权力来源与情感因素有关。家庭成员的能力不同，表达和接受爱的能力与动机也不同。有些家庭成员能控制下述情况：表达爱、关心、控制、主导、否认或拒绝。

家庭中并非所有的权力差异都是有害的，例如，父母拥有的权力比子女要多。现在我们发现很多家庭的子女拥有了很多权力，却又无力行使。无能的父母和缺乏管教，会使很多孩子拥有过多的权力。在家庭中拥有个人权力所面临的挑战就是要负责地行使权力，而不是理所当然地认为自己拥有的权力与自己家庭的角色有关，人可以按照自己的意愿来使用权力。每个家庭和家庭成员都会建立基于年纪、性别、个性和生活情境的独特的权力基础。夫妻之间在行使权力时要清楚这一点。此外，家庭社会工作者在与家庭开展工作时，要特别关注家庭中的权力问题。

权力在分享时不会减少或者消失，实际上，分享权力有助于家庭的平衡，全体家庭成员能够共同分享家庭权力，这样的家庭满意度会达到最高水平。戈特曼和诺塔里尤斯（Gottman & Notarius，引自 Ramage，2005，p. 264）观察到，夫妻权力是否平衡与婚姻质量和婚姻满意度密切相关。家庭会议或者定期的婚姻反思是家庭确保权力均衡的主要方法之一。在情感健康的家庭中，成员彼此之间会互相支持；而有问题的家庭则会运用权力来扭曲、控制或主宰他人。恰当地运用权力能够帮助家庭成员发掘潜能，使他们利益最大化。

不管权力是否与家庭中的性别有关，家庭社会工作者都需要对权力关系保持高度敏感。性别敏感的家庭社会工作者要在家庭中努力示范平等的关系。他们不能扮演权威角色，而应该努力给家庭成员赋权，示范如何分享权力，而非用权力达到个人目的。

生态导向的性别敏感的实务

在评估家庭问题时，性别敏感的家庭社会工作者要了解家庭所处的经济、政治和社会环境对他们的影响，以及塑造性别角色的主流社会态度和期望。只有了解性别角色的社会情境以及相关的特点，家庭社会工作者才能更好地理解男性为什么会对配偶实施情感虐待和身体暴力。此外，他们会发现妇女之所以还留在暴力的婚姻关系中，是因为她们的无权感、无助感以及缺乏对自己生活的控制权。

长期以来，传统的家庭系统治疗师都无法将家庭问题与社会指定的性别角色和权力失衡联系起来考虑，因此，无法意识到家庭成员之间的互动怎样受到了社会系统的影响（Goodrich, Rampage, Ellman, & Halstead, 1988, p.12）。女性主义者指出，评估家庭问题，而不去分析生态内涵，就是"管中窥豹"（Goldner, 1985a, p.34）。

在分析家庭的功能紊乱时，需要考虑大的社会环境。女性主义者认为，文化价值观和有关性别的信念会影响家庭功能，而大社会环境则会鼓励虐妻和虐待儿童。

练习 13.11 评论系统理论

420

根据你的个人经历，对系统理论进行评论。哪些原则对你而言没有意义？哪些原则意义深远？这些原则是否对不同的文化、不同的性别都具有很好的适应性？

家庭价值观和家庭暴力：评论

理解有关家庭的价值观和信念重要吗？某些家庭独立于其他家庭之外而存在吗？某些家庭是因为没能尽力，从而无法面对自己无法承担社会责任带来的后果吗？在很多临床实践中，工作者需要理解大的社会环境，要意识到大的社会价值观会影响到自己的实务。在下面的评论中，我们会以家庭暴力为例来展示工作者是如何接受三大社会价值观，以及这种接受是怎样曲解了工作者对家庭暴力的理解的。在一项对从殖民时代到目前的家庭暴力的研究中，普莱克（Pleck，1987）指出，有三种主要的社会价值观阻碍了人们制止家庭暴力，这些价值观包括坚守家庭隐私、维护家庭稳定以及重视夫妻和父母权利。

家庭隐私

长期以来，就家庭在多大程度上应该按照自己的方式来运作而不受政府干预的问题，人们一直没有达成共识。这个基本的问题困扰了很多家庭社会工作者，他们一直对自己的工作侵犯了家庭隐私而感到内疚。很多家庭社会工作者在政府机构中工作，他们拥有合法的指令，可以进入家庭。重视家庭因素的价值观建立在这样的信念之上，即亲密的家庭关系应该免受政府的干预和打扰。正如普莱克（Pleck，1987）所述，"现代家庭的辩护者指出，家庭有法定的权利维护自己的隐私，他们坚持认为家庭是孕育亲密关系的地方，会给个人发展提供意义、凝聚力和稳定性"（p.8）。在多大程度上家庭社会工作者可以进入抵制性的家庭？

同样，家庭内部的行为与家庭外部的行为往往是不同的。"我们在考虑家庭时，会考虑家庭周围的社会是怎样的，还会进行对比"（Goldner，1988，p.24）。例如，家庭成员的虐待往往归因于家庭动力关系，但是，针对邻居的暴力行为往往就会被当成人身攻击。不同的政府机构会处理家内外不同类型的暴力行为，有一系列理论可用来解释家庭之外的暴力行为，而解释家庭内部暴力行为的理论则是另外的一系列理论。

社会性孤立是家庭隐私的一个不利方面。很多家庭在家庭社会工作者看来处在社会性 421 孤立中，无法获取社会资源。隐私权给家庭设置了一个屏障，使家庭成员远离潜在的社会支持资源和信息。家庭社会工作者必须了解自己对家庭隐私的个人看法，要认清自己的信念和机构的指令对自己的工作到底产生了多大的影响。如果家庭不愿意接受服务，那么，家庭社会工作者必须超越隐私的界限。

如果家庭社会工作者不知道如何处理隐私问题，那么，他们需要遵循礼貌的原则，要先请求家庭的原谅，而不能直接处理家庭问题。人为地划定家庭界限会阻碍家庭工作的进展。要保护家庭隐私有时会影响社会工作实务，特别是当出现了疑似暴力事件时。有关隐私的观念可能会保护施暴者免于承担法律后果，阻碍受害者寻找资源，远离暴力。

家庭稳定

维护家庭团结是家庭社会工作者的核心目标。在针对有暴力行为的家庭开展工作时，家庭社会工作者被迫要在两个基本价值观之间做出选择：家庭的自治与保护儿童（Giovanonni，1982）。要做出选择是非常困难的，因为评价家庭社会工作者成功的测量指标之一就是维护家庭团结。尽管这样，家庭社会工作者还要面临这样的要求，即要保护弱势的家庭成员，必要时需要把孩子从家庭中带走。保持家庭的自治成为实践的一个底线，而机构的指令则会指导工作者在哪里画这个底线。

从传统上来讲，确保家庭稳定的一个方法就是让男性当"家长"，来强化既定的性别角色。鼓励女性的独立，就成为对家庭的一个威胁（Cherlin，1983）。女强人有资源管理自己的生活，她们在经济上是独立的。乔登（Gordon，1985）指出，"自治家庭的概念，作为当地的一个政治话语，事实上常被用来反驳和否认女性作为自治公民的权利"（p. 218）。家庭社会工作者需要反思自身对性别角色的个人偏见，要认真思考到底怎样做才是对家庭每个成员赋权。家庭社会工作者需要确定维护家庭稳定的目标是否与每个家庭成员的需要吻合，特别是是否与弱势成员的需要吻合。难道不能确保家庭稳定就意味着干预失败吗？

希望保持家庭稳定，常常导致家庭社会工作者将母亲当成了干预的主要目标，因为从传统上来看，妇女承担了家庭福祉的责任。母亲在维护家庭稳定过程中承担了很大的压力，有很多情感付出。此外，家庭的经济状况可能也因此而不断恶化。正如戈德纳（Goldner，1985a）所述，"她知道如果自己嫁的这个男人情况不妙的话，那么自己的生活将处境困难，且会失去很多……传统家庭的解体对男性来讲就是某种解脱，而对女性而言则是一个新的陷阱"（p. 41）。

夫妻和父母权利

从女性主义的角度来看，婚姻是一种建立在不平等的权力分配基础之上的关系，常常由男性主导。"的确，地位就是权力"（Munson，1993，p. 362）。丈夫是家中的主要的挣钱人，他的地位在政治、社会和经济上都得到了确认。他在体力上也非常有优势，这样，他可能就会滥用这种优势，来虐待其他家庭成员。在父权制社会中，例如我们当今所处的社会中，妇女和儿童历来被当成父亲的财产，这样，他们就特别容易受到权力侵犯和暴力伤害（Armstrong，1987；Nelson，1987）。女性主义者认为，传统丈夫是婚姻关系的最大受益者，这是以牺牲妻子利益作为代价的。

家庭中的权力等级受到了性别和年龄的影响。这些因素对家庭结构产生了重要影响（Goldner，1988），规定了家庭生活的基本原则。权力来源于社会认定的夫妻权利和父母权利。正如社会上存在特权和权力失衡一样，家庭中也存在特权和权力失衡现象。妇女拥有了对孩子的控制权，而男性则对女性拥有了控制权（Mackie，1991）。

练习 13.12 家庭价值观

定义家庭价值观的意义。这个定义的出处是哪里？谁最欣赏这个定义？谁受到这个定义的排斥？如果只有单一的家庭形式存在，那么社会生活会有怎样的不同？

～～～～～～～～～～～～～～～～～～～～～～～～～～～～～～～～

～～～～～～～～～～～～～～～～～～～～～～～～～～～～～～～～

练习 13.13　社会价值观对家庭社会工作者和服务对象的影响

有三种核心的社会价值观会影响家庭社会工作者的角色：家庭隐私、家庭稳定以及夫妻和父母权利。列出你对每种价值观的看法。描述这些看法可能会对你的工作产生什么影响。

～～～～～～～～～～～～～～～～～～～～～～～～～～～～～～～～

社会化和性别角色

家庭给孩子提供了社会化的环境，家庭对孩子性别角色社会化的影响非常深远。有些研究是非常微妙的，有些则非常明显。家庭社会工作者需要协调自己对育儿的某些偏见，要意识到性别歧视的偏见怎样阻碍了男性和女性的发展。母亲与孩子的互动方法，与父亲是完全不同的。例如，母亲常常要喂孩子吃饭、洗澡、保护孩子，而父亲则会跟孩子一起玩耍（Mackie, 1991）。同样，母亲常常要负责孩子的日常生活照顾和管教，即使母亲还要外出工作。而父亲则会更多地教育孩子性别角色。研究人员发现，父亲会比母亲更多地强化孩子的刻板化的性别行为。

对待不同性别的孩子的方式也有所不同。父母会拥抱女孩，更多地进行语言沟通，而对男孩则会随意一点，更多跟他们玩耍。在管教孩子时，会打男孩的屁股，而对女孩会更多地用言语惩戒。人们对男孩的期望会更高，而对女孩的期望则会低一些。当孩子做出了一些社会对孩子性别期望之外的举止时，父母会进行惩罚，同样会奖励那些符合社会性别期望的举止。例如，父母会反对女孩独立自主的行为，同样也会反对男孩依赖他人的行为。当父母发现男孩受到某个问题困扰时，他们会鼓励男孩独立自主来解决；而当女孩遇到同样问题时，他们会主动揽过来，帮她解决问题，而不是让她自己独立解决。男孩常常被迫掩盖或否认自己的悲伤情绪，不能示弱（Pollack, 2000）。

父母之间的关系也会影响子女对自己性别的认同。例如，波格里宾（Pogrebin, 1980）指出，家庭如何根据家务劳动和就业情况来分配角色，会影响子女的能力，尤其会影响他们克服传统观念的能力和职业选择。

女性主义者认为，尽管很多家庭父母都就业，但家庭中的角色安排常常是比较稳定的，或者是变化缓慢的。很多人承认男性应该平等地承担家务劳动，但是，现实并非如此。用艾克勒（Eichler, 1997）的话来讲，"男性参与家务劳动在数量上出现了一个很有趣的无伸缩性，不管家中有多少家务需要做，男性永远承担同样的数量"（p.60）。因此，即使妇女外出工作，她们还是需要承担沉重的家庭责任和家务劳动。

具有性别敏感性，就是能够明确认识到男性或女性在成长过程中形成的不同的行为、态度和社会化经验，特别是认识到男性和女性在家庭和社会上拥有的权力、地位、位置和特权的差异。性别敏感的家庭社会工作者要努力给服务对象赋权，协助他们摆脱社会强加的性别角色，获得能给自己的发展带来更多好处的性别角色。

练习 13.14　性别角色

回忆一下你的原生家庭。你的家庭如何鼓励家人学习传统的性别角色？如何鼓励角色的灵活性？

练习 13.15　非性别歧视的育儿

描述一些你认为对女孩适合，但是对男孩不适合的行为。例如，有人认为男孩玩娃娃是不合适的。分析一下为什么这样的行为被认为是不合适的。

家庭中的劳动分工

424

在第一个孩子降生之后，夫妻之间的关系会发生变化。妻子要待在家中照顾婴儿，即使是很短的时间，那么，她在职业发展和工资上与丈夫的差距就会加大。丈夫就成了"养家糊口的人"，而妻子则要承担起传统的管家和母亲的角色。生儿育女的责任使妻子放下了公共角色，丈夫则拥有了公共权力，而公共权力会很容易转变成家庭权力。

结婚和做父母对男性和女性的影响是完全不同的。不管夫妻的工作状态是怎样的，女性总是会承担家庭中大部分的劳动。家庭劳动包括家务、照顾子女、给家人提供情感支持，以及维持家庭的社会地位等（Mackie，1991）。传统的规范表明，对女性来讲，最重要的就是家庭。

家庭中责任的分配是不均衡的，它是与家庭权力密切相关的。家务劳动和照顾子女会占据很多时间，会使夫妻中的一方没有时间去按照自己的兴趣来追求职业发展。丈夫会"帮忙"做点家务，而妻子一定要负责确保家务完成了。此外，丈夫常常会"临时替手"

来照顾自己的孩子。当然，有很多研究表明，妻子进入劳动力市场，会提高自己的家庭权力（Mackie，1991）。

丈夫在参与养育孩子、承担家庭责任的过程中，会让自己的生命变得更加丰富、更加有内涵。不幸的是，有些丈夫拒绝改变自己的传统角色。对于过去 20 年离婚率不断上升的一个解释就是，越来越多的女性拒绝独自承担家庭养育和沟通的责任，拒绝承担全部的家务和育儿的任务。相反，她们希望丈夫能够分担这些任务。只有当男性愿意平等地分担这些任务时，他们的婚姻关系和父母关系才会真正成为平等的关系。至少在夫妻之间，应该能够协商讨论如何进行角色分配。如果妻子希望建立一种平等关系，但丈夫只是口头上同意而实际上却只说不做，就会出现婚姻不满意。

要让丈夫参与家务劳动和育儿的工作，面临的最大的挑战就是人们常说的"很麻烦、问题多多、非常复杂"（Braverman，1991，p.25）。在 20 世纪 90 年代，大部分妻子比丈夫平均每天要多工作 1.5 个小时，包括兼职工作、家务劳动和照顾子女等。这等于每年要多工作 1 个月的时间。只有 20% 的丈夫平等地与妻子共同分担家务和照顾子女（Carter，1992）。为了维护婚姻，夫妻都会试图建构一个理性的、平等的婚姻关系，而在现实中，他们却又要扮演刻板的、传统的角色（Carter，1992，p.64）。例如，妻子要负责洗衣，而丈夫来洗刷车子，这恐怕不是一个平等的安排。洗衣每周差不多需要 4 个小时的时间，而洗刷车子一个月只需要 4 个小时的时间（Collins，1992）。妇女的角色发生了巨大变化，而男性的角色似乎是一成不变的。

性别敏感的社会工作需要给妇女赋权，协助她们更多地控制自己的生活，而不能接受受压迫的境遇。下面的例子就说明了如何用性别敏感的方法来帮助家庭。

425

 案例 13.1   马丁内斯一家，家庭角色的平衡

乔治·马丁内斯和利兹·马丁内斯有 4 个孩子，分别是 9 岁、7 岁、5 岁和 3 岁。这个家庭引起家庭社会工作机构关注，是因为有邻居举报说这对夫妻在外出工作时，将孩子们留在家中，由老大即 9 岁的安娜贝拉来照看。家庭社会工作者约翰·普利斯顿还得知，马丁内斯先生在商业中心工作，而马丁内斯太太是一家法律事务所的全职秘书，他们的工作时间很长，一周总有几个晚上要加班。马丁内斯太太抱怨说自己的时间安排得非常紧。除了工作之外，她还要负责照顾家庭和子女。因此，她只能找大女儿安娜贝拉帮忙。

马丁内斯先生认为，自己的妻子应该照顾家庭，因为他从小就是在母亲的照顾下长大的。他认为，他对家庭的贡献就是要维持一个稳定的工作，每周给家人付账单，让花园和车子保持整洁。总之，马丁内斯先生解释说，自己的母亲养大了 9 个孩子，把家里的生活安排得井井有条，任劳任怨。

家庭社会工作者请马丁内斯夫妇将各自每天承担的工作列出一个清单。马丁内斯先生惊讶地发现，每周妻子要花 4 个小时的时间来洗衣服，而清洁车子每个月才占据了自己 4 个小时。家庭社会工作者还帮助马丁内斯先生立足于一个非传统的家庭、妻子要全职工作的环境，来重新评价自己对家庭生活的期望。尽管马丁内斯先生对做"女人的事情"感到不自在，但他还是开始理解妻子的不易和艰辛。这个家庭没有额外的金钱，但是，他们还是决定聘请马丁内斯先生的 16 岁侄女放学后来照顾孩子，并做一些家务。

练习 13.16　基于性别的劳动分工

根据你原生家庭的情况，完成下列家务劳动清单，将这些工作分别分配给父母亲。然后在你认为应该根据性别分配的每项工作旁边打钩。

任务	母亲完成的比例	父亲完成的比例
购买生活用品		
做饭		
管教子女		
在家照顾生病的孩子		
给孩子买衣服		
吸尘		
带孩子看病		
参加学校活动		
在学校做志愿者		
参加家长—老师访谈		
帮助孩子做作业		
理财		
洗碗		
洗衣服		
打扫房间		
换床单		
养宠物		
修草坪		
保养汽车		
哄孩子睡觉		
其他		

426

对性别敏感的家庭社会工作的建议

性别敏感的实践会推动男性和女性的平等。其原则可以运用到反压迫的实务中，不管家庭的性别、种族和社会阶级是怎样的。家庭社会工作者要努力帮助家庭成员审视自己对性别角色（以及其他形式的压迫）的期望，这样才能决定自己要坚持什么，放弃什么。

在婚姻关系中，性别敏感的理念将平等纳入了决策、参与家务劳动和照顾孩子的工作之中。家庭社会工作者要协助家庭理解社会建构的性别角色与家庭动力关系之间的差异。具有性别敏感的家庭社会工作是行动取向的，而非仅仅是反对性别歧视的。反对性别歧视的咨询师努力避免强化传统性别角色的思维方式，而性别敏感的家庭社会工作者会帮助服务对象认识到自己的认知是怎样受到传统印象内在化影响的。只有服务对象有机会认识到并克服这些社会政治障碍，他们才能得到最好的帮助。

下面的原则会帮助性别敏感的家庭社会工作者更好地开展工作：

● 不要只关注母亲—子女关系，这样做只能强化这样的信念，即孩子的问题要由母亲负责。相反，要努力让父亲参与到干预过程中，确保父母双方都会积极参与到孩子的生活中。

● 不要让母亲来承担家庭出现改变的责任。将干预内容进行整合，在分析育儿过程、了解历史和改变个人行为时，一定要让父母双方共同参与进来。在需求评估和干预过程中，一定要让父亲参与。当你不知道父亲对干预是否会接受，特别是他们不愿意参与到改变过程中时，可以与你的督导和这个家庭进行深入的讨论。

427

● 与家庭仔细具体分析每个与性别有关的问题。协助服务对象在父母之间就家务劳动分工和子女照顾的任务进行协商（Goldenberg & Goldenberg，1996）。

● 深入探索家庭的权力分配，特别要警惕那些滥用权力的征兆，如家庭暴力的证据等。当出现虐待时，在开始处理家庭动力关系之前一定要特别小心地保护受害者。

● 关注妇女的优势，不要只关注她们的不足。

● 将性别的政治社会地位融入家庭工作中考虑（Good，Gilbert，& Scher，1990）。不要简单地假定某个家庭成员因为其性别就应该或不应该做什么。男人可以洗衣，妇女也能外出工作。男孩子和女孩子一样可以参与家务劳动。

● 要警惕自己的个人偏见。这包括对质个人的行为，对与性别有关的盲点保持清醒的认识（Brock & Barnard，1992）。记住，自己的某些看法是在社会化过程中微妙地形成的。可能你自己也不清楚自己到底有哪些性别偏见。社会工作者用自己的温和的态度，严密组织对家庭的干预，一定会改善家庭的处境（Green & Herget，1991）。

● 要认识到家庭结构有很多不同的形式，没有某种家庭结构会比其他形式更加优越。单亲家庭并非变态，单亲家庭的孩子可以像双亲家庭的孩子一样健康成长。对家庭结构和家庭构成优劣的判断，应该根据其对家庭成员的影响，而不是根据严格的社会规定的性别角色来进行评判。要记住，不断发展的平等关系要求某些家庭成员与其他成员分享同等的权力和特权。不平等给某些成员带来了更多的权力，他们会反对权力的再分配。

● 尽管我们上面讨论了很多，但还是要记住，某些家庭更愿意坚持遵循传统的性别角色。这可能是基于宗教或文化信仰。在针对这些家庭开展工作时，家庭社会工作者不能将自己的价值观强加给他们。当然，家庭社会工作者必须确定，每个家庭成员对目前的角色分工都是很满意的，而不是因为家中有威望成员的高压。

● 鼓励个体家庭成员为自己对家庭生活的贡献感到自豪。妇女的工作与男人的工作一样重要。要找出这些积极因素，并将其发扬光大。如果某个男性成员承担了照顾子女的工作，即使时间很短，也要把这件事特别提出来，并给予积极的评论，将这个行为与整个家庭的幸福联系在一起。

干预步骤

夫妻干预和性别敏感的干预似乎非常复杂，因为在很大程度上需要家庭社会工作者将本章中提到的理念和概念运用其中。此外，还有一些具体的技术可以帮助工作者很好地进行干预。

1. 要先向夫妻或家庭介绍自己。要在最佳时段，向他们解释，自己在工作中一直采用性别敏感的方法。向他们解释什么是性别敏感的方法，特别要说明你坚信要平等地对待并尊重每个家庭成员，告诉他们，你相信，夫妻就是一个平等的伴侣关系，不管社会规范是怎样的，一方对另一方的主宰都是不可取的。请他们就不明白的地方提问，并尽可能回答。

2. 示范如何平等地对待夫妻或家庭成员，确定你要公平地分配时间来倾听每个成员，不让任何人主导家庭工作。

3. 非常重要的是，家庭社会工作者要花时间吸引全体家庭成员加入到干预中来，不管他们的性别和角色是怎样的。花时间来倾听服务对象提出的与性别有关的问题，并努力理解这些问题。在 2012 年，妇女是怎样的？男性又是怎样的？在这个家庭中，性别角色是如何扮演的？家庭成员对各自的性别角色感到满意吗？面对自己的性别，他们有哪些特别的压力？他们对各自的性别角色的期望是什么？他们自己是怎样看待这些性别角色和期望的？在讨论性别敏感的问题时，一定要注意自己使用的语言。例如，某些家庭成员不喜欢"女性主义"这个词，或者觉得这个词让人很不舒服。

428

4. 鼓励夫妻彼此坦率表达自己的性别角色和期望。在讨论中要提供一些指导。他们可能会有争议的话题包括金钱、控制、性、感受分享、夫妻相处的时间、管家、立规矩、照顾孩子等。

5. 针对指派家务劳动任务和期望，建立一个结构化模式，以协助夫妻协商如何完成这些家务。同样也跟孩子进行家务劳动分配并结构化。这可能会给传统的育儿和家务劳动分配方式带来挑战，促使夫妻就如何分配这些工作进行新的协调，并达致平衡。

6. 运用"教育时间"来教育夫妻如何实现性别平等，包括在男女之间实现权力平衡。有些家庭和夫妻的问题可以从权力和性别的层面来进行定义和分解。

7. 支持积极的改变，特别是改变了性别角色的改变，例如，丈夫开始负责协助孩子完成家庭作业。我们需要支持那些改变了传统的性别角色和期望的行为。

家庭暴力

家庭面临的一个主要问题就是家庭暴力。虐待可能单独发生在一个家庭中，也可能与其他问题并存。正如处理其他严重性问题一样，家庭社会工作者可能会将服务对象转介给其他专业人士来处理。同时，家庭社会工作者需要帮助设计干预方案，与专家协调相关服务，在家访时不断强化治疗计划的效果等。家庭暴力的干预过程非常复杂，因为服务对象进入家庭服务领域是法庭特别要求的，并不是他们自己自觉自愿地接受服务来解决这些问题的。

429

 案例 13.2　　　　　　　　　　评估夫妻工作

约翰尼和琼已经结婚 10 年，一直没有生孩子，琼被诊断出患有抑郁症。家庭社会工作者认为心理教育的方法比较适用于这个案例。干预过程主要集中在给琼和约翰尼提供更多的有关抑郁症的知识，并且给琼提供更多的支持系统、药物治疗和认知治疗，同时还要给这对夫妻提供夫妻治疗。他们采用了单一个案设计来评估个案的效果。

测量手段包括夫妻每周都要运用社会支持量表来测量，琼要填写一个药物维持表和抑郁量表，夫妻还要填写一个婚姻满意度量表。家庭社会工作者还要用一个 10 分量表来单独测量琼的状态，以及每周治疗期间夫妻的评分表。这些测量帮助工作者了解治疗过程的监督和评估，让工作者根据需要来适时调整治疗。

暴力性关系

施特劳斯和盖利斯（Straus & Gelles，1988）在早期对美国家庭暴力的研究中发现，每六对夫妻中，就有一对夫妻在过去一年中经历了身体暴力事件。尽管大部分的事件都不严重，但是，也有一些是非常严重的伤害事件。至少有 3％的美国妇女遭受了严重的暴力伤害。严重伤害的定义是高概率导致受伤的行为，如踢、咬、拳击、用物体打、卡脖子、暴打或者威胁使用刀或枪等（Straus & Gelles，1988）。同样比例的女性针对男性的暴力攻击事件也常有报告，当然，在很多情况下，是男性的暴力攻击受到了反击，或者是自伤（Gelles & Straus，1988；Straus，1993）。

当母亲受到攻击时，孩子们往往也不能幸免（Wolfe，Jaffe，Wilson，& Zak，1988）。由于在家目睹了暴力行为，他们自己会表现出不同程度的行为问题，有些儿童保护机构强制性要求，一旦发生了配偶间暴力事件，即使没有迹象表明孩子也受到虐待，也一定要对孩子进行干预。男孩子会立即表现出问题行为；而暴力对女孩子的影响，会在几年后才表现出来。家庭社会工作者要时刻记住家庭暴力对孩子的负面影响。

造成家庭暴力的因素

家庭社会工作者可能会发现或者怀疑某个家庭中有儿童受到虐待，他们同时可能还会怀疑有其他形式的暴力存在。男性有时也会成为配偶暴力的受害者，但是，我们还是聚焦在妇女身上，因为男性可能会给自己的配偶带来更为严重的伤害。男性的身体比女性强壮。很多人都在讨论女性施暴的频率是否与男性一样。配偶暴力常常指的是打老婆。由于这样的行为往往发生在私人空间，因此，很多时候不能被发现。报警的事件也很少，因为只有女性受害者才敢站出来说，因此，早期的研究很少涉及施暴者（Dutton，1991）。

人们习惯上会使用家庭系统视角来分析家庭暴力。也就是说，人们相信，暴力事件的发生是有其循环性因果关系的，与家庭内衡系统和家庭动力关系密切相关。从家庭系统角度来揭示家庭暴力会出现几个问题（Bograd，1992；Dell，1989；Myers-Avis，1992）。例如，传统的对暴力发生的前因的描述常常包含了这样的信息，即受害者很唠叨，或者是她们刺激了施暴行为的出现。很显然，这些描述充满了性别歧视，是非常不利于问题解决的。今天，我们不建议将夫妻双方放在一起开展工作，来处理家庭暴力问题，因为受害者的安全得不到保障。

身体虐待是施暴者建立和维持自己对亲密关系的控制力的主要方法（Dutton，1991；

Gilliland & James, 1993）。一般来讲，施暴者没有精神疾病，受害者也不存在受虐倾向人格。很显然，人际暴力受到了很多因素的影响，包括——当然不仅限于这些因素——人际动力关系、家庭动力关系、朋辈和文化群体的信念等。

沃克（Walker，1984）发现了暴力关系中的暴力循环（参见图 13.1）。这个模式具有可预测性和重复性的特点，随着循环的重复，两次循环的间隔越来越短。这个循环包括了四个阶段，随着时间的推移，其严重性会不断增强。社工最佳的干预时机就是暴力事件发生后、下一个阶段出现之前。

很多受虐妇女会留在婚姻中，因为她们缺乏独立生活的经济资源。只要暴力不过于严重，或者不涉及孩子，她们就会选择容忍暴力。这些妇女往往非常看重婚姻关系的维持。当然，不断增加的妇女就业机会给妇女提供了资源，让她们可以远离暴力的婚姻关系（Gelles，1987）。受虐妇女常常受教育水平偏低，工作经验不足，这使她们缺乏养活自己和独自抚养子女的能力。因此，她们觉得自己的选择要么是留在存在暴力的婚姻关系中，要么就是面对贫困和孤独。有些人留在存在暴力的婚姻关系中，是因为她们相信所有的婚姻都存在虐待，还有些担心无法承担离婚的后果，特别是当她们过去曾经试图离开过，并遭到了丈夫或男友的报复之后。这个担心是有现实基础的。最后，妇女常认为（社会也是这样看的）自己要对家庭的整体福祉负责，因此，一旦家庭解体，她们就认为是自己的错。她们会感到很羞耻，很内疚，而不愿意向外求助，或者离开。

431

---
1. 第一个阶段的特点是平静，常常被美化成蜜月期。
2. 夫妻关系中慢慢地开始了紧张的集聚。
3. 出现了暴力事件。施暴者往往会让受害者感到，是自己的某些违规行为导致了暴力事件的发生。
4. 施暴者往往感到悔恨，请求原谅。受害者常常会原谅施暴者，这样，夫妻关系中又会出现一段时间的平静。

图 13.1　暴力婚姻关系中的暴力循环

下面几个原因可以说明受虐妇女为什么会留在存在暴力的婚姻关系中（Gelles & Straus，1988）：

- 低自我概念。
- 相信配偶会改变。
- 担心孩子。
- 害怕自己应对困难。
- 害怕被污名化。
- 无法建立自己的职业发展。

社会性隔离加上经济依赖，使受虐妇女形成了强烈的无权感，让她们感到自己没有能力离开这种充满暴力的关系。受害者对婚姻和承诺带有强烈的信念，这些信念来自她们的文化或宗教教条，因此，她们不愿意离婚。最后，有些妇女出于爱情、依赖、担心或绝望，依然相信自己的生活会发生改变。达顿（Dutton，1991）是这样总结受虐妇女所处的陷阱的："当自我责备、依赖、抑郁和无权感与经济依赖、司法系统的冷漠，以及自己无路可逃的信念交织在一起时，这种净效应就是造就了一个受害者，其心理上完全不具备自卫或逃跑的能力"（p. 212）。

干预遭受家庭暴力的家庭

在开始干预前，家庭社会工作者需要理解暴力处境，寻找方法来保护受害者免于受到暴力伤害。很显然，家庭社会工作者不能把自己的解决办法强加给服务对象。受害者可能有自己的想法和决定，因此，工作者要帮助她们实现自己的计划。不幸的是，受虐妇女很少求助，当她们真正求助时，她们首先会找自己的亲朋好友、邻居，而不是社会服务机构（Gelles & Straus，1988）。家庭社会工作者可以跟受虐妇女讨论暴力问题，但是，如果时间比较紧迫，强迫对方接受一个不成熟的解决方案，则可能会破坏服务对象与工作者的关系，也就排除了后来找到解决方法的可能性。要帮助一个与施暴者一起生活的受虐妇女，家庭社会工作者需要找到受虐待的蛛丝马迹。除非与社会工作者建立了长期的信任关系，否则，妇女不会轻易地袒露自己的受虐情况。家庭社会工作者必须对下列迹象保持高度敏感，这些会表明家庭中存在暴力行为：

- 孩子身上有伤，有病，有行为问题或情绪困扰。
- 受害者焦虑、害怕、恐惧和抑郁。
- 受害者有自伤行为，包括自杀念头和自我贬低。
- 受害者失眠和做噩梦。

上述指标未必绝对是暴力的证据，但是，它们会提醒家庭社会工作者关注家庭可能出现某些不良事件。当社会工作者看到了一些引人怀疑的证据时，他们有责任与服务对象核实，当然需要特别小心谨慎。

家庭社会工作者要意识到，当受害者准备离开暴力关系时，有可能会激发谋杀事件的产生。此外，杀人往往更容易发生在那些过去曾经报过警的家庭，可能因为伤害很严重。无论如何，妇女和孩子的安全是家庭社会工作者必须考虑的首要问题。警察发现，干预家庭纠纷是非常危险的，大部分警察都接受过专门的训练，有能力处理这类事件。当服务对象家庭中的暴力事件升级时，家庭社会工作者也要采取措施保护自己。作为专业教育的一部分，家庭社会工作者需要了解有关家庭暴力的知识，要与同事和督导分享自己的想法和经验，这些都能有效提高他们处理这类事件的能力。

当妇女告诉家庭社会工作者自己处在暴力婚姻关系中时，社会工作者要做的最重要的事情就是，相信她的话，立即着手干预（Walker，1984）。只有在安全得到保障的前提下，才能开始处理一系列其他问题。确保安全，可能包括将妇女和儿童转移到另一个安全的地方。大部分的社区都有专门给受虐妇女及其子女提供的紧急庇护所。庇护所给受虐妇女提供紧急庇护和保护，但不幸的是，人们很少使用这些设施（Gelles & Straus，1988）。大部分社区还有危机热线电话，很多承认自己受到虐待的妇女会从打危机热线电话开始求助。图 13.2 给家庭社会工作者在帮助家庭暴力受害者时提供了一个清单。

- 把妇女及其子女介绍到紧急庇护所，以确保安全。
- 倾听妇女的故事，并提供支持。
- 要明白，对很多受虐妇女来讲，是否离开存在暴力的婚姻关系是非常艰难的选择。
- 确定是否需要医疗救助。
- 理解妇女的矛盾心理。
- 协助受虐妇女审视自己的各种选择。
- 协助妇女获取社区资源，以开始独立生活。
- 熟悉社区内现有的各种资源。
- 与妇女一起工作，找出消除其社会性隔离的方法。

图 13.2　与受虐妇女工作的清单

433　　　　在决定离开的过程中，很多受虐妇女会在离还是不离之间徘徊。社会工作者要对妇女的矛盾心理有足够的耐心。要记住，受虐妇女在很大程度上是依赖施暴者的，她们的自尊很低。她们可能很抑郁，会一直处在不安之中。家庭社会工作者需要反思自己对虐待的反应，要清楚是否会把自己的想法带入到助人关系中。自我反省能够帮助社会工作者了解自己对配偶施暴的反应，使自己能够用一个有助于服务对象的方式来表达自己的反应。

〜〜〜〜〜〜〜〜〜〜〜〜〜〜〜〜〜〜〜〜〜〜〜〜〜〜〜〜〜〜〜〜〜〜〜〜〜〜

练习 13.17　访谈受虐妇女

与另一个学生一起进行角色扮演，扮演一名社工访谈一名妇女，她表现出曾被丈夫殴打的迹象。你们轮流扮演社工和受虐妇女。社工要明确表示愿意跟她讨论虐待问题。鉴于社工与服务对象之间的信任关系已经建立，服务对象需要知道，社工已经意识到人们生活中都存在潜在的暴力（并非只在自己的特殊生活中），因此，愿意公开讨论处理这个问题。这个方法与之前对质服务对象，说出自己的怀疑是非常不同的。

〜〜〜〜〜〜〜〜〜〜〜〜〜〜〜〜〜〜〜〜〜〜〜〜〜〜〜〜〜〜〜〜〜〜〜〜〜〜

如果受虐妇女向社工袒露自己受到了伤害，社会工作者需要立即回应，要证实她的表述，并鼓励妇女继续叙述具体情况。等服务对象说完之后，如果她愿意，社工要讨论几个关键问题，包括安全、她周围的资源和应对策略等。家庭暴力的受害者往往不知道自己周围有什么资源，如紧急庇护所、警察局和专门为家庭暴力受害者提供服务的机构等。

要帮助受虐妇女，家庭社会工作者需要获得相关的信息，如暴力的类型、严重程度、频率和暴力事件的情境等。例如，妇女是否面临着严重伤害？如果是，需要采取措施保护她及其子女的安全。如果暴力可以预见，可以采取哪些措施来避免？有哪些现存的资源可以帮助受害者？这些包括警察、庇护所、法律帮助、咨询和经济援助等。当她觉得对方马上要施暴了，她是否有计划可以逃脱？暴力一旦发生，她是否有应对策略？这些都是一些实务切入的路径，可以帮助妇女在紧急情况下自救。

在通常情况下，受虐妇女还存在社会性、地域性、经济性和情感性的社会隔离。家庭社会工作者的出现，能够有效减少这种隔离。

除了帮助受虐妇女获取社区实际帮助资源外，家庭社会工作者还可以帮助受虐妇女参加受虐妇女的支持小组。大部分受虐妇女都不知道，其他妇女也会遇到同样的问题（Bolton, & Bolton, 1987；Gelles & Straus, 1988）。听说别人也有同样的经历、有同样的感受，也要应对同样的生活现状，可以有效地降低妇女的隔离感。通过倾听别人的故事，与他人分享自己的经历，受虐妇女会感到自己有很多选择来解决自己的问题。知道自己不是唯一受到婚姻暴力伤害的人，能帮助受虐妇女减少自我批评，减少她们自己的无能感。受虐妇女常常还很欣慰地发现，在那种情况下自己的反应是"正常的"，别人也会感到害怕、无助、愤怒、内疚、羞耻、要对暴力负责等。

另一个方法就是，邀请受虐妇女参与到问题解决过程中。帮助她发现自己到底想要什么，帮助她厘清自己的选择和资源，然后，要讨论不同选择的结果是什么，这样可以帮助服务对象了解自己的优势是什么，自己到底有哪些出路。这种问题解决的视角特别适合受虐妇女，因为当人们面对严重压力时，往往会失去正常思考能力，很容易失望。通过问题的解决，提高个人的自我控制意识，成为家庭社会工作一个明显的目标。也许对受虐妇女来讲，最重要的观念就是无论发生了什么事情，她都不应该受到虐待。非常重要的是，受虐妇女不要为自己遭受暴行而自责。社会上流行的刻板印象尽管发生了改变，但还是支持了这样的信念，即妇女激发了暴力行为，有些妇女喜欢受到虐待。受虐妇女常常也同意这种说法，这强化了她们的自责意识，阻碍了她们向外求助。家庭社会工作者要努力消除这些错误观念。受虐妇女接受了外界帮助后，就能够获得更多的帮助，并给自己的家庭带来新的改变（Giles-Sims, 1983）。家庭社会工作者可以提供受虐妇女需要的帮助，协助她们最终离开暴力的配偶。

如果家庭社会工作者遇到的妇女不愿意谈论自己受到的虐待经历，社会工作者一开始就要表达自己的担心，并积极倾听。工作者需要反复强调这个信息。如果服务对象对此不做任何回应，社会工作者不能坚持讨论这个话题；如果强行这样做，其后果就是让服务对象疏远自己。家庭社会工作者发现，最后，很多受虐妇女都会开口谈论自己的受虐经历。

在家访时，如果家庭社会工作者发现自己身处险境，他们应该立即离开，并马上报警。如果家庭社会工作者的人身安全受到了威胁，就要暂停家访，等到危险消除后再继续。每个家庭服务机构都要建立明确的政策和程序，来处理危险的处境，这些内容都要包含在对每个社会工作者的培训中。如果家庭社会工作被迫结束了，机构要设法维持与受虐者的联系，可能可以让工作者在其他安全场所与其见面，或者通过电话联系对方。很重要的一点是，工作者要保持沟通渠道的畅通，不断给受虐妇女提供支持。

家庭社会工作者不能告诉受虐妇女应该做些什么。妇女采取了（或不采取）任何行动，都需要承担行动的结果。另一个避免给妇女指令的原因就是，只有受虐妇女自己明白自己的感受。无论工作者具备了什么样的专业方法来理解受虐妇女，他们还是无法体会受虐妇女的真实感受。最后，为妇女做决定也强化了妇女的无权感和无力控制自己生活的感受。

在针对受到家庭暴力困扰的家庭开展工作时，家庭社会工作者必须记住，千万不要给服务对象提供任何无法实现的期望。面对暴力家庭，与面对其他承受压力的家庭一样，社会工作者要正确评价自己的知识和能力，还要与督导和同事商量，了解更多的信息，获得情感支持，以帮助自己做决定。此外，在处理暴力时，家庭社会工作者必须清楚现存的社会资源有哪些，知道如何帮助家庭获取这些资源。

暴力的婚姻关系是隐藏在公共视野之外的。下面的例子就说明了暴力婚姻关系的特点。

案例 13.3　　　　　　　　受虐妻子莉莉

莉莉·福斯特把自己的情况告诉了家庭社会工作者托内·洛维特。莉莉在知道自己怀孕后，就主动联系了家庭社会工作者。她丈夫菲尔出差了，她说丈夫在身体上和语言上都对自己施暴。莉莉说如果菲尔知道自己向外求助，一定不会饶了自己的。莉莉说，自己担心的就是尚未出生的孩子。她觉得菲尔会伤害这个孩子的。

莉莉说，自己与菲尔结婚三年了，她说，这是他们双方的第二次婚姻，她从一开始就决定把这次婚姻"当成一份工作来认真经营"。莉莉说，他们婚前的约会非常"完美"。在她看来，菲尔简直就是"白马王子"。他不让莉莉外出工作，一定让她辞职在家。菲尔说，自己会一辈子照顾莉莉，他亲昵地称她为"美丽的公主"。然后，他们婚后一个月，菲尔就表现出对莉莉的控制和占有。不告诉自己要去哪里，干什么，菲尔就不让莉莉出门。他非常嫉妒，老是怀疑莉莉与别人有染。莉莉说，这种怀疑毫无根据，非常可笑，因为她从来不自己一个人出门。菲尔最后不允许莉莉一个人外出，但是，他自己每天下班后却跟同事泡酒吧。莉莉说菲尔经常喝得晕晕乎乎地回家，而酒精就让他非常暴力。

第一次莉莉没听菲尔的话一个人外出了，菲尔气急败坏，拼命地揍她，把她打得鼻青眼肿，脸上、胳膊上和腿上伤痕累累。这件事发生在他们结婚六个月后。事后菲尔非常后悔，但是，随着时间的推移，殴打也越来越严重了。莉莉说只要他觉得妒忌了，或者莉莉与他争执，他就动手打人。菲尔的工作需要经常出差，他外出时，会带走莉莉的车钥匙、她的婚戒以及其他任何有价值的、可以变卖换钱的东西。莉莉身上没有一分钱，菲尔会跟她一起出去，需要买东西了，都是菲尔付账。莉莉还说，久而久之，菲尔还不让她与自己的朋友和家庭来往，这样她就完全与世隔绝了。

家庭社会工作者洛维特夫人意识到，莉莉没有社会支持，也没有经济来源，她相信，莉莉之所以救助，是因为担心未来孩子的安全，莉莉还很害怕，一旦丈夫知道了自己的求助，会暴跳如雷的。洛维特夫人立即进行了干预，她把莉莉介绍去了一个紧急庇护所，在那里会有专业的家庭暴力干预专家倾听莉莉的故事，并给她提供支持。作为庇护所的住户，莉莉还能获得医疗求助、经济资助以及心理辅导，并且可以反思自己未来的选择。

本章小结

436

家庭社会工作者需要具有性别敏感性，这样，在针对家庭开展工作时，能够支持家庭、教育家庭。性别敏感和问题解决的方法可以并举，更有效地协助家庭改变。

性别敏感的方法强调要关注传统性别角色对家庭问题的影响。传统家庭治疗师采取了系统方法，来关注家庭功能性，认为所有的家庭成员对家庭问题的出现都负有责任，但是，性别敏感的家庭社会工作者认为，不平等的权力分配是问题产生的根源，因此，他们努力给妇女和儿童赋权，因为这些人是不平等权力分配的受害者。

家庭社会工作者寻求的是在家庭所处的经济、政治和社会背景中理解性别角色。性别敏感的家庭社会工作者努力为妇女和儿童争取政治、经济和社会公正，因为这两个群体是家庭生活中的不平等伙伴。

女性主义理论认为，在大多数配偶关系中都存在着不平等。以性别为基础的权力的来源包括法律制度、社会规范、教育和财政资源、个性差异、社会情境（年龄、地域或生活阶段），以及经济因素。

性别敏感的社会工作者要通过提高家庭认识到自己有多种选择的能力，来赋权于家庭。要鼓励父母平等地分担育儿和家务劳动，在一个非性别歧视的环境中养育子女。要充分肯定每个成员的能力，欣赏他们对家庭生活的贡献。

关键术语

天启四骑士：批评、防御、蔑视和阻挠。这四大"骑士"对亲密关系特别具有腐蚀性。

健康的沟通：是合适的、直接的、坦诚的和清晰的。

元沟通：对沟通的沟通，或者有关信息的信息。

推荐阅读书目

Gottman J. (1999). *The marriage clinic*. New York：W. W. Norton & Company. 该书是那些对从以研究为本的角度来研究夫妻动力关系感兴趣的人的必读书。本研究建立在多年对夫妻之间互动的研究之上。该书最杰出的地方就是提出了"天启四骑士"，戈特曼认为这些都是预示离婚的四个重要指标。

能力说明

EPAS 2.1.4a 认识到某个文化结构和价值观在多大程度上会压迫、边缘化、异化或者强化优越感和权威：在本章中，我们重点讨论了女性主义批评视角，描述了妇女在一个制度下是如何受到压迫、边缘化的，这个制度从来没有把妇女当成与男性平等的人。

437 EPAS 2.1.7a 运用概念性框架来指导我们开展需求评估、干预和结果评估：女性主义概念性框架适用于指导家庭的需求评估、干预，特别适用于家庭暴力的案例。

EPAS 2.1.10g 选择合适的干预策略：家庭社会工作者必须能够发现和处理家庭暴力情境。在本章中，我们呈现了一个女性主义导向的干预。

第十四章

结案阶段

◇ **本章内容**

计划结案

对结案的可能反应

过早结案和退出

实务结案步骤

具体结案步骤

结案的时间点

如何以及何时将服务对象转介到其他专业机构

家庭社会工作结果评估

未来趋势

满足评估标准

本章小结

关键术语

能力说明

◇ **学习目标**

概念层面：认识到结案是一种关系的结束，这种情况在人生中时常发生。非常重要的一点就是要理解有必要与家庭做一个完美的结案。

感知层面：认识到结案过程对每个家庭成员的影响是不同的。

评估和态度层面：意识到结案是一种失去，家庭社会工作者需要对这种失去感具有同理心。尊重家庭，并与他们一起对这种工作者—家庭之间的关系的结束表示留恋（原来是

"悲痛"）。

行为层面：运用具体的行为技巧来处理结案过程。

在本章中，我们将讨论与结案相关的几个问题，包括谁先提出结案：家庭、家庭社会工作者还是双方共同提出。做出了结束家庭工作的决定，并不意味着家庭完全结束与服务机构之间的交往，转介是结案阶段的一个重要组成部分。下面我们将提出一些关于如何逐步完成和总结家庭社会工作的建议。

〰〰〰〰〰〰〰〰〰〰〰〰〰〰〰〰〰〰〰〰〰〰〰〰〰〰〰〰〰〰〰〰〰〰〰

439 **练习 14.1　结案的原因**

列出建议家庭结束家庭社会工作的原因。

〰〰〰〰〰〰〰〰〰〰〰〰〰〰〰〰〰〰〰〰〰〰〰〰〰〰〰〰〰〰〰〰〰〰〰

理想的情况就是，结案是家庭社会工作的最后阶段。我们说"理想的情况"，是因为有时家庭无法与工作者一起进入最后阶段，而是在双方约定的时间之前就结束工作了。有时因为过早结案，连一些非常现实的和切合实际的目标都难以实现。

结束家庭社会工作会建设性地为持续性的积极改变奠定基础，当然，有时结案被高估为助人过程的一个重要部分（Kaplan, 1986）。结案的主要焦点就是评估与家庭的工作是否解决了家庭中出现的问题。与此相关的一个目标就是确保家庭中出现的改变可以保持下去，这个目标通常能达到，这是因为家庭学习到了一些技术，当家庭社会工作者离开家庭之后，他们可以运用这些技术独立解决自己面临的问题。

家庭社会工作的工作时间取决于机构的要求、家庭动机或者目标达成的程度。家庭社会工作常常都是短期的（有时只有 4～10 次会谈），因为很多家庭会在危机时期寻求外界援助，因此，他们有很强的动机来解决面临的问题。也有一些家庭会让家庭社会工作者进入家庭，因为他们迫于压力要解决某些特定的问题，但是，他们仍旧不愿意接受外界帮助，或者对是否接受外界帮助具有矛盾心态。如果工作者因为离开了机构而结束了家庭社会工作，家庭一定要对此表示谅解。在助人过程的早期，特别是在议和目标设定阶段，社工就需要与家庭做好结案或转介给他人的计划。有些机构会自动地给家庭社会工作提出时间限制，明确规定结案的时间和日期。家庭社会工作者需要在最后一次会谈之前就开始倒计时，并阶段性地回顾家庭改变的进展。无论如何，在结案阶段，家庭还是需要在工作者的协助下，来处理一系列问题，如否认、愤怒、悲伤和放手等。

最理想的结束家庭社会工作的时间是家庭出现的问题得到了解决，家庭和社会工作者都对这个结果感到非常满意。当然，在实践中，结案常常是以意外的方式出现的，如某些家庭退出了服务计划，或者在期望的结果出现之前就结案了。此外，当干预无效或者进展不顺利时，尽管家庭社会工作者多次努力从头开始，但还是应该先停下来，回顾一下工作进展，然后再结束工作。

当干预非常成功时，服务对象在结案时可能会出现一系列的情感反应。很多学者都指出，服务对象会有分离感、丧失感，这些都表明完美的结案有时会带来感伤。我们认为，这种情况可能被夸大了，但是，社会工作者确实发现了这种情况，即服务对象不愿意结案。他们可能会提出新的问题，或者宣称自己的问题更加严重了。相反，有一些服务对象，特别是非自愿的服务对象，会对工作关系的结束感到很高兴。

社会工作者会用不同的方式来回应结案。有些人可能不愿意结束服务。社会工作者如果能够认识到自己对他人的生活的责任是有限制的，那么，结案对他们来讲就会比较容易（Gambrill，1983）。家庭社会工作者要认识到，在家庭社会工作结束之后，决策的责任就掌握在家庭手中。在另一些情况下，社会工作者可能与家庭比较亲近，当工作关系趋于结束时，会略感悲伤。对于家庭社会工作者而言，重要的是反思自己对某个特定家庭结案的感受。这些感受可能会揭示这种工作关系的性质以及工作实现的目标。

练习 14.2 对独自前行的感受

假定你刚刚离开了一个很艰难的地方（如高中），你在这里充满了挣扎。列出一个你的感受清单。这些感受与家庭社会工作结案的感受在多大程度上是比较相似的？

计 划 结 案

汤姆和赖特（Tomm & Wright，1979）提出了家庭社会工作者在结案时必须采取的三个行动：

1. 评估家庭结案的主动性。
2. 必要时提出结案。
3. 建设性地总结家庭工作。

要成功地结案，需要家庭社会工作者具备一些技巧。第一个步骤就是要求家庭社会工作者在工作一开始，通常是在协议和目标设定阶段，就要与家庭讨论预期的结案时间。家庭社会工作者要认识到家庭社会工作的不足和作用，包括要认识到家庭社会工作与家庭治疗之间的差异。在一开始就界定明确的目标，也会有助于明确结案的时间。

在与家庭制定协议时，家庭社会工作者可能要把自己机构的电话号码给家庭，告诉他们如果不能按时参加会谈，或者一旦想结束服务，就可以给社工所在机构打电话。尽管有些工作者—服务对象的关系是突然或意外终止的，但是，最佳的结案时间还是在工作初期双方约定的时间。如何进行结案，会对家庭能否维持干预期间出现的改变和改善，产生深远的影响。服务对象能够满意地结案，会使家庭在以后需要帮助时，积极寻求专业帮助。家庭社会工作者要协助家庭在服务结束之后，制定易于实现的目标，向他们解释其他助人性专业服务与家庭社会工作之间的差异。这时还需要协助家庭发现结案后给家庭提供支持的社区资源，要协助家庭与这些资源相连接。

441　　　一般来讲，结案的过程应该与每次家庭会议的结束是类似的。例如，在每次面谈结束前 10 分钟，家庭社会工作者需要告诉家庭，还剩下 10 分钟，要抓紧时间处理没有完成的任务，还要用剩余的时间来简单总结一下本次讨论。这时，家庭社会工作者可以发现家庭及其成员的优势，还可以对下次会谈做出具体安排。同样，要提醒家庭机构的电话号码，如果不能参加下次会谈，要给机构打个电话。社会工作者和家庭都要每周重复回顾家庭获得的成就，探讨家庭如何继续取得进展（Kinney, Haapala, & Booth, 1991）。结束全部的工作关系，需要遵循以下几个类似的步骤，直到最后一次会谈结束。总结的内容要包括从一开始到现在家庭工作涉及的内容。这时，家庭社会工作者应该鼓励大家来分享与结案有关的感受。

对结案的可能反应

关于如何结束专业助人关系，有很多的论述，大部分都关注其负面影响。对于大部分服务对象和社会工作者而言，结案具有积极性，因为它关注所取得的成就。积极的反应会提升服务对象的自尊，强化个人具备能力的感受。家庭社会工作者应该主动赞赏家庭为解决问题付出的努力，家庭可能会渴望运用在助人关系中学习到的新技术。同样，如果社会工作者感到自己已经取得了与服务对象既定的目标，家庭社会工作者的自尊得到了提升，便可以更好地投入新的工作。

如果家庭社会工作者不愿意与家庭一起讨论结案的问题，或者避免触及家庭成员对结束家庭工作的感受，可能就会在结案时遇到问题。如果家庭社会工作者不能与家庭保持一定的界限，在结案时也会遇到问题。如果家庭社会工作者过分投入，结案可能会带来不安。家庭社会工作者可能会对工作关系的结束感到伤感，或者会担心家庭的未来状态。尽管结案会导致复杂情感的出现，但是，能够保持专业客观性和界限的家庭社会工作者应该能够很好地处理自己的离别情感；而对那些不能保持客观性和界限的工作者来讲，则难以处理好这些情感。当然，社会工作者要接受专业关系，仅仅为了与过去的服务对象建立私人关系而结案，显然是不可取的。

家庭社会工作者常常会与家庭建立深度的良好的关系，因此，要开始结案，也会遇到家庭的抵制。结案意味着要放手让家庭自主行动。家庭社会工作者的感受可能是高兴，也可能是恋恋不舍，或者是悲喜交加。家庭社会工作者不能低估家庭社会工作在推动家庭改变中所发挥的作用。结束与某些家庭的关系可能带来解脱，但结束与某些家庭的关系也可能会产生失落感。根据各自的经历，家庭社会工作者要在结案时处理好自己的感受。家庭成员的感受可能是自豪和满意，也可能是愤怒、悲伤或懊恼。家庭社会工作者要寻找那些反映结案困难的征兆，例如，服务对象可能会在会谈日期临近时，预先取消会谈。如果家庭成员几次取消了会谈，要按时进行最后一次会谈，就绝非易事了。有时，家庭社会工作者需要提醒家庭说，离最后一次会谈的时间越来越近了。

服务对象可能会以下几个方式来阻碍结案：

● 他们会明显地依赖社会工作者。
● 他们会说过去的问题又出现了。
● 他们可能会提出新的问题。
● 他们可能会寻找新的社会工作者（Hepworth & Larsen，1993）。

通过与家庭的协议以及在结束时探索家庭对结案的感受，家庭社会工作者在开始家庭工作之初可以预见到可能会遇到的大部分问题。向其他机构转介、培育非正式支持网络，是两个重要的方法，可确保结案顺利进行。如果目标没有实现，家庭可能会抵触结案。短期的服务计划可能难以获得家庭对服务的满意评价。有位接受了短期服务的家长表示："我不喜欢这个项目的短期性，我们长期以来一直出现功能紊乱，要培育一个好习惯，我们需要长期的帮助"（Coleman & Collins，1997）。

当然，结案也可能是值得庆祝的，特别是出现了具体的、积极的改变时。家庭社会工作者应该明确认识到家庭社会工作的局限，要鼓励家庭在需要的时候向其他助人专业人士寻求帮助。结束仪式和评估可以培育家庭对所取得成绩的满意感。

过早结案和退出

有时家庭是以间接的方式来结案的。有的是在约定的时间，家中空无一人；还有的是在最后一分钟打电话取消会谈。在约定的会谈不能如期进行后，这些家庭就难以再被联系到，家庭社会工作者开始怀疑他们是刻意不想再跟社会工作者联系了。还有的情况是，个别家庭成员不参加家庭社会工作者的会谈。家庭会考虑退出服务的另一种暗示是，他们不断抱怨参加会谈导致的很多困难，例如，要请假、要重新安排其他约会等等。当社会工作者开始注意到出现了一个模式时（连续两次失约会谈），我们建议，如果工作者能与家庭联系上，就要提出这个问题供家庭进行讨论。

那些过早结束家庭社会工作的家庭与那些退出服务的家庭之间的差异在于，过早结束的家庭会通知社会工作者，并给他们一个理由。需要记住的是，有超过40％的家庭是在经历了6～10次会谈之后才结束工作的（Worden，1994），但是，也许进入家庭的服务过早结束的案例还是比较少见的。与过早结案相关的生态因素可能包括低家庭收入和少数族裔（Clarkin & Levy，2004；Kadzin，2004）。对家庭社会工作者而言，非常重要的一点就是，要在开始阶段及早发现家庭收入和少数族裔这两个因素。例如，工作者在家庭工作中必须关注文化差异，随着问题的不断出现，要讨论文化因素对家庭工作的影响。的确，本书的一个亮点就是既关注微观和宏观的生态系统方法，也重视家庭生活的多元性、少数族裔、文化和灵性（参见第五章）。为了吸引全体家庭成员参与到干预过程中，家庭社会工作者在一开始就要表现出对这些因素的关注和理解，同时，要与家庭一起讨论这些问题。在结案阶段，工作者要非常敏锐地提及这些因素，并深表理解。

一旦家庭提出自己决定结案，家庭社会工作者应该接受家庭的决定，并了解要求结案背后的原因。由于服务对象的缺席、抵制，或者由于家庭成员与社会工作者之间的个性冲突，社会工作者无法带领家庭前行，这时可能需要停止工作。从服务对象那里收集的信息可以帮助家庭社会工作者分辨出按时的、合适的结案与不恰当的或过早的结案的区别。

当服务对象表现出突然的改进，可能会出现另一种形式的过早结案，这就是常说的"假装病愈"（Tomm & Wright，1979）或者"装好"。当家庭发现改变具有威胁性时，他们会装好，他们会做出表面的改变，从而使社会工作者离开自己的生活。他们会告诉家庭社会工作者自己的问题已经解决了，也有可能是问题本身会出现某段时间的停滞或好转。如果某个家庭明确表达说希望结束工作，但家庭社会工作者认为这时结案为时过早，那么，家庭社会工作者需要进入结案的列举事实阶段，来回顾出现了哪些问题，甚至与家庭重新协商新协议。与此同时，家庭社会社会工作者和家庭可以压缩这些改变，明确依然存在的问题，厘清还有哪些目标需要实现。深入了解家庭做出结案决定的细节，也是非常重要的。家庭社会工作者要试图了解家庭决定退出的具体原因，了解是哪些因素导致了这个决定。最为重要的一点就是，家庭社会工作者的目标要与家庭成员的目标保持一致。

尽管有些结案是可以预见的，但是，很多情况下过早结案却是不可避免的。在这些情况下，家庭社会工作者必须接受家庭的决定来结案。即使家庭社会工作者不同意家庭的决定，他们也不能给家庭施加任何压力（Tomm & Wright，1979）。

对被法庭强制接受服务的家庭而言，要避免过早结案是非常困难的，这些家庭希望将工作内容减少到法庭强制规定的内容之下。法庭的指令期限一过，他们就会开始抵制社会工作者。要避免出现这种情况，有个很好的方法：在一开始，就要鼓励家庭成员讨论自己对被法庭强制接受服务的反应。被法庭强制接受服务的家庭要退出家庭服务，就必须对自己的决定负责。过早结案可能意味着社会工作者要通知儿童福利官员或者法庭。

经过社工和家庭的共同努力，家庭已有能力应对问题，而不是逃避问题，这些是重要的可以结案的指标。如果治疗的开始和中间阶段进展非常顺利的话，结案就是水到渠成的。高效的家庭社会工作者常常会设定小目标，在几次会谈之后，就会进行目标评估。当然，对于家庭社会工作者而言，要决定何时结案是至关重要的。理想的情况是，在所有的目标都已经实现之后，就开始结案。在某些机构中，家庭社会工作者要知道如何评估家庭是否需要进一步的服务，或者他们是否可以自己解决问题了。不管结案怎样开始，社会工作者都应该坦诚地与大家讨论在过去的工作中，都取得了什么成就。

实务结案步骤

结案有不同的方式，既有过早结案的，也有按照双方约定的方式来结束工作的：

1. 服务对象决定不再参加初次会谈，或者在初次会谈时借故不出现。

2. 自从转介以来，家庭结构发生了变化，例如，夫妻分居，或者儿童服务对象被从家中带走并得到照顾。

3. 家庭参加了第一次会谈，但之后再也不参加了。

4. 直接退出，常常是通过电话的方式，告知工作者自己要退出，也许根本不说明理由。

5. 一位或者更多的家庭成员拒绝参加家庭会谈。

6. 服务对象表现出主动的抵制，不断质疑过程和结果。有的家庭成员不合作，甚至充满敌意。

7. 会谈进程表明家庭毫无改变，这样的结案需要双方同意。

8. 多次取消会谈，或者服务对象没有正式退出，但会谈也无法进行。

9. 成功解决了出现的问题后，双方认可结案。

10. 服务对象在协议时间即将结束时提出结案。实现约定的时间给结案提供了一个很好的时间框架，从而确保了干预的有效性。

我们来看看下列每种结案的方法。

1. 服务对象决定不再参加初次会谈，或者在初次会谈时借故不出现。

有些服务对象在与你初次接触后，在等待名单上排队等候了若干个星期，甚至几个月，他们可能找到了其他机构来满足自己的需要。有些家庭的问题有所改善（危机已经过去了），家庭也不那么迫切需要咨询服务了。另外，一旦安排了约会，有些家庭中的个别成员可能会说服家人，他们不需要咨询服务。有些家庭会把咨询当成压力，认为这是迫使家人做出行为改变！即使这样，社工还是需要与这些家庭联系安排结案事项，如可采用简便的方法通知这个家庭，如果他们以后还需要社工的话，请再次与机构联系（也就是说，机构大门会一直向他们打开）。

2. 自从转介以来，家庭结构发生了变化，例如，夫妻分居，或者儿童服务对象被从家中带走并得到照顾。

某些家庭结构发生了巨大变化，这会对转介初期出现的问题产生很大的影响。父母分居、将儿童服务对象从家中带走照顾，或者将青少年孩子从家中带走，让其与亲戚住在一起或独自居住，这些情况我们都遇到过。家庭社会工作者需要邀请留下的家庭成员来参加家庭会谈，讨论这些改变对家庭结构的影响，以及各自的担心。同时，家庭社会工作者要让家庭知道，如果未来他们还需要家庭工作，他们可以重新与机构取得联系；同时还可以提供其他机构的一些电话号码，这样离开家庭的孩子在有需要的时候，可以联系这些机构。

3. 家庭参加了第一次会谈，但之后再也不参加了。

有必要在初次会谈后，给家庭打个电话，了解相关情况，你还要想一想，自己是否在初次会谈中做错了什么。的确，你可能还没能吸引全体家庭成员参与到家庭工作中来，与家庭的"交情"还不深。要找到事实真相，非常重要的一点就是，你要请家庭回来跟自己一起讨论你的角色，以及他们对你和工作进程的期望，或者将家庭转介给其他机构。家庭在初次会谈后不再参加会谈，可能与你跟家庭的交情不深无关，家庭认为一次会谈已经足以解决自己的问题了。

一个或更多的家庭成员可能会感到家庭社会工作者与自己没有"关系"，所以，他们会觉得咨询不能帮助自己解决问题。还有人可能认为家庭状况在改变，他们觉得不需要家庭工作了。有的家庭说，这种服务不能满足自己的需要，其他的服务可能会更好一些，于是他们会去其他地方寻求帮助。同样，不管家庭的态度是怎样的，工作者都要给家庭打个电话，告诉他们如果未来需要服务，可以跟机构联系。

4. 直接退出，常常是通过电话的方式，告知工作者自己要退出，也许根本不说明理由。

同样，对你和机构而言，需要找出结案背后的原因。如果是因为机构服务无法满足家庭的需要，机构的计划需要做出改变，以适应这类家庭的需要。如果服务对象感到自己与你没有交情，你可能就需要反思一下自己建立关系的技巧。也可能是家庭危机已经过去了。无论出于什么原因，你都要告诉家庭，欢迎他们未来有需要时，再跟机构联系。

5. 一个或者更多的家庭成员拒绝参加家庭会谈。

虽然在与家庭开展工作时，如果不是全体成员共同参与，工作难度会加大，但即使这样，也未必不能开展工作。在第三章中，我们介绍了系统理论的假设，即系统中一个部分的改变会影响系统的其他部分。因此，即使某个家庭成员不想参加，系统的改变也会影响这个成员。无论如何，家庭社会工作者都需要与家庭一起探讨为什么某个家庭成员不愿意参与。这可以成为家庭会谈的一个非常重要的焦点，因为借此可以发现家庭组织结构的情况，了解家庭解决问题的方式。在这种情况下，核心问题就成了某个或几个家庭成员不愿意参加家庭会谈的原因了。其他家庭成员是怎样看这个问题的？他们彼此之间是怎样表达各自的担心的？他们对解决家庭问题有什么承诺？彼此之间有什么承诺？家庭计划怎样解决这个问题？这些问题可以构成最有趣的和有益的家庭社会工作会谈的主要内容。

6. 服务对象表现出主动的抵制，不断质疑过程和结果。有的家庭成员不合作，甚至充满敌意。

服务对象可能感到自己没被理解，没有得到肯定，也可能害怕和不满，这时，他们会表现出抵触情绪。要化解这种抵触情绪，重要的一点就是要花时间"入伙"（参见第七章有关开始家庭工作的内容），不仅在内容层面，而且要在感受层面。在内容层面，要弄清楚他们对家庭工作和你的角色的期望和希望。同时还要告诉全体家庭成员，你理解他们的担心、害怕，以及对家庭工作的抵制。要把这些感受放在桌面上进行讨论，并给予肯定。将家庭问题正常化（参见第四章中有关发展性问题的内容）也是非常重要的方式，要指出家庭的优势所在，以传递希望（参见第五章有关优势视角的内容）。在家庭社会工作过程中，只要服务对象出现了抵制，就需要立即处理他们隐藏的担心和感受，要不然，你就会遭遇家庭的过早结案。

7. 会谈进程表明家庭毫无改变，这样的结案需要双方同意。

在干预的过程中，要常常让家庭就自己是否看到了干预进展而发表自己的看法（类似第八章中提到的形成性评估）。在每次家庭会谈结束的时候，要问问家庭成员会谈是否有帮助。我们建议，至少每隔四次家庭会谈，就要花时间来跟家庭一起讨论取得了什么进步。如果家庭相信没有取得什么进展，可能就需要制定新的问题协议，确定新的目标（参见第七章中问题定义和协议），或者需要考虑安排双方认可的结案。请记住，如果你和家庭都决定要结案，你还需要在以后给家庭提供服务，要告诉家庭还有哪些服务项目可能会对他们有用。

8. 多次取消会谈，或者服务对象没有正式退出，但会谈也无法进行。

取消了会谈对家庭社会工作者来讲，可能是令人沮丧的，因为他们已经安排了时间来与家庭多次见面。如果出现了某种模式（我们说的模式就是出现过 3 次以上的情况）的话，我们建议，要给家庭打电话，公开讨论在家庭目前的这个状态下，是否需要开展家庭工作。这时，家庭社会工作者可以将某些家庭的困难"正常化"，因为这些家庭日常的生活非常繁忙，难以花费很多时间来参与很耗时间的家庭社会工作过程，工作者可以心平气和地建议家庭工作先停一段时间，直到家庭感到自己有精力可以参加正常的会谈了。

9. 成功解决了出现的问题后，双方认可结案。

如果出现的问题已经解决了，还要持续进行家庭工作，那就是在做无用功。家庭工作的一个重点就是要向家庭传授解决问题的技巧（参见第十一章）。我们希望，在解决出现的问题中，家庭所积累的经验和技巧不仅会影响其他问题的解决和家庭动力关系，而且还可以用来解决未来碰见的问题。

10. 服务对象在协议时间即将结束时提出结案。实现约定的时间给结案提供了一个很好的时间框架，从而确保了干预的有效性。

在这个时段结案是最理想的，这时我们就有机会与家庭建设性地结束家庭社会工作过程。

具体结案步骤

要进行建设性的结案需要有 5 个步骤：（1）列举事实；（2）激发改变的意识；（3）强化收获；（4）向家庭社会工作者提供反馈；（5）协助家庭准备好应对未来问题。

1. 列举事实。随着助人过程接近尾声，社会工作者和每个家庭成员都应该有机会分享自己参与家庭工作的经验和感受，特别要关注出现了哪些变化（Bandler, Grinder, & Satir, 1976；Worden, 1994）。这样做才能帮助家庭成员认识到出现了哪些变化，有哪些因素导致了变化的出现。卢姆（Lum, 1992）称这种事实列举是一项技术，包括要回顾家庭工作中的重要因素。列举事实有点类似于总结。

448　　　如果双方协商的目标没有实现，或者又出现了新的问题，这种事实列举可能就要针对是否需要将家庭转介给其他机构，或者转介给本机构中的其他社会工作者。不管是哪种情况，家庭都需要总结一下自己感受到的改变，这样才能协助新来的社会工作者理解自己的处境。在规划转介时，家庭社会工作者在得到家庭许可之后，要单独与新来的家庭社会工作者进行沟通。

如上所述，在干预过程中，常规性的对家庭进展的持续回顾，会使最后的总结阶段变得更加简单（Barker, 1981；Tomm & Wright, 1979）。事先协商决定会谈的次数能够提醒家庭干预什么时候会结束，同时也确定了以双方认可的方式来记录家庭的改变。典型的协议是开放式的，我们建议制定一个有时间限制的、工作焦点明确的、会谈的次数和间隔时间有一定的灵活性的协议。定期地回顾进展，会给家庭成员一个机会来表达自己对目前的进展是否满意，同时也使家庭和社会工作者能够随着工作的推进而做出改变。

2. 激发改变的意识。在家庭成员与家庭社会工作者讨论了各自对社会工作过程的反应之后，他们还能获得工作者对自己的反馈。在家庭社会工作者和家庭比较各自对进展的不同看法时，家庭成员会建立一个概念性的理解，并找到工具来推动更多的改变。这些反馈能够有效地提高家庭成员的自尊水平。

专业的助人者希望自己是高效的，很多人进入这个行业就是为了实现自己真诚的愿望，要推进社会和家庭功能正常发挥。因此，他们可能会有意识地欣赏自己带来的改变。

非常不幸的是，失败往往会被归咎于服务对象，而成功则属于社会工作者。明确导致改变的原因可能非常不易，因为改变的出现需要在正确的时间和正确的地点，由正确的人，做出正确的事情。实际上，长期以来，很多研究人员都试图找出那些促成改变的因素。无论家庭社会工作者是怎样看待导致改变的原因的，对于家庭来讲，尤为重要的一点就是，自己做出了改变，就值得骄傲（Wright & Leahey, 1994）。要做到这一点，家庭社会工作者可以询问家庭他们到底采取了哪些行动，导致了改变的出现（Brock & Barnard, 1991）。社会工作者在谈到自己的贡献时需要谦虚一点。如果我们能够提醒家庭成员在推动改变中的作用，那么，他们就会有信心在未来的生活中解决新的问题。

社会工作者受到表扬是非常自然的，成功是专业满足感的重要来源。无论如何，只要尚未完美结案，家庭社会工作者的专业责任就远远没有完成。社工在介入前，家庭一直在与痛苦和冲突抗争，深受问题的困扰；社工介入后，如果有了改变，家庭就应该受到赞赏。当孩子发生改变时，家长应该意识到，自己是孩子眼前和未来的主要照顾者，发现并认识到改变，会延长社会工作对服务对象积极影响的持续时间。如果不这么做的话，可能就会传递这样的信息，即没有社会工作者，家庭就不能出现改变。

如果在结案时，家庭因为改变不大而感到苦恼，社会工作者在讨论干预的积极和消极结果时就需要找到一个平衡。负面因素的发现会给未来工作的改进指明方向。社会工作者可能还希望与自己的督导一起来探讨是什么原因导致了自己的干预没有成功。也许是目标设定得太高，或者是不太现实。也许是家庭社会工作者难以理解家庭成员的犹豫不决，从而导致他们拒绝改变。在很多情况下，社会工作者在解释干预没有进展时，会说是家庭缺乏动机，而很少从自身寻找原因。

社会工作者需要承认在对家庭开展工作时遇到的困难。复杂的或花样很多的干预形式常常很难帮助那些负担过重的家庭。因此，重要的是，家庭社会工作者要相信尽管没有什么改变，但是，这些家庭还是尽力了。这时对于社会工作者而言，重要的任务就是要强化家庭的优势。虽然我们一直在鼓励家庭社会工作者促进家庭的改变，但家庭社会工作者也可以品味成功。家庭社会工作者能够成为家庭改变的一个合作伙伴，这本身就是对家庭社会工作者最好的奖励。

在图 14.1 中，我们提供了一个结案的清单。社会工作者和服务对象家庭要共同填写这个清单，从而决定结案时是否完成了所有的工作。这个清单包含了 17 个方面，可以用来评估服务对象是否准备好结束本次家庭社会工作了。如果一个家庭与社会工作者都对大部分问题回答"是"，那么，是时候可以结案了。

3. 强化收获。结案的第三个步骤就是讨论未来的计划，要特别强调保持已经取得的成绩，并逐步扩大。强化收获最好的方法就是协助家庭找到策略来实现未来的目标（Lambert & Ogles, 2004）。在合适的时候，家庭社会工作者要帮助家庭获取社区支持。

449

	是	否
出现的问题已经消除了……………………………………………………………	☐	☐
家庭可以控制或忍受这些问题……………………………………………………	☐	☐
能够有效地测量这些改变…………………………………………………………	☐	☐
在社会心理功能上出现了积极改变………………………………………………	☐	☐
家庭成员之间的沟通更加有效……………………………………………………	☐	☐
家庭成员不再受到虐待……………………………………………………………	☐	☐
有正式的支持网络，家庭知道如何获取这些资源………………………………	☐	☐
家庭还有一个非正式网络，在需要时可以发挥作用……………………………	☐	☐
转介家庭或个体成员去接受社区中的专业服务…………………………………	☐	☐
家庭同意被转介来接受专业服务…………………………………………………	☐	☐
家庭已经学到技巧，可以在日常生活中发挥正常功能…………………………	☐	☐
全体家庭成员的基本生活需要得到了满足………………………………………	☐	☐
社会工作者和家庭评估了家庭最新的进展………………………………………	☐	☐
家庭对接受的服务非常满意………………………………………………………	☐	☐
作为工作结果，全体家庭成员状态更好…………………………………………	☐	☐
家庭对自己取得的改变进行了事实列举…………………………………………	☐	☐
家庭成员承认自己在改变中发挥的重要作用……………………………………	☐	☐

图 14.1　家庭社会工作结案清单

回顾家庭取得的成就，是家庭社会工作自我评估的重要内容。服务对象的行为是确定干预成功与否的重要因素。上述两个方面都非常重要。家庭社会工作者还要注意到在与家庭一起工作时，自己获得的专业成长。不管干预结果是积极的还是消极的，家庭社会工作者的专业发展都会通过学习新的技术或者改进以往的技术，而得到提升。家庭社会工作者可能会通过不同的方式来进行学习："我认为""我知道了如何处理自杀问题"或者"我在传授父母管理顽皮孩子行为方面找到了更多的方法"。

结案应该是一个转变，而不是一个结束。以这样的方式向服务对象描述结案，可以培养一种意识，即所有的目标已经实现，这是一个新的开始。进入一种助人关系需要忠诚，对自己、对家庭以及对助人过程的忠诚。家庭社会工作者可能未必能找到明确的证据来证明自己帮助家庭实现了改变，或实现了期望的目标，但是，自己付出的努力一定会给服务对象的生活留下烙印，产生影响。此外，某些干预可能短期不会出现影响，而会对未来产生深远的影响。对家庭来讲，最大的收获就是不断增强的信心、新的技术，或者支持性社会网络，这些都会使服务对象以不同的方式来看待自己，同时也会协助他们更好地应对未来的挑战。相信自己的付出不会白费，这样，家庭社会工作者就不会因为结束了与家庭的工作关系而感到后悔。

4. 向家庭社会工作者提供反馈。要正式结束干预，需要进行一次面对面的讨论。在最后一次会谈中，需要进行个案结果评估。格曼和尼斯肯（Gurman & Kniskern, 1981）建议，要评估整个家庭的进展，以及受问题影响的子系统的进展（例如，婚姻子系统，以及个体家庭成员的功能性）。这一个步骤用于评估家庭是如何看待成功解决问题的。家庭社会工作者可以这样询问家庭成员："在我们工作期间，你认为什么地方是最有帮助的?""你希望还会出现哪些事情?"这就给家庭提供了一个机会来强调干预过程中的起起伏伏的可能性，同时也向他们表明，社会工作者会认真对待他们的反馈。社会工作者不要防御性地回应这些反馈，而是要表达对反馈的欣赏和感谢，要告诉家庭成员他们的反馈会帮助家庭社会工作者以后更好地开展家庭工作。此外，还可以最后一次运用测量工具或其他的评估工具收集比较性数据，来丰富评估内容。

5. 协助家庭准备好应对未来问题。结案的最后一个步骤就是了解家庭认为未来可能会出现哪些改变或挑战，导致困难再现（Nichols & Schwartz，2008）。社会工作者要请家庭描述他们准备如何应对这些困境。家庭社会工作者可以运用这个主题来强化家庭优势，帮他们巩固新学的技术。另一个协助家庭为未来做准备的方式就是逐步延长与家庭会谈的时间间隔，从而鼓励家庭减少对服务的依赖。

某些机构希望社会工作者在结案后做一次跟进家访。这种跟进的作用就是在家庭可能会出现问题反弹时，给家庭打一针"加强针"。跟进服务可以协助家庭度过转变期。在脆弱阶段，家庭社会工作者可能会重新与家庭一起工作一段时间，以预防家庭重新进入过去的行为模式中。脆弱期是否出现取决于家庭的特点和家庭问题的类型。

练习 14.3　未来的建议

以你在实习中或者工作中遇到的家庭为例，列出你在结案时会给家庭提出什么建议，以确保家庭维持积极的改变。

案例 14.1 呈现了一个成功的家庭社会工作的结案过程。

案例 14.1　　　　　　　　　　　结案

琳迪·斯坦同她的父母玛丽和托德与家庭社会工作者贝蒂·切斯一起参与了家庭社会工作干预。这个家庭当初找到家庭社会工作机构，是因为 15 岁的琳迪离家出走了一个星期。在离家出走之前，琳迪几次从学校逃学，反抗老师和父母。她的学习成绩从 A 一下子就变成了 C 和 D，此外她还因为未成年人非法拥有酒精而受到起诉。

切斯太太在评估时认为，琳迪的种种表现是对父母的分居和可能的离婚的直接反应。离婚对这对夫妻而言，充满了艰辛，他们互相仇恨，在多年的争斗中，将琳迪夹在其中。琳迪的行为说明了她的不安，但她不知如何表达自己的需要和对父母的情感。

切斯太太的干预首先就是教琳迪如何向父母表达自己的情感。玛丽和托德开始意识到彼此的冲突正在影响自己的女儿，造成了她在学校和家中的行为问题，他们认识到，现在应该休战。玛丽和托德最后同意让切斯太太转介自己接受家庭咨询，这样他们才能有效地教育琳迪。

当切斯太太准备结案时，她刻意安排了时间给斯坦一家，让他们列举了接受家庭工作以来的种种变化，接着又总结了他们的收获。主持结案会谈使切斯太太可以对干预画上句号，同时也听取了家庭的反馈。她请他们来评估在干预期间哪些是最有帮助的，哪些是毫无用处的。在结案会谈结束时，切斯太太请家庭设想一下未来可能会出现什么问题，并描述他们计划怎样解决这些问题。这种对学习到的技术的回顾，使切斯太太有机会祝贺家庭在沟通技巧的学习上取得的成果。切斯太太将这对夫妻转介去接受咨询，以此来巩固他们的收获，不断改善他们的互动。她还提醒斯坦一家如果他们需要跟进服务，可以安排"加强会谈"。

在后期与家庭交往很深时，家庭社会工作者可以将跟进接触描述为"强化"或"加强针"。如果家庭成员感到自己能够控制改变，他们可能就会很快处理新出现的问题，而社会工作者的功能就是信息提供者和短期鼓励者。社会工作者要注意将强化当成健康的信号，而不是失败的指标。

结案的时间点

减少会谈次数的最好的时间点就是家庭干预出现了进展，目标已经实现，家庭也表现出稳定的征兆。很多家庭在发现自己解决问题的能力有所提高时，都会同意结案。如果发现家庭难以接受结案，家庭社会工作者可以向家庭提出这样的自相矛盾的问题，例如："你们每个人会做什么来让问题重现？"以促使家庭成员意识到取得的改变（Tomm & Wright，1979）。

当家庭过度依赖社会工作者时，会谈的次数就需要减少。很多时候，半专业人士可能会积极支持家庭成员，成为他们的主要的支持系统，因为家庭缺乏其他的支持。要避免这种依赖性，家庭社会工作者要动员家庭的正式和非正式资源，与此同时要减少会谈的次数。如果家庭反对减少会谈次数，家庭社会工作者要跟家庭成员一起来讨论自己的担心，发掘新的支持资源（Tomm & Wright，1979）。家庭成员可能会担心如果会谈中断了，自己就无法处理困境。家庭社会工作者可以提出这样的问题："如果我们停止会谈，你认为会出现什么问题？"同时要公开讨论家庭成员所担心的问题，这样就能有效防止不利的局面出现。

如何以及何时将服务对象转介到其他专业机构

向其他专业机构转介的原因会很多。家庭社会工作者需要具备一定的专业技巧，以协助家庭从一个专业人士向另一个专业人士顺利地过渡。转介家庭的主要原因有：

● 家庭可能需要专家的协助。期望家庭社会工作者在各方面都是专家，显然是不现实的。当家庭问题比较复杂时，就需要其他专业人士的帮助。转介既可以是接受咨询，也可以是深度治疗。转介之后家庭社会工作者的角色就要从治疗的合作者转向过去的帮助者。例如，如果家中某个成年人对孩子实施了性虐待，这时就需要治疗施暴者的专家。家庭社会工作者可能需要将家庭转介给一个精神科医生，但是也可能在咨询结束之前，与家庭会谈。

● 家庭成员出现的问题需要在专业机构中进行评估。

● 家庭搬离了社会工作者的辖区，但他们还需要进一步的服务。这样就需要将他们转介给新家所在地的服务机构。

家庭社会工作者在转介家庭时不要以为这是自己无能的表现。转介需要丰富的知识和资源储备，要充分了解社区中的资源，同时还要具备对家庭进行咨询的技巧。

转介前需要服务对象的配合。家庭社会工作者需要向家庭解释转介的原因，以及转介会给他们带来的好处。例如，如果家庭社会工作者发现，这个家庭的问题包括某个成员酗酒成瘾，工作者就要将这个酗酒者和这个家庭转介给成瘾治疗机构。为了协助转介成功，家庭社会工作者要给新的助人者提供一个总结，还有这个家庭资料的复印件。选择合适的转介机构是非常重要的，同事和督导可以提供一些建议，看看哪些机构最能满足家庭的需要。

对于那些已经与社会工作者建立了信任关系的家庭，被转介给其他人，可能会比较困难。下面就是一位母亲针对某个家庭社会工作机构的评论，这说明了困难所在：

> 我们不希望被推给其他人。我们不是机器，我们是活生生的人。（家庭社会工作者）跟我们建立了很好的信任关系，我们信任她，她效率很高，当他们认为她不行时，她就一声不吭地走了。他们根本就没有考虑到工作效率问题。此外还有紧密的、深入的私人问题……如果我不喜欢他们，就不会让他们进我家的门……我希望接受帮助，但我不仅仅是个个案，我是有血有肉的人……调走一个与家庭关系很好的人，真是弊大于利……如果（家庭社会工作者）能够待满 6 个月，（孩子）就不会被安置在外 1 年，这样就会给（机构）节约几千块钱（Coleman & Collins，1997）。

正如这位母亲所言，换一个家庭社会工作者对很多家庭来讲是难以接受的。他们可能在情感上比较依恋第一位社会工作者，因此不愿意重新经历建立信任关系这个过程。如果家庭社会工作者参加新社会工作者主持的第一次会谈，转介可能会更加有效。这样的转介就是非常人性化的，可以消除家庭成员对新来的社会工作者的种种担心，他们可能会猜测新来的是怎样的人，将怎样与他们建立信任关系。在正式转介之前，家庭社会工作者要鼓励家庭成员表达自己的担心，或者就转介提出疑问。这样，新来的社会工作者就能向家庭解释为什么需要转介，并澄清一些错误认识。如果原来的和新来的社会工作者能够提供足够的解释，转介就会非常顺利。

454　结案任务清单①

感知、概念和执行性结案模型

汤姆和赖特（Tomm & Wright, 1979）开发了一个非常有用的家庭工作技巧包，我们列在下面，供大家在家庭工作结案阶段参考：

评估家庭结案的主动性

1. 了解家庭结案的理念，要把合理的动机与不合理的动机区别开。

2. 开始回顾家庭的问题和家庭优势，提出重新商议家庭工作协议。

3. 在合适时要指出尚未解决的问题，并强调继续家庭工作的好处，以促进家人之间的沟通，提高他们的问题解决技巧。

4. 在许可的情况下，要极力鼓励家庭重新考虑停止家庭会谈的决定，找到家庭内部或者外部的人作为代言人，这个人要能看到继续家庭工作会给家庭带来好处，给家庭一些激励。

5. 接受家庭提出的结案要求，尊重他们的权利，不要给他们任何压力或偏见。

在必要时提出结案

1. 鼓励家庭评估家庭问题现状和自己的优势所在，当问题得到了恰当解决，或者进展顺利，家庭获得了新的优势力量时，可以考虑结案。

2. 要了解家庭成员对自己优势的看法，以及自己对家庭出现积极变化的贡献是什么，慢慢减少家庭会谈次数。

3. 鼓励大家表达对结案的担心，鼓励家庭成员彼此之间的支持。例如："如果我们现在就结束家庭工作，你们认为会怎样？""你是否可以对她的担心做出回应？"

---

① 清单部分内容引自汤姆和赖特（Tomm & Wright, 1979）。

4. 明确家庭社会工作的局限，主动提出结案，指出以后家庭成员会对改变更加适应。

5. 明确已出现的问题，对家庭过分依赖家庭社工来促进家庭改变、获得人际支持，进行对质。

建设性地总结家庭工作

1. 回顾尚未解决的问题，提出未来的改变方向，从积极的方面来总结每次会谈和家庭工作的全过程。

2. 当应有的改进没有出现时，要总结家庭成员的优势、积极努力和建设性的意愿。要清晰地表达自己对这些优势的赞扬和欣赏。

3. 必要时要与家庭面对面讨论结束家庭工作。可以通过电话或邮件进行跟进。当然，记住要称赞家庭的优势。

4. 表达个人非常欣赏家庭的开放性，非常高兴有机会与家庭一起工作解决问题，所有成就都建立在他们的优势之上。

5. 告诉家庭，如果再次出现危机，随时欢迎他们接受进一步的家庭服务。

家庭社会工作结果评估

尽管在家庭社会工作干预期间可能会出现令人振奋的积极结果，但是，是否成功还是需要通过测量，要看这些积极的改变是否在结案后还可以保持若干个星期甚至若干个月。我们鼓励家庭社会工作者向家庭收集跟进信息。评价干预结果的重点在于家庭社会工作者要将工作放在改变上，关注那些能够得到实际解决的问题，要考虑家庭是怎样独自应对问题的（Haley，1976）。在跟进接触中，家庭社会工作者要告诉家庭，这是常规的工作模式（例如，"我们总是要联系我们服务过的家庭，来收集信息，了解他们的进展"）。在跟进时，头脑中要牢牢记住自己的目的是什么，比如要强化家庭工作带来的改变。要巩固干预结果，我们建议进行面对面的跟进会谈。

可以从不同的层面来测量家庭社会工作带来改变的程度：个人层面、亲子关系层面和家庭系统层面。格曼和尼斯肯（Gurman & Kniskern，1981）指出，"当积极改变出现在系统（整个家庭）或关系层面（夫妻关系）时，其改变的程度会高于个人层面"（p.765）。也就是说，家庭中的个人改变不一定必然带来家庭系统的改变，而系统的稳定改变必定会带来个人的改变和关系的改变，关系的改变也会导致个人的改变。

另一个测量结果的方法就是评估实务工作者的表现。家庭社会工作者的能力是家庭社会工作成功与否的关键。正如设定家庭行为改变的目标会有助于改变过程一样，就某人的

455

专业表现设定目标，也能帮助你在助人过程中成为一个熟练的工作者（参见图14.2）。

我在与这个家庭一起工作时，学到了下列新技术。
处理特殊问题的技能：
新的干预技术：
对优势和问题领域的自我意识：
针对这个家庭，我最好的工作包括：
针对这个家庭，我应该在这些方面做得更好：
我在家庭实务中学到了这些内容：

图14.2　家庭社会工作者自我评估表

练习14.4　重新评估和跟进程序

列出一些能帮你对家庭工作的有效性进行评估的程序。

练习14.5　知识的迁移

分成小组，来讨论有哪些方法能使学生确保他们从社会工作专业中学习到的知识能够迁移：（1）他们毕业后可以用这些知识对家庭开展工作；（2）可以将这些知识应用到日常生活中。把你的答案与班级分享。在将知识应用至家庭服务时，有哪些共同之处？

456

案例14.2　　　　　结案

家庭社会工作者见了约翰尼和琼。12个星期之后，琼被诊断出得了抑郁症。因此，这对夫妻需要接受婚姻辅导，采用的方式是社会心理干预，这个治疗计划包括向夫妻传授有关抑郁症的知识，帮助其建立社会支持网络，给琼制订常规的药物治疗和认知治疗方案，给这对夫妻提供婚姻辅导。家庭社会工作者根据在治疗期间收集的数据，来决定何时结束治疗。

测量手段包括夫妻每周都要运用社会支持量表来测量，琼要填写药物维持表和抑郁量表，夫妻还要填写婚姻满意度量表。家庭社会工作者还要用一个10分量表来单独测量琼的状态，以及每周治疗期间夫妻的评分表。

量表中的分数被记录在图表中（参见第九章），当分数达到令人满意的水平时，治疗就结束了。

~~~~~~

练习 14.6　负面的知识和正面的知识

回顾一下你从社会工作专业中都学到了什么。将那些你学到的有关人和家庭的正面的知识和负面的知识列出来。这两类不同的知识有什么差异？

~~~~~~

未来趋势

社工有必要随时了解不同人群、政策和社会工作专业发展的最新趋势。从不同人群的角度来看，一个主要的趋势就是人口老龄化。人们越来越健康，寿命也越来越长，但与此同时也面临很多问题（Jordan, et al. , 2011）。"婴儿潮"一代现在被称为"三明治"一代，因为他们处于上有老、下有小（孩子们还会离家又返巢）的阶段（Jordan & Cory, 2010）。离家又返巢的孩子们需要帮助以找到问题（尤其在经济不景气时期），同时还有自己的生活问题。最老的"婴儿潮"一代差不多已经到了退休的年龄，自己就要面临一个很大的转折，而自己的下一代还没有做好准备来应对这个转折。老人的寿命越来越长，但同时要应对朋友的去世、家庭的解体、自己潜在的健康问题，以及可能的与世隔绝的问题。在学校中，五分之一的学生都需要精神健康服务，但他们都没能得到应有的服务（Franklin，2005）。另一个重要的人口趋势就是，人口构成的多元化水平不断提高（NASW Center for Workforce Studies，2011）。社会工作者需要掌握技巧来开展文化敏感性的实务。

政策会从微观和宏观层面指导社会工作实务。社会上穷富之间差距不断扩大，成为社工关注的焦点。在美国，人们就是给社会服务提供更多的资金还是在经济困难时期平衡预算，展开了激烈的争论。是否把税收投入在军费中，也是一个争议热点。要参与这个争论，可以点击 http：//debates. juggle. com/should-the-us-government-increase-social-services-for-the-poor。

社会工作专业随着时间的流逝，也发生了巨大变化，最初的"友好访问员"基本上都是有钱人家的"小姐"志愿者。如今，招募新一代社会工作者也有令人担心的地方：工作压力过大，薪水过低（NASW Center for Workforce Studies，2011）。同时，年轻人也未必愿意进入社会工作专业，但社会工作职位在 2008—2018 年间的增长速度会高于其他职位（Social Worker，2011）。随着科学技术的发展，社会工作实务本身也在发展，即朝着证据为本的实务发展。科学技术带来了社交网络和线上世界（Social Networks and Online Worlds，SNOWS）的出现，这些手段也不断得到运用，这些可能会使服务变得更加高效

457

（例如，LinkedIn 一类专业社交媒体）。科学技术可以用来减少隔离（例如，Facebook 一类社交媒体），有些甚至可以解决问题（例如，Lumosity 就提供很多游戏来改善大脑运作）（Jordan et al.，2011）。证据为本的实务的出现"反映了全国范围内的人们都希望在身体健康和行为健康照顾服务提供中，能够建立质量标准和问责制"（Huang et al.，2003，引自 Franklin，2005）。

满足评估标准

我们把社会工作教育协会（CSWE）的标准贯穿在各章内容中，在每章的结尾，还增加了能力说明，详细介绍了这些标准规定的内容。此时此刻，我们将呈现加拿大社会工作教育协会（CASWE）提出的评估标准，我们认为，通过学习和掌握本书的知识和技巧，就能满足这些标准。作为家庭社会工作课程的结束部分，回顾这些标准，并深入讨论自己是否达到了这些标准，会帮助学生更好地掌握这些标准。

458 加拿大社会工作教育协会的评估标准

课程标准 第一个大学学历层面的课程必须确保，毕业生受到了全面的教育，做好了充分准备以开展一般性实务，并具备了足够的能力担任入门级社工。能力的标准就是可以开展专业评价和实务行动，将理论与实践有机结合起来，确保实务符合社会工作专业价值观，遵循相关的职业伦理。

课程系统要反映社会工作价值观，推动履行专业使命：

● 最大限度地尊重所有人的尊严和潜能。

● 分析和消灭压迫性社会环境。

● 培育自我意识，包括理解自己的民族、文化和种族背景对服务对象—工作者关系会产生什么影响。

● 推动服务对象平等获取资源、服务和机会，以实现他们的生活目标。

● 推动消除痛苦，实现自己和他人的理想和价值观。

课程体系要确保学生能够：

● 具有知识能力和批判性思维技能，好奇心、开放思维和理性思维，以及终身学习的理念和学术态度。

● 具有与人类发展和社会环境中的人类行为相关的知识基础。

● 运用基础的分析和实务技巧，来分析加拿大社会不公正的原因和表现方式，以及压迫、控制和剥削的多层次和交叉性基础。

● 具有入职层面的通才实务所需的实务方法和专业技能（分析情境，建立问责性关系，恰当干预并评估自己的社会工作干预）。

● 具有在一般性干预情境中，直接干预来自不同文化、种族和民族背景的服务对象的基本能力。

● 理解社会工作的起源、目标和实务。

● 理解并有能力运用社会工作价值观和伦理，做出专业判断，处理不平等，消除压迫性社会环境。

● 从价值观、信仰和经验的角度，培育自我意识，了解它们对社会工作实务的影响。

● 有能力开展系统研究，批判性评估社会工作知识和实务。

● 掌握社会工作知识和实务的多层次理论和概念性基础，包括那些能够反映不平等的社会建构理论和实务。

● 理解压迫，掌握针对土著人的治疗方法，及其对社会政策和在加拿大开展土著社会工作实务的启发。

459

● 有机会欣赏社会工作目标和职业伦理，发展自己的社会工作价值观和专业判断。

● 准备在不同地域，针对多元民族、文化和种族人群开展社会工作实务。

本章小结

在本章中，我们讨论了与服务对象家庭结束家庭社会工作关系的过程。结案包括总结家庭取得的成就，回顾存在的问题，对未来做出决定——跟进或转介。结案的原因可能有三种：是事先决定好的或有时间限制，家庭的目标已经实现，以及家庭或者家庭社会工作者决定不再继续。

成功结案的步骤包括：（1）与家庭一起列出家庭社会工作过程的事实；（2）激发改变的意识；（3）强化家庭社会工作者和家庭的收获；（4）由家庭向家庭社会工作者提供反馈；（5）协助家庭准备应对未来的问题。将结案描述成一个转变，而不是一个结束，可能会让家庭和家庭社会工作者都感到惬意。

在开始家庭工作之初就约定具体的会谈次数，实际上就给目标实现限定了时间。一旦取得了足够的成果，家庭社会工作者就要开始减少会谈的次数，这样才能协助家庭为结案做准备。在某些案例中，还需要将家庭转介到其他专业机构。

让家庭对自己取得的积极改变感到自豪是一个绝好的方式，这可以提升家庭的自尊、能力和独立的动机。在家庭工作期间，如果家庭没有取得什么进展，家庭社会工作者也要肯定家庭为解决问题所付出的努力。家庭社会工作者在确认为什么不能取得进展时，需要寻求督导的指导。开展系统的评估和跟进程序，可以帮助家庭社会工作者分析自己的工作表现，并指导改进目标。

社会工作的未来趋势包括人口变化、政策和社会工作专业等方面。社会工作者必须意识到，为了更好地服务于自己的服务对象，要有知情权，并具有灵活性。

关键术语

结案：家庭社会工作的最后阶段。理想状态是，这个阶段是在商议的目标实现之后，经过家庭与社会工作者之间的协商和讨论完成的。

460

能力说明

EP2.1.6b　运用研究结果来指导实务：家庭社会工作实现的改变应该在不同层面进行评估——个人的、亲子的、婚姻的和家庭系统的。

EP 2.1.9a　不断发现、评价和关注不断改变的场所、人群、科学技术的发展以及与服务相关的日新月异的社会潮流：社会工作必须与时俱进，关注社会系统各领域的变化，并能够驾驭这些变化。人和社会都不是停滞不前的，因此，社会工作必须不断改变，灵活应变，跟上时代发展的步伐。

EP 2.1.10l　协助过渡和结束：为了更好地为服务对象服务，社会工作者必须认识到围绕结案可能会出现什么问题，要及早计划。这些问题包括可能对结案出现什么反应，以及结案的时间点和步骤。

参考文献

Abudabbeh, N. (2005). Arab families: An overview. In M. McGoldrick, J. Giordano, & N. Garcia-Petro (Eds.), *Ethnicity and family therapy* (3rd ed.) (pp. 423–436). New York: Guilford Press.

Ackerman, N. (1958). *The psychodynamics of family life*. New York: Basic Books.

Adams, J., Jaques, J., & May, K. (2004). Counseling gay and lesbian families: Theoretical considerations. *Family Journal: Counseling and Therapy for Couples and Families*, 12(1), 40–42.

Adler, A. (2003). Psychodynamic therapies. In J. Prochaska & J. Norcross (Eds.), *Systems of psychotherapy: A transtheoretical analysis* (pp. 63–100). Pacific Grove, CA: Brooks/Cole.

Ahrons, C. (1999). Divorce: An unscheduled family transition. In B. Carter & M. McGoldrick (Eds.), *The expanded family life cycle: Individual, family, and social perspectives* (3rd ed.) (pp. 381–398). Needham Heights, MA: Allyn & Bacon.

Ahrons, C., (2005). Divorce: An unscheduled family transition. In B. Carter & M. McGoldrick (eds). *The expanded family life cycle: Individual, family, and social perspectives* (pp. 381–398). New York: Allyn & Bacon.

Ahrons, C. (2007). Family ties after divorce: Long-term implications for children. *Family Process*, 46(1), 53–65.

Alessandria, K. (2002). Acknowledging white ethnic groups in multicultural counseling. *Family Journal: Counseling and Therapy for Couples and Families*, 10(1), 57–60.

Alexander, J., Holtzworth-Munroe, A., & Jameson, P. (1994). The process and outcome of marital and family therapy: Research review and evaluation. In A. Bergin & S. Garfield (Eds.), *Handbook of psychotherapy and behavior change* (4th ed.) (pp. 595–630). Toronto: Wiley.

Alexander, J., & Parsons, B. (1973). Short-term behavioral intervention with delinquent families: Impact on family process and recidivism. *Journal of Abnormal Psychology*, 81(3), 219–225.

Alexander, J., & Parsons, B. (1982). *Functional family therapy*. Monterey, CA: Brooks/Cole.

Allen, M., & Yen, W. (1979). *Introduction to measurement theory*. Monterey, CA: Brooks/Cole.

Almeida, R., Woods, R., Messineo, T., & Font, R. (1998). The cultural context model: An overview. In M. McGoldrick (Ed.), *Re-visioning family therapy: Race, culture, and gender in clinical practice* (pp. 414–431). New York: Guilford Press.

Anastasi, A. (1988). *Psychological testing*. New York: Macmillan.

Anderson, C. (1999). Single-parent families: Strengths, vulnerabilities, and interventions. In B. Carter & M. McGoldrick (Eds.), *The expanded family life cycle: Individual, family, and social perspectives* (3rd ed.) (pp. 399–416). Needham Heights, MA: Allyn & Bacon.

Anderson, C. (2005). Single-parent families: Strengths, vulnerabilities, and interventions. In B. Carter & M. McGoldrick (Eds.), *The expanded family life cycle: Individual, family and social perspectives* (3rd ed.) (pp. 399–416). Boston, MA: Allyn & Bacon.

Anderson, S., Russell, C., & Schumm, W. (1983). Perceived marital quality and family life cycle categories: A further analysis. *Journal of Marriage and the Family, 45,* 127–139.

Ange, R. (2006). Fathers do matter: Evidence from an Asian school-based aggressive sample. *The American Journal of Family Therapy, 34*(1), 79–83.

Aponte, H., & VanDeusen, J. (1981). Structural family therapy. In A. S. Gurman & D. P. Kniskern (Eds.), *Handbook of family therapy* (pp. 310–336). New York: Brunner/Mazel.

Arad, D. (2004). If your mother were an animal, what animal would she be? Creating play-stories in family therapy: The animal attribution storytelling technique (AASTT). *Family Process, 43*(2), 249–263.

Armstrong, L. (1987). *Kiss daddy goodnight: Ten years later.* New York: Pocket Books.

Arnold, J., Levine, A., & Patterson, G. (1975). Changes in sibling behavior following family intervention. *Journal of Consulting and Clinical Psychology, 43*(5), 683–688.

Assembly of First Nations. (1994). *Breaking the silence: An interpretive study of residential school impact and healing as illustrated by the stories of First Nations individuals.* Ottawa, ON: First Nations Health Commission.

AuClare, P., & Schwartz, I. (1987). Are home-based services effective? A public child welfare agency's experiment. *Children Today, 16,* 6–9.

Bailey, K. (1987). *Methods of social research.* New York: Free Press.

Balaguer, A., Dunn, M., & Levitt, M. (2000). The genogram: From diagnostics to mutual collaboration. *Family Journal: Counseling and Therapy for Couples and Families, 8*(3), 236–244.

Baltimore, M. (2000). Ethical considerations in the use of technology for marriage and family counselors. *Family Journal: Counseling and Therapy for Couples and Families, 8*(4), 390–393.

Bandler, R., Grinder, J., & Satir, V. (1976). *Changing with families.* Palo Alto, CA: Science and Behavior Books.

Bardill, D., & Saunders, B. (1988). Marriage and family therapy in graduate social work edu-

cation. In H. Liddle, D. Breunlin, & R. Schwartz (Eds.), *Handbook of family therapy*

Barker, R. (1981). *Basic family therapy.* Baltimore: University Park Press.

Barker, R. (1995). *The social work dictionary* (3rd ed.). Washington, DC: NASW.

Barlow, C., & Coleman, H. (2003). Suicide and families: Considerations for therapy. *Guidance and Counseling, 18*(2), 67–73.

Barlow, C., & Coleman, H. (2004). After suicide: Family responses to social support. *Omega: Journal of Death and Dying, 47*(3), 187–201.

Barsky, A. (2001). Understanding family mediation from a social work perspective. *Canadian Social Work Review, 18*(1), 25–46.

Barth, R. P. (1990). Theories guiding home-based intensive family preservation services. In J. K. Whittaker, J. Kinney, E. Tracey, & C. Booth (Eds.), *Reaching high-risk families: Intensive family preservation services* (pp. 89–112). New York: Aldine de Gruyter.

Bateson, G., & Jackson, D. (1974). Some varieties of pathogenic organization. In D. Jackson (Ed.), *Communication, family, and marriage* (pp. 200–216). Palo Alto, CA: Science and Behavior Books.

Baum, C., & Forehand, R. (1981). Long-term follow-up assessment of parent training by use of multiple outcome measures. *Behavior Therapy, 12,* 643–652.

Baum, N. (2003). Divorce process variables and the co-parental relationship and parental role fulfillment of divorced parents. *Family Process, 42*(1), 117–131.

Baynard, R., & Baynard, J. (1983). *How to deal with your acting-up teenager.* New York: M. Evans.

Bean-Bayog, M., & Stimmel, B. (Eds.). (1987). *Children of alcoholics.* New York: Haworth Press.

Beavers, W. (1981). A systems model of family for family therapists. *Journal of Marriage and Family Therapy, 7,* 299–307.

Beavers, W. (1988). Attributes of a healthy couple. *Family Therapy Today, 3*(1), 1–4.

Beavers, W., Hampson, R., & Hulgas, Y. (1985). Commentary: The Beavers System Approach to family assessment. *Family Process, 22,* 85–98.

Becker, K., Carson, D., Seto, A., & Becker, C. (2002). Negotiating the dance: Consulting with adoptive systems. *Family Journal: Counseling and Therapy for Couples and Families, 10*(1), 80–86.

Becvar, D. (1998). *Family, spirituality and social work*. Bingingham, NY: Haworth.

Becvar, D. (2006). *Families that flourish: Facilitating resilience in clinical practice*. NY: Norton & Company.

Becvar, D., & Becvar, R. (1996). *Family therapy: A systemic integration*. Boston: Allyn & Bacon.

Becvar, D., & Becvar, R. (2005). *Family therapy: A systemic integration* (7th ed.). Boston: Allyn & Bacon.

Beels, C. (2002). Notes for a cultural history of family therapy. *Family Process, 41*(1), 67–82.

Bending, R. (1997). Training child welfare workers to meet the requirements of the Indian Child Welfare Act. *Journal of Multicultural Social Work,. 5*(3/4), 151–164.

Benzies, K., & Mychasuik, R. (2009). Fostering family resiliency. *Child and Family Social Work, 14*(1), 103–114.

Berliner, K., Jacob, D., & Schwartzberg, N. (1999). The single adult and the family life cycle. In B. Carter & M. McGoldrick (Eds.), *The expanded family life cycle: Individual, family, and social perspectives* (3rd ed.) (pp. 362–380). Needham Heights, MA: Allyn & Bacon.

Bernal, G., & Shapiro, E. (2005). Cuban families. In M. McGoldrick, J. Giordano, & N. Garcia-Petro (Eds.), *Ethnicity and family therapy* (3rd ed.) (pp. 166–177). New York: Guilford Press.

Bernard, D. (1992). The dark side of family preservation. *Afflia, 7*(2), 156–159.

Berry, M. (1997). *The family at risk*. Columbia, SC: University of South Carolina Press.

Besa, D. (1994). Evaluating narrative family therapy using single-system research designs. *Research on Social Work Practice, 4*(4), 309–325.

Beutler, L., Machado, P., & Allstetter Neufelt, A. (1994). Therapist variables. In A. Bergin & S. Garfield (Eds.), *Handbook of psychotherapy and behavior change* (4th ed.) (pp. 229–269). Toronto: Wiley.

Bitter, J. (2004). Two approaches to counseling a parent alone: Toward a Gestalt–Adlerian integration. *Family Journal: Counseling and Therapy for Couples and Families, 12*(4), 358–367.

Black, L., & Jackson, V. (2005). Families of African origin. In M. McGoldrick, J. Giordano, & N. Garcia-Petro (Eds.), *Ethnicity and family therapy* (3rd ed.) (pp. 202–215). New York: Guilford Press.

Blacker, L. (1999). The launching phase of the family life cycle. In B. Carter & M. McGoldrick (Eds.), *The expanded family life cycle: Individual, family, and social perspectives* (3rd ed.) (pp. 287–306). Needham Heights, MA: sAllyn & Bacon.

Blacker, L. (2005). The launching phase of the family life cycle. In B. Carter & M. McGoldrick (Eds.), *The expanded family life cycle: Individual, family and social perspectives* (3rd ed.) (pp. 287–306). Boston, MA: Allyn & Bacon.

Bloom, M., Fischer, J., & Orme, J. (2005). *Evaluating practice: Guidelines for the accountable professional* (5th ed.). Boston: Allyn & Bacon.

Bloomquist, M. (1996). *Skills training for children with behavior disorders*. New York: Guilford Press.

Blum, H., Boyle, M., & Offord, D. (1988). Single-parent families: Child psychiatric disorder and school performance. *Journal of the American Academy of Child and Adolescent Psychiatry, 27*, 214–219.

Bodin, A. (1981). The interactional view: Family therapy approaches of the Mental Research Institute. In A. S. Gurman & D. P. Kniskern (Eds.), *Handbook of family therapy* (pp. 267–309). New York: Brunner/Mazel.

Bograd, M. (1992). Changes to family therapists' thinking. *Journal of Marital and Family Therapy, 18*, 243–253.

Bolton, F., & Bolton, S. (1987). *Working with violent families: A guide for clinical and legal practitioners*. Beverly Hills, CA: Sage Publications.

Borstnar, J., Mocnik Bucar, M., Rus Makovec, M., Burck, C., & Daniel, G. (2005). Co-constructing a cross-cultural course: Resisting and replicating colonizing practices. *Family Process, 44*(1), 121–132.

Bostwick, G., & Kyte, N. (1988). Validity and reliability. In R. Grinnell (Ed.), *Social work research and evaluation* (3rd ed.) (pp. 111–126). Itasca, IL: F. E. Peacock.

Bowen, M. (1971). The use of family theory in clinical practice. In J. Haley (Ed.), *Changing* families: *A family therapy reader* (pp. 159–192). New York: Grune & Straton.

Bowen, M. (1973). Alcoholism and the family system. *Family: Journal of the Center for Family Learning, 20–25.*

Bowen, M. (1978). *Family therapy in clinical practice.* New York: Jason Aronson.

Bowlby, J. (1969). *Attachment.* New York: Basic Books.

Brant, C. (1990). Native ethics and rules of behaviour. *Canadian Journal of Psychiatry, 35,* 534–539.

Braverman, L. (1991). The dilemma of homework: A feminist response to Gottman, Napier, and Pittman. *Journal of Marital and Family Therapy, 17,* 25–28.

Bredehoft, D. (2001). The framework for life span family life education revisited and revised. *Family Journal: Counseling and Therapy for Couples and Families, 9*(2), 134–139.

Brendel, J., & Nelson, K. (1999). The stream of family secrets: Navigating the islands of confidentiality and triangulation involving family therapists. *Family Journal: Counseling and Therapy for Couples and Families, 7*(2), 112–117.

Breunlin, D. (1988). Oscillation theory and family development. In C. Falicov (Ed.), *Family transitions: Continuity and change over the life cycle.* New York: Guilford Press.

Brice-Baker, J. (2005). British West Indian families. In M. McGoldrick, J. Giordano, & N. Garcia-Petro (Eds.), *Ethnicity and family therapy* (3rd ed.) (pp. 117–126). New York: Guilford Press.

Brock, G., & Barnard, C. (1992). *Procedures in marriage and family therapy.* Boston: Allyn & Bacon.

Brock & Barnard (1999). *Procedures in marriage and family therapy* (3rd ed.). Allyn & Bacon.

Burden, D. (1986). Single parents and the work setting: The impact of multiple job and homelife responsibilities. *Family Relations, 35,* 37–43.

Burnett, G., Jones, R., Bliwise, N., & Thomson Ross, L. (2006). Family unpredictability, parental alcoholism, and the development of parentification. *The American Journal of Family Therapy, 34,* 181–189.

Butler, J. (2009). The family diagram and geno-gram: Comparisons and contrasts. *The American Journal of Family Therapy, 36,* 169–180.

Caffrey, T., & Erdman, P. (2000). Conceptualizing parent-adolescent conflict: Applications from systems and attachment theories. *Family Journal: Counseling and Therapy for Couples and Families, 8*(1), 14–21.

Caffrey, T., Erdman, P., & Cook, D. (2000). Two systems/one client: Bringing families and schools together. *Family Journal: Counseling and Therapy for Couples and Families, 8*(2), 154–160.

Callard, E., & Morin, P. (Eds.). (1979). *Parents and children together: An alternative to foster care.* Detroit: Wayne State University, Department of Family and Consumer Studies.

Canfield, B., Low, L., & Hovestadt, A. (2009). Cultural immersion as a learning method for expanding intercultural competence. *The Family Journal, 17*(4), 318–322.

Canino, I. & Spurlock, J. (1994). Culturally diverse children and adolescents. New York: Guildford.

Caplan, P., & Hall-McCorquodale, I. (1985). Mother-blaming in major clinical journals. *American Journal of Orthopsychiatry, 55,* 345–353.

Caplan, P., & Hall-McCorquodale, I. (1991). The scapegoating of mothers: A call for change. In J. Veevers (Ed.), *Continuity and change in marriage and the family* (pp. 295–302). Toronto: Holt, Rinehart & Winston of Canada.

Carich, M., & Spilman, K. (2004). Basic principles of intervention. *Family Journal: Counseling and Therapy for Couples and Families, 12*(4), 405–410.

Carlson, J., Kurato, Y., Ruiz, E., Ng, K., & Yang, J. (2004). A multicultural discussion about personality development. *Family Journal: Counseling and Therapy for Couples and Families, 12*(2), 111–121.

Carmines, E., & Zeller, R. (1979). *Reliability and validity assessment.* Sage University Paper Series on Quantitative Applications in the Social Sciences, 07–017. Beverly Hills, CA: Sage.

Carter, B. (1992). Stonewalling feminism. *Family Therapy Network, 16*(1), 64–69.

Carter, B. (1999). Becoming parents: The family with young children. In B. Carter and M. McGoldrick (Eds.), *The expanded family life cycle: Individual, family, and social perspectives* (3rd ed.) (pp. 249–273). Needham Heights, MA: Allyn & Bacon.

Carter, B. (2005). Becoming parents: The family with young children. In B. Carter & M. McGoldrick (Eds.), *The expanded family life cycle: Individual, family, and social perspectives* (4th ed.) (pp. 249–273). Boston, MA: Allyn & Bacon.

Carter, B., & McGoldrick, M. (1988). *The changing family life cycle: A framework for family therapy* (2nd ed.). New York: Gardner Press.

Carter, B., & McGoldrick, M. (Eds.). (1999). *The expanded family life cycle: Individual, family, and social perspectives* (3rd ed.). Needham Heights, MA: Allyn & Bacon.

Carter, B., & McGoldrick, M. (1999a). Overview: The expanded family life cycle. In B. Carter & M. McGoldrick (Eds.), *The expanded family life cycle: Individual, family, and social perspectives* (3rd ed.) (pp. 1–26). Needham Heights, MA: Allyn & Bacon.

Carter, B., & McGoldrick, M. (1999b). The divorce cycle: A major variation in the American family life cycle. In B. Carter & M. McGoldrick (Eds.), *The expanded family life cycle: Individual, family, and social perspectives* (3rd ed.) (pp. 373–380). Needham Heights, MA: Allyn & Bacon.

Carter, B., & McGoldrick, M. (2005a). Overview: The expanded family life cycle: Individuals, family, and social perspectives. In B. Carter & M. McGoldrick (Eds.), *The expanded family life cycle: Individual, family, and social perspectives* (3rd ed.) (pp. 1–26). Boston, MA: Allyn & Bacon.

Carter, B., & McGoldrick, M. (2005b). The divorce cycle: A major variation in the American family life cycle. In B. Carter & M. McGoldrick (Eds.), *The expanded family life cycle: Individual, family, and social perspectives* (3rd ed.) (pp. 373–398). Boston, MA: Allyn & Bacon.

Carter, B., & McGoldrick, M. (2005c). *The expanded family life cycle: Individual, family, and social perspectives* (3rd ed.). Boston: Allyn & Bacon.

Carter, C. S. (1997). Using African-centered principles in family preservation services. *Families in Society: The Journal of Contemporary Human Services*, 78(5), 531–538.

Catao de Korin, E., & de Carvalho Petry, S.

(2005). Brazilian families. In M. McGoldrick, J. Giordano, & N. Garcia-Petro (Eds.), *Ethnicity and family therapy* (3rd ed.) (pp. 166–177). New York: Guilford Press.

Chang, J., & Phillips, M. (1993). Michael White and Steve de Shazer: New Directions in family therapy. In S. Gilligan & R. Price (eds). (1993). *Therapeutic conversations* (pp. 95–135). New York: W.W. Norton & Company, Inc.

Cherlin, A. (1983). Family policy: The conservative challenge to the progressive response. *Journal of Family Issues*, 4(3), 417–438.

Clarkin, J., & Levy, K. (2004). The influence of client variables on psychotherapy. In M. Lambert (Ed.), *Handbook of psychotherapy and behavior change* (pp. 194–226). New York: John Wiley & Sons.

Clements, W. (2001, March 14). The evolution of the word 'ethnic.' *The Globe and Mail*. Retrieved from http://www.theglobeandmail.com/news/arts/warren-clements/the-evolution-of-the-word-ethnic/article1936798/?utm_source=Shared+Article+Sent+to+User&utm_medium=E-mail:+Newsletters+/+E-Blasts+/+etc.&utm_content=1936798&utm_campaign=Shared+Web+Article+Links

Cobb, N., & Jordan, C. (2001). Competency-based treatment of marital discord. In H. Briggs & K. Corcoran (Eds.), *Social work practice* (pp. 169–198). Chicago: Lyceum.

Coleman, H., & Collins, D. (1990). The treatment trilogy of father-daughter incest. *Child and Adolescent Social Work Journal*, 7(40), 339–355.

Coleman, H. D. J. (1995). A longitudinal student of a family preservation program. Doctoral dissertation, School of Social Work. Salt Lake City, Utah: University of Utah.

Coleman, H., & Collins, D. (1997). The voice of parents: A qualitative study of a family-centered, home-based program. *The Child and Youth Care Forum (Special Edition on Research in the Field of Child and Youth Care)*, 26(4), 261–278.

Coleman, H., & Collins, D. (2002). Problem-based learning and social work education. *International Journal of Learning*, 9, 689–703.

Coleman, H., Collins, D., & Baylis, P. (2007).

"You didn't throw us to the wolves": Using problem-based learning in a social work family class. *The Journal of Baccalaureate Social Work*, 12(2), 98–113.

Coleman, H., Collins, D., & Collins, T. (2005). *Family practice: A problem-based learning approach.* Peosta, IA: Eddie Bowers.

Coleman, H., Unrau, Y., & Manyfingers, B. (2001). Revamping family preservation services for Native families. *Journal of Ethnic & Cultural Diversity in Social Work*, Vol. 10(1), 49–68.

Collins, D. (1989). Child care workers and family therapists: Getting connected. *Journal of Child and Youth Care*, 4(3), 23–31.

Collins, D. (1992). Thoughts of a male counselor attempting a feminist approach. *Journal of Child and Youth Care*, 7(2), 69–74.

Collins, D., Coleman, H., & Barlow, C. (2006). Not an ordinary conversation. *International Journal of Learning*, 13(7), 21–29.

Collins, D., Thomlison, B., & Grinnell, R. (1992). *The social work practicum: An access guide.* Itasca, IL: F. E. Peacock.

Collins, D., & Tomm, K. (2009). A historical look at the change of family therapy over 30 years. *Journal of Marriage and Family Counseling* (in press).

Coltrane, S. (1998). *Gender and families.* Thousand Oaks, CA: Pine Forge Press.

Conoley, C., Graham, J., Neu, T., Craig, M., O'Pry, A., Cardin, S., Brossart, D., & Parker, R. (2003). Solution- focused family therapy with three aggressive and oppositional-acting children: An N=1 empirical study. *Family Process*, 42(3), 361–374.

Coontz, S. (1996). The way we weren't: The myth and reality of the "Traditional Family." *National Forum*, 76(4), 45–48.

Coontz, S. (2006). The origins of modern divorce. *Family Process*, 46(1), 7–16.

Corcoran, K., & Fischer, J. (2000). *Measures for clinical practice, Volume 1: Couples, families, and children* (3rd ed.). New York: Free Press.

Courtney, M. (1997). Reconsidering family preservation: A review of Putting Families First. *Child and Youth Services Review*, 19, 61–76.

Crichton, M. (1995). *The lost world.* New York: Ballantine.

Cross, T. (1986). Drawing on cultural tradition in Indian child welfare practice. *Social Casework*. 67(5). 283–289.

Cunningham, P., & Henggeler, S. (1999). Engaging multiproblem families in treatment: Lessons learned throughout the development of multisystemic therapy. *Family Process*, 38(3), 265–280.

Curtner-Smith, M. (1995). Assessing children's visitation needs with divorced noncustodial fathers. *Families in Society*, 76(6), 34–348.

Davis, K. (1996). *Families: A handbook of concepts and techniques for the helping professional.* Pacific Grove, CA: Brooks/Cole.

Davis, L., & Proctor, E. (1989). *Race, gender, and class: Guidelines for practice with individuals, families, and groups.* Englewood Cliffs, NJ: Prentice Hall.

Debates.juggle.com. (2011). *Should the US Government increase social services for the poor?* Retrieved from http://debates.juggle.com/should-the-us-government-increase-social-services-for-the-poor

DeJong, P., & Berg, I. (2002). *Interviewing for solutions.* Pacific Grove, CA: Brooks/Cole.

Dekovic, M., Janssens, J., & VanAs, N. (2003). Family predictors of antisocial behavior in adolescence. *Family Process*, 42(2), 223–235.

Dell, P. (1989). Violence and the systemic view: The problem of power. *Family Process*, 23, 1–14.

De Master, D., & Dros Giordano, M.A. (2005). Dutch families. In M. McGoldrick, J. Giordano, & N. Garcia-Petro (Eds.), *Ethnicity and family therapy* (3rd ed.) (pp. 534–544). New York: Guilford Press.

Denby, R., Curtis, C., & Alford, K. (1998). Family preservation services and special populations: The invisible target. *Families in Society*, 79(1), 3–14.

Denicola, J., & Sandler, J. (1980). Training abusive parents in child management and self-control skills. *Behavior Therapy*, 11, 263–270.

deShazer, S. (1983). Patterns of brief family therapy: An ecosystemic approach. New York: Guilford.

deShazer, S. (1991). Putting difference to work. New York: Norton.

Dickerson, A., & Crase, S. (2005). Parent-adolescent relationships: The influence of multi-family therapy group on communication and closeness. *The American Journal of Family Therapy*, 33, 45–59.

Doherty. W. (2003). A wake up call: Comment on

"Lived Religion and Family Therapy." *Family Process*, 42(1), 181–183.

Donley, M., & Likins, L. (2010). The multigenerational impact of sibling relationships. *The American Journal of Family Therapy*, 38, 383–396.

Dosser, P., Smith, A., Markowski, E., & Cain, H. (2001). Including families' spiritual beliefs and their faith communities in systems of care. *Journal of Family Social Work*, 5(3), 63–78.

Doucet, A. (2001). "You see the need perhaps more clearly than I have": Exploring gendered processes of domestic responsibility. *Journal of Family Issues*, 22(3), 328–357.

Dunbar, N., Van Dulmen, M., Ayers-Lopez, S., Berge, J., Christian, C., Gossman, G., Henney, S., Mendenhall, T., Grotevant, H., & McRoy, R. (2006). Processes linked to contact changes in adoptive kinship networks. *Family Process*, 45(4), 449–464.

Dutton, D. (1991). Interventions into the problem of wife assault: Therapeutic, policy, and research implications. In J. Veevers (Ed.), *Continuity and change in marriage and the family* (pp. 203–215). Toronto: Holt, Rinehart & Winston of Canada.

Duvall, E. (1957). *Family transitions*. Philadelphia: Lippincott.

Dye Holten, J. (1990). When do we stop mother-blaming? *Journal of Feminist Family Therapy*, 2(1), 53–60.

Early, T., & Glen Maye, I. (2000). Valuing families: Social work practice with families from a strengths perspective. *Social Work*, 45(2), 118–130.

Eckstein, D. (2001). Counseling is the answer ... counseling is the answer ... But what is the question? 25 questions for couples and families. *Family Journal: Counseling and Therapy for Couples and Families*, 9(4), 463–476.

Eckstein, D. (2002). Walls and windows: Closing and opening behaviors for couples and families. *Family Journal: Counseling and Therapy for Couples and Families*, 10(3), 344–345.

Efron, D., & Rowe, B. (1987). *Strategic parenting manual*. London, Ontario: J.S.S.T.

Egan, G. (1994). *The skilled helper*. Pacific Grove, CA: Brooks/Cole.

Eichler, M. (1988). *Nonsexist research methods: A practical guide*. Boston: Allen & Unwin.

Eichler, M. (1997). *Family shifts: Families, poli-cies, and gender equality*. Toronto: Oxford University Press.

Eisenstein-Naveh, A. (2003). The center for children and families at risk: A facilitating environment. *Family Journal: Counseling and Therapy for Couples and Families*, 11(2), 191–201.

Elizur, Y., & Ziv, M. (2001). Family support and acceptance, gay male identity formation, and psychological adjustment: A path model. *Family Process*, 40(2), 125–144.

Ellis, K., & Eriksen, K. (2002). Transsexual and transgenderist experiences and treatment options. *Family Journal: Counseling and Therapy for Couples and Families*, 10(3), 289–299.

Ellenwood, A., & Jenkins, J. (2007). Implementation of the intervention-based family assessment procedure: A case study. *The American Journal of Family Therapy*, 35, 403–415.

Epstein, N., Baldwin, D., & Bishop, D. (1983). The McMaster family assessment device. *Journal of Marital and Family Therapy*, 9, 171–180.

Epstein, N., Bishop, D., & Levin, S. (1978). The McMaster model of family functioning. *Journal of Marriage and Family Counseling*, 4, 19–31.

Epston, D., White, M., & Murray, K. (1992). A proposal for re-authoring therapy: Rose's revisioning of her life and a commentary. In S. MacNamee & K. Gergen (eds). *Therapy as social construction*. (pp. 96–113). Thousand Oaks, CA: Sage

Erickson, B. (2005). Scandinavian families: Plain and simple. In M. McGoldrick, J. Giordano, & N. Garcia-Petro (Eds.), *Ethnicity and family therapy* (3rd ed.) (pp. 641–653). New York: Guilford Press.

Etchison, M., & Kleist, D. (2000). Review of narrative therapy: Research and utility. *Family Journal: Counseling and Therapy for Couples and Families*, 8(1), 61–66.

Falicov, C. (1999). The Latino family life cycle. In B. Carter & M. McGoldrick (Eds.), *The expanded family life cycle: Individual, family, and social perspectives* (3rd ed.) (pp. 141–152). Needham Heights, MA: Allyn & Bacon.

Falicov, C. (2005a). Mexican families. In M. McGoldrick, J. Giordano, & N. Garcia-Petro

(Eds.), *Ethnicity and family therapy* (3rd ed.) (pp. 229–241). New York: Guilford Press.

Falicov, C. (2005b). The Latino family life cycle. In B. Carter & M. McGoldrick (Eds.), *The expanded family life cycle: Individual, family, and social perspectives* (3rd ed.) (pp. 141–152). Boston, MA: Allyn & Bacon.

Finkelhor, D. (1986). Sexual abuse: Beyond the family systems approach. In T. Trepper & M. Barrett (Eds.), *Treating incest: A multiple systems perspective* (pp. 53–66). New York: Haworth.

Fischer, J., & Corcoran, K. (2007) *Measures for clinical practice and research* (4th ed.). New York: Oxford University Press.

Fischer, J., & Corcoran, K. (1994). *Measures for clinical practice*. New York: Free Press.

Fischler, R. (1985). Child abuse and neglect in American Indian communities. *Child Abuse & Neglect, 9,* 95–106.

Fitzpatrick, M., & Reeve, P. (2003). Grandparents raising grandchildren—a new class of disadvantaged Australians. *Family Matters, 66,* 54–57.

Fong, R. (1994). Family preservation: Making it work for Asians. *Child Welfare, 73,* 331–341.

Ford, J., Nalbone, D., Wetchler, J., & Sutton, P. (2008). Fatherhood: How differentiation and identity status affect attachment to children. *The American Journal of Family Therapy, 36,* 284–299.

Forehand, R., Sturgis, E., McMahon, R., et al. (1979). Parent behavioral training to modify child noncompliance: Treatment generalization across time and from home to school. *Behavior Modification, 3*(1), 3–25.

Forgatch, M. (1991). The clinical science vortex: A developing theory of antisocial behavior. In D. Pepler & K. Rubin (Eds.), *The development and treatment of child aggression* (pp. 291–315). Hillsdale, NJ: Lawrence Erlbaum Associates.

Foster, C. (1993). *The family patterns workbook.* New York: Jeremy P. Tarcher/Perigree Books.

Foster, S., Prinz, R., & O'Leary, D. (1983). Impact of problem-solving communication training and generalization procedures on family conflict. *Child and Family Behavior Therapy, 5*(1), 1–23.

Fraenkel, P. (2006). Engaging families as experts: Collaborative family progam development. *Family Process, 45*(2), 237–257.

Frame, M. (2001). The spiritual genogram in training and supervision. *Family Journal: Counseling and Therapy for Couples and Families, 8*(1), 72–74.

Franco, N., & Levitt, M. (1998). The social ecology of middle childhood: Family support, friendship quality, and self-esteem. *Family Relations, 47,* 315–321.

Frankel, H., & Frankel, S. (2006). Family therapy, family practice and child and family poverty: Historical perspectives. *Journal of Family Social Work, 10*(4), 43–80.

Franklin, C., & Corcoran, K. (2006). *Clinical Assessment for Social Workers: Quantitative and Qualitative Methods.* 2nd Editon. Chicago: Lyceum Books. p. 71.

Franklin, C., & Corcoran, K. (2011). Quantitative clinical assessment methods. In C. Franklin & C. Jordan (Eds.), *Clinical assessment for social workers: Quantitative and qualitative methods* (3rd ed.) (pp. 71–94). Chicago: Lyceum.

Franklin, C., & Jordan, C. (1992). Teaching students to perform assessments. *Journal of Social Work Education, 28*(2), 222–243.

Franklin, C., & Jordan, C. (1999). *Family practice: Brief systems methods for social work.* Belmont, CA: Brooks/Cole.

Fraser, M. (1997). *Risk and resilience in childhood: An ecological perspective.* Washington: NASW Press.

Fraser, M., Richman, J., & Galinsky, M. (1999). Risk, protection, and resilience: Toward a conceptual framework for social work practice. *Social Work Research, 23*(3), 131–143.

Fraser, M., Pecora, P., & Haapala, D. (1991). *Families in crisis.* Hawthorne, NY: Aldine de Gruyter.

Freedman, J., & Combs, (1996). Narrative therapy: The preferred construction of preferred realities. W.W. Norton

Fulmer, R. (1999). Becoming an adult: Leaving home and staying connected. In B. Carter & M. McGoldrick (Eds.), *The expanded family life cycle: Individual, family, and social perspectives* (3rd ed.) (pp. 215–230). Needham Heights, MA: Allyn & Bacon.

Fulmer, R. (2005). Becoming an adult: Leaving home and staying connected. In B. Carter & M. McGoldrick (Eds.), *The expanded family life cycle: Individual, family, and social perspectives* (3rd ed.) (pp. 215–230). Boston, MA: Allyn & Bacon.

Furstenberg, E. (1980). Reflections on marriage. *Journal of Family Issues, 1*, 443–453.

Gabor, P., & Collins, D. (1985–86). Family work in child care. *Journal of Child Care, 2*(5), 15–27.

Gabor, P., & Grinnell, R. (1995). *Evaluation and quality improvement*. Boston, MA: Allyn & Bacon.

Gallagher, S. Contemporary Evangelicals, Families & Gender. http://hirr.hartsem.edu/research/evangelicalroles. (Downloaded June 2, 2008).

Gambrill, E. (1983). *Casework: A competency-based approach*. Englewood Cliffs, NJ: Prentice-Hall.

Gambrill, E. (2006). *Social work practice: A critical thinker's guide* (2nd ed.). New York: Oxford.

Gambrill, E., & Richey, C. (1988). *Taking charge of your social life*. Belmont, CA: Behavioral Options.

Garbarino, J. (1992). *Children and families in their social environment* (2nd ed.). New York: Aldine de Gruyter.

Garbarino, J., & Gilliam, G. (1987). *Understanding abusive families*. Lexington, MA: D.C. Heath and Company.

Garcia-Preto, N. (2005). Transformation of the family system during adolescence. In Carter, B. & McGoldrick, M. (Eds), *The expanded family life cycle: Individual, family, and social perspectives* (3rd ed.) (pp. 274–286). Boston, MA: Allyn & Bacon.

Garcia-Preto, N. (2005a). Puerto Rican families. In M. McGoldrick, J. Giordano, & N. Garcia-Petro (Eds.), *Ethnicity and family therapy* (3rd ed.) (pp. 242–256). New York: Guilford Press.

Garcia-Preto, N. (2005b). Latino families: An overview. In M. McGoldrick, J. Giordano, & N. Garcia-Petro (Eds.), *Ethnicity and family therapy* (3rd ed.) (pp. 153–165). New York: Guilford Press.

Gardner, D., Huber, C., Steiner, R., Vazquez, L., & Savage, T. (2008). The development and validation of the inventory of family protective factors: A brief assessment for family counseling. *The Family Journal, 16*(2), 107–117.

Gattai, F., & Musatti, T. (1999). Grandmothers' involvement in grandchildren's care: Attitudes, feelings, and emotions. *Family Relations, 48*, 35–42.

Gavin, K., & Bramble, B. (1996). *Family communication: Cohesion and change*. New York: Harper Collins.

Geismar, L. (1978). Family disorganization: A sociological perspective. *Social Casework, 69*, 545–550.

Geismar, L., & Ayres, B. (1959). A method for evaluating the social functioning of families under treatment. *Social Work, 4*(1), 102–108.

Geismar, L., & Krisberg, J. (1956). The Family Life Improvement Project: An experiment in preventive intervention. *Social Casework, 47*, 563–570.

Gelles, R. (1987). Family violence. Newbury Park, CA: Sage Publications.

Gelles, R. (1989). Child abuse and violence in single-parent families: Parent absence and economic deprivation. *American Journal of Ortho-psychiatry, 59*(4), 492–503.

Gelles, R., & Straus, M. (1988). *Intimate violence: The causes and consequences of abuse in the American family*. New York: Simon & Schuster.

George, L. (1997). Why the need for the Indian Child Welfare Act? *Journal of Multicultural Social Work, 5*(3/4), 65–175.

Germain, C. B., & Gitterman, A. (1996). *The Life Model of Social Work Practice* (2nd ed.). New York: Columbia University Press.

Gibbs, L., and Gambrill, E. (1996). Critical thinking for social workers: A workbook. Thousand Oaks, CA: Pine Forge Press.

Gilbert, D. (2011). Multicultural Assessment. In Jordan, C. & Franklin, C. (2011), *Clinical Assessment for Social Workers: Quantitative and Qualitative Methods*. 3rd edition. Chicago: Lyceum Books. p. 361.

Giles-Sims, J. (1983). Wife-beating: A systems theory approach. New York: Guilford Press.

Gilligan, R. (2004). Promoting resilience in child and family social work: Issues for social work practice, education, and policy. *Social Work Education, 23*(1), 93–104.

Gilliland, B., & James, R. (1993). *Crisis intervention strategies*. Pacific Grove, CA: Brooks/Cole.

Gillis, J. (1996). A world of their own making: Myth, ritual, and the quest for family values. New York: Basic Books.

Giordano, J., & McGoldrick, M. (2005). Families of European origin. In M. McGoldrick, J. Giordano, & N. Garcia-Petro (Eds.), *Ethnicity and family therapy* (3rd ed.) (pp. 501–519). New York: Guilford Press.

Giordano, J., McGoldrick, M., & Guarino Klages,

J. (2005). Italian families. In M. McGoldrick, J. Giordano, & N. Garcia-Petro (Eds.), *Ethnicity and family therapy* (3rd ed.) (pp. 616–628). New York: Guilford Press.

Giovanonni, J. (1982). Mistreated children. In S. Yelaja (Ed.), *Ethical issues in social work*. Springfield, IL: Charles C. Thomas.

Gladding, S. & Cox, E. (2008). Family snapshots: A descriptive classroom exercise in memory and insight. *The Family Journal*, 16(4), 381–383.

Glade, A., Bean, R., & Vira, R. (2005). A prime time for marital/relational intervention: A review of the transition to parenthood literature with treatment recommendations. *The American Journal of Family Therapy*, 33, 319–336.

Gladow, N., & Ray, M. (1986). The impact of informal support systems on the well-being of low-income single-parent families. *Family Relations*, 35, 57–62.

Gold, J., & Hartnett, L. (2003). Confronting the hierarchy of a child-focused family: Implications for family counselors. *Family Journal: Counseling and Therapy for Couples and Families*, 12(3), 271–274.

Gold, J., & Morris, G. (2003). Family resistance to counseling: The initial agenda for intergenerational and narrative approaches. *Family Journal: Counseling and Therapy for Couples and Families*, 11(4), 374–379.

Gold, L. (2003). A critical analysis of fusion in lesbian relationships. *Canadian Social Work Review*, 20(2), 259–271.

Golden, L. (1999). Therapeutic stories with an ethnic flavor. *Family Journal: Counseling and Therapy for Couples and Families*, 7(4), 406–407.

Goldenberg, H., & Goldenberg, I. (1994). *Counseling today's families*. Pacific Grove, CA: Brooks/Cole.

Goldenberg, I., & Goldenberg, H. (1996). *Family therapy: An overview* (4th ed.). Pacific Grove, CA: Brooks/Cole.

Goldenberg, I., & Goldenberg, H. (2000). *Family therapy: An overview* (5th ed.). Belmont, CA: Brooks/Cole.

Goleman, D. (1998). *Working with emotional intelligence*. New York: Bantam Books.

Goldner, V. (1985a). Feminism and family therapy. *Family Process*, 24(1), 31–47.

Goldner, V. (1985b). Warning: Family therapy may be hazardous to your health. *The Family Therapy Networker*, 9(6), 18–23.

Goldner, V. (1988). Generation and hierarchy: Normative and covert hierarchies. *Family Process*, 27(1), 17–31.

Goldstein, H. (1981). Home-based services and the worker. In M. Bryce & J. Lloyd (Eds.), *Treating families in the home: An alternative to placement*. Springfield, IL: Charles C. Thomas.

Good, G., Gilbert, L., & Scher, M. (1990). Gender-aware therapy: A synthesis of feminist therapy and knowledge about gender. *Journal of Counseling and Development*, 68, 227–234.

Goodrich, T., Rampage, C., Ellman, B., & Halstead, K. (1988). *Feminist family therapy: A casebook*. New York: W. W. Norton & Company.

Gordon, L. (1985). Child abuse, gender, and the myth of family independence: A historical critique. *Child Welfare*, 64(3), 213–224.

Gordon, S., & Davidson, N. (1981). Behavioral parent training. In A. Gurman & D. Kniskern (Eds.), *Handbook of family therapy* (pp. 517–553). New York: Brunner/Mazel.

Gottman, J. (1999). *The marriage clinic*. New York: W. W. Norton & Company.

Gottman, J., & Levenson, R. (2002). A two-factor model for predicting when a couple will divorce: Exploratory analyses using 14-year longitudinal data. *Family Process*, 41(1), 83–96.

Granvold, D., & Jordan, C., (1994). The cognitive-behavioral treatment of marital distress. In D. Granvold (Ed.), *Cognitive and behavioral treatment: Methods and applications* (pp. 174–201). Pacific Grove, CA: Brooks/Cole.

Graybeal, C. (2007). The evidence for the art in social work. *Families in Society*, 88(4), 513–523.

Greeff, A. & Du Toit, C. (2009). Resilience in remarried families. *The American Journal of Family Therapy*, 37, 114–126.

Greeff, A., Vansteenwegen, A., & Ide, M. (2006). Resiliency in families with a member with a psychological disorder. *The American Journal of Family Therapy*, 34, 285–300.

Greeff, A., & Human, B. (2004). Resilience in families in which a parent has died. *The American Journal of Family Therapy*, 32, 27–42.

Green, B., McAllister, C., & Tarte, J. (2004). The strengths-based practices inventory: A tool for measuring strengths-based service delivery in early childhood and family support programs. *Families in Society*, 85(3), 326–335.

Green, R., & Hergret, M. (1991). Outcomes of systemic/strategic team consultation: III. The importance of therapist warmth and active structuring. *Family Process*, 30, 321–336.

Greeno, C. (2003). Measurement, or how do we know what we know? Topic one: Validity. *Family Process*, 42(3), 433–434.

Griffith, M. (1999). Opening therapy to conversations with a personal God. In F. Walsh (Ed.), *Spiritual resources in family therapy* (pp. 209–222). New York: Guilford Press.

Grinnell, R., & Unrau, Y. (Eds). (2005). *Social work research and evaluation: Quantitative and qualitative approaches* (7th ed.). New York: Oxford.

Grinnell, R., Williams, M., & Unrau, Y. (2009). *Research methods for BSW students*. Kalamazoo, MI: Pair Bond Publications.

Grold, K. (2000). The openness to therapy assessment. *Family Journal: Counseling and Therapy for Couples and Families*, 8(1), 85–90.

Gross, E. (1995). Deconstructing politically correct practice literature: The American Indian case. *Social Work*, 40(2), 206–213.

Gross, G. (1998). *Gatekeeping for cultural competence: Ready or not? Some post and modernist doubts*. Paper presented at the 16th Annual BPD Conference, Albuquerque, New Mexico.

Grunwald, B., & McAbee, H. (1985). *Guiding the family: Practical counseling techniques*. Muncie, IN: Accelerated Development.

Guillermo, B. (2006). Intervention development and cultural adaptation research with diverse families. *Family Process*, 45(2), 143–151.

Gurman, A. S., & Kniskern, D. P. (1981). Family therapy outcome research: Knowns and unknowns. In A. S. Gurman & D. P. Kniskern (Eds.), *Handbook of family therapy* (pp. 742–776). New York: Brunner/Mazel.

Haboush, K. (2005). Lebanese and Syrian families. In M. McGoldrick, J. Giordano, & N. Garcia-Petro (Eds.), *Ethnicity and family therapy* (3rd ed.) (pp. 468–486). New York: Guilford Press.

Hackney, H., & Cormier, L. (1996). *The professional counselor: A process guide to helping* (3rd ed.). Toronto: Allyn & Bacon.

Hahn, R., & Kleist, D. (2000). Divorce mediation: Research and implications for family and couples counseling. *Family Journal: Counseling and Therapy for Couples and Families*, 8(2), 165–171.

Haley, J. (1971). Approaches to family therapy. In J. Haley (Ed.), *Changing families: A family therapy reader* (pp. 227–236). New York: Grune & Straton.

Haley, J. (1976). *Problem-solving therapy*. San Francisco: Jossey-Bass.

Halford, K., Nicholson, J., & Sanders, M. (2007). Couple communication in stepfamilies. *Family Process*, 46(4), 471–483.

Hanson, S. (1986). Healthy single-parent families. *Family Relations*, 35, 125–132.

Harper, K., & Lantz, J. (1996). *Cross-cultural practice in social work with diverse populations*. Chicago: Lyceum.

Harris, S., & Dersch, C. (2001). "I'm just not like that": Investigating the intergenerational cycle of violence. *Family Journal: Counseling and Therapy for Couples and Families*, 9(3), 250–258.

Hartman, A., & Laird, J. (1983). *Family-centered social work practice*. New York: Free Press.

Haug, I. (1998). Spirituality as a dimension of family therapists' clinical training. *Contemporary Family Therapy*, 20(4), 471–483.

Helton, L., & Jackson, M. (1997). *Social work practice with families: A diversity model*. Boston: Allyn & Bacon.

Henry, R., & Miller, R. (2004). Marital problems occurring in midlife: Implications for couples therapists. *The American Journal of Family Therapy*, 32, 405–417.

Hepworth, D., & Larsen, J. (1993). *Direct social work practice*. Chicago: Dorsey Press.

Hernandez, M., & McGoldrick, M. (1999). Migration and the life cycle. In B. Carter & M. McGoldrick (Eds.), *The expanded family life cycle: Individual, family, and social perspectives* (3rd ed.) (pp. 169–184). Needham Heights, MA: Allyn & Bacon.

Hernandez, M. (2005). Central American families. In M. McGoldrick, J. Giordano, & N. Garcia-Petro (Eds.), *Ethnicity and family therapy* (3rd ed.) (pp. 178–191). New York: Guilford Press.

Hernandez, M., & McGoldrick, M. (2005). Migration and the family life cycle. In B. Carter & M. McGoldrick (Eds.), *The expanded family life cycle: Individual, family, and social perspectives* (3rd ed.) (pp. 169–184). Boston, MA: Allyn & Bacon.

Hernandez, P. (2002). Resilience in families and communities: Latin American contributions from the psychology of liberation. *Family Journal: Counseling and Therapy for Couples and Families, 10*(3), 334–343.

Herndon, M., & Moore, J. (2003). African American factors for student success: Implications for families and counselors. *Family Journal: Counseling and Therapy for Couples and Families, 10*(3), 322–327.

Hetherington, E., Cox, M., & Cox, R. (1978). Play and social interaction in children following divorce. *Journal of Social Issues, 35,* 26–49.

Hill, J., Fonagy, P., Safier, E., & Sargent, J. (2003). The ecology of attachment in the family. *Family Process, 42*(2), 205–221.

Hines, P., Preto, N., McGoldrick, M., et al. (1999). Culture and the family life cycle. In B. Carter & M. McGoldrick (Eds.), *The expanded family life cycle: Individual, family, and social perspectives* (3rd ed.) (pp. 69–87). Needham Heights, MA: Allyn & Bacon.

Hinton, M. (2003). *A qualitative study of resiliency in women with a history of childhood sexual abuse.* (Unpublished master's thesis). University of Calgary, Calgary, Alberta, Canada.

Ho, M. K. (1987). *Family therapy with ethnic minorities.* Newbury Park, CA: Sage Publications.

Holman, A. (1983). *Family assessment: Tools for understanding and intervention.* Newbury Park, CA: Sage.

Hovestadt, A. J., Anderson, W. T., Piercy, F. P., Cochran, A. W., & Fine, M. (1985). A family of origin scale. *Journal of Marital and Family Therapy, 11,* 287–297.

Horejsi, C., Heavy Runner Craig, B., & Pablo, J. (1992). Reactions by Native American parents to child protection agencies: Cultural and community factors. *Child Welfare, LXXX*(4), 329–342.

Hudak, J., Krestan, J., & Bepko, C. (1999). Alcohol·problems and the family life cycle. In B. Carter and M. McGoldrick (Eds.), *The expanded family life cycle: Individual, family, and social perspectives* (3rd ed.) (pp. 455–469). Needham Heights, MA: Allyn & Bacon.

Hudson, W. (1982). *The clinical measurement package: A field manual.* Homewood, IL: Dorsey Press.

Hudson, W. (1985). Indexes and scales. In R. Grinnell (Ed.), *Social work research and evaluation* (pp. 185–205). Itasca, IL: F. E. Peacock.

Hughes, J., & Stone, W. (2003). Family and community life. *Family Matters, 65,* 40–47.

Hunter College Women's Studies Collective. (1995). *Women's realities, women's choices: An introduction to women's studies* (2nd ed.). New York: Oxford University Press.

International Association of Psychosocial Rehabilitation Services. (IAPRS). (1997). PSR standards and indicators for multicultural psychiatric rehabilitation services. *PSR Connection, 4,* 7.

Isaacs, C. (1982). Treatment of child abuse: A review of the behavioral interventions. *Journal of Applied Behavior Analysis, 15,* 273–294.

Ivanoff, A., Blythe, B., & Tripodi, T. (1994). *Involuntary clients in social work practice.* New York: Aldine de Gruyter.

Jackson, D. (1972). Family rules: Marital quid pro quo. In G. Erickson & T. Hogan (Eds.), *Family therapy: An introduction to theory and technique* (pp. 76–85). Monterey, CA: Brooks/Cole.

Janson, G., & Steigerwald, F. (2002). Family counseling and ethical challenges with gay, lesbian, bisexual, and transgendered (GLBT) clients: More questions than answers. *Family Journal: Counseling and Therapy for Couples and Families, 10*(4), 415–418.

Janzen, C., Harris, O., Jordan, C., & Franklin, C. (2006). *Family treatment: Evidence-based practice with populations at risk.* Belmont, CA: Brooks/Cole.

Jaques, J. (2000). Surviving suicide: The impact on the family. *Family Journal: Counseling and Therapy for Couples and Families, 8*(4), 376–379.

Jencius, M., & Duba, J. (2002). Creating a multicultural family practice. *Family Journal: Counseling and Therapy for Couples and Families, 10*(4), 410–414.

Jencius, M., & Duba, J. (2003a). Searching for the ideal parents: An interview with Al Pesso and Diane Boyden. *Family Journal: Counseling and Therapy for Couples and Families, 11*(1), 89–97.

Jencius, M., & Duba, J. (2003b). The marriage of research and practice: An interview with John Gottman. *The Family Journal: Counseling and Therapy for Couples and Families, 11*(2),

216–223.

Joe, J., & Malach, R. (1998). Families with Native American roots. In E. W. Lynch and M. J. Hanson (Eds.), *Developing cross-cultural competence: A guide for working with children and families* (2nd ed.). Baltimore: Paul H. Brookes.

Johnson, D., & Johnson, F. (2006). *Joining together* (9th ed.). Boston: Allyn & Bacon.

Johnson, H. (1986). Emerging concerns in family therapy. *Social Work, 31*(4), 299–306.

Johnson, J. (1990-91). Preventive interventions for children at risk: Introduction. *The International Journal of the Addictions, 25*(4A), 429–434.

Johnson, L., Ketring, S., Rohacs, J., & Brewer, A. (2006). Attachment and the therapeutic alliance in family therapy. *The American Journal of Family Therapy, 34*, 205–218.

Johnson, T., & Colucci, P. (1999). Lesbians, gay men, and the family life cycle. In B. Carter and M. McGoldrick (Eds.). *The expanded family life cycle: Individual, family, and social perspectives* (3rd ed.) (pp. 346–361). Needham Heights, MA: Allyn & Bacon.

Jones, A. (2003). Reconstructing the stepfamily: Old myths, new stories. *Social Work, 48*(2), 228–236.

Jongsma, A., & Datilio, F. (2000). *The family therapy treatment planner*. New York: Wiley.

Jordan, C. (2008). Assessment. In *Encyclopedia of Social Work* (20th ed.). (Vol. 1, pp. 1232). Washington, DC: NASW Press.

Jordan, C., & Cobb, N. (2001). Competency-based treatment for persons with marital discord. In K. Corcoran (Ed.), *Structuring change* (2nd ed.). Chicago: Lyceum Books.

Jordan, C., & Cory, D. (2010). Boomers, boomerangs, and bedpans. *National Social Science Journal, 34*(1), 79–84.

Jordan, C., & Franklin, C. (1995). *Clinical assessment for social workers: Quantitative and qualitative methods*. Chicago: Lyceum.

Jordan, C., & Franklin, C. (2002). Treatment planning with families: An evidence-based approach. In A. Roberts & G. Greene (Eds.), *The Social Workers' Desk Reference*. New York: Oxford.

Jordan, C., & Franklin, C. (2003). *Clinical assessment for social workers: Quantitative and qualitative methods* (2nd ed.). Chicago: Lyceum.

Jordan, C., & Franklin, C. (2009). Treatment planning with families: An evidence-based approach. In A. Roberts & G. Greene (Eds.), The Social Workers' Desk Reference. 2nd edition. New York: Oxford. pages 429–432.

Jordan, C., & Franklin, C. (2011). *Clinical assessment for social workers: Quantitative and qualitative methods*, 3rd edition. Lyceum Books.

Jordan, C., Franklin, C., & Corcoran, K. (2005). Measuring instruments. In R. Grinnel & Y. Unrau (Eds.), *Social work research and evaluation: Quantitative and qualitative approaches* (7th ed.) (pp. 114–131). New York: Oxford.

Jordan, C., Franklin, C., & Corcoran, K. (2010). Standardized measuring instruments. In Grinnell, R. and Unrau, Y. (Eds.), *Social work research and evaluation. 9th Edition* (pp. 196–218). New York: Oxford University Press.

Jordan, C., Lewellen, A., & Vandiver, V. (1994). A social work perspective of psychosocial rehabilitation: Psychoeducational models for minority families. *International Journal of Mental Health, 23*(4), 27–43.

Jordan, C., Russe, F., & Cory, D. (2011, June). *Keeping seniors connected with their baby boomer children and others*. Paper presented at the International Conferences on Caregiving, Disability, Aging and Technology–FICC-DAT, 2011, June 5–8.

Juhnke, G., & Shoffner, M. (1999). The family debriefing model: An adapted critical incident stress debriefing for parents and older sibling suicide survivors. *Family Journal: Counseling and Therapy for Couples and Families, 7*(4), 342–348.

Kadushin, A. (1992). *The social work interview*. New York: Columbia University Press.

Kadushin, A. & Kadushin, G. (1997). The social work interview, 4th ed. New York: Columbia University Press.

Kadzin, A. (2004). Psychotherapy for children and adolescents. In M. Lambert (Ed.), *Handbook of psychotherapy and behavior change* (pp. 543–589). New York: John Wiley & Sons.

Kamya, H. (2005). African immigrant families. In M. McGoldrick, J. Giordano, & N. Garcia-Petro (Eds.), *Ethnicity and family therapy* (3rd ed.) (pp. 101–116). New York: Guilford Press.

Kaplan, D., & VanDuser, M. (1999). Evolution

and stepfamilies: An interview with Dr. Stephen Emlen. *Family Journal: Counseling and Therapy for Couples and Families*, 7(4), 408–413.

Kaplan, L. (1986). *Working with the multiproblem family*. Lexington, MA: Lexington Books.

Kaplan, L. & Girard, J. (1994). Strengthening High-Risk Families: A Handbook for Practitioners. New York: Lexington Books.

Kaslow, N., & Celano, M. (1995). The family therapies. In A. Gurman & S. Messer (Eds.), *Essential psychotherapies: Theory and practice* (pp. 343–402). New York: Guilford Press.

Keefe, S. E. & Casas, M. J. (1980). Mexican Americans and mental health: A selected review and recommendations for mental health service delivery. *American Journal of Community Psychology*, 303, 319–320.

Kerlinger, F. (1979). *Behavioral research*. Toronto: Holt, Rinehart & Winston.

Killian, K. (2002). Dominant and marginalized discourses in interracial couples' narratives: Implications for family therapists. *Family Process*, 41(4), 603–618.

Killian, K., & Agathangelou, A. (2005). Greek families. In M. McGoldrick, J. Giordano, & N. Garcia-Petro (Eds.), *Ethnicity and family therapy* (3rd ed.) (pp. 573–585). New York: Guilford Press.

Kliman, J., & Madsen, W. (1999). Social class and the family life cycle. In B. Carter & M. McGoldrick (Eds.), *The expanded family life cycle: Individual, family, and social perspectives* (3rd ed.) (pp. 88–105). Needham Heights, MA: Allyn & Bacon.

Kliman, J., & Madsen, W. (2005). Social class and the family life cycle. In B. Carter & M. McGoldrick (Eds.), *The expanded family life cycle: Individual, family, and social perspectives* (3rd ed.) (pp. 88–105). Boston, MA: Allyn & Bacon.

Kilpatrick, A., & Holland, T. (1995). *Working with families: An integrative model by level of functioning*. Boston: Allyn & Bacon.

Kilpatrick, A., & Holland, T. (1999). *Working with families: An integrative model by level of functioning*. Boston: Allyn & Bacon.

Kim, J. (2003). Structural family therapy and its implications for the Asian American family. *The Family Journal: Counseling and Therapy for Couples and Families*, 11(4), 388–392.

Kim, B-L., & Ryu, E. (2005). Korean families. In M. McGoldrick, J. Giordano, & N. Garcia-Petro (Eds.), *Ethnicity and family therapy* (3rd ed.) (pp. 349–362). New York: Guilford Press.

Kinney, J., Haapala, D., & Booth, C. (1991). *Keeping families together: The Homebuilders Model*. Hawthorne, NY: Aldine de Gruyter.

Kindsvatter, A., Duba, J., & Dean, E. (2008). Structural techniques for engaging reluctant parents in counseling. *The Family Journal*, 16, 204–211.

Klein, N., Alexander, J., & Parsons, B. (1977). Impact of family systems intervention on recidivism and sibling delinquency: A model of primary prevention and program evaluation. *Journal of Consulting and Clinical Psychology*, 45(3), 469–474.

Kleist, D. (1999). Single-parent families: A difference that makes a difference? *The Family Journal: Counseling and Therapy for Couples and Families*, 7(4), 236–244.

Klever, P. (2004). The multigenerational transmission of nuclear family processes and symptoms. *The American Journal of Family Therapy*, 32, 337–351.

Kohlert, N., & Pecora, P. (1991). Therapist perceptions of organizational support and job satisfaction. In M. Fraser, P. Pecora, & D. Haapala (Eds.), *Families in crisis* (pp. 109–129). New York: Aldine de Gruyter.

Koivunen, J., Rothaupt, J. & Wolfgram, S. (2009). Gender Dynamics and Role Adjustment During the Transition to Parenthood: Current Perspectives. *The Family Journal October 2009*, 17(4), 323–328.

Kozlowska, K., & Hanney, L. (2002). The network perspective: An integration of attachment and family systems theories. *Family Process*, 41(2), 285–312.

Kramer, L., & Radley, C. (1997). Improving sibling relationships among young children: A social skills training model. *Family Relations*, 46(3), 237–246.

Kretchmar, M., & Jacobvitz, D. (2002). Observing mother-child relationships across generations: Boundary patterns, attachment, and the transmission of caregiving. *Family Process*, 41(3), 351–374.

Kusnir, D. (2005). Salvadoran families. In M. McGoldrick, J. Giordano, & N. Garcia-Petro (Eds.), *Ethnicity and family therapy* (3rd ed.)

(pp. 256–268). New York: Guilford Press.

L'Abate, L. (2009). The drama triangle: An attempt to resurrect a neglected pathogenic model in family therapy theory and practice. *The American Journal of Family Therapy*, 37, 1–11.

Lambert, M. (Ed.). (2004). *Bergin and Garfield's handbook of psychotherapy and behavior change* (5th ed.). New York: Wiley.

Lambert, M., & Bergin, A. (1994). The effectiveness of psychotherapy. In A. Bergin & S. Garfield (Eds.), *Handbook of psychotherapy and behavior change* (4th ed.) (pp. 143–189). Toronto: Wiley.

Lambert, M., & Ogles, B. (2004). The efficacy and effectiveness of psychotherapy. In M. Lambert (Ed.), *Handbook of psychotherapy and behavior change* (pp. 139–193). New York: John Wiley & Sons.

Lambert, S. (2005). Gay and lesbian families: What we know and where to go from here. *Family Journal: Counseling and Therapy for Couples and Families*, 13(1), 43–51.

Langelier, R., & Langelier, P. (2005). French Canadian families. In M. McGoldrick, J. Giordano, & N. Garcia-Petro (Eds.), *Ethnicity and family therapy* (3rd ed.) (pp. 545–554). New York: Guilford Press.

Langsley, D., Pittman, F., Machotka, P., & Flomenhaft, K. (1968). Family crisis therapy: Results and implications. *Family Process*, 7(2), 145–158.

Laszloffy, T. (2002). Rethinking family development theory: Teaching with the systemic family development (SFD) model. *Family Relations*, 51(3), 206–214.

Laszloffy, T., & Hardy, K. (2000). Uncommon strategies for a common problem: Addressing racism in family therapy. *Family Process*, 39(1), 35–50.

Lawson, D., & Brossart, D. (2004). The developmental course of personal authority in the family system. *Family Process*, 43(3), 391–409.

Lawson, G., & Foster, V. (2005). Developmental characteristics of home-based counselors: A key to serving at-risk families. *Family Journal: Counseling and Therapy for Couples and Families*, 13(2), 153–161.

Ledbetter Hancock, B., & Pelton, L. (1989). Home visits: History and functions. *Social Casework*, 70(1), 21.

Lee, E., & Mock, M. (2005a). Asian families: An overview. In M. McGoldrick, J. Giordano, & N. Garcia-Petro (Eds.), *Ethnicity and family therapy* (3rd ed.) (pp. 269–289). New York: Guilford Press.

Lee, E., & Mock, M. (2005b). Chinese families. In M. McGoldrick, J. Giordano, & N. Garcia-Petro (Eds.), *Ethnicity and family therapy* (3rd ed.) (pp. 302–318). New York: Guilford Press.

LeMasters, E. (1957). Parenthood as crisis. *Marriage and Family Living*, 19, 325–355.

Lero, D., Ashbourne, L., & Whitehead, D. (2006). *Father involvement research alliance*. Guelph, ON: University of Guelph.

Lewandowski, C., & Pierce, L. (2004). Does family-centered out-of-home care work? Comparison of a family-centered approach and traditional care. *Social Work Research*, 28(3), 143–151.

Lewellen, A., & Jordon, C. (1994). *Family empowerment and service satisfaction: An exploratory study of families who care for a mentally ill member*. (Unpublished manuscript). The University of Texas, Arlington.

Lewin, K. (2007). In M. Nichols & R. Schwartz (Eds.), *Family therapy: Concepts and methods*. Boston: Allyn & Bacon.

Lewis, J. (1988). The transition to parenthood: 1. The rating of prenatal marital competence. *Family Process*, 27(2), 149–166.

Lewis, R. (1991). What are the characteristics of Intensive Family Preservation Services? In M. Fraser, P. Pecora, & D. Haapala (Eds.), *Families in crisis* (pp. 93–108). Hawthorne, NY: Aldine de Gruyter.

Littell, J., & Girvin, H. (2004). Ready or not: Uses of Change Model in child welfare. *Child Welfare*, 83(4), 341–366.

Lum, D. (1996). *Social work practice and people of color: A process-stage approach*. Pacific Grove, CA: Brooks/Cole.

Mackie, M. (1991). *Gender relations in Canada*. Toronto: Harcourt.

Magnuson, S. (2000). The professional genogram: Enhancing professional identity and clarity. *Family Journal: Counseling and Therapy for Couples and Families*, 8(4), 399–401.

Magnuson, S., & Shaw, H. (2003). Adaptations of the multifaceted genogram in counseling, training, and supervision. *Family Journal: Counseling and Therapy for Couples and Families*, 11(1), 45–54.

Magura, S., & Moses, B. (1986). *Outcome mea-*

sures for child welfare services: Theory and applications. Washington, DC: Child Welfare League of America.

Main, F., Boughner, S., Mims, G., & Logan Schieffer, J. (2001). Rolling the dice: An experiential exercise for enhancing interventive questioning skill. Family Journal: Counseling and Therapy for Couples and Families, 9(4), 450–454.

Maisto, S., Galizio, M., & Connors, G. (1995). Drug use and abuse. Toronto: Harcourt.

Maluccio, A., & Marlow, W. (1975). The case for the contract. In B. Compton and B. Galaway (Eds.), Social work processes. Homewood, IL: Dorsey.

Mannes, M. (1993). Seeking the balance between child protection and family preservation in Indian child welfare. Child Welfare, 72, 141–152.

Mannis, V. (1999). Single mothers by choice. Family Relations, 48(2), 121–128.

Marks, L. (2004). Sacred practices in highly religious families: Christian, Jewish, Mormon, and Muslim perspectives. Family Process, 43(2), 217–231.

Marsh, D. (1999). Serious mental illness: Opportunities for family practitioners. Family Journal: Counseling and Therapy for Couples and Families, 7(4), 358–366.

Marsh, J. (2003). Arguments for family strengths research. Social Work, 48, 147–149.

Marshall, T., & Solomon, P. (2004). Provider contact with families of adults with severe mental illness: Taking a closer look. Family Process, 43(2), 209–216.

Maslow, A. (1968). Toward a psychology of being. New York: Van Nostrand Reinhold.

Mason, M. (2005). Theoretical considerations of "resistant families." Family Journal: Counseling and Therapy for Couples and Families, 13(1), 59–62.

Masse, J., & McNeil, C., & Masse, J. (2008). In-home parent-child interaction therapy: Clinical considerations. Child and Family Behavior Therapy, 30(2), 127–135.

Masson, J. (1994). Against therapy. Munroe, ME: Common Courage Press.

May, K. (2001). Theory: Does it matter? Family Journal: Counseling and Therapy for Couples and Families, 9(1), 37–38.

May, K. (2003). Family therapy theory: What is important in the training of today's family counselors? Family Journal: Counseling and Therapy for Couples and Families, 11(1), 42–44.

May, K. (2004). How do we teach family therapy theory? Family Journal: Counseling and Therapy for Couples and Families, 12(3), 275–277.

May, K., & Church, N. (1999). Families and communities: Building bridges. Family Journal: Counseling and Therapy for Couples and Families, 7(1), 51–53.

McAdams-Mahmoud, V. (2005). African-American Muslim families. In M. McGoldrick, J. Giordano, & N. Garcia-Petro (Eds.), Ethnicity and family therapy (3rd ed.) (pp. 138–152). New York: Guilford Press.

McClurg, L. (2004). Biracial youth and their parents: Counseling considerations for family therapists. Family Journal: Counseling and Therapy for Couples and Families, 12(2), 170–173.

McConnell Heywood, E. (1999). Custodial grandparents and their grandchildren. Family Journal: Counseling and Therapy for Couples and Families, 7(4), 367–372.

McCormick, R. (1996). Culturally appropriate means and ends of counselling as described by the First Nations people of British Columbia. International Journal for the Advancement of Counselling, 18(3), 163–172.

McCubbin, H., & McCubbin, M. (1988). Typologies of resilient families: Emerging roles of social class and ethnicity. Family Relations, 37, 247–254.

McGill, D., & Pearce, J. (2005). American families with English Ancestors from the Colonial Era: Anglo Americans. In M. McGoldrick, J. Giordano, & N. Garcia-Petro (Eds.), Ethnicity and family therapy (3rd ed.) (pp. 520–534). New York: Guilford Press.

McGoldrick, M. (1999a). History, genograms, and the family life cycle. In B. Carter & M. McGoldrick (Eds.), The expanded family life cycle: Individual, family, and social perspectives (3rd ed.) (pp. 141–152). Needham Heights, MA: Allyn & Bacon.

McGoldrick, M. (1999b). Women throughout the family life cycle. In B. Carter & M. McGoldrick (Eds.), The expanded family life cycle: Individual, family, and social perspectives (3rd ed.) (pp. 106–123). Needham Heights, MA:

Allyn & Bacon.

McGoldrick, M. (1999c). Becoming a couple. In B. Carter & M. McGoldrick (Eds.), *The expanded family life cycle: Individual, family, and social perspectives* (3rd ed.) (pp. 231–248). Needham Heights, MA: Allyn & Bacon.

McGoldrick, M. (2002). *Re-visioning family therapy: Race, culture, and gender in clinical practice*. New York: Guilford.

McGoldrick, M. (2005a). Becoming a couple. In B. Carter & M. McGoldrick (Eds.), *The expanded family life cycle: Individual, family, and social perspectives* (3rd ed.) (pp. 231–248). Boston, MA: Allyn & Bacon.

McGoldrick, M. (2005b). History, genograms, and the family life cycle: Freud in context. In B. Carter & M. McGoldrick (Eds.), *The expanded family life cycle: Individual, family, and social perspectives* (3rd ed.), (pp. 47–68). Boston, MA: Allyn & Bacon.

McGoldrick, M. (2005c). Irish families. In M. McGoldrick, J. Giordano, & N. Garcia-Petro (Eds.), *Ethnicity and family therapy* (3rd ed.) (pp. 595–615). New York: Guilford Press.

McGoldrick, M. (2005d). Women through the family life cycle. In B. Carter & M. McGoldrick (Eds.), *The expanded family life cycle: Individual, family, and social perspectives* (3rd ed.) pp. 106–123. Boston, MA: Allyn & Bacon.

McGoldrick, M., & Carter, B. (1999). Remarried families. In B. Carter and M. McGoldrick (Eds.), *The expanded family life cycle: Individual, family, and social perspectives* (3rd ed.) (pp. 417–435). Needham Heights, MA: Allyn & Bacon.

McGoldrick, M., & Carter, B. (2005a). Re-married families. In B. Carter & M. McGoldrick (Eds.), *The expanded family life cycle: Individual, family, and social perspectives* (3rd ed.) (pp. 417–435). Boston, MA: Allyn & Bacon.

McGoldrick, M., & Carter, B. (2005b). Self in context. In B. Carter & M. McGoldrick (Eds.), *The expanded family life cycle: Individual, family, and social perspectives* (3rd ed.) (pp. 417–435). Boston, MA: Allyn & Bacon.

McGoldrick, M., & Gerson, R. (1985). *Genograms in family assessment*. New York: W.W. Norton & Company.

McGoldrick, M., Gerson, R., & Petry, S. (2008). *Genograms: Assessment and intervention*.
New York: W. W. Norton & Company.

McGoldrick, M., & Giordano, J. (1996). Overview: Ethnicity and family therapy. In M. McGoldrick, J. Giordano, & J. Pearce (Eds.), *Ethnicity and family therapy* (pp. 1–30). New York: Guilford Press.

McGoldrick, M., Giordano, J., & Garcia-Preto, N. (Eds.). (2005). Overview: Ethnicity and family therapy. In M. McGoldrick, J. Giordano, & N. Garcia-Petro (Eds.), *Ethnicity and family therapy* (3rd ed.) (pp. 1–40). New York: Guilford Press.

McGoldrick, M., Giordano, J., & Pearce, J. (Eds.). (1996). *Ethnicity and family therapy*. New York: Guilford Press.

McGoldrick, M., Giordano, J., & Garcia-Preto, N. (Eds.). (2005). *Ethnicity and family therapy* (3rd ed.). New York: Guilford Press.

McGoldrick, M., & Walsh, F. (1999). Death and the family life cycle. In B. Carter & M. McGoldrick (Eds.), *The expanded family life cycle: Individual, family, and social perspectives* (3rd ed.) (pp. 346–361). Needham Heights, MA: Allyn & Bacon.

McGoldrick, M., & Walsh, F. (2005). Death and the family life cycle. In B. Carter & M. McGoldrick (Eds.), *The expanded family life cycle: Individual, family, and social perspectives* (3rd ed.) (pp. 185–201). Boston, MA: Allyn & Bacon.

McGoldrick, M., Watson, M., & Benton, W. (1999). Siblings through the life cycle. In B. Carter & M. McGoldrick (Eds.), *The expanded family life cycle: Individual, family, and social perspectives* (3rd ed.) (pp. 141–152). Needham Heights, MA: Allyn & Bacon.

McGoldrick, M., Watson, M., & Benton, W. (2005). Siblings through the life cycle. In B. Carter & M. McGoldrick (Eds.), *The expanded family life cycle: Individual, family, and social perspectives* (3rd ed.) (pp. 153–168). Boston, MA: Allyn & Bacon.

McIver, J., & Carmines, E. (1981). *Unidimensional scaling*. Sage Paper Series on Quantitative Applications in the Social Sciences, 07-024. Beverly Hills: Sage.

McKenzie-Pollock, L. (2005). Cambodian families. In M. McGoldrick, J. Giordano, & N. Garcia-Petro (Eds.), *Ethnicity and family therapy* (3rd ed.) (pp. 290–301). New York: Guilford Press.

McNeese, C. A., & Thyer, B. A. (2004). Evidence-based practice and social work. *Journal of Evidence-Based Social Work, 1*(1), 7–25.

McWey, L. (2008). In-home family therapy as a prevention of foster care placement: Clients' opinions about therapeutic services. *The American Journal of Family Therapy, 36,* 48–59.

Menos, J. (2005). Haitian families. In M. McGoldrick, J. Giordano, & N. Garcia-Petro (Eds.), *Ethnicity and family therapy* (3rd ed.) (pp. 127–137). New York: Guilford Press.

Milewski Hertlein, K., & Killmer, J. M. (2004). Toward differentiated decision-making: Family systems theory with homeless clinical populations *The American Journal of Family Therapy, 32,* 255–270.

Miller, B., & Pylpa, J. (1995). The dilemma of mental health paraprofessionals at home. *American Indian and Alaska Native Mental Health Research, 6*(2), 13–33.

Miller, L., & McLeod, E. (2001). Children as participants in family therapy: Practice, research, and theoretical concerns. *Family Journal: Counseling and Therapy for Couples and Families, 9*(4), 375–383.

Miller, R. (2001). Do children make a marriage unhappy? *Journal of Marriage and the Family, 49.* Retrieved from http://marriageandfamilies.byu.edu/issues/2001/April.children.htm.

Miller, S., Hubble, S., & Duncan, B. (1995). No more bells and whistles. *Networker,* 53–63.

Miller, T., Veltkamp, L., Lane, T., Bilyeu, J., & Elzie, N. (2002). Care pathway guidelines for assessment and counseling for domestic violence. *Family Journal: Counseling and Therapy for Couples and Families, 10*(1), 41–48.

Milner, J., & Wimberly, R. (1979). An inventory for the identification of child abusers. *Journal of Clinical Psychology, 35*(1), 95–110.

Mindel, C. (1985). Instrument design. In R. Grinnell (Ed.), *Social work research and evaluation* (pp. 206–230). Itasca, IL: F. E. Peacock.

Minuchin, P., Colapinto, J., & Minuchin, S. (1998). *Working with families of the poor.* New York: Guilford Press.

Minuchin, S. (1974). *Families and family therapy.* Cambridge, MA: Harvard University Press.

Minuchin, S. (1981). Family therapy techniques. Cambridge, MA: Harvard University Press.

Minuchin, S. (1992). Family healing: Tales of hope and renewal from family therapy. The Free Press.

Minuchin, S., & Montalvo, B. (1971). Techniques for working with disorganized low socioeconomic families. In J. Haley (Ed.), *Changing families: A family therapy reader* (pp. 202–211). New York: Grune & Straton.

Miranda, A., Estrada, D., & Firpo-Jimenez, M. (2000). Differences in family cohesion, adaptability, and environment among Latino families in dissimilar stages of acculturation. *Family Journal: Counseling and Therapy for Couples and Families, 8*(4), 341–350.

Mistler, B., & Sheward, P. (2009). Ecosystemic perspective: An interview with Peter A. D. Sheward. *The Family Journal, 17*(1), 77–88.

Molina, B., Estrada, D., & Burnett, J. (2004). Cultural communities: Challenges and opportunities in the creation of "Happily Ever After" stories of intercultural couplehood. *Family Journal: Counseling and Therapy for Couples and Families, 12*(2), 139–147.

Moore Hines, P., & Boyd-Franklin, N. (2005). African American families. In M. McGoldrick, J. Giordano, & N. Garcia-Petro (Eds.), *Ethnicity and family therapy* (3rd ed.) (pp. 87–101). New York: Guilford Press.

Moore Hines, P., Garcia Preto, N., McGoldrick, M., Almeida, R., & Weltman, S. (1999). Culture and the family life cycle. In B. Carter & M. McGoldrick (Eds.), *The expanded family life cycle: Individual, family, and social perspectives* (3rd ed.) (pp. 69–87). Needham Heights, MA: Allyn & Bacon.

Moore Hines, P., Garcia Preto, N., McGoldrick, M., Almeida, R., & Weltman, S. (2005). Culture and the family life cycle. In B. Carter & M. McGoldrick (Eds.), *The expanded family life cycle: Individual, family, and social perspectives* (3rd ed.) (pp. 69–87). Boston, MA: Allyn & Bacon.

Mooradian, J. K., Cross, S. L., & Stutzky, G. R. (2006). Across generations: Culture, history, and policy in the social ecology of American Indian grandparents parenting their grandchildren. *Journal of Family Social Work, 10*(4), 81–101.

Morgan, A., 2000. *What is Narrative Therapy?* Adelaide, Dulwich. www.dulwichcentre.com.au

Morrissette, V., McKenzie, B., & Morrissette, L. (1993). Towards an Aboriginal model of social work practice. *Canadian Social Work*

Review, 10(1), 91–107.

Munns, A. (2004). Helping families at home. *Australian Nursing Journal, 12,* (2–37).

Munson, C. (1993). *Clinical social work supervision.* New York: Haworth Press.

Murray, C. (2006). Controversy, constraints, and context: Understanding family violence through family systems theory. *The Family Journal, 14*(3), 234–239.

Murray, K. (2002). Religion and divorce: Implications and strategies for counseling. *Family Journal: Counseling and Therapy for Couples and Families, 10*(2), 190–194.

Myers-Avis, J. (1992). Where are all the family therapists? Abuse and violence within families and family therapy's response. *Journal of Marital and Family Therapy, 18,* 225–232.

Myers, J. (2003). Coping with caregiving stress: A wellness-oriented, strengths-based approach for family counselors. *Family Journal: Counseling and Therapy for Couples and Families, 11*(2), 153–161.

National Indian Child Welfare Association. (n.d.). *Model Curriculum.* Retrieved from http://www.nicwa.org/resources/.

National Network for Family Resiliency (1995). Family resiliency: Building strengths to meet life's challenges. Retrieved from http://www.extension.iastate.edu/Publications/EDC53.pdf Retrieved from the NASW Website and the NASW Center for Workforce Studies (2011). http://careers.socialworkers.org/explore/workforce.asp#trends

Neckoway, R., Brownlee, K., Jourdain, L., & Miller, L. (2003). Rethinking the role of attachment theory in child welfare practice with Aboriginal people. *Canadian Social Work Review, 20*(1), 105–119.

Nelson, S. (1987). *Incest: Act and myth.* London, England: Redwood Burn.

Ng, K. (2005). The development of family therapy around the world. *Family Journal: Counseling and Therapy for Couples and Families, 13*(1), 35–42.

Nichols, M. (2010). The essentials of family therapy: Concepts and methods, 5th ed. Allyn & Bacon.

Nichols, M., & Schwartz, R. (2004). *Family therapy: Concepts and methods.* Boston: Allyn & Bacon.

Nichols, M., & Schwartz, R. (2004). *Family therapy: Concepts and methods* (6th ed.). Toronto: Pearson.

Nichols, M., & Schwartz, R. (2007). *Family therapy: Concepts and methods* (8th ed.). Boston: Allyn & Bacon.

Northwest Indian Child Welfare Institute. (1984). *Cross-cultural skills in Indian child welfare.* Portland, OR: Northwest Indian Child Welfare Institute.

Norusis, M. (1990). *SPSS/PC Statistics 4.0.* Chicago: SPSS Inc.

Nunnally, J. (1978). *Psychometric theory.* Toronto: McGraw-Hill.

Obana, N. (2005). Hawaiian families. In M. McGoldrick, J. Giordano, & N. Garcia-Petro (Eds.), *Ethnicity and family therapy* (3rd ed.) (pp. 64–76). New York: Guilford Press.

O'Connor, L., Morgenstern, J., Gibson, F., & Nakashian, M. (2005). "Nothing about me without me": Leading the way to collaborative relationships with families. *Child Welfare, LXXXIV*(2), 153–170.

Okun, B. (1996). *Understanding diverse families.* New York: Guilford Press.

Olson, D. (1983). *Families: What makes them work.* Beverly Hills, CA: Sage.

Olson, D. (1986). Circumplex model VII: Validation studies and FACES III. *Family Process, 26,* 337–351.

Olson, D. (1991). Family types, family stress and family satisfaction: A family development perspective. In C. Falicov (Ed.), *Family transitions, continuity and change over the life cycle.* New York: Guilford Press.

Olson, D., & Lavee, Y. (1989). Family system and family stress: A family life cycle perspective. In K. Kreppner and R. Lerner (Eds.), *Family systems and life-span development* (pp. 165–193). Hillsdale, NJ: Lawrence Erlbaum Associates.

Olson, D., Russell, C., & Sprenkle, D. (1989). *Circumplex model: Systematic assessment and treatment of families.* New York: Haworth.

Osterlind, S. (1983). Test item bias. Sage University Paper Series on Quantitative Applications in the Social Sciences, 07-030, Beverly Hills, CA: Sage.

Patterson, C. (1995). Lesbian mothers, gay fathers, and their children. In A. D'Augelli & C. Patterson (Eds.), *Lesbian, gay and bisexual identities over the lifespan* (pp. 262–290).

New York: Oxford.

Patterson, G. (1974). Interventions for boys with conduct problems: Multiple settings, treatments and criteria. *Journal of Consulting and Clinical Psychology*, 42(4), 471–481.

Patterson, G. (1982). *Coercive family process: A social learning approach*. Eugene, OR: Castalina.

Patterson, G., Capaldi, D., & Bank, L. (1991). An early starter model for predicting delinquency. In D. Pepler & K. Rubin (Eds.), *The development and treatment of childhood aggression*. (pp. 139–168). Hillsdale, NJ: Lawrence Erlbaum Associates.

Patterson, G., DeBaryshe, B., & Ramsey, E. (1989). A developmental perspective on antisocial behavior. *American Psychologist*, 44, 329–335.

Patterson, G., & Fleischman, M. (1979). Maintenance of treatment effects: Some considerations concerning family systems and follow–up data. *Behavior Therapy*, 10, 168–185.

Patterson, J. (2002). Integrating family resilience and family stress theory. *Journal of Marriage and Family*, 64, 349–360.

Payne, M. (2005). Modern social work theory (3rd ed.). Chicago: Lyceum Books.

Pedhazur, E., & Pedhazur, L. (1991). *Measurement, design and analysis*. Hillsdale, NJ: Lawrence Erlbaum Associates.

Peleg, O. (2008). The relationship between differentiation of self and marital satisfaction: What can be learned from married people over the course of life. *The American Journal of Family Therapy*, 36, 388–401.

Peluso, P. (2002). Counseling families affected by suicide. *Family Journal: Counseling and Therapy for Couples and Families*, 10(3), 351–357.

Peluso, P. (2003). The ethical genogram: A tool for helping therapists understand their ethical decision-making styles. *Family Journal: Counseling and Therapy for Couples and Families*, 11(3), 286–291.

Peterson, A., & Jenni, C. (2003). Men's experience of making the decision to have their first child: A phenomenological analysis. *Family Journal: Counseling and Therapy for Couples and Families*, 11(4), 353–363.

Peterson, L. (1989). Latchkey children's preparation for self-care: Overestimated, underrehearsed, and unsafe. *Journal of Clinical Child Psychology*, 18, 2–7.

Petro, N. (1999). Transformation of the family system during adolescence. In B. Carter & M. McGoldrick (Eds.), *The expanded family life cycle: Individual, family, and social perspectives* (3rd ed.) (pp. 274–286). Needham Heights, MA: Allyn & Bacon.

Petro, N., & Travis, N. (1985). The adolescent phase of the family life cycle. In M. Mirkin & S. Koman (Eds.), *Handbook of adolescent and family therapy*. New York: Gardner Press.

Pett, M. (1982). Predictors of satisfactory social adjustment of divorced parents. *Journal of Divorce*, 5(4), 25–39.

Piercy, F., & Sprenkle, D. (1986). *Family therapy sourcebook*. New York: Guilford Press.

Piercy, F., & Sprenkle, D. (1996). *Family therapy sourcebook* (2nd ed.). New York: Guilford Press.

Piercy, F., Soekandar, A., Limansubroto, C., & Davis, S. (2005). Indonesian families. In M. McGoldrick, J. Giordano, & N. Garcia-Petro (Eds.), *Ethnicity and family therapy* (3rd ed.) (pp. 332–338). New York: Guilford Press.

Pillari, V. (2005). Indian Hindu families. In M. McGoldrick, J. Giordano, & N. Garcia-Preto (Eds.), *Ethnicity and Family Therapy* (pp. 395–406). New York: The Guilford Press.

Pimento, B. (1985). *Native families in jeopardy— The child welfare system in Canada*. Toronto: Centre for Women's Studies in Education, Occasional Papers, No. 11.

Pinderhughes, H. (2002). African American marriage in the 20th century. *Family Process*, 41(2), 269–282.

Pinkerton, J. (2007). Family support, social capital, resilience and adolescent coping. *Child and Family Social Work*, 12(3), 219–228.

Pinsof, W. (2002). The death of "Till death do us part": The transformation of pair-bonding in the 20th century. *Family Process*, 41(2), 135–157.

Pleck, E. (1987). *Domestic tyranny: The making of social policy against family violence from colonial times to the present*. New York: Oxford University Press.

Pogrebin, L. (1980). *Growing up free*. NY: McGraw-Hill.

Pollack, W. (2000). *Real boys' voices*. New York: Random House.

Polster, R., & Collins, D. (2011). Structured observation. In R. Grinnell & Y. Unrau (Eds.) Social Work Research and Evaluation, 9th Edition. pp. 287–300. New York: Oxford University Press.

Powers, G. (1990). Design and procedures for evaluating crisis. In A. Roberts (Ed.), *Crisis intervention handbook: Assessment, treatment, and research* (pp. 303–325). Belmont, CA: Wadsworth.

Prochaska, J., & DiClemente, C. (2002). Transtheoretical therapy. In J. Lebow (Ed.), *Comprehensive handbook of psychotherapy: Integrative-eclectic*. (Vol. 4, pp. 165–184). New York: Wiley.

Prochaska, J., & Norcross, J. (2003). Systems of psychotherapy. Toronto: Nelson Thomson Learning.

Proctor, E. (2001). Editorial: Social work and vulnerable families: Economic hardship and service success. *Social Work Research, 25*(3), 131–132.

Proctor, E. (2004). Editorial: Social work's important work: Keeping families safe. *Social Work Research, 28*(3), 131–132.

Pulleyblank Coffey, E. (2004). The heart of the matter 2: Integration of ecosystemic family therapy practices with systems of care mental health services for children and families. *Family Process, 43*(2), 161–173.

Ramage, F., & Barnard, C. (2005). Custody evaluations: Critical contextual and ethical considerations. *The American Journal of Family Therapy, 33*, 339–351.

Rampage, C. (2002). Marriage in the 20th century: A feminist perspective. *Family Process, 41*(2), 261–268.

Rappaport, R. (1971). Ritual sanctity and cybernetics. *American Anthropologist, 73*(1), 59–76.

Razack, N., & Jeffery, D. (2002). Critical race discourse and tenets for social work practice. *Canadian Social Work Review, 19*(2), 257–271.

Red Horse, J. (1980). American Indian elders: Unifiers of Indian families. *Social Casework*, 490–493.

Red Horse, J., Lewis, R., Feit, M., & Decker, J. (1978). Family behavior of urban American Indians. *Social Casework, 59*(2), 67–72.

Reid, W., Davis Kenaley, B., & Colvin, J. (2004). Do some interventions work better than others? A review of comparative social work experiments. *Social Work Research, 28*(2), 71–81.

Ribner, D., & Knei-Paz, C. (2002). Client's view of a successful helping relationship. *Social Work, 47*(4), 379–387.

Richardson, C. (1996). *Family life: Patterns and perspectives*. New York: McGraw Hill Ryerson Limited.

Richman, M. (1917, reprinted 1964). *Social diagnosis*. Philadelphia: Russell Sage Foundation.

Richman, J., & Cook, P. (2004). A framework for teaching family development for the changing family. *Journal of Teaching in Social Work, 24*(1/2), 1–18.

Riley, D., Greif, G., Caplan, D., & MacAuley, H. (2004). Common themes and treatment approaches in working with families of runaway youths. *The American Journal of Family Therapy, 32*, 139–153.

Roberts, J. (2005). Transparency and self-disclosure in family therapy: Dangers and possibilities. *Family Process, 44*(1), 45–63.

Rojano, R. (2004). The practice of community family therapy. *Family Process, 43*(1), 59–78.

Rojano, R., & Duncan-Rojano, J. (2005). Colombian families. In M. McGoldrick, J. Giordano, & N. Garcia-Petro (Eds.), *Ethnicity and family therapy* (3rd ed.) (pp. 192–201). New York: Guilford Press.

Rokeach, M. (1973). *The nature of human values*. New York: Free Press.

Roof, W. (1999). Spiritual marketplace: Baby boomers and the remaking of American religion. Princeton, NJ: Princeton University Press.

Rosen, E. (2005). Men in transition: The "new" man. In B. Carter & M. McGoldrick (Eds.), *The expanded family life cycle: Individual, family, and social perspectives* (3rd ed.) (pp. 124–140). Boston, MA: Allyn & Bacon.

Rosen, E., & Weltman, S. (2005). Jewish families: An overview. In M. McGoldrick, J. Giordano, & N. Garcia-Petro (Eds.), *Ethnicity and family therapy* (3rd ed.) (pp. 667–679). New York: Guilford Press.

Rostosky, S., Korfhage, B., Duhigg, J., Stern, A., Bennett, L., & Riggle, E. (2004). Same-sex couple perceptions of family support: A consensual qualitative study. *Family Process, 43*(1), 43–58.

Rothbaum, F., Rosen, K., Ujiie, T., & Uchida, N. (2002). Family systems theory, attachment, and culture. *Family Process, 41*(3), 328–350.

Rothery, M. (1993). The ecological perspective and work with vulnerable families. In M. Rodway & B. Trute (Eds.), *Ecological family practice: One family, many resources* (pp. 21–50). Queenston, Ontario: Edwin Mellen.

Rotter, J. (2000). Family grief and mourning. *Family Journal: Counseling and Therapy for Couples and Families, 8*(3), 275–277.

Rovers, M., DesRoches, L., Hunter, P., & Taylor, B. (2000). A family of origin workshop: Process and evaluation. *Family Journal: Counseling and Therapy for Couples and Families, 8*(4), 368–375.

Safonte-Strumolo, N., & Balaguer Dunn, A. (2000). Consideration of cultural and relational issues in bereavement: The case of an Italian American family. *Family Journal: Counseling and Therapy for Couples and Families, 8*(4), 334–340.

Saleebey, D. (1992). *The strengths perspective in social work practice*. White Plains, New York: Longman.

Saleebey, D. (1996). The strengths perspective in social work practice: Extensions and cautions. *Social Work, 41*(3), 296–305.

Saleebey, D. (2000). *The strengths perspective in social work practice* (4th ed.). Boston: Allyn & Bacon.

Sanders, G., & Kroll, I. (2000). Generating stories of resilience: Helping gay and lesbian youth and their families. *Journal of Marital and Family Therapy, 26,* 433–442.

Sanders, J., & James, J. (1983). The modification of parent behavior: A review of generalization and maintenance. *Behavior Modification, 7*(1), 3–27.

Sanderson, J., Kosutic, I., Garcia, M., Melendez, T., Donoghue, J., Perumbilly, S., Franzen, C., & Anderson, S. (2009). The measurement of outcome variables in couple and family research. *The American Journal of Family Therapy, 37,* 239–257.

Sandler, J., VanDercar, C., & Milhoan, M. (1978). Training child abusers in the use of positive reinforcement practices. *Behavior Research and Therapy, 16,* 169–175.

Sandler, I., Miller, P. Short, J. & Wolchik, S. (1989). Social support as a protective factor for children in stress. *Children's social networks and social supports.* D. Bell (ed.)

(pp. 277–307). New York: John Wiley.

Satir, V. (1967). *Conjoint family therapy.* Palo Alto, CA: Science and Behavior Books.

Satir, V. (1971). The family as a treatment unit. In J. Haley (Ed.), *Changing families: A family therapy reader* (pp. 127–132). New York: Grune & Straton.

Satir, V. (1972). *Peoplemaking.* Palo Alto, CA: Science and Behavior Books.

Satir, V., & Baldwin, M. (1983). *Satir step by step: A guide to creating change in families.* Palo Alto, CA: Science and Behavior Books.

Schact, A., Tafoya, N., & Mirabala, K. (1989). Home-based therapy with American Indian families. *American Indian and Alaska Native Mental Health Research, 3*(2), 27–42.

Sheafor, B., Horejsi, C., & Horejsi, G. (1997). *Techniques and guidelines for social work practice* (4th ed.). Toronto: Allyn & Bacon.

Sheidow, A., & Woodford, M. (2003). Multisystemic therapy: An empirically supported, home-based family therapy approach. *Family Journal: Counseling and Therapy for Couples and Families, 11*(3), 257–263.

Sheperis, C., & Sheperis, S. (2002). The matrix as a bridge to systems thinking. *Family Journal: Counseling and Therapy for Couples and Families, 10*(3), 308–314.

Shibusawa, T. (2005). Japanese families. In M. McGoldrick, J. Giordano, & N. Garcia-Petro (Eds.), *Ethnicity and family therapy* (3rd ed.) (pp. 339–348). New York: Guilford Press.

Shulman, L. (1992). *The skills of helping individuals, families, and groups* (3rd ed.). Itasca, IL: F. E. Peacock.

Shulman, L. (2008). *The skills of helping individuals, families, and groups* (6th ed.). Boston MA: Cengage.

Sims, M. (2002). *Designing family support programs.* Australia: Common Ground Publishing.

Sluzki, C., & Againi, F. (2003). Small steps and big leaps in an era of cultural transition: A crisis in a traditional Kosovar Albanian family. *Family Process, 42*(4), 479–484.

Smith, S. (1984). Significant research findings in the etiology of child abuse. *Social Casework, 65*(6), 337–345.

Snyder, W., & McCollum, E. (1999). Their home is their castle: Learning to do in-home family therapy. *Family Process, 38*(2), 229–244.

Softas-Nall, B., Baldo, T., & Tiedman, T. (1999). A gender-based, solution-focused genogram case: He and she across the generations. *Family Journal: Counseling and Therapy for Couples and Families*, 7(2), 177–180.

Spanier, G., Lewis, R., & Cole, E. (1975). Marital adjustment over the family life cycle: The issue of curvilinearity. *Journal of Marriage and the Family*, 37, 263–275.

Stanley, S., Markman, H., & Whitton, S. (2002). Communication, conflict, and commitment: Insights on the foundations of relationship success from a national survey. *Family Process*, 41(4), 659–675.

Staveteig, S., & Wigton, A. (2000). Racial and ethnic disparities: Key findings from the National Survey of America's Families. *New Federalism: National Survey of America's Families*, The Urban Institute, Series B, No. B-5, 1–6.

Steffen, J., & Karoly, P. (1980). Toward a psychology of therapeutic persistence. In P. Karoly & J. Steffen (Eds.), *Improving the long-term effects of psychotherapy: Models of durable outcome* (pp. 3–24). New York: Gardner Press.

Steinhauer, P. (1991). Assessing for parenting capacity. In J. Veevers (Ed.), *Continuity and change in marriage and family* (pp. 283–294). Toronto: Holt, Rinehart & Winston.

Stern, S. (1999). Commentary: Challenges to family engagement: What can multisystemic therapy teach family therapists. Family Process, 38, 281–286.

Stewart, T., & Mezzich, A. (2006). The effects of spirituality and religiosity on child neglect in substance use disorder families. *Journal of Family Social Work*, 10(2), 35–57.

Stokes, T., & Baer, D. (1977). An implicit technology of generalization. *Journal of Applied Behavior Analysis*, 10(2), 349–367.

Straus, M. (1993). Physical assault by wives. In R. Gelles & D. Loseke (Eds.), *Current controversies on family violence* (pp. 67–87). Newbury Park, CA: Sage Publications.

Straus, M., & Gelles, M. (1988). How violent are American families? Estimates from the National Family Violence Resurvey and other studies. In G. Hotaling, D. Finkelhor, J. Kirkpatrick, & M. Strauss (Eds.), *Family abuse and its consequences* (pp. 14–37).

Newbury Park, CA: Sage Publications.

Straus, M., Gelles, R., & Steinmetz, S. (1980). *Behind closed doors: Violence in the American family*. Garden City, NY: Anchor Press.

Suarez-Orozco, C., Todorova, I., & Louie, J. (2002). Making up for lost time: The experience of separation and reunification among immigrant families. *Family Process*, 41(4), 625–643.

Sue, D., & Sue, D. (1990). *Counseling the culturally different: Theory and practice*. New York: Wiley.

Sue, S., & Zane, N. (1987). The role of cultural techniques in psychotherapy. *American Psychologist*, 42(1), 37–45.

Suissa, A. (2004). Social practitioners and families: A systemic perspective. *Journal of Family Social Work*, 8(4), 1–28.

Suissa, A. (2005). Social practitioners and families: A systemic perspective. *Journal of Family Social Work*, 8(4), 1–28.

Sutton, C., & Broken Nose, M. A. (1996). American Indian families: An overview. In M. McGoldrick, J. Giordano, & J. Pearce (Eds.), *Ethnicity and family therapy* (pp. 31–44). New York: Guilford Press.

Sutton, C., & Broken Nose, M. A. (2005). American Indian families: An overview. In M. McGoldrick, J. Giordano, & N. Garcia-Petro (Eds.), *Ethnicity and family therapy* (3rd ed.) (pp. 43–54). New York: Guilford Press.

Sutton, J., Smith, P., & Swettenham, J. (1999). Bullying and "theory of mind": A critique of the "social skills deficit" view of anti-social behavior. *Social Development*, 8(1), 117–127.

Sweeney, T. & Witmer, J. (1991). Beyond social interest: Striving toward optimum health and wellness. Individual Psychology: Journal of Adlerian Theory, Research & Practice, 47(4), Dec 1991, 527–540.

Taanila, A., Laitinen, E., Moilanen, I., & Jarvelin, M. (2002). Effects of family interaction on the child's behavior in single-parent or reconstructed families. *Family Process*, 41(4), 693–708.

Tafoya, T. (1989). Circles and cedar: Native Americans and family therapy. *Journal of Psychotherapy*, 6(1/2), 71–98.

Tafoya, N., & Del Vecchio, A. (2005). Back to the future: An examination of the Native

American Holocaust experience. In M. McGoldrick, J. Giordano, & N. Garcia-Petro (Eds.), *Ethnicity and family therapy* (3rd ed.) (pp. 55–63). New York: Guilford Press.

Tambling, R., & Johnson, L. (2008). Relationship between stages of change and outcome in couple therapy. *The American Journal of Family Therapy, 36*, 229–241.

Thayne, T. R. (1998). Opening space for clients' religious and spiritual values in therapy: A social constructionist perspective. In D. Becvar (Ed.), *Family, spirituality and social work* (pp. 13–25). Bingingham, NY: Haworth.

Thomason, T. (1991). Counseling Native Americans: An introduction for non-native American counselors. *Journal of Counseling and Development, 69*, 321–327.

Thomlison, R., & Foote, C. (1987). Child welfare in Canada. *Child and Adolescent Social Work, 4*(2), 123–142.

Thompson, C., & Rudolph, L. (1992). *Counseling Children* (3rd ed.). Pacific Grove, CA: Brooks/Cole.

Thompson, C., Rudolph, L., & Henderson, D. (2003). *Counseling children* (6th ed.). Pacific Grove, CA: Wadsworth.

Thompson, D., & Henderson, C. (2011). *Counseling children*. 8th ed. Belmont, CA: Cengage.

Tomm, K. (1987a). Interventive interviewing: Part I: Strategizing as a fourth guideline for the therapist. *Family Process, 26*, 3–13.

Tomm, K. (1987b). Interventive interviewing: Part II. Reflexive questioning as a means to enable self-healing. *Family Process, 26*, 167–183.

Tomm, K. (1988). Interventive interviewing: Part III. Intending to ask lineal, circular, strategic, or reflexive questions? *Family Process, 27*, 1–15.

Tomm, K. (1991). Beginning of a HIPs and PIPs approach to psychiatric assessment. *The Calgary Participator, 1*(2), 21–24.

Tomm, K., & Wright, L. (1979). Skill training in family therapy: Perceptual, conceptual, and executive skills. *Family Process, 18*, 250–277.

Tomm, K., & Wright, L. (1984). Training in family therapy: Perceptual, conceptual, and executive skills. *Family Process, 18*, 250–277.

Tomm, K., & Collins, D. (2010). Karl Tomm: His changing views on family therapy over 35 years. *The Family Journal, 7*(2), 106–117.

Toseland, R., & Rivas, R. (1984). *An introduction to group work practice*. New York: Macmillan Publishing.

Trepper, T., & Barrett, M. (Eds.). (1986). *Treating incest: A multiple systems perspective*. New York: Haworth Press.

Truax, C., & Carkhoff, R. (1967). *Toward effective counseling and psychotherapy: Training and practice*. New York: Haworth Press.

Tubbs, C., Roy, K., & Burton, L. (2005). Family ties: Constructing family time in low-income families. *Family Process, 44*(1), 77–91.

Tuzlak, A., & Hillock, D. (1991). Single mothers and their children after divorce: A study of those "who make it." In J. Veevers (Ed.), *Continuity and change in marriage and the family* (pp. 303–313). Toronto: Holt Rinehart & Winston of Canada.

Ungar, M. (2002). Alliances and power: Understanding social worker–community relationships. *Canadian Social Work Review, 19*(2), 227–243.

Ungar, M. (2003). The professional social ecologist. *Canadian Social Work Review, 20*(1), 5–23.

Ungar, M. (2004). The importance of parents and other caregivers to the resilience of high-risk adolescents. *Family Process, 43*(1), 23–40.

Unrau, Y. (1995a). *Predicting child abuse and service outcomes in an intensive family preservation services program*. (Unpublished doctoral dissertation). University of Utah, Salt Lake City.

Unrau, Y. (1995b). Defining the black box of family preservation services: A conceptual framework for service delivery. *Community Alternatives, 7*(2), 49–60.

Vazquez, C. (2005). Dominican families. In M. McGoldrick, J. Giordano, & N. Garcia-Petro (Eds.), *Ethnicity and family therapy* (3rd ed.) (pp. 216–228). New York: Guilford Press.

Viere, G. (2001). Examining family rituals. *Family Journal: Counseling and Therapy for Couples and Families, 9*(3), 285–288.

Visher, W., & Visher, J. (1982). Stepfamilies in the 1980s. In J. Hansen & L. Messinger (Eds.), *Therapy with remarriage families* (pp. 105–119). Rockville, MD: Aspen Systems Corporation.

Wahler, R. (1980). The insular mother: Her problems in parent-child treatment. *Journal of Applied Behavior Analysis, 13*, 207–219.

Walker, L. (1984). *The battered woman syndrome*. New York: Springer.

Walker, S. (2003). Family support and family therapy—same difference? *International Journal of Social Welfare, 12,* 307–313.

Wallerstein, J. (1983). Children of divorce: The psychological tasks of the child. *American Journal of Orthopsychiatry, 53,* 230–243.

Wallerstein, J. (1985). Children of divorce: Preliminary report of a ten-year follow-up of older children and adolescents. *Journal of the American Academy of Child Psychiatry, 24*(5), 545–553.

Wallerstein, J., & Kelly, J. (1980). *Surviving the breakup: How children and parents cope with divorce.* New York: Basic Books.

Walsh, F. (1998). *Strengthening family resilience.* New York: Guilford Press.

Walsh, F. (Ed.). (1999). *Spiritual resources in family therapy.* New York: Guilford Press.

Walsh, F. (2002). A family resilience framework: Innovative practice applications. *Family Relations, 51*(2), 130–138.

Walsh, F. (2003). Family resilience: A framework for clinical practice. *Family Process, 42*(1), 1–18.

Walsh, F. (2006). Strengthening family resilience. New York: Guilford Publications.

Wampler, R., Downs, A., & Fischer, J. (2009). Development of a brief version of Children's Roles Inventory (CRI-20). *The American Journal of Family Therapy, 37,* 287–298.

Wares, D., Wedel, K., Rosenthal, J., & Dobrec, A. (1994). Indian Child Welfare: A multicultural challenge. *Journal of Multicultural Social Work, 3*(3), 1–15.

Watts-Jones, D. (2002). Healing internalized racism: The role of a within-group sanctuary among people of African descent. *Family Process, 41*(4), 591–601.

Watts-Jones, D. (2004). The evidence of things seen and not seen: The legacy of race and racism. *Family Process, 43*(4), 503–508.

Watzlawick, P., Beavin, J., & Jackson, D. (1967). *Pragmatics of human communication.* New York: W. W. Norton & Company.

Watzlawick, P., Weakland, J., & Fisch, R. (1974). *Change: Principles of problem formation and problem resolution.* New York: W. W. Norton & Company.

Weakland, J., & Fry, W. (1974). Letters of mothers of schizophrenics. In D. Jackson (Ed.), *Communication, family, and marriage* (pp. 122–150). Palo Alto, CA: Science and Behavior Books.

Weaver, H. (1996). Social work with American Indian youth using the orthogonal model of cultural identification. *Families in Society, 77*(2), 98–107.

Weaver, H. (1997a). The challenges of research in Native American communities: Incorporating principles of cultural competence. *Journal of Social Service Research, 23*(2), 1–15.

Weaver, H. (1997b). Training culturally competent social workers: What students should know about Native people. *Journal of Teaching in Social Work, 15*(1/2), 97–111.

Weaver, H. (1999). Indigenous people and the social work profession: Defining culturally competent services. *Social Work, 44*(3), 217–225.

Weaver, H., & White, B. (1997). The Native American family circle: Roots of resiliency. *Journal of Family Social Work, 2*(1), 67–79.

Weaver, H., & Wodarski, J. (1995). Cultural issues in crisis intervention: Guidelines for culturally competent practice. *Family Therapy, 22*(3), 215–223.

Weaver, H., & Yellow Horse Brave Heart, M. (1999). Examining two facets of American Indian identity: Exposure to other cultures and the influence of historical trauma. *Journal of Human Behavior in the Social Environment, 2*(1/2), 19–33.

Weber, M. (1996). Family preservation can be an appropriate strategy if realistic expectations are maintained. *NRCCSA News.* Retrieved from http://www.casaforchildren.org/site/c.mtJSJ7MPIsE/b.5525205/k.C6AA/Family_Preservation_Strategy.htm (2011,December 20). New York: Norton & Company.

Webster-Stratton, C., & Hammond, M. (1990). Predictors of outcome in parent training for families with conduct problem children. *Behavior Therapy, 21,* 319–337.

Webster-Stratton, C., & Reid, M. J. (2003). Treating conduct problems and strengthening social and emotional competence in young children. *Journal of Emotional and Behavioral Disorders, 11*(3), 130–143.

Wegscheider, S. (1981). *Another chance: Hope and health for the alcoholic family.* Palo Alto, CA: Science and Behavior Books.

Weine, S., Muzurovic, N., Kulauzovic, Y., et al. (2004). Family consequences of refugee trauma. *Family Process, 43*(2), 147–160.

Wells, K., & Whittington, D. (1993). Child and family functioning after intensive family preservation services. *Social Service Review, 9*(6), 505–523.

Wendel, R. (2003). Lived religion and family therapy: What does spirituality have to do with it? *Family Process, 42*(1), 165–179.

Whiffen, V., Kerr, M., & Kallos-Lilly, V. (2005). Maternal depression, adult attachment, and children's emotional distress. *Family Process, 44*(1), 93–103.

White, M. (1986). Negative explanation, restraint and double description: A template for family therapy. *Family Process, 25*(2), 169–183.

White, M. (1989). *The externalizing of the problem and the reauthoring of the lives and relationships.* Adelaide, Australia: Dulwich Centre Publishers.

White, M., & Epston, D. (1990). *Narrative means to therapeutic ends.* New York: W. W. Norton & Company.

Wiggins Frame, M. (2000). Spiritual and religious issues in counseling: Ethical considerations. *Family Journal: Counseling and Therapy for Couples and Families, 8*(1), 72–74.

Wiggins Frame, M. (2001). The spiritual genogram in training and supervision. *Family Journal: Counseling and Therapy for Couples and Families, 9*(2), 109–115.

Wilcoxon, A. (1991). Grandparents and grandchildren: An often-neglected relationship between significant others. In J. Veevers (Ed.), *Continuity and change in marriage and the family* (pp. 342–345). Toronto: Holt, Rinehart & Winston of Canada.

Williams, E., & Ellison, F. (1996). Culturally sensitive social work practice with American Indian Clients: Guidelines for non-Indian social workers. *Social Work, 41*(2), 147–151.

Williams, M., Grinnell, R., & Unrau, Y. (2005). Case-level designs. In R. Grinnell & Y. Unrau (Eds.), *Social work research and evaluation: Quantitative and qualitative approaches* (7th ed.) (pp. 171–184). New York: Oxford.

Williams, L., & Winter, H. (2009). Guidelines for effective transfer of cases: The needs of the transfer triad. *The American Journal of Family Therapy, 37,* 146–158.

Williamson, J., Softas-Nall, B., & Miller, J. (2003). Grandmothers raising grandchildren: An exploration of their experiences and emotions. *Family Journal: Counseling and Therapy for*

Couples and Families, 11(1), 23–32.

Winawer, H., & Wetzel, N. (2005). German families. In M. McGoldrick, J. Giordano, & N. Garcia-Petro (Eds.), *Ethnicity and family therapy* (3rd ed.) (pp. 555–572). New York: Guilford Press.

Wilson, P., & Bailey, D. (1990). Early intervention training related to family interviewing. *TECSE, 10*(1), 50–62.

Wolfe, D., Jaffe, P., Wilson, S., & Zak, L. (1988). A multivariate investigation of children's adjustment to family violence. In G. Hotaling, D. Finkelhor, J. Kirkpatrick, & M. Straus (Eds.), *Family abuse and its consequences* (pp. 228–243). Newbury Park, CA: Sage Publications.

Wolfe, D., Sandler, J., & Kaufman, K. (1981). A competency-based parent-training program for child abusers. *Journal of Consulting and Clinical Psychology, 49*(5), 633–640.

Wolfe, L. (2001). *Children, depression, and divorce.* (Unpublished doctoral dissertation). University of Calgary, Calgary, Alberta, Canada.

Wolin, S. (1993). *The resilient self: How survivors of troubled families rise above adversity.* New York: Villard Books.

Wolin, S. J., & Bennett, L. A. (1984). Family rituals. *Family Process, 23,* 401–420.

Wong, Y., Cheng, S., Choi, S., Ky, K., LeBa, S., Tsang, K., & Yoo, L. (2003). Deconstructing culture in cultural competence. *Canadian Social Work Review, 20*(2), 149–167.

Wood, K., & Geismar, L. (1986). *Families at risk: Treating the multiproblem family.* New York: Human Sciences Press.

Woodford, M. (1999). Home-based family therapy: Theory and process from "friendly visitors" to multisystemic therapy. *Family Journal: Counseling and Therapy for Couples and Families, 7*(3), 265–269.

Worden, M. (1994). *Family therapy basics.* Pacific Grove, CA: Brooks/Cole.

Worden, M. (2002). *Family therapy basics* (3rd ed.). Pacific Grove, CA: Brooks/Cole.

Wright, L., & Leahey, M. (1994). *Nurses and families: A guide to family assessment and intervention.* Philadelphia, PA: F. A. Davis.

Wycoff, S., Bacod-Gebhardt, M., Cameron, S., Brandt, M., & Armes, B. (2002). Have families fared well from welfare reform? Educating clinicians about policy, paradox, and change. *Family Journal: Counseling and Therapy for Couples and Families, 10*(3),

269–280.

Yalof, J., & Abraham, P. (2007). Personality Assessment in Schools. In S.R. Smith & L. Handler (Eds.), *The Clinical Assessment of Children and Adolescents: A Practitioner's Handbook*. Mahwah, NJ: Erlbaum. In Jordan, C. & Franklin, C. (2011), *Clinical Assessment for Social Workers: Quantitative and Qualitative Methods*. 3rd edition. Chicago: Lyceum Books. p. 181.

Young, M. (2004). Healthy relationships: Where's the research? *Family Journal: Counseling and Therapy for Couples and Families*, 12(2), 159–162.

Yuan, Y., & Rivest, M. (Eds.). (1990). *Preserving families*. Newbury Park, CA: Sage.

Ziomrk-Daigle, J. (2010). Schools, families, and communities affecting the dropout rate: Implications and strategies for family counselors. *The Family Journal*, 18, 377–385.

Zurvain, S., & Grief, G. (1989). Normative and child-maltreating AFDC mothers. *Social Casework*, 7(2), 76–84.

主题索引

A

ABCD design，ABCD 设计 291

AB design，AB 设计 291

Abusive relationships，虐待性关系 312，412，415，419，429-431，435

Academic achievements，学业成绩 275

Accreditation，standard for，评估，评估标准 457-459

Acculturation，文化适应 104

Active listening，积极倾听，226，407-408

Adaptation patterns，适应模式 320，322，325-326

A design，A 设计 291

Adolescence，青少年 123-125

Adoption law，收养法 32

Adoptive family，收养家庭 32

Advanced empathy，高级同理 232

Advocate role，倡导者角色 334

Affective blocks，情感障碍 324-325

Affective communication，情感交流 267

Affective involvement，情感投入与 151，264-266，375

Affective responsiveness，情感回应 266

Affective threats，情感威胁 265

Affiliative orientation，关系取向 111-114

African American families，非裔美国人家庭 27，32-33，102

    beliefs about family，structure，and kinship bonds，有关家庭、结构和亲属关系的信念 174

    children and child rearing，儿童和儿童养育 174

    cultural values，文化价值观 103

family assessment，家庭评估 272

family systems interventions，家庭系统干预 332-333

gender relations in communities，社区中的性别关系 56

spiritual orientation of，精神导向 58

Aging family，老龄化家庭 129-131

Alternative form method，替代性形式方法 284-285

Anger Diary and Rating Scale，愤怒日记和评级量表 296

Anglo families，英裔家庭 103

Antecedents，祖先 384

Antisocial children，反社会儿童 382

Appointments，约会 14，184，186，206，441-442，447

Asian American families，亚裔美国人家庭

family assessment，家庭评估 272-273

family systems interventions，家庭系统干预 333-334

spiritual orientation of，精神导向 58-59

Assertiveness training，果断性训练 380

Assigning homework，安排家庭作业 379

Attachment theory，依恋理论 82

Attending skills，关注技巧 226-227

Autism，自闭症 69

Autonomy，自治 60，87，123

Awareness，意识 37

B

Baby boomer generation，"婴儿潮"一代 32

Battered wife case study，受虐妻子个案研究 435

BB design，BB 设计 291

BC design，BC 设计 291

B design，B 设计 291

Beginning phase，开始阶段

basic interviewing skills，基本访谈技巧 216-217

core qualities of family social workers，家庭社会工作者的核心素养 228-235

defining problems with family，与家庭一起界定问题 210-211

dysfunctional behaviors to avoid in，要避免的功能紊乱行为 236-237

effective communications，有效沟通 220-228

effective interviews，有效会谈 217-220

engagement and assessment，投入和需求评估 206-216

establishing goals，确定目标 213-214

establishing social work contract，制定社会工作协议 214-216

interaction period，互动阶段 211-212

　　making contacts with family members，与家庭成员签约 208-209

Behavioral adjustment，行为调整 275

Behavioral assessment，行为评估 274

Behavioral control，行为控制，modes of，行为控制模式 269

Behavioral family social work assumptions，行为家庭社会工作假设 370-371

　　evidence base of，证据为本 380-382

　　principles and procedures，原则和程序 372-373

　　techniques，技术 373-380

　　types of measurements，测量工具类型 371-372

Behavioral Observation Rating Scale，行为观察评级量表 298

Behavior problems，行为问题 389-390

Belief systems，信仰系统 45，172，306，310，325

Biculturalism，二元文化 60

Birth order，出生顺序 95

Blended families，混合家庭 28，32，139-141

Body contact，身体接触 358

Body language，身体语言 222，226

Boomerang children，返巢一族 109

Boomerang phase，返巢阶段 128-129

Boundary，界限，defined，界定的界限 85

Bowen's theory，Bowen 理论，differentiation of self，自我分化 98

C

Canadian Association of Social Work Education（CASWE），加拿大社会工作教育协会 457

Care，照顾，continuity of，社区照顾 270

Case-level design，个案层面设计 290-293

Case study，个案研究

　　battered wife，受虐妻子 435

　　client confidentiality，服务对象保密制度 201

　　defining problems with family，与家庭一起界定问题 210

　　diverse family structures，多元化的家庭结构 145

　　equalizing family roles，均衡的家庭角色 425

　　ethnic minorities，少数族裔 275

　　evaluating couple work，评估夫妻工作 429

　　family assessment，家庭需求评估 241-242

　　family social work contract，家庭社会工作协议 214

　　focusing on children，聚焦儿童 394

　　genograms，家谱图 277

illustrating a family's problems with boundaries，说明家庭问题的界限 88

incorporating everyone's perspective，融入个人观点 394

looking for strengths，寻找优势 308

multiple perspectives，多元视角 394

narrative family approach，叙事家庭方法 366

needs of a family，家庭需要 12

parent training. 亲职训练 388

preparing for the first visit，准备首次家访 203

psychoeducation，心理教育 393

quantitative assessment，定量需求评估 301

strategies in working with strengths，优势视角工作策略 308

structural family therapy，结构家庭治疗 362

termination of family social work，家庭社会工作结案 451-452，456

transition，转型 114

working with diverse family structures，与多元家庭结构开展工作 145

working with other helpers，与其他助人者合作 331

CASSW standards for accreditation，加拿大社会工作教育协会评估标准 458-459

Catholicism，天主教义 58

Chaotic behavior patterns，混沌行为模式 269

Child compliance，儿童顺从，teaching，教导儿童顺从 375-380

Child development，儿童发展，assessment of，儿童发展的需求评估 270

Child Protective Services，儿童保护服务 43，203

Child resistance，儿童抵抗 168

Chinese families，华人家庭 102

Christianity，基督教 35

Christians，基督徒，gender and marriage ideals，性别和婚姻理想 35

Circular causality，循环因果关系 69，79-84

Circular patterns，环形模式 319-322

Circular questions，循环问题 322-323

Circumplex Model，环状模式 152，264

Client autonomy，服务对象自治 309

Client readiness for intervention，服务对象准备就绪接受干预 300

Client resistance，服务对象的抵抗 313

Code of Ethics，职业伦理 11

Cognitive restructuring，认知重建 325

Collaborative problem solving，合作式问题解决 267

Colonization，殖民化 46，48，56-57，172，273

Common pitfalls，常见陷阱，of social workers，社会工作者常见陷阱 236

Communication/experiential approach，沟通/体验式方法，to social work，在社会工作中运用 355-359

Communication processes，沟通过程

    affective，情感性 267

    beginning phase，开始阶段，of family social work，家庭社会工作开始阶段 220-228

    couples work，夫妻工作 405-406

    effective，有效的，family social workers，有效的家庭社会工作者 220-228

    within family，家庭内部 267

    healthy，健康的 405-406

    instrumental，工具性 267

Community-based family work，社区为本的家庭工作 11

Community involvement，社区参与 276

Complexity，复杂性 248-249

Conceptual skills，概念性技术 5

Confidentiality，保密 200-202

Conflict Avoidance Self-Anchored Scale，冲突回避自锚量表 297

Confrontation，对质，levels of，不同层次的对质 345-347

Conjugal rights，夫妻权力 422

Consequences，后果，of behavior，行为后果 372-373

Construct validity，建构效度 288-289

Content validity，内容效度 286-287

Contextual approach，语境方法，to social work，在社会工作中的运用 7

Contingency contracting，治疗协议 380

Continuity of care，持续照顾 270

Contracting，协议 348，380

Coordinator，协调者，family social worker as，家庭社会工作者 400-401

Coping and defense mechanisms，应对和防御机制 274

Core qualities，核心素质，of effective social workers，有效社会工作者的核心素质 228-235

Council on Social Work Education（CSWE），社会工作教育协会 457

Countertransference，反移情作用 227

Couples work，夫妻工作 404-405

    communication for，沟通 405-406

    listening and empathizing，倾听和同理心 406-407

    use of "I" statements，运用"我"表述 407

Crisis intervention，危机干预 13，16-17，348-349

Criterion-related validity，标准相关效度 287-288

Cronbach's alpha，科伦巴的阿尔法 285-286

Cultural competency，文化能力 179

Cultural identity，文化认同 171

Cultural sensitivity，文化敏感性 35

Culture，文化，influence on family，对家庭的影响，102-104，171-179

D

Dating，约会 112

Death，死亡，impact on family，对家庭的影响 142-143

Defense mechanisms，防御机制 274，396

Density，密度 248

Dependency，依赖，avoiding，避免依赖 312-313

Detriangulation，去三角化 326-328

Developmental stages，发展阶段

in family，家庭中发展阶段 107-131

boomerang phase，返巢阶段 128-129

child birth and parenthood，子女出生和亲职 114-119

issues of elderly，老人问题 129-131

launching stage of young people，子女独立生活阶段 125-128

marriage/partnering/pair bonding/ affiliative orientation，结婚/为人父母/夫妻关系/情感导向 111-114

preschool children，学前儿童，parenting of，学前儿童的教养 119-120

school-aged children，学龄儿童，parenting of，学龄儿童的教养 120-122

teenagers，青春期儿童，parenting of，青春期儿童的教养 123-125

Differentiated people，差别化人群 98

Direct behavioral observation，直接行为观察 293，297-298

Disabilities，残疾 21，115，245，270-271

Discrimination，歧视 44

Disengaged families，分裂家庭 87

Diverse family structures，不同的家庭结构 31-33，145

Division of labor in families，家庭的劳动分工 424

Divorce and separation，离婚与分居，impact on family，对家庭的影响 131-136

Divorce rates，离婚率 36，132，143，424

Domestic violence，家庭暴力 79，87，428

factors contributing，影响因素 429-431

intervention in families suffering from，对遭受家庭暴力家庭的干预 431-435

Dropouts，中途退出 442-444

Dysfunctional behaviors，功能紊乱行为 236-237

E

Ecological approach，生态方法 7，18-21，85

Ecological assessment，生态需求评估 244-248

Ecological interventions，生态干预 351-352

Ecological validity，生态效度 13

Ecomap，生态图 261-262

Effective interviews，有效访谈，guidelines for，有效访谈指南 217-220

Emergency emotions，突发情感 266

Emotional assessment，情感需求评估 273

Emotional climate，情绪气氛 248

Empathy，同理心 231-232

Empty nest，空巢 125

Enabler，使能者，family social worker role as，家庭社会工作者作为使能者的角色 340

Enactment，实施 358，362

Engagement skills，建立关系技巧 11

Enmeshed relationships，纠结性关系 87

Environmental support，环境支持，for family，给家庭提供的环境支持 28，85

Equivalent form method，等价式方法 285

Ethnic minority cultures，少数族裔文化 60

Exosystem，外部系统 164-165

Extended family，扩大家庭 31-32，86

External inhibitors，外部抑制性因素 168

External resources，外部资源，mobilization，动员 326

Extinction，消灭 376

F

Face validity，表面效度 287

Factorial validity，因素效度 289

Families as social systems，作为社会系统的家庭

    family as a whole，家庭作为整体，73-74

    family's response to change，家庭对变化的回应 72-73

    homeostasis，家庭内衡，concept of，家庭内衡的概念 75-79

    interactions circularity，互动性因果关系，among members，家庭成员之间的互动性因果关系 79-84

    subsystems in relationship，关系中的子系统 84-85

Familismo，家庭主义 47，52

Family activities and rituals，家庭活动和仪式 103

    adaptation，适应 96

    adoptive，收养 32

    beliefs about，信念 60-65

    blended，混合 32

    cultural dimensions of，文化面向 44-60

    definition of，定义 25-27，33-36

    diversity，多元性 36-43，166

    extended，扩大 31-32，86

forms in colonial and pioneer times，在殖民和拓荒时代 27

foster，收养 32

groupings，组群 20-23

North American family structures，北美家庭结构 27

of orientation/origin，原生 31

problems contribute to the breakdown of，导致家庭解体的问题 30

of procreation，生育 31

purposes of，目的 28-30

religion and，宗教和家庭 35

rituals，仪式 174

rules，规则 88-90

sculpture，雕塑 263

single-parent，单亲 32-33

supportive environment for，支持性环境 28，85

traditional，传统 27

Family assessment，家庭需求评估 74

of child development，儿童发展 270

client readiness for intervention，服务对象愿意接受干预 300

community involvement，社区参与 276

context of，情境 241-249

of diverse families，多元家庭 271-276

ecological assessment，生态需求评估 244-248

ecomap，生态图 261-262

family categories schema，家庭类型计划 265-269

family ecological environment，家庭生态环境 251-252

of family functioning，家庭功能性 264-265

family history，家史 250-252

family internal functioning，家庭内部功能性 250-251

family life cycle，家庭生命周期 251

issues for African American families，非裔美国人家庭问题 272

issues for Asian American families，亚裔美国人家庭问题 272-273

issues for Hispanic American families，拉美裔美国人家庭问题 272

issues for Native American families，美国印第安人家庭问题 273

parent-child relationship，亲子关系 271，274

of parenting skills，育儿技巧 269-271

peer interactions，同伴互动 276

purpose of，目的 244

qualitative techniques，质性技术 248-252

relationship with members，与家庭成员关系 274

school adjustment and achievement，学校适应和学业表现 274-275

steps in，步骤 242-243

visual techniques，视觉技术 253-264

Family boundaries，家庭界限 85-90，141

illustrating a family's problems with，说明家庭问题 88

Family Categories Schema，problem solving with，家庭类型计划，解决问题 265-266

Family-centered approach to social work，社会工作家庭为本的方法 5-6，15-16

Family development，家庭发展

developmental stages，发展阶段 107-131

family life cycle，家庭生命周围 101-107

life cycle disruptions，生命周期中断 131-145

Family involvement and interdependence，家庭参与和互相依赖 165

Family meetings，家庭会谈

accommodating family needs，满足家庭需求 186-187

assessing client needs，评估服务对象需求 195-197

disruptions，handling of，中断，处理 190-191

first appointments，首次约会 184-185

including children，让孩子参与 188-190

preparation for，准备 187-188

safety considerations，安全考虑 191-194

telephone follow-up，电话跟进 191

travel time，路途时间 185-186

what to wear，着装 188

Family membership，家庭成员身份 25

and stability，稳定性 165

Family partnership and empowerment，家庭伙伴关系和赋权 165

Family psychoeducation assumptions，家庭心理教育假设 391-392

evidence base for，证据基础 393

principles and procedures，原则和程序 392

techniques，技术 392-393

Family relationships，家庭关系 71，74

intergenerational，跨代 103

internal，内部 87

power imbalances in，权力失衡 418-419

Family resilience，家庭抗逆力 154-157

factors influencing，影响因素 159-161

individual factors influencing，个体影响因素 158-159

Family sculpting，家庭雕塑 358

Family social work 家庭社会工作

　　assumptions of，假设 13-23

　　building a relationship with clients，与服务对象建立关系 197-199

　　confidentiality，保密，protection of，保护保密性 200-202

　　defined，定义 2-6

　　family therapy and，家庭治疗与家庭社会工作 8-9

　　family unit as client，家庭单位作为服务对象 5-6

　　field of，6-8

　　guiding principles of，指导原则 65-66

　　objectives，目标 3

　　orientation of clients，服务对象导入 199-200

　　in practice，实务中 9-11

　　in social context，处在情境中 7

Family social workers，家庭社会工作者 3-4

　　in assisting families of substance abusers，协助有药物滥用者的家庭 400-401

　　basic interviewing skills，基本的访谈技术 216-217

　　core qualities of，核心素质 228-235

　　effective communications，有效沟通 220-228

　　in repairing systemic dysfunction，修复系统性功能紊乱 8-9

　　roles and objectives of，角色和目标 338-341

　　understanding of families，理解家庭 38

　　understanding of family homeostasis，理解家庭内衡 75-79

Family structures，家庭结构 31-36

　　across North America，北美各地 37

Family support and responsibilities，家庭支持和责任 165

Family system disruptions，家庭系统中断 95-97

Family systems interventions，家庭系统干预

　　with African American families，非裔美国人家庭 332-333

　　with Asian American families，亚裔美国人家庭，333-334

　　avoiding dependency，避免依赖 312-313

　　clients' autonomy，服务对象自治 311-312

　　clients' resistance，服务对象的抵制 313

　　culturally sensitive practice，文化敏感的实务 309-311

　　defining problems，界定问题 315-318

　　detriangulation，去三角关系 326-328

　　ecological intervention，生态系统干预 314-315

　　effective assessment and，有效的需求评估 305-306

family needs，家庭需要 311

    with Hispanic American families，拉美裔美国家庭 333

    for involunltary clients，非自愿服务对象 328-332

    with minorities，少数族裔 332-334

    with Native American families，印第安人家庭 334

    professional distance，专业距离 313-314

    realistic perspective，现实主义视角 307，314

    skills for conducting，主持的技巧 324-326

    strategies in working with strengths，优势视角开展工作的策略 306-315 strengths-based，优势为本，残疾优势为本视角，to family social work，运用到家庭社会工作中

    working with circular patterns，处理因果模式 319-323

Family systems theory，家庭系统理论 68

    attributes，defined，确定的特质 69

    central concepts within family systems thinking，家庭系统思维中的核心概念 72-85

    feminist perspective，女性主义视角 415-418

    objects，defined，确定的目标 68

    pejorative and blaming concepts，轻蔑性和指责性概念 69

    relationship，defined，确定的关系 69，71

    subsystems within family systems，家庭系统中的子系统 90-98

    understanding the family as a system，理解家庭是个系统 69-71

Family therapy，家庭治疗 3，6-9

Family time line，家庭时间线 263-264

Family values，家庭价值观 26

    conjugal and parental rights，夫妻和父母权力 422

    privacy，隐私 420-421

    stability，稳定性 421-422

Family vulnerability，家庭脆弱性 166

Feedback，反馈 248

First child，第一个孩子

    birth，出生 114-119

First visit，首次家访 preparing for，准备 203

Flexible behavior patterns，灵活的行为模式 269

Follow-up measurement，跟进测量 293

Foster family，寄养家庭 32

Framework，框架 69

G

Gay and lesbian families，男女同性恋家庭 408-409

Gay，lesbian，bisexual，and transsexual（GLBT）people，男女同性恋、双性恋和变性者人群 128

Gay or lesbian couple，男女同性恋夫妻 36，101，109，111，410-411

Gender roles and expectations，性别角色和期望 103-106，175，422-423

Gender-sensitive intervention，性别敏感的介入 412-414

    recommendations for，建议 426-428

Gender-sensitive perspective，性别敏感视角 412

    ecological orientation of，生态取向 419

    feminist perspective，女性主义视角 415-418

    historical context，历史背景 415

    problem solving within，问题解决 414

Genograms，家谱图 98，248-249

    children and birth symbols，子女和出生符号 256

    common symbols，普通符号 255-260

    construction of，结构 254-255

    definition of，定义 253

    details，细节

    representation of，表示法，257

    relational and generational lines，亲属线和代际线 256-257

    relationship lines，关系线 258-259

    uses of，运用 254

Genuineness，真诚 234-235

Goal Attaiament Scale（GAS），目标达成量表 294-295

Goal setting，目标设定 213-214，439-440

Good enough parent，良好父母 64

Good-faith contract，诚信的协议 348

Grandparenting，祖父母 31，143-144

Growth-enhancing family relationships，成长优化的家庭关系 74

H

Healthy communication，健康沟通方式 405-406

Heterosexism，异性恋 408

Hietarchy of needs（Maslow's），马斯洛的需求层次 37，66-67，246-248

Hispanic American families，拉美裔美国人家庭

    family assessment，家庭需求评估 272

    family systems interventions，家庭系统干预 333

Home-based family work，住宅为本的家庭工作 4，11，13-15

    advantages，优点 14

    delinquent adolescents and，出轨青少年 14

    as training grounds for children's social adjustment，给儿童社会适应提供培训 14

Homeostasis，内衡 75

Home visits，家访 15

Homework，家庭作业 10，73，80-81，122，125，191，206，266，298，317，322，326，348，375-376，379，387，399

Homework-free zones，无家庭作业 122

Homophobia，对同性恋恐惧 408

Homosexuality. 同性恋，*See* Gay or lesbian couple，参见男女同性恋群体

I

Immigrant families，移民家庭 97

Immigration，移民 29，51，53，56，97，101，245，273

　　influence on family，对家庭的影响 103-104，106-107，173

Index of Family Relations（IFR），家庭关系指数 299

Index of Family Relationships Scale，家庭关系指数量表 282-283

Indigenous or native peoples，原住民或土著 37

Individualism，个人主义 47，56，88，172，175，229

Individual needs，个人需要 30

Individuation，个别化 268

Industrial Revolution，工业革命 28

Instrumental communication，工具性沟通 267

Instrumental threats，工具性威胁 265

Intergenerational family relationships，隔代家庭关系 103

Internal consistency，内在一致性 285-286

Internal family relationships，内部家庭关系 87

Internal inhibitors，内部抑制性因素 167-168

Internet dating，网络约会 112

Interpersonal sensitivity，人际敏感性 179

Intervention phase，干预阶段

　　choosing an approach，选择一个视角 338

　　communication/experiential approach，沟通性/体验式视角 355-359

　　confrontation，对质 345-347

　　contracting with client，与服务对象签约 348

　　of crises，危机 348-349

　　ecological，生态 351-352

　　focusing on issues，聚焦问题 344

　　listening technique，倾听技术 342

　　narrative family approach，叙事家庭技术 363-366

　　observation technique，观察技术 341-343

　　problem-solving，问题解决 349-351

　　reframing，重新设界 347

roles and objectives of family social worker，家庭社会工作者的角色和目标 338-341

solution-focused approach，解决方案为本的方法 352-355

structural family therapy，结构性家庭治疗 359-363

use of examples，使用案例 344

using metaphor，运用借喻 348

Intervention skills，干预技术 324-326

Intervention techniques，干预技术

confrontation，levels，不同层面的对质 345-347

contracting，签约 348

focusing，聚焦 344

observing，观察 341-343

reframing，重新设界 347

using examples，运用案例 344

using metaphor，运用借喻 348

Interviewing skill，访谈技术 216，228，310

Intimacy，亲密关系 227

Involuntary clients，非自愿服务对象 328-332

Irish families，爱尔兰家庭 103

Islam，伊斯兰 55

"I" statements，"我"表述 407

Italian families，意大利家庭 103

J

Japanese family，日本家庭 103

K

Kinship group，亲属群体 30

L

Laissez-faire behavior patterns，放任行为模式 269

Language，语言 115，121，165，173，178，209，221-222，272-273，308-309，333，338，353，364，391，408

Latino families，拉美裔家庭 103，108

Launching stage，子女独立生活阶段 125-128

Leaving-returning-leaving cycle，离家—回归—离家循环 128-129

Lesbian couples，女同性恋夫妻 101，109，410-411

Levels of Confrontation，对质的不同层次 346-347

Life cycle，生命周期

developmental stages in，发展阶段 107-131

family diversity across the，生命周期中的家庭多元性 102-107

issues and cultural rituals related to，与生命周期有关的问题和文化仪式 54-55

variations affecting，影响变化 131-144

Lineal questions，线性问题 322-323

Linear causality，线性因果关系 80

Linear communication，线性沟通 222

Lived religion，有生命力的宗教 concept of，概念 57

Lumosity，光明 457

M

Machismo，男子气概 56

Macrosystem，宏观系统 165-166

Maladaptive patterns，适应不良模式 320-321，324

Marianismo，女子气概 56

Marriage，婚姻 113

Marriage/partnering/pair bonding/affiliative orientation，婚姻/伴侣/夫妻关系、情感导向 111-114

Maslow's Hierarchy of Needs，马斯洛的需求层次 246-247

Mediator，调解人，family social worker role as，家庭社会工作者作为调解人角色 340

Mesosystem，中观系统 162-164

Metacommunication，元沟通 266，406

Metaphors，隐喻 69，348

Mexican-American families，墨西哥裔美国人家庭 103

cultural values，文化价值观 103

gender roles，性别角色 175

spiritual orientation of，灵性导向 58

Microsystem，微观系统 157-162

Middle-class white women，中产阶级白人妇女 27

Migration. 移民，*See* Immigration Minority cultures, characteristics of，参见移民，少数族裔文化，特点 60

Minority families，少数族裔家庭 interventions with，干预 332-334

Minority groups，少数族裔群体 60

Mobilizer，动员者 family social worker role as，家庭社会工作者作为动员者角色 340

Modeling，示范 378

Multigenerational transmission concept，多代传递概念 97-98

Multiple perspectives，多种视角，case study，个案研究 394

N

Narrative family approach，叙事家庭方法 to social work，在社会工作中运用 363-366

National Network for Family Resiliency，全国家庭抗逆力网络 165

Native American families，美国土著家庭 86，88

beliefs about family, family structure, and kinship bonds，有关家庭、家庭结构和亲属关系的信念 174

children and child rearing，儿童和儿童养育 174

    family assessment，家庭需求评估 273

    family systems interventions，家庭系统干预 334

    gender relations in communities，社区中的性别关系 56

    social values，社会价值观 56

Negative reinforcement，负强化 375-376

Nonpossessive warmth，非占有性温暖 233-234

"Normal," defining from different angles，不同角度定义的"正常化" 39-40

Nuclear family，核心家庭 27

Nurturer，养育着 family social worker role as，家庭社会工作作为养育者角色 400

O

Office-based family social work，办公室为本的家庭社会工作 4

Office-based family therapy，办公室为本的家庭治疗 13

Older parents，issues for，年迈父母，面临的问题 129-131

On-the-spot intervention，现场干预 16

Optimal family roles，最理想的家庭角色 268

Optimistic beliefs，乐观信念 307

Orientation，导向

    affiliative，亲和力取向 111-114

    family of，家庭取向 31

    sexural，性取向 408-410

P

Pair bonding，夫妻关系 108-109，111-113

Parallel forms method，并联形式方法 285

Parental rights，父母权力 420，422

Parental subsystems，父母子系统 91

Parent-child conflict，亲子冲突 389-390

Parent-child interaction，亲子互动 17-18

Parent-child relationship，亲子关系 129

    assessment，需求评估 271，274

Parentification of a child，孩子的父母认同 85

Parentified children，亲职化儿童 86

Parenting skills，亲职技巧 4-5

    grandparents，祖父母 143-144

    teaching，传授 17

Parenting skills training，亲职技巧培训

    assisting parents in setting rules，协助父母订立规则 390

    assumptions，假设 383-384

　　avoiding pitfalls in behavioral interventions，避免行为干预中的陷阱 390-391

　　principles and procedures，原则和程序 384-387

　　for tackling behavioral problems，处理行为问题 389-390

　　for tackling parent-child conflict，处理亲子冲突 389-390

　　techniques，技术 388-389

Parent-parent-child triangle，父—母—子女三角关系 95

Partnering，寻找伴侣 55，174-175

Pathology-based words，病理学术语 308

Patriarchal values，父权制价值观 34，56，137

Peer relationships，同辈关系 276

Perceptual skills，感知性技术 5

Person-in-environment（PIE），approach，人在情境中方法 7-8，19，85

Physical assessment，身体检查 273

Physical space，demarcation of，物理空间，特点 197

Physical touch，身体接触 358

Polygamy，一夫多妻 34

Positive reinforcement，正强化 375

Power imbalances，权力失衡 in family relationships，家庭关系中 418-419

Preschool children，parenting of，学龄前儿童，养育 119-120

Privacy，隐私 14，19，119，168，186，190，199，420-421

Problems，问题，defined，界定的问题 315-318

Problem-solving approach，问题解决方法 to family social work，运用到家庭社会工作中 11，349-351

　　gender sensitive intervention perspective，性别敏感的干预视角 414

　　stages of，阶段 350

Procreation，生殖 family，家庭 31

Professional distance，职业距离 313-314

Psychological adjustment，心理调适 273-275

Puerto Ricans，波多黎加人 56

Punctuation，标点 80-81，84，221

Punishment，处罚 376

Q

Qualitative assessment，质性需求评估 239-241

Qualitative techniques，质性技术 for family assessment，运用到家庭需求评估中 249-252

Qualitative tools，质性工具 243，292

Quantitative assessment，定量需求评估

　　direct behavioral observation，直接行为观察 297-298

　　framework for incorporating，合并框架 290-295

　　measurement instrument，测量工具，selection of，选择 282-283

definitions of，定义 149-150

family，家庭 154-157

qualities of，特质 153-154

risk factors and，危险因素 167-170

Responsiveness，回应，affective，情感性回应 266

Rigid behavior，严格行为 269

Rigid families，严厉家庭 87，109

Risk，ecological，危险，生态系统 157

Rituals，仪式 58

Role behavior，角色行为 268

Role differentiation，角色差异 85

Role-playing，角色扮演 195，358，377

Roman Catholicism，天主教 58

Rule setting，规则设定 378

S

Same-sex couples，同性夫妻 social work with communications approach，社会工作沟通模式 411

understanding sexual orientation，理解性取向 408-410

Sandwich generation，三明治一代 105

Scaffolding，of social support，社会支持脚手架 163

Schizophrenia，精神分裂症 69

School adjustment and achievement，学校适应和成绩 274-275

School-aged children，学龄儿童，parenting of，养育 120-122

Sculptures，雕塑 family，家庭 263

Self-anchored instruments，自锚工具 296-297

Self-Anchored Scale for Depression，抑郁的自锚量表 297

Self-awareness，自我意识 227-228

Self-control training，自我控制训练 379

Self-determination，自决 311-312

Self-expression，自我表达 173

Self-monitoring instruments，自测工具 296-297

Self-report statement，自我报告表述，related to problem solving，与问题解决关系 265-266

"Self-sufficient" families，自给自足家庭 87

Separation/divorce，分居/离婚，impact on family，对家庭的影响 131-136

Sexual abuse，性虐待 risk of，危险性 86，95

Sexural orientation and families，性取向与家庭 408-410

Sibling generalization，手足普遍化 16

Sibling relationships，手足关系 94-95

Sibling rivalry，手足之争 94

Sibling subsystem，手足子系统 94-95

Single-parent families，单亲家庭 32-33，103，137-139

Social belonging，社会归属感 57

Social class，社会阶级 influence on family，对家庭的影响 104-105

Social environment. 社会环境

    family roles and responsibilities in，家庭角色和责任 21

    features of，特点 7

Socialization，社会化 422-423

Social needs，社会需求 30

Social Networks and Online Worlds（SNOWS），社会网络和网络世界 457

Solution-focused approach，解决方法为本方法，to social work，在社会工作中的运用 352-355

Spiritual genogram，灵性家谱图 177

Spirituality，灵性 56-59，175-177

Spirituality and family resilience，灵性和家庭抗逆力 175-178

Split-halves method，分半方法 285

Spousal subsystems，夫妻子系统 91

Stability，稳定，in family，家庭中问题 75-79

"Stages of change" model，"变化的阶段"模式，for handling alcoholics，用来处理酗酒问题 97

Stepfamilies. 再婚家庭，*See* Blended families Stepparenting，impact on family，参见混合家庭，再婚
    父母，对家庭的影响 139-141

Strategic questions，策略性问题 323

Strengths-based approach，优势为本的方法，to family social work，在家庭社会工作中的运用 6，11，
    318-319

Strengths-based practice，优势为本实务 147-149，179-180

Strengths-based words，优势为本术语 308

Stress reduction，压力缓解 380

Structural family therapy，结构家庭治疗 359-363

Substance abuse，药物滥用 395-396

    interventions in families with substance abusers，干预药物滥用家庭 399-400

    interventions with children of substance abusers，干预药物滥用家庭子女 397-398

    roles of family social worker，家庭社会工作者角色 400-401

Suffering，痛苦 57-58

Suicide，自杀 impact on family，对家庭的影响 96，142，318

Symptom bearer，症状表现者 73

Systemic family work，系统家庭工作 69

T

"Teachability" of families，家庭的"可教育性" 17-18

Teacher/trainer，教师/培训者，family social worker as，家庭社会工作者作为教师和培训者的角色

340，400

Teenagers，青春期孩子，parenting of，养育 123-125

Telephone follow-up，电话跟进 191

Termination phase，结束阶段

    checklist of tasks for，任务清单 454-455

    and dropouts，中途退出 442-444

    evaluating results of work，工作结果评估 455

    ideal time to terminate family work，结束家庭工作的最佳时间 439

    planning for，计划 440-441

    practical steps，实务步骤 444-447

    premature，不成熟 442-444

    reactions to，反应 441-442

    referral to other professionals，转介给其他专业人士 452-453

    social workers，社会工作者，reaction of，反应 440

    steps for，步骤 447-451

    timing of，时机 452

Test-retest method，再测方法 284-285

    "them-*versus*-us" mentality，"他们与咱们"心态 44

Therapeutic alliance，治疗联盟 197

Threshold effect，门槛效应 17

Time lines，时间线 family，家庭 179，243，253，271

Time-outs，暂停方法 17，376-377，387

Touching，接触 233-234

Traditional family，传统家庭 impact of disintegration of，对解体的影响 26

Transference，移情 227

Transition，转型 case study，个案研究 114

Treatment planning，治疗计划 300-301

Triangulation，三角关系 91-94，140

U

Ugly stepfathers，丑陋的继父 139-141

V

Validity of instrument，工具的效度 286-289

    concurrent validity，共时效度 288

    construct validation，构想效度 288-289

    content validity，内容效度 286-287

    criterion-related validity，标准关联效度 287-288

    face validity，表面效度 287

    factor composition of measures，测量工具的因素构成 289

predictive validity，预测效度 288

Values 价值观

cultural，文化的 102-104，171-179

family，家庭的 420-422

patriarchal，父权制的 34，56，137

professional，专业的 458

religious，宗教的 48，173

social，社会的 56，163，165-166，175，420

societal，社会 420

work，工作 137，311，458-459

Vanier Institute of the Family，文尼亚家庭研究所 33

Verbal attending skills，口头关注技巧 226

Violence，暴力，domestic. 家庭的，*See* Domestic violence，参见家庭暴力

Violence，暴力 family values and，家庭价值观与暴力 420-422

Visual attending skills，视觉关注技巧 226-227

Visual techniques 视觉技术

ecomap，生态图 248-249，261-262

family drawing，家庭图画 262-263

family sculpture，家庭雕塑 263

family time line，家庭时间线 263-264

genogram. 家谱图，*See* Genograms，参见家谱图

W

Welfare emotions，福利情感 266

Wheel of Wellness model，福利之轮模型 151

Women，妇女 125. *See also* Gender-sensitive perspective

in a blended family，参见混合家庭中性别敏感视角 32

in family life cycle，家庭生命周期 109，111，113，116-118

historical role of，历史角色 415

during Industrial Revolution，工业革命时期 28

Latino，拉美裔 42，103

lesbian，女同性恋 408-409

and marriage，与婚姻 113，128

middle-class white，中产白人 27

midlife，中年 127

mortality rates of during childbirth，分娩期的死亡率 28

in patriarchal system，父权制系统下 85

and religion and spirituality，宗教与灵性 177

separation and divorce，分居与离婚 131-136

social changes affecting，社会变化的影响 105-106

social support and，社会支持 20-21

as social workers，作为社会工作者 7

in the United States，在美国 41-42

workforce participation，参与劳动大军 122，131

Worker-family communication，工作者—家庭沟通

for identifying problems，发现问题 196

Worldview，世界观 172

Y

Young people，青年人 launching stage of 子女独立生活阶段 125-128

后　记

　　经过五年的辛勤劳作，《家庭社会工作》终于要出版了。本书第三版的翻译工作始于2011年，三年后完成了译稿，提交出版社后，出版社又给我提供了第四版的外文原版样书。我研读后，发现作者改动很多，需重新翻译，于是又开始了新版本的翻译工作。正如作者在序言中所述，与第三版相比，第四版的变化非常大。本书作为北美很多高校社会工作专业的教科书，深受学生和服务机构从业人员的欢迎，第四版就是在收集了大量来自高校和实务工作者反馈建议的基础上，在篇目结构和内容上做了非常大的增补和删减。译稿完成后，我非常认真地通读了几章，觉得与第三版相比，内容充实了很多，体例安排上也更有利于教学和实务工作，因此，深感五年的付出是值得的。

　　《家庭社会工作》一书具有这样几个特点。第一，清楚地界定了家庭治疗与家庭社会工作之间的界限；第二，明确阐述了家庭社会工作的理论、基本原则和价值立场；第三，系统介绍了家庭社会工作的程序、步骤和技术；第四，提供了大量丰富的案例，便于读者进一步理解和掌握家庭社会工作的理论、方法和价值取向。从内容和体裁上来看，本书作为一本教材和实务指南，是非常合适的。

　　近年来，党中央提出了要加强家庭建设，大力发展家庭教育。2016年的全国妇联改革方案，把"儿童工作部"更名为"家庭和儿童工作部"，凸显了妇联组织在家庭服务和家庭教育中的功能。所有这些都表明，在未来的发展中，党和政府、群团组织将会把家庭建设、家庭教育和家庭服务放到重要位置。这些新的发展趋势，给社会工作专业教育和服务，特别是家庭社会工作教育和服务提供了广阔的空间和平台。如何开展和加强家庭社会工作专业教育，如何推进家庭社会工作专业服务，成为社会工作专业教育和实务工作者需要回答的问题。因此，我特别希望本书能够对高校的社会工作教育，特别是社会工作硕士专业学位（MSW）教育有所助益，对众多的社会工作服务机构、社会组织，特别是家庭服务中心和家庭儿童服务中心在开展家庭社会工作服务时有所启发。当然，我也深知，这些知识是否对中国社会工作教育界和实务界有指导作用，还有待广大读者的检验。

本书的出版，得到了很多人的支持和帮助，在此一并致谢。感谢中国人民大学出版社人文分社的潘宇社长对我们这套翻译丛书的支持，感谢宋义平、盛杰的辛勤付出。感谢我的研究生们对我日常工作的协助和分担，使我有更多的时间专注于我的翻译工作，他们是：张石兰、王宇、郦苑珽、张小红、唐佳、段显丹、李祎瑶、石文君、张丹妮和熊化婷。我也希望本书能够为他们未来的职业发展和家庭幸福提供帮助。

最后，我要特别感谢我的家人，尤其是我的父母、丈夫、女儿和女婿，他们无条件的支持、关爱和鼓励，伴随着我在学术道路上一直走下去。

刘梦

2017 年 12 月

图书在版编目（CIP）数据

家庭社会工作：第四版/（加）唐纳德·柯林斯（Donald Collins），（美）凯瑟琳·乔登（Catheleen Jordan），（加）希瑟·科尔曼（Heather Coleman）著；刘梦译 .—北京：中国人民大学出版社，2018.1
（社会工作实务译丛）
书名原文：An Introduction to Family Social Work（4th edition）
ISBN 978-7-300-24170-8

Ⅰ . ①家… Ⅱ . ①唐… ②凯…③希…④刘… Ⅲ . ①家庭社会学—研究 Ⅳ . ①C913.11

中国版本图书馆 CIP 数据核字（2017）第 024134 号

社会工作实务译丛

主编 刘 梦 副主编 范燕宁

家庭社会工作（第四版）

［加］唐纳德·柯林斯（Donald Collins）
［美］凯瑟琳·乔登（Catheleen Jordan） 著
［加］希瑟·科尔曼（Heather Coleman）
刘 梦 译

Jiating Shehui Gongzuo

出版发行 中国人民大学出版社		
社 址 北京中关村大街 31 号	**邮政编码** 100080	
电 话 010 - 62511242（总编室）	010 - 62511770（质管部）	
010 - 82501766（邮购部）	010 - 62514148（门市部）	
010 - 62515195（发行公司）	010 - 62515275（盗版举报）	
网 址 http://www.crup.com.cn		
http://www.ttrnet.com（人大教研网）		
经 销 新华书店		
印 刷 北京七色印务有限公司		
规 格 185mm×235mm 16 开本	**版 次** 2018 年 1 月第 1 版	
印 张 33 插页 2	**印 次** 2018 年 1 月第 1 次印刷	
字 数 680 000	**定 价** 108.00 元	

Supplements Request Form（教辅材料申请表）

■ Lecturer's Details（教师信息）			
■ Name： （姓名）		Title： （职务）	
■ Department： （系科）		School/University： （学院/大学）	
■ Official E-mail： （学校邮箱）		Lecturer's Address/Post Code： （教师通信地址/邮编）	
■ Tel： （电话）			
■ Mobile： （手机）			

■ Adoption Details（教材信息）　　　原版☐　　　翻译版☐　　　影印版☐	
■ Title：（英文书名） Edition：（版次） Author：（作者）	
■ Local Puber： （中国出版社）	

Enrolment： （学生人数）	Semester： （学期起止日期时间）	

■ Contact Person & Phone/E-Mail/Subject：
（系科/学院教学负责人电话/邮件/研究方向）
（我公司要求在此处标明系科/学院教学负责人电话/传真及电话和传真号码并在此加盖公章）

教材购买由我☐　我作为委员会的一部分☐　其他人☐〔姓名：　　　〕决定。

Please fax or post the complete form to（请将此表格传真至）：

CENGAGE LEARNING BEIJING
ATTN：Higher Education Division
TEL：(86) 10-82862096/ 95 / 97
FAX：(86) 10-82862089
ADD：北京市海淀区科学院南路 2 号
融科资讯中心 C 座南楼 12 层 1201 室　　100080

Note：Thomson Learning has changed its name to CENGAGE Learning purpose of，目的 281

reliability of instrument，工具的信度 283-286

self-anchored and self-monitoring instruments，自锚和自测工具 296-297

standardized measures，标准化测量 282-283，299

validity of instrument，工具的效度 286-289

Questioning，提问，types，类型 322-323

Quid pro quo（QPQ），交换条件 348

R

Racism，种族歧视 44

Rating scales 评定量表 Anger Diary and Rating Scale，愤怒日记与评定量表 296

Behavioral Observation Rating Scale，行为观察评定量表 298

Reciprocity，相互作用 117，247-248

Referral process，转介过程 183

Referral to other professionals，转介给其他专业人士 452-453

Reflection of feelings，情感反思 231

Reflexive questions，反思性问题 319，322-323

Reframing，重新设界 347

Rejection，拒绝 170，190，208，270，388，398，418

Relationship building，建立关系，with clients，与服务对象 197-199

Relationships，关系

abusive，虐待性 429-431

defined，界定的 69，71

enmeshed，纠结 87

parent-child，亲子 271，274

sibling，手足 94-95

Relationship skills，关系性技术 4，11，400

Relationship-supportive behavior，关系支持性行为 179

Reliability of instrument，工具的信度 283-286

internal consistency，内在一致性 285-286

parallel forms method，并联形式方法 285

split-halves method，分半方法 285

test-retest method，再测方法 284-285

Religion，宗教 56-59，175-177

Religiosity and family resilience，虔诚与家庭抗逆力 175-177

Remarriage，再婚，impact on family，对家庭的影响 139-141

Repetitive patterns，重复性模式 70，80，207，211，254，258，268，319-320

Resilience，抗逆力 306

assessment of，评估 150-152

出教材学术精品　育人文社科英才
中国人民大学出版社读者信息反馈表

尊敬的读者：

感谢您购买和使用中国人民大学出版社的_____一书，我们希望通过这张小小的反馈卡来获得您更多的建议和意见，以改进我们的工作，加强我们双方的沟通和联系。我们期待着能为更多的读者提供更多的好书。

请您填妥本表后，寄回或传真回复我们，对您的支持我们不胜感激！

1. 您是从何种途径得知本书的：
   ❏书店　❏网上　❏报刊　❏朋友推荐

2. 您为什么决定购买本书：
   ❏工作需要　❏学习参考　❏对本书主题感兴趣
   ❏随便翻翻

3. 您对本书内容的评价是：
   ❏很好　❏好　❏一般　❏差　❏很差

4. 您在阅读本书的过程中有没有发现明显的专业及编校错误，如果有，它们是：_____
   _____
   _____

5. 您对哪些专业的图书信息比较感兴趣：_____
   _____

6. 如果方便，请提供您的个人信息，以便于我们和您联系（您的个人资料我们将严格保密）：
   您供职的单位：_____
   您教授的课程（教师填写）：_____
   您的通信地址：_____
   您的电子邮箱：_____

请联系我们：

电话：(010) 62515637

传真：(010) 62510454

E-mail：gonghx@crup.com.cn

通信地址：北京市海淀区中关村大街31号　100080

中国人民大学出版社人文出版分社